高等学校教材

物理学简明教程

（第三版）

主　　编　马文蔚
执行主编　周雨青
副 主 编　程庆华　陈国庆　董　科

中国教育出版传媒集团
高等教育出版社·北京

内容提要

本书在修订时参照了教育部高等学校大学物理课程教学指导委员会编制的《理工科类大学物理课程教学基本要求》(2023 年版),在保持物理学基本系统性不变的前提下,简化理论推导过程,体现教学内容的现代化和实用性,语言表述简洁明了。全书每章配有章首问题、章末解答、章末总结以及丰富的数字化资源,包括首批国家级一流本科课程"大学物理专题"视频、配音的演示实验视频、拓展阅读和自测题等,供学生和教师选用。此外,本书还配有丰富的教辅资源,包括电子教案、学习辅导、活页作业以及《物理学原理在工程技术中的应用》(第四版)中的案例等。

本书可作为高等学校理工科类专业学生的大学物理课程教材,也可供社会读者阅读。

图书在版编目(CIP)数据

物理学简明教程 / 马文蔚主编 ; 周雨青执行主编. 3版. -- 北京 : 高等教育出版社, 2025. 8. -- ISBN 978-7-04-064663-4

Ⅰ. O4

中国国家版本馆CIP数据核字第2025H990L6号

Wulixue Jianming Jiaocheng

策划编辑	张海雁	责任编辑	汤雪杰	封面设计	裴一丹	版式设计	杜微言
责任绘图	于 博	责任校对	张 薇	责任印制	张益豪		

出版发行	高等教育出版社	网 址	http://www.hep.edu.cn
社 址	北京市西城区德外大街 4 号		http://www.hep.com.cn
邮政编码	100120	网上订购	http://www.hepmall.com.cn
印 刷	北京鑫海金澳胶印有限公司		http://www.hepmall.com
开 本	787 mm×1092 mm 1/16		http://www.hepmall.cn
印 张	23.25	版 次	2012 年 12 月第 1 版
字 数	570 千字		2025 年 8 月第 3 版
购书热线	010-58581118	印 次	2025 年 8 月第 1 次印刷
咨询电话	400-810-0598	定 价	58.00 元

物 料 号 64663-00

第三版前言

时光荏苒，本书第二版已发行6年多。科技发展促进教育创新，使其发展日新月异，人工智能（AI）也影响着教育界。在此背景之下，我们对《物理学简明教程》（第二版）进行了修订。

物理学是一门基础学科，其可为技术提供底层逻辑。尽管现在的技术越来越看不到底层逻辑，人工智能也在不同领域（包括教育教学）内和不同程度上帮助甚至替代人们进行工作和思考，但物理学思想的科学训练还需要长期存在，是不可替代的，即仍需开设大学物理课程。教材是课程内容的载体，因此大学物理教材的泛教育化功能没有丧失。

大学物理教材既要有延续性，又要推陈出新。其一，教师有了可延续的教材，教学才能得心应手；其二，大学物理教材的基础性很强，教学内容的应用性和思维训练的框架性不宜多变；其三，教材是连接教师与学生的桥梁，学生通过教材了解课程内容，教师通过课程传授物理思想，这在客观上要求教材应具有启发性和演变性，要与时俱进。鉴于此，此次修订工作的两个原则如下。

（1）保持“简明”风格不变。即理论基础简明，应用实例丰富；体例特点鲜明，引题覆盖面广；章节数目不变，学时弹性更大。

（2）教材内容与时俱进。此次修订增加了富媒体内容，将优质资源引入拓展内容，其中有国家级一流本科课程视频及配音的演示实验视频等；凸显课程育人内涵，引入优质案例；为强化现代物理学的思想方法，引入了更多量子力学基础及其应用的内容，这是此次修订中变化最大的部分。

通过上述修订，本书内容在教学上更具灵活性。此次修订工作的具体内容如下。

（1）修改部分章节引题内容

章首引题是本书的特色之一，它既是每一章的引线（概貌），又是该章的核心（重点）内容的体现和应用。由于科技的发展，物理学原理在技术中的应用变化很大，因此，有必要在部分章节中做与时俱进的变动。

(2) 完善内容表述

教材的内容表述需要非常严谨、科学的语言。在前两版的使用过程中,教师和学生都对本书提出过中肯的意见,此次修订一并做出完善性修改。同时,对于因“简明”而丢失的本源性表述,此次修订也给予了完善,例如静电场的高斯定理、环路定理对静电场的意义。

(3) 替换或补充部分例题、习题

例题和习题是教材内容的重要组成部分,本书增添了部分带有应用属性的例题和习题,以体现推陈出新的原则。

(4) 增添量子力学与量子技术基础内容

量子技术是量子通信和人工智能技术的基础。而量子力学正是量子技术的底层物理逻辑。此次修订增添了“量子力学与量子技术简介”一节内容,以使本书的读者对量子力学的研究对象、思想方法和解决问题的思路以及量子技术有一个全面的认识。这也响应了《理工科类大学物理课程教学基本要求》(2023 年版)对量子力学内容的要求。

(5) 留有“人工智能+教育”的窗口

本书以二维码形式留有“AI 问答”窗口(见封面勒口),读者通过“AI 问答”可以解决与本书内容相关的问题,以适应未来智慧教育的要求。

此次的修订工作,周雨青负责第一、第二、第三、第四、第八和第九章,董科负责第五章,程庆华负责第六章,陈国庆负责第七章。全书的统稿工作由周雨青负责。

在此次修订中,上海交通大学吕智国副教授为本书撰写了量子技术部分的内容,北京大学陈徐宗教授阅读并修改了部分文字,北京师范大学高思杰教授提出了中肯的建议。编者在此一并表示衷心的感谢!

编者还要感谢东南大学物理学院领导和高等教育出版社编辑对本书一如既往的支持与帮助,他们给我们提出了宝贵的意见和建议。编者感谢广大读者:你们的关注和鼓励,永远是我们前进的不竭动力。

周雨青

2024 年 12 月 25 日

于东南大学翠屏东南小区

第二版前言

一转眼《物理学简明教程》第一版已面世 4 年有余。4 年多来得到用户的关注多多、厚爱连连。许多读者(用户)对此书的结构予以赞誉,同时也提出了中肯的意见,比如,磁场方向的定义、某些例题的数量级问题等。4 年多来,我国科技取得了许多进展,天舟一号与天宫二号对接成功、量子通信卫星上天等。这些因素都促成了此次修订工作的开展。

本次修订,在保持教材定位、整体结构特征和主体内容不变的前提下,作了如下修改:

(1) 增添了流体部分的黏性泊肃叶公式,这对医用血液流动问题非常重要;在光学部分增加了偏振光的应用实例,这是光学中最重要的应用之一。同时在光的干涉内容中提到了新近发现的引力波与干涉仪的关系,恰应了 2017 年诺贝尔物理学奖的景。

(2) 减少和更换了电磁学章节中的部分例题和章节练习。

(3) 更换和增添了书中的部分插图,比如,用天舟一号替代了神舟,增添了“墨子号”量子卫星等。

(4) 修改了一些内容的叙述,使其更加简练和精准。

(5) 增加了全书附加信息量,全书以视频、文档、动画等形式,展现了教材中因篇章所限的各种信息资源,极大地丰富了教材内涵。

教材编写分工仍维持原分工不变,即陈国庆负责第五章和第八章的修订,程庆华负责第六章和第七章的修订,周雨青负责第一、第二、第三、第四章和第九章的修订,并作全书的统稿工作。

全书仍得到马文蔚教授的亲临指导,马老师认真阅读了修改提纲并提出中肯意见。此外,修订工作还一如既往地受到高等教育出版社的大力支持,他们在附加信息工作中给予全书倾心支持,可以说,没有他们的帮助就不会有如此齐全的信息资源的添加。

一并感谢多年来支持我们工作的所有同仁和读者。你们的关注和鼓励，才是我们兢兢业业工作的不竭之源。

周雨青

2017 年 10 月

第一版前言

物理学是研究物质的基本结构、基本运动形式、相互作用和相互转化规律的科学，是在人类探索自然奥秘的过程中逐渐形成的一门学科。物理学最初是从对机械运动规律的研究发展起来的，后来又研究热现象的规律，研究电磁现象、光现象以及辐射的规律。到 19 世纪末，物理学已经形成一个完整的体系，被称为经典物理学。在 20 世纪初的 30 年里，物理学经历了一场伟大的革命，相对论和量子力学诞生了，从此产生了近代物理学。

物理学是自然科学的基础，在探讨物质结构和运动基本规律的进程中，每一次重大的发现和突破都引发了新领域、新方向的发展，甚至产生了新的分支学科、交叉学科和新的技术学科。在过去的 100 年间，从物理学中分化出了大量的学科，如力学、热学、光学、声学等，其中激光、无线电、微电子、原子能等现在都已经形成了独立学科。尽管物理学是一门古老的基础性学科，但是物理学对今天乃至未来的人类生活和科技发展都有着重要、紧密的联系，上至“神舟”上天，下至石油钻探，大到宇宙奥秘的探索，小到计算机里的芯片，都离不开物理学。甚至过去看似和自然科学无关的经济、金融、政治等领域，现在也有人用物理学的方法进行研究，并取得令人赞许的成就。在 2000 年，美国工程院评选出 20 项 20 世纪最伟大的工程，其中采用的技术大部分都直接或间接跟过去 300 年间物理学的发现有关系。这 20 项工程首先是电气化、汽车、飞机、自来水系统、微电子、无线电广播和电视，其次是农业机械化、计算机、电话、空调和冰箱、高速公路、卫星、因特网、摄影，然后是家用电器、医疗技术、石油和石油化工、激光和光纤、核技术、高性能材料。2005 年是联合国命名的“国际物理年”，这也是联合国历史上第一次以单一学科命名的国际年。这些都说明物理学是人类知识宝库中的重要内容。

本书是继《物理学》（第五版）、《物理学教程》（第二版）之后的又一部教材，本书力求在保持必要的系统性的同时，删繁就简、压缩篇章，科学准确、易教易学，使学生能对物理学的各种物质运动的基本规律、概念和方法有较全面的掌握和理解。

为帮助学生学好大学物理课程，我们在教材的结构和编排上作了如下尝试：

(1) 每章设有“章首问题”，以引起学生的学习兴趣和求知欲，章末有解答，有画龙点睛之效。

(2) 章内的例题有“分析”“解答”“注意”和“拓展”四个环节，使例题更丰满，以凸显例题之作用。

(3) 每节末设有“本节练习”，以及时巩固所学内容。

(4) 每章末有“总结”，梳理全章线索。

(5) 全书减少了大量的推导演绎过程，而突出物理结论和应用方法，以增强实用性。

此外，本书仍沿袭《物理学》和《物理学教程》的做法，在强调物理学的基础性和重要性的同时增强应用性，以附注的方式在教材中多处列出了配套的教学参考书《物理学原理在工程技术中的应用》(第三版)中的有关专题，供教师和学生选择阅读。本书的思考题与习题数量和难易度皆与教材相适应。

按教育部高等学校物理学与天文学教学指导委员会编制的《理工科类大学物理课程教学基本要求》(2010 年版)，本书在 74 个 A 类核心内容的知识点中选有 67 个，涵盖面达 91%；在 51 个 B 类扩展内容的知识点中选有 6 个，涵盖 12%。

本书一册共九章，由马文蔚、周雨青主编。马文蔚提出了一些有关教材的章节安排、结构、特点以及写作风格等方面的建议。全书第一章至第四章和第九章由周雨青编写，第五章和第八章由陈国庆编写，第六章和第七章由程庆华编写。东华大学汤毓骏教授审阅了全书。

本教材在编写过程中得到许多兄弟院校教师的帮助，他们在多方面为教材编写提供了有益和宝贵的建议。同时，高等教育出版社物理分社的编辑对本书的编写给予了大力支持，编者在此对他们表示衷心的感谢。

马文蔚

2012 年 6 月

目 录

第一章　质点的运动及其运动定律

物理学是研究物质最普遍、最基本的运动形式和规律的一门基础学科，这些运动形式包括机械运动、分子热运动、电磁运动、原子和原子核运动以及其他微观粒子运动等.机械运动是这些运动中最简单、最常见的运动形式，其基本形式有平动和转动.在平动过程中，物体内各点的相对位置没有变化，各点移动的路径完全相同，可用物体上任一点的运动来代表整个物体的运动.在力学中，研究物体的位置随时间而改变的内容称为质点运动学.研究物体运动状态变化的原因，则涉及物体的受力.以牛顿运动定律为基础建立的宏观物体的运动规律，称为质点动力学.

本章主要内容为：位置矢量、位移、速度和加速度、质点的运动方程、切向加速度和法向加速度、相对运动、牛顿运动定律、常见的力以及牛顿运动定律的应用.

预习自测题

知识图谱

章首问题

楼层高度为 h 的百货商场，电动扶梯的倾角为 $\alpha=45°$，如图所示.某顾客从一楼随扶梯的运动上到六楼，此人由一楼扶梯端口 A 到六楼扶梯端口 B 的位移大小和方向是

(1) 位移大小为一楼至六楼的竖直高度 $BC=5h$，方向为竖直向上.

(2) 位移大小为一楼至六楼的扶梯总长 $s=5\sqrt{2}h$，方向为 α 角倾斜向上.

(3) 位移大小为一楼端口 A 至六楼端口 B 的连线长 $AB=\sqrt{26}h$，方向沿连线向上.

(4) 位移大小为一楼端口 A 至六楼端口 B 的水平投影点 C 之间的连线长 $AC=h$，方向沿 AC.

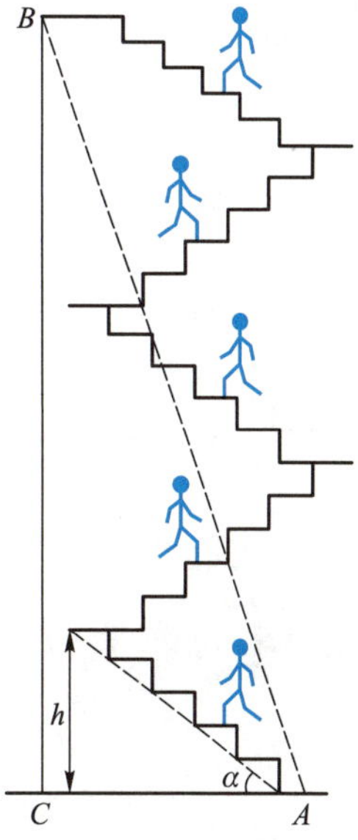

1-1 质点运动的描述

一、参考系 质点

文档："日心说"与"地心说"之争

视频："日心说"与"地心说"之争

动画：物体运动的相对性 参考系

1. 参考系

自然界所有的物体都在不停地运动，绝对静止不动的物体是没有的.观察一个物体的位置及位置的变化时，总要涉及它和其他物体的相互关系.因此，要选取某物体为参考物.选取的参考物不同，对物体运动情况的描述也就不同.不同的描述反映了物体相互之间的不同关系.这就是运动描述的相对性.

为描述物体的运动而选取的参考物叫做参考系.参考系的选择是任意的，但不同的参考系对同一物体运动情况的描述是不同的.因此，在描述物体的运动情况时，必须指明是对什么参考系而言的.在讨论地面上物体的机械运动时，我们通常选择地球作为参考系.

2. 质点

物体都有大小和形状，且运动方式又各不相同.例如，在太阳系中，行星除绕自身的轴线自转外，还绕太阳公转；从枪口射出的子弹，在空中向前飞行的同时，还绕自身的轴线转动；有些多原子分子，除了分子的平动、转动外，分子内各个原子还在振动.这些事实都说明，物体的运动情况是十分复杂的.物体的大小、形状、质量也都是千差万别的，表 1-1 列出了某些物体质量和长度的数量级.

表 1-1 一些物体的质量和长度的数量级

物体的质量	数量级	物体的长度	数量级
电子质量	10^{-30} kg	原子核半径	10^{-15} m
质子质量	10^{-27} kg	原子半径	10^{-10} m
血红蛋白质量	10^{-22} kg	病毒线度	10^{-7} m
流感病毒质量	10^{-19} kg	人的身高	10^{0} m
雨滴质量	10^{-6} kg	珠穆朗玛峰高度	10^{3} m
人的质量	10^{1} kg	地球半径	10^{6} m
神舟八号质量	10^{4} kg	太阳半径	10^{8} m
金字塔质量	10^{10} kg	太阳与地球的距离	10^{11} m
地球质量	10^{24} kg	太阳与最近恒星的距离	10^{16} m
太阳质量	10^{30} kg	银河系尺度	10^{21} m
银河系质量	10^{41} kg	宇宙尺度	10^{26} m

一般来说，物体的大小和形状的变化，对物体的运动是有影响的.但在有些问题中，如能略去这些影响，就可以把物体当作一个有质量的点(称为质点)来处理，这样将使所研究的问题大大简化.质点是一个理想模型.

质点是经过科学抽象而形成的物理模型.把物体当作质点为的是突出主要矛盾，是有条件的、相对的，而不是无条件的、绝对的，因而对具体情况要作具体分析.例如研究地球绕太阳公转时，由于地球至太阳的平均距离约为地球直径的 10^4 倍，地球上各点相对于太阳的运动可以看作是相同的，所以在研究地球绕太阳公转时可以把地球当作质点.但是，我们在研究地球自转时，就不能再把地球当作质点处理了.

应当指出，把物体抽象为质点的研究方法，在实践和理论上都是有重要意义的.即使当我们所研究的运动物体不能视为质点时，仍可把整个物体看成是由许多质点组成的，弄清楚这些质点的运动，就可以弄清楚整个物体的运动.所以，研究质点的运动是研究物体运动的基础.

在本书有关力学的各章中，除“刚体与流体”一章外，我们都是把物体当作质点来处理的.

二、位置矢量　运动方程　位移

1. 位置矢量

在选定参考系之后，为定量地描述质点的位置和位置随时间的变化，须在参考系上选择一个坐标系.坐标系有直角坐标系、极坐标系和自然坐标系等.在如图 1-1 所示的直角坐标系中，在时刻 t，质点 P 在坐标系里的位置可用位置矢量 $\boldsymbol{r}(t)$ 来表示.位置矢量简称位矢，它是一个有向线段，其始端位于坐标系的原点 O，末端则与质点 P 在 t 时刻的位置相重合.从图 1-1 中可以看出，位矢 $\boldsymbol{r}$ 在 Ox 轴、Oy 轴和 Oz 轴上的投影分别为 x、y 和 z.所以，质点 P 在直角坐标系 $Oxyz$ 中的位置，既可用位矢 $\boldsymbol{r}$ 来表示，也可用坐标 x、y 和 z 来表示.如取 $\boldsymbol{i}$、$\boldsymbol{j}$ 和 $\boldsymbol{k}$ 分别为沿 Ox 轴、Oy 轴和 Oz 轴方向的单位矢量，那么位矢 $\boldsymbol{r}$ 亦可写成

$$\boldsymbol{r}=x\boldsymbol{i}+y\boldsymbol{j}+z\boldsymbol{k} \tag{1-1}$$

其值为

$$|\boldsymbol{r}|=\sqrt{x^2+y^2+z^2}$$

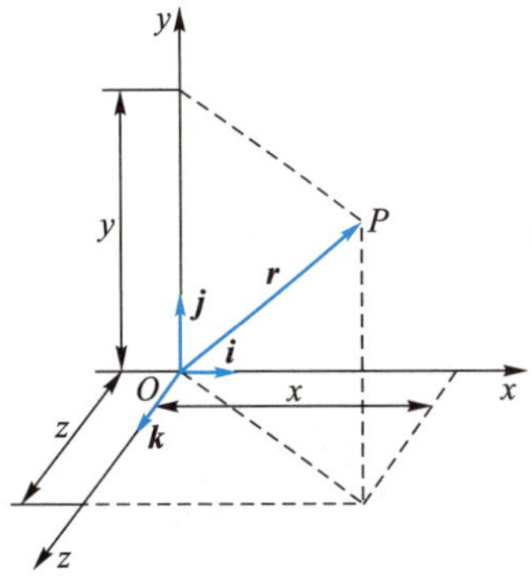

图 1-1　位置矢量

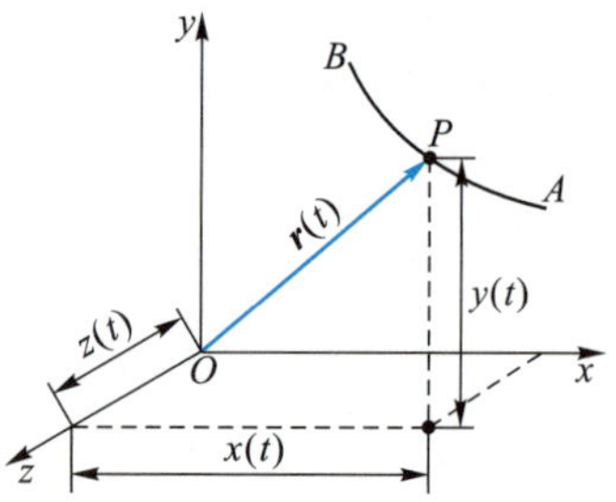

图 1-2 运动方程

2. 运动方程

当质点运动时，它相对坐标原点 O 的位矢 $\boldsymbol{r}$ 是随时间而变化的（图 1-2），因此，$\boldsymbol{r}$ 是时间的函数，即

$$\boldsymbol{r}=\boldsymbol{r}(t)=x(t)\boldsymbol{i}+y(t)\boldsymbol{j}+z(t)\boldsymbol{k} \tag{1-2}$$

式（1-2）叫做质点的运动方程；而 $x(t)$、$y(t)$ 和 $z(t)$ 则是运动方程的分量，从中消去参量 t 便可得到质点运动的轨迹方程，所以它们也是轨迹的参量方程.应当指出，运动学的重要任务之一就是找出各种具体运动所遵循的运动方程.关于这一点我们将在后面作较详细的论述.

3. 位移

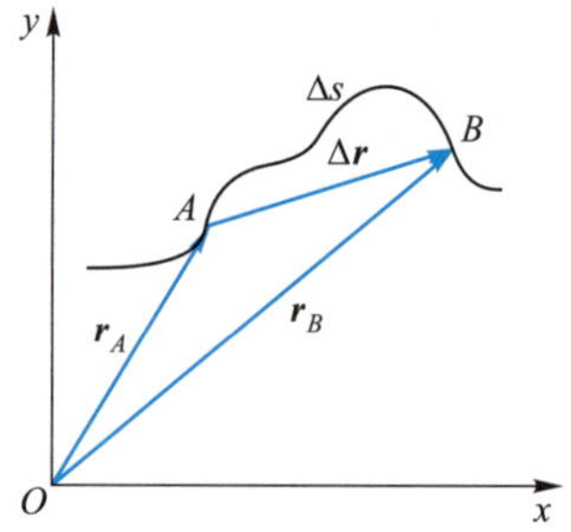

图 1-3 位移矢量

在如图 1-3 所示的平面直角坐标系 Oxy 中，有一质点在 Δt 时间间隔内沿图中曲线从时刻 t_1 的点 A 运动到时刻 t_2 的点 B，质点相对原点 O 的位矢由 $\boldsymbol{r}_A$ 变化到 $\boldsymbol{r}_B$.显然，位矢的长度和方向都发生了变化.我们将由始点 A 指向终点 B 的有向线段 $\Delta\boldsymbol{r}$ 称为点 A 到点 B 的位移矢量，简称位移.位移 $\Delta\boldsymbol{r}$ 反映了质点位矢的变化.由图1-3可以看出，质点从点 A 到点 B 的位移为

$$\Delta\boldsymbol{r}=\boldsymbol{r}_B-\boldsymbol{r}_A \tag{1-3}$$

应当注意，位移是描述质点位置变化的物理量，它只表示位置变化的实际效果，其大小并非质点所经过的路程.在图 1-3 中，曲线 $\overset{\frown}{AB}$ 所示的路径是质点实际运动的轨迹，轨迹的长度 Δs 为质点所经历的路程，而位移则是有向线段 $\Delta\boldsymbol{r}$.当质点经一闭合路径回到原来的起始位置时，其位移为零，而路程则不为零.所以，质点的位移和路程是两个完全不同的概念.只有在 Δt 趋于零时，位移的大小 $|\mathrm{d}\boldsymbol{r}|$ 才可视为与路程 $\mathrm{d}s$ 相等.

三、速度

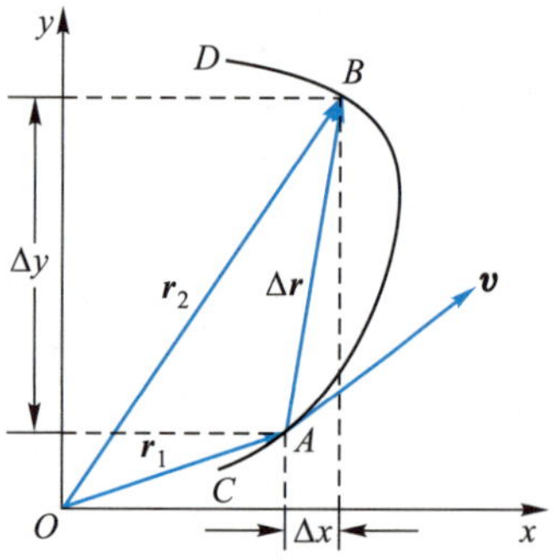

图 1-4 平均速度

如果两物体都从 A 点运动到 B 点，但所经历的时间不尽相同，则表明两物体运动的快慢不同.为了定量描述物体运动的快慢和方向，需引入平均速度和速度概念.

如图 1-4 所示，一质点在平面上沿轨迹 $CABD$ 作曲线运动.在时刻 t，它位于点 A，其位矢为 $\boldsymbol{r}_1(t)$；在时刻 $t+\Delta t$，它位于点 B，其位矢为 $\boldsymbol{r}_2(t+\Delta t)$.在时间间隔 Δt 内，质点的位移为 $\Delta\boldsymbol{r}=\boldsymbol{r}_2-\boldsymbol{r}_1$，它的平均速度为

$$\bar{\boldsymbol{v}}=\frac{\boldsymbol{r}_2-\boldsymbol{r}_1}{\Delta t}=\frac{\Delta \boldsymbol{r}}{\Delta t} \tag{1-4a}$$

由于 $\Delta \boldsymbol{r}$ 是矢量，而 Δt 是标量，故平均速度 $\bar{\boldsymbol{v}}$ 是矢量，且其方向与 $\Delta \boldsymbol{r}$ 的方向相同.

由式(1-2)知 $\boldsymbol{r}=x\boldsymbol{i}+y\boldsymbol{j}$，故有

$$\Delta \boldsymbol{r}=\Delta x\boldsymbol{i}+\Delta y\boldsymbol{j}$$

平均速度可以写成

$$\bar{\boldsymbol{v}}=\frac{\Delta \boldsymbol{r}}{\Delta t}=\frac{\Delta x}{\Delta t}\boldsymbol{i}+\frac{\Delta y}{\Delta t}\boldsymbol{j}=\bar{v}_x\boldsymbol{i}+\bar{v}_y\boldsymbol{j} \tag{1-4b}$$

式中 $\bar{v}_x$ 和 $\bar{v}_y$ 是平均速度 $\bar{\boldsymbol{v}}$ 在 Ox 轴和 Oy 轴上的分量. 当 $\Delta t \to 0$ 时，平均速度的极限叫做瞬时速度（简称速度），用 $\boldsymbol{v}$ 表示，即

$$\boldsymbol{v}=\lim_{\Delta t\to 0}\frac{\Delta \boldsymbol{r}}{\Delta t}=\frac{\mathrm{d}\boldsymbol{r}}{\mathrm{d}t} \tag{1-5a}$$

由于 $\boldsymbol{r}=x\boldsymbol{i}+y\boldsymbol{j}$，上式还可写成

$$\boldsymbol{v}=\frac{\mathrm{d}x}{\mathrm{d}t}\boldsymbol{i}+\frac{\mathrm{d}y}{\mathrm{d}t}\boldsymbol{j}=v_x\boldsymbol{i}+v_y\boldsymbol{j}=\boldsymbol{v}_x+\boldsymbol{v}_y \tag{1-5b}$$

式中 v_x 和 v_y 是速度 $\boldsymbol{v}$ 在 Ox 轴和 Oy 轴上的分量，而 $\boldsymbol{v}_x$ 和 $\boldsymbol{v}_y$ 则是速度 $\boldsymbol{v}$ 在 Ox 轴和 Oy 轴上的分速度（它们是矢量！）. 图1-5给出了它们之间的关系.

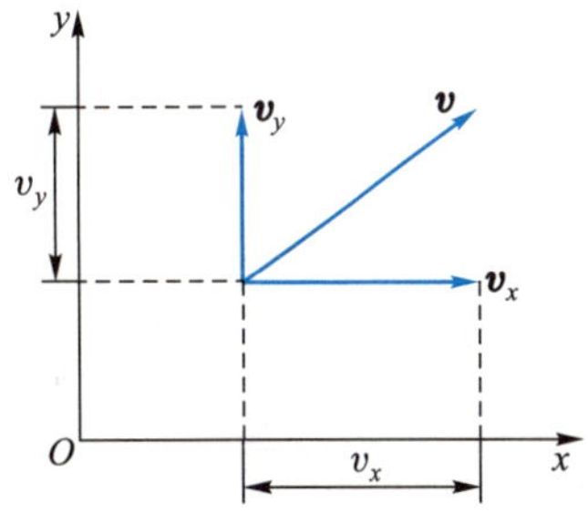

图 1-5　速度　分速度　速度分量

由式(1-5a)可见，速度 $\boldsymbol{v}$ 的方向与 $\Delta \boldsymbol{r}$ 在 $\Delta t\to 0$ 时的极限方向一致. 从图1-4可见，当 $\Delta t\to 0$ 时，$\Delta \boldsymbol{r}$ 趋于和轨迹相切，即与点 A 的切线重合，所以当质点作曲线运动时，质点在某一点的速度方向就是沿该点曲线的切线方向. 这在日常生活中是经常可以观察到的. 拴在绳子上作圆周运动的小球，如果绳子突然断开，小球就会沿切线方向飞出去.

如果只描述质点运动的快慢，可引入平均速率和速率. 若质点在 A、B 点间运动所用时间为 Δt，两点间的路程为 $\Delta s=\widehat{AB}$，则平均速率为

$$\bar{v}=\frac{\Delta s}{\Delta t} \tag{1-6a}$$

当 $\Delta t\to 0$ 时，平均速率的极限叫做瞬时速率，即

$$v=\lim_{\Delta t\to 0}\frac{\Delta s}{\Delta t}=\frac{\mathrm{d}s}{\mathrm{d}t} \tag{1-6b}$$

因 $|\mathrm{d}\boldsymbol{r}|=\mathrm{d}s$，所以 $|\boldsymbol{v}|=v$，速度 $\boldsymbol{v}$ 的大小称为速率. 在不致混淆的情况下，有时速率也被称为速度.

四、加速度

速度是一个矢量，因此，无论是速度的大小发生改变，还是其方向发生改变，都表示速度发生了变化.为衡量速度变化的快慢，引入加速度的概念.

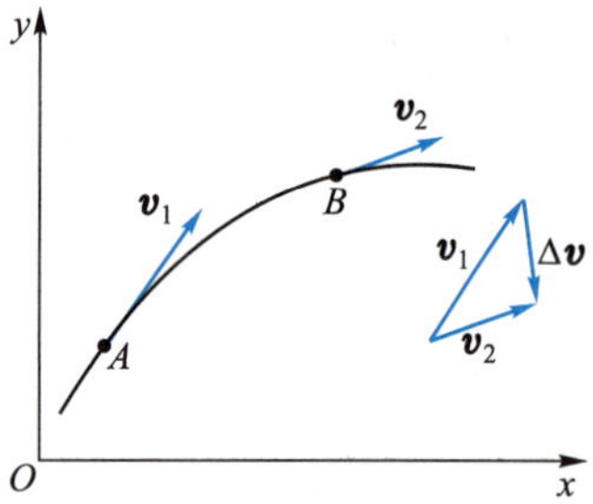

图 1-6 曲线运动的加速度

如图 1-6 所示，质点在 Oxy 平面内的运动轨迹为一曲线.设在时刻 t，质点位于点 A，其速度为 $\boldsymbol{v}_1$，在时刻 $t+\Delta t$，质点位于点 B，其速度为 $\boldsymbol{v}_2$，则在时间间隔 Δt 内，质点的速度增量为 $\Delta\boldsymbol{v}=\boldsymbol{v}_2-\boldsymbol{v}_1$，它在单位时间内的速度增量即平均加速度为

$$\bar{\boldsymbol{a}}=\frac{\Delta\boldsymbol{v}}{\Delta t} \tag{1-7}$$

当 $\Delta t\to 0$ 时，平均加速度的极限叫做瞬时加速度，用 $\boldsymbol{a}$ 表示，即

$$\boldsymbol{a}=\lim_{\Delta t\to 0}\frac{\Delta\boldsymbol{v}}{\Delta t}=\frac{\mathrm{d}\boldsymbol{v}}{\mathrm{d}t} \tag{1-8a}$$

$\boldsymbol{a}$ 的方向是 $\Delta t\to 0$ 时 $\Delta\boldsymbol{v}$ 的极限方向，而 $\boldsymbol{a}$ 的大小是 $|\Delta\boldsymbol{v}/\Delta t|$ 的极限值，即

$$|\boldsymbol{a}|=\lim_{\Delta t\to 0}\left|\frac{\Delta\boldsymbol{v}}{\Delta t}\right|$$

应当注意，加速度 $\boldsymbol{a}$ 既反映了速度方向的变化，又反映了速度大小的变化.所以质点作曲线运动时，任一时刻质点的加速度方向一般并不与速度方向相同，即加速度方向不沿曲线的切线方向.由图 1-6 可以看出，在曲线运动中，加速度的方向指向曲线的凹侧.

利用式(1-5b)，式(1-8a)可写成

$$\boldsymbol{a}=\frac{\mathrm{d}}{\mathrm{d}t}(v_x\boldsymbol{i}+v_y\boldsymbol{j})$$

即

$$\boldsymbol{a}=a_x\boldsymbol{i}+a_y\boldsymbol{j}=\boldsymbol{a}_x+\boldsymbol{a}_y \tag{1-8b}$$

式中 $\boldsymbol{a}_x$ 和 $\boldsymbol{a}_y$ 为 $\boldsymbol{a}$ 在 Ox 轴和 Oy 轴上的分加速度，而 a_x 和 a_y 则为 $\boldsymbol{a}$ 在 Ox 轴和 Oy 轴上的分量，即

$$a_x=\frac{\mathrm{d}v_x}{\mathrm{d}t},\quad a_y=\frac{\mathrm{d}v_y}{\mathrm{d}t}$$

五、求解质点运动学的两类问题

1. 已知运动方程求运动状态量

一质点沿 x 轴运动，其位置与时间的关系由方程 $x=50t+5t^2$

确定，式中 x 的单位为 m，t 的单位为 s.计算：

（1）质点在运动的最初 3 s 内的平均速度；

（2）质点在 $t=3.0$ s 时的瞬时速度；

（3）质点在运动的最初 3 s 内的平均加速度；

（4）质点在 $t=3.0$ s 时的瞬时加速度.

解 （1）由题意知，质点在直线上运动，故由式(1-4b)有

$$\bar{v}_x=\frac{\Delta x}{\Delta t}=\frac{(50\times3+5\times3^2)-0}{3}\ \mathrm{m\cdot s^{-1}}=65\ \mathrm{m\cdot s^{-1}}$$

（2）由式(1-5a)或式(1-5b)有

$$v_x=\frac{\mathrm{d}x}{\mathrm{d}t}=50+10t$$

将 $t=3$ s 代入上式得

$$v_x=80\ \mathrm{m\cdot s^{-1}}$$

（3）由式(1-7)有

$$\bar{a}_x=\frac{\Delta v_x}{\Delta t}=\frac{(50+10\times3)-50}{3}\ \mathrm{m\cdot s^{-2}}=10\ \mathrm{m\cdot s^{-2}}$$

（4）由式(1-8a)或式(1-8b)有

$$a_x=\frac{\mathrm{d}v_x}{\mathrm{d}t}=10\ \mathrm{m\cdot s^{-2}}$$

可见，质点作加速度恒定的匀加速直线运动.

2. 已知运动状态确定运动方程

质点沿 x 轴作匀加速直线运动，加速度为 a_x，初始条件为：$t=0$ 时，$x=x_0$，$v_x=v_0$.求质点的运动方程.

解 由式(1-8a)有

$$\mathrm{d}v_x=a_x\mathrm{d}t$$

将上式两边积分

$$\int_{v_0}^{v_x}\mathrm{d}v_x=\int_0^t a_x\mathrm{d}t=a_x\int_0^t\mathrm{d}t$$

得

$$v_x=v_0+a_xt$$

又由式(1-5a)有

$$\mathrm{d}x=v_x\mathrm{d}t=(v_0+a_xt)\mathrm{d}t$$

对上式积分

$$\int_{x_0}^{x}\mathrm{d}x=\int_0^t(v_0+a_xt)\mathrm{d}t$$

得运动方程为

$$x=x_0+v_0t+\frac{1}{2}a_xt^2$$

运动学中的上述两类问题的求解方法是:前者为微分运算,后者为积分运算,两者互为逆运算.

本节练习

1. 质点运动中的位移与路程是两个不同的概念,其不同体现在哪些地方?在什么条件下,位移的大小与路程相等?

2. 质点作曲线运动,$\boldsymbol{r}$ 表示位置,$\boldsymbol{v}$ 表示速度,$\boldsymbol{a}$ 表示加速度,s 表示路程.

$\frac{d\boldsymbol{r}}{dt}=$________;$\frac{ds}{dt}=$________;$\frac{d\boldsymbol{v}}{dt}=$________.

1-2 圆周运动

圆周运动是一种常见的简单曲线运动.如电机上转动的轴轮、游乐场中转动的摩天轮等,它们上面的各点都在作圆周运动.

一、圆周运动的角速度

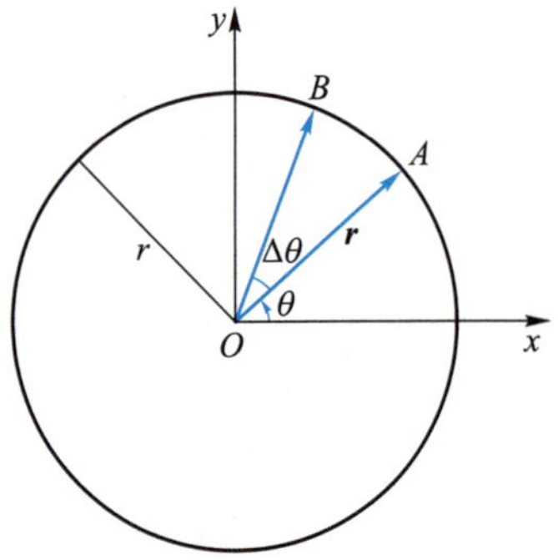

图 1-7 质点在平面上作圆周运动

如图 1-7 所示,一质点在 Oxy 平面上作半径为 r 的圆周运动,某时刻它位于点 A.当质点在圆周上运动时,定义位矢 $\boldsymbol{r}$ 与 Ox 轴之间的夹角 θ 为角坐标,显然,角坐标 θ 是时间 t 的函数 $\theta(t)$.质点从 A 运动到 B 的过程中角坐标的变化量 $\Delta\theta$,称为角位移.

我们定义:角坐标 $\theta(t)$ 随时间的变化率,即 $d\theta/dt$,叫做角速度,用符号 ω 表示,则有

$$\omega=\frac{d\theta}{dt} \tag{1-9}$$

通常 θ 用弧度(rad)来量度,角速度 ω 的单位名称为弧度每秒,符号为 $rad\cdot s^{-1}$.定义从 Ox 轴位置开始逆时针旋转形成的 θ 角为正,顺时针时 θ 角为负.

如果在时间间隔 dt 内,质点由图上的 A 点运动到 B 点,所经过的弧元则为 $ds=rd\theta$,则有

$$\frac{ds}{dt}=r\frac{d\theta}{dt}$$

而 $\mathrm{d}s/\mathrm{d}t$ 为质点在点 A 的速率，用 v 表示，$\mathrm{d}\theta/\mathrm{d}t$ 则为质点在点 A 的角速度 ω，故有

$$v=r\omega \tag{1-10}$$

式(1-10)是质点作圆周运动时速率和角速度之间的瞬时关系.

二、匀速率圆周运动

质点作匀速率圆周运动时，虽然速度大小不变，但是方向在不断改变，所以匀速率圆周运动是一种变速运动.匀速率圆周运动有时也叫匀速圆周运动.如图 1-8 所示，设一质点在半径为 r 的圆周上运动，它在 A、B 两点的速度分别为 $\boldsymbol{v}_A$ 和 $\boldsymbol{v}_B$.从 A 点运动到 B 点经过的时间为 Δt，根据式(1-8a)，加速度为

$$\boldsymbol{a}=\lim_{\Delta t\to 0}\frac{\boldsymbol{v}_B-\boldsymbol{v}_A}{\Delta t}=\lim_{\Delta t\to 0}\frac{\Delta \boldsymbol{v}}{\Delta t}$$

由于质点作匀速圆周运动，所以在 A 点和 B 点的速率是相等的，即 $|\boldsymbol{v}_A|=|\boldsymbol{v}_B|=v$.从图 1-8(b)可以看出，$\boldsymbol{v}_A$、$\boldsymbol{v}_B$、$\Delta\boldsymbol{v}$ 所组成的速度三角形为等腰三角形.又因为 $\boldsymbol{v}_A$ 和半径 OA 垂直，$\boldsymbol{v}_B$ 和半径 OB 垂直，因而 $\triangle AOB$ 与速度三角形是顶角相等的相似等腰三角形，则

$$\frac{|\Delta\boldsymbol{v}|}{v}=\frac{|AB|}{r}$$

两边同除以 Δt，可得

$$\frac{|\Delta\boldsymbol{v}|}{\Delta t}=\frac{v}{r}\frac{|AB|}{\Delta t}$$

当 Δt 趋近于零时，B 点趋近于 A 点，弦长 $|AB|$ 趋近于弧长 $\widehat{AB}$，所以加速度 $\boldsymbol{a}$ 的大小为

$$a=\lim_{\Delta t\to 0}\frac{|\Delta\boldsymbol{v}|}{\Delta t}=\lim_{\Delta t\to 0}\frac{v}{r}\frac{\widehat{AB}}{\Delta t}$$

而 $\lim\limits_{\Delta t\to 0}\dfrac{\widehat{AB}}{\Delta t}=v$，所以

$$a=\frac{v^2}{r}=r\omega^2 \tag{1-11}$$

加速度 $\boldsymbol{a}$ 的方向可从图 1-8 中看出，当 Δt 趋近于零时，$\Delta\theta$ 也趋近于零，$\Delta\boldsymbol{v}$ 趋近于与 $\boldsymbol{v}_A$ 垂直.所以在极限情况下，加速度 $\boldsymbol{a}$ 的方向垂直于 $\boldsymbol{v}$ 的方向，且沿着半径指向圆心，因此这个加速度也叫做向心加速度，用 $\boldsymbol{a}_\mathrm{n}$ 表示.可以说，向心加速度只改变速度的方向.

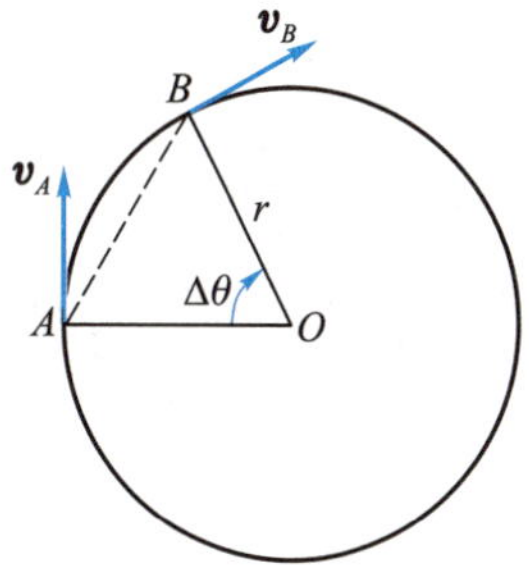

(a)

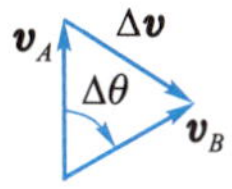

(b)

图 1-8 匀速率圆周运动

三、变速圆周运动 切向加速度和法向加速度

许多情况下的圆周运动都是变速圆周运动，比如过山车作大旋转时的圆周运动等.

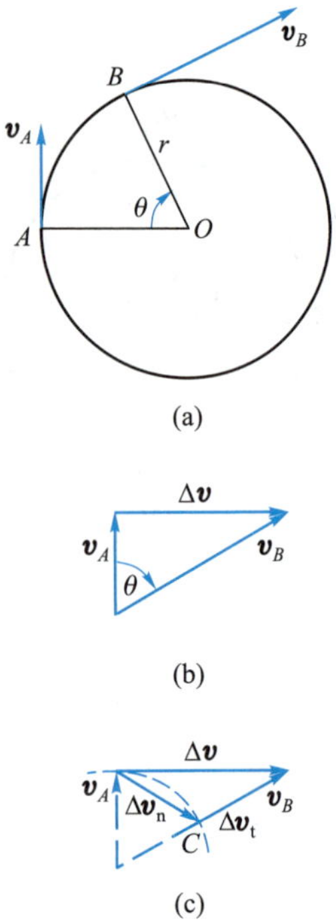

图 1-9 变速圆周运动

若质点作变速圆周运动，那么它的加速度又如何呢？如图 1-9 所示，质点从 A 点运动到 B 点经过的时间为 Δt，在 A、B 两点的速度分别为$\boldsymbol{v}_A$和 $\boldsymbol{v}_B$，且 $v_A \neq v_B$.在这段时间间隔内，速度的变化为 $\Delta\boldsymbol{v}=\boldsymbol{v}_B-\boldsymbol{v}_A$.若以 $\boldsymbol{v}_A$ 的大小为半径作圆弧，交 $\boldsymbol{v}_B$ 于 C 点，画出 $\Delta\boldsymbol{v}_n$ 和$\Delta\boldsymbol{v}_t$，这就把矢量 $\Delta\boldsymbol{v}$ 分成了两个矢量 $\Delta\boldsymbol{v}_n$ 和$\Delta\boldsymbol{v}_t$，则有

$$\Delta\boldsymbol{v}=\Delta\boldsymbol{v}_n+\Delta\boldsymbol{v}_t$$

显然 $\Delta\boldsymbol{v}_t$ 的大小是 $\boldsymbol{v}_B$ 和 $\boldsymbol{v}_A$ 的大小之差，所以它表示了从 $\boldsymbol{v}_A$ 到 $\boldsymbol{v}_B$ 速度大小的变化，而 $\Delta\boldsymbol{v}_n$ 表示了速度方向的变化.把上式代入式(1-8a)得

$$\boldsymbol{a}=\lim_{\Delta t\to 0}\frac{\Delta\boldsymbol{v}_n}{\Delta t}+\lim_{\Delta t\to 0}\frac{\Delta\boldsymbol{v}_t}{\Delta t}$$

当 Δt 趋近于零时，则 $\Delta\boldsymbol{v}_n/\Delta t$ 的极限值方向指向圆心，其极限值与匀速圆周运动的向心加速度(v^2/r)相同.这个极限值也叫做法向加速度，仍以 $\boldsymbol{a}_n$ 表示，则有

$$\boldsymbol{a}_n=\lim_{\Delta t\to 0}\frac{\Delta\boldsymbol{v}_n}{\Delta t}$$

而 $\Delta\boldsymbol{v}_t/\Delta t$ 的极限值方向和 A 点的速度方向相同，其极限值的大小等于速率的变化率.这个极限值叫做切向加速度，以 $\boldsymbol{a}_t$ 表示，则有

$$\boldsymbol{a}_t=\lim_{\Delta t\to 0}\frac{\Delta\boldsymbol{v}_t}{\Delta t}$$

因此

$$\boldsymbol{a}=\lim_{\Delta t\to 0}\frac{\Delta\boldsymbol{v}}{\Delta t}=\boldsymbol{a}_n+\boldsymbol{a}_t \qquad (1-12)$$

其中

$$|\boldsymbol{a}_n|=a_n=\frac{v^2}{r},\qquad |\boldsymbol{a}_t|=a_t=\frac{\mathrm{d}v}{\mathrm{d}t}$$

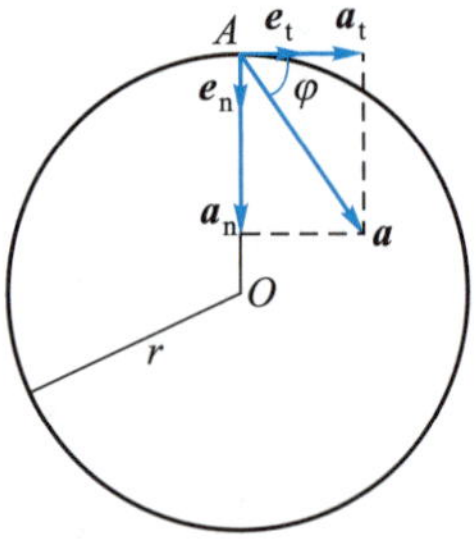

图 1-10 切向加速度和法向加速度

因此在变速圆周运动中，瞬时加速度 $\boldsymbol{a}$ 可分解为法向加速度 $\boldsymbol{a}_n$ 和切向加速度 $\boldsymbol{a}_t$ 两部分，法向加速度描述速度方向的变化，切向加速度描述速度大小的变化.在变速圆周运动中，速度的方向和大小都在变化，所以加速度 $\boldsymbol{a}$ 的方向不再指向圆心(图 1-10).

根据矢量加法的运算可得

$$a=(a_n^2+a_t^2)^{1/2}$$

$$\tan\varphi=\frac{a_n}{a_t} \qquad (1-13)$$

上述结果虽然是从变速圆周运动中得出的，但可以证明，对于一般的平面曲线运动，式(1-12)和式(1-13)仍然适用，只是半径 r 应该用曲线上相应点的曲率半径 ρ 来替代.

例

高速火车预定运行的平均速度(率)为 216 km·h^{-1}.如果火车以此速度运行并沿圆弧轨道转弯，为保证乘客安全，火车的加速度大小不允许超过 $0.05g$(g 为重力加速度，取9.8 m·s^{-2})，则轨道所允许的最小半径为多少?

[分析] 保持题设速率转弯，则该火车在转弯时作匀速率圆周运动，所以火车的加速度即向心加速度，其大小为$\frac{v^2}{R}$，为保证乘客安全，它的加速度最大值不能超过 $0.05g$，所以火车转弯半径 R 不能小于某个最小值.

[解答] 由向心加速度公式(1-11)，知

$$\frac{v^2}{R}\leqslant 0.05g$$

所以

$$R_{\min}=\frac{v^2}{0.05g}=\frac{(216\times10^3/3\ 600)^2}{0.05\times9.8}\ \text{m}=7\ 347\ \text{m}$$

[注意] 若火车转弯时速率是变化的，则人所经受的加速度就不仅是向心加速度了，还要考虑切向加速度的影响.

[拓展] 假设火车在转弯处速率均匀增加$\left(\text{即 } a_t=\frac{dv}{dt}=\text{常量}\right)$.若已知火车进入转弯道口与驶出转弯道口的速率分别为 v_1、v_2，且经历的时间为 t. 则能求出火车在转弯时任意位置处人所经受的加速度吗?

本节练习

1. 质点在作等速率圆周运动时，加速度的大小和方向如何变化?

2. 下列说法是否正确?

(1) 质点作圆周运动时的加速度指向圆心;

(2) 匀速率圆周运动的加速度为常量;

(3) 法向加速度既改变速度的大小，又改变速度的方向;

(4) 切向加速度只改变速度的大小，不改变速度的方向.

*1-3 相对运动

一、时间与空间

在图 1-11 中，小车以通常的速度 $\boldsymbol{v}$ 沿水平轨道先后通过 A 点和 B 点。如站在地面的人测得通过 A 点和 B 点的时间间隔为 $\Delta t=t_B-t_A$，而站在车上的人测得通过 A、B 两点的时间间隔为 $\Delta t'=t'_B-t'_A$，测得两者是相等的，即 $\Delta t=\Delta t'$，也就是说，在两个作相对直线运动的参考系（地面和小车）中，时间的测量是绝对的，与参考系无关。

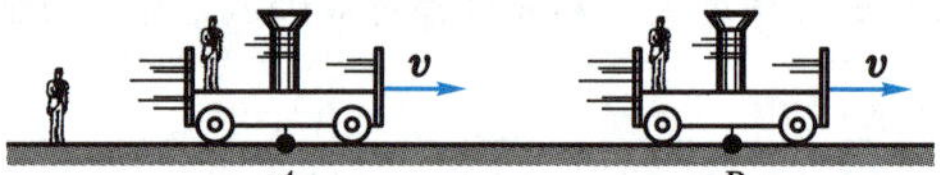

图 1-11 在低速运动时，时间和空间的测量是绝对的

同样，在地面上的人和在车上的人测得 A、B 两点之间的距离也相等。也就是说，在两个作相对运动的参考系中，长度的测量也是绝对的，与参考系无关。

在人们的日常生活和一般的科技活动中，上述关于时间和空间量度的结论是毋庸置疑的。时间和长度的绝对性是经典力学或牛顿力学的基础。以后我们将介绍，当相对运动的速度 v 接近于光速 c 时，时间和空间的测量将依赖于相对运动的速度①。只是由于牛顿力学所涉及物体的运动速度远小于光速，即$v \ll c$，所以在牛顿力学范围内，时间与空间的测量才可以视为与参考系的选择无关。那么，在牛顿力学范围内，同一质点在不同参考系中的位矢、速度和加速度之间有什么联系呢？本节将着重讨论这方面的问题。

二、相对运动

质点的运动轨迹依赖于观察者（即参考系）的例子是很多的。例如，一个人站在作匀速直线运动的车上，竖直向上抛出一个钢球，车上的观察者看到钢球竖直上升并竖直下落[图1-12(a)]，但是，地面上的观察者却看到钢球的运动轨迹为一抛物线[图 1-12(b)]。从这个例子可以看出，钢球的运动情况依赖于参考系，亦即依赖于物体间的相互关系。

设有两个参考系，一个为 S 系（即 Oxy 坐标系），另一个为 S′系（即 $O'x'y'$ 坐标系）。开始时（即 $t=0$），这两个参考系完全重合。某质点在 S 系中的位置以 P 表示，而在 S′系中的位置以 P'表示。显然，在 $t=0$ 时，点 P 与点 P'

① 详见本书第九章第 9-1 节中的“时间延缓”和“长度收缩”。

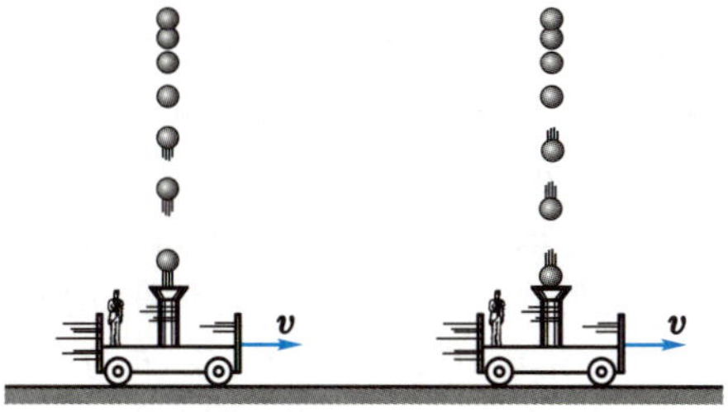

(a) 车作匀速直线运动时，车上的观察者看到钢球作直线运动

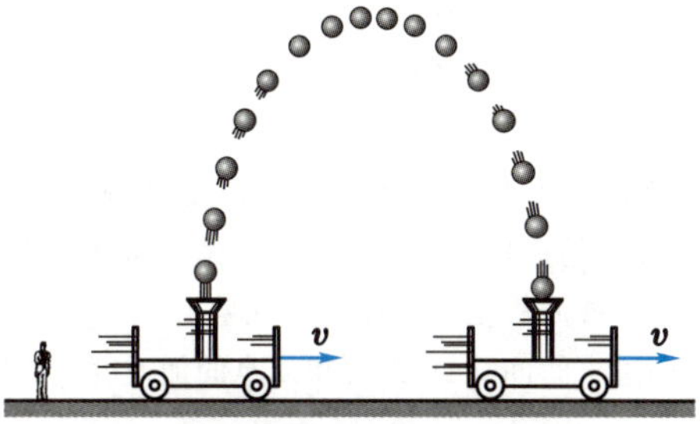

(b) 车作匀速直线运动时，地面上的观察者看到钢球作抛物线运动

图 1-12 物体运动的轨迹依赖于观察者所处的参考系

共居于一点[图 1-13(a)].

如果在时间间隔 Δt 内,S′系沿 Ox 轴以速度 $\boldsymbol{u}$ 相对 S 系运动的同时,质点运动到点 Q.在这段时间内,S′系沿 Ox 轴相对 S 系的位移为 $\Delta\boldsymbol{D}=\boldsymbol{u}\Delta t$.在同样的时间内,在 S 系中,质点从点 P 运动到点 Q,其位移为 $\Delta\boldsymbol{r}$;而在 S′系中,质点由点 P'运动到点 Q,其位移为 $\Delta\boldsymbol{r}'$[图 1-13(b)].在相等的时间内,显然 $\Delta\boldsymbol{r}$ 和 $\Delta\boldsymbol{r}'$是不相等的.因为从图 1-13(b)中可以看出,从 S 系看来,质点犹如同时参与两种运动:质点除随 S′系以速度 $\boldsymbol{u}$ 沿 Ox 轴运动外,还要从点 P'运动到点 Q.质点在 S 系中的位移 $\Delta\boldsymbol{r}$ 应等于 S′系相对 S 系的位移 $\Delta\boldsymbol{D}$ 与质点在 S′系中的位移 $\Delta\boldsymbol{r}'$之矢量和,即

$$\Delta\boldsymbol{r}=\Delta\boldsymbol{r}'+\Delta\boldsymbol{D}=\Delta\boldsymbol{r}'+\boldsymbol{u}\Delta t \tag{1-14}$$

上式表明,质点的位移取决于参考系的选择.若 S′系相对 S 系处于静止状态(即 $\boldsymbol{u}=\boldsymbol{0}$),则质点在两参考系中的位移应相等,即 $\Delta\boldsymbol{r}=\Delta\boldsymbol{r}'$.

由位移的相对性可得出速度的相对性.用时间 Δt 除式(1-14),有

$$\frac{\Delta\boldsymbol{r}}{\Delta t}=\frac{\Delta\boldsymbol{r}'}{\Delta t}+\boldsymbol{u}$$

取 $\Delta t\to 0$ 时的极限值,得

$$\frac{\mathrm{d}\boldsymbol{r}}{\mathrm{d}t}=\frac{\mathrm{d}\boldsymbol{r}'}{\mathrm{d}t}+\boldsymbol{u}$$

即

$$\boldsymbol{v}=\boldsymbol{v}'+\boldsymbol{u} \tag{1-15}$$

式中 $\boldsymbol{u}$ 为 S′系相对 S 系的速度,$\boldsymbol{v}'$为质点相对 S′系的速度,$\boldsymbol{v}$ 为质点相对 S 系的速度.上式的物理意义是:质点相对 S 系的速度等于它相对 S′系的速度与 S′系相对 S 系的速度之矢量和(图 1-14).

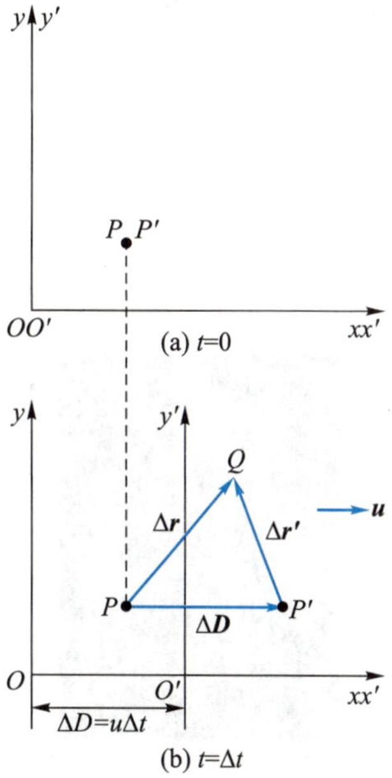

图 1-13 质点在相对作匀速直线运动的两个坐标系中的位移

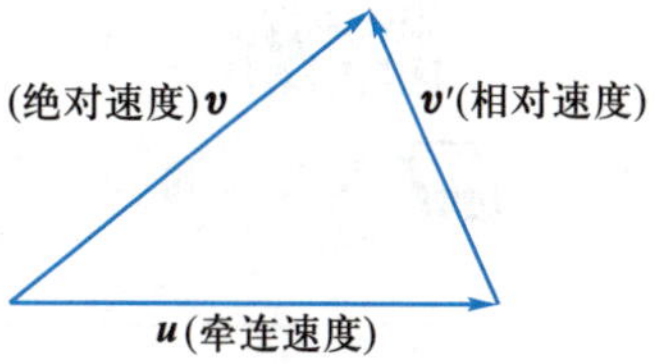

图 1-14 速度的相对性

动画：小船过河

动画：高射炮打飞机

习惯上，常把可视为静止的参考系 S 作为基本参考系，把相对 S 系运动的参考系 S′作为运动参考系.这样，质点相对基本参考系 S 的速度 $\boldsymbol{v}$ 叫做绝对速度，质点相对运动参考系 S′的速度 $\boldsymbol{v}'$ 叫做相对速度，而运动参考系 S′相对基本参考系 S 的速度 $\boldsymbol{u}$ 叫做牵连速度.于是式(1-15)可理解为：质点相对基本参考系的绝对速度 $\boldsymbol{v}$，等于运动参考系相对于基本参考系的牵连速度 $\boldsymbol{u}$ 与质点相对于运动参考系的相对速度 $\boldsymbol{v}'$ 之矢量和.例如，在匀速前进的平板车上，一人在车上行走.取地面为基本参考系，车为运动参考系，若车相对地的速度（即牵连速度）为 $\boldsymbol{v}_{\mathrm{TG}}$，人对车的速度（即相对速度）为 $\boldsymbol{v}_{\mathrm{MT}}$，那么人对地的速度（即绝对速度）$\boldsymbol{v}_{\mathrm{MG}}$ 为

$$\boldsymbol{v}_{\mathrm{MG}}=\boldsymbol{v}_{\mathrm{MT}}+\boldsymbol{v}_{\mathrm{TG}}$$

式中 M、G 和 T 分别代表人、地和车.

式(1-15)给出了在两个以恒定的速度作相对运动的参考系中质点的速度之间的关系.该式即质点的速度变换关系式，叫做伽利略速度变换式，需要指出的是，当质点的速度接近光速时，伽利略速度变换式就不适用了，此时速度的变换应当遵循洛伦兹速度变换式①.

由式(1-15)两边求时间导数，即可得质点的加速度一般性变换关系式：

$$\boldsymbol{a}=\boldsymbol{a}'+\boldsymbol{a}_0 \qquad (1-16)$$

等式两边的各物理量的理解同式(1-15).当考虑到参考系间作恒定相对运动时，$\boldsymbol{a}_0=0$，则有

$$\boldsymbol{a}=\boldsymbol{a}'$$

本节练习

1. 鸟在天上飞，人在地上行，这是选择了什么样的参考系而得出的结论？如果要使上述行走的人看上去静止，可以选择一个什么样的参考系？

2. 两位以恒定速度作相对运动的观察者，观测某一物体的位移和速度，所测结果相同吗？解释之.

牛顿

文档：牛顿

牛顿(Isaac Newton，1643—1727)，杰出的英国物理学家，经典物理学的奠基人.他的不朽巨著《自然哲学的数学原理》总结了前人和自己关于力学以及微积分学方面的研究成果，其中含有牛顿运动定律和万有引力定律，以及质量、动量、力和加速度等概念.在光学方面，他说明了色散的起因，发现了色差及牛顿环，他还提出了光的微粒说.

① 洛伦兹速度变换式将在本书第九章第 9-1 节中讨论.

1-4 牛顿运动定律

一、牛顿运动定律

1. 牛顿第一定律

按照古希腊哲学家亚里士多德(Aristotle,公元前384—前322)的说法,静止是物体的自然状态,要使物体以某一速度作匀速运动,必须有力对它作用才行.在亚里士多德看来,这确实是真理.人们的确看到,在水平面上运动的物体最后都要趋于静止,从地面上抛出的石子最终都要落回地面.在亚里士多德以后的漫长岁月中,这个概念一直被不少人所接受.直到17世纪,意大利物理学家和天文学家伽利略指出,物体沿水平面滑动趋于静止的原因是有摩擦力作用在物体上.他从实验中总结出,在略去摩擦力的情况下,如果没有外力的作用,物体将以恒定的速度运动下去.力不是维持物体运动的原因,而是使物体运动状态改变的原因.

牛顿继承和发展了伽利略的见解,于1687年用概括性的语言在他的名著《自然哲学的数学原理》中写道:任何物体都要保持其静止或匀速直线运动状态,直到外力迫使它改变运动状态为止.这就是牛顿第一运动定律.其数学形式表示为

$$\boldsymbol{F}=\mathbf{0}\text{ 时},\quad \boldsymbol{v}=\text{常矢量} \tag{1-17}$$

牛顿第一定律表明,物体具有保持运动状态不变的性质,这个性质称为惯性,故牛顿第一定律又称惯性定律.正因为物体具有惯性,所以,要使其运动状态发生变化就必须有其他物体对它作用,这种作用称为力.然而,自然界中完全不受其他物体作用的物体是不存在的,因此,牛顿第一定律不能简单地用实验直接加以验证.

我们已经明确,任何物体的运动状态都是相对某个参考系而言的.如果物体在某参考系中,不受其他物体作用而保持静止或匀速直线运动状态,那么这个参考系就称为惯性系.若有另一参考系以恒定速度相对惯性系运动,显然,该参考系也是惯性系.

2. 牛顿第二定律

物体在运动时总具有速度.我们把物体的质量 m 与其运动速度 $\boldsymbol{v}$ 的乘积叫做物体的动量,用 $\boldsymbol{p}$ 表示,即

$$\boldsymbol{p}=m\boldsymbol{v} \tag{1-18}$$

动量 $\boldsymbol{p}$ 显然也是一个矢量,其方向与速度 $\boldsymbol{v}$ 的方向相同.与速度

可表示物体的运动状态一样，动量也是描述物体运动状态的量，但动量比速度的含义更为广泛，意义更为重要. 当外力作用于物体时，物体动量要发生改变. 牛顿第二定律阐明了作用于物体的外力与物体动量变化的关系.

牛顿第二定律表明，物体动量随时间的变化率 $\mathrm{d}\boldsymbol{p}/\mathrm{d}t$ 等于作用于物体的合外力 $\boldsymbol{F}(=\sum \boldsymbol{F}_i)$，即

$$\boldsymbol{F}=\frac{\mathrm{d}\boldsymbol{p}}{\mathrm{d}t}=\frac{\mathrm{d}(m\boldsymbol{v})}{\mathrm{d}t} \tag{1-19a}$$

当物体在低速情况下运动时，即物体的运动速度 v 远小于光速 $c(v\ll c)$时，物体的质量可以视为不依赖于速度的常量. 于是上式可写成

动画：牛顿第二定律

$$\boldsymbol{F}=m\frac{\mathrm{d}\boldsymbol{v}}{\mathrm{d}t},\quad 或\ \boldsymbol{F}=m\boldsymbol{a} \tag{1-19b}$$

在直角坐标系中，上式也可写成

$$\boldsymbol{F}=m\frac{\mathrm{d}\boldsymbol{v}}{\mathrm{d}t}=m\frac{\mathrm{d}v_x}{\mathrm{d}t}\boldsymbol{i}+m\frac{\mathrm{d}v_y}{\mathrm{d}t}\boldsymbol{j}+m\frac{\mathrm{d}v_z}{\mathrm{d}t}\boldsymbol{k}$$

即

$$\boldsymbol{F}=ma_x\boldsymbol{i}+ma_y\boldsymbol{j}+ma_z\boldsymbol{k} \tag{1-19c}$$

式(1-19)是牛顿第二定律的数学表达式，又称为牛顿力学的质点动力学方程.

牛顿第二定律是牛顿力学的核心，应用它解决问题时必须注意以下几点.

(1) 牛顿第二定律只适用于质点的运动. 物体作平动时，物体的运动可看作质点的运动，质点的质量就是整个物体的质量. 以后如不特别指明，在论及物体的平动时，都是把物体当作质点来处理的.

(2) 牛顿第二定律所表示的合外力与加速度之间的关系是瞬时对应的关系.

(3) 当几个外力同时作用于物体时，其合外力 $\boldsymbol{F}$ 所产生的加速度 $\boldsymbol{a}$，与每个外力 $\boldsymbol{F}_i$ 所产生加速度 $\boldsymbol{a}_i$ 的矢量和是一样的，这就是力的叠加原理.

3. 牛顿第三定律

两个物体之间的作用力 $\boldsymbol{F}$ 和反作用力 $\boldsymbol{F}'$，沿同一直线，大小相等，方向相反，分别作用在两个物体上. 这就是牛顿第三定律，其数学表达式为

$$\boldsymbol{F}=-\boldsymbol{F}' \tag{1-20}$$

牛顿第三定律说明力具有物体间相互作用的性质. 运用牛顿第三定律分析物体受力情况时必须注意以下两点：

(1) 作用力和反作用力互以对方为自己存在的条件,同时产生,同时消失,任何一方都不能孤立地存在.

(2) 作用力和反作用力是分别作用在两个物体上的.它们属于同种性质的力.例如作用力是万有引力,那么反作用力也一定是万有引力.

二、几种常见的力

在动力学中,分析物体的受力情况是十分重要的.力学中常见的力有弹性力、摩擦力、万有引力等,它们分属不同性质的力,弹性力和摩擦力属接触力,而万有引力属场力.下面我们来介绍万有引力、弹性力和摩擦力.

1. 万有引力

17 世纪初,德国天文学家开普勒(J.Kepler,1571—1630)通过分析第谷·布拉赫(Tycho Brahe,1546—1601)观察行星所得的大量数据,提出了行星绕太阳作椭圆轨道运动的开普勒定律.牛顿继承了前人的研究成果,通过深入研究,提出了著名的万有引力定律.这个定律指出,天体之间,地球与地球表面附近的物体之间,以及所有物体之间都存在着一种相互吸引的力,所有这些力都遵循同一规律.这种相互吸引的力叫做万有引力.万有引力定律可表述为:在两个距离为 r,质量分别为 m_1、m_2 的质点间有万有引力,其方向沿着它们的连线,其大小与它们的质量乘积成正比,与它们之间距离 r 的二次方成反比,即

开普勒

文档:开普勒

$$F=G\frac{m_1m_2}{r^2} \tag{1-21a}$$

式中 G 为一普适常量,称为引力常量.引力常量最早是由英国物理学家卡文迪什(H.Cavendish,1731—1810)于 1798 年由实验测出的.一般计算时,引力常量取 $G=6.67\times10^{-11}\ \mathrm{N\cdot m^2\cdot kg^{-2}}$.

用矢量形式表示,m_1 施于 m_2 的万有引力可写成

$$\boldsymbol{F}=-G\frac{m_1m_2}{r^2}\boldsymbol{e}_r \tag{1-21b}$$

如果以由 m_1 指向 m_2 的有向线段为 m_2 的位矢 $\boldsymbol{r}$,那么沿位矢方向的单位矢量 $\boldsymbol{e}_r$ 等于 $\boldsymbol{r}/r$.而上式中的负号则表示 m_1 施于 m_2 的万有引力的方向始终与单位矢量 $\boldsymbol{e}_r$ 的方向相反(图1-15).

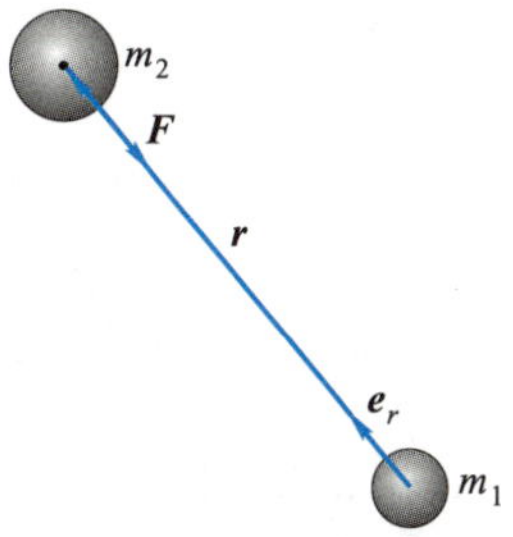

图 1-15 万有引力

应该注意,万有引力定律中的 $\boldsymbol{F}$ 是两个质点之间的引力.计算表明,对于两个密度均匀的球体,它们之间的引力可以直接用

式(1-21)来计算,这时 r 表示两球球心间的距离.也就是说,这两个球体之间的引力与把球的质量视为集中于球心(即把球当作质点来处理)时的引力是一样的.

重力 通常把地球对地面附近物体的万有引力称为重力,用符号 $\boldsymbol{P}$ 表示,其方向通常是指向地球中心的.重力的测量值又称为重量①.在重力 $\boldsymbol{P}$ 的作用下,物体具有的加速度叫做重力加速度 $\boldsymbol{g}$,即

$$\boldsymbol{g}=\frac{\boldsymbol{P}}{m}$$

若以 m_E 表示地球的质量,r 表示地球中心与物体之间的距离,则由式(1-21)可得

$$g=\frac{Gm_E}{r^2}$$

在地球表面附近,物体与地球中心之间的距离 r 与地球的平均半径 R_E 相差很小,即 $|r-R_E| \ll R_E$.故上式可近似表示为

$$g=\frac{Gm_E}{R_E^2} \tag{1-22}$$

已知引力常量 $G=6.67\times10^{-11}\ \mathrm{N\cdot m^2\cdot kg^{-2}}$,$m_E=5.97\times10^{24}\ \mathrm{kg}$,$R_E=6.37\times10^6\ \mathrm{m}$,代入上式有 $g=9.81\ \mathrm{m\cdot s^{-2}}$.一般计算时,地球表面附近的重力加速度取 $g=9.8\ \mathrm{m\cdot s^{-2}}$.

2. 弹性力

在力学中,弹性力是由物体形变而产生的.由于形变的原因不同,有因弹簧被拉伸或压缩而产生的弹性力;也有把物体放在支承面上,产生的作用在支承面上的正压力和作用在物体上的支持力;还有绳索被拉紧时在绳索内部横截面上产生的张力等.

下面简述一下有关张力的概念.我们知道绳索松弛时,绳索内任意两相邻部分之间是没有拉力的.然而,当绳索受到其他物体所施外力作用而被拉紧后,在绳索内任意两相邻部分之间就存在着一对大小相等、方向相反的相互作用力 $\boldsymbol{F}_T$ 和 $\boldsymbol{F}'_T$,这是一对拉力,称为张力.若绳索的质量较与之相作用的物体的质量轻得多时,则可以近似认为绳索内任意两横截面处的张力是相等的.但是,如果绳索的质量和与之相作用的物体的质量可以比较,那么绳索内各横截面处的张力就不再相等了.所以说,拉紧的绳索内各处的张力是否相等,应视具体情况而定.本书所涉及的被拉紧的绳索问题,如不特别指明,绳索都认为是细而轻的,绳索上各处的张力都是相等的.

实验表明:在弹性限度内,弹性力与形变量成正比,这个结论

① 当考虑地球自转效应时,重力的大小和方向略偏离万有引力的大小和方向.

称为胡克定律. 如图 1-16 所示,一个弹簧的上端固定,在自然状态,其下端在 O 点处,现将弹簧的下端拉离其平衡位置,它给与之相连的物体的弹性力 F 与形变量 x 的关系为

$$F=-kx \tag{1-23}$$

式中常量 k 为弹性系数. 式(1-23)表明:当 $x>0$ 时,弹簧被拉伸,此时 $F<0$,说明弹性力与弹簧被拉伸的方向相反;当 $x<0$ 时,弹簧被压缩,此时 $F>0$,说明弹性力与弹簧被压缩的方向相反. 总之,弹簧的弹性力总是指向使其恢复自然状态的方向.

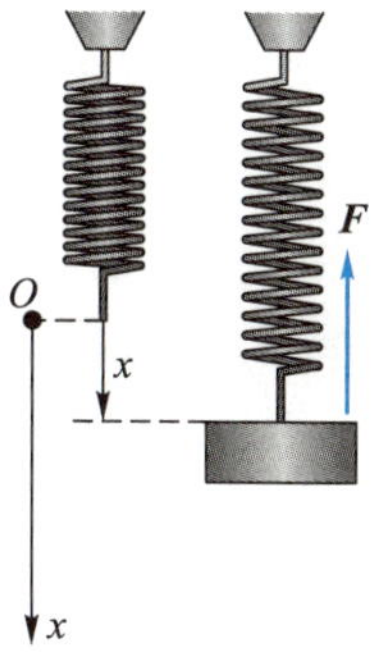

图 1-16 胡克定律

3. 摩擦力

两个互相接触并有挤压的物体间有相对滑动的趋势但尚未相对滑动时,在接触面上便产生阻碍发生相对滑动的力,这个力称为静摩擦力.把物体放在一水平面上,有一外力 $\boldsymbol{F}$ 沿水平面作用在物体上,若外力 $\boldsymbol{F}$ 较小,物体尚未滑动,这时静摩擦力 $\boldsymbol{F}_{f0}$ 与外力 $\boldsymbol{F}$ 大小相等,方向则与 $\boldsymbol{F}$ 相反.随着 $\boldsymbol{F}$ 的增大静摩擦力 $\boldsymbol{F}_{f0}$ 也相应地增大,直到 $\boldsymbol{F}$ 增大到某一值时,物体相对平面即将滑动,这时静摩擦力达到最大值,称为最大静摩擦力 $\boldsymbol{F}_{f0m}$.实验表明,最大静摩擦力的值与物体的正压力 F_N 成正比,即

$$F_{f0m}=\mu_0 F_N \tag{1-24a}$$

式中 μ_0 叫做静摩擦因数.静摩擦因数与两接触物体的材料性质以及接触表面的状况有关,而与接触面的大小无关.应强调指出,在一般情况下,静摩擦力总是满足下述关系的:

$$F_{f0}\leqslant F_{f0m} \tag{1-24b}$$

物体在平面上滑动时,所受摩擦力称为滑动摩擦力 F_f,其方向总是与物体相对平面运动的方向相反,其大小也是与物体的正压力 F_N 成正比的,即

$$F_f=\mu F_N \tag{1-24c}$$

式中 μ 叫做动摩擦因数.动摩擦因数与两接触物体的材料性质、接触面的状况、温度、湿度等有关,还与两接触物体的相对速度有关.在相对速度不太大时,为计算简单起见,可以认为动摩擦因数 μ 略小于静摩擦因数 μ_0;在一般计算时,除非特别指明,可认为它们是近似相等的,即 $\mu\approx\mu_0$.

摩擦产生的影响有利弊两个方面.所有机器的运动部分都有摩擦,它既磨损机器又浪费能量,而且摩擦会使机器局部温度升高,从而降低机器的精度,这是摩擦有害的一面.为此,必须设法减少摩擦,通常是在产生有害摩擦的部位涂上润滑油,或者以滚动替代滑动,或者改变摩擦材料的性能等.此外,摩擦也是生产和生活中所必

需的.很难想象,没有摩擦的自然界会是什么情况,人的行走、车轮的滚动、货物借助皮带输送机的传输等,都是依赖于摩擦才能进行的.

三、牛顿运动定律的应用举例

牛顿运动定律是物体作机械运动时所遵守的基本定律,它在实践中有广泛的应用.本节将举例说明如何应用牛顿运动定律来分析问题和解决问题.求解质点动力学问题一般分为两类,一是已知质点的受力情况,求解质点的运动状态;另一是已知质点的运动状态,求解作用于质点的力.

为了运用牛顿运动定律顺利地求解质点动力学问题,必须注意以下几点:先要正确分析质点的受力情况,并把它们画出来;在作示力图时,要把所研究的对象从与其相关联的物体中隔离出来.这就是"隔离体""分析力""示力图".

在此基础上,还应根据题目所给的已知条件选定恰当的坐标系或坐标轴;根据牛顿运动定律列出每一隔离体的运动方程;然后,对这些运动方程求解.求解时,最好先求出物理量符号的解,再代入已知数值进行运算.这就是"选取坐标""列出方程""符号求解""数值计算".这样既简单明晰,又可避免不必要的计算.

例 1 阿特伍德(Atwood)机

如图 1-17 所示,一根细绳跨过定滑轮,在细绳两侧各悬挂质量分别为 m_1 和 m_2 的物体,且 $m_1>m_2$.假设滑轮的质量①与细绳的质量均略去不计,滑轮与细绳间无滑动以及与轮轴的摩擦力略去不计.(1) 试求重物释放后,物体的加速度和细绳的张力;(2) 物体的运动方程.

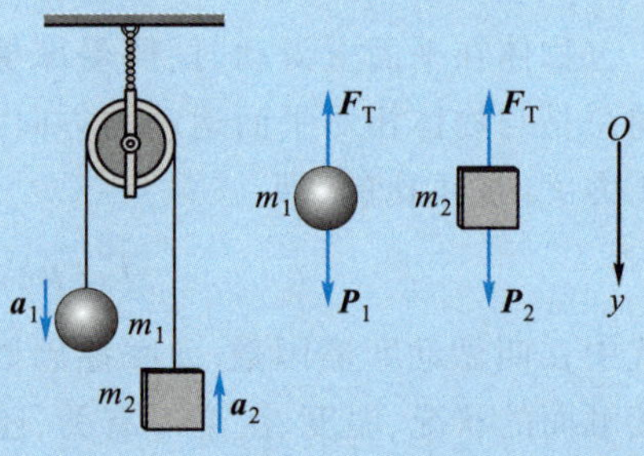

图 1-17

[解答] (1) 选取地面为惯性参考系,并作如图 1-17 所示的示力图,取竖直向下为 y 轴正方向.考虑到可忽略细绳和滑轮质量的条件,细绳作用在两物体上的力 F_{T1}、F_{T2}与细绳的张力 F_T 应相等,即 $F_{T1}=F_{T2}=F_T$.由图可知,加速度 $a_1=a_2=a$,则根据牛顿第二定律,有

$$m_1g-F_T=m_1a$$

$$F_T-m_2g=m_2a$$

联立以上两式求解,可得两物体的加速度的大小和细绳的张力分别为

$$a=\frac{m_1-m_2}{m_1+m_2}g,\quad F_T=\frac{2m_1m_2}{m_1+m_2}g \tag{1}$$

(2) 考虑细绳在运动中是不伸长的,则两物体加速度的值应相等.若取竖直向下为 y 轴正方向,

① 若滑轮的质量不能略去不计,这个问题将如何求解呢?可参阅本书第三章第 3-1 节中的例 2.

质量为 m_1 的物体的起始位置为坐标原点，则 m_1 的加速度大小为

$$a=\frac{\mathrm{d}v}{\mathrm{d}t}$$

变形后，并将式(1)代入，由已知起始条件：$t=0$ 时，$v=0$，积分

$$\int_0^v \mathrm{d}v = \int_0^t a\mathrm{d}t = \int_0^t \frac{m_1 - m_2}{m_1 + m_2}g\mathrm{d}t$$

可得
$$v=\frac{m_1-m_2}{m_1+m_2}gt \qquad (2)$$

又由 $v=\mathrm{d}y/\mathrm{d}t$ 及起始条件 $t=0$ 时，$y=0$，可得

$$y=\frac{m_1-m_2}{2(m_1+m_2)}gt^2 \qquad (3)$$

这就是阿特伍德机中物体的运动学方程.

视频：一个古老的例题——阿特伍德机的作用

例 2

设有一辆质量为 $m=2\ 500$ kg 的汽车，在平直的高速公路上以每小时 120 km 的速度行驶.若欲使汽车平稳地停下来，则驾驶员启动刹车装置，刹车阻力是随时间线性增加的，即 $F_\mathrm{f}=-bt$，其中 $b=3\ 500\ \mathrm{N\cdot s^{-1}}$.试问此车经过多长时间才停下来.

[解答] 设汽车在 $t=0$ 时刻以速度 $v_0=120\ \mathrm{km\cdot h^{-1}}=33.3\ \mathrm{m\cdot s^{-1}}$ 沿 x 轴正方向行驶，它在行驶过程中所受的刹车阻力为 $F_\mathrm{f}=-bt$，式中负号表示阻力与 Ox 轴正方向相反.由牛顿第二定律可得汽车的加速度为 $a=-bt/m$.可见汽车的加速度是时间的函数，即 $a=a(t)$，汽车作变加速直线运动.由于刹车阻力的作用，在时刻 t，汽车的速度 $v=0$，汽车停了下来.由加速度定义 $a=\mathrm{d}v/\mathrm{d}t$，可得

$$\int_{v_0}^0 \mathrm{d}v = \frac{1}{m}\int_0^t (-bt)\,\mathrm{d}t=-\frac{bt^2}{2m}$$

由上式可解得汽车停止前行驶的时间为

$$t=\left(\frac{2v_0}{b}m\right)^{1/2}=6.90\ \mathrm{s}$$

请读者自己计算在 6.90 s 时间里，汽车行进了多长的路程.

例 3

如图 1-18(a)所示(圆锥摆)，长为 l 的细绳一端固定在天花板上，另一端悬挂质量为 m 的小球，小球经推动后，在水平面内绕通过圆心 O 的竖直轴作半径为 r、速率为 v 的匀速率圆周运动.问绳和竖直方向所成的角度 θ 为多少？空气阻力不计.

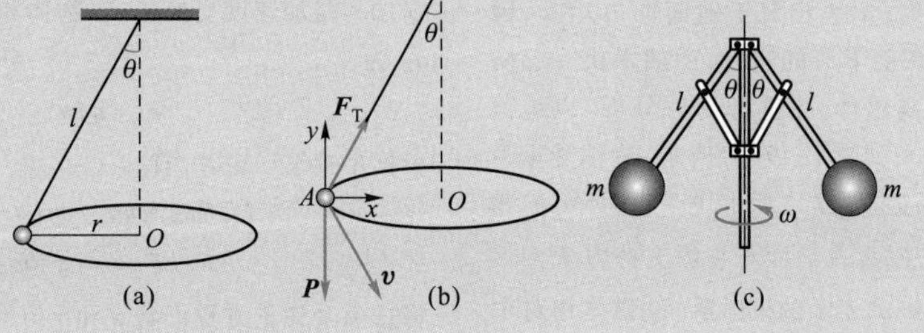

图 1-18

［解答］ 小球受重力 $\boldsymbol{P}$ 和绳的拉力 $\boldsymbol{F}_T$ 作用，其运动方程为

$$\boldsymbol{F}_T+\boldsymbol{P}=m\boldsymbol{a} \tag{1}$$

式中 $\boldsymbol{a}$ 为小球的加速度.

由于小球在水平面内作半径为 $r=l\sin\theta$、速率为 v 的匀速率圆周运动，过圆周上任意点 A，取直角坐标系.小球的法向加速度的大小为 $a_n=v^2/r$，而切向加速度的大小为 $a_t=0$，且小球在任意位置的速度 $\boldsymbol{v}$ 的方向均与 $\boldsymbol{P}$ 和 $\boldsymbol{F}_T$ 所在的平面垂直.因此，按图 1-18(b)所选的坐标轴 x 和 y，式(1)的分量式为

$$F_T\sin\theta=ma_n=m\frac{v^2}{r} \tag{2}$$

和

$$F_T\cos\theta-P=0 \tag{3}$$

由式(2)和式(3)可得

$$\tan\theta=\frac{mv^2}{rmg}=\frac{v^2}{rg}=\frac{v^2}{lg\sin\theta}$$

$$\frac{\sin^2\theta}{\cos\theta}=\frac{v^2}{lg}$$

可见，当速率 v 越大时，绳与竖直方向所成的夹角 θ 也越大.应当注意，由于 y 轴上 $F_T\cos\theta$ 始终与 P 相等，因此速率 v 越大时，绳中的张力也越大，当 $\theta\to\frac{\pi}{2}$时，$F_T\to\infty$，显然这是不可能的，也就是说绳子不可能呈水平状态.

值得一提的是，在蒸汽机发展的早期，瓦特就是根据上述圆锥摆的摆角 θ 随速率 v 的变化而改变的道理制成蒸汽机的调速器的.图 1-18(c)是调速器的示意图，当转速超过一定限度时，摆角增大，使阀门关闭，进入气缸中的蒸汽量有所减少；当转速过低时，摆角减少，使阀门打开，增加气缸中的蒸汽量，从而达到调速作用.现在许多机器还在使用这种调速器.

例 4

如图 1-19(a)所示，光滑的水平面上放有一个质量为 $m_木$ 的直角三角形木块，其斜面倾角为 θ，一开始时处于静止状态. 现将一质量为 m 的物体轻轻放在木块的斜面上，由静止释放. 假设物体与木块之间无摩擦，试求木块的加速度、物体相对于木块的加速度以及物体和斜面之间的相互作用力的大小.

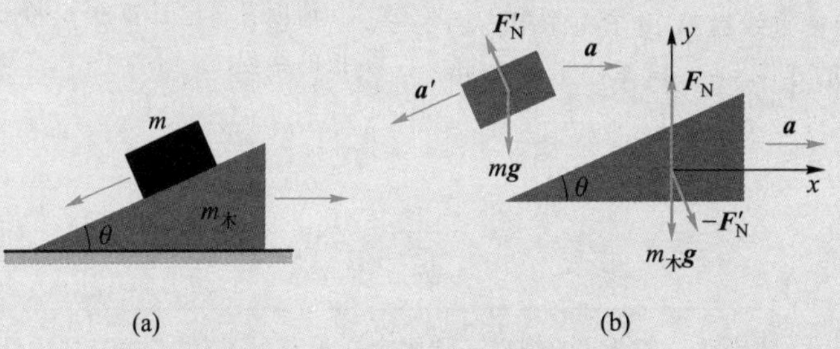

图 1-19

［解答］ 首先，我们分析物体和木块的运动：当物体沿着木块下滑时，木块相对于地面向右运动，因此物体在相对于斜面下滑的同时，还随木块一起向右运动. 然后，隔离物体，并进行受力分析. 以地面为参考系，受力分析如图 1-19(b)所示. 物体受重力 $m\boldsymbol{g}$ 及斜面对它的支持力 $\boldsymbol{F}'_N$，而木块受重力 $m_木\boldsymbol{g}$、物体对它的正压力$-\boldsymbol{F}'_N$以及地面对它的支持力 $\boldsymbol{F}_N$. 接着，建立如图 1-19(b)所示的坐标系. 设物体相对木块的加速度为 $\boldsymbol{a}'$，木块相对地面的加速度为 $\boldsymbol{a}$，则根据伽利略加速度变换公式，物体相对地面的加速度 $\boldsymbol{a}_m$ 为

$$\boldsymbol{a}_m=\boldsymbol{a}+\boldsymbol{a}'$$

根据牛顿第二定律，有

$$\boldsymbol{F}'_N+m\boldsymbol{g}=m\boldsymbol{a}_m=m(\boldsymbol{a}+\boldsymbol{a}')$$

$$-\boldsymbol{F}'_N+\boldsymbol{F}_N+m_木\boldsymbol{g}=m_木\boldsymbol{a}$$

将这两个矢量方程沿着 x 和 y 方向分解，可得

$$-F'_N\sin\theta=m(a-a'\cos\theta)$$

$$F'_N\cos\theta-mg=m(-a'\sin\theta)$$

$$F'_N\sin\theta=m_木 a$$

$$F_N-F'_N\cos\theta-m_木 g=0$$

联立求解以上各式，得到

$$a=\frac{m\sin\theta\cos\theta}{m_木+m\sin^2\theta}g$$

$$a'=\frac{(m+m_木)\sin\theta}{m_木+m\sin^2\theta}g$$

$$F'_N=\frac{m_木 m\cos\theta}{m_木+m\sin^2\theta}g$$

例 5

在相同的平直路面上，有一辆载重车 A 和一辆空载车 B 正在行驶，它们的质量分别为 m_A、m_B($m_A>m_B$)。若遇紧急情况"抱死"刹车（车轮完全不转），假设两辆汽车轮胎与地面的摩擦因数一致，且初始速度相同，均为 v_0，求两车滑行的距离 l_A 和 l_B.

[分析] 当车辆在地面上滑行时，阻力来自滑动摩擦力，根据牛顿第二定律算出各自（减）加速度，最终算出滑行距离.

[解答] 由题意知，车辆水平方向合力为摩擦力，由滑动摩擦力计算式，有

$$F_{fA}=\mu m_A g$$

$$F_{fB}=\mu m_B g$$

由牛顿第二定律得

$$a_A=\frac{F_{fA}}{m_A}=a_B=\frac{F_{fB}}{m_B}=\mu g=a$$

两者（减）加速度相等. 由 $v_t^2-v_0^2=-2al$，其中 $v_t=0$，$a=\mu g$，则有

$$l_A=l_B=\frac{v_0^2}{2a}=\frac{v_0^2}{2\mu g}$$

滑行路程相等.

[注意] 实际上，"抱死"刹车极易产生车身侧移，或翻车，因此实际刹车是需要"防抱死"（轮子间或转动），以防此类情况发生.

[拓展] "防抱死"刹车时的理论以及实践证实，载重车比空车的刹车距离更长才能停止，因此，载重车应预留更长的安全刹车距离.

本节练习

1. 一车辆沿弯曲公路运动. 作用在车辆上的力的方向是指向道路的外侧，还是指向道路的内侧？

2. 物体的速度很大，是否物体所受的力也很大？反之是否亦然？试举例说明.

章首问题答案

楼层高度为 $h=5$ m 的百货商场，电动扶梯的倾角为 $\alpha=45°$，扶梯运行速率为 $v_0=0.8\ \text{m}\cdot\text{s}^{-1}$. 某顾客从一楼扶梯端口 A 随扶梯运动到达六楼扶梯端口 B. 如略去顾客在楼层之间转弯的时间，问此人的平均速度 $\bar{v}$ 大小是多少？方向怎样？

解 (1) 顾客在从一楼到六楼的时间 Δt 内,其位移大小为 $|\Delta \boldsymbol{r}|=AB$,位移的方向由 A 指向 B.由题意可得知

$$|\Delta \boldsymbol{r}|=\sqrt{CB^2+AC^2}=\sqrt{25h^2+h^2}=\sqrt{26}h=25.50\ \mathrm{m}$$

设扶梯总长为 s.由于不考虑顾客在楼层之间的转弯时间,故顾客由一楼到六楼所需的时间为

$$\Delta t=\frac{s}{v_0}=\frac{5\sqrt{2}h}{v_0}=44.19\ \mathrm{s}$$

最后得

$$|\overline{\boldsymbol{v}}|=\frac{|\Delta \boldsymbol{r}|}{\Delta t}=0.58\ \mathrm{m}\cdot\mathrm{s}^{-1}$$

(2) 平均速度方向与位移方向相同.

这样就给出了章首问题的解答.

复习自测题

总　结

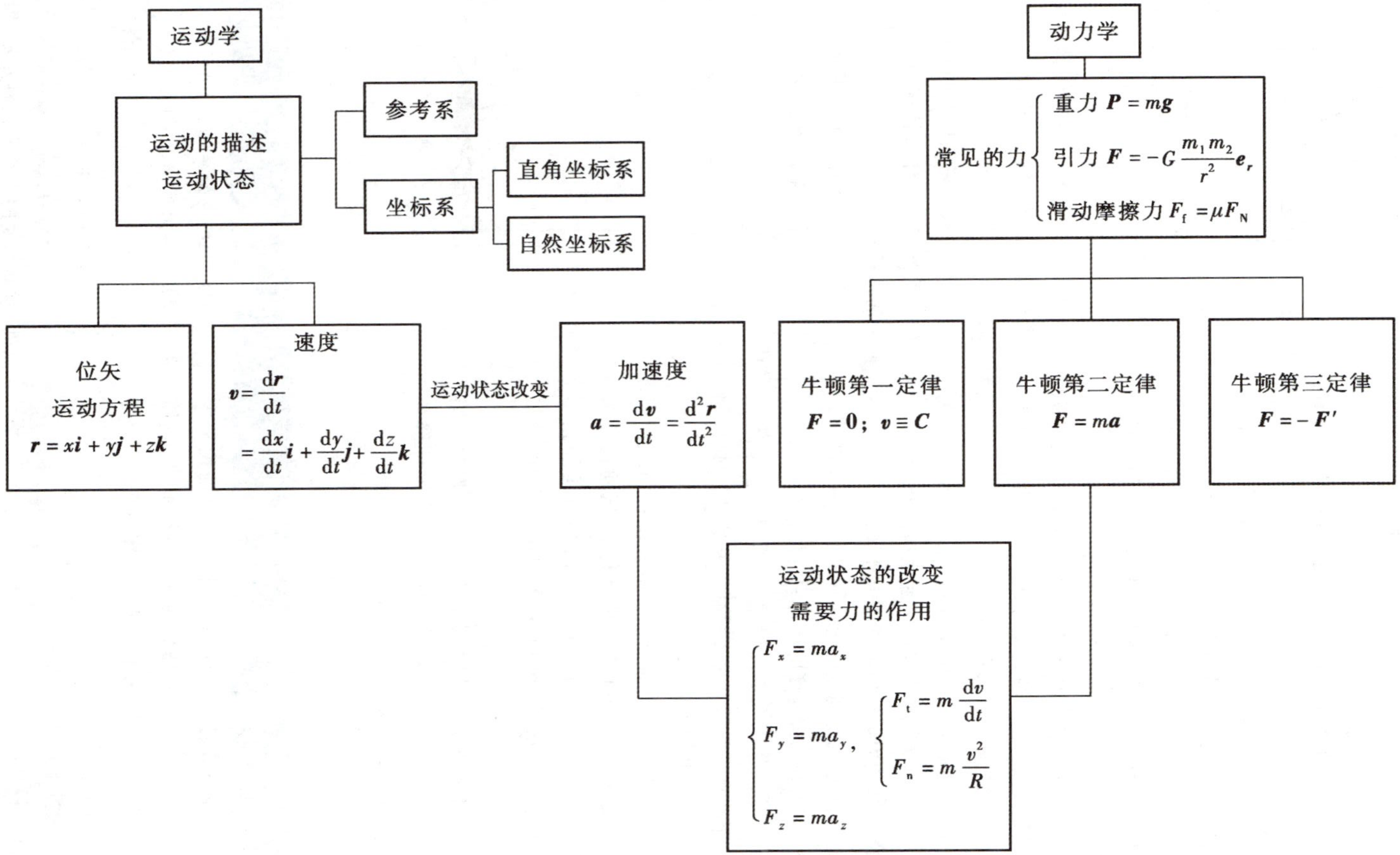
运动学
运动的描述
运动状态
参考系
坐标系
直角坐标系
自然坐标系
位矢
运动方程
$\boldsymbol{r}=x\boldsymbol{i}+y\boldsymbol{j}+z\boldsymbol{k}$
速度
$\boldsymbol{v}=\frac{\mathrm{d}\boldsymbol{r}}{\mathrm{d}t}=\frac{\mathrm{d}x}{\mathrm{d}t}\boldsymbol{i}+\frac{\mathrm{d}y}{\mathrm{d}t}\boldsymbol{j}+\frac{\mathrm{d}z}{\mathrm{d}t}\boldsymbol{k}$
运动状态改变
加速度
$\boldsymbol{a}=\frac{\mathrm{d}\boldsymbol{v}}{\mathrm{d}t}=\frac{\mathrm{d}^2\boldsymbol{r}}{\mathrm{d}t^2}$
动力学
常见的力
重力 $\boldsymbol{P}=m\boldsymbol{g}$
引力 $\boldsymbol{F}=-G\frac{m_1m_2}{r^2}\boldsymbol{e}_r$
滑动摩擦力 $F_f=\mu F_N$
牛顿第一定律
$\boldsymbol{F}=0$；$\boldsymbol{v}\equiv\boldsymbol{C}$
牛顿第二定律
$\boldsymbol{F}=m\boldsymbol{a}$
牛顿第三定律
$\boldsymbol{F}=-\boldsymbol{F}'$
运动状态的改变
需要力的作用
$F_x=ma_x$
$F_y=ma_y$，
$F_t=m\frac{\mathrm{d}v}{\mathrm{d}t}$
$F_n=m\frac{v^2}{R}$
$F_z=ma_z$

问题

1-1 在一艘内河轮船中，两个旅客有这样的对话：

甲：我静静地坐在这里好半天了，我一点也没有运动.

乙：不对，你看看窗外，河岸上的物体都飞快地向后掠去，船在飞快前进，你也在很快地运动.

试把他们对话的含义阐述得明确一些.旅客甲究竟是运动，还是静止？你是如何理解运动和静止这两个概念的？

1-2 一质点作匀速圆周运动，取其圆心为坐标原点.试问：质点的位矢与速度、位矢与加速度、速度与加速度的方向之间有何关系？

1-3 下列说法是否正确：

(1) 质点作圆周运动时的加速度指向圆心；

(2) 匀速圆周运动的加速度为常量；

(3) 只有法向加速度的运动一定是圆周运动；

(4) 只有切向加速度的运动一定是直线运动.

1-4 质点作匀变速圆周运动时，取其圆心为坐标原点，下述物理量的方向之间有何关系：(1) 位矢和速度，(2) 速度和加速度.

1-5 一只小鸟在水平面上沿直线以恒定速率相对地面飞行，一辆汽车在公路上行驶.试问在什么情况下，汽车上的观察者所观察到的小鸟是静止不动的？在什么情况下，他所观察到的小鸟似乎往回飞？

1-6 如图所示，轻绳与定滑轮间的摩擦力可略去不计，且 $m_1=2m_2$.若使质量为 m_2 的两个物体绕公共竖直轴转动，两边能否保持平衡？

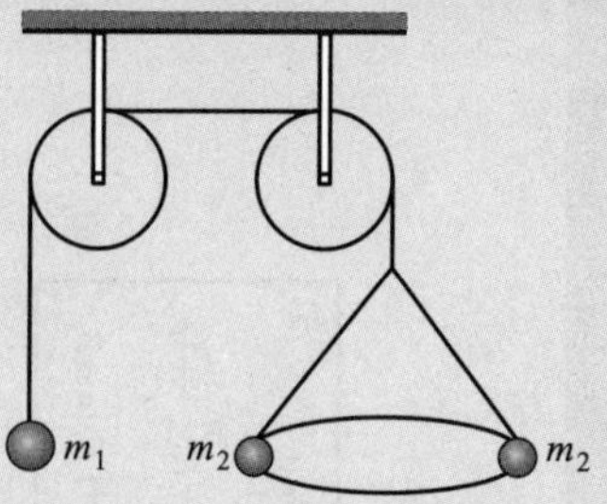

问题 1-6 图

1-7 冬天，人走在冰面稍微融化的道路上，较之走在冰面没有融化的道路上要滑得多.这是什么缘故？

1-8 一人站在电梯中的磅秤上，在什么情况下，他的视重为零？在什么情况下，他的视重大于他在地面上的体重？

1-9 在升降机中有一只海龟，如图所示.在什么情况下，海龟会“飘浮”在空中？

问题 1-9 图

习题

1-1 质点作曲线运动，在时刻 t 质点的位矢为 $\boldsymbol{r}$，速度为 $\boldsymbol{v}$，速率为 v，t 至 $t+\Delta t$ 时间内的位移为 $\Delta\boldsymbol{r}$，路程为 Δs，位矢大小的变化量为 Δr(或称 $\Delta|\boldsymbol{r}|$)，平均速度为 $\overline{\boldsymbol{v}}$，平均速率为 $\overline{v}$.

(1) 根据上述情况，则必有(　　).

(A) $|\Delta\boldsymbol{r}|=\Delta s=\Delta r$

(B) $|\Delta\boldsymbol{r}|\neq\Delta s\neq\Delta r$，当 $\Delta t\to0$ 时有 $|\mathrm{d}\boldsymbol{r}|=\mathrm{d}s\neq\mathrm{d}r$

(C) $|\Delta\boldsymbol{r}|\neq\Delta r\neq\Delta s$，当 $\Delta t\to0$ 时有 $|\mathrm{d}\boldsymbol{r}|=\mathrm{d}r\neq\mathrm{d}s$

(D) $|\Delta\boldsymbol{r}|\neq\Delta s\neq\Delta r$，当 $\Delta t\to0$ 时有 $|\mathrm{d}\boldsymbol{r}|=\mathrm{d}r=\mathrm{d}s$

(2) 根据上述情况，则必有(　　).

(A) $|\boldsymbol{v}|=v$，$|\overline{\boldsymbol{v}}|=\overline{v}$　　(B) $|\boldsymbol{v}|\neq v$，$|\overline{\boldsymbol{v}}|\neq\overline{v}$

(C) $|\boldsymbol{v}|=v$，$|\overline{\boldsymbol{v}}|\neq\overline{v}$　　(D) $|\boldsymbol{v}|\neq v$，$|\overline{\boldsymbol{v}}|=\overline{v}$

1-2 一运动质点在某瞬时位于位矢 $\boldsymbol{r}(x,y)$ 的端点处，对其速度的大小有四种意见，即

(1) $\dfrac{\mathrm{d}r}{\mathrm{d}t}$；(2) $\dfrac{\mathrm{d}\boldsymbol{r}}{\mathrm{d}t}$；(3) $\dfrac{\mathrm{d}s}{\mathrm{d}t}$；(4) $\sqrt{\left(\dfrac{\mathrm{d}x}{\mathrm{d}t}\right)^2+\left(\dfrac{\mathrm{d}y}{\mathrm{d}t}\right)^2}$.

下述判断正确的是(　　).

(A) 只有(1)(2)正确　　(B) 只有(2)正确

(C) 只有(2)(3)正确　　(D) 只有(3)(4)正确

1-3　一个质点在作圆周运动,则(　　).

(A) 切向加速度一定改变,法向加速度也改变

(B) 切向加速度可能不变,法向加速度一定改变

(C) 切向加速度可能不变,法向加速度不变

(D) 切向加速度一定改变,法向加速度不变

1-4　质点的运动方程为 $x=-10t+30t^2$ 和 $y=15t-20t^2$,式中 x、y 的单位为 m,t 的单位为 s.试求:(1) 初速度的大小和方向;(2) 加速度的大小和方向.

1-5　质点沿直线运动,加速度 $a=4-t^2$,式中 a 的单位为 $m\cdot s^{-2}$,t 的单位为 s.若当 $t=3$ s 时,$x=9$ m,$v=2\ m\cdot s^{-1}$,求质点的运动方程.

1-6　飞机以 $100\ m\cdot s^{-1}$ 的速度沿水平直线飞行,在离地面高为 100 m 时,驾驶员要把物品空投到前方某一地面目标处,此时目标在飞机正下方前多远?

1-7　一质点沿半径为 R 的圆周按规律 $s=v_0t-\frac{1}{2}bt^2$ 运动,v_0、b 都是大于零的常量.求 t 时刻质点的总加速度.

*1-8　一升降机以加速度 $1.22\ m\cdot s^{-2}$ 上升,当上升速度为 $2.44\ m\cdot s^{-1}$ 时,有一螺丝自升降机的天花板上松脱,天花板与升降机的底面相距 2.74 m.求:(1) 螺丝从天花板落到底面所需要的时间;(2) 螺丝相对升降机外固定柱子的下降距离.

*1-9　一无风的下雨天,一列火车以 $v_1=20.0\ m\cdot s^{-1}$ 的速度匀速前进,在车内的旅客看见玻璃窗外的雨滴和垂直方向成 75°角下降.求雨滴下落的速度 v_2.(设下降的雨滴作匀速运动.)

*1-10　如图所示,一汽车在雨中沿直线行驶,其速度为 $\boldsymbol{v}_1$,下落雨滴的速度方向与竖直方向的夹角为 θ,并偏向汽车运动前方,其速度为 $\boldsymbol{v}_2$.若车后有一长方形物体,问车速率 v_1 为多大时,此物体正好不会被雨水淋湿?

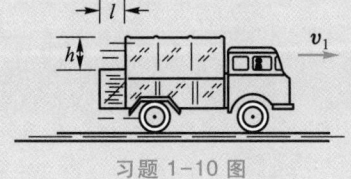

习题 1-10 图

1-11　用水平力 $\boldsymbol{F}_N$ 把一个物体压着靠在粗糙的竖直墙面上保持静止.当 $\boldsymbol{F}_N$ 逐渐增大时,物体所受的静摩擦 F_f 的大小(　　).

(A) 不为零,但保持不变

(B) 随 $\boldsymbol{F}_N$ 成正比地增大

(C) 开始随 $\boldsymbol{F}_N$ 增大,达到某一最大值后,就保持不变

(D) 无法确定

1-12　一段路面水平的公路,转弯处轨道半径为 R,汽车轮胎与路面间的摩擦因数为 μ,要使汽车不至于发生侧向打滑,汽车在该处的行驶速率(　　).

(A) 不得小于 $\sqrt{\mu gR}$

(B) 必须等于 $\sqrt{\mu gR}$

(C) 不得大于 $\sqrt{\mu gR}$

(D) 还应由汽车的质量 m 决定

1-13　一物体沿固定圆弧形光滑轨道由静止下滑,在下滑过程中,则(　　).

(A) 它的加速度方向永远指向圆心,其速率保持不变

(B) 它受到的轨道的作用力的大小不断增加

(C) 它受到的合外力大小变化,方向永远指向圆心

(D) 它受到的合外力大小不变,其速率不断增加

*1-14　图示系统置于以 $a=\frac{1}{4}g$ 的加速度上升的升降机内,A、B 两物体质量相同均为 m,A 所在的桌面是水平的,绳子和定滑轮质量均不计,若忽略滑轮轴上和桌面上的摩擦并不计空气阻力,则绳中张力为(　　).

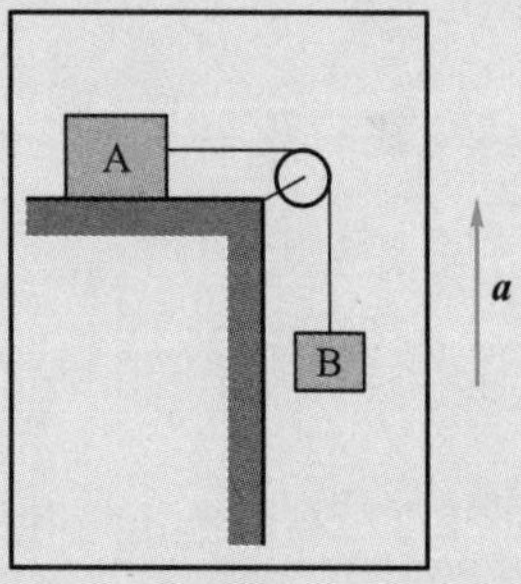

习题 1-14 图

(A) $\frac{5}{8}mg$　　(B) $\frac{1}{2}mg$

(C) mg　　(D) $2\ mg$

* 1-15 在如图所示的轻滑轮上有一轻绳，绳的两端连接着质量分别为 1 kg 和 2 kg 的物体 A 和 B，现以 50 N 的恒力 $\boldsymbol{F}$ 向上提滑轮的轴，不计滑轮质量及滑轮与绳间摩擦，问 A 和 B 的加速度各为多少？

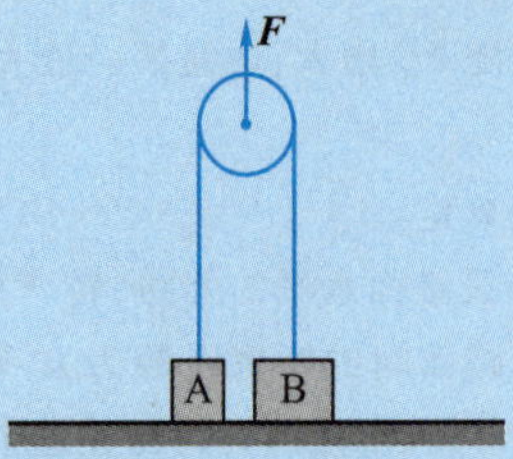

习题 1-15 图

* 1-16 一质量为 m 的小球最初位于如图所示的 A 点，然后沿半径为 r 的光滑圆轨道 $ADCB$ 下滑．试求小球到达点 C 时的角速度和对圆轨道的作用力．

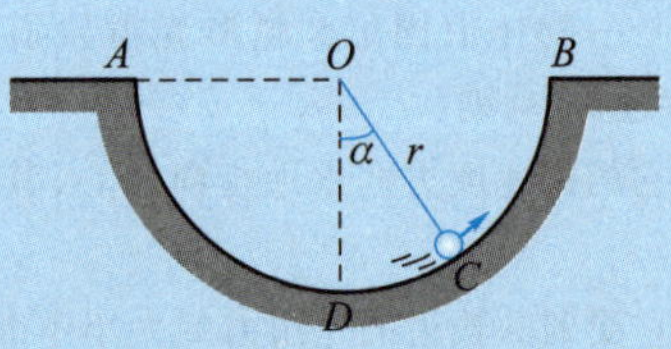

习题 1-16 图

* 1-17 光滑的水平桌面上放置一半径为 R 的固定圆环，物体紧贴环的内侧作圆周运动，其摩擦因数为 μ．开始时物体的速率为 v_0，求：(1) t 时刻物体的速率；(2) 当物体速率从 v_0 减少到 $\frac{1}{2}v_0$ 时，物体所经历的时间及经过的路程．

1-18 将一根粗绳绕书本（质量为 m）中央扎一圈，再取两根完全一样的细绳，分别在书的上方和下方系住粗绳．现拎起上方的细绳（拉力为 F_{T1}），使书本悬挂在空中，如图所示．另外一人同时拉紧下方的细绳（拉力为 F_{T2}，图中未画出）．在缓慢拉动细绳和迅速拉动细绳两种情况下，列出上、下两根细绳拉力的关系式，并比较两种情况下绳子中的拉力大小．

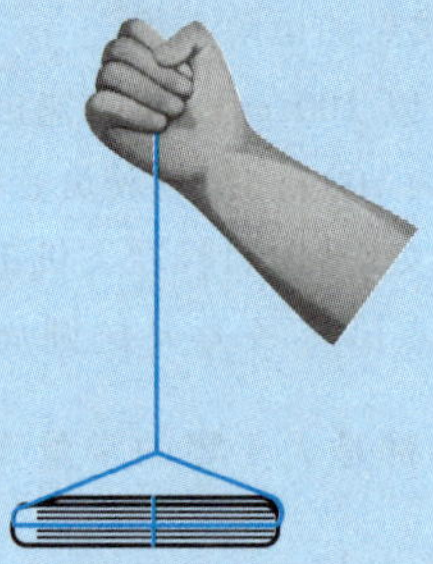
习题 1-18 图

习题答案

第二章　动量守恒定律和能量守恒定律

牛顿第二定律指出，在外力作用下，质点的运动状态要发生改变，获得加速度.然而力不仅作用于质点，更普遍地说是作用于质点系的.此外，力作用于质点或者质点系往往还持续一段时间，或者持续一段距离，这就涉及力对时间的累积作用或力对空间的累积作用.在这两种累积作用中，质点或质点系的动量、动能或能量将发生变化或转移.在一定条件下，质点系内的动量或能量将保持守恒.动量守恒定律和能量守恒定律不仅适用于机械运动，而且适用于物理学中各种运动形式.可以这样说，它们是自然界中已知的一些基本守恒定律中的两个.本章的主要内容有：质点和质点系的动量定理和动能定理，外力与内力、保守力与非保守力等概念，以及动量守恒定律、机械能守恒定律和能量守恒定律.

预习自测题

知识图谱

章首问题

道路交通安全法规要求汽车驾乘人员必须使用安全带.你知道安全带的作用吗？

（1）安全带是为了将人固定在座椅上，减少颠簸；

（2）只知道保护驾乘人员的安全，但不知道其中的道理；

（3）不系安全带会被罚款；

（4）不知道，似无此必要.

开车前请系好安全带

视频：简谈汽车驾乘人员安全性的力学问题

2-1 质点和质点系的动量定理 动量守恒定律

一、冲量 质点的动量定理

在上一章中，牛顿第二定律的表述形式为

$$\boldsymbol{F}=\frac{\mathrm{d}\boldsymbol{p}}{\mathrm{d}t}$$

上式可写成

$$\boldsymbol{F}\mathrm{d}t=\mathrm{d}\boldsymbol{p}$$

一般来说，作用在质点上的合力是随时间而改变的，即力是时间的函数，$\boldsymbol{F}=\boldsymbol{F}(t)$.此外，考虑到 $\boldsymbol{p}=m\boldsymbol{v}$，在时间间隔 $\Delta t=t_2-t_1$ 内，上式的积分为

$$\int_{t_1}^{t_2}\boldsymbol{F}(t)\,\mathrm{d}t=\overline{\boldsymbol{F}}\cdot\Delta t=\boldsymbol{p}_2-\boldsymbol{p}_1=m\boldsymbol{v}_2-m\boldsymbol{v}_1 \qquad (2-1)$$

式中 $\Delta t=t_2-t_1$，$\overline{\boldsymbol{F}}=\dfrac{\int_{t_1}^{t_2}\boldsymbol{F}(t)\,\mathrm{d}t}{t_2-t_1}$ 为平均冲力，$\boldsymbol{v}_1$ 和 $\boldsymbol{p}_1$ 是质点在时刻 t_1 的速度和动量，$\boldsymbol{v}_2$ 和 $\boldsymbol{p}_2$ 是质点在时刻 t_2 的速度和动量. $\int_{t_1}^{t_2}\boldsymbol{F}(t)\,\mathrm{d}t$ 为力对时间的积分，称为力的冲量，其方向与合力的平均冲力或动量变化的方向一致，用符号 $\boldsymbol{I}$ 表示.式(2-1)的物理意义是：在给定的时间间隔内，合力作用在质点上的冲量，等于质点在此时间内动量的增量.这就是质点的动量定理.

式(2-1)是质点动量定理的矢量表达式，在直角坐标系中，其分量式为

$$\left\{\begin{aligned}I_x&=\int_{t_1}^{t_2}F_x\mathrm{d}t=\overline{F}_x\cdot\Delta t=mv_{2x}-mv_{1x}\\I_y&=\int_{t_1}^{t_2}F_y\mathrm{d}t=\overline{F}_y\cdot\Delta t=mv_{2y}-mv_{1y}\\I_z&=\int_{t_1}^{t_2}F_z\mathrm{d}t=\overline{F}_z\cdot\Delta t=mv_{2z}-mv_{1z}\end{aligned}\right. \qquad (2-2)$$

显然，质点在某一方向上的动量增量，仅与该质点在此方向上所受合力的冲量有关.

一般来说,冲量的方向并不与动量的方向相同,而是与动量增量的方向相同,参见例 1.

例 1

如图 2-1 所示,一质量为 0.05 kg、速率为 10 m · s^{-1}的钢球,以与钢板法线呈 45°角的方向撞击在钢板上,并以相同的速率和角度弹出.设球与钢板的碰撞时间为 0.05 s.求在此碰撞时间内钢板所受到的平均冲力.

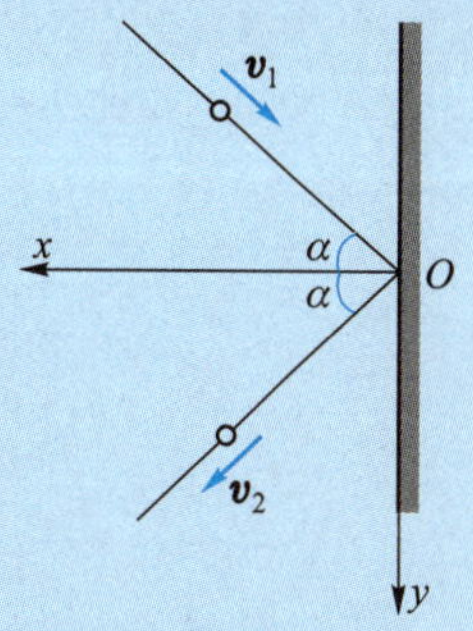

图 2-1

[解答] 由题意知 $v_1=v_2=v=10$ m · s^{-1},按图中选定的坐标系,$\boldsymbol{v}_1$ 和 $\boldsymbol{v}_2$ 均在 Oxy 平面内,故 $\boldsymbol{v}_1$ 在 Ox 轴和 Oy 轴上的分量为 $v_{1x}=-v\cos\alpha, v_{1y}=v\sin\alpha$, $\boldsymbol{v}_2$ 在 Ox 轴和 Oy 轴上的分量为 $v_{2x}=v\cos\alpha, v_{2y}=v\sin\alpha$. 由动量定理的分量式(2-2)可得,在碰撞过程中钢球所受的冲量为

$$\overline{F}_x\Delta t=mv_{2x}-mv_{1x}=2mv\cos\alpha$$

$$\overline{F}_y\Delta t=mv_{2y}-mv_{1y}=0$$

因此,钢球所受冲量的大小为 $I=\overline{F}\Delta t=\overline{F}_x\Delta t=2mv\cos\alpha$.它的方向沿 Ox 轴正方向,与钢球动量的变化方向一致.

这样,在时间间隔 Δt 内,钢球受的平均冲力为

$$\overline{F}=\overline{F}_x=\frac{2mv\cos\alpha}{\Delta t}$$

若令 $\overline{\boldsymbol{F}}'$为球对钢板作用的平均冲力,则由牛顿第三定律有 $\overline{\boldsymbol{F}}=-\overline{\boldsymbol{F}}'$,即钢球对钢板作用的平均冲力与钢板对球作用的平均冲力大小相等,方向相反,故有

$$\overline{F}'=\frac{2mv\cos\alpha}{\Delta t}$$

代入已知数据,得

$$\overline{F}'=14.1\ \text{N}$$

$\overline{\boldsymbol{F}}'$的方向与 Ox 轴正方向相反.第五章第 5-3 节讨论气体压强公式的方法,与本例的讨论方法相似.

二、质点系的动量定理

上面我们讨论了质点的动量定理.然而在许多问题中还需研究由一些质点构成的质点系的动量变化与作用在质点系上的力之间的关系,比如火箭飞行等问题.

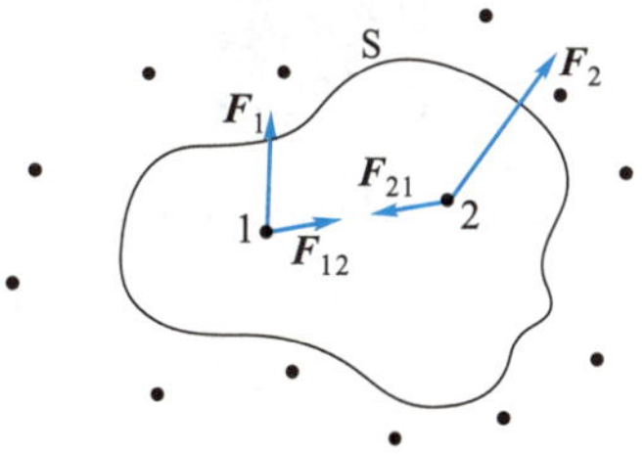

图 2-2 质点系的内力和外力

如图 2-2 所示,在系统 S 内有两个质点 1 和 2,它们的质量分别为 m_1 和 m_2.系统外的质点对它们作用的力称为外力,系统内质点间的相互作用力则称为内力.设作用在质点上的外力分别是 $\boldsymbol{F}_1$ 和 $\boldsymbol{F}_2$,而两质点间相互作用的内力分别为 $\boldsymbol{F}_{12}$和 $\boldsymbol{F}_{21}$.根据质点的动量定理,在时间间隔 $\Delta t=t_2-t_1$ 内,两质点所受力的冲量和动量增量分别为

$$\int_{t_1}^{t_2}(\boldsymbol{F}_1+\boldsymbol{F}_{12})\mathrm{d}t=m_1\boldsymbol{v}_1-m_1\boldsymbol{v}_{10}$$

和

$$\int_{t_1}^{t_2}(\boldsymbol{F}_2+\boldsymbol{F}_{21})\mathrm{d}t=m_2\boldsymbol{v}_2-m_2\boldsymbol{v}_{20}$$

将以上两式相加,有

$$\int_{t_1}^{t_2}(\boldsymbol{F}_1+\boldsymbol{F}_2)\mathrm{d}t+\int_{t_1}^{t_2}(\boldsymbol{F}_{12}+\boldsymbol{F}_{21})\mathrm{d}t$$

$$=(m_1\boldsymbol{v}_1+m_2\boldsymbol{v}_2)-(m_1\boldsymbol{v}_{10}+m_2\boldsymbol{v}_{20}) \qquad (2-3)$$

由牛顿第三定律知,内力 $\boldsymbol{F}_{12}=-\boldsymbol{F}_{21}$,故上式写为

$$\int_{t_1}^{t_2}(\boldsymbol{F}_1+\boldsymbol{F}_2)\mathrm{d}t=(m_1\boldsymbol{v}_1+m_2\boldsymbol{v}_2)-(m_1\boldsymbol{v}_{10}+m_2\boldsymbol{v}_{20})$$

上式表明,作用于两质点组成的系统的合外力的冲量等于系统内两质点动量之和的增量,亦即系统的动量增量.从两个质点的系统来看,内力对系统的动量增量无贡献.

上述结论容易推广到由 n 个质点所组成的系统.如果系统内含有 n 个质点,设作用于系统的合外力用 $\boldsymbol{F}^{\mathrm{ex}}$ 表示,且系统的初动量和末动量各为 $\boldsymbol{p}_0$ 和 $\boldsymbol{p}$,那么有

$$\int_{t_1}^{t_2}\boldsymbol{F}^{\mathrm{ex}}\mathrm{d}t=\sum_{i=1}^{n}m_i\boldsymbol{v}_i-\sum_{i=1}^{n}m_i\boldsymbol{v}_{i0} \qquad (2-4a)$$

或

$$\boldsymbol{I}=\boldsymbol{p}-\boldsymbol{p}_0 \qquad (2-4b)$$

上式表明,作用于系统的合外力的冲量等于系统动量的增量.这就是质点系的动量定理.

如同质点的动量定理一样,我们也可将上式写成像式(2-2)那样的分量式.

需要强调指出:只有外力才对系统的动量变化有贡献,而系统的内力(系统内各质点间的相互作用)是不能改变整个系统的动量的.

在人造地球卫星的定轨和运行过程中,常常需要纠正同步卫星的运行轨道.近来,采用一种叫做离子推进器①的系统所产生的推力,使卫星能保持在适当的方位上.其基本原理就是质点系的动量定理.

文档:离子推进器

三、动量守恒定律

从式(2-4)可以看出,当系统所受合外力为零,即 $\boldsymbol{F}^{\mathrm{ex}}=\boldsymbol{0}$ 时,系统的总动量的增量亦为零,即 $\boldsymbol{p}-\boldsymbol{p}_0=\boldsymbol{0}$.这时系统的总动量保持

① 可参阅马文蔚等主编《物理学原理在工程技术中的应用》(第四版)之“离子推进器”,高等教育出版社,2015 年.

不变，即

$$\boldsymbol{p}=\sum_{i=1}^{n} m_i \boldsymbol{v}_i=\text{常矢量} \tag{2-5a}$$

这就是动量守恒定律，它的表述为：当系统所受合外力为零时，系统的总动量将保持不变. 式(2-5a)是动量守恒定律的矢量式. 在直角坐标系中，其分量式为

$$\begin{cases} p_x=\sum m_i v_{ix}=C_1 \quad (F_x^{\mathrm{ex}}=0) \\ p_y=\sum m_i v_{iy}=C_2 \quad (F_y^{\mathrm{ex}}=0) \\ p_z=\sum m_i v_{iz}=C_3 \quad (F_z^{\mathrm{ex}}=0) \end{cases} \tag{2-5b}$$

式中 C_1、C_2 和 C_3 均为常量.

在应用动量守恒定律时应该注意以下几点：

(1) 在动量守恒定律中，系统的动量是守恒量或不变量. 由于动量是矢量，故系统的总动量不变是指系统内各物体动量的矢量和不变，而不是指其中某一个物体的动量不变. 此外，各物体的动量还必须相对于同一惯性参考系.

(2) 系统的动量守恒是有条件的. 这个条件就是系统所受的合外力必须为零. 然而，有时系统所受的合外力虽不为零，但与系统的内力相比较，外力远小于内力，这时可以略去外力对系统的作用，认为系统的动量是守恒的. 像碰撞、打击、爆炸等这类问题，一般都可以这样来处理，这是因为参与碰撞的物体的相互作用时间很短，相互作用内力很大，而一般的外力(如空气阻力、摩擦力或重力)与内力比较，可忽略不计，所以在碰撞的过程中，可认为参与碰撞的物体系统的总动量保持不变.

(3) 如果系统所受外力的矢量和并不为零，但合外力在某个方向上的分矢量为零，此时，系统的总动量虽不守恒，但在该方向的分动量却是守恒的. 这一点对处理某些问题是很有用的.

(4) 动量守恒定律是物理学最普遍、最基本的定律之一. 动量守恒定律虽然是从表述宏观物体运动规律的牛顿运动定律导出的，但近代的科学实验和理论分析都表明：在自然界中，大到天体间的相互作用，小到质子、中子、电子等微观粒子间的相互作用，它们都遵守动量守恒定律；而在原子、原子核等微观领域中，牛顿运动定律却是不适用的. 因此，动量守恒定律比牛顿运动定律更加基本，它与能量守恒定律一样，是自然界中最普遍、最基本的定律之一.

动画：爆炸中的动量守恒

例 2

“从对接机构接触开始，7 分钟后完成捕获、缓冲、拉近和锁紧四个过程，最终实现两航天器刚性连接，形成组合体.对接机构上装有 4 个弹簧装置，在对接时，通过两个航天器压缩，弹簧积存能量，在需要分离时，通过储存的能量再将两个航天器弹开.”这是一段有关天宫与神舟对接的新闻报道.

图 2-3 天宫与神舟对接

天宫与神舟对接（图 2-3）任务的完成，标志着我国已初步掌握建立空间站的关键技术.天宫的质量 $m_1=8.5\times10^3\ \mathrm{kg}$，飞行速度 $v_1=7\ 000\ \mathrm{m\cdot s^{-1}}$；神舟的质量 $m_2=8.1\times10^3\ \mathrm{kg}$，为有效完成连接，神舟以相对速度 $v'=0.2\ \mathrm{m\cdot s^{-1}}$ 接近并与天宫实现软连接（有储能弹性环的缓冲作用）.求：(1) 实现“软连接”后的共同速度；(2) 连接过程中损失的动能.

[分析] 以神舟和天宫为系统，忽略外界的作用（如地球的引力等），无论系统内的连接机械多么复杂，在对接过程中，系统的动量总是守恒的.

[解答] (1) 在对接瞬间，神舟相对于地面的速度 $v_2=v_1-v'$（神舟在天宫运动的前方相对靠近），而对接后，它们的速度为 v.于是，由式(2-5a)有

$$m_1v_1+m_2(v_1-v')=(m_1+m_2)v$$

即

$$v=\frac{m_1v_1+m_2(v_1-v')}{m_1+m_2}\approx 6\ 999.9\ \mathrm{m\cdot s^{-1}}$$

(2) 动能的变化为

$$\Delta E_k=\frac{1}{2}m_1v_1^2+\frac{1}{2}m_2v_2^2-\frac{1}{2}(m_1+m_2)v^2$$

代入数值计算可得

$$\Delta E_k\approx 83\ \mathrm{J}$$

这个损失的动能，有很大部分储存在弹性环中，并在天宫与神舟分离时，作为弹射能释放出来，只有少部分动能损失在机械碰撞中.

[注意] 天宫与神舟绕地球飞行的轨迹并非严格的圆，所以，系统动量守恒具有近似意义.严格的计算要用到角动量守恒.

[拓展] 怎样保证两个飞行器撞得上还弹不开，这靠的是对接机构上的捕获锁；在弹不开的基础上还必须保证相撞后，损耗的能量能马上消解，这靠的是对接机构上的摩擦和阻力装置，可以将动能转化为热能进行释放.

2-2 动能定理 保守力与非保守力 能量守恒定律

一、功 动能定理

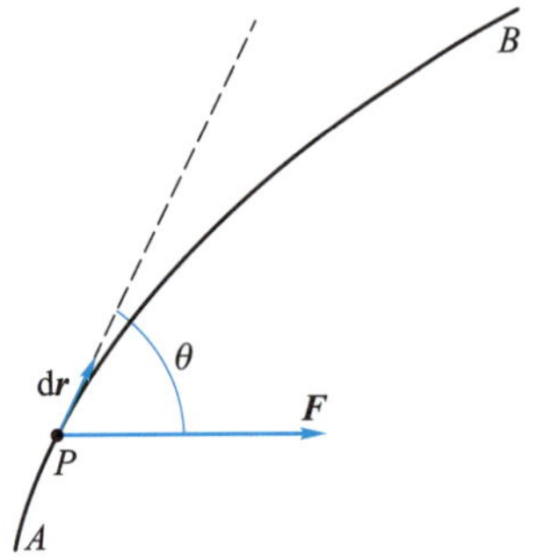

图 2-4 功的定义

一质点在变力的作用下沿路径 AB 运动，如图 2-4 所示.质点在任意位置 P 处，受力 $\boldsymbol{F}$ 作用而发生元位移 $\mathrm{d}\boldsymbol{r}$，$\boldsymbol{F}$ 与 $\mathrm{d}\boldsymbol{r}$ 间的夹角为 θ.定义功为：力在位移方向的分量与该位移大小的乘积.按此

定义，力 $\boldsymbol{F}$ 所做的元功为

$$\mathrm{d}W=F\cos\theta|\mathrm{d}\boldsymbol{r}| \tag{2-6a}$$

如果用 $\mathrm{d}s$ 表示 $|\mathrm{d}\boldsymbol{r}|$ 的大小，即 $\mathrm{d}s=|\mathrm{d}\boldsymbol{r}|$，那么上式也可写成

$$\mathrm{d}W=F\cos\theta\mathrm{d}s \tag{2-6b}$$

从上式可看出，当 $90°>\theta>0°$ 时，功为正值，即力对质点做正功；当 $90°<\theta\leqslant180°$ 时，功为负值，即力对质点做负功.

由于力 $\boldsymbol{F}$ 和位移 $\mathrm{d}\boldsymbol{r}$ 均为矢量，按矢量的标积定义，式(2-6a)等号右边为 $\boldsymbol{F}$ 与 $\mathrm{d}\boldsymbol{r}$ 的标积为

$$\mathrm{d}W=\boldsymbol{F}\cdot\mathrm{d}\boldsymbol{r} \tag{2-6c}$$

上式表明，虽然力和位移都是矢量，但它们的标积——功却是标量.

质点从点 A 移到点 B 时，变力所做的功应等于力在每段元位移上所做元功的代数和(图 2-5)，即

$$W=\int\mathrm{d}W=\int_A^B\boldsymbol{F}\cdot\mathrm{d}\boldsymbol{r}=\int_A^B F\cos\theta\mathrm{d}s=\int_A^B F_t\mathrm{d}s \tag{2-7}$$

上式是变力做功的表达式，其中 $\mathrm{d}s$ 是元位移 $\mathrm{d}\boldsymbol{r}$ 的值.

上面讨论的是一个变力对质点所做的功.若同时有几个力作用在质点上，那么合力做的功等于每一个力单独做功的代数和，即

$$W=W_1+W_2+W_3+\cdots+W_n \tag{2-8}$$

显然，功是力对空间的积累，其效果是什么呢？

如图 2-6 所示，一质量为 m 的质点在合外力 $\boldsymbol{F}$ 作用下，自点 A 沿曲线移动到点 B，它在点 A 和点 B 的速率分别为 v_1 和 v_2.设作用在元位移 $\mathrm{d}\boldsymbol{r}$ 上的合外力 $\boldsymbol{F}$ 与 $\mathrm{d}\boldsymbol{r}$ 之间的夹角为 θ.由式(2-7)和牛顿第二定律 $\left(\boldsymbol{F}=m\dfrac{\mathrm{d}\boldsymbol{v}}{\mathrm{d}t}\right)$ 可推得，在质点自点 A 移至点 B 这一过程中，合力 $\boldsymbol{F}$ 所做的总功为

$$W=\int_{v_1}^{v_2}mv\mathrm{d}v=\frac{1}{2}mv_2^2-\frac{1}{2}mv_1^2 \tag{2-9a}$$

式中 $\dfrac{1}{2}mv^2$ 是与质点的运动状态有关的动能，用 E_k 表示，这样，$E_{k1}=\dfrac{1}{2}mv_1^2$ 和 $E_{k2}=\dfrac{1}{2}mv_2^2$ 分别表示质点在起始和终了位置时的动能.式(2-9a)可写成

$$W=E_{k2}-E_{k1} \tag{2-9b}$$

上式表明，合力对质点所做的功等于质点动能的增量.这个结论

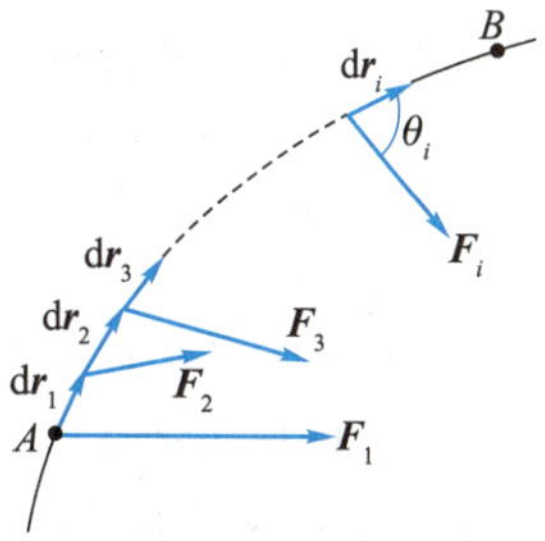

图 2-5 变力的功

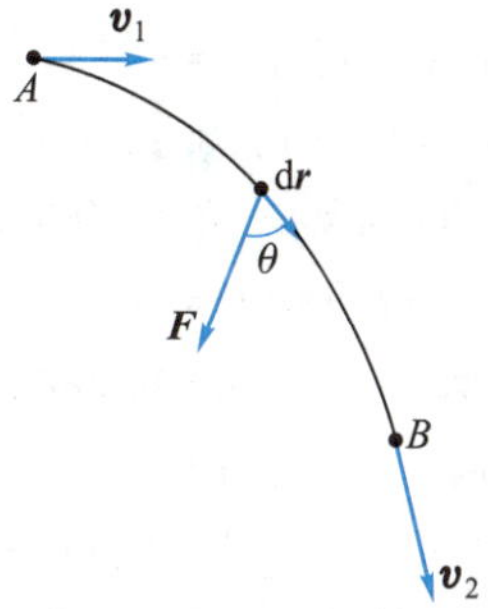

图 2-6 动能定理

焦耳

文档：焦耳

就叫做质点的动能定理.

在国际单位制中,功与动能的单位都为焦耳,符号为 J.

例 1

如图 2-7(a)所示,一质量 m 为 225 kg 的保险箱静止放置在光滑地面上,甲、乙两人分别用力 F_1(24.0 N)和拉力 F_2(20.0 N)同时作用于此物体,使它沿直线移动了 $d=8.50$ m.问:(1) 两人对保险箱做的功为多少?(2) 两人对保险箱做功后,它的速率变为多大?

[分析] 如图 2-7(b)所示,保险箱除受推力 $\boldsymbol{F}_1$ 和拉力 $\boldsymbol{F}_2$ 作用外,还受重力 $\boldsymbol{P}$ 和地面的支撑力 $\boldsymbol{F}_N$ 的作用,但 $\boldsymbol{P}$ 和 $\boldsymbol{F}_N$ 这两个力的方向均与保险箱移动的方向垂直,所以它们对保险箱均不做功. 于是,在保险箱移动过程中只有推力 $\boldsymbol{F}_1$ 和拉力 $\boldsymbol{F}_2$ 做功.它们所做的功分别用 W_1 和 W_2 表示,它们对保险箱所做的总功则为 $W=W_1+W_2$,即保险箱受到的合功.

[解答] (1) 考虑到推力和拉力为恒力,由式(2-7)可得 $\boldsymbol{F}_1$ 和 $\boldsymbol{F}_2$ 分别做的功为

$$W_1=F_1 d\cos\theta_1=24.0\times8.50\times\cos 30^\circ\ \text{J}=176.66\ \text{J}$$

$$W_2=F_2 d\cos\theta_2=20.0\times8.50\times\cos 40^\circ\ \text{J}=130.22\ \text{J}$$

则两人做的总功为

$$W=W_1+W_2=306.88\ \text{J}$$

(2) 考虑到保险箱初始速率 v_0 为零,由动能定理式(2-9a)有

$$W=\frac{1}{2}mv^2-0$$

式中 v 即两人对物体做功后物体的速率,即

$$v=\sqrt{\frac{2W}{m}}=\sqrt{\frac{2\times306.88}{225}}=1.65\ \text{m}\cdot\text{s}^{-1}$$

[注意] 若甲、乙两人的推力和拉力是变化的,功的计算要用到积分运算.

[拓展] 如地面与保险箱之间的动摩擦因数 $\mu=0.12$.解答(2)需作什么变化呢?

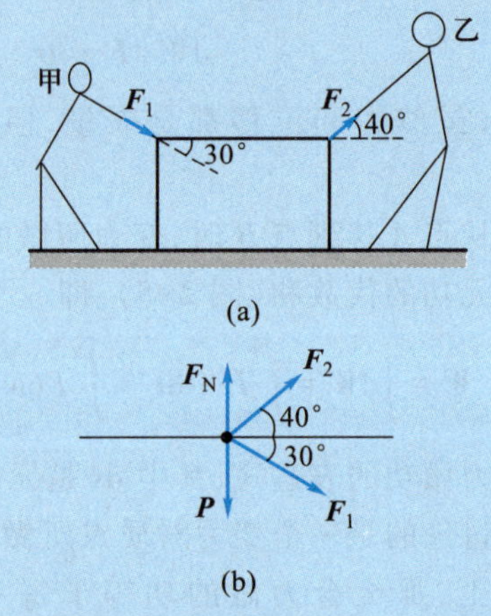

图 2-7

二、保守力与非保守力 势能

质点的动能定理让我们看到,合力做的功只与动能状态的改变有关,与实际路径无关.在各种作用力中,有些力本身就具有做功与路径无关的特性,有些却没有.这使我们认识到另一个运动状态量——势能.

1. 几种力做功的特点

(a) 万有引力做功

如图 2-8 所示，有两个质量分别为 m 和 m' 的质点，其中质点 m' 固定不动①，m 经任一路径由点 A 运动到点 B.若取 m' 的位置为坐标原点，则 A、B 两点对 m' 的距离分别为 r_A 和 r_B.设在某一时刻，质点 m 距质点 m' 的距离为 r，其位矢为 $\boldsymbol{r}$，这时质点 m 受到质点 m' 的万有引力为

$$\boldsymbol{F}=-G\frac{m'm}{r^2}\boldsymbol{e}_r$$

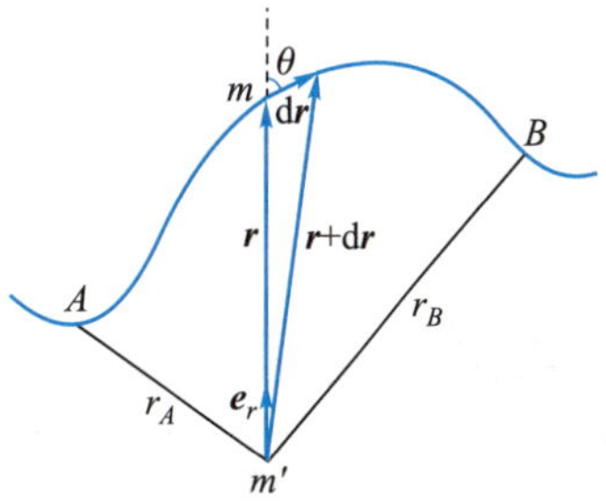

图 2-8 万有引力做功

式中 $\boldsymbol{e}_r$ 为沿位矢 $\boldsymbol{r}$ 的单位矢量.当 m 沿路径发生元位移 $\mathrm{d}\boldsymbol{r}$，万有引力做的元功为

$$\mathrm{d}W=\boldsymbol{F}\cdot\mathrm{d}\boldsymbol{r}$$

质点 m 从点 A 沿任一路径到达点 B 的过程中，万有引力做的总功为

$$W=\int\mathrm{d}W=\int_A^B\boldsymbol{F}\cdot\mathrm{d}\boldsymbol{r}$$

通过计算②可得

$$W=Gm'm\left(\frac{1}{r_B}-\frac{1}{r_A}\right) \tag{2-10}$$

上式表明，当质点的质量 m' 和 m 给定时，万有引力做的功只取决于质点的起始和终了位置（r_A 和 r_B），而与所经过的路径无关.这是万有引力做功的一个重要特点.

(b) 重力做功

如图 2-9 所示，设一个质量为 m 的质点，在重力作用下从点 A 沿路径 ACB 至点 B，点 A 和点 B 距地面的高度分别为 y_A 和 y_B.因为质点运动的路径为一曲线，所以重力和质点运动方向之间的夹角是不断变化的.我们把路径 ACB 分成许多元位移.在发生元位移 $\mathrm{d}\boldsymbol{r}$ 的过程中，重力 $\boldsymbol{P}$ 做的元功为

$$\mathrm{d}W=\boldsymbol{P}\cdot\mathrm{d}\boldsymbol{r}$$

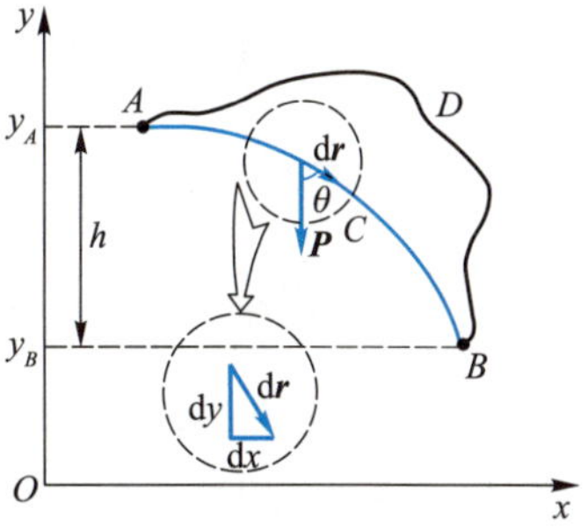

图 2-9 重力沿任意路径对物体做的功

质点由点 A 移至点 B 的过程中，重力做的总功为

$$W=\int_A^B\boldsymbol{P}\cdot\mathrm{d}\boldsymbol{r}$$

通过计算可得

$$W=-(mgy_B-mgy_A)=mgh \tag{2-11}$$

若从点 A 沿路径 ADB 至点 B，显然结果是一样的.上述结果表明，

① 在一般情况下，质量为 m' 和质量为 m 的质点都是运动的，但若 $m'\gg m$，就可以把质量为 m' 的质点看成是不动的.

② 详细推导过程可参阅马文蔚等编《物理学教程》（第四版）上册 57 页，高等教育出版社，2023 年.

重力做的功只与质点的起始和终了位置(y_A 和 y_B)有关,而与所经过的路径无关.这是重力做功的一个重要特点.实际上,重力做功只是万有引力在近地表小范围内做功的特例,因而其与路径的无关性和万有引力做功一致.

(c) 弹性力做功

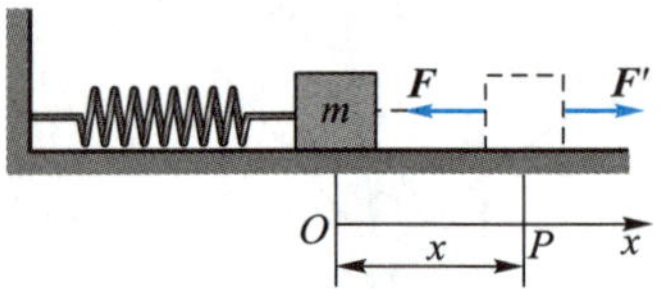

图 2-10 弹簧的伸长

图 2-10 所示是一放置在光滑平面上的弹簧,弹簧的一端固定,另一端与一质量为 m 的物体相连接.当弹簧在水平方向不受外力作用时,它将不发生形变,此时物体位于点 O(即位于 $x=0$ 处),这个位置叫做平衡位置.现以平衡位置 O 为坐标原点建立坐标系,向右为 Ox 轴正方向.

若物体受到沿 Ox 轴正方向的外力 $\boldsymbol{F}'$作用,弹簧将沿 Ox 轴正方向被拉长,弹簧的伸长量即其位移为 x.根据胡克定律,在弹性限度内,弹簧的弹性力 $\boldsymbol{F}$ 与弹簧的伸长量 x 之间的关系为

$$\boldsymbol{F}=-kx\boldsymbol{i}$$

式中 k 称为弹簧的弹性系数.物体位移为 $\mathrm{d}\boldsymbol{x}$ 时,弹性力做的元功为

$$\mathrm{d}W=\boldsymbol{F}\cdot\mathrm{d}\boldsymbol{x}$$

弹簧的伸长量由 x_1 变到 x_2 时,弹性力做的总功

$$W=\int\mathrm{d}W=\int_{x_1}^{x_2}\boldsymbol{F}\cdot\mathrm{d}\boldsymbol{x}$$

通过计算得

$$W=-\left(\frac{1}{2}kx_2^2-\frac{1}{2}kx_1^2\right) \tag{2-12}$$

从式(2-12)可以看出,对在弹性限度内具有给定弹性系数的弹簧来说,弹性力做的功只由弹簧的起始和终了位置(x_1 和 x_2)决定,而与弹性形变的过程无关.这一特点与重力做功和万有引力做功的特点是相同的.

2. 保守力与非保守力

从上述对重力、万有引力和弹性力做功的讨论中可以看出,它们所做的功只与质点(或弹簧)的始、末位置有关,而与路径无关.这是它们做功的一个共同特点.我们把具有这种特点的力称为保守力.除了上面所讲的万有引力、重力和弹性力是保守力外,电荷间相互作用的库仑力和原子间相互作用的分子力也是保守力.

然而,在物理学中并非所有的力都具有做功与路径无关这一特点,例如常见的摩擦力,它所做的功就与路径有关,路径越长,摩擦力做的功也越大.显然,摩擦力就不具有保守力做功的特点.我们把这种做功与路径有关的力称为非保守力.摩擦力就是一种

非保守力.

3. 势能 势能曲线

从上面关于万有引力、重力和弹性力做功的讨论中，我们知道这些力做功均只与物体的始末位置有关（这些力称为保守力），为此，可以引入势能的概念. 我们把与物体位置有关的能量称作物体的势能，用符号 E_p 表示. 于是，三种势能分别为

$$\begin{cases}\text{引力势能} \quad E_p=-G\dfrac{m'm}{r} \\ \text{重力势能} \quad E_p=mgy^{①} \\ \text{弹性势能} \quad E_p=\dfrac{1}{2}kx^2\end{cases}$$

式(2-10)、式(2-11)和式(2-12)可统一写成

$$W=-(E_{p2}-E_{p1})=-\Delta E_p \qquad (2-13)$$

上式表明，保守力对物体做的功等于物体势能增量的负值.

为加深对势能的物理含义的理解，我们需强调指出：(1) 势能是状态量. 在不同保守力作用的情况下，尽管势能的表达式各不相同，但都与所经历的路径无关. (2) 势能是属于系统的. 例如重力势能是属于地球和物体所组成的系统的. 应当注意，平常叙述时，常将物体和地球系统的重力势能说成是物体的重力势能，这只是叙述上的简便而已，其实它是属于物体和地球系统的. 万有引力势能和弹性势能也是如此. (3) 势能的相对性. 势能的大小与势能零点的选取有关. 虽然原则上说势能零点的选取是任意的，但一般选取物体位于地面的重力势能为零；两物体相距无限远时，万有引力势能为零；弹簧处于自然状态时，弹性势能为零. 上述三种势能公式正是以这样的势能零点设定为前提的.

当势能零点确定后，势能便仅是物体所在位置的坐标的函数. 依此函数画出的势能随坐标变化的曲线，称为势能曲线. 图 2-11(a) 是重力势能曲线. 图 2-11(b) 是弹性势能曲线，该曲线是过原点的抛物线，原点为弹簧处于自然状态的位置，该处势能为零. 图 2-11(c) 是引力势能曲线，从图中可以看出，当 $r\to\infty$ 时，引力势能趋于零.

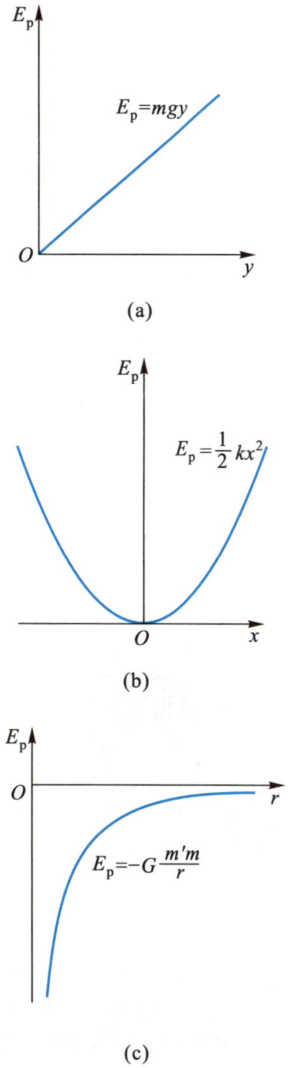

图 2-11 势能曲线

① 地球表面附近物体的重力势能为 mgy，其本质乃引力势能，可由引力势能公式导得.

三、功能原理　机械能守恒和能量守恒定律

前面我们讨论了质点机械运动的能量——动能和势能，以及合力对质点做功引起质点动能改变的动能定理.可是，在许多实际问题中，我们需要研究由许多质点所构成的系统.这时系统内的质点，既受到系统内各质点之间相互作用的内力，又可能受到系统外的质点对系统内质点作用的外力.例如把弹簧和与弹簧相连接的物体视为一个系统时，弹簧与物体间的作用力为内力，而空气对弹簧和物体的阻力为外力.

1. 质点系的功能原理

质点受到若干力的作用，如果其中某力为保守力，则由质点的动能定理式(2-9b)和保守力做功式(2-13)，可得其他作用力做的功 W_{nc} 的表达式：

$$W_{\mathrm{nc}}=(E_{\mathrm{k2}}+E_{\mathrm{p2}})-(E_{\mathrm{k1}}+E_{\mathrm{p1}})=E_2-E_1 \tag{2-14}$$

动能和势能统称为机械能，上式中的 $E=E_{\mathrm{k}}+E_{\mathrm{p}}$ 为总机械能，式(2-14)表明，质点所受非保守力做的功的总和等于质点的机械能变化量(增量).这称为质点的功能原理.

此结果很容易推广到两个及两个以上的质点系，只是非保守力做功一项形式上可分为外力做的功 W^{ex} 和非保守内力做的功 $W_{\mathrm{nc}}^{\mathrm{in}}$，即

$$W^{\mathrm{ex}}+W_{\mathrm{nc}}^{\mathrm{in}}=\sum_{i=1}^{n}E_{i2}-\sum_{i=1}^{n}E_{i1}=E_2-E_1 \tag{2-15}$$

上式表明，质点系中的各质点的机械能总和 $E=\sum\limits_{i=1}^{n}E_i$ 的变化量(增量)等于作用在质点系上的外力做的功与非保守内力做的功的和.这就是质点系的功能原理.

文档：关于荡秋千的能量分析

例 2

小明质量为 20 kg，他坐在离地高度为 0.40 m 的秋千上，妈妈在一旁向后推秋千至离地 1.00 m 处后由静止释放，小明到达最低点时的速率为 2.0 $\mathrm{m\cdot s^{-1}}$，问：这一过程中阻力做了多少功？(g 取 10 $\mathrm{m\cdot s^{-2}}$.)

[分析] 秋千在摆动过程中重力做功，对应有势能变化，同时有阻力做功，即待求量；摆绳中的作用力不做功.

[解答] 选秋千最低点为势能零点.由功能原理，有

$$W_{\mathrm{f}}=E_2-E_1=\frac{1}{2}mv^2-mg\Delta h$$

其中 $\Delta h=(1-0.4)\,\mathrm{m}=0.6\ \mathrm{m}$，则有

$$W_f=\left(\frac{1}{2}\times20\times2^2-20\times10\times0.6\right)\mathrm{J}=-80\ \mathrm{J}$$

说明阻力做功使小明损失了 80 J 的机械能.

［注意］ 此题秋千的初始能量是小明妈妈施加在秋千上的，之后小明与秋千的摆动是“自由”的运动.若阻力一直作用在秋千及小明身上，秋千最终将停止摆动.

［拓展］ 若没有小明妈妈的外力作用，利用小明自身在秋千上的运动，能否使秋千摆动起来，并越摆越高呢？请阅读二维码文档：关于荡秋千的能量分析.

2. 机械能守恒

从质点系的功能原理式（2-15）可以看出，当 $W^{ex}+W_{nc}^{in}=0$ 时，有

$$E_2=E_1 \tag{2-16}$$

即

$$\sum_{i=1}^{n}(E_{ki}+E_{pi})=C \tag{2-17}$$

它的物理意义是，当作用于质点系的非保守内力和外力不做功，或做功之和为零时，质点系的总机械能不变，这就是机械能守恒定律.当质点系的机械能守恒时，质点系内的动能与势能则是相互转化的.

3. 能量守恒定律

当系统内有摩擦力等非保守力存在并做功时，系统机械能将不再守恒.若系统内有其他形式的能量，如热能、电能、光能等.这些能量与机械能是可以相互转化的，能量不能产生，也不能被消灭，只会以一种形式变到另一种形式，这就是普遍的能量守恒定律.

动画：行星运动的开普勒定律

例 3

如图 2-12 所示，一块质量 m 为 2.0 g 的冰从半径 r 为 22.0 cm 的半球形花坛的边缘 A 处无初速释放.设冰块与花坛之间无摩擦.问：(1) 势能零点分别取在花坛底部 B 和冰块释放点 A 时，冰块在释放点 A 和花坛底端 B 的势能 E_{pA} 和 E_{pB} 各为多少？(2) 冰块从释放点滑落到花坛底端的过程中，重力对冰块做多少功？两种势能零点选择下，冰块的势能改变 ΔE_p 是多少？(3) 冰块在花坛底端处的速度 v 是多大？（取 $g=10\ \mathrm{m\cdot s^{-2}}$）

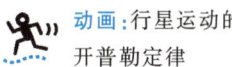

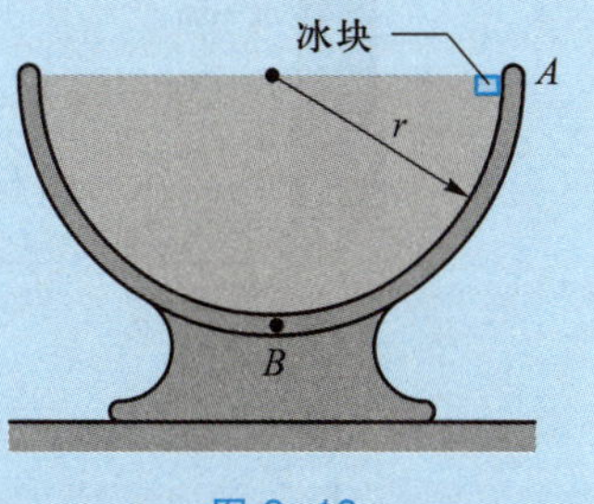

图 2-12

［分析］ 若选择冰块、花坛和地球作为一个系统，内力分别存在于冰块与花坛之间、花坛与地球之间和冰块与地球之间，显然前两者之间的相互作用力都不做功，只有冰块与地球之间的重力做功，这是保守力做功，因此系统的机械能守恒.

［解答］ (1) 势能零点选在花坛底端时，E_{pA}、E_{pB} 分

别为

$$E_{pA}=mgr=2.0\times10^{-3}\times10\times22.0\times10^{-2}\ \text{J}=4.4\times10^{-3}\ \text{J}$$

$$E_{pB}=0$$

势能零点选在释放点时，E_{pA}、E_{pB}分别为

$$E_{pA}=0$$

$$E_{pB}=-mgr=-4.4\times10^{-3}\ \text{J}$$

(2) 重力为保守力，由式(2-11)得

$$W=mgr=4.4\times10^{-3}\ \text{J}$$

两种势能零点选择下，从(1)的结果可得 ΔE_p 同为

$$\Delta E_p=E_{pB}-E_{pA}=-4.4\times10^{-3}\ \text{J}$$

即

$$W=-\Delta E_p$$

这正是式(2-13).

(3) 由机械能守恒式(2-17)，选花坛底端为势能零点，有

$$\frac{1}{2}mv^2+0=0+mgr$$

得

$$v=\sqrt{2gr}=\sqrt{2\times10\times22.0\times10^{-2}}\ \text{m}\cdot\text{s}^{-1}\approx2.1\ \text{m}\cdot\text{s}^{-1}$$

[注意] 因为花坛的质量远比冰块的质量大，所以花坛可以看做不动.若花坛换作小碗，且碗放在光滑平面上，解答将会更复杂.

[拓展] 若冰块与花坛之间存在摩擦，且动摩擦因数为 $\mu=0.15$，解答(3)中的结果是多少？

*2-3 火箭飞行原理 宇宙速度

一、火箭飞行原理

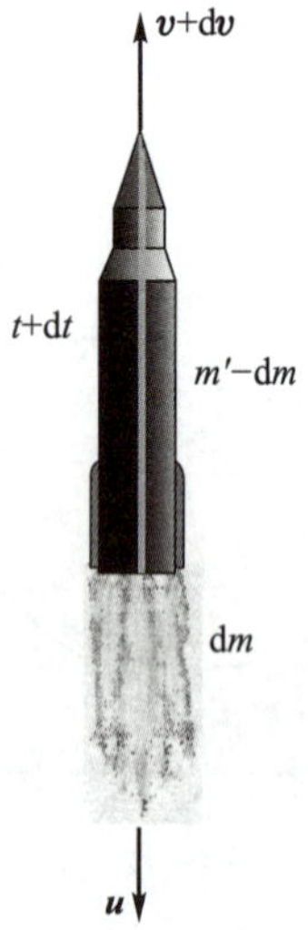

图 2-13 火箭飞行原理

发射地球气象卫星、载人航天飞船、深空宇宙探测器等航天飞行器都离不开推力强大的火箭.这里简略地介绍火箭飞行的原理.火箭主体和燃料共同构成一个系统，系统的外力可以不计.火箭在发射和运行过程中，火箭内部的燃料发生爆炸性的燃烧，从火箭尾部喷射出大量与火箭运动方向相反的速度很大的粒子流，如图 2-13 所示.该粒子流以相对速度 $\boldsymbol{u}$ 脱离火箭主体时，要受到火箭主体的强力推斥，就好比我们抛射手中的物体一样，此时，粒子流也要反作用于火箭主体，形成火箭推力.若忽略作用于火箭系统的外力(如重力等)，则某一时刻 t，火箭主体和刚喷出的粒子流就构成了一个动量守恒的系统，即系统在 $t\to t+\mathrm{d}t$ 时间内，动量守恒.

如设粒子流的喷射速率 u 为常量，且 $t=0$ 时，火箭主体的质量为 m_0'，速率 $v=v_0$；在 t 时刻，火箭主体的质量为 m'，速率为 v.那么由系统的动量守恒和简单的积分关系，可求得此时火箭的速率为

$$v=v_0-u\ln\frac{m'}{m_0'}=v_0+u\ln\frac{m_0'}{m'} \tag{2-18}$$

式中 m_0'/m' 叫做质量比.显然，火箭的质量比越大，粒子流的喷射速率越大，火箭获得的速率也越大.

然而,仅靠增加单级火箭的质量比或增大粒子流的喷射速率来提高火箭的飞行速率是不够的.为了把飞行器发射升空,必须采用多级火箭.下面简述三级火箭.

若质量比用符号 N 表示,则第一、第二、第三级火箭的质量比可分别为 $N_1=m_0'/m_1'$,$N_2=m_1'/m_2'$,$N_3=m_2'/m_3'$,假定火箭的初始速率 $v_0=0$,那么,由式(2-18)可得各级火箭中燃料烧完后,火箭的速率各为

$$v_1=u\ln N_1,\quad v_2=v_1+u\ln N_2,\quad v_3=v_2+u\ln N_3$$

所以,第三级火箭中的燃料烧完后,火箭的速率为

$$v_3=u(\ln N_1+\ln N_2+\ln N_3) \tag{2-19}$$

若火箭粒子流的喷射速率 $u=2.5\ \mathrm{km\cdot s^{-1}}$,每一级的质量比分别是 $N_1=4$,$N_2=3$,$N_3=2$,由式(2-19)可算得 $v_3=7.93\ \mathrm{km\cdot s^{-1}}$.这个速率已达人造地球卫星的入轨速率①.实际上,上述计算只是一种估算.若计及燃料用完后脱落的储存燃料容器的质量,计算还要复杂得多.

文档:钱学森

视频:从火箭的发射谈动量迁移问题

文档:同步卫星的发射

二、宇宙速度②

众所周知,人造地球卫星和人造行星是人类认识宇宙的重要工具.但怎样才能把物体抛向太空,使之成为人造地球卫星或人造行星,作无动力飞行呢?这取决于抛体的初速度.有趣的是,在1687年出版的牛顿的著作《自然哲学的数学原理》中有一幅插图(图2-14).这幅图指出抛体的运动轨迹取决于抛体的初速度,它明确地指出发射人造地球卫星的可能性,当然这种可能性在当时只是理论上的.270年后,人类才把理论上的人造地球卫星变成了现实.

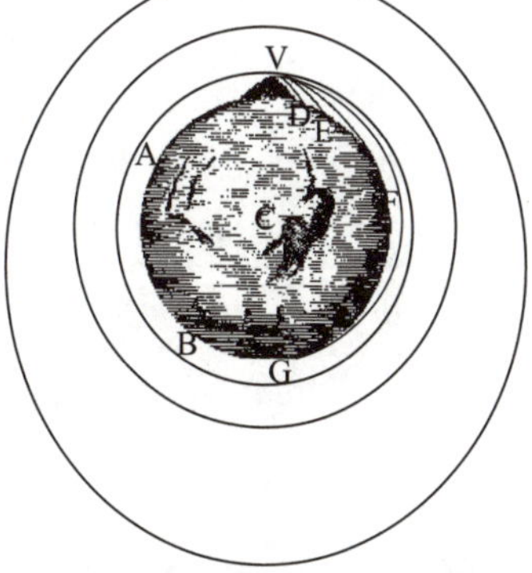

图 2-14 抛体的轨迹取决于速度

天舟八号

1. 第一宇宙速度

在地面上抛射一个物体(卫星),上升到距地面高度为 h 后绕地球作匀速率圆周运动,抛射速度的最小值称为第一宇宙速度.

设地球的平均半径为 R_E,地面上的重力加速度为 g,把抛体和地球看作一个系统,由机械能守恒定律、牛顿第二定律和万有引力定律,可求得第一宇宙速度为

$$v_1=\sqrt{gR_E\left(2-\frac{R_E}{R_E+h}\right)}$$

若抛体在地球表面附近,式中 $R_E\gg h$($R_E\approx6.37\times10^6$ m),则上式可简化为

$$v_1=\sqrt{gR_E}=7.9\ \mathrm{km\cdot s^{-1}}$$

2. 第二宇宙速度

在地面上,如果抛体速度继续增大,以至于恰好脱离地球引力,成为绕

① 有关人造地球卫星入轨速率的讨论,可参阅马文蔚等主编《物理学原理在工程技术中的应用》(第四版)之“同步卫星的发射”,高等教育出版社,2015年.

② 关于三种宇宙速度的推导过程,可参阅马文蔚等编《物理学教程》(第四版)上册66—68页,高等教育出版社,2023年.

日的人造行星.这时,抛体需要达到的速度称为第二宇宙速度.

正确地运用好机械能守恒关系,可得第二宇宙速度为

$$v_2=\sqrt{2gR_E}=\sqrt{2}v_1=11.2\ \text{km}\cdot\text{s}^{-1}$$

3. 第三宇宙速度

在第二宇宙速度的基础上,如果再加大抛体速度,物体就能脱离太阳引力的束缚飞出太阳系.我们把能使抛体飞出太阳系的速度称为第三宇宙速度.

经稍许复杂的推导,可得到第三宇宙速度为

$$v_3=\left(v'^2+2G\frac{m_E}{R_E}\right)^{1/2}$$

其中 v' 为抛体脱离地球引力后相对地球的速度,经推导计算可得 $v'=12.3\ \text{km}\cdot\text{s}^{-1}$;$m_E$ 为地球的质量,查表可得 $m_E=5.97\times10^{24}$ kg,所以第三宇宙速度为$v_3=16.7\ \text{km}\cdot\text{s}^{-1}$.

章首问题答案

设一辆行驶在平直公路上的汽车,其时速为 100 $\text{km}\cdot\text{h}^{-1}$,驾乘人的质量为 72 kg,如遇紧急情况,汽车要在 0.2 s 内停下,并要求驾乘人与汽车一并停下,这时安全带作用在驾乘人身上的力有多大呢? 如果提供不出这个力,那么驾乘人会怎样?

[解答] 当人随汽车在 $\Delta t=0.2$ s 的时间内停下的过程中,速度由 v_0(100 $\text{km}\cdot\text{h}^{-1}$)改变为$v=0$.人受到的冲量为

$$I=0-mv=-\frac{100\times10^3}{3\ 600}\times72\ \text{kg}\cdot\text{m}\cdot\text{s}^{-1}=-2\ 000\ \text{kg}\cdot\text{m}\cdot\text{s}^{-1}$$

动量改变量的方向与初始动量方向相反.动量的这一改变应在一个(平均)力作用下产生,由式(2-1)可知,这时作用于人的力为

$$\overline{F}=\frac{I}{\Delta t}=-\frac{2\ 000}{0.2}\ \text{N}=-10\ 000\ \text{N}$$

力的方向与汽车原来的前进方向相反.这个力是由安全带提供的.如果不给驾乘人施加这个力,那么人就要沿直线向前运动,可以估计,人大约只要 0.25 s 就能撞上汽车前的挡风玻璃,其后果可想而知.有人也许会说,人体与座椅之间的摩擦力可起到缓冲作用.其实不然,若摩擦因数为 $\mu=1$,摩擦力也只有

$$F_f=\mu mg=720\ \text{N}$$

相比之下安全带起到了决定性作用.这就是要求系安全带的重要原因.

复习自测题

总结

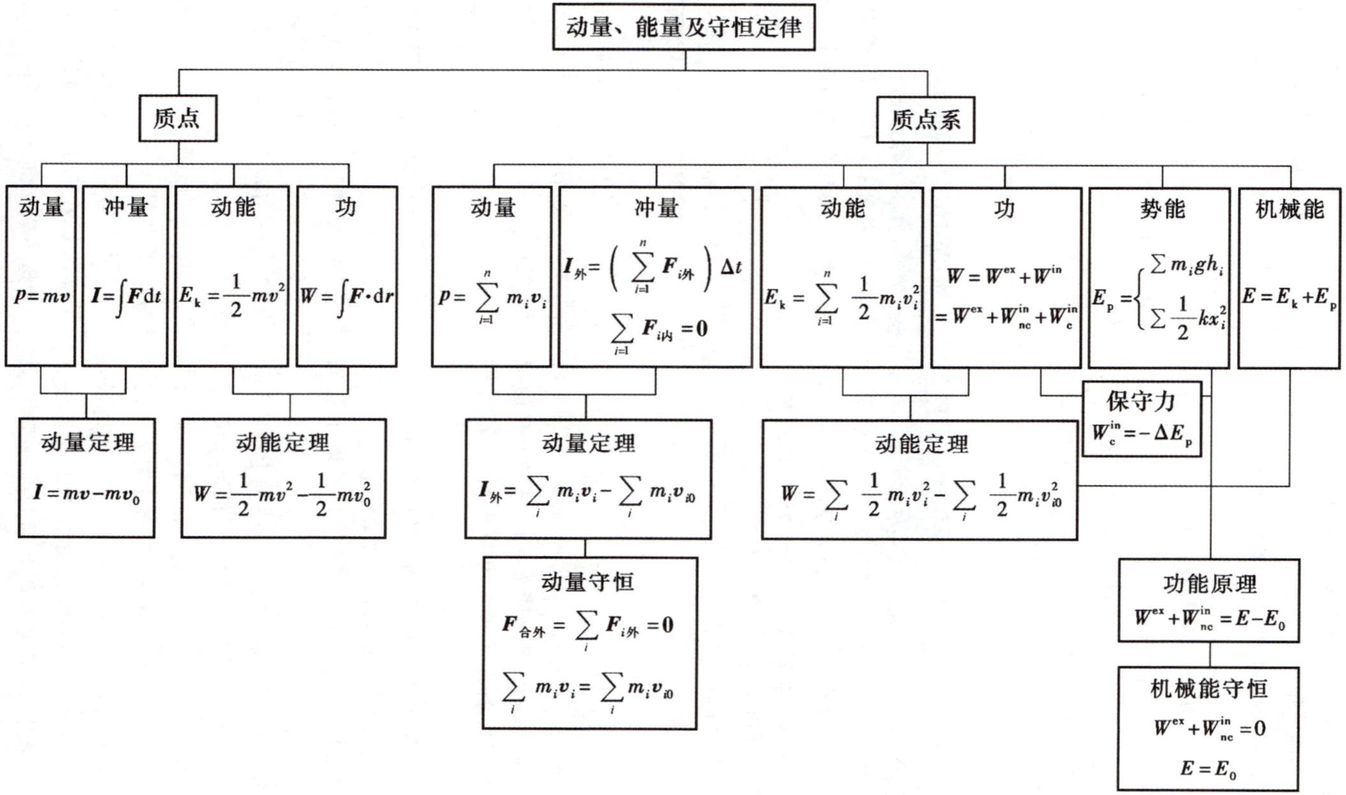

动量、能量及守恒定律
质点
质点系
动量 $p=mv$
冲量 $I=\int F\mathrm{d}t$
动能 $E_k=\frac{1}{2}mv^2$
功 $W=\int F\cdot\mathrm{d}r$
动量定理 $I=mv-mv_0$
动能定理 $W=\frac{1}{2}mv^2-\frac{1}{2}mv_0^2$
动量 $p=\sum_{i=1}^{n}m_iv_i$
冲量 $I_{外}=\left(\sum_{i=1}^{n}F_{i外}\right)\Delta t$ $\sum_{i=1}^{n}F_{i内}=0$
动能 $E_k=\sum_{i=1}^{n}\frac{1}{2}m_iv_i^2$
功 $W=W^{ex}+W^{in}=W^{ex}+W_{nc}^{in}+W_c^{in}$
势能 $E_p=\begin{cases}\sum m_igh_i\\ \sum\frac{1}{2}kx_i^2\end{cases}$
机械能 $E=E_k+E_p$
保守力 $W_c^{in}=-\Delta E_p$
动量定理 $I_{外}=\sum_i m_iv_i-\sum_i m_iv_{i0}$
动能定理 $W=\sum_i\frac{1}{2}m_iv_i^2-\sum_i\frac{1}{2}m_iv_{i0}^2$
动量守恒 $F_{合外}=\sum_i F_{i外}=0$ $\sum_i m_iv_i=\sum_i m_iv_{i0}$
功能原理 $W^{ex}+W_{nc}^{in}=E-E_0$
机械能守恒 $W^{ex}+W_{nc}^{in}=0$ $E=E_0$

问题

2-1 假使你处在摩擦可略去不计的覆盖着冰的湖面上，周围又无其他可利用的工具，你怎样依靠自身的努力返回湖岸呢？

2-2 质点系的动量守恒，是否意味着该系统中，一部分质点的速率变大时，另一部分质点的速率一定会变小？

2-3 在大气中，打开充气气球下方的塞子，让空气从球中冲出，气球可在大气中上升.如果在真空中打开气球的塞子，气球也会上升吗？说明其道理.

2-4 人从大船上容易跳上岸，而从小舟上则不容易跳上岸，这是为什么？

2-5 设人造地球卫星绕地球作匀速圆周运动，那么，地球作用在卫星上的引力所做的功是多少呢？

2-6 某人从一楼到二楼，既可乘自动扶梯，也可乘厢式电梯.在这两种情况下，万有引力对他做的功是否相同？

2-7 有两个同样的物体，处于同一位置，其中一个水平抛出，另一个由静止开始沿斜面无摩擦地自由滑下，问哪一个物体先到达地面？到达地面时两者速率是否相等？

习题

2-1 对质点系有以下几种说法：(1) 质点系总动量的改变与内力无关；(2) 质点系总动能的改变与内力无关；(3) 质点系机械能的改变与保守内力无关.

下列对上述说法判断正确的是(　　).

(A) 只有(1)是正确的

(B) (1)、(2)是正确的

(C) (1)、(3)是正确的

(D) (2)、(3)是正确的

2-2 两个倾角不同、高度相同、质量一样的斜面放在光滑的水平面上，斜面是光滑的，两个一样的物块分别从这两个斜面的顶点由静止开始滑下，则(　　).

(A) 物块到达斜面底端时的动量相等

(B) 物块到达斜面底端时的动能相等

(C) 物块和斜面(以及地球)组成的系统，机械能不守恒

(D) 物块和斜面组成的系统水平方向上动量守恒

2-3 如图所示，质量分别为 m_1 和 m_2 的物体 A 与 B 置于光滑桌面上，A 和 B 之间连有一轻弹簧.另有质量为 m_1 和 m_2 的物体 C 和 D 分别置于物体 A 与 B 之上，且物体 A 和 C、B 和 D 之间的摩擦因数均不为零.首先用外力沿水平方向相向推压 A 和 B，使弹簧被压缩，然后撤掉外力，则在 A 和 B 弹开的过程中，对 A、B、C、D 以及弹簧组成的系统，有(　　).

(A) 动量守恒，机械能守恒

(B) 动量不守恒，机械能守恒

(C) 动量不守恒，机械能不守恒

(D) 动量守恒，机械能不一定守恒

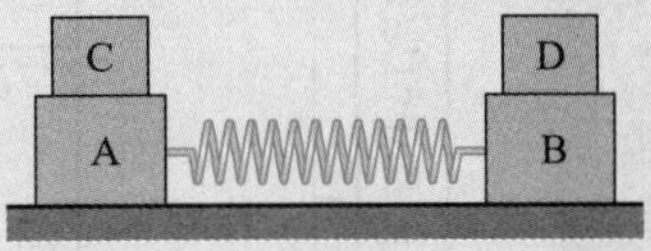

习题 2-3 图

2-4 如图所示，子弹射入放在水平光滑地面上静止的木块而后穿出.以地面为参考系，下列说法中正确的是(　　).

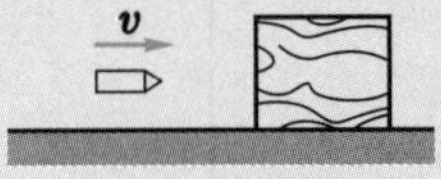

习题 2-4 图

(A) 子弹减少的动能转化为木块的动能

(B) 子弹-木块系统的机械能守恒

(C) 子弹动能的减少等于子弹克服木块阻力所做的功

(D) 子弹克服木块阻力所做的功等于这一过程中产生的热量

2-5 质量为 m 的物体由水平面上的 O 点以初速 $\boldsymbol{v}_0$ 抛出，$\boldsymbol{v}_0$ 与水平面成仰角 α.若不计空气阻力，求：(1) 物体从发射点 O 到最高点的过程中，重力的冲量；(2) 物体从发射点到落回至同一水平面的过程中，重力的冲量.

2-6 高空作业时系安全带是非常必要的.假如

一质量为 51.0 kg 的人，在操作时不慎从高空竖直跌落下来，由于安全带的保护，使他最终被悬挂起来．已知此时人离原处的距离为 2.0 m，安全带弹性缓冲作用时间为 0.50 s．求安全带对人的平均冲力．

2-7　如图所示，在水平地面上，有一横截面 $S=0.20\ \mathrm{m^2}$ 的直角弯管，管中有流速为 $v=3.0\ \mathrm{m\cdot s^{-1}}$ 的水通过，求弯管所受力的大小和方向．

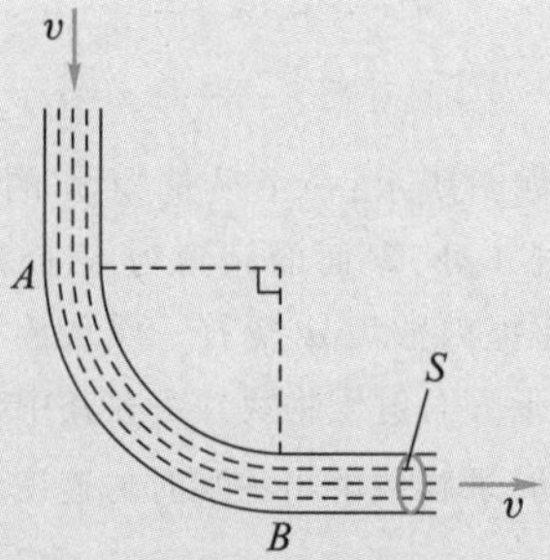

习题 2-7 图

2-8　质量为 m' 的人手里拿着一个质量为 m 的物体，此人用与水平面成 α 角的速率 v_0 向前跳去．当他到达最高点时，他将物体以相对于人为 u 的水平速率向后抛出．问：由于人抛出物体，他跳跃的距离增加了多少？（假设人可视为质点．）

2-9　将一质量为 4 kg 的模型火箭点火升空，其中燃烧产生的 50 g 气体以 $625\ \mathrm{m\cdot s^{-1}}$ 的速度从喷口喷出，求气体喷出后模型火箭的速度，不计重力和阻力的作用．

2-10　一质量为 0.20 kg 的球系在长为 2.00 m 的细绳上，细绳的另一端系在天花板上．把小球移至使细绳与竖直方向成 30° 角的位置，然后由静止放开．求：(1) 在绳索从 30° 角到 0° 的过程中，重力和张力所做的功；(2) 物体在最低位置时的动能和速率；(3) 在最低位置时绳的张力．

2-11　一质量为 m 的小球系在细绳的一端，绳的另一端固定在水平面上．此小球在粗糙水平面上作半径为 r 的圆周运动．设小球的最初速率是 v_0．当它运动一周时，其速率为 $v_0/2$．求：(1) 摩擦力做的功；(2) 动摩擦因数；(3) 在静止以前小球运动的圈数．

2-12　如图所示，A 和 B 两块板用一轻弹簧连接起来，它们的质量分别为 m_1 和 m_2．问在 A 板上需加多大的压力，方可使力停止作用后，恰能使 A 在跳起来时 B 刚好脱离地面．（设弹簧的弹性系数为 k．）

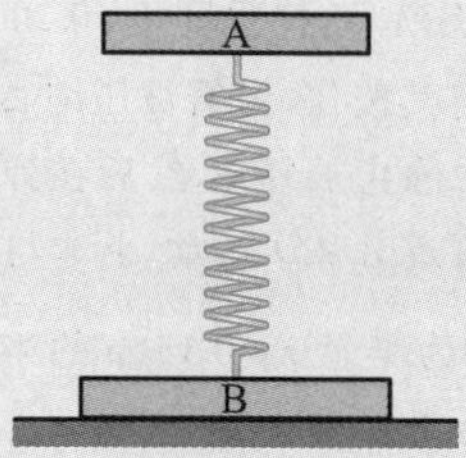

习题 2-12 图

*2-13　如图所示，一质量为 m 的木块静止在光滑水平面上，一质量为 $\frac{m}{2}$ 的子弹沿水平方向以速率 v_0 射入木块并行进一段距离 L（此时木块滑行距离恰为 s）后留在木块内．(1) 若木块与子弹的共同速率 v，则此过程中木块和子弹的动能各变化了多少？(2) 问子弹与木块间的摩擦阻力对子弹和木块各做了多少功？(3) 证明：这一对摩擦阻力所做功的代数和在数值上等于其中一个摩擦阻力在发生相对位移 L 的过程中所做的功．(4) 证明：这一对摩擦阻力所做功的代数和就等于子弹－木块系统总机械能的减少量（亦即转化为热的那部分能量）．

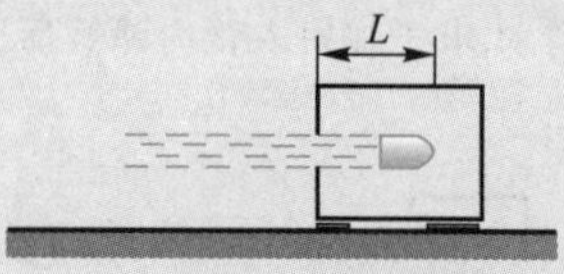

习题 2-13 图

*2-14　一质量为 m 的人造地球卫星沿半径为 $3R_E$ 的圆轨道运动，R_E 为地球的半径．已知地球的质量为 m_E．求：(1) 卫星的动能；(2) 卫星的引力势能；(3) 卫星的机械能．

2-15　如图所示，天文观测台有一半径为 R 的半球形屋面，有一冰块从光滑屋面的最高点由静止沿屋面滑下，若摩擦力略去不计，求此冰块离开屋面的位置以及在该位置的速度．

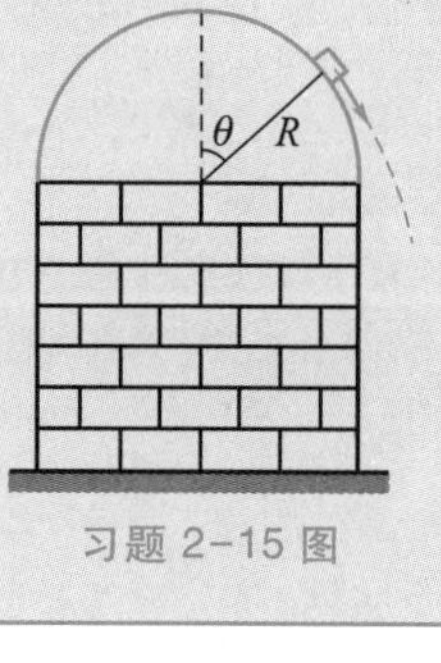

习题 2-15 图

*2-16 如图所示，把质量 $m=0.20\ \mathrm{kg}$ 的小球放在位置 A 并用手将其按住，弹簧被压缩 $\Delta l=7.5\times10^{-2}\ \mathrm{m}$，小球从位置 A 由静止被释放.然后在弹簧的弹性力的作用下小球沿轨道 $ABCD$ 运动.小球与轨道间的摩擦不计. 已知$\widehat{BCD}$为半径 $r=0.15\ \mathrm{m}$ 的半圆弧，AB 相距 $2r$.求弹簧弹性系数的最小值.

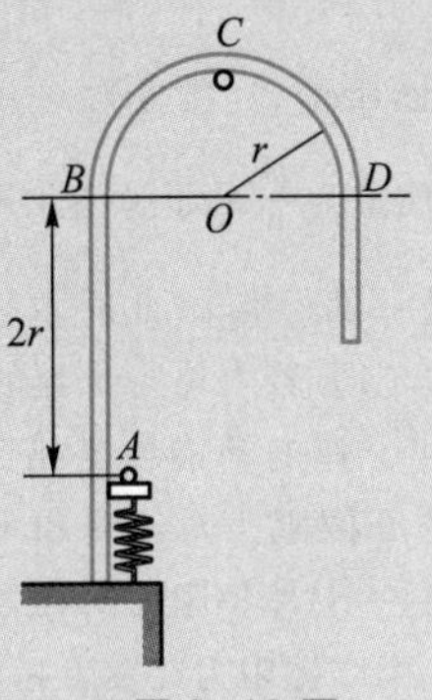

习题 2-16 图

2-17 如图所示，一个质量为 m、速度为 $\boldsymbol{v}$ 的钢球射向质量为 m' 的靶，靶中心有一小孔，内有弹性系数为 k 的弹簧，此靶最初处于静止状态，但可在水平面内作无摩擦滑动.求子弹射入靶内弹簧后，弹簧的最大压缩距离.

习题 2-17 图

*2-18 质量为 m 的弹丸穿过如图所示的摆锤后，速率由 v 减少到 $v/2$.已知摆锤的质量为 m'，摆线长度为 l，如果摆锤能在竖直平面内完成一个完全的圆周运动，弹丸速率的最小值应为多少？

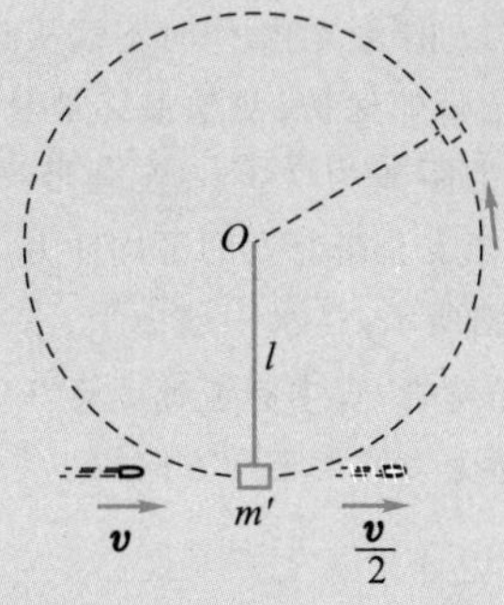

习题 2-18 图

*2-19 如图所示，一个质量为 m' 的物块放置在斜面的最底端 A 处，斜面的倾角为 α，高度为 h，物块与斜面的动摩擦因数为 μ.现有一质量为 m 的子弹以速度 $\boldsymbol{v}_0$ 沿水平方向射入物块并留在其中，且使物块沿斜面向上滑动，求物块滑出顶端时的速度大小.

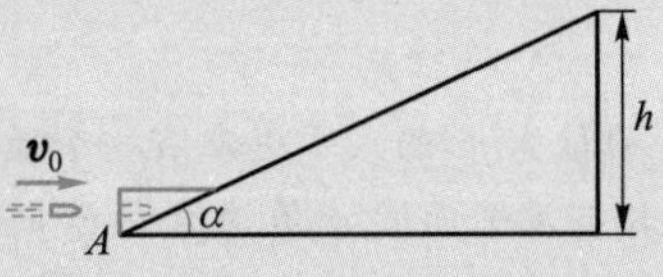

习题 2-19 图

*2-20 如图所示，一个质量为 m 的小球，从内壁为半球形的容器边缘的点 A 滑下.设容器质量为 m'，半径为 R，内壁光滑，并放置在摩擦可以忽略的水平桌面上.开始时小球和容器都处于静止状态.当小球沿内壁滑到容器底部的点 B 时，受到向上的支持力为多大？

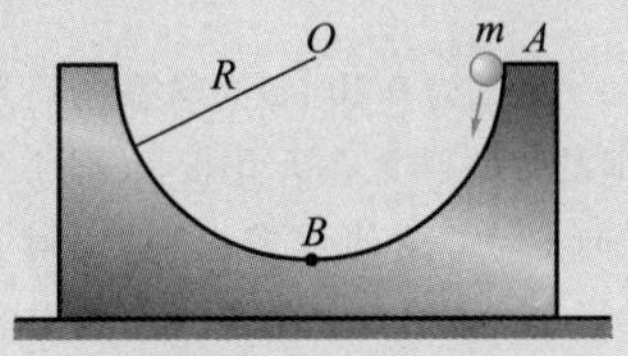

习题 2-20 图

习题答案

第三章　刚体与流体

前两章中,我们讲述了质点或分立的质点系这个理想模型的运动规律.在很多情况下,物体的运动情况要复杂得多,有时物体的形状发生变化,或者物体的大小发生变化,或者两者兼而有之,显然,在此情况下,我们就不能把物体视为质点了.然而,即使是物体在运动过程中,其形状和大小均不变化,但各点的运动情况各不相同,这时也不能把物体当作质点来处理.

一般来说,在外力作用下,物体的形状和大小是要发生变化的,但如果某些情况,在外力作用下,物体的形状和大小的变化可以忽略,也就是说,物体上任意两质点间的距离始终保持恒定,这种理想化了的物体叫做刚体.在力学中,刚体是质点之外的又一个理想模型.

由于刚体是由许多质点构成的特殊系统,所以我们仍可以用质点的运动规律来加以研究,从而使牛顿力学的研究范围从质点向刚体拓展.理想流体是力学中除质点、刚体之外的又一个理想模型,它与刚体相似之处在于受力后不可压缩,不同在于其具有流动性.而黏性(内摩擦)力又是流体极其重要的性质.本章主要讨论刚体绕定轴转动和理想流体的稳定流动,其主要内容有:角速度、角加速度、转动惯量、力矩和角动量等物理量,以及转动定律、角动量守恒定律和流体的伯努利方程、泊肃叶方程等.

预习自测题

知识图谱

章首问题

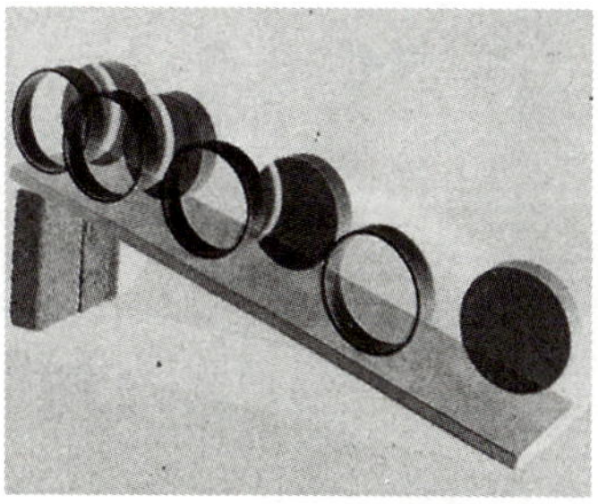

如图所示,在斜面顶端,质量相同、半径也相同的实心圆柱体和薄壁圆柱筒同时从静止释放.若两者皆无滑动地滚落至底端,问哪一个先到达底部?

（1）实心圆柱体先到达底部；

（2）薄壁圆柱筒先到达底部；

（3）实心圆柱体与薄壁圆柱筒同时到达底部；

（4）难以判断.

3-1 刚体的定轴转动

一、刚体的平动与转动

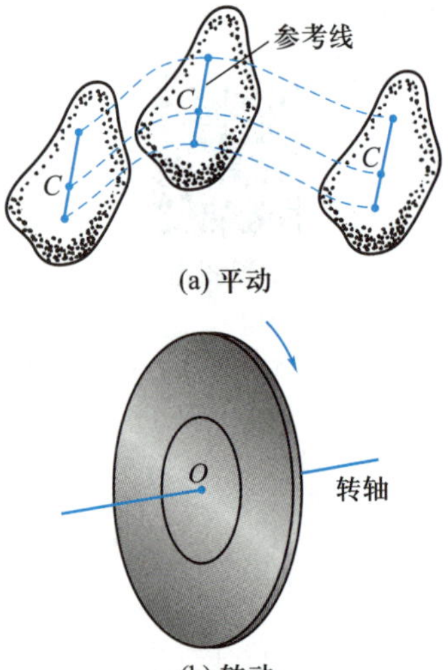

图 3-1 刚体的平动与转动

平动与转动是刚体运动的基本形式.如图 3-1(a)所示，在刚体内任意两点之间取一参考线.当刚体运动时，刚体中的参考线总是保持平行，亦即刚体中所有点的运动轨迹都相互平行，则刚体的这种运动就称为平动.如图 3-1(b)所示，当刚体绕一直线转动时，刚体上所有的点都绕此直线作圆周运动，这条直线称为转轴.若转轴的位置和取向是固定不变的，这种转轴称为固定转轴，此时刚体的运动为刚体绕定轴转动（如车床上工件的转动）.若刚体转动时，转轴的位置或取向是随时间而改变的，则刚体在作非定轴转动（如陀螺的进动）.

二、刚体绕定轴转动的角速度和角加速度

动画：刚体的运动

1. 角速度

刚体绕定轴转动的一个显著特点是：刚体上所有的点都绕转轴作圆周运动，而且所有点对转轴都有相同的角速度和角加速度，在给定的时间内都转过相等的角度.但由于各点相对转轴的位置不同，它们的速度、加速度和位移却不尽相同.因此，为了方便地表述如图 3-2(a)所示的刚体绕定轴 Oz 的转动情况，在刚体内取如图 3-2(b)所示的参考平面，此参考平面过点 O 并垂直于转轴 Oz.我们在此平面上取一参考线，且把此线作为 Ox 轴.这样，刚体的方位可由原点 O 到参考平面上任一点 P 的位矢 $\boldsymbol{r}$ 与 Ox 轴的夹角 θ 来确定.角 θ 也称为角坐标.当刚体绕定轴转动时，θ 也

随时间 t 改变,即 $\theta=\theta(t)$.

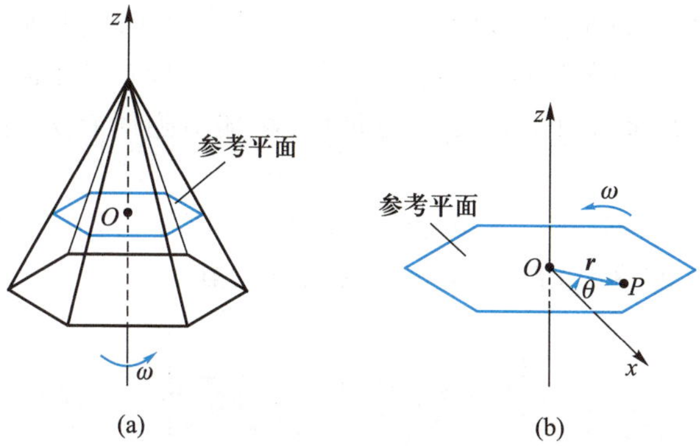

图 3-2 刚体绕定轴转动

如图 3-3 所示,有一刚体绕定轴 Oz 转动.在时刻 t 刚体上点 P 的位矢 $\boldsymbol{r}$ 对 Ox 轴的角坐标为 θ,经历 $\mathrm{d}t$ 时间后,其角坐标为 $\theta+\mathrm{d}\theta$.第 1-2 节圆周运动中我们曾定义角速度为

$$\omega=\frac{\mathrm{d}\theta}{\mathrm{d}t} \tag{3-1}$$

由上述讨论可知,这就是绕 Oz 轴转动的刚体的角速度的大小.我们知道,机械运动的特征是具有鲜明的方向性,同样,对绕定轴转动的刚体,我们怎样才能辨认转动的方向呢?下面就来讨论如何用角速度表示转动的方向问题.

刚体绕定轴 Oz 转动时,既可顺时针转动,也可逆时针转动.关于这一点我们很容易从图 3-4 中看出.图中两圆盘角速度的大小是相等的,但转动方向是相反的.为统一起见,我们取逆时针转动的角速度为正值(即$\omega>0$);顺时针转动的角速度为负值(即 $\omega<0$).因此两圆盘的角速度是不同的.要强调指出,只有刚体在绕定轴转动的情况下,转动方向才可用角速度的正负来表示.①

2. 角加速度

刚体绕定轴转动时,若在时刻 t_1,其角速度为 ω_1,在时刻 t_2,其角速度为 ω_2,则在时间间隔 $\Delta t=t_2-t_1$ 内,角速度的增量为 $\Delta\omega=\omega_2-\omega_1$.当 Δt 趋于零时,$\Delta\omega/\Delta t$的极限值定义为角加速度 α,即

$$\alpha=\frac{\mathrm{d}\omega}{\mathrm{d}t} \tag{3-2}$$

由上述讨论可知,这就是绕 Oz 轴转动的刚体的角加速度.绕定轴转动刚体的角加速度的方向,也可由其正负来表示.在图3-5(a)

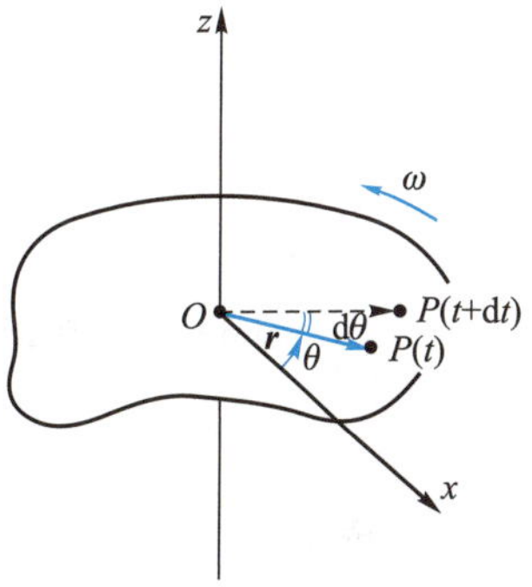

图 3-3 角速度

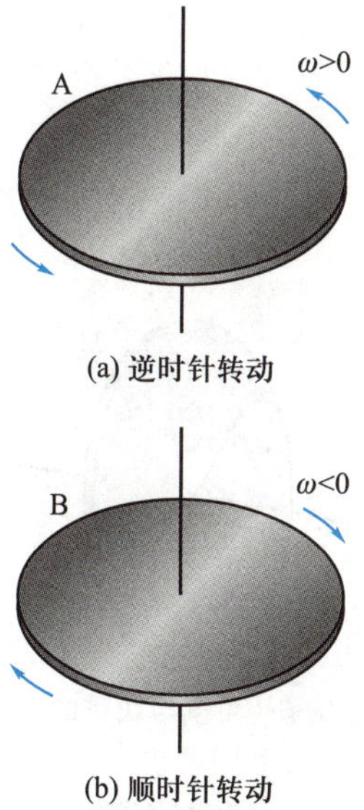

图 3-4 绕定轴转动的刚体用 ω 的正负来表示其转动方向

① 在转轴的取向不固定的情况下(如旋转陀螺),转动方向不能用角速度的正负来区分,而应用角速度矢量来表示.读者可参阅马文蔚等改编《物理学》(第七版)上册 104 页,高等教育出版社,2020 年.

所示的情况下，角速度 ω_2 的方向与 ω_1 的方向相同，且$\omega_2>\omega_1$，那么 $\Delta\omega>0$，角加速度 α 为正值，刚体沿逆时针方向作加速转动；在图3-5(b)所示的情况下，ω_2 的方向虽与 ω_1 的方向相同，但 $\omega_2<\omega_1$，于是 $\Delta\omega<0$，角加速度 α 为负值，刚体沿逆时针方向作减速转动.

至于角加速度为常量的绕定轴转动的刚体，其运动学方程的形式可由式(3-1)和式(3-2)求积分而得到：

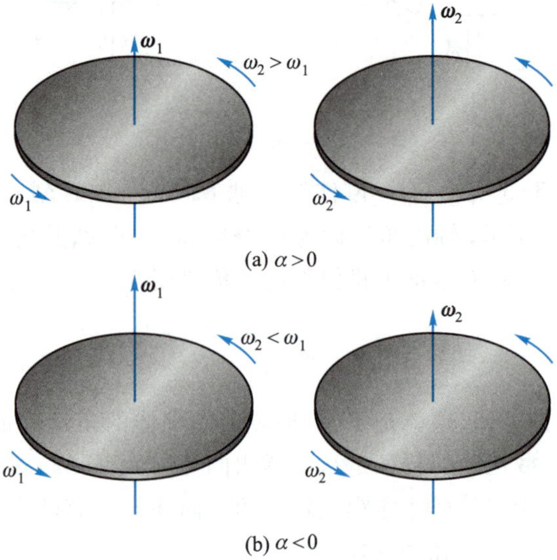

图 3-5 角加速度

$$\begin{cases}\omega=\omega_0+\alpha t\\ \omega^2=\omega_0^2+2\alpha(\theta-\theta_0)\\ \theta=\theta_0+\omega_0 t+\dfrac{1}{2}\alpha t^2\end{cases} \tag{3-3}$$

刚体绕定轴转动时，刚体上的任意点都绕定轴作圆周运动，故描述刚体运动状态的角量与线量之间的关系，都可用第一章第1-2节圆周运动中相应角量与线量的关系来表述.在图3-6中，刚体绕定轴 OO'以角速度 ω 转动，点 P 的线速度 v 与 ω 之间的关系为

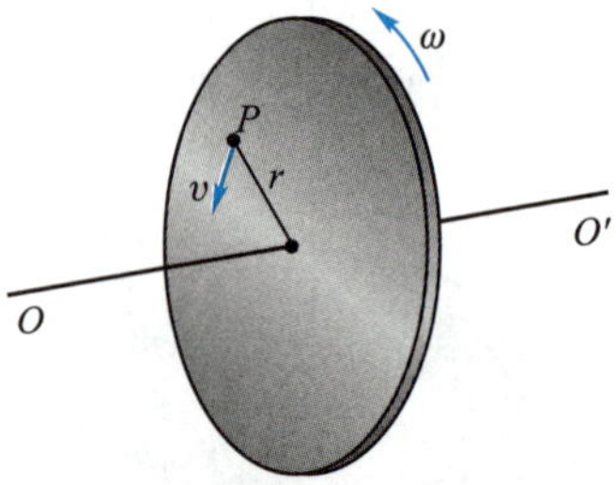

图 3-6 角量与线量的关系

$$v=r\omega \tag{3-4}$$

显然，距转轴越远的点，线速度越大.至于点 P 的切向加速度和法向加速度，其分别为

$$a_t=r\alpha,\quad a_n=r\omega^2 \tag{3-5}$$

同样，距转轴越远的点，切向加速度和法向加速度也越大.

文档：高速转动物体的极限转速

例 1

一飞轮半径为 0.2 m，转速为 150 r · min^{-1}，因受到制动而均匀减速，经 30 s 后停止转动.试求：(1) 角加速度和在此时间内飞轮所转的圈数；(2) 制动开始后 $t=6$ s 时飞轮的角速度；(3) $t=6$ s 时飞轮边缘上一点的线速度、切向加速度和法向加速度.

[分析] 由题中可知飞轮均匀减速，即飞轮作匀角加速度的定轴转动.故由式(3-3)利用已知条件可求得角加速度 α，其他问题皆可由匀加速转动相关公式解得.

[解答] (1) 由题意知

$$\omega_0=\frac{2\pi\times150}{60}\ \text{rad}\cdot\text{s}^{-1}=5\pi\ \text{rad}\cdot\text{s}^{-1}$$

$t=30$ s 时，$\omega=0$.设 $t=0$ 时，$\theta_0=0$.由于飞轮作匀减速转动，由式(3-2)得

$$\alpha=\frac{\omega-\omega_0}{t}=-\frac{\pi}{6}\ \text{rad}\cdot\text{s}^{-2}$$

上式中“-”号表示 α 的方向与 ω_0 的方向相反.而飞轮在 30 s 内转过的角度为

$$\theta=\frac{\omega^2-\omega_0^2}{2\alpha}=75\pi\ \text{rad}$$

于是，飞轮共转的圈数为

$$N=\frac{\theta}{2\pi}=37.5$$

(2) $t=6$ s 时，飞轮的角速度的大小为

$$\omega=\omega_0+\alpha t=4\pi\ \text{rad}\cdot\text{s}^{-1}$$

(3) 由式(3-4)得，$t=6$ s 时飞轮边缘上一点的线速度的大小为

$$v=r\omega=2.5\ \text{m}\cdot\text{s}^{-1}$$

由式(3-5)得，该点的切向加速度和法向加速度的大小为

$$a_t=r\alpha=-0.105\ \text{m}\cdot\text{s}^{-2}$$

$$a_n=r\omega^2=31.6\ \text{m}\cdot\text{s}^{-2}$$

[注意] 飞轮的匀减速转动形式是较为理想的情况，在很多转动情况中，飞轮的转速并非均匀变化.那么上述解答中所用公式就不能直接使用了.

[拓展] 若飞轮转速以 $\omega=\omega_0 e^{-t/\tau}$ 规律减小，其中 ω_0 为初始转速，$\tau=6.0$ s，t 为时间，能否求出飞轮开始减速后，前 6.0 s 转过的圈数以及 $t=6.0$ s 时刻飞轮边缘的切向、法向加速度？欲使飞轮停下需经历多少时间？

三、力矩 转动定律 转动惯量

刚体定轴转动的动力学问题，是研究刚体获得角加速度的原因以及刚体绕定轴转动时所遵守的定律.

1. 力矩

经验告诉我们，外力对转动物体的影响，不仅与力的大小有关，而且还与力的作用点的位置和力的方向有关.例如，用同样大小的力推门，当作用点靠近门轴时，不容易把门推开；当作用点远离门轴时，就容易把门推开；当力的作用线通过门轴时，无论力的作用点离开门轴多远、力有多大，都无法把门推开.下面以刚体的定轴转动引进力矩来描述力对刚体转动的作用.

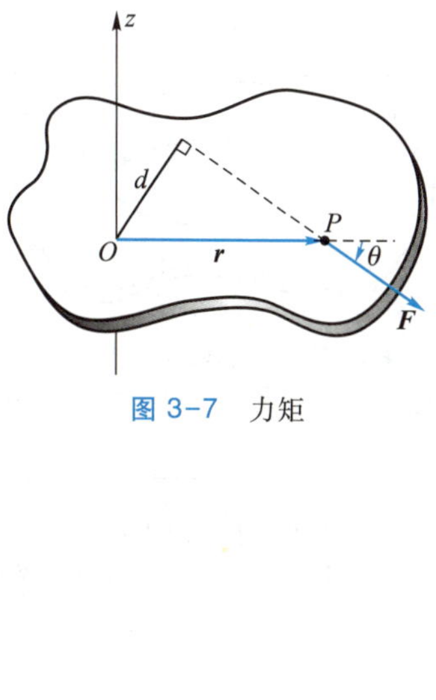

图 3-7 力矩

图 3-7 是刚体的一个横截平面，它可绕通过点 O 且垂直于该平面的转轴 Oz 旋转.作用在刚体内点 P 上的力 $\boldsymbol{F}$ 亦在此平面

内①.从转轴与截面的交点 O 到力 $\boldsymbol{F}$ 的作用线的垂直距离 d 叫做力对转轴的力臂.力的大小 F 和力臂 d 的乘积,就叫做力 $\boldsymbol{F}$ 对转轴的力矩,用 $\boldsymbol{M}$ 表示,即

$$M = Fd \tag{3-6a}$$

由图 3-7 可以看出,$\boldsymbol{r}$ 为由点 O 到力 $\boldsymbol{F}$ 的作用点 P 的位矢,θ 为位矢 $\boldsymbol{r}$ 与力 $\boldsymbol{F}$ 之间的夹角.由于 $d = r\sin\theta$,所以上式可写为

$$M = Fr\sin\theta \tag{3-6b}$$

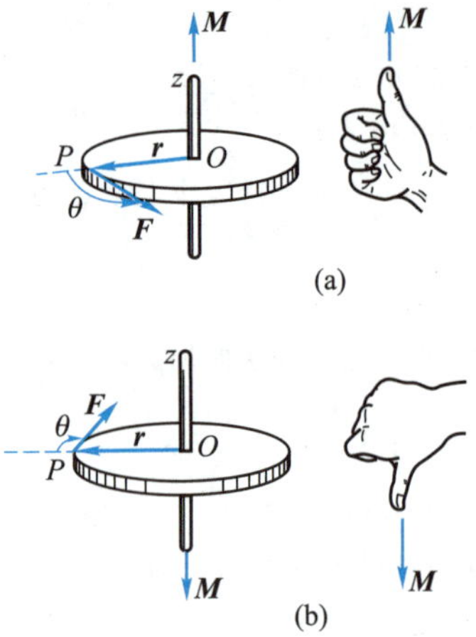

图 3-8 确定力矩方向的右手螺旋定则

应当指出,力矩不仅有大小,而且有方向.在定轴转动情况下力矩方向只能沿转轴方向,具体可如下确定:假想刚体不动,在力 $\boldsymbol{F}$ 作用下刚体将有转动趋势,则以右手四指沿转动趋势弯曲,拇指自然伸直方向即力矩方向.比如图 3-8(a)中力 $\boldsymbol{F}$ 有使刚体沿逆时针转动趋势,则力矩为沿轴向上方向;图 3-8(b)则沿轴向下方向.可以约定,沿轴 Oz 正方向的力矩为正;沿轴 Oz 反方向的力矩为负.

如图 3-9 所示,如果有三个外力同时作用在一个绕定轴转动的刚体上,而且这几个外力都在与转轴相垂直的平面内,那么它们的合外力矩等于这几个外力矩的代数和,即

$$M = -F_1 r_1 \sin\theta_1 + F_2 r_2 \sin\theta_2 + F_3 r_3 \sin\theta_3$$

若 $M>0$,则合外力矩的方向沿 Oz 轴正向;若 $M<0$,则合外力矩方向与 Oz 轴正向相反.

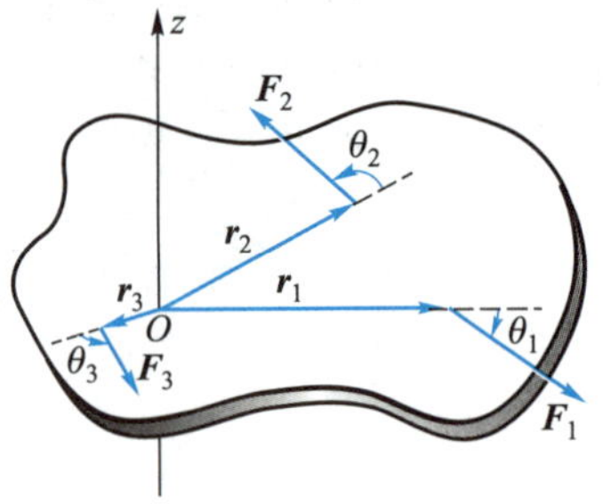

图 3-9 三个力同时作用在绕定轴转动的刚体上

在国际单位制中,力矩的单位名称为牛顿米,符号为 N · m.

上面我们仅讨论了作用在刚体上的外力的力矩,而实际上,刚体内各质元间还有内力作用,在讨论刚体的定轴转动时,由于内力在刚体内是成对出现的,且两作用点之间的距离不发生改变,所以这些内力的力矩之和以及做功之和都等于零②.

2. 转动定律 转动惯量

在外力矩作用下绕定轴转动的刚体,其角速度会发生变化而具有角加速度.下面来讨论外力矩和角加速度之间的关系.

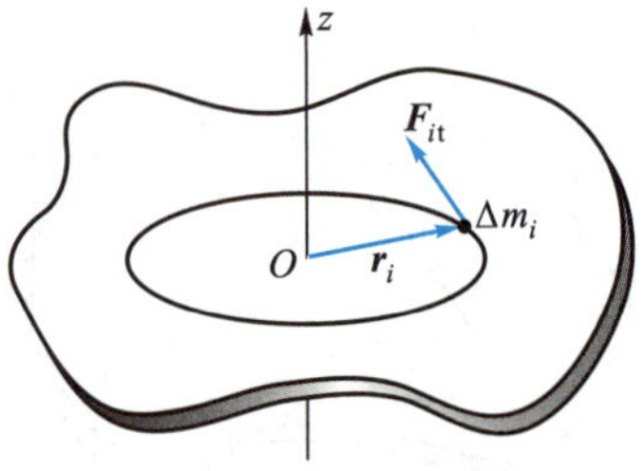

图 3-10 导出转动定律用图

如图 3-10 所示,一刚体在直角坐标系中绕通过点 O 且垂直于平面的 Oz 轴转动.此刚体可看作是由无限多个线度非常小的质量元 Δm 所组成的,其中每一个质元都绕 Oz 轴作圆周运动.设作用在质元 Δm_i 上的外力与内力之和的切向分量为 $\boldsymbol{F}_{it}$,其切向加速度为 $\boldsymbol{a}_t$.由牛顿第二定律有

$$\boldsymbol{F}_{it} = \Delta m_i \boldsymbol{a}_t$$

力 $\boldsymbol{F}_{it}$ 对 Oz 轴的力矩为

① 如果作用在刚体上的外力不在此平面内,那么 $\boldsymbol{F}$ 应当理解为外力在平面内的分矢量,只有该分矢量才对刚体转动产生影响.

② 该结果证明可参阅马文蔚等编《物理学教程》(第四版)上册 87 页,高等教育出版社,2023 年.

$$M_i = r_i F_{it} = \Delta m_i a_t r_i$$

已知线加速度和角加速度之间的关系为$a_t = r\alpha$,则上式可写成

$$M_i = r_i^2 \Delta m_i \alpha$$

虽然刚体上每一质元的线加速度不相同,但是它们的角加速度却是相同的.若令刚体上各质元对 Oz 轴所受的合力矩为 $\boldsymbol{M} = \sum \boldsymbol{M}_i$,因求和之中含成对的内力力矩之和,因此,实际上的合力矩 $\boldsymbol{M}$ 就只是合外力矩.则由上式可得

$$M = \sum r_i^2 \Delta m_i \alpha = \alpha \sum r_i^2 \Delta m_i \tag{3-7}$$

显然,式中$\sum r_i^2 \Delta m_i$ 只与刚体的形状、质量分布以及转轴的位置有关,也就是说,它只与绕定轴转动的刚体本身的性质和转轴的位置有关,称为转动惯量,用符号 J 表示,于是,有

$$J = \sum r_i^2 \Delta m_i \tag{3-8}$$

若刚体上质元是连续分布的,则转动惯量为 $J = \int r^2 \mathrm{d}m$,于是式(3-7)可写为

$$M = J\alpha \tag{3-9}$$

上式表明,刚体绕定轴转动时,刚体的角加速度与它所受的合外力矩成正比,与刚体的转动惯量成反比,这个关系叫做刚体绕定轴转动时的转动定律,简称转动定律.

把转动定律式(3-9)与描述质点运动的牛顿第二定律式(1-19b)相比较可以看出,两者形式相似:合外力矩 M 与合力 $\boldsymbol{F}$ 相对应,转动惯量 J 与质量 m 相对应,角加速度 α 与加速度 $\boldsymbol{a}$ 相对应.因此,转动惯量的物理意义可以这样理解:当以相同的力矩分别作用在两个绕定轴转动的刚体上时,转动惯量大的刚体所获得的角加速度小,即角速度改变得慢,也就是保持原有转动状态的惯性大;反之,转动惯量小的刚体所获得的角加速度大,即角速度改变得快,也就是保持原有转动状态的惯性小.因此我们可以说,转动惯量是描述刚体在转动中的惯性大小的物理量. 至此,对于章首问题你是否有了一定的思路了?

在国际单位制中,转动惯量的单位名称为千克二次方米,符号为 $\mathrm{kg \cdot m^2}$.转动惯量的量纲为 $\mathrm{ML^2}$.

必须指出,只有几何形状简单、质量连续且均匀分布的刚体,才能用积分的方法计算它们的转动惯量.对于任意刚体的转动惯量,人们通常是用实验的方法去测定①.表 3-1 列出了几种刚体的转动惯量,读者可从中选择使用.

视频:单杠运动中有关转速、受力的模型选择及计算

① 任意形状刚体的转动惯量的一种实验方法测定可参考马文蔚等编《物理学教程》(第四版)上册 121 页的例 2,高等教育出版社,2023 年.

表 3-1 几种刚体的转动惯量

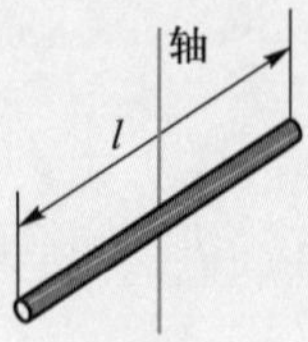	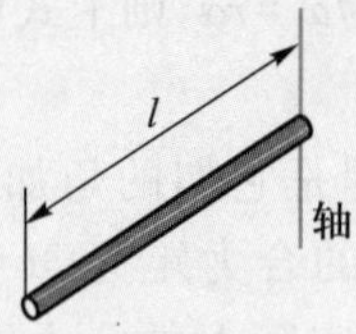	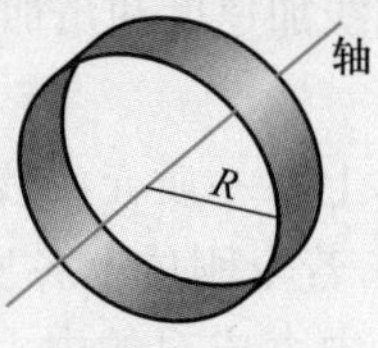
细棒 （转轴通过中心与棒垂直） $J=\dfrac{ml^2}{12}$	细棒 （转轴通过棒的一端且与棒垂直） $J=\dfrac{ml^2}{3}$	薄圆环 （转轴沿几何轴） $J=mR^2$
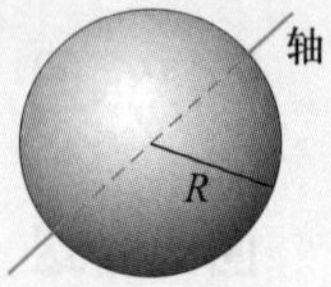	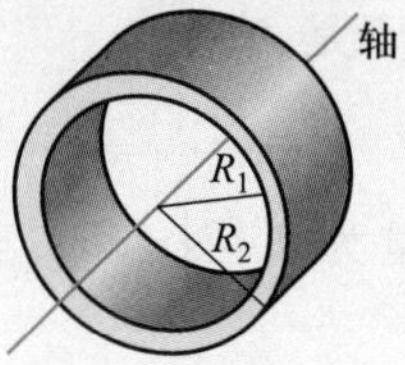	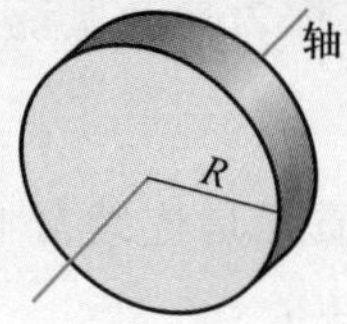
球体 （转轴沿球的任一直径） $J=\dfrac{2mR^2}{5}$	圆筒 （转轴沿几何轴） $J=\dfrac{m}{2}(R_2^2+R_1^2)$	圆柱体 （转轴沿几何轴） $J=\dfrac{mR^2}{2}$

例 2

如图 3-11 所示，一半径为 R、质量为 m'的匀质圆盘，可绕通过盘心 O 且垂直盘面的水平轴转动.转轴与圆盘之间的摩擦略去不计.圆盘上绕有轻而细的绳索，绳的一端固定在圆盘上，另一端系有质量为 m 的物体.试求物体下落时的加速度、绳中的张力和圆盘的角加速度.

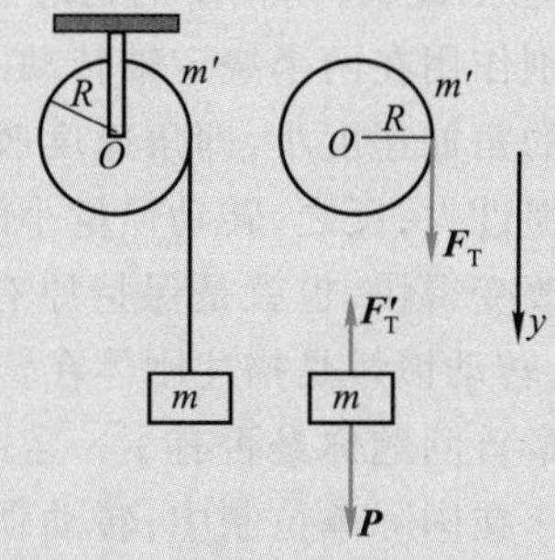

图 3-11

［解答］ 如图所示，绳索作用在圆盘和物体上的力分别为 $\boldsymbol{F}_T$ 和 $\boldsymbol{F}'_T$，考虑到绳索的质量远小于圆盘的质量，故 $F_T=F'_T$.物体受到张力 $\boldsymbol{F}'_T$和重力 $\boldsymbol{P}$ 的作用，若取竖直向下的方向为 y 轴的正向，则有

$$mg-F_T=ma_y \qquad (1)$$

作用在圆盘上的力矩为 $M=F_TR$，圆盘的转动惯量为$J=m'R^2/2$.由转动定律得

$$F_TR=J\alpha=\frac{1}{2}m'R^2\alpha \qquad (2)$$

式中，$R\alpha=a_y$，故由式(2)可得

$$F_T=\frac{1}{2}m'a_y \qquad (3)$$

由式(1)和式(3)可求得物体下落时的加速度、绳中的张力和圆盘的角加速度分别为

$$a_y=\frac{2m}{2m+m'}g,\quad F_T=\frac{m'}{2m+m'}mg,\quad \alpha=\frac{2m}{(2m+m')R}g$$

例 3

均匀细棒长为 L，质量为 m，计算棒对垂直通过细棒中心轴[①]的转动惯量 J_C.

[分析] 因为细棒质量分布均匀，所以绕中心轴就是绕细棒质心转动.选择质心 O 为坐标轴原点，沿棒向右为 x 轴正方向，在 x 轴上任意位置选质元 $\mathrm{d}m$，如图 3-12 所示.质元 $\mathrm{d}m$ 到转轴的转动惯量 $\mathrm{d}J=x^2\mathrm{d}m=x^2\dfrac{m}{L}\mathrm{d}x=\dfrac{m}{L}x^2\mathrm{d}x$，然后求其在 $-\dfrac{L}{2}$ 到 $\dfrac{L}{2}$ 范围的积分，即可求出细棒绕质心轴的转动惯量 J_C.

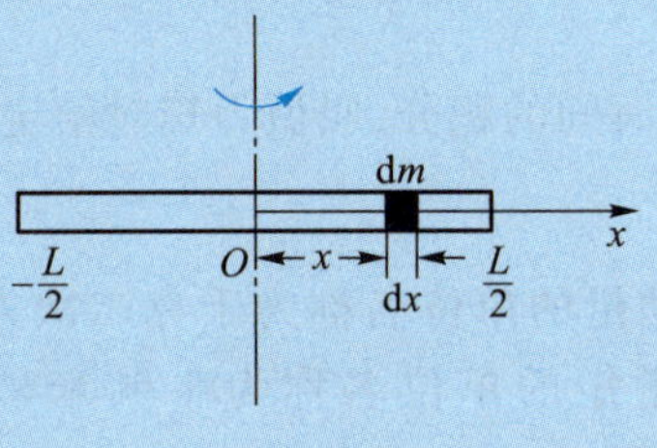

图 3-12

[解答] 由 $\mathrm{d}J=\dfrac{m}{L}x^2\mathrm{d}x$ 及式(3-8)可得

$$J_C=\int\mathrm{d}J=\frac{m}{L}\int_{-\frac{L}{2}}^{\frac{L}{2}}x^2\mathrm{d}x=\frac{1}{12}mL^2$$

[注意] 若细棒质量分布不均匀，则 $\mathrm{d}m\neq\dfrac{m}{L}\mathrm{d}x$.

[拓展] 如果本例题中的转轴平行移至细棒端点，则同样计算可得

$$J=\frac{1}{3}mL^2=\frac{1}{12}mL^2+m\left(\frac{L}{2}\right)^2=J_C+md^2$$

J_C 为绕质心 O 轴的转动惯量，d 为细棒端点与质心间的距离.这一结果一般称为平行轴定理.

3-2 刚体定轴转动的角动量 角动量定理 角动量守恒定律

一、刚体定轴转动的角动量 角动量定理

由于绕定轴转动的转动惯量为一常量，故转动定律式(3-9)可写成

$$M=J\alpha=J\frac{\mathrm{d}\omega}{\mathrm{d}t}=\frac{\mathrm{d}(J\omega)}{\mathrm{d}t}$$

① 质量分布均匀、形状简单对称的物体中心点，即为物体的质心.有关质心问题可参阅马文蔚等编《物理学教程》(第四版)上册第 3-9 节，高等教育出版社，2023 年.

令 $L=J\omega$，L 称为绕定轴转动刚体的角动量，则

$$M=\frac{\mathrm{d}L}{\mathrm{d}t} \tag{3-10}$$

上式表明，刚体绕定轴转动时，刚体绕此定轴的角动量 L 随时间的变化率等于作用于刚体上的合外力矩 M.

设一转动惯量为 J 的刚体绕定轴转动，在合外力矩 M 的作用下，在 $\Delta t(=t_2-t_1)$ 时间间隔内，其角速度由 ω_1 变为 ω_2. 由式(3-10)积分得

$$\int_{t_1}^{t_2} M\mathrm{d}t=\int_{L_1}^{L_2}\mathrm{d}L=L_2-L_1=J\omega_2-J\omega_1 \tag{3-11a}$$

式中 $\int_{t_1}^{t_2} M\mathrm{d}t$ 是合外力矩对时间的积分，叫做力矩对给定轴的冲量矩，又叫角冲量.

在国际单位制中，角动量的单位名称为千克二次方米每秒，符号为 $\mathrm{kg\cdot m^2\cdot s^{-1}}$. 冲量矩的单位名称为牛顿米秒，符号为 $\mathrm{N\cdot m\cdot s}$. 两者的量纲虽相同，但它们的物理意义却不相同，角动量是状态量，而冲量矩却是过程量.

如果物体在转动过程中，其内部各质元相对于转轴的位置发生了变化，那么物体的转动惯量 J 也必然随时间变化. 若在 Δt 时间间隔内，转动惯量由 J_1 变为 J_2，则式(3-11a)中的 $J\omega_1$，应改为 $J_1\omega_1$ 而 $J\omega_2$ 应改为 $J_2\omega_2$. 于是下面的关系式是成立的，即

$$\int_{t_1}^{t_2} M\mathrm{d}t=J_2\omega_2-J_1\omega_1 \tag{3-11b}$$

式(3-11)表明，当转轴给定时，角动量的增量等于作用于物体上的冲量矩. 这一结论叫做角动量定理. 它与质点的动量定理在形式上很相似.

例 1

一个砂轮安装在一台钻床上，砂轮的转动惯量为 $1.2\times10^{-3}\ \mathrm{kg\cdot m^2}$，钻床的电动机提供的力矩恒为 $16\ \mathrm{N\cdot m}$，电动机开动 30 ms 后，求此时砂轮对中心轴的角动量和角速度.

[分析] 力矩使砂轮转动，经过一定时间获得角动量的变化，因初始角动量为零，所以某一时刻的角动量即力矩的时间累积值. 有了角动量值就能根据定轴转动的角动量与角速度的关系求出角速度.

[解答] 根据定轴转动的角动量定理 $\int_{t_1}^{t_2} M\mathrm{d}t=L_2-L_1$，可知恒力矩作用下

$$M\Delta t=L_2-L_1$$

故有

$$M\Delta t=L_2-0$$

$$L_2=M\Delta t=16\times30\times10^{-3}\ \mathrm{kg\cdot m^2\cdot s^{-1}}=0.48\ \mathrm{kg\cdot m^2\cdot s^{-1}}$$

根据角动量的定义 $L=J\omega$，故砂轮的角速度

$$\omega=\frac{L_2}{J}=\frac{0.48}{1.2\times10^{-3}}\ \mathrm{rad\cdot s^{-1}}=400\ \mathrm{rad\cdot s^{-1}}$$

[注意] 若力矩不是常量,则力矩的时间累积值需要用积分才能算得.

[拓展] 若力矩随时间变化规律为 $M=at+b$,其中 a、b 为常量.则上述问题将如何解答?

二、刚体定轴转动的角动量守恒定律

由式(3-11)可以看出,当合外力矩为零时,可得

$$J\omega=\text{常量} \tag{3-12}$$

这就是说,如果物体所受的合外力矩等于零,或者不受外力矩的作用,物体的角动量保持不变.这个结论叫做角动量守恒定律.

许多现象都可以用角动量守恒定律来说明.如在图 3-13 中,有一人坐在能绕竖直轴转动的凳子上(摩擦忽略不计).开始时,人平举两臂,两手各握一哑铃,并使人与凳一起以一定的角速度旋转.由于在水平面内没有外力矩作用,人与凳的角动量之和应当保持不变.因此,当人放下或收拢两臂使转动惯量变小时,人与凳的转动角速度就会增大.跳水运动员常在空中先把手臂和腿蜷缩起来,以减小转动惯量而增大转动角速度,在快到水面时,则又把手臂、腿伸直,以增大转动惯量而减小转动角速度,并以一定的角度落入水中.

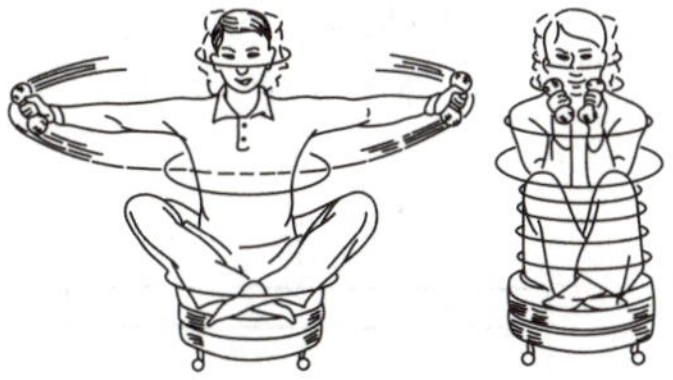
图 3-13 角动量守恒定律的演示

动画:角动量守恒演示仪

例 2

一根长度为 $L=0.60$ m 的均匀棒,绕其端点 O 转动时的转动惯量为 $J=0.12\ \text{kg}\cdot\text{m}^2$.当棒摆到竖直位置时,其角速度为 $\omega_0=2.4\ \text{rad}\cdot\text{s}^{-1}$.此时棒的下端和一质量为 $m=0.20$ kg 的泥球相碰并粘在一起,如图 3-14 所示.问棒粘有泥球后的角速度 ω 是多少?

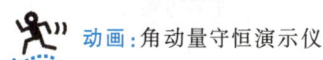

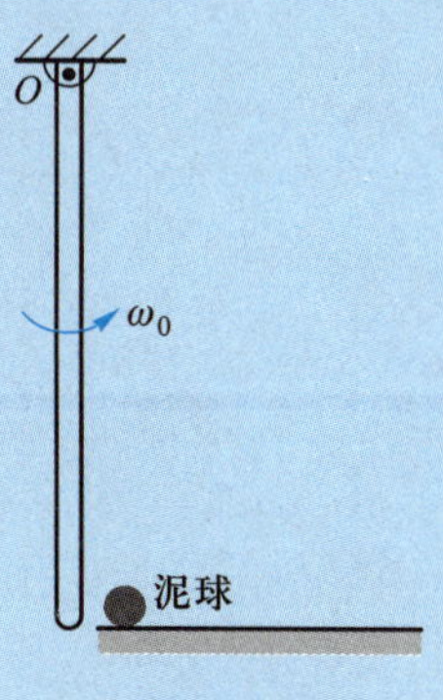

图 3-14

[分析] 棒运动到竖直位置时,棒所受的重力 $\boldsymbol{P}$ 的方向与棒平行.若将棒与泥球看作一个系统,棒与泥球的碰撞作用力为内力,则棒、泥球系统对端点 O 的外力矩为零,因此在碰撞前后系统的角动量守恒.

[解答] 根据角动量守恒定律式(3-12),并选逆时针方向为正方向,有

$$J\omega_0=(J+mL^2)\omega$$

$$\omega=\frac{J}{J+mL^2}\omega_0=\frac{0.12}{0.12+0.2\times0.6^2}\times2.4\ \text{rad}\cdot\text{s}^{-1}$$

$$=1.5\ \text{rad}\cdot\text{s}^{-1}$$

[注意] 将本例中的泥球看作质点,且泥球与地面接触无黏性,否则角动量守恒条件难以满足.

[拓展] 本例中的泥球换成稍大的石块,且棒与石块的相撞点不在棒的一端,而是在棒上某部位,问相撞位置在何处能使棒在支点 O 处受力最小.

本节练习

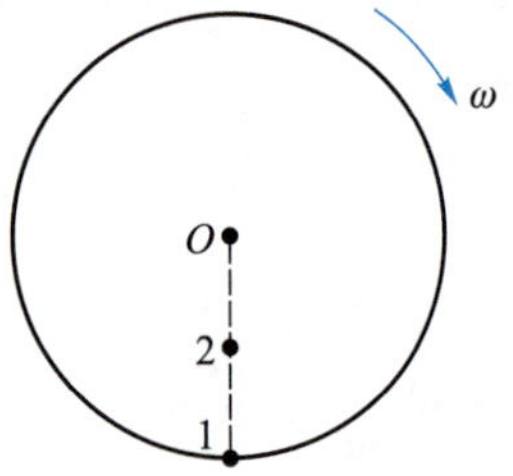

练习 1 图

1. 如图所示，以恒定角速度绕给定轴转动的飞轮上有点 1 和点 2. 点 1 在飞轮的边缘，点 2 在转轴与边缘之间的一半处. 在时间 Δt 内，这两点经历的路程为 s_1、s_2，转过的角度为 $\Delta\theta_1$、$\Delta\theta_2$. 这两点各自的线速度为 v_1、v_2，角速度为 ω_1、ω_2，角加速度为 α_1、α_2. 则它们的大小关系为（填>，=，<号）

s_1 ____ s_2；$\Delta\theta_1$ ____ $\Delta\theta_2$；v_1 ____ v_2；ω_1 ____ ω_2；α_1 ____ α_2.

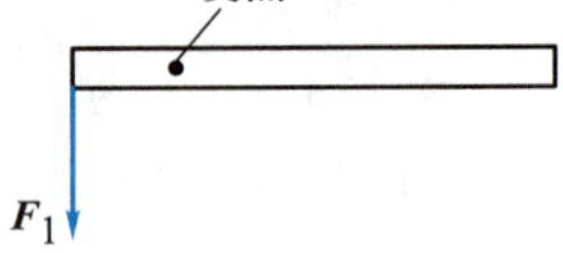

练习 2 图

2. 如图所示是一根可以绕支点转动的直尺，两个力 $\boldsymbol{F}_1$ 和 $\boldsymbol{F}_2$ 作用在直尺的两端并垂直于直尺，$\boldsymbol{F}_1$ 已画出. 如果直尺静止，则

（1）$\boldsymbol{F}_2$ 的方向是（a）$\boldsymbol{F}_2$ 与 $\boldsymbol{F}_1$ 的方向相同；（b）$\boldsymbol{F}_2$ 与 $\boldsymbol{F}_1$ 的方向相反；

（2）$\boldsymbol{F}_2$ 的大小是（a）$F_2>F_1$；（b）$F_2<F_1$；（c）$F_2=F_1$.

3. 如图所示的一个圆盘、一个圆箍和一个实心球体，由绕在它们上面的绳拉动，均绕通过中心 O 垂直于纸面的轴旋转. 绳子对三个物体产生相同的恒定切向力 $\boldsymbol{F}$. 三个物体的质量和半径相同，初始静止. 经绳子拉动一段时间 t 后，各自获得的角动量为 $L_{盘}$、$L_{箍}$、$L_{球}$，角速度为 $\omega_{盘}$、$\omega_{箍}$、$\omega_{球}$，请分别将两个物理量由大到小排列顺序

L：____>____>____

ω：____>____>____

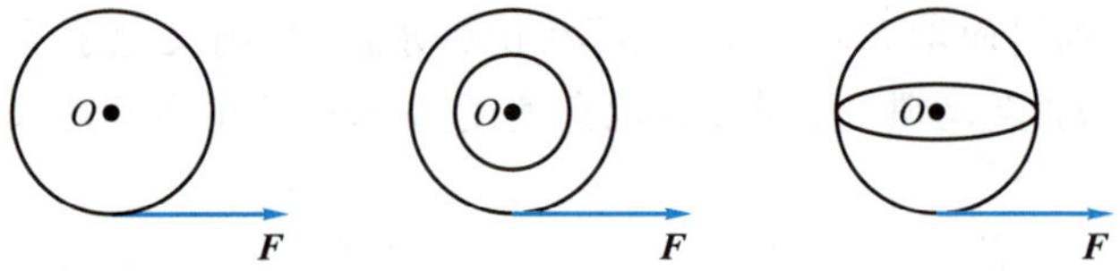

圆盘　　圆箍　　实心球体

练习 3 图

*3-3 流体 伯努利方程

至此，我们已经研究过质点、质点系的运动，以及刚体绕定轴的转动. 与刚体一样，流体也是一种连续的质点系，它与刚体最大的不同在于，它具有流动性. 液体是流体的一种. 本节以液体为例介绍流体的基本性质和运动规律.

一、理想流体的运动

1. 流体的基本性质及描述

(1) 理想流体的定义

在研究流体运动时，一方面，在大多数情况下，我们可以近似地认为，液体是不可压缩的；另一方面，由于许多流体的液层之间的相对移动引起的黏性很弱，因此常忽略流体流动过程中引起的内摩擦力．这种不可压缩而且没有黏性的流体，叫做理想流体．

(2) 流体运动的描述

在流动情况不随时间变化的稳定流动（简称“稳流”）的情况下，流体中各点的速度不随时间而变．为了形象地描述流体的运动情况，可以人为地画出一些线，线上每一点的切线方向都和液体微元在该点的速度方向一致，如图 3-15 所示．这样的线叫做流线．流线的画法通常是这样：在液体流速较大的地方，流线比较密；在液体流速较小的地方，流线比较稀．流体在稳定流动时，流线与液体微元的运动轨迹一致，并保持流线的连续性不变．图 3-16 是流体分别流过圆柱体、垂直于流体的平板以及流线型鱼形截面的物体的流线图．

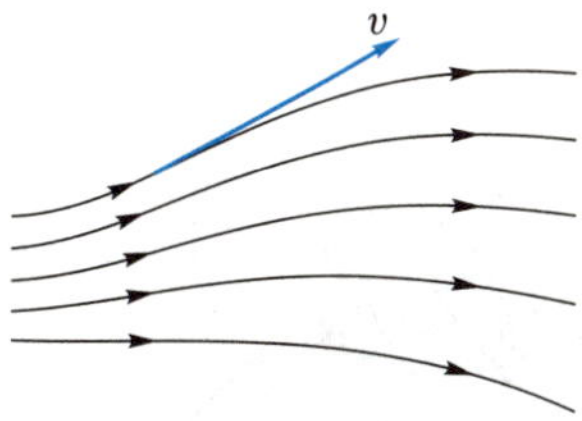

图 3-15 流线的画法

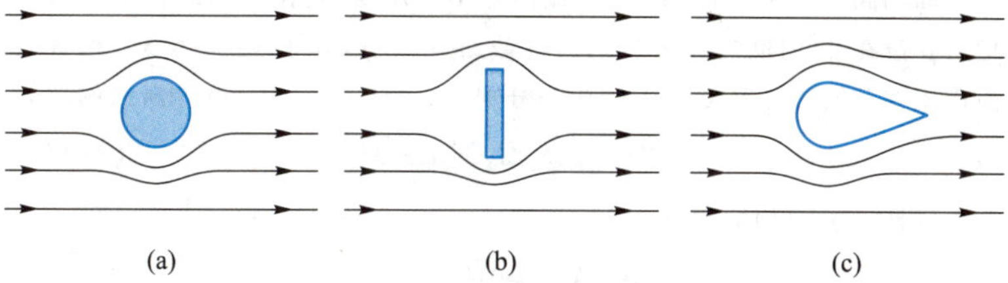

图 3-16 流体的流线

从图 3-16 中显示的连续流线可知，流体是稳定流过上述物体的．实际上，当流体以较大速度流过一般物体，特别是物体截面为平面时，液体会出现紊乱情况，即流速会出现突变、旋转等，则流线会断裂、回旋，如图 3-17 所示．

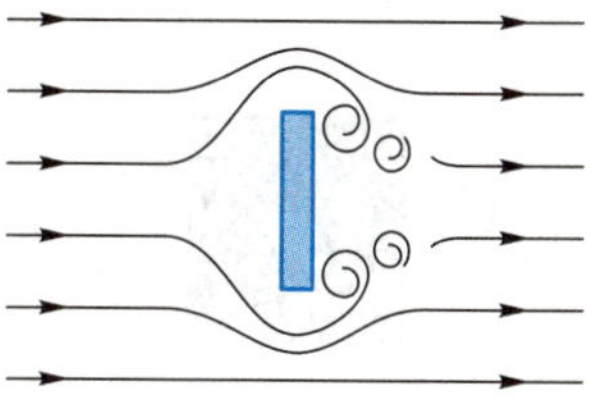

图 3-17 紊流

在稳定流动的流体中，以一组连续分布的流线为边界线，这些流线包围的那一部分流体叫做流管．因为流线就是液体微元的运动轨迹，每一点都有确定的流速，所以流线不能相交，即位于流管内的流体，在流动过程中不能逸出管外，同样也没有任何管外流体进入管内．

2. 流体连续性方程

我们取一流管，并任意截取两个垂直截面，其面积记作 ΔS_1 和 ΔS_2，见图 3-18．设 v_1、v_2 分别为所取截面 ΔS_1 和 ΔS_2 处流体流速的平均值，若截面无限小，它们就是截面上微元的速度．单位时间内流过截面 ΔS_1 和 ΔS_2 的流体体积分别为 $\Delta S_1 v_1$ 和 $\Delta S_2 v_2$，对于不可压缩的流体来说，流过截面 ΔS_1 和 ΔS_2 的流体体积相同，由此即得

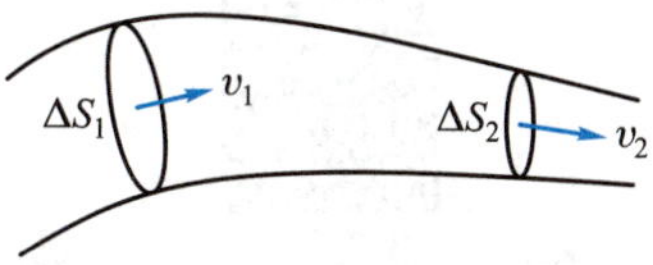

图 3-18 流管

$$\Delta S_1 v_1 = \Delta S_2 v_2 \tag{3-13a}$$

只要流体稳定流动，式(3-13a)就对流管内任意两个和流管垂直的截面都成立，于是有

$$\Delta S v = 常量 \tag{3-13b}$$

也就是说，对于给定的流管，不可压缩的流体的流速和流管截面积的乘积是一个常量，这个量称为体积流量，单位为 $m^3 \cdot s^{-1}$ 或 $cm^3 \cdot s^{-1}$. 这一关系称为流体连续性方程.

按照流体连续性方程，在流管较粗的地方，流体流得较慢；在流管较细的地方，流体流得较快. 如果在式(3-13a)两侧分别乘以流体的密度 ρ，则可看到在单位时间内流入 ΔS_1 的流体的质量与流出 ΔS_2 的流体的质量是相等的.

二、伯努利方程

1. 理想流体的伯努利方程

把牛顿力学的功能原理用于稳定流动的理想流体，可以求得流体力学的基本方程——伯努利方程.

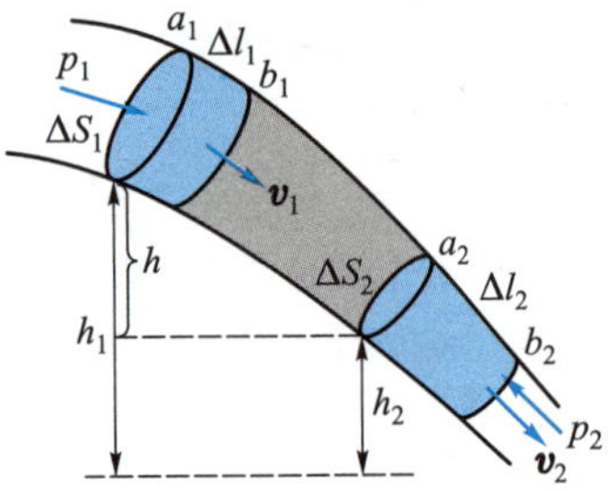

图 3-19 推导伯努利方程用图

文档：伯努利

视频：坐列车过隧道的体验

动画：伯努利方程

如图 3-19 所示，从流体中取一段质量为 Δm 的流体元，这部分流体先后流过流管截面 ΔS_1 和 ΔS_2. 在截面 ΔS_1 处，流体长度为 Δl_1，速度大小为 v_1，压强为 p_1；在截面 ΔS_2 处，流体长度为 Δl_2，速度大小为 v_2，压强为 p_2. 距水平面的高度分别为 h_1、h_2. 由于流体是不可压缩的，在流动过程中其密度均为 ρ. 设在 Δt 时间内，Δm 分别通过截面 ΔS_1 和 ΔS_2 的距离为 Δl_1 和 Δl_2，而作用在截面 ΔS_1 和 ΔS_2 上的压强分别为 p_1 和 p_2，这样压强差所做的功为

$$W=p_1\Delta S_1\Delta l_1-p_2\Delta S_2\Delta l_2 \tag{3-14a}$$

由连续性方程(3-13)可知

$$\Delta S_1\Delta l_1=\Delta S_2\Delta l_2=\Delta V$$

式中 ΔV 是 Δm 对应的体积. 因此式(3-14a)可写为

$$W=(p_1-p_2)\Delta V \tag{3-14b}$$

由功能原理可得 Δm 从截面 ΔS_1 运动到截面 ΔS_2 过程中的功能关系：

$$W=E_2-E_1 \tag{3-15}$$

式中 E_1、E_2 是流体元 Δm 分别处于截面 ΔS_1、ΔS_2 时的机械能，即

$$E_1=\frac{\Delta m v_1^2}{2}+\Delta mgh_1$$

$$E_2=\frac{\Delta m v_2^2}{2}+\Delta mgh_2$$

将上式及式(3-14b)一同代入式(3-15)，并注意 $\frac{\Delta m}{\Delta V}$ 就是液体的密度 ρ，即得

$$\frac{\rho v_1^2}{2}+\rho gh_1+p_1=\frac{\rho v_2^2}{2}+\rho gh_2+p_2 \tag{3-16}$$

这一方程叫做伯努利方程①.

① 方程式(3-16)是由卓越的物理学家和数学家、彼得堡科学院院士丹尼尔·伯努利(D.Bernoulli, 1700—1782)第一个推导出来的，当时他正在俄国工作.

若流管水平（$h_1=h_2$），则伯努利方程变为

$$\frac{\rho v_1^2}{2}+p_1=\frac{\rho v_2^2}{2}+p_2 \tag{3-17}$$

由式（3-17）可知，速度小的地方，压强大；而速度大的地方，压强小.

我们再强调一下，伯努利方程适用于理想流体，而且流体是稳定流动，且气体也近似适用.

例 1

如图 3-20 所示，汽车以 100 km · h^{-1} 的速度行驶，计算作用在汽车前部正面处的压强值. 空气的密度取 1.23 kg · m^{-3}，大气压取 1.013×10^5 Pa.

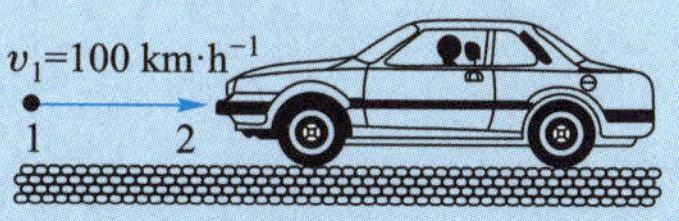

图 3-20

［分析］ 以汽车为参照物，汽车前部稍远处地点 1 的空气流速，即车速 $v_1=100\times10^3$ m/3 600 s = 27.8 m · s^{-1}，且该位置处的压力就是大气压 $p_1=1.013\times10^5$ Pa. 汽车前部正面位置 2 与流动的空气直接碰撞，其速度变为 $v_2=0$. 汽车周围的气流假设不变（汽车流线型设计恰当就能做到），那么周围压力也不会变化，仍为大气压.

［解答］ 根据同一水平线上的伯努利方程，有

$$p_1+\frac{1}{2}\rho v_1^2=p_2+0$$

则

$$p_2=1.013\times10^5\ \text{Pa}+1.23\times\frac{27.8^2}{2}\text{Pa}$$

$$=1.018\times10^5\ \text{Pa}$$

比周围环境大气压高了约 500 Pa，相当于 1 m^2 的平板上站着质量约 48 kg 的人所产生的压强，这是汽车行驶时所受到的主要的阻力来源，可称压阻.

［注意］ 若以地面为参照物，又将如何来计算此压强呢？

［拓展］ 汽车在行驶时，除了上述的阻力之外，还会存在摩擦阻力、诱导阻力、干涉阻力等. 流体的阻力非常复杂，为了减少在液体中的阻力，运动物体的流线型设计极其重要，气动实验就是流线型设计的重要环节.

2. 黏性流体的伯努利方程及泊肃叶公式

如果流体微粒之间的黏性不可忽略，如血液、油料等的流动，则流体即使作稳定流动，微粒间也存在摩擦，这将引起机械能的损耗，上述理想流体的伯努利方程（3-16）就需修正为

$$\frac{1}{2}\rho v_1^2+\rho g h_1+p_1=\frac{1}{2}\rho v_2^2+\rho g h_2+p_2+W' \tag{3-18}$$

式中 W' 为单位体积流体从图 3-19 的位置 a_1b_1 运动到位置 a_2b_2 过程中所消耗的机械能.

对截面均匀的水平流管，有 $h_1=h_2$，$v_1=v_2$，则由式（3-18）可得

$$p_1-p_2=W' \tag{3-19}$$

式（3-19）表明，黏性流体在流动过程中损失的机械能表现为压强的降低，或者说，必须有压强差，才能使黏性流体作稳定流动. 就这一点而言，平直

流管中的流量 Q 与压强差的关系存在一个泊肃叶公式,该公式是法国生理学家泊肃叶于 1840 年通过大量实验得到的,公式的形式如下:

$$Q=\frac{\Delta p}{R_f}=\frac{\pi r^4}{8\eta L}(p_1-p_2)$$

对于此公式,我们可以用与金属导体中的欧姆定律作类比的方式来理解. 假设一均匀细长水平流管长 L(比如一根玻璃管),细管半径为 r,流动的液体黏度为 η. 若液体作稳定流动时,细管两端的压强差为 $\Delta p=p_1-p_2$,稳定的流量为 Q,因黏性而产生的流阻为 R_f(单位:$Pa\cdot s\cdot m^{-3}$),则我们作如下对比:

$$Q\to I,\quad \Delta p\to U,\quad R_f=\kappa\frac{L}{\pi r^2}\to R_e=\rho\frac{L}{S},\quad \kappa\to\rho$$

实验可测定 $\kappa=\frac{8\eta}{r^2}$,则流阻 $R_f=\frac{8\eta L}{\pi r^4}$. 由电流的欧姆定律 $I=\frac{U}{R_e}$ 类比得流体的泊肃叶公式

$$Q=\frac{\Delta p}{R_f}=\frac{\pi r^4}{8\eta L}(p_1-p_2) \tag{3-20}$$

上述的类比尽管不十分严格,但十分有效,特别是流阻与电阻的类比在形式上和效果上都十分有用. 当流体在几根流管(串联或并联)中流动时,流阻就可以当作电阻那样(串联或并联)计算. 泊肃叶公式虽然是在特殊条件下得出的,但它可以用来近似地分析具有弹性的血管扩张(收缩)对血流量、血压等的影响,在医疗领域中有广泛的运用.

三、伯努利方程的应用

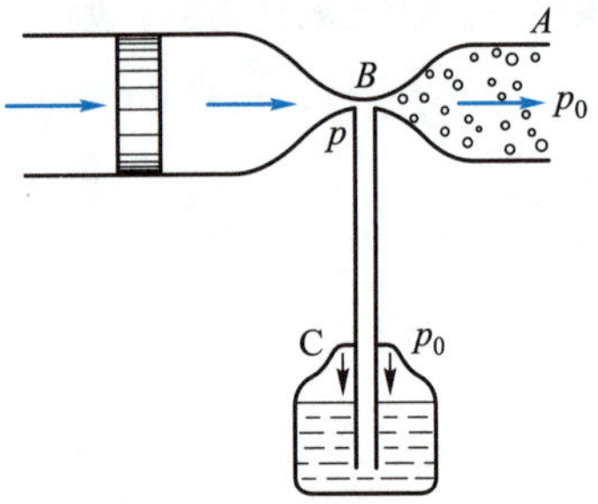

图 3-21 喷雾器

伯努利方程在流体中的作用是非常重要的,它不仅在液体中适用,而且在气体中适用.它的应用很广泛.下面举两个可当作理想流体的例子.

1. 喷雾器

喷雾器的构造如图 3-21 所示,由于水平管中的活塞向右运动,管中产生气流,在截面积大的 A 处,速度小,压强近似等于大气压 p_0,在截面积缩小的 B 处,速度大,压强 p 小于大气压 p_0.结果是,储液器 C 中的液面上的大气压 p_0 将液体压上去,液体在 B 处混入气流,液体被吹散成雾,由喷嘴喷出. 内燃机的挥发器、农药喷雾器以及香水瓶、沐浴液压缩喷口和空气升力演示仪等都是利用这个原理.

2. 小孔流速

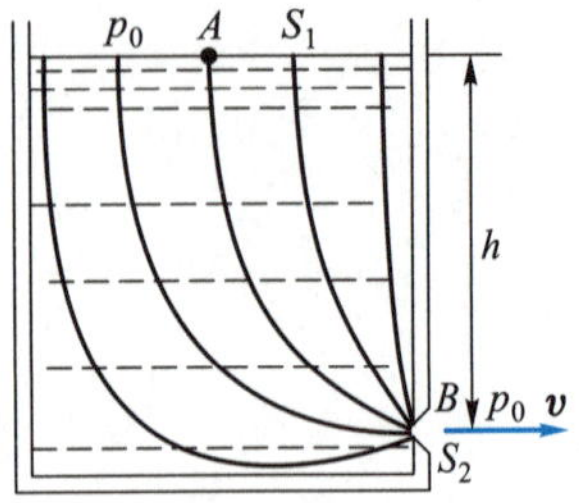

(a)

设在大容器的水面下 h 处的器壁上有一小孔,水由此处流出,如图 3-22(a)所示.因为容器截面积 S_1 比小孔面积 S_2 大得多,水面下降极缓,在短时间内高度差 h 几乎不发生改变.水的流动可看作理想流体的稳定流动. 我们取流线 AB,点 A 在水面上,压强可视为大气压 p_0,速度可视为 0,若取过点 B 的水平面作为参考面,点 A 的高度为 h;点 B 的压强近似为 p_0,高度为 0,流速为 v_2.将这 6 个量代入式(3-16)得

$$v_2=\sqrt{2gh}$$

这个结果是在理想流体的假设下求出的，实际上，由于内摩擦的作用，流出的速度较 $\sqrt{2gh}$ 要小 1%～2%.

此外，小孔附近的实际流线分布大致如图 3-22(b)所示，在截面 S_2' 处，流线才是近似相互平行的，由于流体质点在这里基本沿水平方向运动，垂直于流线方向的各点的速度相同（无加速度），因此在此竖直方向可按静止液体计算压强差，若忽略微小的高差，则 B' 点的压强就与流管上下边缘的压强一致为 p_0. 严格说，前端的 B 点应移到 B' 点，上面计算的 v_2 是 B' 点的速度. 实验结果，截面积 $S_2' \approx 0.62S_2$，故由小孔流出的液体流量约为 $0.62S_2\sqrt{2gh}$. 这一结果可近似地用于实际问题，如水库放水发电时，就可用来计算出水口的流速和流量.

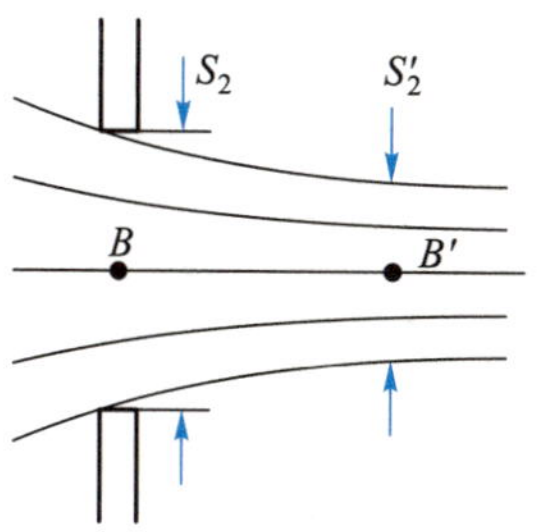

(b)

图 3-22 小孔流速

伯努利方程用于气体一类的流体中，会有一系列有趣的现象发生，例如飞行体的升力、旋转球的弧线运动等，这里就不一一举例了.

例 2

若一飞机在飞行时，机翼上方的气流速度为 $v_1 = 100\ \mathrm{m \cdot s^{-1}}$，而机翼下方的气流速度为 $v_2 = 80\ \mathrm{m \cdot s^{-1}}$，已知空气密度为 $1.2\ \mathrm{kg \cdot m^{-3}}$，求机翼上、下方的气压差.

[分析] 飞机机翼设计使气流线在机翼端分成上、下两条流线掠过机翼两侧，所以机翼上下流线的流速、压强可以满足相同的伯努利方程.

[解答] 根据题意，机翼上、下方的流线满足伯努利方程：

$$p_1 + \frac{\rho v_1^2}{2} = p_2 + \frac{\rho v_2^2}{2}$$

气压差 Δp 为

$$\Delta p = \frac{(v_1^2 - v_2^2)\rho}{2}$$

将数据代入上式，可得

$$\Delta p = 2.16\ \mathrm{kPa}$$

[注意] 实际上，飞机的气压来源非常复杂，需要考虑气动分布以及机翼攻角等因素，此处计算的机翼上、下方的气压差仅仅是满足伯努利方程部分的气压差.

[拓展] 如果要计算飞机获得的机翼升力，还需要知道哪些数据？

本节练习

1. 图示为一只多头管道，给出了除一个截面之外的体积流量 1、2、3、4（单位：$\mathrm{cm^3 \cdot s^{-1}}$）和流动方向. 试在图中标出那一截面的体积流量与流动方向.

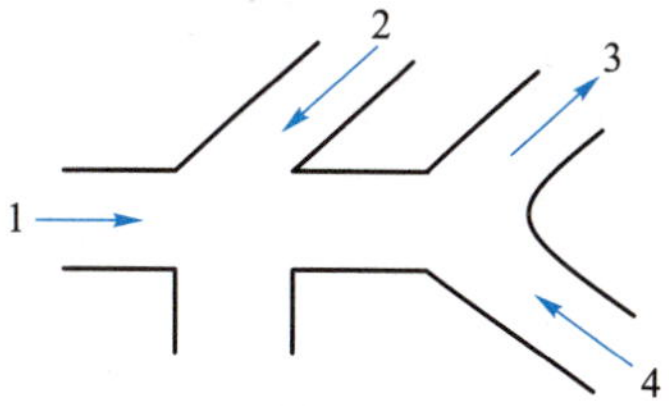

练习 1 图

2. 空气可以简单地用液体规律处理，图示为一个旋转着飞行的足球，请在图中画出足球受到的除重力之外的侧向力的方向，并画出足球可能飞行的路径. 图中虚线为空气相对于足球平动速度的流线.

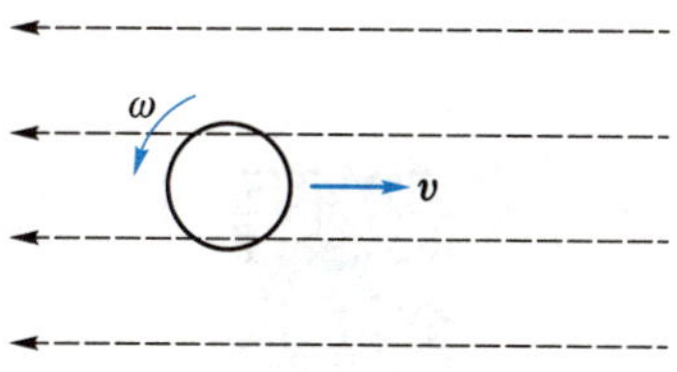

练习 2 图

章首问题答案

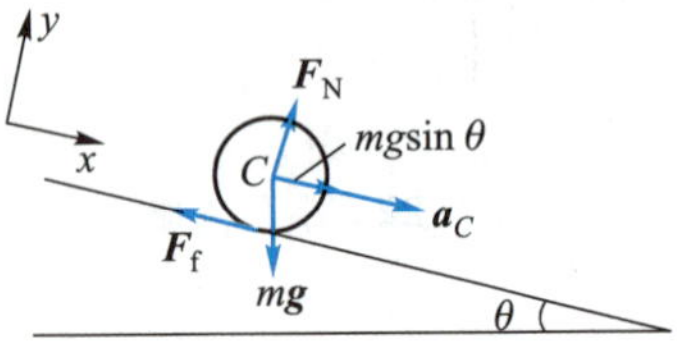

如图所示，有一斜面长 $l=1.5$ m，与水平面的夹角 $\theta=5°$. 两个物体分别静止地位于斜面的顶端，然后由顶端沿斜面向下滚动. 一个物体是质量为 m_1、半径为 R_1 的实心圆柱体；另一个物体是质量为 $m_2=m_1=m$、半径 $R_2=R_1=R$ 的薄壁圆柱筒. 它们分别从斜面顶端滚到斜面底部各经历多长时间？

章首问题的严格解答所需的知识点略超本书要求，我们先粗略地定性分析之. 由本章表 3-1 得知，对于质量相等的实心圆柱体和薄壁圆柱筒，前者的转动惯量小于后者的，根据转动惯量的物理含义，前者转动状态的变化将大于后者的，因此在相同外力矩作用下，前者的转速将大于后者，所以实心圆柱体应该先于薄壁圆柱筒到达底端. 严格的求解过程如下.

由于圆柱体和圆筒的质量密度都是均匀的，因此它们的质心 C 都在轴线上. 只是因为两者的形状不同，故而它们的转动惯量并不相等. 如图所示，它们受到重力 $\boldsymbol{P}$、支持力 $\boldsymbol{F}_\mathrm{N}$ 和摩擦力 $\boldsymbol{F}_\mathrm{f}$ 的作用.

物体沿斜面的滚动，可看成是两种运动构成的. 一是质心的平动，另一是物体绕通过质心的转轴所作的转动. 由质心运动方程式可得

$$mg\sin\theta-F_\mathrm{f}=ma_C \tag{1}$$

而以过质心 C 的轴为转轴的运动，可由转动定律得

$$F_\mathrm{f}R=J\alpha$$

式中 J 和 α 分别为对通过质心 C 的转轴的转动惯量和角加速度. 对刚体纯滚动来说，质心的加速度 a_C 与圆柱体表面切向的加速度 a 相等，即 $a=a_C$. 由角量与线量的关系有 $a=a_C=R\alpha$. 把它代入上式，有

$$F_\mathrm{f}=\frac{Ja}{R^2} \tag{2}$$

把式(2)代入式(1)，得

$$ma=mg\sin\theta-\frac{Ja}{R^2}$$

化简后，可求得

$$a=\frac{mgR^2\sin\theta}{mR^2+J} \tag{3}$$

从式(3)可以看出，在 m、θ 和 R 给定的条件下，质心的加速度取决于转动惯量 J，转动惯量越大，其加速度越小. 已知实心圆柱体的转动惯量为 $J_1=mR^2/2$，圆柱筒的转动惯量 $J_2=mR^2$. 把它们代入式(3)可得实心圆柱体的加速度 a_1 和圆柱筒的加速度 a_2 分别为

$$a_1=\frac{2}{3}g\sin\theta,\quad a_2=\frac{1}{2}g\sin\theta \tag{4}$$

实心圆柱体的加速度大于圆柱筒的加速度. 由匀变速直线运动公式，容易求得它们到达斜面底部所经历的时间分别为

$$t_1=\left(\frac{2l}{a_1}\right)^{1/2},\quad t_2=\left(\frac{2l}{a_2}\right)^{1/2} \tag{5}$$

由式(4)和式(5)，代入已知数据可求得：$t_1=2.3$ s，$t_2=2.6$ s. 果然，如定性分析所说，圆柱体比圆筒先到达斜面底部.

视频：两轮赛跑

复习自测题

总　结

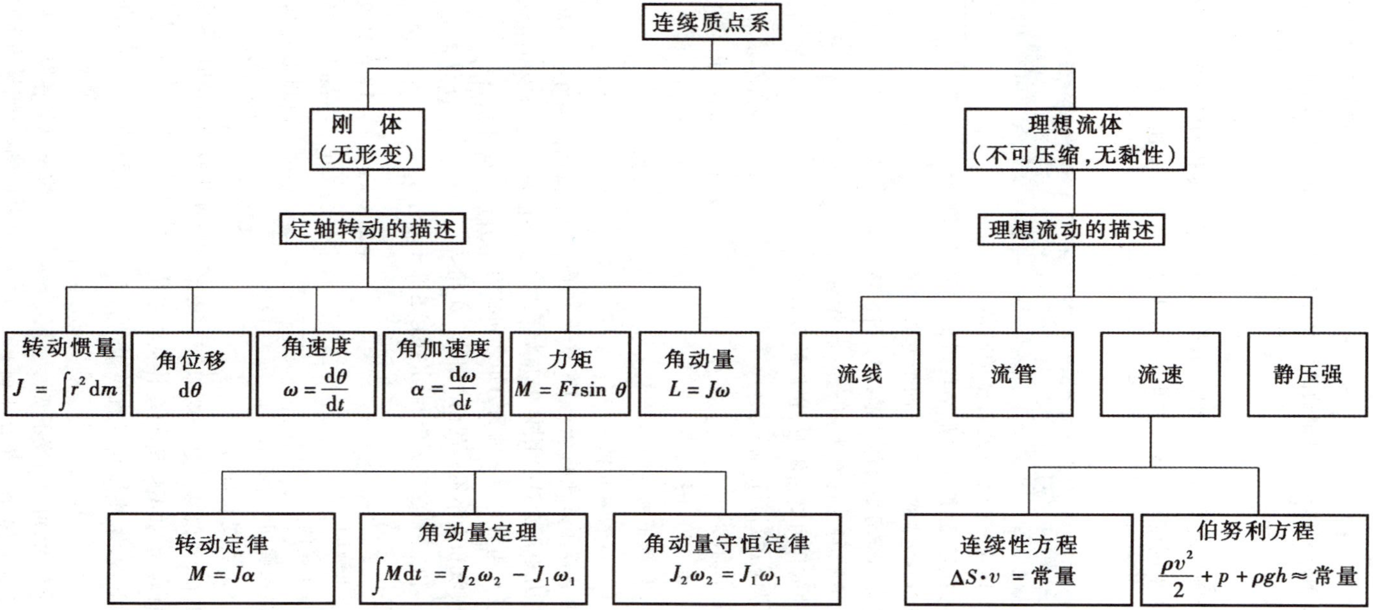
连续质点系
刚　体
(无形变)
理想流体
(不可压缩,无黏性)
定轴转动的描述
理想流动的描述
转动惯量
$J=\int r^2\mathrm{d}m$
角位移
$\mathrm{d}\theta$
角速度
$\omega=\frac{\mathrm{d}\theta}{\mathrm{d}t}$
角加速度
$\alpha=\frac{\mathrm{d}\omega}{\mathrm{d}t}$
力矩
$M=Fr\sin\theta$
角动量
$L=J\omega$
流线
流管
流速
静压强
转动定律
$M=J\alpha$
角动量定理
$\int M\mathrm{d}t=J_2\omega_2-J_1\omega_1$
角动量守恒定律
$J_2\omega_2=J_1\omega_1$
连续性方程
$\Delta S\cdot v=$常量
伯努利方程
$\frac{\rho v^2}{2}+p+\rho gh\approx$常量

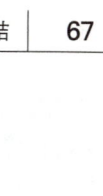

问题

3-1 绕定轴转动的刚体上质点的运动路径是什么？

3-2 你是怎样确定刚体转动时定轴的位置的？

3-3 绕定轴转动刚体的角速度方向是如何确定的？

3-4 如果一个刚体所受合外力为零，其合力矩是否也一定为零？如果刚体所受合外力矩为零，其合外力是否也一定为零？

3-5 刚体可以有不同的转动惯量吗？如一刚体由几部分组成，那么这个刚体的转动惯量等于多少？

3-6 一人坐在角速度为 $\boldsymbol{\omega}_0$ 的转台上，手持一个旋转着的飞轮，其转轴垂直地面，角速度为 $\boldsymbol{\omega}'$. 如果突然使飞轮的转轴倒转，将会发生什么情况？设转台和人的转动惯量为 J，飞轮的转动惯量为 J'.

习题

3-1 两个力作用在一个有固定转轴的刚体上，对此有以下几种说法：(1) 这两个力都平行于轴作用时，它们对轴的合力矩一定是零；(2) 这两个力都垂直于轴作用时，它们对轴的合力矩可能是零；(3) 当这两个力的合力为零时，它们对轴的合力矩也一定是零；(4) 当这两个力对轴的合力矩为零时，它们的合力也一定是零. 对上述说法下述判断正确的是(　　).

(A) 只有(1)是正确的

(B) (1)、(2)正确，(3)、(4)错误

(C) (1)、(2)、(3)都正确，(4)错误

(D) (1)、(2)、(3)、(4)都正确

3-2 关于力矩有以下几种说法：(1) 对某个定轴转动刚体而言，内力矩不会改变刚体的角加速度；(2) 一对作用力和反作用力对同一轴的力矩之和必为零；(3) 质量相等、形状和大小不同的两个刚体，在相同力矩的作用下，它们的运动状态一定相同. 对上述说法下述判断正确的是(　　).

(A) 只有(2)是正确的

(B) (1)、(2)是正确的

(C) (2)、(3)是正确的

(D) (1)、(2)、(3)都是正确的

3-3 均匀细棒 OA 可绕通过其一端 O 而与棒垂直的水平固定光滑轴转动，如图所示. 今使棒从水平位置由静止开始自由下落，在棒摆到竖直位置的过程中，下述说法正确的是(　　).

(A) 角速度从小到大，角加速度不变

(B) 角速度从小到大，角加速度从小到大

(C) 角速度从小到大，角加速度从大到小

(D) 角速度不变，角加速度为零

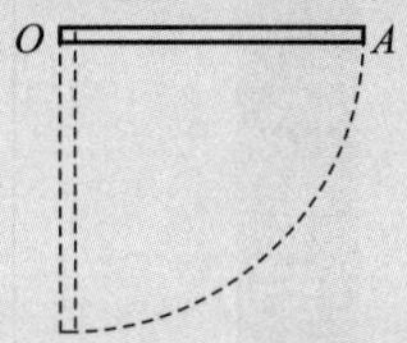

习题 3-3 图

3-4 一汽车发动机曲轴的转速在 12 s 内由 $n_0 = 1.2\times10^3\ \mathrm{r\cdot min^{-1}}$ 均匀地增加到 $n = 2.7\times10^3\ \mathrm{r\cdot min^{-1}}$. (1) 求曲轴转动的角加速度；(2) 在此时间内，曲轴转了多少转？

3-5 一飞轮由一直径为 30 cm、厚度为 2.0 cm 的圆盘和两个直径都为 10 cm、长为 8.0 cm 的共轴圆柱体组成，设飞轮的密度为 $7.8\times10^3\ \mathrm{kg\cdot m^{-3}}$，求飞轮对轴的转动惯量.

3-6 一燃气轮机在试车时，燃气作用在涡轮上的力矩为 $2.03\times10^3\ \mathrm{N\cdot m}$，涡轮的转动惯量为 $25.0\ \mathrm{kg\cdot m^2}$. 当轮的转速由 $2.80\times10^3\ \mathrm{r\cdot min^{-1}}$ 增大到 $1.12\times10^4\ \mathrm{r\cdot min^{-1}}$ 时，所经历的时间 t 为多少？

3-7 电风扇接通电源后一般经 5 s 后到达额定转速 $n_0 = 300\ \mathrm{r\cdot min^{-1}}$，而关闭电源后经 16 s 后风扇停止转动，已知电风扇的转动惯量为 $0.5\ \mathrm{kg\cdot m^2}$. 设启动时的电磁力矩 M 和转动时的阻力矩 M_f 均为常量，求启动时的电磁力矩 M.

3-8 一质量为 m'、半径为 R 的均匀圆盘，绕通过其中心且与盘面垂直的水平轴以角速度 ω 转动，若在某时刻，一质量为 m 的小碎块从盘边缘裂开，且恰好沿竖直方向上抛，问它可能达到的高度是多少？裂开的圆盘的角动量为多大？

3-9　一位溜冰者伸开双臂，以 $1.0\ \mathrm{r \cdot s^{-1}}$ 的转速绕身体中心轴转动，此时的转动惯量为 $1.33\ \mathrm{kg \cdot m^2}$．她收起双臂以增加转速，若收起双臂后的转动惯量变为 $0.48\ \mathrm{kg \cdot m^2}$，求她收起双臂后的转速．

3-10　一质量为 1.12 kg、长为 1.0 m 的均匀细棒，支点在棒的上端点，开始时棒自由悬挂．当以 100 N 的力打击它的下端点，打击时间为 0.02 s，若打击前棒是静止的，求打击后瞬间其角动量的大小．

3-11　质量为 0.50 kg、长为 0.40 m 的均匀细棒，可绕通过棒的一端且与棒长方向垂直的水平轴转动．如将此棒放在水平位置，然后任其落下，求：(1) 当棒转过 60°时的角加速度和角速度；(2) 下落到竖直位置时的角速度．

3-12　一所公寓进水管的内径为 2 cm，在地面进水处，水的流速为 $1.5\ \mathrm{m \cdot s^{-1}}$，压强为 4.0×10^5 Pa．公寓二楼卫生间出水管距地面 5 m，其内径为 1 cm．求水在出水口处的流速和压强．

3-13　现在的城市大多采用铸铁管道输送天然气，输气管道的管径比用户的配气管道的管径大．已知某用户的配气管道的直径为 $D_1 = 1$ cm，输气管道的直径 $D_2 = 3$ cm，天然气在配气管道内的流速为 $v_1 = 20\ \mathrm{cm \cdot s^{-1}}$，求：(1) 天然气的流量；(2) 天然气在输气管道中的流速．

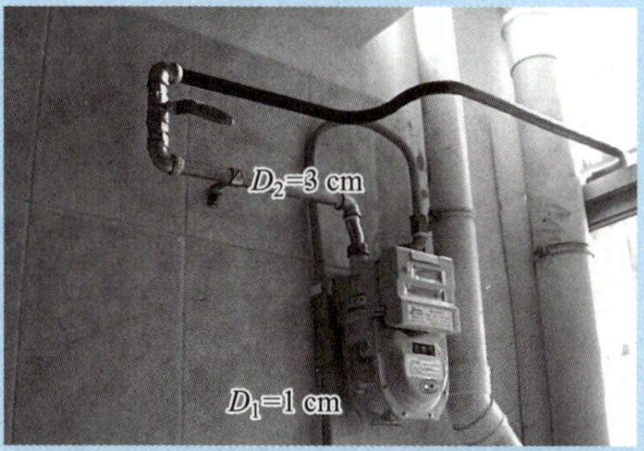

习题 3-13 图

习题答案

第四章　机械振动与机械波

预习自测题

知识图谱

振动是自然界中物质的普遍运动形式.物体在一定位置附近作的周期性往复运动叫做机械振动,振动在空间的传播过程叫做波动.由机械振动形成的波动称为机械波.波动也是常见的物质运动形式.这两种运动形式有内在关联性.例如,声带的振动通过空气的疏密变化促成声音的传播.自然界中除了机械振动和机械波之外,还有诸如电磁振荡及由此引起的电磁波等.本章从最简单的机械振动、机械波入手研究振动与波的基本规律,这是研究更复杂运动的基础.

本章主要内容有,机械振动中的简谐振动及合成,阻尼运动中的受迫振动和共振;机械波中的平面简谐波的波函数、波的能量、波的叠加原理、惠更斯原理,以及干涉、衍射现象和多普勒效应.

章首问题

当地震来袭时,地面上的人会出现上下颠簸和左右摇摆的情况.试问人体表现的先后状态是(　　)

(1) 先左右摇摆,后上下颠簸;

(2) 先上下颠簸,后左右摇摆;

(3) 同时上下颠簸、左右摇摆;

(4) 情况复杂无法判断先后顺序.

4-1　简谐振动　旋转矢量　简谐振动的能量

一、简谐振动

1. 简谐振动的动力学和运动学

简谐振动是最简单、最基本的振动，而且研究表明，任何复杂的振动原则上都可以由若干个或无限多个不同的简谐振动合成而得到.下面以弹簧振子为例，研究简谐振动的运动规律.

如图 4-1 所示，轻弹簧（质量可以忽略不计）的左端固定，右端连着一质量为 m 的物体，放置在光滑的水平面上.物体所受的阻力略去不计.当物体在位置 O 时，弹簧呈现自然长度［图 4-1(a)］，此时物体在水平方向所受的合外力为零，位置 O 叫做平衡位置.取平衡位置 O 为坐标原点，水平向右为 Ox 轴的正方向.现将物体向右移到位置 B［图 4-1(b)］.此时，由于弹簧被拉长而使物体受到一个指向平衡位置的弹性力.撤去外力后，物体将会在弹性力的作用下向左运动，抵达平衡位置时，物体所受的弹性力减小到零，但物体的惯性会使它继续向左运动，致使弹簧被压缩，因弹簧被压缩而出现的弹性力将阻碍物体的运动，使物体的运动速度减小，到达点 C 时，速度减小到零［图 4-1(c)］，此时物体又将在弹性力的作用下，从 C 点返回，向右运动.这样，在弹性力作用下，物体将在平衡位置附近作往复运动，这一包含弹簧和物体的振动系统就叫做弹簧振子.

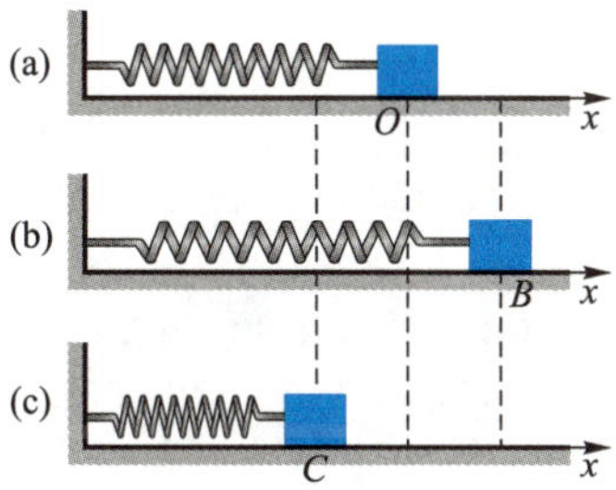

图 4-1　弹簧振子的振动

动画：弹簧振子的线性回复力

由胡克定律可知，物体所受到的弹性力 F，与物体相对平衡位置的位移 x 成正比，弹性力的方向与位移的方向相反，始终指向平衡位置，故此力常被称为回复力.于是有

$$F=-kx$$

式中 k 为弹簧的弹性系数（又称劲度系数），它由弹簧本身的性质（材料、形状、长短、粗细等）所决定，负号表示力与位移的方向相反.根据牛顿第二定律，物体的加速度为

$$a=\frac{F}{m}=-\frac{k}{m}x \tag{4-1}$$

对于一个给定的弹簧振子，k 与 m 都是常量，而且都是正值，它们的比值可用另一个常量 ω 的二次方表示，即

$$\frac{k}{m}=\omega^2 \tag{4-2}$$

这样式(4-1)可写成

$$a=-\omega^2 x \tag{4-3}$$

上式说明,弹簧振子的加速度的大小 a 与位移的大小 x 成正比,而方向相反.人们把具有这种动力学特征的振动称为简谐振动.弹簧振子的这种运动又可称为线性谐振子运动.

由于 $a=\frac{d^2x}{dt^2}$,式(4-3)可写成

$$\frac{d^2x}{dt^2}+\omega^2 x=0 \tag{4-4}$$

这就是简谐振动的动力学方程,其解为

$$x=A\cos(\omega t+\varphi) \tag{4-5}$$

它是简谐振动的运动方程,简称简谐振动方程.式中 A 和 φ 是积分常量,它们的物理意义将在下面讨论.由上式可知,当物体作简谐振动时,其位移是时间的余弦函数①.这既是简谐振动的运动学特征,又是简谐振动名称的由来.

将式(4-5)对时间求一阶、二阶导数,可分别得到作简谐振动的物体的速度 v 和加速度 a 为

$$v=\frac{dx}{dt}=-\omega A\sin(\omega t+\varphi) \tag{4-6}$$

$$a=\frac{d^2x}{dt^2}=-\omega^2 A\cos(\omega t+\varphi) \tag{4-7}$$

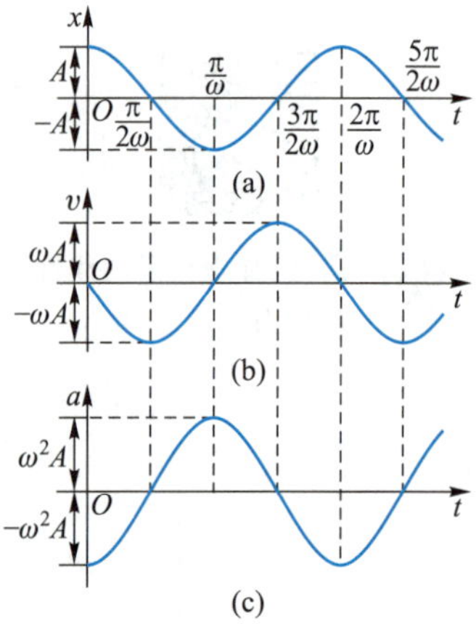

图 4-2 简谐振动图解($\varphi=0$)

由式(4-5)、式(4-6)、式(4-7),可作出如图 4-2 所示的 $x-t$、$v-t$ 和 $a-t$ 图.由图可以看出,物体作简谐振动时,其位移、速度和加速度都作周期性变化.

现在我们来讨论式(4-5)中描述简谐振动特征的物理量 A、ω、$\omega t+\varphi$ 及其相关概念:振幅、周期(频率、角频率)和相位(初相位),其中相位的概念尤为重要.

2. 振幅

在简谐振动方程 $x=A\cos(\omega t+\varphi)$ 中,因为 $\cos(\omega t+\varphi)$ 的值在 +1 和 -1 之间,所以物体的位移亦在 $+A$ 和 $-A$ 之间,我们把简谐振

① 因为 $\cos(\omega t+\varphi)=\sin(\omega t+\varphi+\pi/2)$,若令 $\varphi'=\varphi+\pi/2$,则式(4-5)可写成

$$x=A\sin(\omega t+\varphi')$$

所以也可以说,物体作简谐振动时,位移是时间的正弦函数.余弦和正弦函数都是简谐函数,但为统一起见,本书采用余弦函数.

动物体离开平衡位置最大位移的绝对值 A，称为振幅.振幅可以反映振动物体能量的大小.

3. 周期 频率

物体作一次完全振动所经历的时间叫做振动的周期，用 T 表示，它的单位名称是秒，符号为 s.例如在图 4-1 中，物体自位置 B 经 O 到达位置 C，然后再回到 B，所经历的时间就是一个周期.所以物体在任意时刻 t 的位移和速度，应与物体在时刻 $t+T$ 的位移和速度完全相同，于是有

$$x=A\cos(\omega t+\varphi)=A\cos[\omega(t+T)+\varphi]=A\cos(\omega t+\varphi+\omega T)$$

由于余弦函数的周期性，物体作一次完全振动后应有 $\omega T=2\pi$.于是可得

$$T=\frac{2\pi}{\omega} \tag{4-8}$$

对于弹簧振子，$\omega=\sqrt{\dfrac{k}{m}}$，所以弹簧振子的周期为

$$T=2\pi\sqrt{\frac{m}{k}} \tag{4-9}$$

单位时间内物体所作的完全振动的次数叫做频率，用 ν 表示，它的单位名称是赫兹，符号为 Hz.显然，频率与周期的关系为

$$\nu=\frac{1}{T}=\frac{\omega}{2\pi} \tag{4-10}$$

由此还可知

$$\omega=2\pi\nu \tag{4-11}$$

即 ω 等于物体在单位时间内所作的完全振动次数的 2π 倍，ω 叫做角频率（又称圆频率），单位是 $\mathrm{rad\cdot s^{-1}}$（弧度每秒）.至于弹簧振子的频率，不难得知为

$$\nu=\frac{1}{2\pi}\sqrt{\frac{k}{m}} \tag{4-12}$$

由于弹簧振子的角频率 $\omega=\sqrt{\dfrac{k}{m}}$ 是由弹簧振子的质量 m 和弹性系数 k 所决定的，所以周期和频率只和振动系统本身的物理性质有关.这种只由振动系统本身的固有属性所决定的周期和频率，分别叫做振动的固有周期和固有频率.

由上可知，周期和频率是反映物体周期性运动特征的物理量.

4. 相位

在力学中，物体在某一时刻的运动状态，可用位矢和速度来

描述.下面可以看到,对振幅和角频率都已给定的简谐振动,它的运动状态可用“相位”这一物理量来决定.由式(4-5)和式(4-6)可看出,当振幅 A 和角频率 ω 一定时,振动物体在任一时刻相对平衡位置的位移和速度都取决于物理量 $\omega t+\varphi$.也就是说,$\omega t+\varphi$ 既决定了振动物体在任意时刻相对平衡位置的位移,也决定了它在该时刻的速度.$\omega t+\varphi$ 叫做振动的相位,它是决定简谐振动物体运动状态的物理量.例如图 4-1 中的弹簧振子,当相位 $\omega t_1+\varphi=\pi/2$ 时,$x=0,v=-\omega A$,即在 t_1 时刻物体在平衡位置,并以速率 ωA 向左运动;而当相位 $\omega t_2+\varphi=3\pi/2$时,$x=0,v=\omega A$,即在 t_2 时刻物体也在平衡位置,但以速率 ωA 向右运动.可见,在 t_1 和 t_2 两时刻,由于振动的相位不同,物体的运动状态也不相同.

当 $t=0$ 时,相位 $\omega t+\varphi=\varphi$,故 φ 叫做初相位,简称初相.它是决定初始时刻(即开始计时的瞬间)振动物体运动状态的物理量.相位体现了周期性特征,是反映物体运动状态的物理量.这个量在振动合成和波的叠加中起着重要作用.

5. 常量 A 和 φ 的确定

如前所述,简谐振动方程 $x=A\cos(\omega t+\varphi)$ 中的角频率 ω 是由振动系统本身的性质所决定的.那么,现在来说明在角频率已经确定的条件下,如果知道了 $t=0$ 时物体相对平衡位置的位移 x_0 和速度 v_0,就可确定振动的振幅 A 和初相 φ.由式(4-5)和式(4-6)可得

$$x_0=A\cos\varphi$$

$$v_0=-\omega A\sin\varphi$$

而由此两式可得,A、φ 的解为

$$A=\sqrt{x_0^2+\frac{v_0^2}{\omega^2}} \tag{4-13}$$

$$\tan\varphi=-\frac{v_0}{\omega x_0} \tag{4-14}$$

式中 φ 所在象限可由 x_0 及 v_0 的正负号确定.通常约定:

$x_0>0,v_0<0$,φ 在第一象限

$x_0<0,v_0<0$,φ 在第二象限

$x_0<0,v_0>0$,φ 在第三象限

$x_0>0,v_0>0$,φ 在第四象限

物体在 $t=0$ 时刻的位移 x_0 和速度 v_0 叫做初始条件.上述结果说明,对一定的弹簧振子(即 ω 为已知量),它的振幅 A 和初相 φ 是由初始条件决定的.

总之,对于给定的振动系统,周期(或频率)由振动系统本身的性质决定,而振幅和初相则由初始条件决定.

例 1

如图 4-3 所示,细线的一端固定在点 A,另一端悬挂一体积很小、质量为 m 的重物,细线的质量和伸长可忽略不计.细线静止地处于竖直位置时,重物在位置 O.此时,作用在重物上的合外力为零,位置 O 即平衡位置.若把重物从平衡位置略微移开后放手,重物就在平衡位置附近作往复运动.这一振动系统叫做单摆.试求单摆小角度振动时的周期.

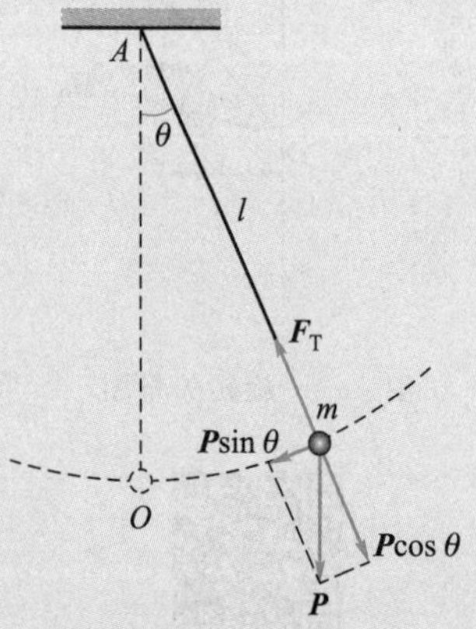

图 4-3 单摆

[分析] 如图 4-3 所示,摆球绕平衡位置 O 往复运动的回复力是重力沿摆球运动轨迹的切线方向的分量 $P\sin\theta$.对于摆球在一般角度范围内的摆动,重力的切向分量并不指向平衡位置 O 点,只有在很小角度范围内的摆动,该分量才近似指向 O 点.

[解答] 设在某一时刻,单摆的摆线偏离竖直线的角位移(角坐标)为 θ(图 4-3),并规定摆锤在平衡位置的右方时,θ 为正;在左方时,θ 为负.若悬线长为 l,则重力 $\boldsymbol{P}$ 对点 A 的力矩为 $M=-mgl\sin\theta$,负号表示力矩方向与角位移 θ 的正方向相反.绳拉力 $\boldsymbol{F}_T$ 对该点的力矩为零.当角位移 θ 很小时(小于 5°),$\sin\theta\approx\theta$①,则摆锤所受的力矩为

$$M=-mgl\theta$$

式中 M 与 θ 的关系,恰似弹性力 F 与位移 x 的关系②.根据转动定律 $M=J\dfrac{d^2\theta}{dt^2}$,单摆的角加速度为

$$\frac{d^2\theta}{dt^2}=-\frac{mgl}{J}\theta$$

式中 J 是摆锤对悬挂点 A 的转动惯量($J=ml^2$).因此,上式可写成

$$\frac{d^2\theta}{dt^2}+\frac{g}{l}\theta=0$$

上式表明,当 θ 很小时,单摆的角加速度与角位移成正比但方向相反,这与式(4-4)的形式完全一样.可见,单摆的运动具有简谐振动的特征,因而也是简谐振动.

把上式与式(4-4)比较,可得单摆的角频率和周期分别为

$$\omega=\sqrt{\frac{g}{l}},\quad T=2\pi\sqrt{\frac{l}{g}}$$

可见,单摆的周期取决于摆长和该处的重力加速度.利用上式可通过测量单摆的周期以确定该地点的重力加速度.

[注意] 单摆是理想化模型,该模型最重要的特征在于摆线质量可忽略.在实际情况中摆球质量远大于摆线质量时,这种抽象是合理的.

[拓展] 由解答中的周期公式可见,当 $l\to\infty$ 时,$T\to\infty$,表示单摆的运动已失去周期性.试想一想这结论对吗? 如果不对,问题出在哪里?

视频:单摆和复摆周期公式的有趣讨论

---

① $\sin\theta$ 可展开为级数:$\sin\theta=\theta-\dfrac{\theta^3}{3!}+\dfrac{\theta^5}{5!}-\cdots$,如 $\theta=15°=0.261\ 8$ rad,$\dfrac{\sin\theta}{\theta}=0.988\ 5$;$\theta=5°=0.087\ 3$ rad,$\dfrac{\sin\theta}{\theta}=0.998\ 7$,则当 $\theta<5°$ 时,可认为 $\sin\theta\approx\theta$.

② 如果物体所受的力(或合力)F 与位移 x 成正比,且方向相反,但力的本质不是弹性力,那么这种力通常称为准弹性力.不难明白物体在准弹性力的作用下也是作简谐振动的.

二、旋转矢量

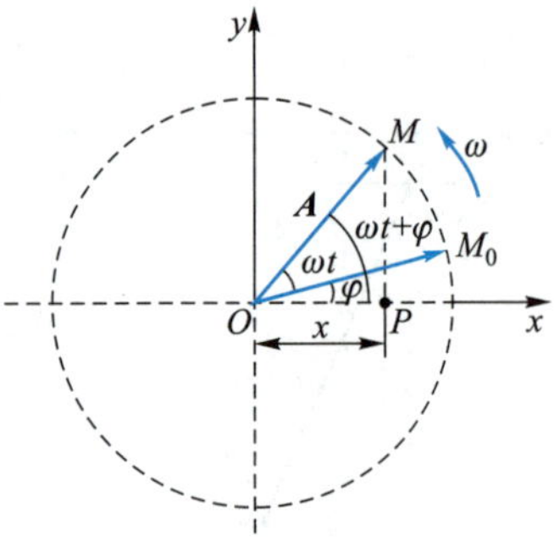

图 4-4 旋转矢量图

动画：简谐振动的矢量图解法

下面介绍简谐振动的旋转矢量表示法. 如图 4-4 所示，自 Ox 轴的原点 O 作一矢量 $\boldsymbol{A}$，使它的模等于振动的振幅 A，并使矢量 $\boldsymbol{A}$ 在 Oxy 平面内绕点 O 作逆时针方向的匀角速转动，其角速度与振动的角频率 ω 相等，这个矢量就叫做旋转矢量. 设在 $t=0$ 时刻，矢量 $\boldsymbol{A}$ 的矢端在位置 M_0，$\boldsymbol{A}$ 与 Ox 轴的夹角为 φ；在 t 时刻，矢量 $\boldsymbol{A}$ 的矢端在位置 M. 在这过程中，矢量 $\boldsymbol{A}$ 沿逆时针方向转过了角度 ωt，它与 Ox 轴间的夹角为 $\omega t+\varphi$. 由图可见，矢量 $\boldsymbol{A}$ 在 Ox 轴上的投影为 $x=A\cos(\omega t+\varphi)$①. 与式(4-5)比较，它恰是沿 Ox 轴作简谐振动的物体在 t 时刻相对于原点 O 的位移. 因此，旋转矢量 $\boldsymbol{A}$ 的矢端 M 在 Ox 轴上的投影点 P 的运动，可表示物体在 Ox 轴上的简谐振动. 矢量 $\boldsymbol{A}$ 以角速度 ω 旋转一周，相当于物体在 x 轴上作一次完全振动.

必须强调指出，旋转矢量本身并不作简谐振动，但该矢量以匀角速度转动是个周期性运动，这样就使该矢量的端点在 Ox 轴上投影点的运动也具有周期性. 我们就是利用旋转矢量端点在 Ox 轴上的投影点的运动，来形象地展示简谐振动的规律的. 用旋转矢量表示的方法处理诸如振动合成问题和求解相位（角）时，会显得很便利、直观. 下面我们就用这个方法来描绘某一简谐振动 $x=A\cos\left(\omega t+\dfrac{\pi}{4}\right)$ 的位移-时间（$x-t$）曲线，并以此来帮助大家领会这层意思.

如图 4-5 所示，若把旋转矢量图的 Ox 轴正方向画成竖直向上，则可在其右侧作出简谐振动的 $x-t$ 曲线，这只需平行地画出 Ox 轴，并使 Ot 轴水平向右就行了. 在 $t=0$ 时刻，矢量 $\boldsymbol{A}$ 与 Ox 轴的夹角为初相 $\varphi=\dfrac{\pi}{4}$，矢端位于点 a，而点 a 在 Ox 轴上的投影便是 $x-t$ 图中的点 a'，此时物体位于 $x=\dfrac{\sqrt{2}}{2}A$ 处，并开始朝 Ox 轴负方向运动. 经过 $T/8$ 时间，$\boldsymbol{A}$ 转过 $\pi/4$，相位 $\omega t+\varphi=\dfrac{\pi}{2}$，其矢端位于点 b，而点 b 在 Ox 轴上的投影点便是 $x-t$ 图中的点 b'，此时物体位于平衡位置，并继续朝 Ox 轴负方向运动……这样经过一个周期的时间，相位变化了 2π，一切又将重复进行下去. 大家已经

① 矢量 $\boldsymbol{A}$ 既可以在 Ox 轴上投影为 $x=A\cos(\omega t+\varphi)$，也可以在 Oy 轴上投影为 $y=A\sin(\omega t+\varphi)$，本书采用在 Ox 轴上的投影.

看到,旋转矢量图不仅为我们提供了一幅直观而清晰的简谐振动图像,而且借此我们能一目了然地弄清相位的概念和作用,对进一步研究振动问题十分有益.

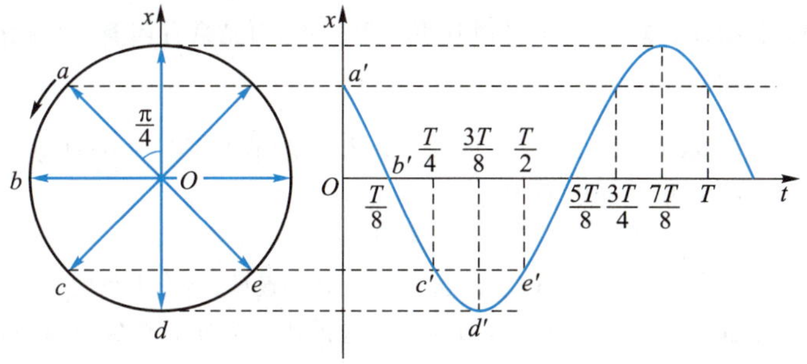

图 4-5 旋转矢量图及简谐振动的 $x-t$ 曲线

利用旋转矢量表示法还可以比较两个同频率简谐振动的"步调".设有下列两个简谐振动:

$$x_1=A_1\cos(\omega t+\varphi_1)$$

$$x_2=A_2\cos(\omega t+\varphi_2)$$

它们的相位之差叫做相位差,用 $\Delta\varphi$ 表示,

$$\Delta\varphi=(\omega t+\varphi_2)-(\omega t+\varphi_1)=\varphi_2-\varphi_1 \qquad (4-15)$$

即两个同频率的简谐振动在任意时刻的相位差,都等于其初相差.如果 $\Delta\varphi=\varphi_2-\varphi_1>0$[图 4-6(a)],我们就说 x_2 振动超前 x_1 振动 $\Delta\varphi$,或者说 x_1 振动落后于 x_2 振动 $\Delta\varphi$.另一方面,由于简谐振动具有连续性,所以为简便计,我们常把 $|\Delta\varphi|$ 的值限定在 0 与 π 之间.例如当 $\Delta\varphi=3\pi/2$ 时[图 4-6(b)],我们通常不说 x_2 振动超前 x_1 振动 $3\pi/2$,而说成 x_2 振动落后于 x_1 振动 $\pi/2$,或说 x_1 振动超前 x_2 振动 $\pi/2$.

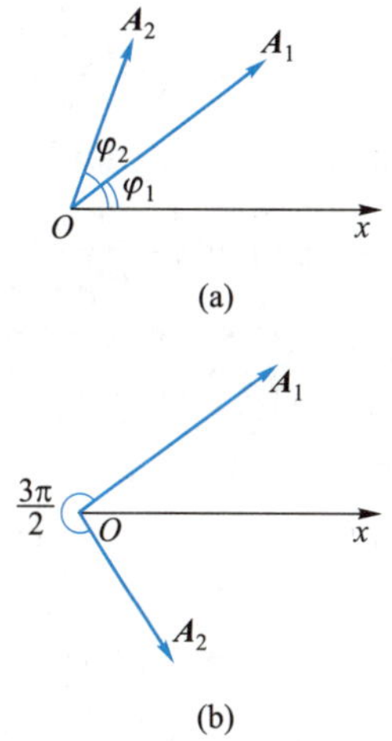

图 4-6 两个简谐振动的相位差

如果 $\Delta\varphi=0$(或 2π 的整数倍),我们就说两个振动是同相的,即它们将同时到达各自的正最大位移处,同时到达平衡位置,又同时到达各自的负最大位移处,两个振动的"步调"完全一致.如果 $\Delta\varphi=\pi$(或 π 的奇数倍),我们就说两个振动是反相的,即当它们中的一个到达自己的正最大位移处时,另一个刚好到达自己的负最大位移处,两个振动的"步调"完全相反.同相和反相的旋转矢量图及 $x-t$ 曲线如图 4-7 所示.

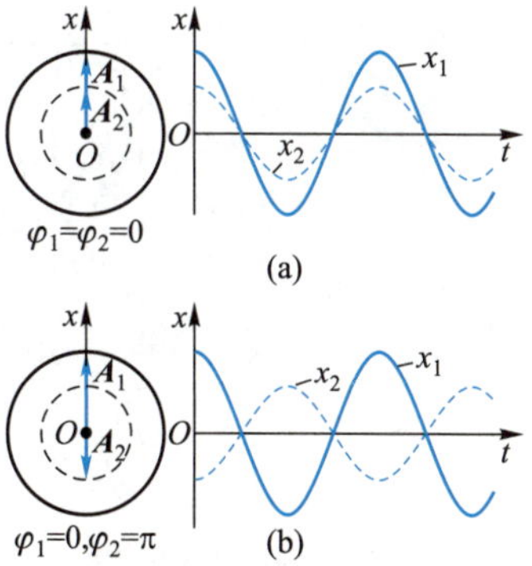

图 4-7 同相和反相的旋转矢量图及 $x-t$ 曲线

例 2

如图 4-1 所示，一轻弹簧的右端连着一物体，弹簧的弹性系数 $k=0.72\ \mathrm{N\cdot m^{-1}}$，物体的质量 $m=20\ \mathrm{g}$.我们把物体从平衡位置向右拉到 $x=0.05\ \mathrm{m}$ 处停下后再释放.（1）求简谐振动方程；（2）求物体从初始位置运动到第一次经过 $x=A/2$ 处时的速度；（3）若物体在 $x=0.05\ \mathrm{m}$ 处时速度不等于零，而是具有向右的初速度 $v_0=0.30\ \mathrm{m\cdot s^{-1}}$，求其振动方程.

［解答］（1）要求物体的简谐振动方程，就需要确定角频率 ω、振幅 A 和初相 φ 三个物理量.角频率为

$$\omega=\sqrt{\frac{k}{m}}=6.0\ \mathrm{rad\cdot s^{-1}}$$

振幅和初相由初始条件 x_0 及 v_0 决定，已知 $x_0=0.05\ \mathrm{m}$，$v_0=0$，由式（4-13）和式（4-14）得振幅为

$$A=\sqrt{x_0^2+\frac{v_0^2}{\omega^2}}=x_0=0.05\ \mathrm{m}$$

初相为

$$\tan\varphi=\frac{-v_0}{\omega x_0}=0,\quad \varphi=0\text{ 或 }\pi$$

根据已知条件作相应的旋转矢量，如图 4-8（a）所示，由图可得 $\varphi=0$.

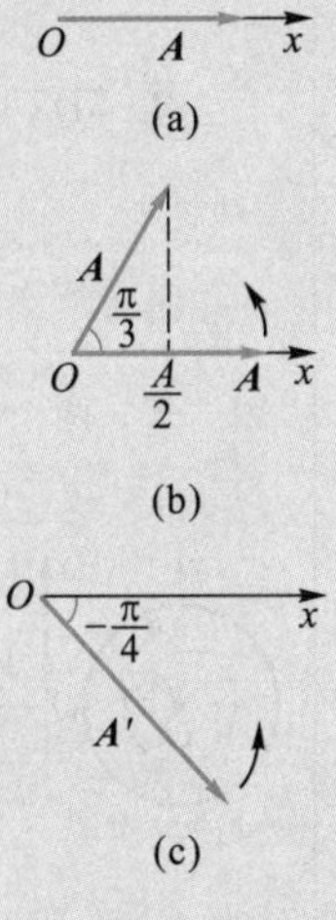

图 4-8

将 ω、A 和 φ 代入简谐振动方程 $x=A\cos(\omega t+\varphi)$ 中，可得

$$x=0.05\cos 6.0t\quad(\text{SI 单位})$$

（2）欲求 $x=A/2$ 处的速度，需先求出物体从初始位置运动到第一次抵达 $A/2$ 处的相位.因 $\varphi=0$，由 $x=A\cos(\omega t+\varphi)=A\cos\omega t$，得

$$\cos\omega t=\frac{x}{A}=\frac{A/2}{A}=\frac{1}{2},\quad \omega t=\frac{\pi}{3}\text{或}\frac{5}{3}\pi$$

作相应的旋转矢量，如图 4-8（b）所示，由图可知物体由初位置 $x=+A$ 第一次运动到 $x=+A/2$ 时的相位：

$$\omega t=\frac{\pi}{3}$$

将 A、ω 和 ωt 的值代入速度公式，可得

$$v=-A\omega\sin\omega t=-0.26\ \mathrm{m\cdot s^{-1}}$$

负号表示速度的方向沿 Ox 轴负方向.

（3）因为 $x_0=0.05\ \mathrm{m}$，$v_0=0.30\ \mathrm{m\cdot s^{-1}}$，所以振幅和初相分别为

$$A'=\sqrt{x_0^2+\frac{v_0^2}{\omega^2}}=0.070\ 7\ \mathrm{m}$$

$$\tan\varphi'=\frac{-v_0}{\omega x_0}=-1,\quad \varphi'=-\pi/4\text{ 或 }3\pi/4$$

从旋转矢量图［图 4-8（c）］中可知 $\varphi'=-\pi/4$，则简谐振动方程为（下式中 x 的单位为 m，t 的单位为 s）

$$x=0.070\ 7\cos\left(6.0t-\frac{\pi}{4}\right)\quad(\text{SI 单位})$$

由以上内容和例题不难得知，旋转矢量法是用一个“匀速（圆）运动”来替代一个“变速运动”求解相关问题的方法，比如求时间、相位等. 它的便利之处还将反映在振动的合成之中.

三、简谐振动的能量

我们仍以图 4-1 中的弹簧振子为例，来说明简谐振动系统的能量. 设在某一时刻，物体的速度为 v，则系统的动能为

$$E_{\mathrm{k}}=\frac{1}{2}mv^2=\frac{1}{2}m\omega^2A^2\sin^2(\omega t+\varphi) \tag{4-16}$$

若在该时刻物体的位移为 x，则系统的弹性势能为

$$E_{\mathrm{p}}=\frac{1}{2}kx^2=\frac{1}{2}kA^2\cos^2(\omega t+\varphi) \tag{4-17}$$

动画：弹力势能曲线

由以上两式可知，系统的动能和势能都随时间 t 作周期性的变化. 当物体的位移最大时，势能达到最大值，但此时动能为零；当物体的位移为零时，势能为零，但动能却达到最大值.

系统的总能量为

$$\begin{aligned}E&=E_{\mathrm{k}}+E_{\mathrm{p}}\\&=\frac{1}{2}m\omega^2A^2\sin^2(\omega t+\varphi)+\frac{1}{2}kA^2\cos^2(\omega t+\varphi)\end{aligned}$$

动画：弹簧振子的能量转化

因为 $\omega^2=k/m$，所以有

$$E=\frac{1}{2}m\omega^2A^2=\frac{1}{2}kA^2 \tag{4-18}$$

上式表明，弹簧振子作简谐振动的总能量与振幅的二次方成正比. 由于在简谐振动过程中，只有系统的保守内力（如弹性力）做功，其他非保守内力和外力均不做功，所以系统作简谐振动的总能量必然守恒，即系统的动能 E_{k} 与势能 E_{p} 不断地相互转化，总能量却保持恒定，如图 4-9 所示（设 $\varphi=0$）.

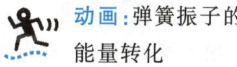

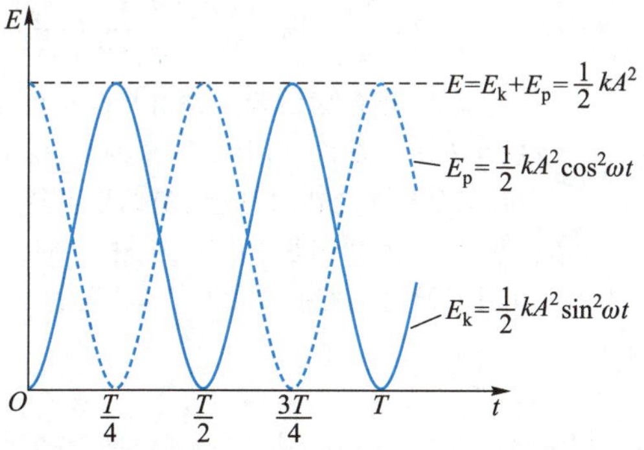

图 4-9 弹簧振子的能量与时间关系曲线（$\varphi=0$）

例 3

质量为 0.10 kg 的物体，以振幅 1.0×10^{-2} m 作简谐振动，其最大加速度为 $4.0\ \mathrm{m\cdot s^{-2}}$.（1）求：振动的周期；（2）求通过平衡位置时的动能；（3）求总能量；（4）问物体在何处时其动能和势能相等？

[解答]　（1）因为　$a_{max}=A\omega^2$

所以
$$\omega=\sqrt{\frac{a_{max}}{A}}=20\ \mathrm{rad\cdot s^{-1}}$$

得
$$T=\frac{2\pi}{\omega}=0.314\ \mathrm{s}$$

（2）因为物体通过平衡位置时的速度最大，所以

$$E_{k,max}=\frac{1}{2}mv_{max}^2=\frac{1}{2}m\omega^2A^2$$

将已知数值代入，得

$$E_{k,max}=2.0\times10^{-3}\ \mathrm{J}$$

（3）总能量为

$$E=E_{k,max}=2.0\times10^{-3}\ \mathrm{J}$$

（4）当 $E_k=E_p$ 时，$E_p=1.0\times10^{-3}$ J. 由 $E_p=\frac{1}{2}kx^2=\frac{1}{2}m\omega^2x^2$，得

$$x^2=\frac{2E_p}{m\omega^2}=0.5\times10^{-4}\ \mathrm{m^2}$$

即
$$x=\pm0.707\ \mathrm{cm}$$

例 4

如图 4-10 所示，长为 l、质量为 m 的杆和质量为 m_0、半径为 R 的匀质圆盘固连在一起，组成一个被称为复摆的系统，系统绕杆的一端点 O 作小角度摆动，求复摆的振动周期.

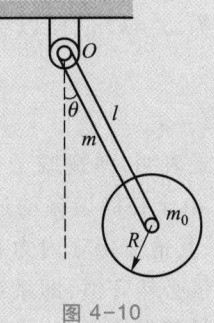

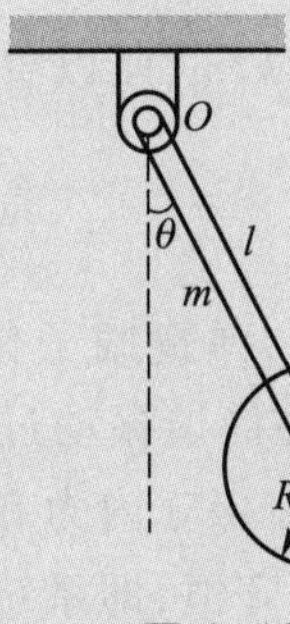

图 4-10

[分析]　当圆盘与杆固连时，杆与圆盘共同构成一个刚体，绕固定水平轴作定轴转动. 该系统所受的外力矩分别来自杆和圆盘的重力矩，系统的转动惯量可由表 3-1 和第 3-1 节的例 3 提到的平行轴定理得到.

[解答]　假设从平衡位置向右 θ 增加的方向为正，转动方向逆时针为正. 由转动定律式(3-9)得

$$J\frac{\mathrm{d}^2\theta}{\mathrm{d}t^2}=-mg\frac{l}{2}\sin\theta-m_0gl\sin\theta$$

在 θ 角很小的情况下，$\sin\theta\approx\theta$，因此有

$$\frac{\mathrm{d}^2\theta}{\mathrm{d}t^2}+\frac{(m_0+m/2)gl}{J}\theta=0$$

可见，振动角频率为

$$\omega=\sqrt{\frac{(m_0+m/2)gl}{J}}$$

根据平行轴定理，系统相对于固定轴定义的转动惯量为

$$J=\frac{1}{3}ml^2+\frac{1}{2}m_0R^2+m_0l^2$$

则对应的振动周期为

$$T=\frac{2\pi}{\omega}=2\pi\sqrt{\frac{(m_0+m/3)l^2+m_0R^2/2}{(m_0+m/2)gl}}$$

[注意]　该例题实际上是对复摆小角度摆动的一般性方法的介绍. 对其他形式的复摆，上述方法适用，只是具体的转动惯量计算结果不同.

[拓展]　假如例题中的圆盘与杆之间为光滑连接，上述计算过程有何变化？结果如何？

本节练习

1. 孩子拍皮球，皮球沿垂直地面方向上下运动是振动吗？若结论是肯定的，则这种振动是简谐振动吗？

2. 一物体作简谐振动，其位移随时间变化的关系为 $x=A\cos\omega t$，其中 A、ω 为已知常量.若求 $t=2$ s 时振动体的速度，你是先对 t 求导数，再代入时间数值？还是先代入时间数值，后求导数？

3. 作简谐振动的弹簧振子，当物体处于(1) 平衡位置，(2) 最大位移时，速度、加速度、动能、弹簧势能等物理量中，哪几个达到最大值，哪几个为零？

4. 一个扬声器的膜片正在作频率为 440 Hz 的简谐振动，最大位移为 0.75 mm.求简谐振动的(1) 角频率，(2) 运动的最大速度.

4-2 两个同方向同频率简谐振动的合成

一个物体若同时参与两个或多个振动，则其运动将是这几个振动的合成，一般的振动合成通常是复杂的，下面我们只讨论一种最简单的合成.

若两个同方向的独立简谐振动，它们的角频率都是 ω，振幅分别为 A_1 和 A_2，初相分别为 φ_1 和 φ_2，则它们的振动方程分别为

$$x_1=A_1\cos(\omega t+\varphi_1)$$

$$x_2=A_2\cos(\omega t+\varphi_2)$$

因为振动是同方向的，所以这两个简谐振动在任一时刻的合位移 x 仍应在同一直线上，而且等于这两个分振动位移的代数和，即

$$x=x_1+x_2$$

合位移 x 也可以用旋转矢量表示法求出.如图 4-11 所示，两分振动的旋转矢量分别为 $\boldsymbol{A}_1$ 和 $\boldsymbol{A}_2$，开始时($t=0$)，它们与 Ox 轴的夹角分别为 φ_1 和 φ_2，在 Ox 轴上的投影分别为 x_1 及 x_2.由平行四边形法则可得，合矢量为 $\boldsymbol{A}=\boldsymbol{A}_1+\boldsymbol{A}_2$.由于 $\boldsymbol{A}_1$、$\boldsymbol{A}_2$ 以相同的角速度 ω 绕点 O 作逆时针旋转，它们的夹角 $\varphi_2-\varphi_1$ 在旋转过程中保持不变，所以矢量 $\boldsymbol{A}$ 的大小也保持不变，并以相同的 ω 绕点 O 作逆时针旋转.从图 4-11 中可以看出，任一时刻合矢量 $\boldsymbol{A}$ 在 Ox 轴上的投影 $x=x_1+x_2$，因此合矢量 $\boldsymbol{A}$ 即合振动所对应的旋转矢量，而开始时矢量 $\boldsymbol{A}$ 与 Ox 轴的夹角即合振动的初相 φ.由图可得，合

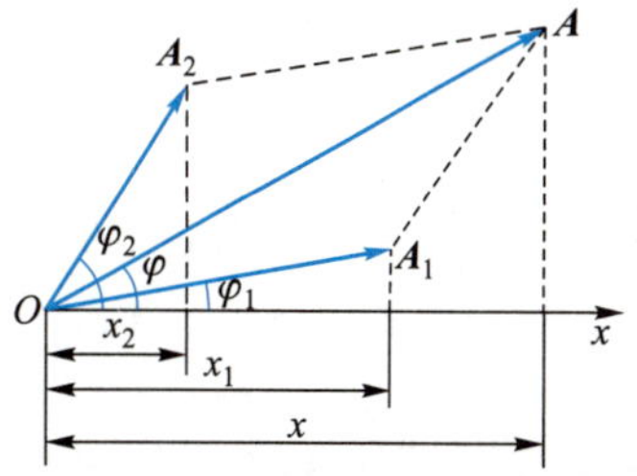

图 4-11 用旋转矢量法求振动的合成

动画：两个同方向同频率简谐振动的合成

位移为

$$x=A\cos(\omega t+\varphi)$$

这就表明合振动仍是简谐振动，它的角频率与分振动的角频率相同，而其合振幅为

$$A=\sqrt{A_1^2+A_2^2+2A_1A_2\cos(\varphi_2-\varphi_1)} \tag{4-19}$$

合振动的初相为

$$\tan\varphi=\frac{A_1\sin\varphi_1+A_2\sin\varphi_2}{A_1\cos\varphi_1+A_2\cos\varphi_2} \tag{4-20}$$

由式(4-19)可以看出，合振幅与两分振动的振幅以及它们的相位差 $\varphi_2-\varphi_1$ 有关.下面我们讨论两个特例.

(1) 若相位差 $\varphi_2-\varphi_1=2k\pi(k=0,\pm1,\pm2,\cdots)$，则

$$A=\sqrt{A_1^2+A_2^2+2A_1A_2}=A_1+A_2 \tag{4-21}$$

即当两分振动的相位相同或相位差为 2π 的整数倍时，合振幅等于两分振动的振幅之和，合成结果为相互加强.

(2) 若相位差 $\varphi_2-\varphi_1=(2k+1)\pi(k=0,\pm1,\pm2,\cdots)$，则

$$A=\sqrt{A_1^2+A_2^2-2A_1A_2}=|A_1-A_2| \tag{4-22}$$

即当两分振动的相位相反或相位差为 π 的奇数倍时，合振幅等于两分振动振幅之差的绝对值，即合成结果为相互减弱.

在一般情形下，相位差 $\varphi_2-\varphi_1$ 可取任意值，合振幅值在 A_1+A_2 和 $|A_1-A_2|$ 之间.

本节练习

1. 两个同振动方向、同频率、振幅均为 A 的简谐振动合成后，振幅为 $2A$，则这两个简谐振动的相位差可能为（　　）

(A) $\dfrac{\pi}{3}$　　(B) $\dfrac{\pi}{2}$

(C) π　　(D) 2π

2. 为什么由旋转矢量法很容易看出两个同频率、同振动方向的简谐振动，合成后仍为简谐振动？

*4-3 阻尼振动 受迫振动 共振

一、阻尼振动

前面所讨论的简谐振动，由于没有考虑摩擦阻力等因素的影响，所以在振动过程中系统的机械能是守恒的.由于能量与振幅的二次方成正比，所以振幅始终保持不变，这种振动常称为无阻尼自由振动.然而实际的振动总要受到阻力的影响，由于要克服阻力做功，振动系统的能量将不断地减少.同时，由于振动系统与其周围弹性介质的相互作用，振动向外传播形成波（参阅第 4-4 节），随着波的传播，振动系统的能量也不断地减少，所以振幅也逐渐地减小.这种振幅随时间而减小的振动叫做阻尼振动.

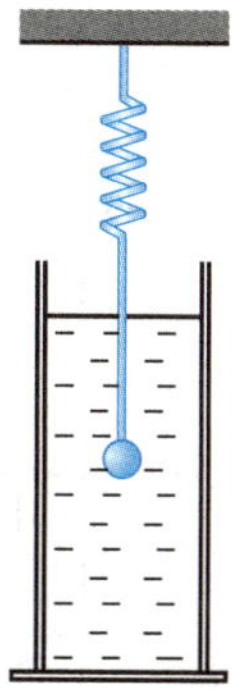

图 4-12 阻尼振动

阻尼振动可以用放在液体介质中的弹簧振子的振动来演示（图 4-12）.若液体是水，振子偏离平衡位置后可维持一段时间的振动，但振幅越来越小.这是一种准周期振动，这种情况称为欠阻尼.若将液体换成黏性很大的油，则振子偏离平衡位置后将缓慢地向平衡位置运动，之后就静止不动了，这种情况称为过阻尼.这完全是一种非周期运动.若油的黏性不是太大，则振子刚好回到平衡位置就不再振动了，它的运动刚好处于准周期振动转变为非周期运动的临界状态，这种情况称为临界阻尼，与欠阻尼和过阻尼比较，临界阻尼情况下振子回到平衡位置而静止下来的时间最短.图 4-13 给出了上述三种情况下的位移-时间曲线.

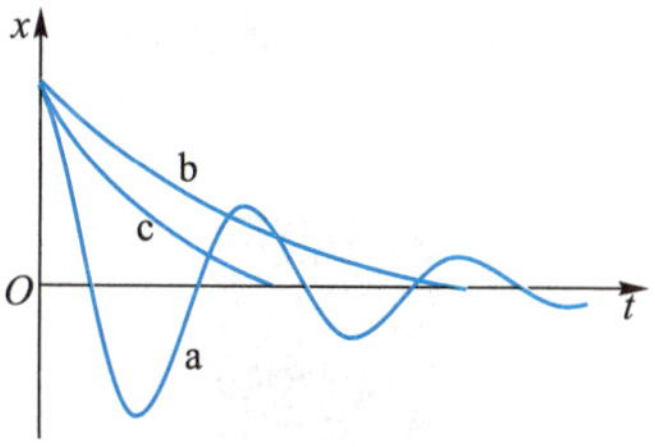

图 4-13 三种阻尼的比较

a—欠阻尼；b—过阻尼；c—临界阻尼

在生产和技术上，人们可以根据实际需要用不同的办法改变阻尼的大小，以控制系统的振动情况.如在灵敏电流计内，表头中的指针是和通电线圈相连的，当它在磁场中运动时，会受到电磁阻尼的作用.若电磁阻尼过小或过大，会使指针摆动不停或到达平衡点的时间过长，而不便于测量读数，因此必须调整电路电阻，使电表在临界阻尼状态下工作.

动画：阻尼振动

二、受迫振动

在实际的振动系统中，阻尼总是客观存在的.要使振动持续不断地进行下去，须对系统施加一周期性的外力.系统在周期性外力作用下所进行的振动，叫做受迫振动.周期性外力叫做驱动力，它可以是简谐力，也可以是非简谐力.如扬声器中纸盆的振动，机器运转时引起的基座的振动，都是受迫振动.

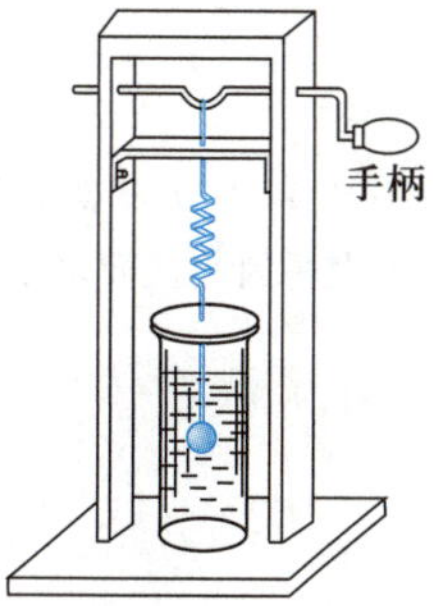

图 4-14 受迫振动

图 4-14 所示的装置可以演示受迫振动.置于水中的弹簧振子的上端连接到一个如图所示的摇杆上，转动手柄，弹簧振子由于受到一个驱动力的作用而作受迫振动.受迫振动开始时的情况比较复杂，但经过很短一段时间就

达到稳定状态，这时振动频率与驱动力的频率相等，且振幅保持不变.

从能量的角度看，当受迫振动达到稳定状态后，驱动力在一个周期内对振动系统做功所提供的能量，恰好用来补偿系统在一个周期内克服阻力做功所消耗的能量，因此受迫振动的振幅保持不变.

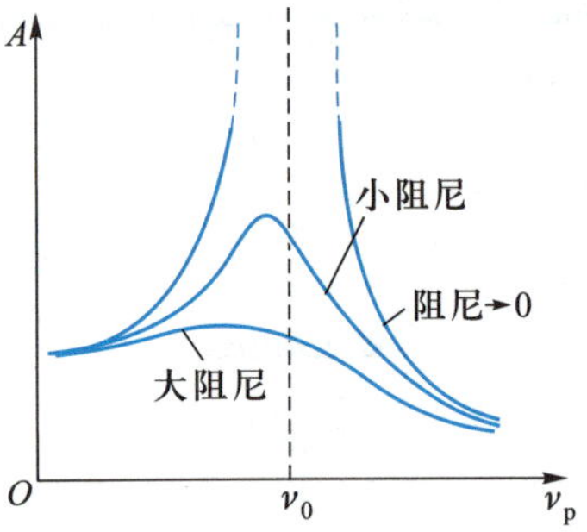

图 4-15 共振频率

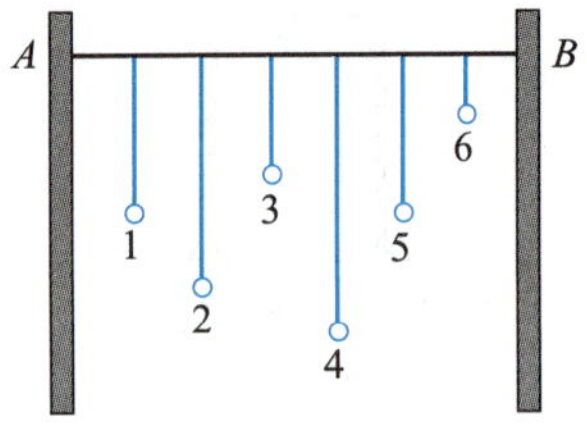

图 4-16 共振演示实验

视频：共振摆球

视频：用薄板共振控制噪声

三、共振

在图 4-14 所示的演示实验中，改变转动手柄的速度，以改变驱动力的频率，这时发现弹簧振子的振幅也会随之发生变化. 当驱动力的频率 ν_p 与振子的固有频率 ν_0 接近时，振子的振幅显著增加，当 ν_p 为某一定值时，振幅达到最大值. 在不同阻尼情况下，受迫振动的振幅 A 与 ν_p 的关系如图 4-15 所示. 我们把在驱动力作用下，受迫振动的振幅达到最大值的现象叫做共振. 达到共振时的频率叫做共振频率. 当阻尼趋向于零时，共振频率等于系统的固有频率.

共振现象还可用图 4-16 所示的实验装置来演示. 在悬线 AB 上挂有 1，2，…，6 等处于静止状态的单摆，其中 1 和 5 的摆长相等. 现使单摆 1 开始作垂直于纸面方向的简谐振动，那么，经过一段时间后，悬线上 2、3、4、6 等单摆仍然基本保持静止，但单摆 5 却会随单摆 1 作相同周期的简谐振动，即发生了共振现象.

共振现象在实际中有着广泛的应用. 例如钢琴、小提琴等乐器的木质琴身，就是利用了共振现象使其成为一共鸣盒，将优美悦耳的音乐发送出去，以提高音响效果；收音机的调谐装置也是利用了共振现象，以接收某一频率的电台广播. 但共振现象也有其危害性. 例如共振时振动系统的振幅过大，建筑物、机器设备等就会受到严重的破坏；又如汽车行驶时，若发动机运转的频率接近车身的固有频率，则车身也会产生强烈的共振而受到损坏. 因此，为了不产生共振现象或减小共振的影响，我们可采取一些办法，如通过破坏外力的周期性、改变物体的固有频率、改变周期性外力的频率、增大系统的阻尼等来达到目的.

1940 年 11 月 7 日美国塔科马海峡大桥因共振而坍塌

本节练习

1. 阻尼振动振幅减少的原因是什么？如何能使在阻尼作用下的振动持

续运动?

2. 振动物体在受到驱动力作用下,要满足什么条件才出现共振现象?共振时振动振幅会达到无限大吗? 为什么?

4-4 机械波

一、机械波的形成 波长 周期和波速

1. 机械波的形成

机械振动在弹性介质(固体、液体和气体)内传播就形成了机械波,这是因为弹性介质内各质元之间有弹性力相互作用着.当介质中某一质元离开平衡位置时,就发生了形变,于是,一方面邻近质元将对它施加弹性回复力,使它回到平衡位置,并在平衡位置附近振动起来;另一方面根据牛顿第三定律,这个质元也将对邻近质元施加弹性力,迫使邻近质元也在自己的平衡位置附近振动起来.这样,当弹性介质中的一部分发生振动时,由于各部分之间的弹性相互作用,振动就由近及远地传播开去,形成了波动.按照质元振动方向和波的传播方向的关系,机械波可分为横波与纵波,这是波动的两种最基本的形式.

如图 4-17(a)所示,用手握住一根绷紧的长弹性绳,当手上下抖动时,绳子上各部分质元就依次上下振动起来,这种质元振动方向与波的传播方向相垂直的波,叫做横波.对于横波,你将会看到在绳子上交替出现凸起的波峰和凹下的波谷,并且它们以一定的速度沿绳传播,这就是横波的外形特征.

将一根水平放置的长弹簧的一端固定起来,用手去拍打另一端,各部分弹簧就依次左右振动起来,如图 4-17(b)所示.这种各质元的振动方向与波的传播方向相互平行的波,叫做纵波.纵波的外形特征是弹簧出现交替的“稀疏”和“稠密”区域,并且它们以一定的速度传播出去.

从图 4-17 中还可以看出,无论是横波还是纵波,它们都只是振动状态(即振动相位)的传播,弹性介质中各质元仅在它们各自的平衡位置附近振动,并没有随振动的传播而随波逐流.

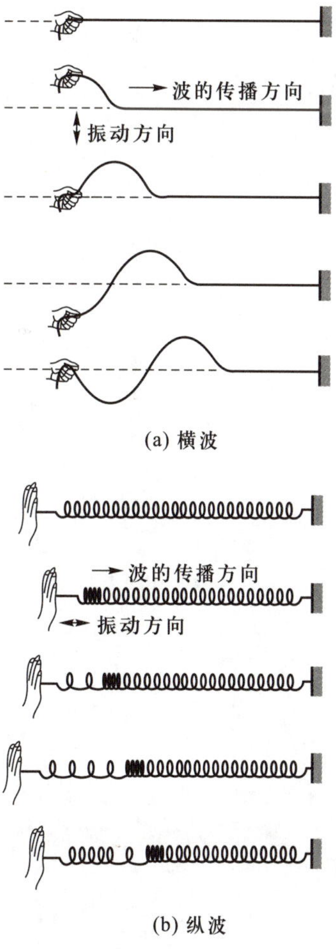

图 4-17 机械波的形成

进一步说，在弹性介质中形成横波时，必是一层介质相对于另一层介质发生横向的平移，即发生切变.由于固体在发生切变时能产生切向应力，因此横波能在固体中传播.而液体、气体一般不产生切应力，所以流体中一般不会存在横波；在弹性介质中形成纵波时，介质要发生压缩或拉伸，即发生体变（也称容变），固体、液体和气体在发生体变时都能产生法向应力，因此，纵波可以在固体、液体和气体中传播.

值得说明的是，电磁波或光波的传播机理与机械波有很大不同，它们不需要在介质里就能传播，其传播机理在第 7 章的第 8 节中将有介绍.

2. 波长、周期和波速

波长、波的周期（或频率）和波速都是描述波动的重要物理量.沿波的传播方向两个相邻的、相位差为 2π 的振动质元之间的距离，即一个完整波形的长度，叫做波长，用 λ 表示.显然，横波上相邻两个波峰之间或相邻两个波谷之间的距离，都是一个波长；纵波上相邻两个密部或相邻两个疏部对应质元之间的距离，也是一个波长.

波的周期是波前进一个波长的距离所需要的时间，用 T 表示.波的周期的倒数叫做波的频率，用 ν 表示，即 $\nu=1/T$，波的频率等于单位时间内波动所传播的完整波的数目.由于波源作一次完全振动，波就前进一个波长的距离，所以在这里，波的周期（或频率）等于波源的振动周期（或频率）.

在波动过程中，某一振动状态（即振动相位）在单位时间内所传播的距离叫做波速，用 u 表示，也称为相速.波速的大小取决于介质的性质，在不同的介质中，波速是不同的.在标准状态下，声波在空气中传播的速度约为 331 $\mathrm{m\cdot s^{-1}}$，而在氢气中传播的速度约为 1 270 $\mathrm{m\cdot s^{-1}}$.

在一个周期内，波传播了一个波长的距离，故有

$$u=\frac{\lambda}{T} \tag{4-23}$$

或

$$u=\lambda\nu \tag{4-24}$$

以上两式具有普遍的意义，对各类波都适用.必须指出，波速虽由介质决定，但波的频率是波源振动的频率，却与介质无关. 因此，由式（4-23）或式（4-24）可知，对同一频率的波，其波长将随介质的不同而不同.

例 1

在室温下，已知空气中的声速 u_1 为 340 m · s^{-1}，水中的声速 u_2 为 1 450 m · s^{-1}，求频率为 200 Hz 和 2 000 Hz 的声波分别在空气中和在水中的波长.

[解答] 由式(4-24)可得

$$\lambda=\frac{u}{\nu}$$

频率为 200 Hz 及 2 000 Hz 的声波在空气中的波长分别为

$$\lambda_1=\frac{u_1}{\nu_1}=1.7\ \mathrm{m}$$

$$\lambda_2=\frac{u_1}{\nu_2}=0.17\ \mathrm{m}$$

它们在水中的波长分别为

$$\lambda_1'=\frac{u_2}{\nu_1}=7.25\ \mathrm{m}$$

$$\lambda_2'=\frac{u_2}{\nu_2}=0.725\ \mathrm{m}$$

可见，同一频率的声波在水中的波长比在空气中的波长要长得多.

表 4-1 列出了一些介质中的声速.

表 4-1 在一些介质中的声速

介质	温度/℃	声速/(m · s^{-1})
空气(1.013×10^5 Pa)	0	331
空气(1.013×10^5 Pa)	20	343
氢气(1.013×10^5 Pa)	0	1 270
玻璃	0	5 500
花岗岩	0	3 950
冰	0	5 100
水	20	1 460
铝	20	5 100
黄铜	20	3 500

二、平面简谐波的波函数

1. 波函数形式

机械波是弹性介质中大量质元参与的一种集体运动形式.如果波沿 x 方向传播，那么要描述它，就应该知道 x 处的质元在任意时刻 t 的位移 y，换句话说应该知道 $y(x,t)$.我们把这种描述波传播的函数 $y(x,t)$ 称为波动函数，简称波函数.

普通波函数的表达式是比较复杂的.现在我们只研究一种最

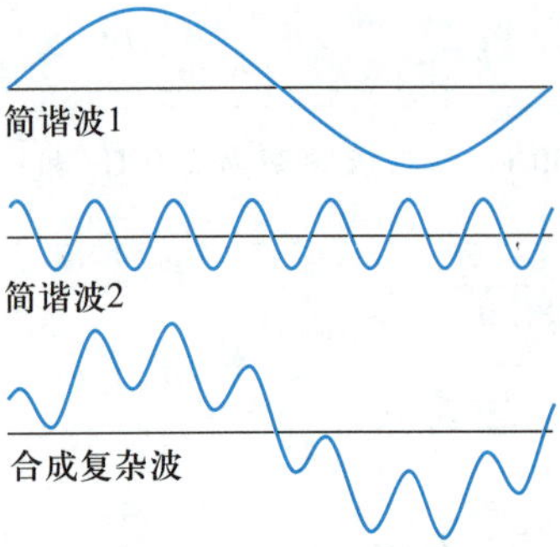

图 4-18 两个不同的简谐波叠加成复杂波

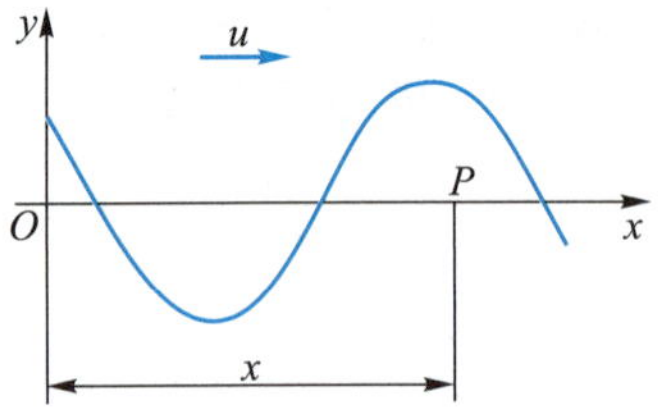

图 4-19 t 时刻的波形图

简单最基本的波，即在均匀、无吸收的介质中，波源作简谐振动时，在介质中所形成的波面为平面，这种波叫做平面简谐波.可以证明，任何非简谐的复杂的波，都可看成是由若干个频率不同的简谐波叠加而成的.图 4-18 所示就是由频率和振幅各不相同的两个简谐波叠加成复杂波的情形.因此，研究简谐波仍具有特别重要的意义.

先来讨论沿 Ox 轴正方向传播的简谐波.如图 4-19 所示，在原点 O 处有一质元作简谐振动，为简便计，设其初相位为零，故其振动方程为

$$y_O = A\cos\,\omega t$$

式中 y_O 是质元在 t 时刻相对平衡位置的位移，A 是振幅，ω 是角频率.假定介质是均匀、无吸收的，那么各质元的振幅将保持不变.为了找出在 Ox 轴上所有质元在任一时刻的位移，我们可在 Ox 轴正方向上任取一点 P，它距点 O 的距离为 x.显然，当振动从点 O 传播到点 P 时，点 P 将以相同的振幅和频率重复点 O 的振动.但振动从点 O 传播到点 P 需时 $t_0 = x/u$（u 为波速）.这表明，t 时刻点 P 的振动状态是点 O 在 $t-t_0$ 时刻的振动状态.于是点 P 在任一时刻 t 的位移为

$$y_P = A\cos\,\omega\left(t-\frac{x}{u}\right) \tag{4-25a}$$

此式显然适用于描述 Ox 轴上所有质元的振动，它可以描绘出 Ox 轴上各质元位移随时间变化的整体图像，该式代表沿 Ox 轴正方向传播的平面简谐波的波函数，也常称为平面简谐波的波动方程.

因为 $\omega = 2\pi/T$，$u = \lambda/T$，所以式（4-25a）通常写成

$$y = A\cos\,2\pi\left(\frac{t}{T}-\frac{x}{\lambda}\right) \tag{4-25b}$$

若取 $k=\dfrac{2\pi}{\lambda}$，k 称为角波数，则波函数又可写成

$$y = A\cos(\omega t - kx) \tag{4-25c}$$

如果波沿 Ox 轴负方向传播，那么点 P 的振动比点 O 早开始一段时间 $t_0 = x/u$，也就是说，t 时刻点 P 的振动状态是点 O 在 $t+t_0$ 时刻的振动状态.于是点 P 在任一时刻 t 的位移为

$$y = A\cos\,\omega\left(t+\frac{x}{u}\right) \tag{4-26a}$$

上式就是沿 Ox 轴负方向传播的平面简谐波的波函数，并且同样也可写成以下两种常用的形式：

$$y = A\cos 2\pi\left(\frac{t}{T}+\frac{x}{\lambda}\right) \tag{4-26b}$$

$$y = A\cos(\omega t+kx) \tag{4-26c}$$

2. 波函数的物理含义

为了帮助大家理解波函数的物理含义，不妨以式(4-25)为例作一番研讨.

(1) 当 x 一定时(好似用摄像机对着某一质元拍摄)，y 仅为时间 t 的函数.此时，式(4-25)表示了距原点 O 为 x 处的质元在不同时刻的位移，即该质元作简谐振动的情况.

(2) 当 t 一定时(好似用照相机对一组质元在某一瞬时拍照)，y 仅为位置 x 的函数.此时，式(4-25)表示了给定时刻 Ox 轴上各质元的位移分布情况.以 y 为纵坐标，x 为横坐标，可得如图 4-20 所示的不同时刻的 $y-x$ 曲线，该曲线也叫做波形图.从波形图可以看出，经过一个周期的时间，波向前传播了一个波长的距离.

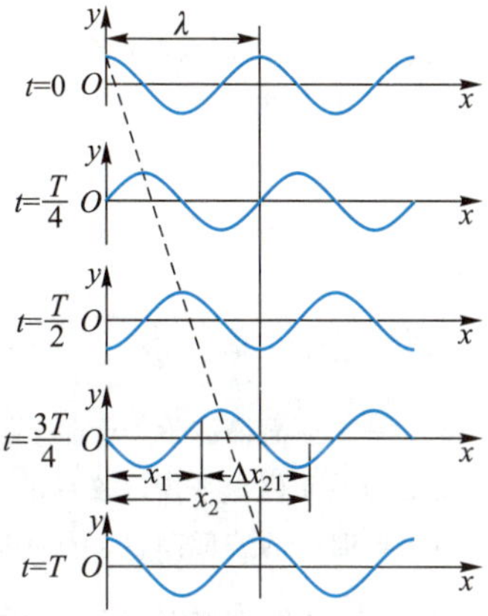

图 4-20 不同时刻波线上各质元的位移分布——波形图

由波形图中也可看出，在同一时刻，距离波源 O 分别为 x_1 和 x_2 的两质元的相位是不同的.由式(4-25)可得两质元的相位分别为

$$\varphi_1=\omega\left(t-\frac{x_1}{u}\right)=2\pi\left(\frac{t}{T}-\frac{x_1}{\lambda}\right)$$

$$\varphi_2=\omega\left(t-\frac{x_2}{u}\right)=2\pi\left(\frac{t}{T}-\frac{x_2}{\lambda}\right)$$

其相位差为

$$\Delta\varphi_{12}=\varphi_1-\varphi_2=2\pi\left(\frac{t}{T}-\frac{x_1}{\lambda}\right)-2\pi\left(\frac{t}{T}-\frac{x_2}{\lambda}\right)=2\pi\,\frac{x_2-x_1}{\lambda}$$

式中 $x_2-x_1=\Delta x_{21}$ 叫做波程差，上式可写成

$$\Delta\varphi_{12}=\frac{2\pi}{\lambda}\Delta x_{21} \tag{4-27a}$$

从图 4-20 中可看出 $x_2>x_1$，则 $\Delta\varphi_{12}>0$，即 $\varphi_1>\varphi_2$，也就是说 x_2 处的相位落后于 x_1 处的相位.通常在不需要明确谁的相位超前或落后时，式(4-27a)可以简单地写成

$$\Delta\varphi=\frac{2\pi}{\lambda}\Delta x \tag{4-27b}$$

(3) 当 t 和 x 都变化时(好似用摄像机对一组质元拍摄)，波函数就表达了所有质元的位移随时间变化的整体情况.图 4-21 分别画出了 t 时刻和 $t+\Delta t$ 时刻的两个波形图，从而描绘出波动在 Δt 时间内传播了 Δx 距离的情形.换句话说，波在 t 时刻 x 处的相位，经过 Δt 时间已传至 $x+\Delta x$ 处了.于是按式(4-25b)，便有

$$\frac{2\pi}{\lambda}(ut-x)=\frac{2\pi}{\lambda}[u(t+\Delta t)-(x+\Delta x)]$$

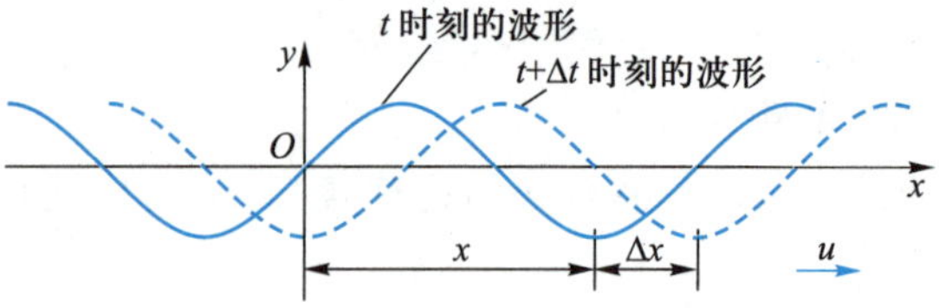

图 4-21 波形的传播

动画:机械波的产生和传播

式中 u 为波速,由此式可解得

$$\Delta x=u\Delta t$$

这就告诉我们,波的传播是相位的传播,也是振动这种运动形式的传播,或者说是整个波形的传播,波速 u 就是相位或波形向前传播的速度.总之,当 t 和 x 都变化时,波函数就描述了波的传播过程,因此这种波也叫做行波,或前进波.

例 2

一平面简谐波沿 Ox 轴正方向传播,已知振幅 $A=1.0$ m,周期 $T=2.0$ s,波长 $\lambda=2.0$ m.在 $t=0$ 时,坐标原点处的质元位于平衡位置且沿 Oy 轴的正方向运动.求:(1) 波动方程;(2) $t=1.0$ s 时各质元的位移分布,并画出该时刻的波形图;(3) $x=0.5$ m 处质元的振动规律,并画出该质元的位移与时间的关系曲线.

[解答] (1) 按所给条件,取波动方程为如下形式:

$$y=A\cos\left[2\pi\left(\frac{t}{T}-\frac{x}{\lambda}\right)+\varphi\right]$$

式中 φ 为坐标原点振动的初相位.根据题意很容易求得

$$\varphi=-\frac{\pi}{2}$$

代入所给数值,波动方程为

$$y=1.0\cos\left[2\pi\left(\frac{t}{2.0}-\frac{x}{2.0}\right)-\frac{\pi}{2}\right] \text{(SI 单位)} \quad (1)$$

(2) 将 $t=1.0$ s 代入式(1),则该时刻各质元的位移分布为

$$y=1.0\cos\left[2\pi\left(\frac{1.0}{2.0}-\frac{x}{2.0}\right)-\frac{\pi}{2}\right]$$
$$=1.0\sin(\pi x) \quad \text{(SI 单位)} \quad (2)$$

按照式(2),可画出 $t=1.0$ s 时的波形图,如图 4-22 所示.

(3) 将 $x=0.5$ m 代入式(1),则该处质元的振动规律为

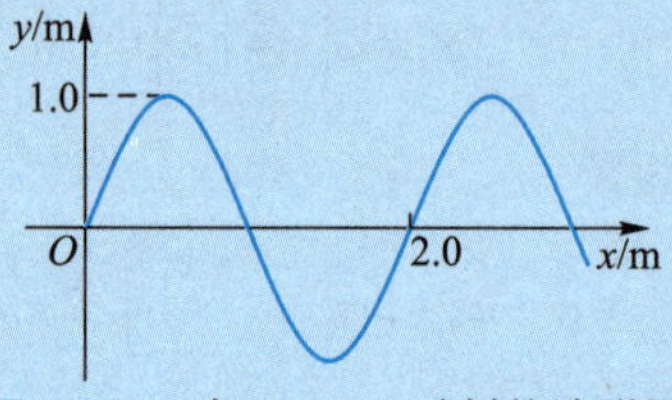

图 4-22 在 $t=1.0$ s 时刻的波形图

$$y=1.0\cos\left[2\pi\left(\frac{t}{2.0}-\frac{0.5}{2.0}\right)-\frac{\pi}{2}\right]$$
$$=1.0\cos(\pi t-\pi) \quad \text{(SI 单位)} \quad (3)$$

由式(3)可知,该质元振动的初相位为 $-\pi$.由此作出其 $y-t$ 曲线,如图 4-23 所示.

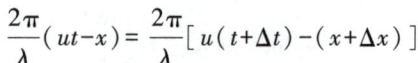

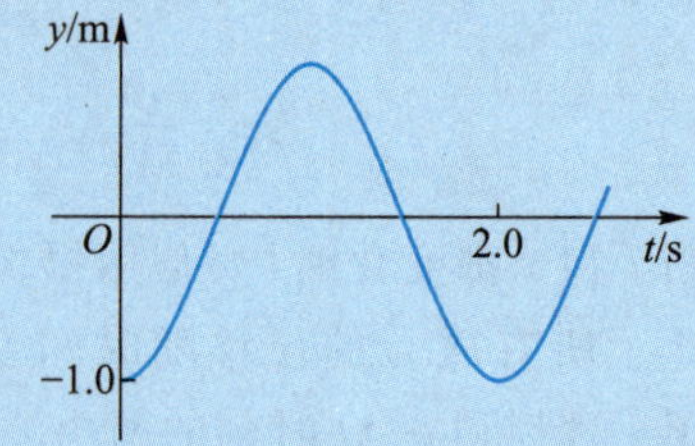

图 4-23 $x=0.5$ m 处质元的振动曲线

例 3

一简谐波沿直线传播.某特定点从最大位移运动到零位移所用时间 $\Delta t=1.70$ s,若此时间内波传播的距离为 $s=3.4$ m.问:(1) 此波的周期 T 是多少?(2) 波速 u 为多大?(3) 在这条线上振动状态相同的点之间的距离 Δs 是多长?

[分析] 简谐波中的各质元振动周期相同,且从最大位移运动到平衡位置处的时间为周期的 1/4.质元振动一个周期,波传播的距离为一个波长.质元间距为一个波长的各质元振动状态相同.

[解答] 由波动的基本规律及上述分析得

(1) $T=4\Delta t=4\times1.70\ \text{s}=6.8\ \text{s}$

(2) $u=\dfrac{s}{\Delta t}=\dfrac{3.4}{1.70}\ \text{m}\cdot\text{s}^{-1}=2.0\ \text{m}\cdot\text{s}^{-1}$

(3) $\Delta s=\lambda=uT=2.0\times6.8\ \text{m}=13.6\ \text{m}$

[注意] 本题的求解仅适用于简谐波,若不是简谐波,则上述分析和下述拓展中的结论均不满足.

[拓展] 由上述解答结果可计算质元振动时间 Δt 与周期 T 之比与波动距离 Δs 与波长 λ 之比,并可知两者相等.一般地说,对简谐波总有$\dfrac{\Delta t}{T}=\dfrac{\Delta s}{\lambda}$,这表明在简谐波中时间和空间都有周期性,存在时间周期 T 和空间周期 λ,两者分别与 $\Delta t=nT$ 和 $\Delta s=n\lambda$ 相对应.

三、波的能量

在波动过程中,波源的振动通过弹性介质由近及远地一层接一层地传播出去,使介质中各质元依次在各自的平衡位置附近作振动.介质中各质元具有动能,同时介质因发生形变还具有势能.所以,波动过程也是能量传播的过程.

下面我们以一条绳线上的横波为例来定性地说明波动中的动能和势能及其关联性.

先看动能.当波动通过质量为 dm 的质元时,它就作横向的简谐振动,因此也具有了与横向速度(振动速度)相关的动能.当质元(图 4-24 中的质元 a)通过平衡位置($y=0$)时,它的振动速度最大,因而动能最大;当质元(图 4-24 中的质元 b)通过最大位置($y=y_m$)时,它的振动速度为零,因而动能亦为零(最小).

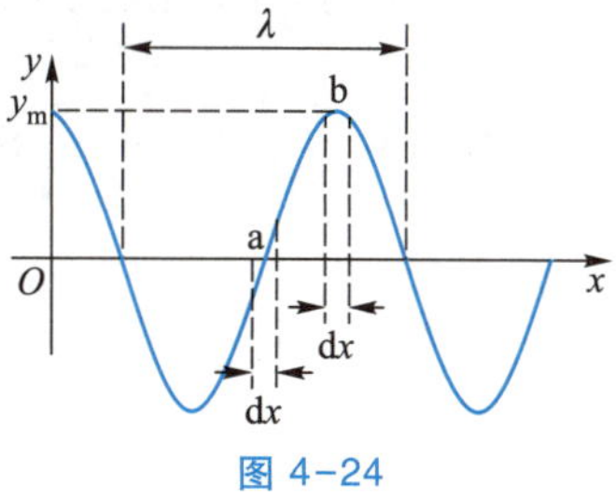

图 4-24

再来看势能.为了沿一条原先是直的绳线传输一列简谐波,该波动一定要拉伸那条绳线(正弦曲线长度一定大于对应的直线段长度).当直线段长度为 dx 的质元横向振动时,质元周期性地成为正弦曲线的一部分,该质元长度就会周期性地变化.这时质元就具有了与长度变化相关的弹性势能,正像一个弹簧那样.正弦曲线的斜率越大,长度变化量越大,所以,当质元(图 4-24 中的质元 b)在最大位置($y=y_m$)时,其长度变化为零,因而弹性势能亦为零;当质元(图 4-24 中的质元 a)通过平衡位置($y=0$)时,其长度变化最大，因而弹性势能最大.可以证明，简谐行波在介质中传播时，质元的动能和势能相等，即 $E_k=E_p$.

由此可知，在波动过程中，动能和势能同时达到最大值，又同时达到最小值，这与简谐振动系统中动能、势能相互转化，机械能守恒不同.波动中质元的机械能不守恒，沿着波动的方向，质元不断地从后面介质获得能量，又传递给前面的介质.这样，能量就随着波动，从介质的这一部分传向另一部分.所以，波动是能量传播的一种方式.为了表述波动能量的流动特性，引入能流的概念.单位时间内垂直通过某一面积的能量，叫做能流，用 P 表示.由于 P 是随时间周期性变化的，所以一般取时间平均值来表示平均能流，用 $\overline{P}$ 表示.为了表征能量传播时，能量的集中程度，引入能流密度（垂直通过单位面积的平均能流），也叫做波的强度，用 I 表示.理论计算可得

$$I=\frac{\overline{P}}{S}=\frac{1}{2}\rho A^2\omega^2u \tag{4-28}$$

式中 ρ 为介质的质量密度，A 为简谐波振幅，ω 为简谐波角频率，u 为波速.由式(4-28)可见，在介质一定的情况下（ρ、u 确定），能流密度与波动的振幅和圆频率的平方成正比.

例 4

一简谐行波在某介质中传播，某时刻某质元的振动动能为 60 J，则此时该质元的势能是多少？

［分析］ 简谐波的质元的振动机械能不同于独立质点作简谐振动时的机械能.简谐波的质元的动能与势能同步变化.

［解答］ 由简谐波的动能与势能相等的关系有

$$E_p=E_k$$

即

$$E_p=60\ \text{J}$$

［注意］ 此时刻算得的质元的机械能为 120 J，但该质元在其他时刻的机械能并不为 120 J，这是因为简谐波的质元振动时的机械能不守恒.

［拓展］ 如果简谐波某一时刻的某一质元的机械能为 60 J，则该质元在此时刻的动能或势能为多少？

本节练习

1. 一列简谐横波沿 x 正方向传播，波长为 0.1 m、频率为 400 Hz、振幅为 0.02 m，请写出该横波的波动方程.设坐标原点处的振动初相位为 0.

2. 简谐波动中的质元振动能量与独立质点的简谐振动能量有何不一样的地方？这种不一样是什么原因产生的？

3. 试判断下面几种说法，哪些是正确的，哪些是错误的？(1) 机械振动一定能产生机械波；(2) 质元振动的速度就是波的传播速度；(3) 质元振动的周期和波的周期是相等的；(4) 波动方程中的坐标原点就是波源位置.

4-5 惠更斯原理 波的衍射和干涉

我们知道式(4-25)或式(4-26)所表达的波函数是沿直线传播的.实际上,有许多波是向空间各方向传播的.沿波的传播方向画一些带箭头的线叫做波线.同一时刻空间存在诸多同相位的振动点,把这些具有相同相位的振动点连成的面叫做波阵面.波阵面随波的传播而运动,某一时刻出现在最前端的波阵面叫做波前,波前是球面的波,叫做球面波,波前是平面的波,叫做平面波.在各向同性的介质中,波线与波面垂直.

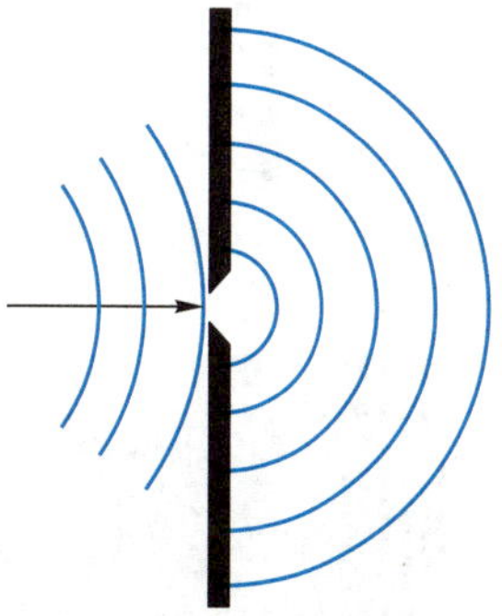

图 4-25 障碍物上的小孔成为新的波源

一、惠更斯原理 波的衍射

在波动过程中,波源的振动是通过介质中的质元依次传播出去的,因此每个质元都可看作新的波源.例如,在图 4-25 中,水面波传播时遇到一障碍物,当障碍物小孔的大小与波长相差不多时,就可以看到穿过小孔的波是半圆形的,与原来波的形状无关.这说明小孔可以看作新的波源.

文档:惠更斯

在总结这类现象的基础上,荷兰物理学家惠更斯(C.Huygens,1629—1695)于 1679 年首先提出:介质中波动传播时,波前上的各点都可以看作发射子波的波源,而在其后的任意时刻,这些子波的包络就是新的波前.这就是惠更斯原理.对任何波动过程(机械波或电磁波),不论传播介质是均匀的还是非均匀的,是各向同性的还是各向异性的,惠更斯原理都是适用的.若已知某一时刻波前的位置,则可以根据这一原理,用几何作图的方法,确定出下一时刻波前的位置,从而确定波传播的方向.

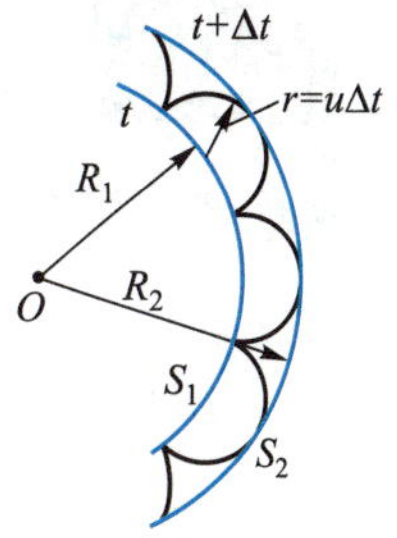

(a) 球面波

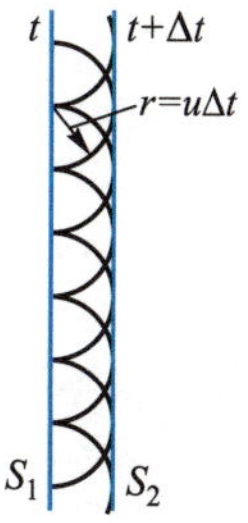

(b) 平面波

图 4-26 用惠更斯原理求波前

下面以球面波为例,说明惠更斯原理的应用.如图 4-26(a)所示,以 O 为中心的球面波以波速 u 在介质中传播,在 t 时刻的波前是半径为 R_1 的球面 S_1.根据惠更斯原理,S_1 上的各点都可以看作子波波源.以 $r=u\Delta t$ 为半径画出许多半球形子波,那么,这些子波的包络 S_2 即 $t+\Delta t$ 时刻的新的波前.显然,S_2 是以 O 为中心,以 $R_2=R_1+u\Delta t$ 为半径的球面.如法炮制即可不断获得新的波前.半径很大的球面波上的一部分波前,可以看作平面波的波前.比如由太阳发射的球面波到达地面时的一部分波前,即可看作平面波,用惠更斯原理同样可求得平面波的波前[图 4-26(b)].

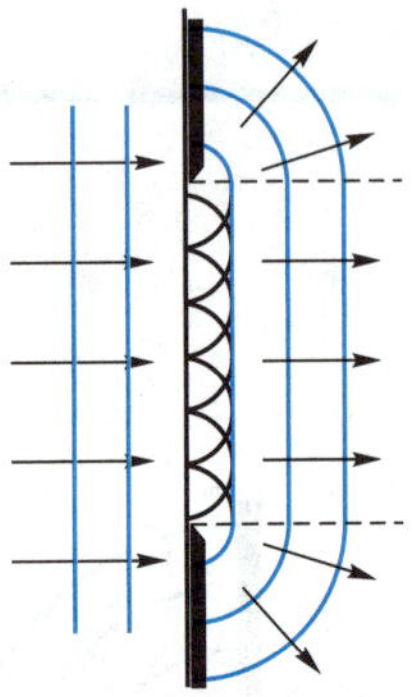
图 4-27 波的衍射

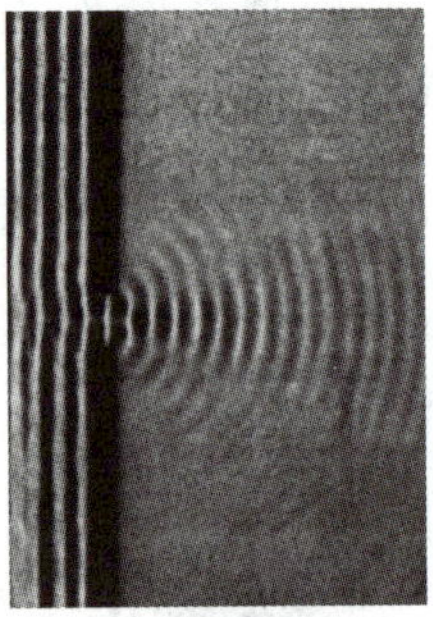
图 4-28 水波通过狭缝时的衍射现象

动画：惠更斯原理

用惠更斯原理能够定性地说明衍射现象.当波在传播过程中遇到障碍物时，其传播方向发生改变，并能绕过障碍物的边缘继续向前传播，这种现象叫做波的衍射.如图 4-27 所示，平面波到达一宽度与波长相近的缝时，缝上各点都可看作子波的波源.作出这些子波的包络，就得出新的波前.很明显，此时波前与原来的平面波略有不同，靠近边缘处，波前弯曲，即波绕过了障碍物而继续传播.图 4-28 所示是水波通过狭缝时所发生的衍射现象.

衍射现象显著与否，是和障碍物(缝、遮板等)的大小与波长之比有关的.若障碍物的宽度远大于波长，则衍射现象不明显；若障碍物的宽度与波长相近时，则衍射现象比较明显；若障碍物的宽度小于波长，则衍射现象更加明显.在声学中，由于声音的波长与所碰到的障碍物的大小差不多，所以声波的衍射现象较显著，如在屋内能够听到室外的声音，就是声波能够绕过窗(或门)缝的缘故.

机械波和电磁波都会产生衍射现象，衍射现象是波动的重要特征之一.

二、波的干涉

让我们来研究波动的一个常见而重要的问题，即几列波同时在介质中传播并相遇时，介质中质点的运动情况及波的传播规律.

1. 波的叠加原理

图 4-29 展示的是用计算机模拟制作的两列振动方向平行的波，在同一直线上相向传播时的情况.在图(a)中，它们的振动位移方向相同，而在图(b)中，它们的振动位移方向相反.大家可以看到，在两列波相遇处各点的位移，是两列波各自引起的振动位移之和；而在相遇之后，则仍以各自原来的波形继续传播，就像它们没有相遇过一样.在日常生活中，如听乐队演奏时或几个人同时讲话时，我们仍能从综合音响中辨别出每种乐器或每个人的声音，这表明某种乐器或某个人发出的声波，并不因其他乐器或其他人同时发出的声波而受到影响.可见，波的传播是独立进行的.又如在水面上两列水波相遇时，或者几束灯光在空间相遇时，都有类似的情况发生.通过对这些现象的观察和研究，可总结出如下的规律：

(1) 几列波相遇之后，仍然保持它们各自原有的特征(频率、波长、振幅、振动方向等)不变，并按照原来的方向继续前进，好像没有遇到过其他波一样.

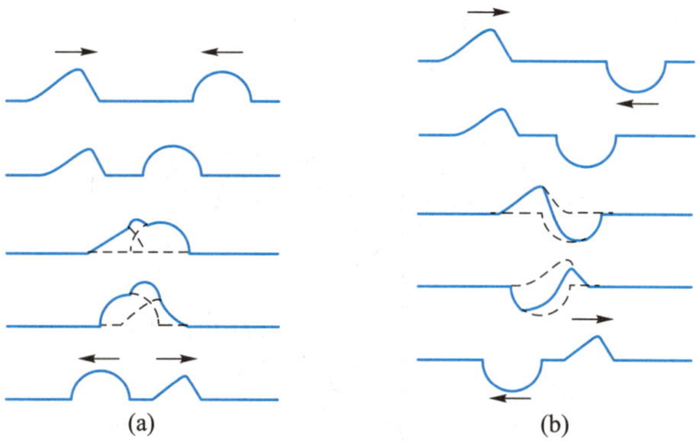

图 4-29 同一直线上相向传播的两列波的叠加

(2) 在相遇区域内任一点的位移,为各列波单独存在时在该点所引起的振动位移的矢量和.

上述规律叫做波的叠加原理.应该明确,叠加原理只在波的强度不太大时才成立.

2. 波的干涉

我们先观察水波的干涉实验.把两个小球装在同一支架上,使小球的下端紧靠水面.当支架沿垂直方向以一定的频率振动时,两个小球和水面的接触点就成了两个频率相同、振动方向相同、相位相同的波源,各自发出一列圆形的水面波.在它们相遇的水面上,呈现出如图 4-30 所示的现象.由此图可以看出,有些地方水面起伏得很厉害(图中亮处),说明这些地方振动加强了;而有些地方水面只有微弱的起伏,甚至平静不动(图中暗处),说明这些地方振动减弱,甚至完全抵消.在这两列波相遇的区域内,振动的强弱是按一定的规律稳定分布的.

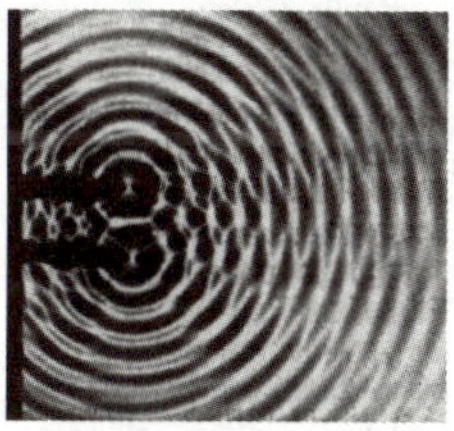

图 4-30 水波的干涉现象

人们把频率相同、振动方向平行、相位相同或相位差恒定的两列波相遇时,使某些地方振动始终加强,而使另一些地方振动始终减弱的现象,叫做波的干涉现象.干涉现象是波动的又一重要特征,它和衍射现象都可作为判别某种运动是否具有波动性的主要依据.

图 4-31 所示是只用单一波源产生干涉的一种方法.在波源 S 附近放置一个开着两个紧挨在一起的小孔 S_1 和 S_2 的障碍物,根据惠更斯原理,S_1 和 S_2 可看作两个子波源,它们发出的子波就具有同频率、振动方向平行、同相位或相位差恒定的特征,所以也能产生干涉现象.从图 4-31 中可见,由 S_1 和 S_2 发出的一系列的球形波阵面,其波峰和波谷分别以实线和虚线的圆弧表示,两相邻波峰或波谷间的距离为一个波长 λ.当两列波在空间相遇时,若它们的波峰与波峰或波谷与波谷相重合(图中实线上各点),则

振动始终加强，合振幅最大；若两列波的波峰与波谷相重合（图中虚线上各点），则振动始终减弱，合振幅最小.

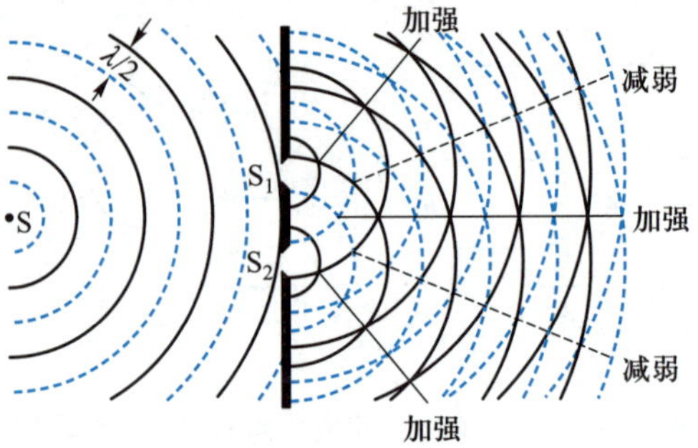

图 4-31 波的干涉

上述两图中产生了干涉现象的两列波，在其频率、振动方向、相位等方面是要满足相干现象条件的，这样的两列波就叫做相干波，而它们的波源就叫做相干波源.

下面我们从波的叠加原理出发，应用两个同方向、同频率简谐振动合成的结论，来分析干涉现象的产生并确定干涉加强和减弱的条件.

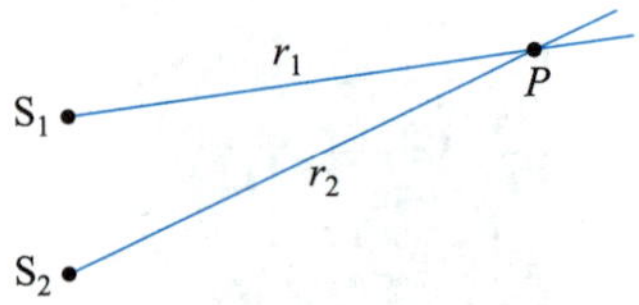

图 4-32 两相干波源发出的平面简谐波在空间相遇

如图 4-32 所示，设有两相干波源 S_1、S_2，它们的简谐振动方程分别为

$$y_1=A_1\cos(\omega t+\varphi_1)$$
$$y_2=A_2\cos(\omega t+\varphi_2)$$

式中 ω 为两波源的角频率，A_1、A_2 分别为它们的振幅，φ_1、φ_2 分别为它们的初相位. 若这两个波源发出的波在同一介质中传播，则它们的波长均为 λ，且不考虑介质对波能量的吸收. 设两列波分别经过 r_1 和 r_2 的距离后在点 P 相遇. 相遇点的波的振幅分别为 A'_1 和 A'_2. 于是可以写出它们在点 P 的振动方程分别为

$$y'_1=A'_1\cos\left(\omega t+\varphi_1-\frac{2\pi r_1}{\lambda}\right)$$
$$y'_2=A'_2\cos\left(\omega t+\varphi_2-\frac{2\pi r_2}{\lambda}\right)$$

上两式表明，点 P 同时参与两个同方向、同频率的简谐振动，其合振动亦应为简谐振动，设合振动的方程为

$$y=y'_1+y'_2=A\cos(\omega t+\varphi)$$

式中 φ 为合振动的初相位，由式(4-20)可知

$$\tan\varphi=\frac{A'_1\sin\left(\varphi_1-\frac{2\pi r_1}{\lambda}\right)+A'_2\sin\left(\varphi_2-\frac{2\pi r_2}{\lambda}\right)}{A'_1\cos\left(\varphi_1-\frac{2\pi r_1}{\lambda}\right)+A'_2\cos\left(\varphi_2-\frac{2\pi r_2}{\lambda}\right)}$$

而 A 为合振动的振幅，即

$$A=\sqrt{A_1'^2+A_2'^2+2A_1'A_2'\cos\Delta\varphi}$$

式中

$$\begin{aligned}\Delta\varphi&=\left(\varphi_2-\frac{2\pi r_2}{\lambda}\right)-\left(\varphi_1-\frac{2\pi r_1}{\lambda}\right)\\&=\varphi_2-\varphi_1-2\pi\frac{r_2-r_1}{\lambda}=\text{常量}\end{aligned} \tag{4-29a}$$

所以，由上式可以看出，在满足

$$\Delta\varphi=\varphi_2-\varphi_1-2\pi\frac{r_2-r_1}{\lambda}=\pm 2k\pi,\quad k=0,1,2,\cdots \tag{4-29b}$$

的空间各点，合振幅最大，其值为 $A=A_1'+A_2'$；而在满足

$$\Delta\varphi=\varphi_2-\varphi_1-2\pi\frac{r_2-r_1}{\lambda}=\pm(2k+1)\pi,\quad k=0,1,2,\cdots \tag{4-29c}$$

的空间各点，合振动的振幅最小，其值为 $A=|A_1'-A_2'|$. 这样，干涉的结果使空间某些点的振动始终加强，而另一些点的振动始终减弱. 式(4-29b)和式(4-29c)分别称为相干波的干涉加强或减弱条件.

如果两相干波源的初相位相同，即 $\varphi_2=\varphi_1$，并取 δ 为两相干波源到点 P 的波程差，即 $\delta=r_2-r_1$，那么上述条件又可简化为当

$$\delta=r_2-r_1=\pm k\lambda,\quad k=0,1,2,\cdots \tag{4-30a}$$

时，即在波程差等于零或为波长整数倍的空间各点，合振幅最大；当

$$\delta=r_2-r_1=\pm(2k+1)\frac{\lambda}{2},\quad k=0,1,2,\cdots \tag{4-30b}$$

时，即在波程差等于半波长的奇数倍的空间各点，合振幅最小.

在其他情况下，合振幅的大小则在最大值 $(A_1'+A_2')$ 和最小值 $|A_1'-A_2'|$ 之间.

由以上讨论可知，两相干波在空间任一点相遇时，其干涉加强和减弱的条件，除了两个波源的初相位差之外，还取决于该点至两相干波源的波程差. 同时值得指出，在相干波发生干涉时，波动能量在空间上的分布从均匀分布变成不均匀分布.

例 1

如图 4-33 所示，A、B 两点为同一介质中的两相干波源，它们振动的振幅皆为 5 cm，频率皆为 100 Hz，但当点 A 为波峰时，点 B 恰为波谷. 设波速为 $10\ \mathrm{m\cdot s^{-1}}$，试写出由 A、B 发出的两列波传到点 P 时叠加的结果.

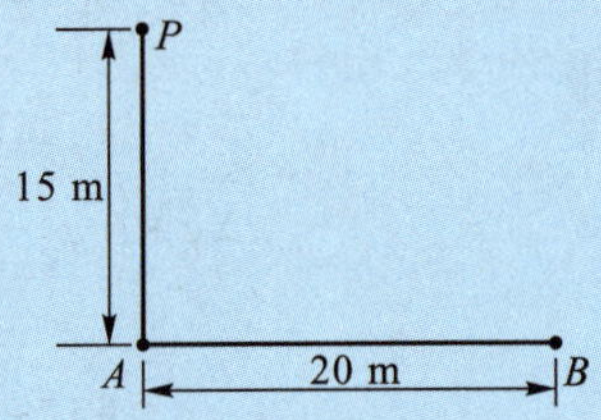

图 4-33 A、B 两列波传到点 P 时的叠加

［分析］ 由题设可知点 A、B 的相位差为 π. 若不考虑介质吸收波的能量，则波的振幅就是振源的振幅. 点 P 的干涉结果取决于两列波传至点 P 时引起的相位差 $\Delta\varphi$ 是否满足干涉加强或减弱的条件式 (4-29) 或式 (4-30)，这是本问题的关键.

［解答］ 由图可知，$AP=15\ \mathrm{m}$，$AB=20\ \mathrm{m}$，故 $BP=\sqrt{AP^2+AB^2}=25\ \mathrm{m}$. 又已知 $\nu=100\ \mathrm{Hz}$，$u=10\ \mathrm{m\cdot s^{-1}}$，因此

$$\lambda=\frac{u}{\nu}=0.10\ \mathrm{m}$$

设点 A 的相位比点 B 超前，则 $\varphi_A-\varphi_B=\pi$. 根据相位差和波程差的关系，有

$$\Delta\varphi=\varphi_B-\varphi_A-2\pi\frac{BP-AP}{\lambda}=-201\pi$$

这样的 $\Delta\varphi$ 符合式 (4-29c) 所指出的合振幅最小的条件，因而合振幅 $A=|A_1-A_2|=0$. 故在点 P 处，因两波干涉减弱而使合振动振幅为零.

［注意］ 由题设的相干波可判断，该两列波为横波，若两列波为纵波，则在点 P 处两列波引起的振动方向不完全一致，相干条件不能完全满足.

［拓展］ 仍在上述题设条件下，能否找到一个最简单的动点轨迹线，在这条轨迹上振动完全相消.

3. 驻波

同一弦线上，有两列振幅相同、频率一致、振动方向相同、坐标原点处的初相位皆为零，且分别沿 Ox 轴正、负方向传播的简谐波，其波函数分别为

$$y_1=A\cos 2\pi\left(\nu t-\frac{x}{\lambda}\right)$$

$$y_2=A\cos 2\pi\left(\nu t+\frac{x}{\lambda}\right)$$

式中 A 为波的振幅，ν 为波的频率，λ 为波长. 两列波合成波的波函数及其特点是什么？这两列波满足相干条件，因此在弦线上两列波合成的结果将出现干涉效应，只是干涉现象发生在一维空间，且与波的传播方向一致，这将会出现特殊形式的干涉现象——驻波.

动画：驻波

两波在弦线上任意点、任意时刻叠加产生的合位移为

$$y=y_1+y_2=A\cos 2\pi\left(\nu t-\frac{x}{\lambda}\right)+A\cos 2\pi\left(\nu t+\frac{x}{\lambda}\right)$$

应用三角函数关系，上式可化为

$$y=2A\cos 2\pi\frac{x}{\lambda}\cos 2\pi\nu t \tag{4-31}$$

这就是合成波函数，也称为驻波方程．式中 $\left|2A\cos 2\pi\dfrac{x}{\lambda}\right|$ 是各点的振幅，它只与 x 有关．式(4-31)表明，弦线上不同点作振幅为 $\left|2A\cos 2\pi\dfrac{x}{\lambda}\right|$、频率为 ν 的简谐振动．

先画上述两列波及其合成波在若干时刻的图像于图 4-34，然后对式(4-31)作进一步讨论，从中看一看合成波——驻波有什么样的特点．

波节和波腹：

因为弦线上各点作振幅为 $\left|2A\cos 2\pi\dfrac{x}{\lambda}\right|$ 的简谐振动，所以凡满足 $\cos 2\pi\dfrac{x}{\lambda}=0$ 的那些点，振幅都为 0，这些点始终静止不动，叫做波节（图 4-34 中由 N 表示的各点）；而满足 $\left|\cos 2\pi\dfrac{x}{\lambda}\right|=1$ 的那些点，振幅最大，都等于 $2A$，这些点振动最强，叫做波腹（图 4-34 中由 L 表示的各点）；弦线上其余各点的振幅在 0 与 $2A$ 之间．

接着来讨论波节、波腹的位置．因为在波节处

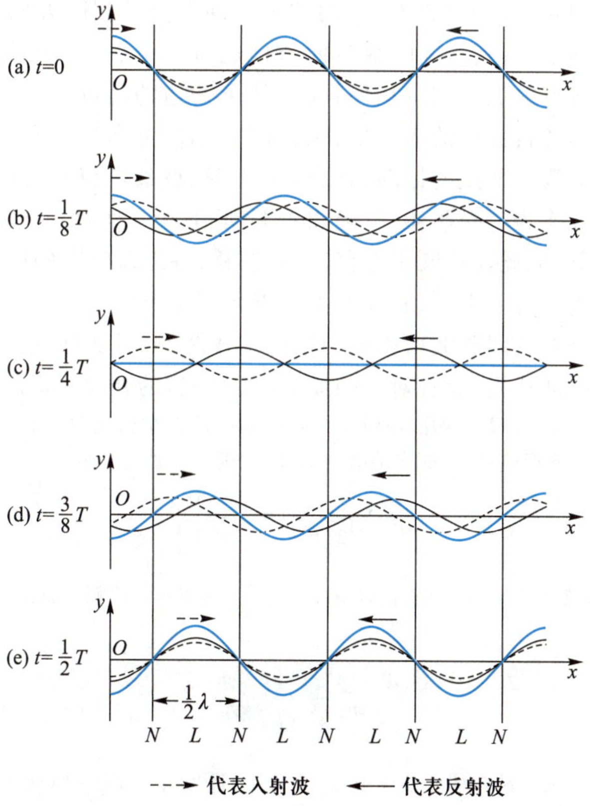

图 4-34 驻波

$$\cos 2\pi\frac{x}{\lambda}=0$$

得

$$2\pi\frac{x}{\lambda}=\pm(2k+1)\frac{\pi}{2}$$

所以波节的位置为

$$x=\pm(2k+1)\frac{\lambda}{4},\quad k=0,1,2,\cdots \tag{4-32}$$

相邻两波节之间的距离为

$$x_{k+1}-x_k=[2(k+1)+1]\frac{\lambda}{4}-(2k+1)\frac{\lambda}{4}=\frac{\lambda}{2}$$

即相邻两波节之间的距离为半个波长(图 4-34).

由类似的讨论知,波腹的位置为

$$x=\pm k\frac{\lambda}{2},\quad k=0,1,2,\cdots \tag{4-33}$$

相邻两波腹之间的距离也为半个波长(图 4-34).至于不满足式(4-32)和(4-33)的各点,其振幅在 0 与 $2A$ 之间.由此可见,只要从实验中测得波节间或波腹间的距离,就可以确定波长.

各点的相位:

从图 4-34 中可以看出,两波节之间各点沿相同方向到达各自位移的最大值,又同时沿相同方向通过平衡位置,所以在两波节之间各点的振动相位相同;而在波节两边的各点,同时沿相反方向到达各自位移的最大值,又同时沿相反方向通过平衡位置,所以波节两边各点的振动相位相反.可见,弦线不仅作分段振动,而且各段作为一个整体,一起同步振动.在每一时刻,驻波都有一定的波形,但此波形既不左移,也不右移,各点以确定的振幅在各自的平衡位置附近振动,驻波由此得名.

视频:驻波的形成、特点和应用

以上对弦线驻波所得到的结论是普遍的,不仅对各种介质中的机械驻波适用,而且对电磁波(包括光波)的驻波也适用.

驻波现象有很多应用.一列波在两端固定的弦中传播时,来回反射、叠加,最终若要形成驻波,固定端必定为波节,则波长必须满足

$$l=k\frac{\lambda}{2}\quad\Rightarrow\quad\lambda_n=\frac{2l}{k} \tag{4-34a}$$

式中 l 为弦长,$k=1,2,\cdots$正整数.因为 $\nu=\frac{u}{\lambda}$,波速 u 仅依赖于弦的密度和弦中的张力,则

$$\nu_n=k\frac{u}{2l}=k\nu_1 \tag{4-34b}$$

其中 $\nu_1=\frac{u}{2l}$,对确定的弦及弦长,ν_1 为常量,且为满足式(4-34)驻波条件的

最低频率，称为基频.其他 $\nu_2=2\nu_1$，$\nu_3=3\nu_1$，…的值皆为基频的整数倍，称为泛频.在乐器奏鸣中，基频决定某个音的“音调”(俗称“音高”)，泛频及其泛频的多少决定了该音的“音色”.

例 2

玻璃管道的一端封有一可调单频声波发生器，另一端封闭，泡沫小颗粒均匀分布在管道水平段.当声波发生器发出某单一频率 ν 的声波，经封闭端反射后，可以观察到泡沫小颗粒呈现局部振荡剧烈和局部静止不动的现象.若测得邻近振荡剧烈或静止不动点之间的距离为 s，问声波在管道中的传播速度是多大？

[分析] 题中描述的是驻波现象，其中振荡剧烈的点为波腹，静止不动的点为波节，由驻波特点可求得题设内容.

[解答] 由波速与频率、波长的关系 $u=\nu\lambda$，且邻近波腹或波节距离 $s=\dfrac{\lambda}{2}$，可得

$$u=\nu\lambda=2\nu s$$

[注意] 因为题意中的“另一端封闭”，所以声波的反射是较强烈的，形成的驻波波腹、波节是较明显的.

[拓展] 若此装置的“另一端”是开口的，还会否出现题意中的现象？若仍会出现，则与题意中的情况有何不一样之处？

本节练习

1. 什么叫做波的衍射？波遇到“障碍物”时，什么情况下衍射现象才明显？

2. 两列波相遇形成干涉现象的条件是什么？在均匀介质中相干加强的条件(两列波的波源振动初相位皆为零)是波程差 $\delta=$________ λ.

3. 弦乐演奏时，乐器发声的基本物理现象是

(1) 衍射现象；(2) 折射现象；(3) 多普勒效应现象；(4) 驻波现象.

*4-6 多普勒效应

迄今为止，我们所讨论的都是波源与观察者相对介质静止的情况，所以观察者接收到的频率与波源发出的频率是相同的.如果波源或观察者或两者都相对介质运动，那么观察者接收到的频率与波源发出的频率就不相同了.在日常生活中可以发现，当高速行驶的消防车鸣笛而来时，人们听到的汽笛音调变高，即频率变大；反之，当消防车鸣笛离去时，人们听到的音调变低，即频率变小.这个现象正是奥地利物理学家多普勒于 1840 年走过铁路口时发现的，这就是声波的多普勒效应.①

首先要把波源的频率、观察者接收到的频率和波的频率分清楚：波源的

① 多普勒(C. Doppler，1803—1853，奥地利物理学家)于 1842 年第一次论证了相互转动的双星系统所发射的光的频率的微小变化，继而又讨论了声源与观察者之间相对运动时，观察者所接收的声波频率的变化.声与光都有多普勒效应.

频率 ν,是波源在单位时间内振动的次数,或在单位时间内发出完整波的数目;观察者接收到的频率 ν',是观察者在单位时间内接收到的全振动次数或完整波数;而波的频率 ν_b,则是介质内质点在单位时间内振动的次数,或单位时间内通过介质中某点的完整波数,并且 $\nu_b=u/\lambda_b$,其中 u 为介质中的波速,λ_b 为介质中的波长.这三个频率可能互不相同,下面分几种情况进行讨论.为简单起见,只讨论波源和观察者沿着它们的连线相对介质运动的情形.

一、波源不动,观察者相对介质以速度 v_0 运动

设观察者在点 P,波源在点 S,如图 4-35 所示.先假定观察者不动,波以速度 u 向着 P 传播,$\mathrm{d}t$ 时间内波传播的距离为 $u\mathrm{d}t$,观察者接收到的完整波数,即分布在距离 $u\mathrm{d}t$ 中的波数.当观察者以 v_0 迎着波的传播方向运动,$\mathrm{d}t$ 时间内移动的距离为 $v_0\mathrm{d}t$,因而分布在距离 $v_0\mathrm{d}t$ 中的波也应被观察者接收到.总体来看,在 $(u+v_0)\mathrm{d}t$ 距离内的波应都被观察者接收到了,所以观察者接收到的频率(完整波数)为

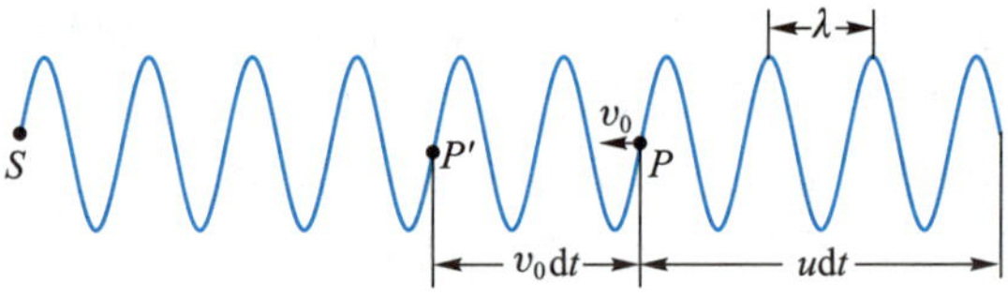

图 4-35 观察者运动时的多普勒效应

$$\nu'=\frac{u+v_0}{\lambda_b}$$

式中 λ_b 为介质中的波长,且 $\lambda_b=u/\nu_b$.由于波源在介质中是静止的,所以波的频率 ν_b 等于波源的频率 ν.则上式可写成

$$\nu'=\frac{u+v_0}{u}\nu \tag{4-35}$$

这表明,当观察者向着静止的波源运动时,他接收到的频率为波源频率的 $\left(1+\frac{v_0}{u}\right)$倍,即 ν'高于 ν.

当观察者远离波源运动时,通过类似的分析不难求得,他接收到的频率为

$$\nu'=\frac{u-v_0}{u}\nu \tag{4-36}$$

即此时观察者接收到的频率低于波源的频率.

二、观察者不动，波源相对介质以速度 v_s 运动

当波源运动时，介质中的波长将发生变化．图 4-36 是波源在水中向右运动时所激起的水面波照片．它显示出，沿着波源运动的方向波长变短了；而背离波源运动的方向，波长变长了．大家知道，波长是介质中相位差为 2π 的两个振动状态之间的距离，而由于波源是运动的，所以这两个相位差为 2π 的振动状态，就是波源在不同的地点发出的了．如图 4-37 所示，假设波源以速度 v_s 向着观察者运动，则当波源从 S_1 发出的某振动状态经过一个周期 T 的时间传到位置 A 时，波源已经运动到了 S_2($S_1S_2=v_sT$)，此时才发出与该振动状态相位差为 2π 的下一个振动状态，可见 S_2 与 A 之间的距离即此情形下介质中的波长 λ_b．若波源静止时的波长为 $\lambda(=uT)$，则从图 4-37 中可见，此时介质中的波长为

图 4-36　波源运动时的多普勒效应

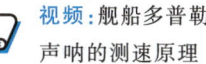

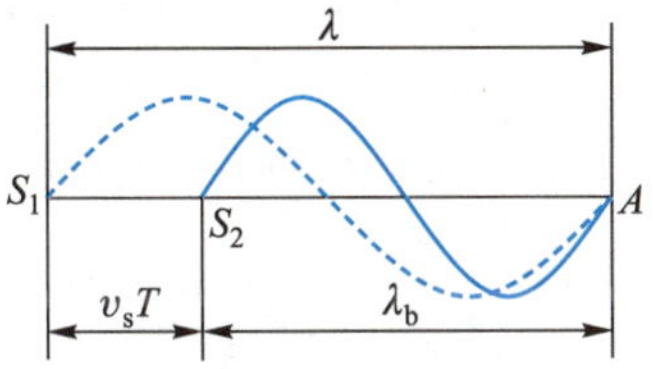

图 4-37　波源运动的前方波长变短

$$\lambda_b=\lambda-v_sT=(u-v_s)T=\frac{u-v_s}{\nu}$$

或者说，此时波的频率为

$$\nu_b=\frac{u}{\lambda_b}=\frac{u}{u-v_s}\nu$$

由于观察者静止，所以他接收到的频率就是波的频率，即 $\nu'=\nu_b$．因此，观察者接收到的频率为

$$\nu'=\frac{u}{u-v_s}\nu \tag{4-37}$$

这表明，当波源向着静止的观察者运动时，观察者接收到的频率高于波源的频率．

当波源远离观察者运动时，通过类似的分析可求得，观察者接收到的频率为

$$\nu'=\frac{u}{u+v_s}\nu \tag{4-38}$$

即此时观察者接收到的频率低于波源的频率．

动画：多普勒效应

视频：多普勒效应

视频：舰船多普勒声呐的测速原理

文档：监测车速

三、波源与观察者同时相对介质运动

综合以上两种情况，可得当波源与观察者同时相对介质运动时，观察者接收到的频率为

$$\nu' = \frac{u \pm v_0}{u \mp v_s}\nu \qquad (4-39)$$

上式中，观察者向着波源运动时，v_0 前取正号，远离时取负号；波源向着观察者运动时，v_s 前取负号，远离时取正号.

综上可知，不论是波源运动，还是观察者运动，或是两者同时运动，定性地说，只要两者互相接近，接收到的频率就高于原来波源的频率，只要两者互相远离，接收到的频率就低于原来波源的频率.

最后说明，即使波源与观察者并非沿着它们的连线运动，以上所得各式仍可适用，只是其中 v_s 和 v_0 应作为运动速度沿连线方向的分量，而垂直于连线方向的分量是不会产生机械多普勒效应的.

多普勒效应是一切波动的普遍现象，只是不同的波动，比如电磁波等，有各自的特征与不同的频率计算方法.

多普勒效应有着很多实际的应用，读者可参阅有关书籍①.

文档：多普勒声呐

文档：医用超声成像诊断仪

例 1

图 4-38 中 A、B 为两辆车的喇叭，其发声频率均为 500 Hz，A 随车静止，B 随车以 60 m · s^{-1}的速率向右运动.在两辆车之间有一辆警车 O，车上警员以 30 m · s^{-1}的速率随警车向右运动.已知空气中的声速为330 m · s^{-1}，求：(1) 警员听到来自 A 的频率；(2) 警员听到来自 B 的频率.

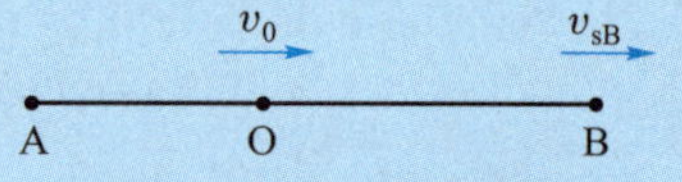

图 4-38

[解答] 在式(4-39)中，已知 $u = 330$ m · s^{-1}，$v_{sA} = 0$，$v_{sB} = 60$ m · s^{-1}，$v_0 = 30$ m · s^{-1}，$\nu = 500$ Hz.

(1) 由于警员远离波源 A 运动，v_0 应取负号，故警员听到来自 A 的频率为

$$\nu' = \frac{u - v_0}{u}\nu = 454.5 \text{ Hz}$$

(2) 由于警员向着波源 B 运动，v_0 取正号，而波源 B 远离警员运动，v_{sB} 也取正号，故警员听到来自 B 的频率为

$$\nu'' = \frac{u + v_0}{u + v_{sB}}\nu = 461.5 \text{ Hz}$$

例 2

利用多普勒效应监测汽车行驶的速度.一固定波源发出频率为 100 kHz 的超声波，当汽车迎着波源驶来时，与波源安装在一起的接收器接收到从汽车反射回来的超声波的频率为 110 kHz.已知空气中的声速为 330 m · s^{-1}，求汽车行驶的速度.

① 参阅马文蔚等主编《物理学原理在工程技术中的应用》（第四版）之“监测车速”“多普勒声呐”“医用超声成像诊断仪”，高等教育出版社，2015 年.

[分析] 解此问题应分两步.第一步,波向着汽车传播并被汽车接收,此时波源是静止的,汽车作为观察者迎着波源运动.设汽车的行驶速度为 v,则汽车接收到的频率为

$$\nu' = \frac{u+v}{u}\nu$$

第二步,波从汽车表面反射回来,此时汽车作为波源向着接收器运动,汽车发出的波的频率即是它接收到的频率 ν'.而接收器此时是观察者,它接收到的频率为

$$\nu'' = \frac{u}{u-v}\nu' = \frac{u+v}{u-v}\nu$$

[解答] 由上述分析得汽车行驶的速度为

$$v = \frac{\nu''-\nu}{\nu''+\nu}u = 15.7\ \mathrm{m \cdot s^{-1}} = 56.8\ \mathrm{km \cdot h^{-1}}$$

[注意] 超声波是一种频率高于人的听力能感受到的最高频率(20 000 Hz)的声波,其频率高达 10^9 Hz.超声波在检测、加工、治疗和基础科学研究中有广泛应用.

[拓展]① 人类自觉地利用多普勒效应捕捉周围环境的变化.动物虽没有物理学知识指导,却能天然地利用多普勒效应为其生存服务.蝙蝠靠发射和随即探测反射回来的超声波进行导航和觅食.蝙蝠从鼻孔中发出超声波后,超声波遇到飞蛾而反射回到蝙蝠的耳朵里.蝙蝠与飞蛾相对于空气的运动使蝙蝠听到的频率与它发射的频率有几千赫兹的差别,蝙蝠自动地把这个频率差翻译成它自己与飞蛾的相对速度,使它可以对准飞蛾飞去捕食飞蛾.然而有些飞蛾也能从它们听到的超声波传来的方向飞开而逃避被捉.有时飞蛾自身也可能发出超声波,干扰蝙蝠的定向系统而逃避被捉.为了生存,动物世界也在利用物理学规律斗智斗勇.

本节练习

1. 如果一个声源与观测者同向以相同速度在一条直线上运动,该观测者接收到的声源频率 ν 与声源静止发出的频率 ν_0 之间的关系为 $\nu=$ ________ ν_0.

2. 一辆鸣叫着频率为 1 600 Hz 呜呜声的救护车超过一个正以速率为 $2.44\ \mathrm{m \cdot s^{-1}}$ 骑自行车的人.在超车后,骑车人听到的声音频率是 1 590 Hz.问救护车的速率是多少?

章首问题答案

波动有两种形式——横波和纵波.有些介质只能传递纵波,比如声波在空气中只能以纵波形成传递.而有些介质既能传递纵波又能传递横波.对于某些复杂振动引起的波,往往既有横波又有纵波,比如地震波在地壳中的传播就是如此,而且纵波波速大于横波的波速.地震中的纵波在地壳中的传播速度为 $5.5\sim7.0\ \mathrm{km \cdot s^{-1}}$,横波速度为 $3.2\sim4.0\ \mathrm{km \cdot s^{-1}}$.因此当地震波来袭时,地面上的人首先感受到的是纵波,横波稍后到达.纵波对人的影响是垂直于地面的振动,表现为人体上下颠簸,横波对人的影响是沿地面切线方向的振动,表现为人体左右摇摆.

复习自测题

① 采编自哈里德等著,张三慧等译《物理学基础》,机械工业出版社,2005 年.

总 结

振动

简谐振动

$F=-kx$，$\dfrac{d^2x}{dt^2}+\omega^2x=0$

$\omega^2=\dfrac{k}{m}$

运动状态

$x=A\cos(\omega t+\varphi)$

$v=-\omega A\sin(\omega t+\varphi)$

$A=\sqrt{x_0^2+(v_0^2/\omega^2)}$

$\tan\varphi=-\dfrac{v_0}{\omega x_0}$

旋转矢量

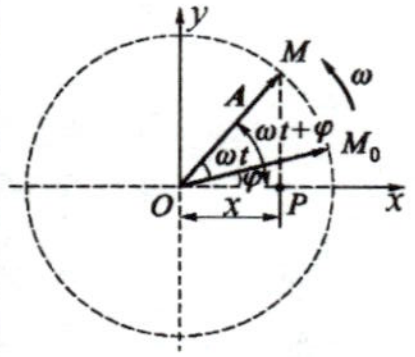

能量

$E=E_k+E_p$

$E_k=\dfrac{1}{2}m\omega^2A^2\sin^2(\omega t+\varphi)$

$E_p=\dfrac{1}{2}kA^2\cos^2(\omega t+\varphi)$

$E=\dfrac{1}{2}kA^2$

合成

$x_1=A_1\cos(\omega t+\varphi_1)$

$x_2=A_2\cos(\omega t+\varphi_2)$

$x=x_1+x_2=A\cos(\omega t+\varphi)$

$A^2=A_1^2+A_2^2+2A_1A_2\cos(\varphi_2-\varphi_1)$

$\tan\varphi=\dfrac{A_1\sin\varphi_1+A_2\sin\varphi_2}{A_1\cos\varphi_1+A_2\cos\varphi_2}$

阻尼、受迫振动

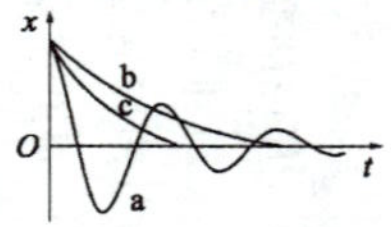

a—欠阻尼；b—过阻尼；c—临界阻尼

共振

$\omega_p\approx\omega_0$

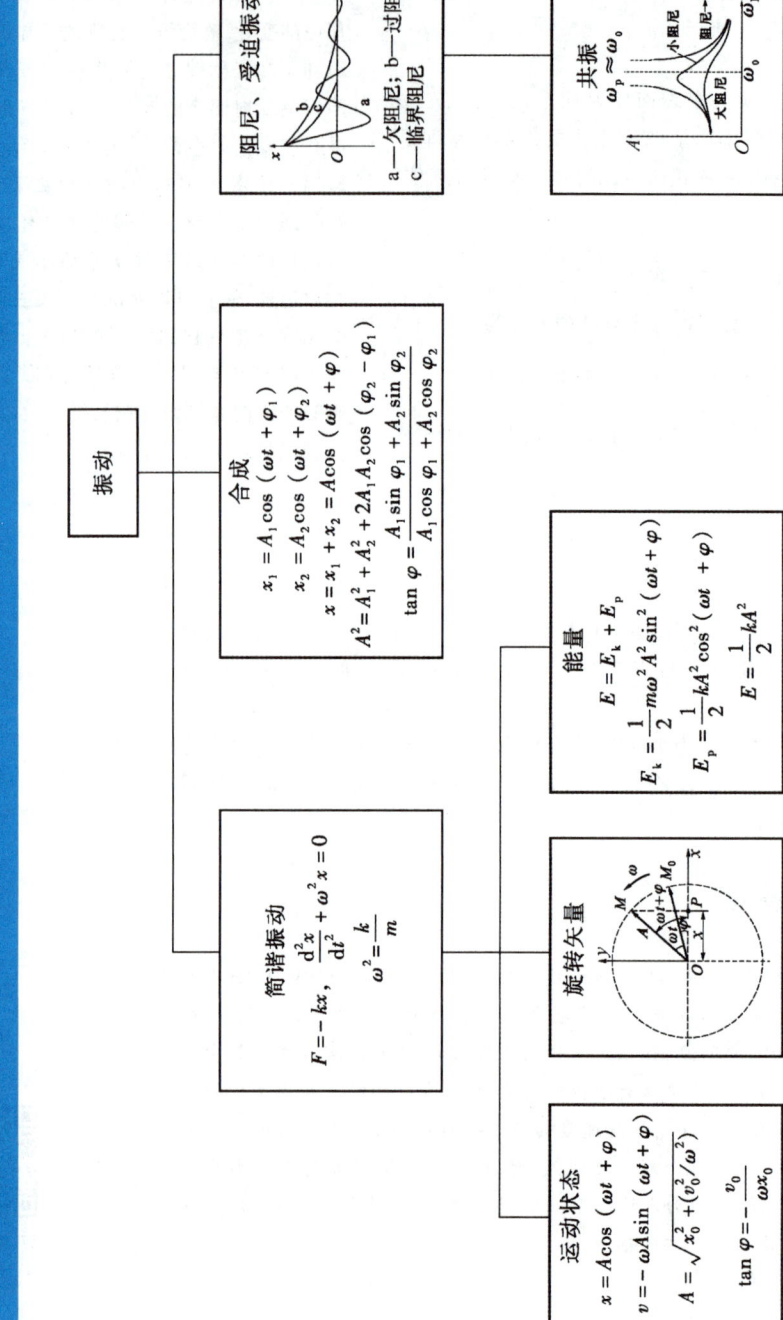

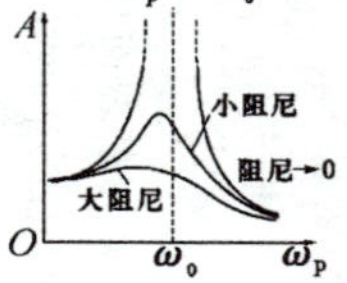

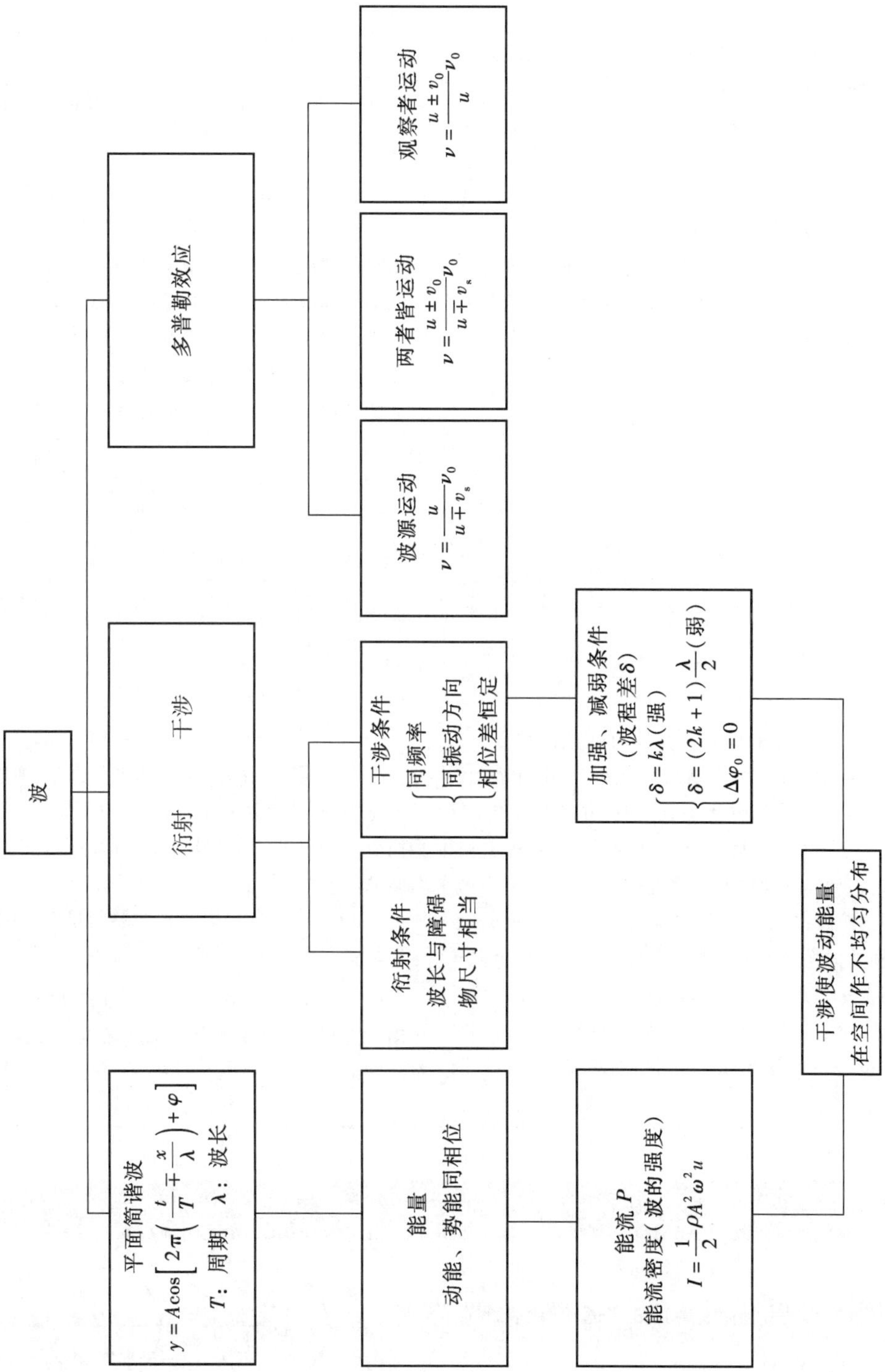
波
平面简谐波
$y = A\cos\left[2\pi\left(\frac{t}{T} \mp \frac{x}{\lambda}\right) + \varphi\right]$
T：周期　λ：波长
衍射　干涉
多普勒效应
能量
动能、势能同相位
衍射条件
波长与障碍物尺寸相当
干涉条件
同频率
同振动方向
相位差恒定
波源运动
$\nu = \frac{u}{u \mp v_s}\nu_0$
两者皆运动
$\nu = \frac{u \pm v_0}{u \mp v_s}\nu_0$
观察者运动
$\nu = \frac{u \pm v_0}{u}\nu_0$
能流 P
能流密度（波的强度）
$I = \frac{1}{2}\rho A^2\omega^2 u$
加强、减弱条件
（波程差 δ）
$\delta = k\lambda$（强）
$\delta = (2k+1)\frac{\lambda}{2}$（弱）
$\Delta\varphi_0 = 0$
干涉使波动能量
在空间作不均匀分布

问题

4-1 伽利略曾提出这样一个问题：一根线挂在又高又暗的城堡中，人们看不见它的上端而只能看见它的下端，则如何测量此线的长度？

4-2 把一单摆从其平衡位置拉开，使摆线与竖直方向成一小角度 φ，然后放手任其摆动. 如果从放手时开始计算时间，此 φ 角是否是振动的初相？单摆的角速度是否是振动的角频率？

4-3 把一单摆从其平衡位置拉开，使摆线与竖直方向成 θ 角，然后放手任其摆动，试判断图中所示五种运动状态所对应的相位.

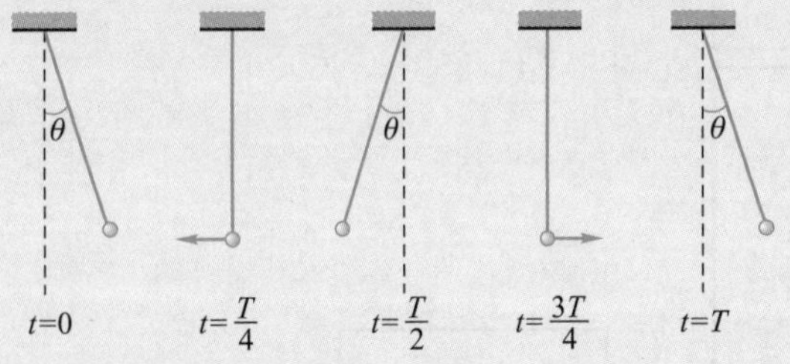

问题 4-3 图

4-4 指出在弹簧振子中，物体处在下列位置时的位移、速度、加速度和所受的弹性力的数值和方向：(1) 正方向的端点；(2) 平衡位置且向负方向运动；(3) 平衡位置且向正方向运动；(4) 负方向的端点.

4-5 关于波长的概念有三种说法，试分析它们是否一致：(1) 同一波线上，相位差为 2π 的两个振动质元之间的距离；(2) 在一个周期内，振动所传播的距离；(3) 横波的两个相邻波峰（或波谷）之间的距离；纵波的两个相邻密部（或疏部）对应质元之间的距离.

4-6 当波从一种介质进入另一种介质中时，机械波的波长、频率、周期和波速四个物理量中，哪些是不变的？

4-7 波动方程 $y=A\cos\omega\left(t-\dfrac{x}{u}\right)$ 中的 $\dfrac{x}{u}$ 表示什么？如果把波动方程写成 $y=A\cos\left(\omega t-\dfrac{\omega x}{u}\right)$，$\dfrac{\omega x}{u}$ 又表示什么？

4-8 试判断下面几种说法，哪些是正确的，哪些是错误的？(1) 机械振动一定能产生机械波；(2) 质元振动的速度和波的传播速度是相等的；(3) 质元振动的周期和波的周期数值是相等的；(4) 波动方程式中的坐标原点是选取在波源位置上的.

4-9 横波的波形及传播方向如图所示. 试画出点 A、B、C、D 的运动方向，并画出经过 1/4 周期后的波形曲线.

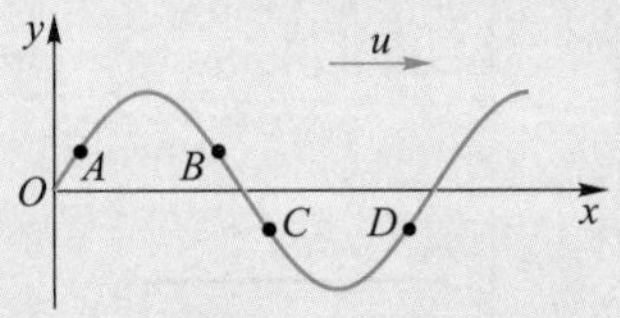

问题 4-9 图

4-10 弹性介质中质元作简谐振动，当某一质元处于下列情况时，在速度、加速度、动能、弹性势能等物理量中，哪几个达到最大值，哪几个为零？(1) 通过平衡位置时；(2) 达到最大位移时. 由此，你能得到什么结论？

4-11 波动过程中质元的总能量随时间而变化，这和能量守恒定律是否矛盾？

*4-12 波源向着观测者运动和观测者向着波源运动，都会产生频率增高的多普勒效应，这两种情况有何区别？

习题

4-1 一个质点作简谐振动，振幅为 A，在起始时刻质点的位移为 $-\dfrac{A}{2}$，且向 x 轴正方向运动，代表此简谐振动的旋转矢量为（　　）.

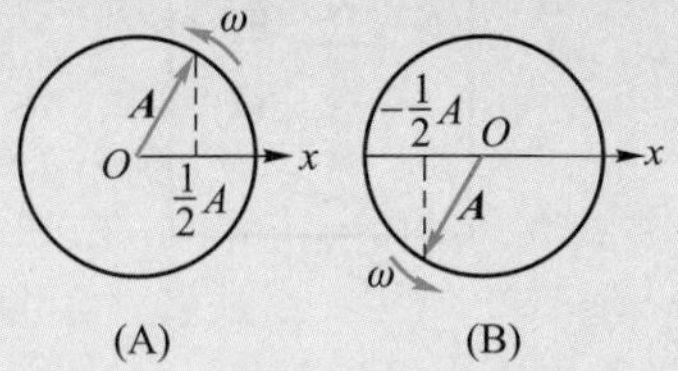

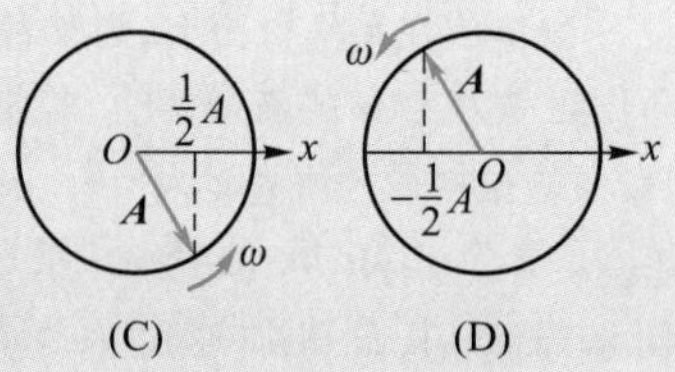

习题 4-1 图

4-2 一简谐振动曲线如图所示，则振动周期是(　　).

(A) 2.62 s　　(B) 2.40 s

(C) 2.20 s　　(D) 2.00 s

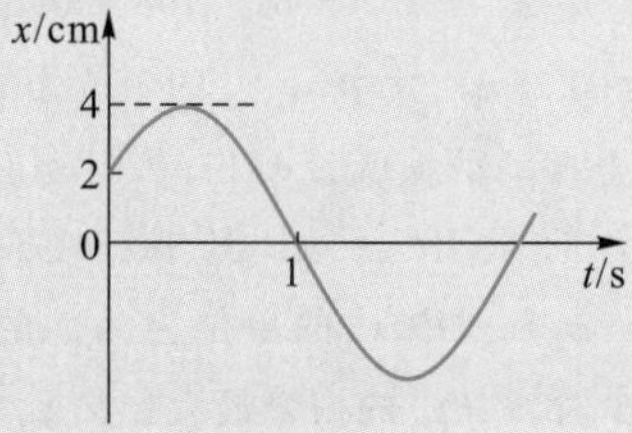

习题 4-2 图

4-3 两个同周期简谐振动曲线如图所示，x_1 的相位比 x_2 的相位(　　).

(A) 落后$\frac{\pi}{2}$　　(B) 超前$\frac{\pi}{2}$

(C) 落后 π　　(D) 超前 π

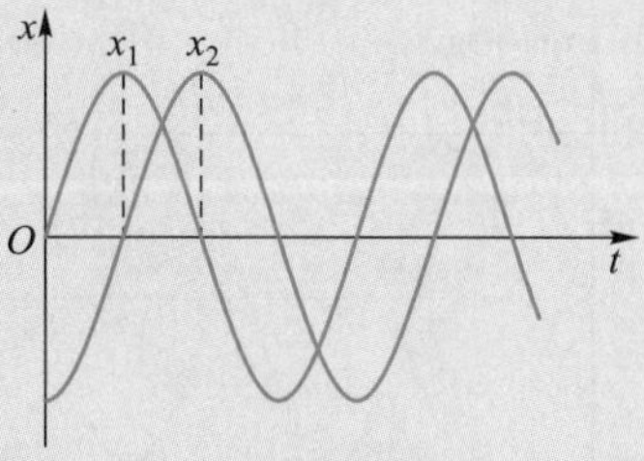

习题 4-3 图

4-4 两个同振动方向、同频率、振幅均为 A 的简谐振动合成后，振幅仍为 A，则这两个简谐振动的相位差为(　　).

(A) 60°　　(B) 90°

(C) 120°　　(D) 180°

4-5 已知简谐振动方程为 $x=0.10\cos\left(20\pi t+\frac{\pi}{4}\right)$，式中 x 的单位为 m，t 的单位为 s.求：(1) 振幅、频率、角频率、周期和初相；(2) $t=2$ s 时的位移、速度和加速度.

4-6 一放置在水平桌面上的弹簧振子，振幅 $A=2.0\times10^{-2}$ m，周期 $T=0.50$ s.当 $t=0$ 时：(1) 物体在正方向端点；(2) 物体在平衡位置，向负方向运动；(3) 物体在 $x=1.0\times10^{-2}$ m 处，向负方向运动；(4) 物体在 $x=-1.0\times10^{-2}$ m 处，向正方向运动.求以上各种情况的振动方程.

4-7 有一弹簧，当其下端挂一质量为 m 的物体时，伸长量为 9.8×10^{-2} m.若使物体上下振动，且规定向下为正方向.(1) 当 $t=0$ 时，物体在平衡位置上方 8.0×10^{-2} m 处，由静止开始向下运动，求振动方程；(2) 当 $t=0$ 时，物体在平衡位置并以 0.60 $\mathrm{m\cdot s^{-1}}$ 的速度向上运动，求振动方程.

4-8 某振动质点的 $x-t$ 曲线如图所示，试求：(1) 振动方程；(2) 点 P 对应的相位；(3) 到达点 P 相应位置所需的时间.

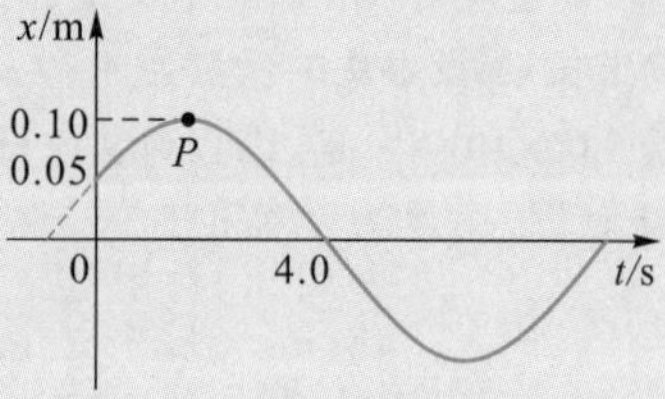

习题 4-8 图

4-9 质量为 10 g 的物体沿 x 轴作简谐振动，振幅 $A=10$ cm，周期 $T=4.0$ s，$t=0$ 时物体的位移为 $x_0=-5.0$ cm，且物体朝 x 轴负方向运动，求：(1) $t=1.0$ s 时物体的位移；(2) $t=1.0$ s 时物体受的力；(3) $t=0$ 之后何时物体第一次到达 $x=5.0$ cm 处；(4) 第二次和第一次经过 $x=5.0$ cm 处的时间间隔.

4-10 一作简谐振动的质点的速度与时间的关系曲线如图所示，且振幅为 2 cm，求：(1) 振动周期；(2) 加速度的最大值；(3) 振动方程.

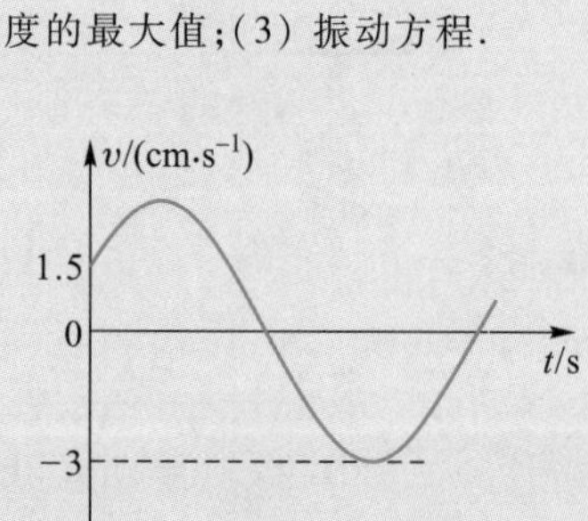

习题 4-10 图

4-11 有一单摆，长为 1.0 m，最大摆角为 5°，如图所示.(1) 求摆的角频率和周期；(2) 设开始时摆角最大，试写出此单摆的振动方程；(3) 摆角为 3°时的角速度和摆球的线速度各为多少？

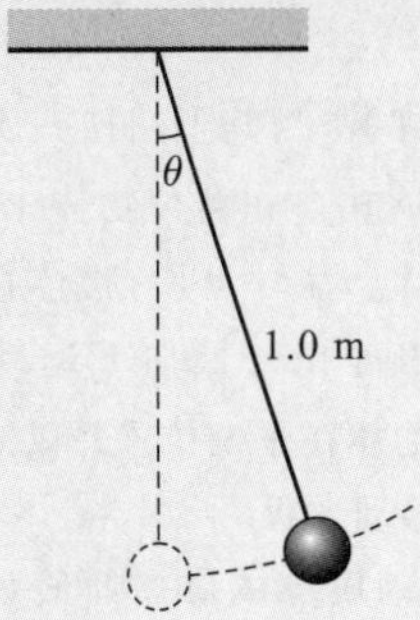

习题 4-11 图

4-12 如图所示，质量为 1.00×10^{-2} kg 的子弹，以 500 m · s^{-1}的速度射入并嵌在木块中，同时压缩弹簧从而作简谐振动.设木块的质量为 4.99 kg，弹簧的弹性系数为 8.00×10^{3} N · m^{-1}.若以弹簧原长时物体所在处为坐标原点，向左为 x 轴正方向，求简谐振动方程.

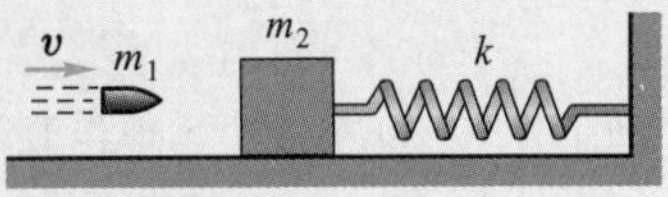

习题 4-12 图

4-13 如图所示，一弹性系数为 k 的轻弹簧，其下挂有一质量为 m_1 的空盘.现有一质量为 m_2 的物体从盘上方高为 h 处自由落入盘中，并和盘粘在一起振动.问：(1) 此时的振动周期与空盘作振动的周期有何不同？(2) 此时的振幅为多大？

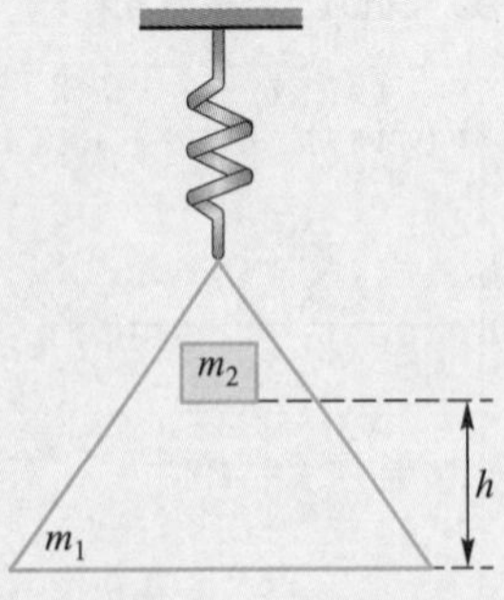

习题 4-13 图

4-14 一物体放在水平台面上，因某种原因台面沿竖直方向作频率为 5 Hz 的简谐振动. 若使物体不跳离桌面，则台面的振幅最大值为多大？

4-15 质量为 0.10 kg 的物体，以振幅 1.0×10^{-2} m 作简谐振动，其最大加速度为 4.0 m · s^{-2}.(1) 求振动的周期；(2) 求物体通过平衡位置时的总能量与动能；(3) 物体在何处时其动能和势能相等？(4) 当物体的位移大小为振幅的一半时，动能、势能各占总能量的多少？

4-16 已知两同方向、同频率的简谐振动的振动方程分别为 $x_1=0.05\cos(10t+0.75\pi)$，$x_2=0.06\cos(10t+0.25\pi)$，式中 x_1、x_2 的单位为 m，t 的单位为 s.(1)求合振动的振幅及初相；(2) 若有另一同方向、同频率的简谐振动，其振动方程为 $x_3=0.07\cos(10t+\varphi_3)$，式中 x_3 的单位为 m，t 的单位为 s，则 φ_3 为多少时，x_1+x_3 的振幅最大？又 φ_3 为多少时，x_2+x_3 的振幅最小？

4-17 两个同频率的简谐振动 1 和 2 的振动曲线如图所示，(1)求两简谐振动的振动方程 x_1 和 x_2；(2) 在同一图中画出两简谐振动的旋转矢量，并比较两振动的相位关系；(3) 若两简谐振动叠加，求合振动的运动方程.

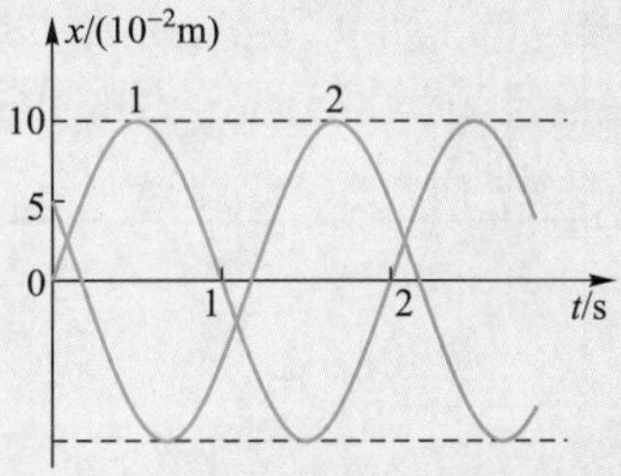

习题 4-17 图

4-18 图(a)表示 $t=0$ 时的简谐波的波形图，波沿 x 轴正方向传播，图(b)为一质点的振动曲线，则图(a)中所表示的 $x=0$ 处质元振动的初相位与图(b)所表示的质点振动的初相位分别为(　　).

(A) 均为零　　(B) 均为$\frac{\pi}{2}$

(C) 均为$-\frac{\pi}{2}$　　(D) $\frac{\pi}{2}$与$-\frac{\pi}{2}$

(E) $-\frac{\pi}{2}$与$\frac{\pi}{2}$

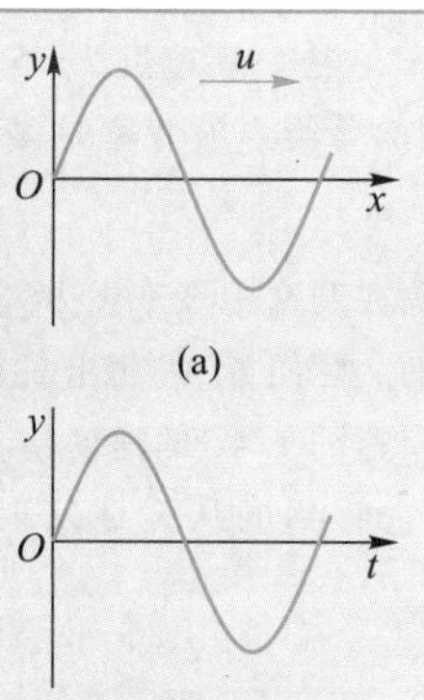

习题 4-18 图

4-19　一横波以速度 $\boldsymbol{u}$ 沿 x 轴负方向传播，t 时刻波形曲线如图所示，则该时刻（　　）.

（A）A 点相位为 π

（B）B 点静止不动

（C）C 点相位为 $3\pi/2$

（D）D 点向上运动

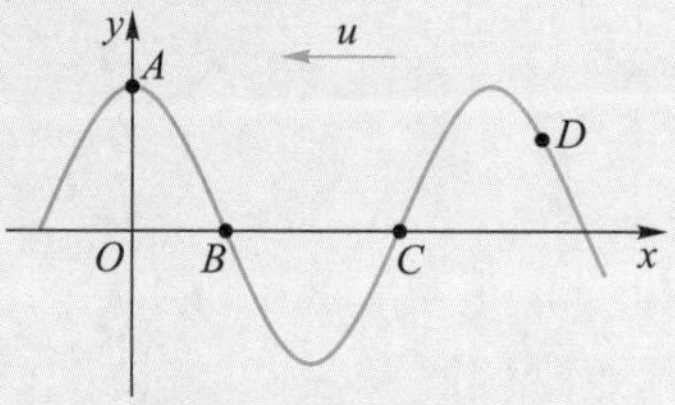

习题 4-19 图

4-20　如图所示，两列波长为 λ 的相干波在点 P 相遇. 波在点 S_1 振动的初相是 φ_1，点 S_1 到点 P 的距离是 r_1. 波在点 S_2 的初相是 φ_2，点 S_2 到点 P 的距离是 r_2. 以 k 代表零或正、负整数，则点 P 是干涉极大的条件为（　　）.

（A）$r_2-r_1=k\pi$

（B）$\varphi_2-\varphi_1=2k\pi$

（C）$\varphi_2-\varphi_1+2\pi(r_2-r_1)/\lambda=2k\pi$

（D）$\varphi_2-\varphi_1+2\pi(r_1-r_2)/\lambda=2k\pi$

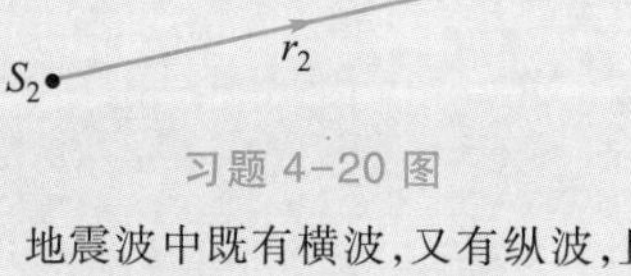

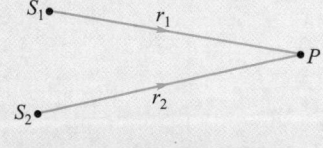

习题 4-20 图

4-21　地震波中既有横波，又有纵波，且一般纵波比横波的传播速度快. 已知地震横波速度为 3.1 km · s^{-1}，纵波速度为 5.1 km · s^{-1}. 某次地震发生时，地震仪记录到纵波比横波早 60 s 到达，则地震中心距地震仪多远？

4-22　一横波在沿绳传播时的波动方程为 $y=0.20\cos(2.5\pi t-\pi x)$，式中 y 和 x 的单位为 m，t 的单位为 s.（1）求波的振幅、波速、频率及波长；（2）求绳上的质元振动时的最大速度；（3）分别画出 $t=1$ s 和 $t=2$ s 时的波形，并指出波峰和波谷. 画出 $x=1.0$ m 处质元的振动曲线并讨论其与波形图的不同.

4-23　波源作简谐振动，其运动方程为 $y=4.0\times10^{-3}\cos 240\pi t$，式中 y 的单位为 m，t 的单位为 s，它所形成的波以 30 m · s^{-1} 的速度沿一直线传播.（1）求波的周期及波长；（2）写出波动方程.

4-24　如图所示为一平面简谐波在 $t=0$ 时刻的波形图，设此简谐波的频率为 250 Hz，且此时图中质元 P 的运动方向向上. 求：（1）该波的波动方程；（2）距原点 O 为 7.5 m 处质元的振动方程与 $t=0$ 时该质元的振动速度.

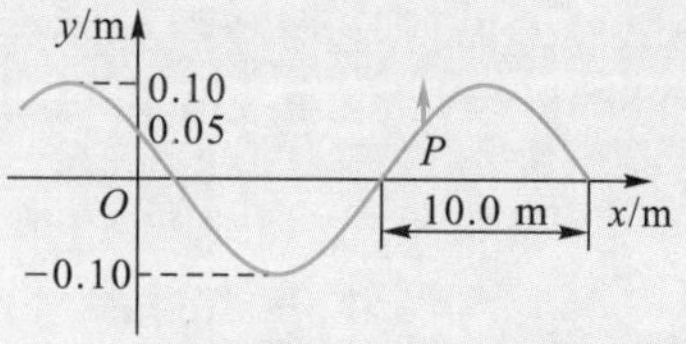

习题 4-24 图

4-25　平面简谐波的波动方程为 $y=0.08\cos(4\pi t-2\pi x)$，式中 y 和 x 的单位为 m，t 的单位为 s，求：（1）$t=2.1$ s 时 $x=0$ 和 $x=0.10$ m 两处的相位；（2）$x=0.80$ m 和 $x=0.30$ m 两处的相位差.

4-26　两相干波的波源位于同一介质中的 A、B 两点，如图所示. 其振幅相等、频率皆为 100 Hz，B 比 A 的相位超前 π. 若 A、B 相距 30.0 m，波速为 400 m · s^{-1}，试求 AB 连线上因干涉而静止的各点的位置.

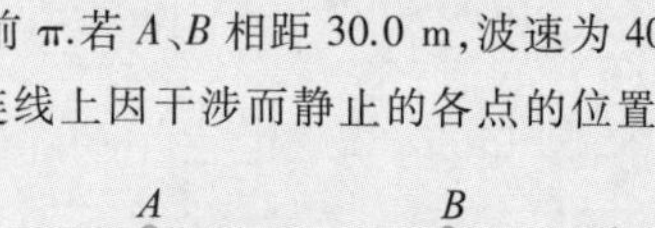

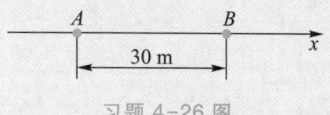

习题 4-26 图

4-27　图示是干涉型消声器结构的原理图，利用这一结构可以消除噪声. 当发动机排气噪声声波经管道到达点 A 时，分成两路而在点 B 相遇，声波因干涉而相消. 如果要消除频率为 300 Hz 的发动机排气噪声，则图中弯管与直管的长度差 $\Delta r=r_2-r_1$ 至少应为多少？（设声波速度为 340 m · s^{-1}.）

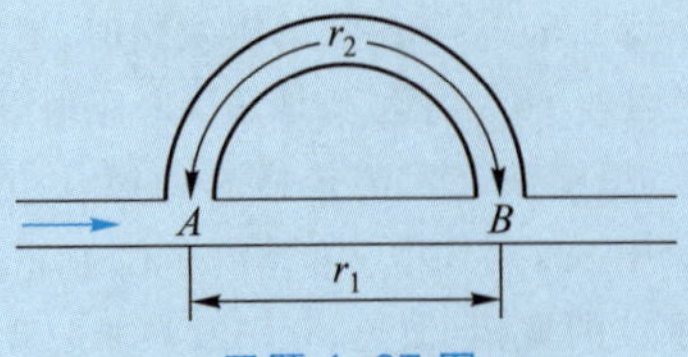

习题 4-27 图

* 4-28 一辆警车以 25 m · s^{-1} 的速度在静止的空气中行驶,假设车上警笛的频率为 800 Hz.(1) 求静止站在路边的人听到警车驶近和离去时的警笛声波频率;(2) 如果警车追赶一辆速度为 15 m · s^{-1} 的客车,则客车上人听到的警笛声波频率是多少?(设空气中的声速为 u = 330 m · s^{-1}.)

* 4-29 蝙蝠在洞穴中飞来飞去,能非常有效地用超声波脉冲导航.假如蝙蝠发出的超声波频率为 39 kHz,当它以声速的 1/40 的速度朝着表面平直的岩壁飞去时,试求它听到的从岩壁反射回来的超声波频率.

习题答案

第五章 气体动理论和热力学

物质的运动形式是多种多样的.在力学中我们已经研究了物质最简单的运动形式——机械运动,并采用了牛顿力学的确定论的研究方法.在本章中,我们将研究物质的热运动.研究热运动有两种方法.本章的气体动理论将从气体分子热运动观点出发,运用统计方法研究气体分子热运动的规律,并对理想气体的热学性质给予微观说明.而本章的热力学则主要从能量观点出发,以大量实验观测为基础,来研究物质热现象的宏观基本规律及其应用.气体动理论和热力学是从不同的角度研究物质热运动规律的,它们是相辅相成的.

本章的主要内容有:平衡态、理想气体物态方程、热力学第零定律、理想气体分子热运动模型、压强和温度的微观本质、能量均分定理、理想气体内能、准静态过程、热力学第一定律及应用、卡诺循环、热力学第二定律等.

预习自测题

知识图谱

章首问题

原子弹爆炸后约 100 ms,“火球”半径约为 15 m,温度约为 3×10^{5} K,你能估算出当“火球”半径达到 1 500 m 时它的温度吗?用普通温度计能测量这种不可接触而又异常高的温度吗?为什么?

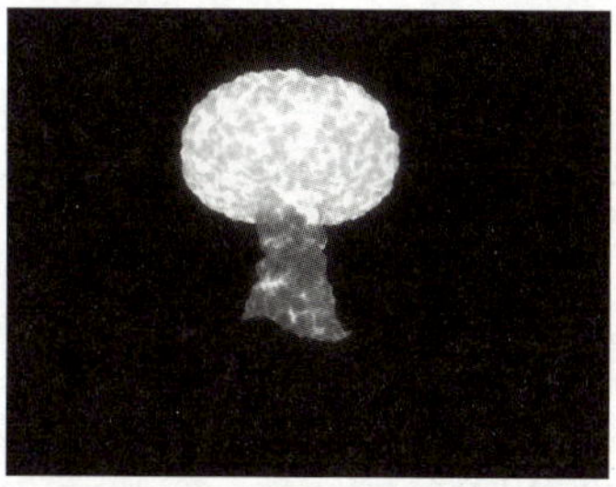

5-1 平衡态 理想气体物态方程 热力学第零定律

一、气体的物态参量

在力学中研究质点的机械运动时，我们用位矢和速度（动量）等来描述质点的运动状态．而在讨论由大量作热运动的分子构成的气体的状态时，位矢和速度（动量）只能用来描述分子的微观状态．为了研究整个气体的宏观状态，对一定量的气体，可用气体的体积 V、压强 p 和热力学温度 T① 来描述．气体的体积、压强和温度这三个物理量叫做气体的物态参量（又称状态参量），其中体积 V 是几何量，压强 p 是力学量，而温度 T 是热学量．它们都是宏观量．而组成气体的分子都具有各自的质量、速度、动量、能量等，这些描述个别分子的物理量称为微观量．

开尔文

文档：开尔文

气体的体积是指气体所能达到的空间．在国际单位制中，体积的单位名称是立方米，符号是 m^3；有时也用立方分米，即升（liter），符号是 L．$1\ L=1\ dm^3=10^{-3}\ m^3$．

气体的压强是作用于容器器壁单位面积上的正压力，即 $p=F/S$．在国际单位制中，压强的单位名称是帕斯卡②，符号为 Pa．$1\ Pa=1\ N\cdot m^{-2}$．通常，人们把 45°纬度海平面处测得的 0 ℃时大气压的值（1.013×10^5 Pa）称为标准大气压．

温度是物体冷热程度的数值表示．温度的数值标定方法叫温标．热力学温标为最基本的温标③，在国际单位制中，它的单位名称是开尔文（Kelvin）④，单位符号是 K．

在工程上和日常生活中，人们常使用摄尔修斯⑤温标，简称摄氏温标．在摄氏温标中，温度的符号为 t，单位的符号为℃．摄氏

① 在一般讲述时，人们常将热力学温度简称为温度．

② 帕斯卡（B.Pascal，1623—1662），法国数学家和物理学家．他物理学方面的成就主要在流体静力学．他提出大气压随高度的增加而减小的思想，不久得到证实．为纪念他，国际单位制中压强的单位用“帕斯卡”命名．

③ 如有兴趣了解热力学温标的建立，可参阅秦允豪编《普通物理学教程 热学》（第四版）第 251－252 页（高等教育出版社，2018 年）．

④ 开尔文原名汤姆孙（W.Thomson，1824—1907），英国物理学家，热力学的奠基人之一．1851 年他表述了热力学第二定律（参阅本章第 5-7 节）．他在热力学、电磁学、波动和涡流等方面卓有贡献，1892 年被授予开尔文爵士称号．他在 1848 年引入并在 1854 年修改的温标称为开尔文温标．为纪念他，国际单位制中温度的单位用“开尔文”命名．

⑤ 摄尔修斯（A.Celsius，1701—1744），瑞典天文学家和物理学家．1742 年他提出百度温标，将正常大气压下水的沸点和冰的熔点之间分为 100 度．

温度与热力学温度之间的关系为

$$t/℃ = T/\mathrm{K} - 273.15 \quad 或 \quad T/\mathrm{K} = 273.15 + t/℃$$

二、平衡态

我们把一定质量的气体装在一个给定体积的容器中，经过一段较长时间后，容器中各部分气体的压强 p 相等、温度 T 相同.此时气体的物态参量都具有确定的值.如果容器中的气体与外界之间没有能量和物质的传递，气体的能量也没有转化为其他形式的能量，气体的组成及其质量均不随时间变化，那么气体的物态参量将不随时间而变化，这样的状态叫做平衡态.不过，应当指出，容器中的气体总不可避免地会与外界发生程度不同的能量和物质的传递，理想化了的平衡状态是难以存在的.然而，若气体状态的变化很微小，以至可以略去不计时，我们就可以把气体的状态看成近似平衡态.本章所讨论的气体状态，除特别声明外，指的都是平衡态.

对于处在平衡态的气体，其状态可以用一组 p、V、T 值来表示，也可以 p 为纵轴、V 为横轴的 $p-V$ 图上一个确定的点来表示，如图 5-1中的点 $A(p_1, V_1, T_1)$ 或点 $B(p_2, V_2, T_2)$ 所示.

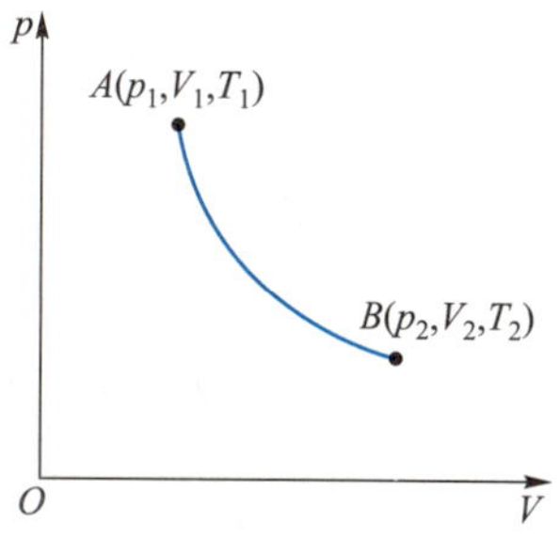

图 5-1 $p-V$ 图上的一点代表气体的一个平衡态

三、理想气体物态方程

处于平衡态的一定量气体的三个参量 p、V、T 之间存在着一定的关系，这个关系式就是气体物态方程.一般来说，它与气体的性质有关.这里我们只讨论理想气体的物态方程.

实验表明，气体在温度不太低（与室温相比）、压强不太高（与大气压强相比）的条件下，遵守三个定律：

（1）玻意耳（Boyle）定律：当气体的温度保持不变时，其压强与体积成反比，即

$$pV = k_1$$

（2）查理（Charles）定律：当气体的体积保持不变时，其压强与温度成正比，即

$$\frac{p}{T} = k_2$$

（3）盖吕萨克（Gay-Lussac）定律：当气体的压强保持不变时，其体积与温度成正比，即

$$\frac{V}{T}=k_3$$

上述三个定律中，k_1、k_2、k_3 均为常量.

如果有这样一种气体，它在任何情况下都遵守上述三个实验定律和阿伏伽德罗定律①，这种气体叫做理想气体.理想气体是一种理想模型.如上所述，一般气体在温度不太低、压强不太高时，都可近似当作理想气体.因此，研究理想气体各物态参量之间的关系，即理想气体物态方程，仍有重要意义.

由气体的三个实验定律和阿伏伽德罗定律可得，平衡态时理想气体的物态方程②为

$$pV=NkT \tag{5-1a}$$

式中 N 是体积 V 中的气体分子数，k 称为玻耳兹曼常量，一般计算时，取

$$k=1.38\times10^{-23}\ \mathrm{J\cdot K^{-1}}$$

理想气体的物态方程还可以写成其他形式.大家知道，任何一种物质每1 mol所含的分子数叫做阿伏伽德罗常量，用符号 N_A 表示，一般计算时，取

$$N_A=6.02\times10^{23}\ \mathrm{mol^{-1}}$$③

我们把 N 与 N_A 的比值 N/N_A 称为物质的量 ν，即 $\nu=N/N_A$.这样式(5-1a)可写成

$$pV=\nu N_A kT$$

式中 $N_Ak=R$ 为一新的常量，叫做摩尔气体常量，其值为 $R=8.31\ \mathrm{J\cdot mol^{-1}\cdot K^{-1}}$.于是上式可写成

$$pV=\nu RT \tag{5-1b}$$

如果每个分子的质量为 m，气体的质量为 m'，该气体的摩尔质量为 M，那么，物质的量 $\nu=N/N_A=mN/mN_A=m'/M$.于是，理想气体的物态方程亦可写成

$$pV=\frac{m'}{M}RT \tag{5-1c}$$

① 阿伏伽德罗(A.Avogadro，1776—1856)，意大利物理学家.他在 1811 年提出，在同样的温度和压强下，相同体积的气体含有相同数量的分子.这就是阿伏伽德罗定律.

② 若气体的温度比常温低得多，压强远大于大气压强，此时气体不能再被当作理想气体，而称为实际气体.实际气体的物态方程为

$$\left(p+\frac{a}{V^2}\right)(V-b)=\frac{m}{M}RT$$

a、b 是与气体性质有关的两个常量.上述方程常称为范德瓦耳斯方程.可参阅马文蔚等改编《物理学》(第七版)下册第 12-10 节.

③ 国际科学理事会国际数据委员会(CODATA)2022 年的推荐值为 $N_A=6.022\ 140\ 76\times10^{23}\ \mathrm{mol^{-1}}$.

若将 $N/V=n$ 称为气体的分子数密度，则由式（5-1a）还可得到

$$p=nkT \tag{5-1d}$$

例

一名学生在海滩上发现了一个装有字条的漂流瓶，此时瓶内空气的温度 $T=27$ ℃，压强恰好等于外部大气压 $p=1.013\times10^5$ Pa，软木塞的横截面积为 $S=2.22$ cm^2. 该学生把瓶子放在火上烤，希望通过增加瓶中压强将软木塞喷出. 当瓶内温度达到 $T'=87$ ℃时，软木塞恰好能从瓶子中喷出，若忽略过程中瓶子体积的变化，试求软木塞与瓶口之间的最大静摩擦力.

［分析］ 作用在软木塞上的有三个力：摩擦力、瓶外大气的压力和瓶内空气的压力. 在软木塞将要移动时，这三个力处于平衡状态，静摩擦力达到最大值.

［解答］ 设瓶内的空气分子的数目为 N，瓶内体积为 V，则由式（5-1a）可知

$$pV=NkT$$

同样，设软木塞将要移动时瓶内气体的压强为 p'，则根据理想气体的物态方程，有

$$p'V=NkT'$$

上述两式相除，整理后可得

$$p'=\frac{T'}{T}p$$

设软木塞与瓶口之间的最大静摩擦力为 F_f，则由题意可得

$$F_f=(p'-p)S=\frac{T'-T}{T}pS$$

$$=\frac{360-300}{300}\times(1.013\times10^5)\times(2.22\times10^{-4})\text{ N}=4.5\text{ N}$$

［注意］ 因初始时瓶内的气压等于外部大气压，所以最大静摩擦力等于瓶内初、末压强差对应的压力，否则，并不能用瓶内的初、末压强差求最大静摩擦力.

［拓展］ 如果软木塞长度 l 为已知，当软木塞开始滑动时停止加热，且膨胀过程很迅速，则能否求出瓶内气体向外做的功，如果要求出软木塞喷出时瓶内气体的温度，还需要什么条件？

四、热力学第零定律

人们从经验和科学实验中知道，在没有做功的情况下，如果两个物体在相互接触的过程中，有能量从一个物体传递给另一个物体，那么我们就说这两个物体之间有温差. 当两个物体之间能量停止了传递后，它们就达到了热平衡.

如图 5-2（a）所示，绝热箱中，A、B 两个物体放在绝热板上，物体间被绝热壁所隔开. 用一个测温计 C 先与物体 A 相接触，达到热平衡后，测温计 C 上有一个读数；再将测温计 C 与物体 B 相接触，达到热平衡后，测温计 C 上也有一个读数. 若这两个读数相等，则如使 A、B 两物体按图 5-2（b）所示相接触，它们之间也不会有能量传递，即 A，B 两物体之间也达到了热平衡.

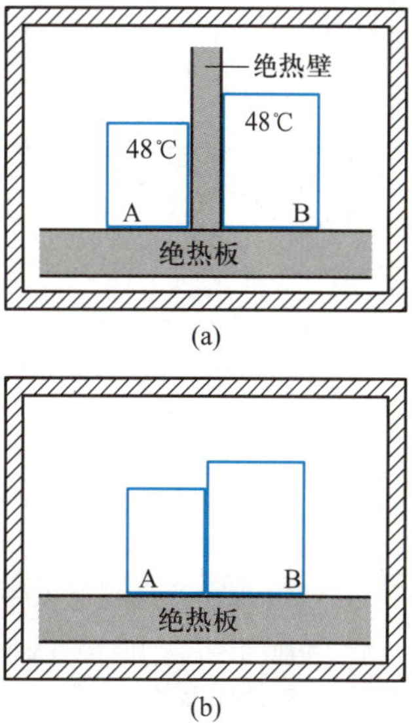

图 5-2 热力学第零定律用图

总之,如果物体 A 和 B 分别与处于确定状态的物体 C 处于热平衡状态,那么 A 和 B 之间也就处于热平衡状态.这就是热力学第零定律.热力学第零定律又叫做热平衡定律,它揭示出 A、B、C 三个处于热平衡中的物体具有相同的宏观性质,这个共同的宏观性质就是温度.热力学第零定律是建立温度概念的理论依据.

本节练习

在标准状态下,任何理想气体在 1 m^3 中含有的分子数为__________.

5-2 气体分子热运动及其统计规律

一、分子热运动

根据物质结构理论,任何宏观物体都由大量微观粒子(原子、分子等)组成,大量微观粒子所作的永不停息的无规则运动叫做热运动.

实验事实表明,分子都在不停地作无规则热运动,布朗运动①是表现分子作无规则热运动的典型例子.

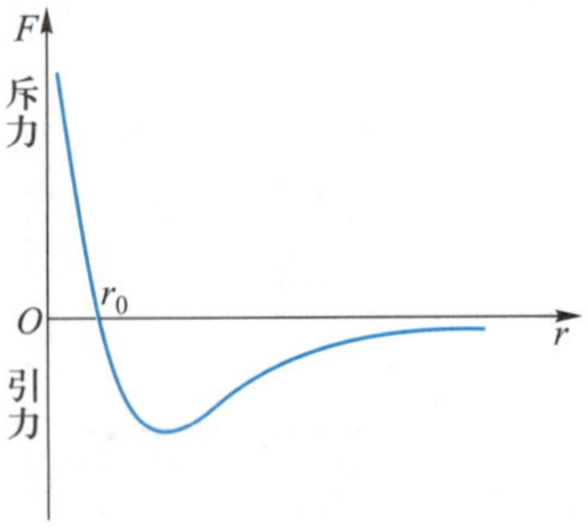

图 5-3 F-r 关系曲线

不同结构的分子其线度是不一样的.在标准状态下容器中的气体分子可以看成大小可略去不计的质点.应当指出,随着气体压强的增加,分子间的距离要变小,但在不太大的压强下,每个分子占有的体积(能自由运动的平均体积)仍比分子本身的体积要大得多.

实验事实也表明,分子之间有作用力.图 5-3 为分子力 F 与分子间距离 r 的关系曲线.从图上可以看出,当分子之间的距离 $r<r_0$(r_0 在 10^{-10} m 左右)时,分子力主要表现为斥力,并且随 r 的减小,斥力急剧增加.当 $r=r_0$ 时,分子力为零.$r>r_0$时,分子力主要表现为引力.r 继续增大到大于 10^{-9} m 时,分子间的作用力就可以忽略不计了.可见,分子力的作用范围是极小的,分子力属短程力.

① 布朗(R.Brown,1773—1858),英国植物学家.他在 1827 年发现,悬浮在液体中的花粉粒子会不停地作无规则运动;后来发现,不单是悬浮在液体中的微小颗粒,就连悬浮在静止气体中的尘粒也不停地作无规则运动.人们把这种悬浮在流体中的微粒所作的不停的无规则运动,统称为布朗运动.它是由大量分子不对称地碰撞悬浮在流体中的颗粒而引起的.所以,布朗运动是分子无规则热运动的一种间接表现形式.

在气体的分子数密度很低的情况下，其分子之间的作用力可以不考虑.

由于分子数目巨大，故分子在热运动中发生相互间的碰撞是极其频繁的.对气体来说，在通常温度和压强下，一个分子在 1 s 的时间里大约要经历 10^9 次碰撞.在这样频繁的碰撞下，分子的速度不断变化，导致分子间的能量频繁进行交换，从而使气体内各部分分子的平均速率相同，气体内各部分的温度、压强趋于相等，从而达到平衡状态.所以说，无序性是气体分子热运动的基本特性.

从牛顿力学的观点来看，虽然每个气体分子的运动都遵从牛顿运动定律，但由于分子间极其频繁而又无法预测的碰撞所导致的分子运动的无序性，气体分子在某一时刻位于容器中哪一位置、具有什么速度都有一定的偶然性.这是不是说分子的运动状态就无规律性可言了呢？我们仔细考察一下可以发现，气体处于平衡态时，不管个别分子的运动状态具有何种偶然性，但大量分子的整体表现却是有规律性的.例如在外界条件不变的情况下，当容器中的气体处于平衡态时，容器中各处的温度、密度、压强都是均匀分布的.这表明，在大量的偶然、无序的分子运动中，包含着一种规律性.这种规律性来自大量偶然事件的集合，故称为统计规律性.统计规律性是对大量分子整体而言的.总之，在研究气体分子的行为时，应做到牛顿力学的确定性和统计力学的概率性的统一，缺一不可.本章将要讨论的气体分子速率分布律、能量均分定理、气体的压强公式和温度公式等都是大量气体分子统计规律性的表现.

下面我们举两个容易理解的例子来说明统计规律性.

设骰子为密度均匀的正六面体.每个面分别标有 1 至 6 点.我们不能预先知道所掷骰子一定出现哪一点，从 1 点到 6 点都有可能，骰子出现哪一点纯粹是偶然的.但骰子出现 1 点至 6 点中任意一点的概率均为 1/6，这就是说，投掷一次，骰子出现的点数虽是偶然的，而骰子点数的出现却有其规律性.

伽尔顿板的实验也可说明统计规律性的存在.如图 5-4(a) 所示，有一块竖直平板，上部钉上一排排等间隔的铁钉，下部用隔板隔成等宽的狭槽，板顶装有漏斗形入口，小球可通过此入口落入狭槽内.这个装置称为伽尔顿板.若在入口处投入一个小球，小球在下落过程中将与一些铁钉发生碰撞，最后落入某一槽中.再投入另一小球，它落入槽中的位置与前者可能完全不相同.这说明，小球从入口处下落后，与哪些铁钉相碰撞以及落入哪个槽中完全是偶然的.但是，如果我们投入很多小球，就可以发现落入中

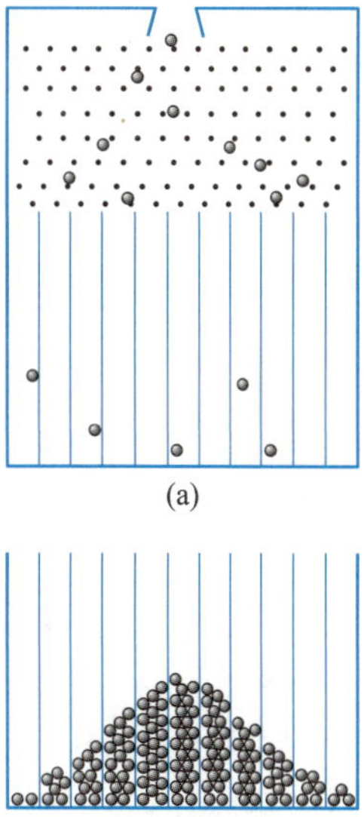

(a)

(b)

图 5-4 小球在伽尔顿板中的分布

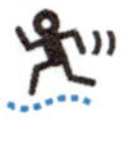

动画：伽尔顿板

间狭槽的小球较多，而落入两端狭槽的小球较少，出现如图 5-4(b)所示的有规律的分布. 重复这个实验也得到相似的结果. 因此这个实验表明，尽管单个小球落入哪个狭槽完全是偶然的，而小球在各个狭槽内的分布则是近似确定的，小球的分布具有统计规律性.

葛正权

文档：葛正权

二、气体分子速率分布律

在给定温度下，处于平衡态的气体的个别分子的速率是随机的，而大量分子的速率却是有一定分布规律的. 气体分子按速率分布的统计定律最早是麦克斯韦①于 1859 年在概率理论的基础上导出的，后来由玻耳兹曼从经典统计力学中导出. 1920 年施特恩（O. Stern，1888—1969）从实验中证实了麦克斯韦分子按速率分布的统计定律. 我国物理学家葛正权在 1934 年也从实验中验明了这条定律. 限于数学上的原因和本课程的要求，我们只介绍它的一些最基本的概念.

1. 测定气体分子速率分布的实验

继施特恩之后，分子速率分布实验装置有了不少改进，图 5-5 是其中一种装置. 全部装置放在高真空的容器中，图中的 A 是产生金属蒸气分子的气源，里面放置金属铊（Tl），当温度升高到 870 K 时，铊的蒸气通过狭缝 S 后形成一条很窄的分子射线. B 和 C 是两个相距为 l 的共轴圆盘，盘上各开一个很窄的狭缝，两狭缝呈一个很小的夹角 θ，2°左右（为便于分析，图上此角是夸张放大画出的）. D 是一个接收分子的显示屏.

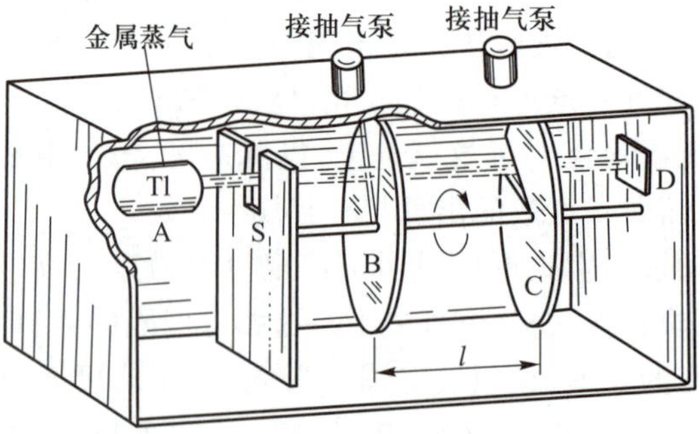

图 5-5 测定气体分子速率的实验装置

当 B、C 两圆盘以角速率 ω 转动时，圆盘每转一周，分子射线

① 麦克斯韦（J.C.Maxwell，1831—1879），英国物理学家，气体动理论的创始人之一. 他的最伟大的成就是建立了经典电磁理论，并预言了电磁波的存在.

通过 B 圆盘一次.由于在分子射线中的分子的速率不同,分子由 B 到 C 的时间也不一样,所以并非所有通过 B 的分子都能通过 C 射到 D 上.只有速率 v 满足下列关系式的分子才能通过 C 而射到 D 上,即

$$\frac{l}{v}=\frac{\theta}{\omega}$$

或

$$v=\frac{\omega}{\theta}l$$

可见,圆盘 B 与 C 起到了速率选择器的作用.通过改变角速率 ω(或改变两圆盘间距离 l、圆盘间夹角 θ),可以使不同速率的分子通过 C.考虑到 B 和 C 的狭缝都具有一定的宽度,所以实际上,当 ω 一定时,能射到 D 上的分子,其速率在 $v\sim v+\Delta v$ 区间.

实验指出,当圆盘以不同的角速率 $\omega_1,\omega_2,\omega_3,\cdots$ 转动时,从显示屏上可测量出每次所沉积的金属层的厚度,各次沉积的厚度对应不同速率区间内的分子数.比较这些厚度的比率,就可以知道在分子射线中,不同速率区间内的分子数与总分子数之比,即相对分子数 $\Delta N/N$,这个比值也就是气体分子处于速率区间 $v\sim v+\Delta v$ 的概率.

图 5-6 是从实验得出的金属气体分子射线中分子速率分布图线.其中的一块块矩形面积表示分布在各速率区间内的相对分子数.从图中可以看出,分布在不同速率区间内的相对分子数是不相同的,但在实验条件不变的情况下,分布在给定速率区间内的相对分子数则是完全确定的.这就是说,尽管个别分子的速率具有偶然性,但从整体来说,大量分子的速率分布却遵从一定的规律,这个规律称为分子速率的分布规律.值得一提的是,我国物理学家丁西林在 1921 年以热电子发射实验,直接验明高温下的电子和气体分子一样遵守这个速率分布规律,从而为经典电子理论提供了有力的佐证.

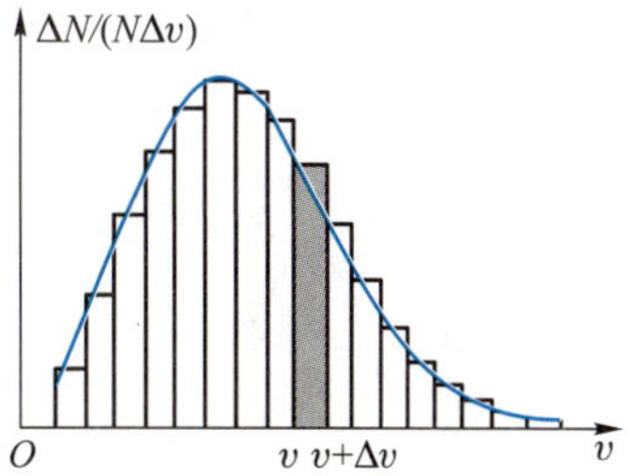

图 5-6 分子速率分布情况

2. 气体分子速率分布律

设在平衡状态下,一定量气体的分子总数为 N,其中速率在 $v\sim v+\Delta v$ 区间内的分子数为 ΔN.从图 5-6 所表示的分子速率分布图线可以知道,比值 $\Delta N/N$ 与速率区间有关,在不同的速率区间,它的数值不同.如果所取的速率区间 Δv 越大,则 $\Delta N/N$ 就越大.当取 $\Delta v\to 0$ 时,$\Delta N/(N\Delta v)$ 的极限值就变成 v 的一个连续函数了,并用 $f(v)$ 表示,如图 5-7 所示.我们把这一函数 $f(v)$ 叫做速率分布函数,即

$$f(v)=\lim_{\Delta v\to 0}\frac{\Delta N}{N\Delta v}=\frac{1}{N}\lim_{\Delta v\to 0}\frac{\Delta N}{\Delta v}=\frac{1}{N}\frac{\mathrm{d}N}{\mathrm{d}v}$$

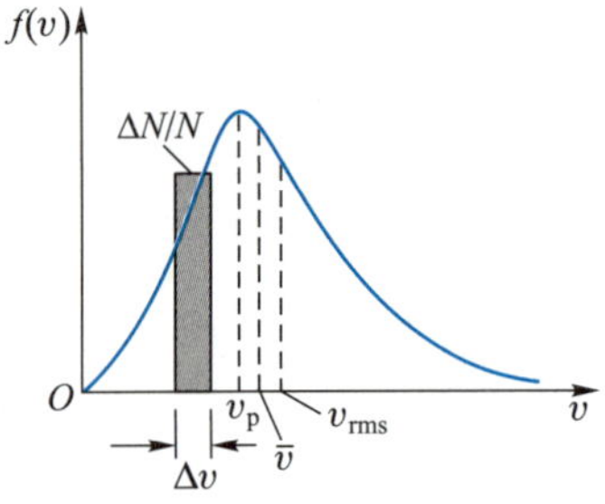

图 5-7 $f(v)$与 v 的关系曲线

于是有

$$\frac{\mathrm{d}N}{N}=f(v)\,\mathrm{d}v \tag{5-2}$$

式中 $\mathrm{d}N/N$ 为 N 个气体分子中,在速率 v 附近分布在速率区间 $\mathrm{d}v$ 内的分子数 $\mathrm{d}N$ 与总分子数 N 的比值.这个比值表示分子处于速率区间 $v\sim v+\mathrm{d}v$ 内的概率.于是速率分布函数的物理意义又可表述为:气体分子的速率处于 v 附近单位速率区间内的概率,叫做概率密度.

1859 年麦克斯韦首先从理论上导出,在平衡态时气体分子的速率分布函数的数学表达式,称为麦克斯韦速率分布定律①.图 5-7 中的矩形面积,表示分布在某一速率区间内的相对分子数,或分子处于此速率区间内的概率.速率区间取得越小,则矩形面积数目就越多,这无数个矩形面积的总和就越接近于分布曲线下的总面积.曲线下的总面积表示,速率分布在从零到无限大整个区间内的全部相对分子数的总和,也即分子处于各种速率区间内的概率的总和,应当等于 100%.

3. 三种统计速率

从速率分布曲线可以看出,气体分子的速率可以取从零到无限大之间的任一数值,但速率很大和很小的分子所处的速率区间内,其相对分子数或概率都很小,而具有中等速率的分子所处的速率区间内,其相对分子数或概率却很大.这里我们讨论三种具有代表性的分子速率,它们是分子速率的三种统计值.

(1) 最概然速率 v_{p}

从$f(v)$与 v 的关系曲线中可以看到,$f(v)$有一极大值,与$f(v)$的极大值相对应的速率叫做最概然速率,用 v_{p} 表示(图 5-7).v_{p} 的物理意义是:若把气体分子的速率分成许多相等速率间隔,则气体在一定温度下分布在最概然速率 v_{p} 附近单位速率间隔内的分子数最多.也就是说,分子处于 v_{p} 附近的概率最大.由数学导数定义可得

$$\left.\frac{\mathrm{d}f(v)}{\mathrm{d}v}\right|_{v=v_{\mathrm{p}}}=0$$

及麦克斯韦速率分布定律可求得,最概然速率为

$$v_{\mathrm{p}}=\sqrt{\frac{2kT}{m}}=\sqrt{\frac{2RT}{M}}\approx 1.41\sqrt{\frac{RT}{M}} \tag{5-3}$$

① 可参阅马文蔚等编《物理学教程》(第四版)上册 185 页,高等教育出版社,2023 年.

(2) 平均速率 $\bar{v}$

若一定量气体的分子数为 N,则所有分子速率的算术平均值叫做平均速率,用 $\bar{v}$ 表示.如果 $\mathrm{d}N$ 代表气体分子分布在速率区间 $v\sim v+\mathrm{d}v$ 内的分子数,那么按照算术平均值的计算方法,分子的平均速率为

$$\bar{v}=\frac{\int_0^{\infty} v\mathrm{d}N}{N}$$

可算得,平均速率为

$$\bar{v}=\sqrt{\frac{8kT}{\pi m}}=\sqrt{\frac{8RT}{\pi M}}\approx 1.60\sqrt{\frac{RT}{M}} \tag{5-4}$$

(3) 方均根速率 v_{rms}

分子速率平方的平均值为

$$\overline{v^2}=\frac{\int_0^{\infty} v^2\mathrm{d}N}{N}$$

经运算可得,方均根速率为

$$v_{\mathrm{rms}}=\sqrt{\overline{v^2}}=\sqrt{\frac{3kT}{m}}=\sqrt{\frac{3RT}{M}}\approx 1.73\sqrt{\frac{RT}{M}} \tag{5-5}$$

由上面的结果可以看出,气体的三种速率都与 $\sqrt{T}$ 成正比,与 $\sqrt{m}$(或 $\sqrt{M}$)成反比.在数值上 v_{rms} 最大,$\bar{v}$ 次之,v_{p} 最小,如图 5-7 所示.以上三种速率都具有统计平均的意义,都反映了大量分子作热运动的统计规律.在计算分子的平均平动动能时,我们要用到方均根速率.在讨论速率的分布时,我们要用到最概然速率,因为它是速率分布曲线中的极大值所对应的速率.在讨论分子的碰撞时,将要用到平均速率.

例 1

计算在 27 ℃时,氢气分子和氧气分子的平均速率 $\bar{v}$.

[分析] 由已知条件,代入平均速率公式(5-4)即可求得.

[解答] 已知氢气和氧气的摩尔质量分别为 $M_{\mathrm{H_2}}=0.002\ \mathrm{kg\cdot mol^{-1}}$,$M_{\mathrm{O_2}}=0.032\ \mathrm{kg\cdot mol^{-1}}$,又知 $R=8.31\ \mathrm{J\cdot K^{-1}\cdot mol^{-1}}$,$T=300$ K.把它们分别代入平均速率公式 $\bar{v}=\sqrt{8RT/(\pi M)}$,可得氢气分子的 $\bar{v}=1.78\times10^3\ \mathrm{m\cdot s^{-1}}$,氧气分子的 $\bar{v}=446\ \mathrm{m\cdot s^{-1}}$.

在日常生活中,我们都有这样的经验,在离开我们几米远的地方,打开一瓶酒精的瓶塞,我们并不能立刻嗅到酒精味,而要经

过好几秒甚至更长的时间才能嗅到酒精味.因此,曾有人向克劳修斯提出质疑:既然,在 27 ℃时,氧气分子的平均速率可达数百米每秒,为何酒精分子扩散几米远却要几秒的时间,甚至更长呢?这是否意味着克劳修斯关于分子作无规则热运动的观点是不正确的呢?

克劳修斯坚持分子作无规则热运动的观点.他认为,如果想象分子在气体中运动时,不与其他分子发生碰撞,那么分子在一秒钟内就要经过几百米的直线距离,我们应当在瓶塞打开后极短时间内嗅到酒精味.但是,气体分子的数密度 n 是非常巨大的,分子在气体中运动时,必然要与其他分子发生频繁的碰撞,从而使分子经历曲折的路径,以致其平均速率虽很大而扩散速率却很小.克劳修斯为说明这类分子碰撞问题提出了分子碰撞频率和自由程的概念,它不仅解决了上述质疑,而且使气体动理论建立在更加坚实的基础上,并向前推进了一步.

三、分子的平均碰撞频率和平均自由程

分子间的碰撞是气体动理论的重要内容之一,分子间通过碰撞来实现动量、动能的交换,而气体由非平衡态达到平衡态的过程,就是通过分子间的碰撞来实现的.例如,容器内气体各个部分的温度不相同时,分子间的碰撞可实现动能的交换,从而使容器内气体的温度达到处处相等.

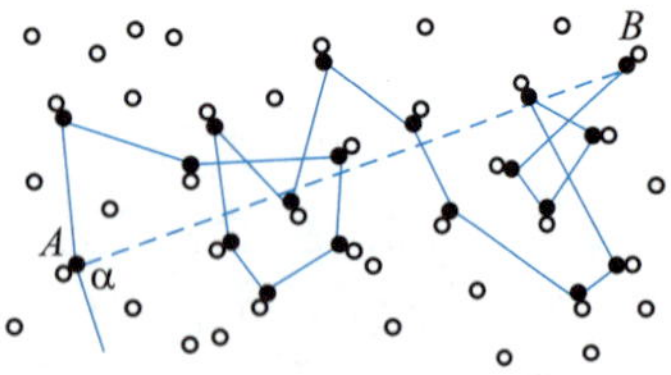

图 5-8 分子的碰撞示意图

设想气体中有一个分子 α,在时刻 t 与 A 处分子发生碰撞,经 Δt 时间后到达 B 处,如图 5-8 所示.在此时间内,这个分子在前进过程中要与其他分子发生非常频繁的碰撞,每发生一次碰撞,分子的速度不仅大小会变化,而且方向也会变化,其路径是曲折的,因此,分子从 A 处到达 B 处要经历较长的时间.分子两次相邻碰撞之间自由通过的路程,叫做自由程.从图 5-8 可以看出,分子自由程有长有短,似乎没有规律可循.但从大量分子无规热运动观点来看,自由程的长短分布仍然是有规律的.

在单位时间内分子 α 与其他分子碰撞的平均次数叫做分子的平均碰撞频率,用 $\overline{Z}$ 表示.分子在连续两次碰撞间所经过的路程的平均值叫做平均自由程,用 $\overline{\lambda}$ 表示.若设想分子 α 以平均速率 $\overline{v}$ 运动,则它们之间存在着下列关系:

$$\overline{\lambda}=\frac{\overline{v}}{\overline{Z}} \tag{5-6}$$

上式表明,分子间的碰撞越频繁,即 $\overline{Z}$ 越大,平均自由程 $\overline{\lambda}$ 越小.而平均碰撞频率为(推导过程见本节末)

$$\overline{Z}=\sqrt{2}\pi d^2\overline{v}n \tag{5-7}$$

上式表明,平均碰撞频率与分子碰撞截面、分子平均速率和分子数密度成正比.

把式(5-7)代入式(5-6),得

$$\overline{\lambda}=\frac{1}{\sqrt{2}\pi d^2 n} \tag{5-8}$$

上式表明,平均自由程与分子碰撞截面(πd^2)、分子数密度成反比,而与分子平均速率无关.

公式(5-7)的推导:

为了简化计算平均碰撞频率 $\overline{Z}$,先假设分子中只有一个分子 α 以平均速率 $\overline{v}$ 运动,其余分子都看成是静止不动的,并把分子当作直径为 d 的弹性小球,分子 α 与其他分子碰撞时,都是完全弹性碰撞,如图 5-9 所示.

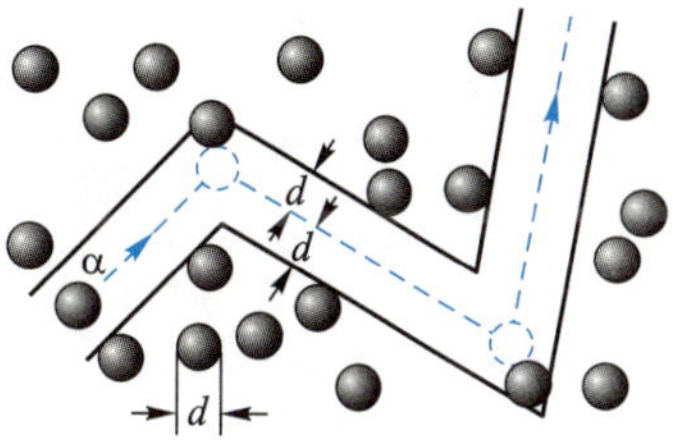

图 5-9　分子碰撞次数的计算

在分子 α 的运动过程中,它的球心轨迹是一系列折线,凡是分子的球心离开折线的距离小于 d 的,都将和分子 α 发生碰撞.如果以 1 s 内分子 α 的球心所经过的轨迹为轴,以 d 为半径作一圆柱体,由于圆柱体的长度为 $\overline{v}$,所以圆柱体的体积是 $\pi d^2\overline{v}$.这样,球心在这圆柱体内的其他分子,都将与分子 α 发生碰撞.设分子数密度为 n,则圆柱体内的分子数为

$$\overline{Z}=\pi d^2\overline{v}n \tag{5-9}$$

显然,这就是分子 α 在 1 s 内和其他分子发生碰撞的平均次数.

在推导式(5-9)的过程中,曾作如下假设:分子 α 以平均速率 $\overline{v}$ 运动,而其他分子都没有运动,这个假设与实际情况有很大差别.实际上,一切分子都在不停地运动着.另外,各个分子运动的速率各不相同,且遵守麦克斯韦气体分子速率分布律.考虑到以上因素,必须对式(5-9)加以修改.修改后,分子的平均碰撞频率增大到式(5-9)所给数值的$\sqrt{2}$倍,即

$$\overline{Z}=\sqrt{2}\pi d^2\overline{v}n$$

亦即式(5-7).

视频:保温瓶胆的真空度

例 2

在某超高真空系统中,气体的压强为 $p=1.33\times10^{-8}$ Pa,温度为 $T=300$ K.若气体分子的直径为 $d=3.0\times10^{-10}$ m,平均速率为 $\overline{v}=500\ \mathrm{m\cdot s^{-1}}$,求分子的平均自由程和平均碰撞频率.

[分析]　先由理想气体的物态方程 $p=nkT$,求出气体的分子数密度 n,然后利用式(5-8)和式(5-7)求出气体分子的平均自由程和平均碰撞频率.

[解答]　由式(5-1d)可知,气体的分子数密度 n 为

$$n=\frac{p}{kT}$$

这样,气体分子平均自由程的公式可进一步写成

$$\overline{\lambda}=\frac{1}{\sqrt{2}\pi d^2 n}=\frac{kT}{\sqrt{2}\pi d^2 p}$$

代入数值,计算可得

$$\overline{\lambda}=\frac{kT}{\sqrt{2}\pi d^2 p}=\frac{1.38\times10^{-23}\times300}{\sqrt{2}\times3.14\times(3.0\times10^{-10})^2\times(1.33\times10^{-8})}\ \text{m}$$

$$=7.8\times10^5\ \text{m}$$

平均自由程、平均碰撞频率以及平均速率之间的关系由式(5-6)给出,于是有

$$\overline{Z}=\frac{\overline{v}}{\overline{\lambda}}=\frac{500}{7.8\times10^5}\ \text{s}^{-1}=6.4\times10^{-4}\ \text{s}^{-1}$$

相邻两次碰撞之间的平均距离是 780 km,相邻两次碰撞之间时间的平均值(碰撞频率的倒数)是 1 560 s.

[注意]　由上述计算可知,真空度实质就表现在碰撞频率和碰撞距离这两个数值上,即题意中的真空度已经达到了极高水平.

[拓展]　对一确定理想气体分子系统来说,能否认为平均自由程正比于温度,或反比于压强,为什么?

本节练习

1. 在一封闭容器内,将理想气体分子的平均速率提高为原来的 2 倍,则(　　)

(A) 温度和压强都提高为原来的 2 倍

(B) 温度和压强分别为原来的 2 倍和 4 倍

(C) 温度和压强分别为原来的 4 倍和 2 倍

(D) 温度和压强都为原来的 4 倍

2. 当理想气体处于平衡态时,气体分子速率分布函数为 $f(v)$,则分子速率处于最概然速率 v_p 至 ∞ 范围内的概率 $\frac{\Delta N}{N}=$__________.

5-3　理想气体的压强公式　平均平动动能与温度的关系

如前节所述,大量分子作热运动时具有一种有别于力学规律性的统计规律性.我们可以用统计的方法求出与大量分子运动有关的一些物理量的平均值,从而就能对与大量气体分子热运动相联系的宏观现象作出微观解释.理想气体的压强可以应用统计方法进行讨论.

一、理想气体的微观模型

从气体动理论的观点来看,理想气体的微观模型是:

(1) 分子本身的大小与分子间平均距离相比可以忽略不计,分子间的平均距离很大,分子可以看作质点.

(2) 除碰撞的瞬间外,分子间的相互作用力可忽略不计.因此在两次碰撞之间,分子的运动可当作匀速直线运动.

(3) 分子间的碰撞以及分子与器壁间的碰撞可看作完全弹性碰撞.分子与器壁间的碰撞只改变分子运动的方向,不改变它的速率,分子的动能不因与器壁碰撞而有任何改变.

这样,理想气体可看成是由大量的不断作无规则运动、本身体积可以略去不计、彼此间相互作用可不予考虑的弹性小球所组成.显然这是一个理想的模型,它只是真实气体在压强不太大时的近似模型.

二、理想气体的压强公式

我们以理想气体微观模型为对象,运用牛顿运动定律,采取求平均值的统计方法可导出理想气体的压强公式(具体推导过程见本节末)为

$$p=\frac{1}{3}nm\overline{v^2} \tag{5-10a}$$

或

$$p=\frac{2}{3}n\left(\frac{1}{2}m\overline{v^2}\right) \tag{5-10b}$$

如以 $\overline{\varepsilon}_k$ 表示分子平均平动动能,有 $\overline{\varepsilon}_k=\frac{1}{2}m\overline{v^2}$,则上式为

$$p=\frac{2}{3}n\overline{\varepsilon}_k \tag{5-10c}$$

上式叫做理想气体的压强公式.由式(5-10c)可见,气体作用于器壁的压强正比于分子的数密度 n 和分子的平均平动动能 $\overline{\varepsilon}_k$.分子的数密度越大,压强越大;分子平均平动动能越大,压强也越大.实际上,分子对器壁的碰撞是不连续的,器壁所受到的冲量的大小是起伏的,只有在气体的分子数足够大时,器壁所获得的冲量才有确定的统计平均值.若说个别分子产生多大压强,这是无意义的,压强是一个统计量.应当指出,压强虽说是由大量分子对器

壁碰撞而产生的，但它是一个宏观量，可以从实验直接测得.而式(5-10)等号右侧是不能直接测量的微观量，因此式(5-10)是无法直接用实验来验证的.但是从此公式出发，可以满意地解释或论证已经验证过的理想气体诸定律.式(5-10)是气体动理论的基本公式之一.

三、理想气体分子的平均平动动能与温度的关系

由理想气体的物态方程和压强公式可以得到气体的温度与分子的平均平动动能之间的关系，从而说明温度这一宏观量的微观本质.

将理想气体物态方程式(5-1d)

$$p=nkT$$

与理想气体压强公式(5-10b)

$$p=\frac{2}{3}n\left(\frac{1}{2}m\overline{v^2}\right)$$

相比较，可得

$$\frac{1}{2}m\overline{v^2}=\frac{3}{2}kT \tag{5-11}$$

这就是理想气体分子的平均平动动能与温度的关系式.如同压强公式一样，它也是气体动理论的基本公式之一.式(5-11)表明，处于平衡态的理想气体，其分子的平均平动动能与气体的温度成正比.气体的温度越高，分子的平均平动动能越大；分子平均平动动能越大，分子的热运动越激烈.因此，我们可以说温度是表征大量分子热运动激烈程度的宏观物理量，它是大量分子热运动的集体表现.如同压强一样，温度也是一个统计量.对个别分子，我们说它有多少温度是没有意义的.

有两种气体，它们分别处于平衡态.如果这两种气体的温度也相同，那么由式(5-11)可以看出，这两种气体分子的平均平动能也相等.若气体分子的平均平动动能用 $\overline{\varepsilon}_k$ 表示，则有

$$\overline{\varepsilon}_{k1}=\overline{\varepsilon}_{k2}=\frac{3}{2}kT$$

换句话说，如果分别处于各自平衡态的两种气体，其分子的平均平动动能相等，那么这两种气体的温度也必然相等.这时，若使这

两种气体相接触，则两种气体间将没有宏观的能量传递，它们各自处于热平衡状态.因此，我们也可以说温度是表征气体处于热平衡状态的物理量.这与前述的热力学第零定律是一致的.

由式(5-11)似乎可以看到，热力学温度为零时，理想气体分子热运动将停止.然而，实际上分子是永远不会停息的，热力学温度0 K是永远不能达到的.而且，近代理论表明，即使达到热力学温度0 K，组成固体晶格的微观粒子也还具有振动能量.当然，在达到热力学温度0 K前，气体早已成为液体或固体，式(5-11)已不再适用.

理想气体压强公式(5-10)的推导：

利用气体分子运动概念导出作用于器壁上的压强公式，这最早是由伯努利①提出的.后来，经过克劳修斯、麦克斯韦等人的发展，导出的方法越来越合理.伯努利认为，气体作用于器壁的压力是气体中大量分子对器壁碰撞的结果.撞碰时气体分子对器壁作用以冲量，从而使器壁受到几乎不变的气体压强的作用.

假设有一个边长分别为 x、y 及 z 的长方形容器，其中含有 N 个同类气体分子，每个分子的质量均为 m.由于气体处在平衡状态，容器内分子数目又十分巨大(在通常情况下，气体分子数密度 n 的数量级为 $10^{19}\ \mathrm{cm^{-3}}$)，所以容器壁上的每部分都受到大量分子的碰撞，容器中的每个器壁都受到均匀的连续的冲力.因为气体处于平衡态，各处的压强均相等，因此只要计算容器中任何一个器壁所受的压强就可以了.现在来计算与 x 轴相垂直的壁面 A_1 所受的压强(图 5-10).

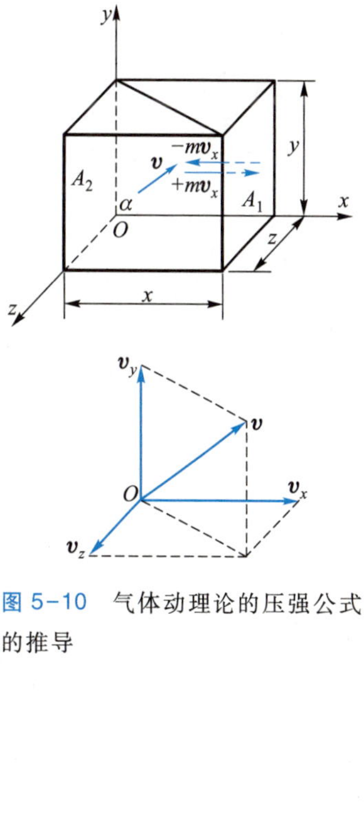

图 5-10 气体动理论的压强公式的推导

先讨论容器中的分子 α，其质量为 m，速度为 $\boldsymbol{v}$，$\boldsymbol{v}$ 在直角坐标上的速度分量为 $\boldsymbol{v}_x$、$\boldsymbol{v}_y$ 及 $\boldsymbol{v}_z$，且 $v^2=v_x^2+v_y^2+v_z^2$.当 α 和壁面 A_1 碰撞时，它受到壁面 A_1 对它沿 $-x$ 轴方向的作用力.在这个力的作用下，α 在 x 轴上的动量由 $m\boldsymbol{v}_x$ 改变为 $-m\boldsymbol{v}_x$，它在 x 轴上的动量增量为 $(-m\boldsymbol{v}_x)-m\boldsymbol{v}_x=-2m\boldsymbol{v}_x$.根据动量定理，分子 α 的动量增量等于器壁给予 α 分子的力的冲量.力的方向与 x 轴正方向相反.根据牛顿第三定律，α 也给予壁面 A_1 一个大小相等方向相反的力的冲量，力的方向与 x 轴正方向相同.分子 α 对器壁碰撞的力是间歇的，而不是连续的.就它沿 x 轴的运动情况而论，它以 $-\boldsymbol{v}_x$ 从壁面 A_1 弹回，飞向壁面 A_2 并与壁面 A_2 碰撞后，又以 $\boldsymbol{v}_x$ 回到面 A_1 再作碰撞.α 与壁面 A_1 的相继两次碰撞，在 x 轴方向上所移动的距离是 $2x$，所需要的时间为 $2x/v_x$，因此在单位时间内，分子 α 与壁面 A_1 碰撞的次数为 $v_x/(2x)$ 次.于是在单位时间内，α 作用在壁面 A_1 的总冲量为 $2mv_x\dfrac{v_x}{2x}$，这也就是 α 作用于壁面 A_1 的力的平均值.以上讨论的是一个分子对壁面 A_1 的碰撞.实际上容器内有大量分子对壁面 A_1 碰撞，使壁受到一个几乎连续不断的力.这个力的大小应等于每个分子作用在壁面 A_1 上的力的平均值之和，即

① 伯努利(D.Bernoulli，1700—1782)，瑞士数学家和物理学家.1738 年，他首先从物质分子结构观点以及分子无规则运动的假设出发，对气体压强予以微观解释，建立了气体动理论和热学的基本概念.

$$F=2mv_{1x}\frac{v_{1x}}{2x}+2mv_{2x}\frac{v_{2x}}{2x}+\cdots+2mv_{Nx}\frac{v_{Nx}}{2x}$$

式中 $v_{1x},v_{2x},\cdots,v_{Nx}$ 是各个分子速度在 x 轴上的分量.壁面 A_1 所受到的压强为

$$p=\frac{F}{yz}=\frac{1}{yz}\left(2mv_{1x}\frac{v_{1x}}{2x}+2mv_{2x}\frac{v_{2x}}{2x}+\cdots+2mv_{Nx}\frac{v_{Nx}}{2x}\right)$$

$$=\frac{m}{xyz}(v_{1x}^2+v_{2x}^2+\cdots+v_{Nx}^2)$$

$$p=\frac{Nm}{xyz}\left(\frac{v_{1x}^2+v_{2x}^2+\cdots+v_{Nx}^2}{N}\right) \tag{5-12}$$

式中括弧内的物理量表示容器内 N 个分子沿 x 轴的速度分量的平方平均值,用 $\overline{v_x^2}$ 表示,即

$$\overline{v_x^2}=\frac{v_{1x}^2+v_{2x}^2+\cdots+v_{Nx}^2}{N}=\frac{\sum_{i=1}^{N}v_{ix}^2}{N}$$

同样也可以得到

$$\overline{v_y^2}=\frac{\sum_{i=1}^{N}v_{iy}^2}{N} \text{ 和 } \overline{v_z^2}=\frac{\sum_{i=1}^{N}v_{iz}^2}{N}$$

考虑到 $v^2=v_x^2+v_y^2+v_z^2$,则有

$$\overline{v^2}=\overline{v_x^2}+\overline{v_y^2}+\overline{v_z^2}$$

由于气体处于平衡态,故可以认为分子沿各个方向运动的概率是相等的,没有哪个方向占有优势.这也就是在平衡态下气体分子热运动的各向同性的表现.因此对大量分子来说,它们在 x、y、z 三个轴上的速度分量的平均值应是相等的,即

$$\overline{v_x^2}=\overline{v_y^2}=\overline{v_z^2}=\frac{1}{3}\overline{v^2} \tag{5-13}$$

把它代入式(5-12),并设 $n=\dfrac{N}{xyz}$ 为单位体积内的分子数,也就是分子数密度,则式(5-12)为

$$p=\frac{1}{3}nm\overline{v^2}$$

本节练习

两瓶不同类的理想气体,设分子平均平动动能相等,但其分子数密度不相等,则(　　)

(A) 压强相等,温度相等　　(B) 温度相等,压强不相等

(C) 压强相等,温度不相等　　(D) 方均根速率相等

5-4 能量均分定理 理想气体的内能

一、自由度

上一节曾指出，温度为 T 的理想气体处于热平衡状态时，气体分子的平均平动动能与温度的关系为

$$\overline{\varepsilon}_{kt}=\frac{1}{2}m\overline{v^2}=\frac{3}{2}kT$$

式中 $\overline{\varepsilon}_{kt}$ 为分子平均平动动能的符号，其中脚标“k”表示动能，“t”表示平动.此外，考虑到气体处于平衡态时，分子在任何一个方向上的运动都不会比其他方向占有优势，分子在各个方向运动的概率是相等的，即 $\overline{v_x^2}=\overline{v_y^2}=\overline{v_z^2}=\overline{v^2}/3$，于是由上式可得

$$\frac{1}{2}m\overline{v_x^2}=\frac{1}{2}m\overline{v_y^2}=\frac{1}{2}m\overline{v_z^2}=\frac{1}{2}kT \tag{5-14}$$

动画：刚性分子自由度

(5-14)式表明，分子平均平动动能有三个独立的速度二次方项，而且与每一个独立的速度二次方项相对应的平均平动动能是相等的，都为 $kT/2$.

对由单原子分子组成的理想气体来说，分子本身大小可以略去不计，故单原子分子可看作质点，只需考虑其平动动能.这样，由式(5-14)可知，单原子分子的平均能量 $\overline{\varepsilon}$ 为

$$\overline{\varepsilon}=\overline{\varepsilon}_{kt}=\frac{1}{2}m\overline{v_x^2}+\frac{1}{2}m\overline{v_y^2}+\frac{1}{2}m\overline{v_z^2}=\frac{3}{2}kT \tag{5-15}$$

如果理想气体是由刚性双原子分子（即哑铃式双原子分子）组成的，如图 5-11(a) 所示，那么两原子 m_1 和 m_2 之间的距离，在运动过程中可视为不变，这就好像两原子 m_1 和 m_2 之间由一根质量不计的刚性细杆相连.设点 C 为双原子分子的质心，并选如图 5-11(b) 所示的坐标轴.于是，双原子分子的运动可分解为质心 C 的平动，以及通过点 C 绕 y 轴和 z 轴的转动.

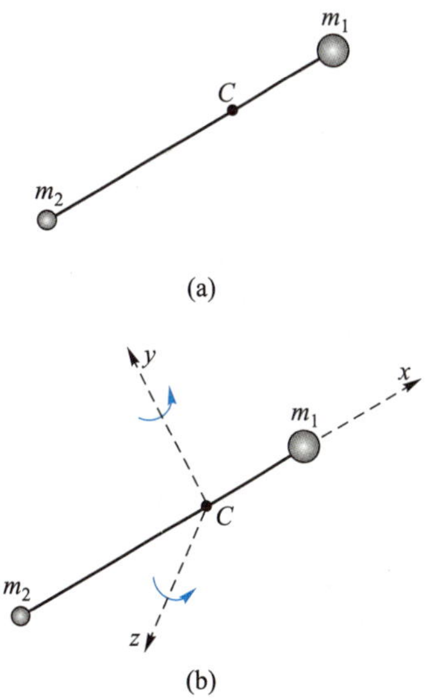

图 5-11 刚性双原子分子

由于双原子分子对 x 轴的转动惯量 J_x 为零，故其转动动能的平均值为

$$\overline{\varepsilon}_{kr}=\frac{1}{2}J_y\overline{\omega_y^2}+\frac{1}{2}J_z\overline{\omega_z^2}$$

其中脚标“r”表示转动.因此，刚性双原子分子的平均能量 $\overline{\varepsilon}$，应为

质心的平均平动动能 $\overline{\varepsilon}_{kt}$ 与绕 y 轴和 z 轴的平均转动动能 $\overline{\varepsilon}_{kr}$ 之和，即

$$\overline{\varepsilon}=\overline{\varepsilon}_{kt}+\overline{\varepsilon}_{kr}=\frac{1}{2}m\overline{v_x^2}+\frac{1}{2}m\overline{v_y^2}+\frac{1}{2}m\overline{v_z^2}+\frac{1}{2}J_y\overline{\omega_y^2}+\frac{1}{2}J_z\overline{\omega_z^2} \tag{5-16}$$

由上式可见，刚性（哑铃式）双原子分子的平均能量 $\overline{\varepsilon}$ 共有 5 个独立的速度或角速度分量的二次方项，其中三项属于平均平动动能，两项属于平均转动动能.

在气体动理论中，人们把分子能量中含有速度或角速度分量二次方项的数目称为分子能量自由度，简称自由度，用符号 i 表示.这样，单原子分子的自由度 $i=3$，刚性双原子分子的自由度 $i=5$.

二、能量均分定理

从式（5-14）中已知，单原子分子的每一个速度分量二次方项所对应的平均平动动能都是 $kT/2$.然而，前述的刚性双原子分子，它不仅具有平动动能，而且具有转动动能，那么每一个角速度分量二次方项所对应的平均转动动能又是多少呢？也就是说，无论是平动自由度，还是转动自由度，每一自由度的平均能量是多少呢？

依照玻耳兹曼统计可以得到：气体处于平衡态时，气体分子任何一个自由度的平均能量都相等，均为 $kT/2$.这就是能量按自由度均分定理，或简称能量均分定理.由能量均分定理，可以方便地求得自由度为 i 的分子的平均能量为 $\overline{\varepsilon}=\frac{i}{2}kT$.

三、理想气体的内能

气体的内能是气体内部的总能量，是气体分子的动能与分子之间相互作用的势能的总和.对于理想气体，分子间的相互作用可略去不计.因此，已知1 mol理想气体的分子数为 N_A.若该气体分子的自由度为 i，每一个分子的平均动能为 $\frac{i}{2}kT$，所以 1 mol 理想气体的内能 E_m 为

$$E_m=\frac{i}{2}N_A kT$$

由于 $N_A k=R$，所以 1 mol 理想气体的内能也可写成

$$E_m=\frac{i}{2}RT \tag{5-17}$$

而物质的量为 $\nu=m'/M$ 的理想气体的内能应为

$$E=\frac{m'}{M}\frac{i}{2}RT=\nu\frac{i}{2}RT \tag{5-18}$$

式中 m'为气体的质量，M 为气体的摩尔质量.从上式可以看出，理想气体的内能不仅与温度有关，而且还与分子的自由度有关.对给定的理想气体，其内能仅是温度的单值函数，即 $E=E(T)$.这是理想气体的一个重要性质.当气体的温度改变 $\mathrm{d}T$ 时，其内能也相应变化 $\mathrm{d}E$，即

$$\mathrm{d}E=\nu\frac{i}{2}R\mathrm{d}T \tag{5-19}$$

表 5-1 列出理想气体分子自由度、分子平均能量和 1 mol 气体内能的理论值.

表 5-1 理想气体分子自由度、分子平均能量和 1 mol 气体内能的理论值

	单原子分子	刚性双原子分子	刚性三原子非线型分子
自由度(i)	3(平)	5=3(平)+2(转)	6=3(平)+3(转)
分子平均能量($\bar{\varepsilon}$)	$3kT/2$	$5kT/2$	$6kT/2=3kT$
1 mol 气体内能(E_m)	$3RT/2$	$5RT/2$	$3RT$

本节练习

1 mol 氮气由状态 $A(p_1,V_1)$ 变到状态 $B(p_2,V_2)$，气体内能的增量为__________.

5-5 准静态过程 热力学第一定律

前面几节从微观统计角度研究了大量气体分子热运动的微观规律.下面几节则将从能量角度研究热现象的宏观基本规律及应用.

一、准静态过程

在热力学中，一般把所研究的宏观物体（如气体、液体、固体、化学电池、电介质、磁介质等）叫做热力学系统，简称系统，把与热力学系统相互作用的环境称为外界.本书主要以理想气体作为热力学系统.

当一热力学系统的状态随时间改变时，系统就经历了一个热力学过程（以下简称过程）.由于中间状态不同，热力学过程又分非静态过程和准静态过程.

设一个系统开始时处于平衡态，经过一系列状态变化后到达另一平衡态.一般来说，在实际的热力学过程中，在始末两平衡态之间所经历的中间状态，不可能都是平衡态，而常为非平衡态.所以我们将中间状态为非平衡态的过程称为非静态过程.但是如果系统在始末两平衡态之间所经历的中间状态，都可近似当作平衡态，那么这个状态变化的过程称为准静态过程.下面的例子可近似当作准静态过程.

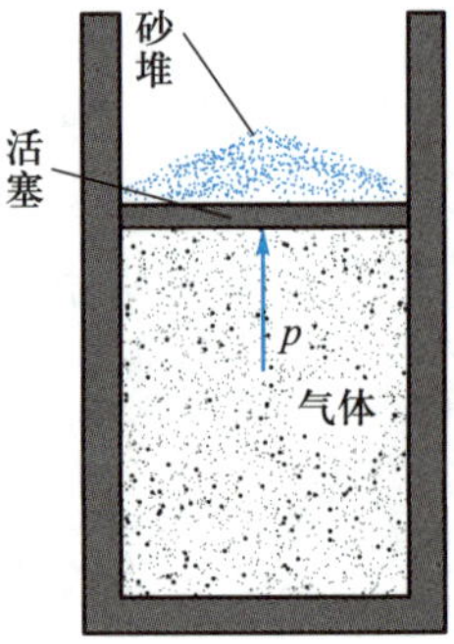

图 5-12 准静态过程

如图 5-12 所示，在带有活塞的容器内储有一定量的气体，活塞可沿容器壁滑动，在活塞上放置一些砂粒.开始时，气体处于平衡态，其物态参量为 p_1、V_1、T_1.然后将砂粒一颗一颗缓慢地拿走，最终气体的物态参量变为 p_2、V_2、T_2.由于砂粒被非常平缓地一颗一颗地拿走，容器中气体的状态始终近似处于平衡态.这种十分缓慢平稳的状态变化过程，可近似作为准静态过程.而实际上，活塞的运动是不可能如此无限缓慢和平稳的，因此，准静态过程是理想过程，是实际过程的理想化、抽象化，它在热力学的理论研究和对实际应用的指导上有着重要意义.在本章中，如不特别指明，所讨论的过程都是准静态过程.

第 5-1 节曾指出，平衡态在 $p-V$ 图上用一点来表示，因此，准静态过程可以在 $p-V$ 图上用一条相应的曲线来表示，如图 5-1 所示.

二、功、热量和内能

1. 功

现在讨论系统在准静态过程中，由于其体积变化所做的功.如图 5-13(a)所示，在一个有活塞的气缸内盛有一定量的气体，气体的压强为 p，活塞的面积为 S，则作用在活塞上的力为 $F=pS$.当系统经历一微小的准静态过程使活塞移动一段微小距离 $\mathrm{d}l$ 时，气体所做的功为

$$dW=Fdl=pSdl=pdV$$

即当气体的体积有无限小变化 dV 时，气体所做的功为 $dW=pdV$. 则如图 5-13(b)所示，当气体由状态 A 变化到状态 B 时，所做的功为

$$W=\int_{V_1}^{V_2} p\mathrm{d}V \tag{5-20}$$

它等于图 5-13(b)中实线下的面积. 所以气体所做的功等于 $p-V$ 图上过程曲线下的面积. 当气体膨胀时，它对外界做正功；当气体被压缩时，它对外做负功. 假定气体从状态 A 到状态 B 经历另一个过程，如图 5-13(b)中的虚线所示，则气体所做的功应该是虚线下的面积. 系统状态变化过程不同，过程曲线下的面积也不相同，系统所做的功也就不同. 总之，系统所做的功不仅与系统的始末状态有关，而且还与过程有关，所以说，功不是状态的函数，功是一个过程量.

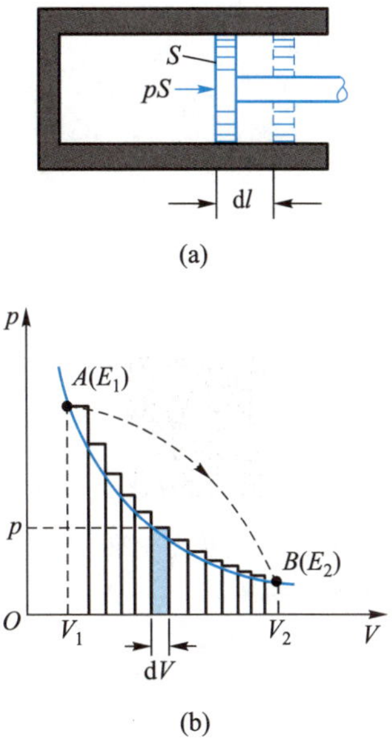

图 5-13　气体膨胀时所做的功

2. 热量

对系统做功可以改变系统的状态. 除此之外，向系统传递能量也可以改变系统的状态，这类例子是非常多的. 例如，把一杯冷水放在电炉上加热，高温电炉不断地把能量传递给低温的水，从而使水温也相应地升高，水的状态就发生了改变. 又如，在一杯水中放进一块冰，冰将吸收水的能量而熔化，从而使水和冰的状态都发生变化. 我们把系统与外界之间由于存在温度差而传递的能量叫做热量，用符号 Q 表示. 如图 5-14 所示，把温度为 T_1 的系统 A，放在温度为 T_2 的外界环境 B 之中. 若 $T_2>T_1$，则热量 Q 从 B 传递给 A[图 5-14(a)]；若 $T_2<T_1$，则热量 Q 将从 A 传递给 B[图 5-14(b)].

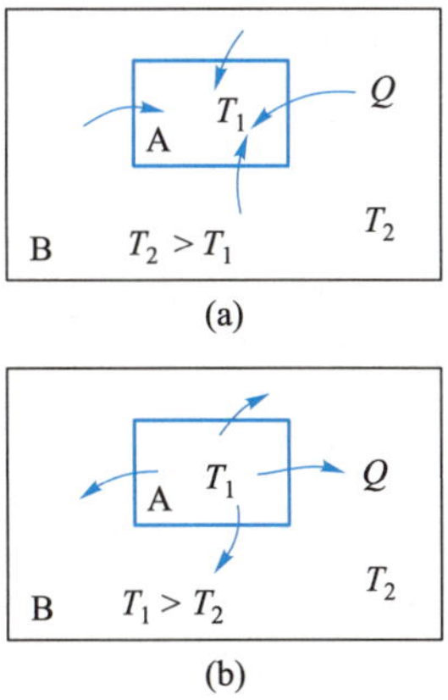

图 5-14　热量

在国际单位制中，热量 Q 的单位与能量和功的单位相同，均为 J(焦耳).

应当指出，热量传递的多少与其传递的方式有关，因此，热量与功一样都是与热力学过程有关的量，也是一个过程量.

3. 内能

热力学系统在一定状态下具有相应的能量，称为系统的内能. 在第 5-4 节中，我们曾提到理想气体的内能和内能的增量为

$$E=\nu\frac{i}{2}RT,\quad \Delta E=\nu\frac{i}{2}R\Delta T$$

显然，对给定的理想气体，其内能仅是温度的函数，即 $E=E(T)$；只有气体的温度发生变化，其内能才有所改变. 对一般气体来说，其内能则是气体的温度和体积的函数，即 $E=E(T,V)$. 总之，气体的内能是气体状态的单值函数，也就是说，气体的状态一定时，其内能也是一定的；气体内能的变化 ΔE 只由始状态和末状态所决定，与过程无关.

三、热力学第一定律

综上所述，在一个热力学过程中，若开始时系统处于平衡态1，其内能为 E_1，当它从外界吸收热量 Q 和对外界做功 W 后，系统处于平衡态2，其内能变为 E_2. 由能量守恒定律，有

$$Q=E_2-E_1+W \tag{5-21a}$$

上式表明，系统从外界吸收的热量，一部分使系统的内能增加，另一部分使系统对外界做功，这就是热力学第一定律. 式(5-21a)是热力学第一定律的数学表达式. 显然，热力学第一定律就是与热现象有关的能量守恒定律.

文档：热力学第一定律的建立

为了方便地应用热力学第一定律式(5-21a)，特作如下规定：系统从外界吸收热量时，Q 为正值，系统向外界放出热量时，Q 为负值；系统对外做功时，W 取正值，外界对系统做功时，W 取负值；系统内能增加时，E_2-E_1 为正值，系统内能减少时，E_2-E_1 为负值.

对于系统状态微小变化的过程，热力学第一定律的数学表达式可写成

$$dQ=dE+dW \tag{5-21b}$$

如果所研究的系统是气体，那么由上式可得，热力学第一定律的数学表达式为

$$Q=E_2-E_1+\int_{V_1}^{V_2}p\mathrm{d}V \tag{5-22}$$

最后简述一下所谓第一类永动机问题. 由热力学第一定律可以知道，要使系统对外做功，必然要消耗系统的内能或由外界吸收热量，或两者皆有. 历史上曾有不少人试图制造一种机器，既不消耗系统的内能，又不需要外界向它传递热量，即不消耗任何能量而能不断地对外做功. 这种机器叫做第一类永动机. 很明显，由于它违反了热力学第一定律而终未制成. 因此热力学第一定律也可表述为：第一类永动机是不可能实现的. 应该引以为鉴的是，在今后的工作实践中，我们一定要严格遵守热力学第一定律，以避免重犯制造第一类永动机那样的错误.

本节练习

1. 在 $p-V$ 图上，

(1) 系统的某一平衡状态用__________来表示；

(2) 系统的某一准静态过程用__________来表示.

2. 1 mol 理想气体从 $p-V$ 图上初态 a 分别经历如图所示的(1)或(2)过程到达末态 b.已知 $T_a<T_b$,则这两过程中气体吸收的热量 Q_1 和 Q_2 的关系是( )

(A) $Q_1>Q_2>0$ (B) $Q_2>Q_1>0$

(C) $Q_2<Q_1<0$ (D) $Q_1<Q_2<0$

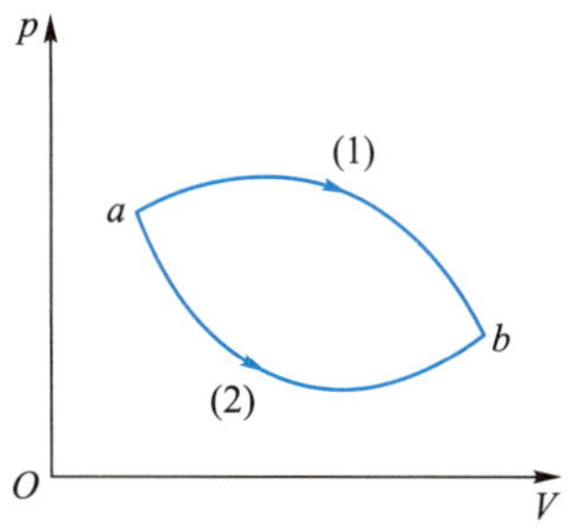

练习 2 图

5-6 理想气体的等值过程和绝热过程

作为热力学第一定律的应用,我们讨论理想气体的等值过程和绝热过程中的功、热量和内能变化.

一、等容过程 摩尔定容热容

在等容过程中,理想气体的体积保持不变.如图 5-15 所示,等容过程在 $p-V$ 图上是一条平行于 p 轴的直线,即等容线.

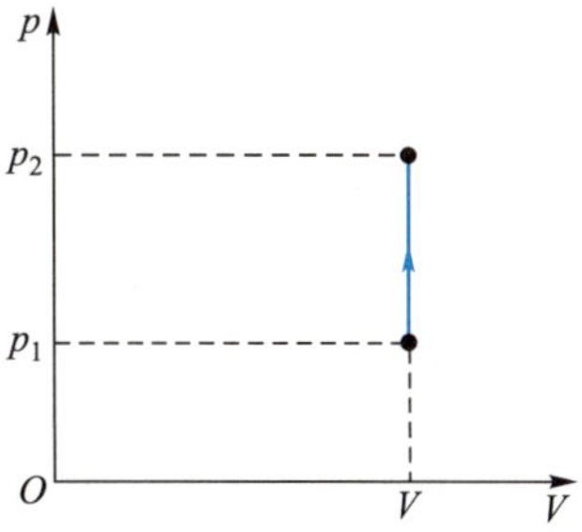

图 5-15 理想气体的等容过程

在等容过程中,由于气体的体积 V 是常量,气体不对外做功,即 $\mathrm{d}W_V=p\mathrm{d}V=0$.由热力学第一定律,有

$$\mathrm{d}Q_V=\mathrm{d}E \tag{5-23a}$$

对有限的等容过程,则有

$$Q_V=E_2-E_1 \tag{5-23b}$$

上式表明,在等容过程中,气体吸收的热量全部用来增加气体的内能.

现在我们来讨论理想气体的摩尔定容热容.热容是用来描述物质改变温度所需热量的多少的物理量,热容大的物质改变温度需要的热量多,热容小的物质改变温度需要的热量少.所以,热容的大小反映了改变物质温度的难易程度.热容是物质热惯性的量度.设 1 mol 理想气体在等容过程中所吸收的热量为 $\mathrm{d}Q_{V,\mathrm{m}}$,气体的温度由 T 升高到$T+\mathrm{d}T$,则气体的摩尔定容热容为

$$C_{V,\mathrm{m}}=\frac{\mathrm{d}Q_{V,\mathrm{m}}}{\mathrm{d}T} \tag{5-24a}$$

摩尔定容热容的单位名称为焦耳每摩尔开尔文,符号为 $\mathrm{J\cdot mol^{-1}\cdot K^{-1}}$.式(5-24a)可写成

$$dQ_{V,m}=C_{V,m}dT \tag{5-24b}$$

对摩尔定容热容为 $C_{V,m}$ 而物质的量为 $\nu(=m'/M)$ 的理想气体,在等容过程中,其温度由 T_1 改变为 T_2 时,所吸收的热量为

$$Q_V=\nu C_{V,m}(T_2-T_1) \tag{5-24c}$$

根据式(5-23a),式(5-24b)亦可写成

$$dE_m=C_{V,m}dT \tag{5-25a}$$

由式(5-25a)可得物质的量为 ν 的理想气体,在微小的温度变化的过程中内能的增量为

$$dE=\nu C_{V,m}dT \tag{5-25b}$$

对于摩尔定容热容为 $C_{V,m}$ 而物质的量为 ν 的理想气体,由式(5-25b)可得气体的温度由 T_1 改变为 T_2 的过程中,气体内能的增量为

$$E_2-E_1=\nu C_{V,m}\int_{T_1}^{T_2}dT=\nu C_{V,m}(T_2-T_1) \tag{5-25c}$$

摩尔定容热容 $C_{V,m}$ 可以由理论计算得出,也可通过实验测出.

由于理想气体内能的改变只与起始和终了状态温度的改变有关,与状态变化的过程无关.所以,式(5-25c)也是计算内能变化的常用公式.值得提醒的是:对不同的过程,如果它们的起始和终了状态的温度分别相同,那么在这两个状态之间理想气体内能的增量是相同的.

在第 5-4 节中,我们已经得到

$$dE=\nu\frac{i}{2}RdT$$

将上式与式(5-25b)相比较,可得到摩尔定容热容为

$$C_{V,m}=\frac{i}{2}R \tag{5-26}$$

二、等压过程 摩尔定压热容

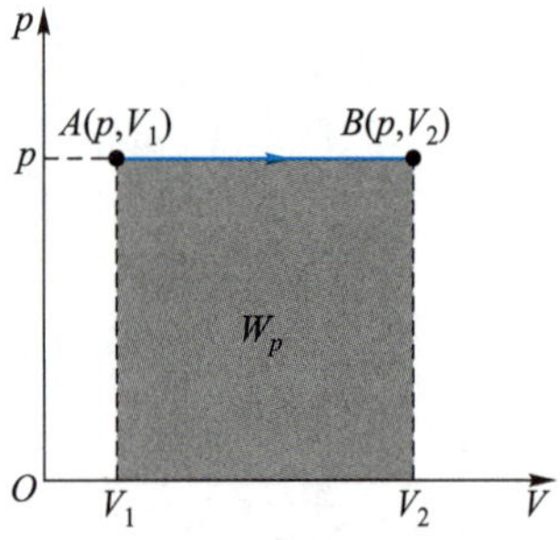

图 5-16 等压过程

在等压过程中,理想气体的压强保持不变.如图 5-16 所示,等压过程在 $p-V$ 图上是一条平行于 V 轴的直线,即等压线.

在等压过程中,向气体传递的热量为 dQ_p,气体对外所做的功为 pdV,所以热力学第一定律可写成

$$dQ_p=dE+pdV \tag{5-27a}$$

上式表明,在等压过程中,理想气体吸收的热量一部分用来增加气体的内能,另一部分使气体对外做功.

对有限的等压过程,若向气体传递的热量为 Q_p,则有

$$Q_p=E_2-E_1+\int_{V_1}^{V_2} p\mathrm{d}V$$

得

$$Q_p=E_2-E_1+p(V_2-V_1) \tag{5-27b}$$

下面我们讨论理想气体的摩尔定压热容.设 1 mol 理想气体在等压过程中所吸收的热量为 $\mathrm{d}Q_{p,\mathrm{m}}$,温度由 T 升高到 $T+\mathrm{d}T$,则气体的摩尔定压热容为

$$C_{p,\mathrm{m}}=\frac{\mathrm{d}Q_{p,\mathrm{m}}}{\mathrm{d}T} \tag{5-28a}$$

由上式可得,在等压过程中,1 mol 理想气体的温度有微小增量时所吸收的热量为

$$\mathrm{d}Q_{p,\mathrm{m}}=C_{p,\mathrm{m}}\mathrm{d}T \tag{5-28b}$$

对摩尔定压热容为 $C_{p,\mathrm{m}}$、物质的量为 ν 的理想气体,在等压过程中,其温度由 T_1 改变为 T_2 时,所吸收的热量则为

$$Q_p=\nu C_{p,\mathrm{m}}(T_2-T_1) \tag{5-28c}$$

摩尔定压热容的单位与摩尔定容热容的单位相同.利用式(5-27a),式(5-28a)可写为

$$C_{p,\mathrm{m}}=\frac{\mathrm{d}E+p\mathrm{d}V}{\nu\mathrm{d}T}=\frac{\mathrm{d}E_\mathrm{m}}{\mathrm{d}T}+\frac{p\mathrm{d}V}{\nu\mathrm{d}T}$$

由于 $\mathrm{d}E_\mathrm{m}/\mathrm{d}T=C_{V,\mathrm{m}}$,又根据理想气体物态方程 $pV=\nu RT$,对此式两边取微分,并考虑到等压过程中 $p=$常量,可得 $p\mathrm{d}V=\nu R\mathrm{d}T$.因此上式可进一步写成

$$C_{p,\mathrm{m}}=C_{V,\mathrm{m}}+R$$

于是得 $C_{p,\mathrm{m}}$与 $C_{V,\mathrm{m}}$之差为

$$C_{p,\mathrm{m}}-C_{V,\mathrm{m}}=R \tag{5-29}$$

将式(5-26)代入上式,得摩尔定压热容为

$$C_{p,\mathrm{m}}=\frac{i+2}{2}R \tag{5-30}$$

在实际应用中,人们常要用到 $C_{p,\mathrm{m}}$与 $C_{V,\mathrm{m}}$的比值,这个比值通常用 γ 表示,即

$$\gamma=\frac{C_{p,\mathrm{m}}}{C_{V,\mathrm{m}}}$$

由式(5-26)和式(5-30)得

$$\gamma=\frac{i+2}{i} \tag{5-31}$$

实验表明，对于单原子及双原子分子气体，$C_{p,m}$、$C_{V,m}$和 γ 的理论值与实验值较为接近.但对于某些三原子分子气体则差异较大.这说明，能量均分定理能近似反映客观事实，但具有局限性，只有用量子理论才能较好地解决这个问题.

三、等温过程

如图 5-17(a)所示，在一个密闭的气缸内储有理想气体，气缸壁和活塞都是由绝热材料制成的，气缸的底部是热的良导体，其与温度为 T 的恒温热源①相接触.当系统发生一个准静态过程时，就有热量从恒温热源传入（或传出）气缸中气体，使气体的温度维持不变.这种在温度不变的情况下，状态变化的过程叫做等温过程，其特征是 $\mathrm{d}T=0$.对理想气体来说，由式(5-25)可知，在等温过程中气体的内能也保持不变，即 $\mathrm{d}E=0$.理想气体的等温过程在 $p-V$ 图上的过程曲线，如图 5-17(b)所示，是一条双曲线，该曲线也称为等温线.

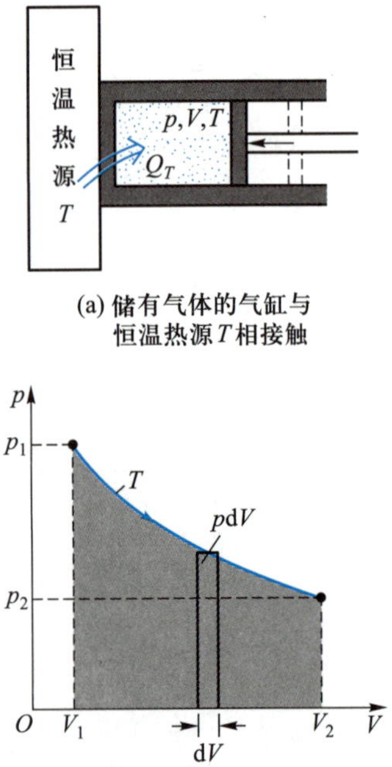

(a) 储有气体的气缸与恒温热源 T 相接触

(b) 等温过程中气体做的功

图 5-17 理想气体的等温过程

因为在等温过程中气体内能不变化，所以由热力学第一定律，有

$$\mathrm{d}Q_T=\mathrm{d}W_T=p\mathrm{d}V$$

式中 $\mathrm{d}Q_T$ 为气体从温度为 T 的热源中吸收的热量，$\mathrm{d}W_T$ 为气体所做的功.上式表明，在等温过程中，理想气体所吸收的热量全部用来对外做功.气体对外所做的功等于图 5-17(b) $p-V$ 图上等温线下的面积.

设理想气体在等温膨胀过程中体积由 V_1 改变为 V_2，则气体所做的功为

$$W_T=\int_{V_1}^{V_2}p\mathrm{d}V$$

由理想气体物态方程 $pV=\nu RT$，上式可写为

$$W_T=\int_{V_1}^{V_2}\nu RT\frac{\mathrm{d}V}{V}$$

由于在等温膨胀过程中 T 是常量，所以

① 热源也称热库，它所具有的能量比从它吸取或者放入的能量要大得多；若热源的温度可视为不变，这种热源即恒温热源.

$$W_T=\nu RT\ln\frac{V_2}{V_1} \tag{5-32a}$$

因为 $p_1V_1=p_2V_2$，所以上式也可写成

$$W_T=\nu RT\ln\frac{p_1}{p_2} \tag{5-32b}$$

$$Q_T=W_T=\nu RT\ln\frac{V_2}{V_1}=\nu RT\ln\frac{p_1}{p_2}$$

上式表明，在理想气体的等温过程中，当气体膨胀（即 $V_2>V_1$）时，W_T 和 Q_T 均取正值，气体从恒温热源吸收的热量全部用于对外做功；当气体被压缩（即 $V_2<V_1$）时，W_T 和 Q_T 均取负值，此时外界对气体所做的功，全部以热量的形式由气体传递给恒温热源.

四、绝热过程

绝热过程是热力学过程中一个十分重要的过程.在气体的状态发生变化的过程中，若它与外界之间没有热量传递，则这种过程称为绝热过程.实际上，绝对的绝热过程是没有的，在有些过程的进行中，虽然系统与外界之间有热量传递，但所传递的热量很小，以至可忽略不计，则这种过程就可看作绝热过程.可作为绝热过程的实例是很多的.在工程上，蒸汽机气缸中蒸气的膨胀，压缩机中空气的压缩等，常常可近似地看作绝热过程.这些过程进行得很迅速，在过程进行时只有很少的热量通过器壁进入或离开系统.此外，声波在空气中传播时，空气的压缩和膨胀过程也可看作绝热过程.

如图 5-18（a）所示，在一密闭气缸中储有理想气体，气缸壁、气缸底部和活塞均由绝热材料制成，活塞与缸壁间的摩擦略去不计.绝热过程的特征是 $\mathrm{d}Q=0$.理想气体的绝热过程在 $p-V$ 图上的过程曲线，称为绝热线，如图 5-18（b）所示.

在绝热过程中 $\mathrm{d}Q=0$，故由热力学第一定律，有

$$0=\mathrm{d}E+\mathrm{d}W_a \tag{5-33}$$

在有限过程中，有

$$W_a=-\Delta E$$

所以，理想气体绝热过程做的功为

$$W_a=-\nu C_{V,m}(T_2-T_1) \tag{5-34}$$

从上式可以看出，若 $T_1>T_2$，则 $W_a>0$，气体绝热膨胀；若 $T_1<$

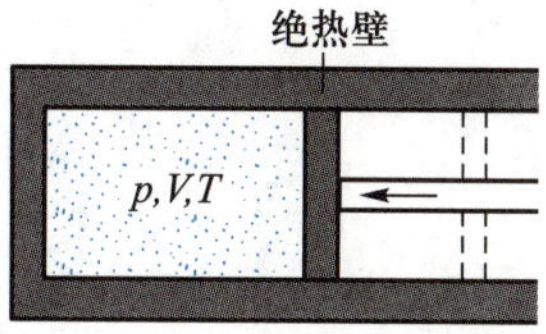

(a) 气体被绝热材料所包围

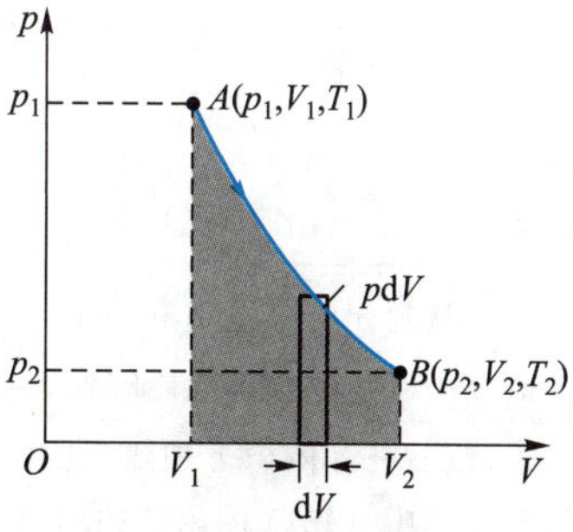

(b) 绝热过程中气体做的功

图 5-18 理想气体的绝热过程

T_2，则 $W_a<0$，气体被绝热压缩.气体被绝热压缩时温度升高，绝热膨胀时温度降低，这两个结论常在许多实际问题中用到.例如，用打气筒向轮胎打气时，筒壁会发热；压缩空气从喷嘴中急速喷出时，气体绝热膨胀，气体变冷，甚至被液化.

根据式(5-33)和理想气体的物态方程可得出理想气体绝热过程的 $p-V$ 函数关系，为

$$pV^{\gamma}=常量 \tag{5-35}$$

上式称为理想气体的绝热方程，其中 $\gamma=\frac{C_{p,m}}{C_{V,m}}>1$.

为了比较绝热线和等温线，我们按绝热方程

$$pV^{\gamma}=常量$$

和等温方程

$$pV=常量$$

在 $p-V$ 图上作这两个过程的过程曲线，如图 5-19 所示.图中实线是绝热线，虚线是等温线.两线在图中的点 A 相交，显然绝热线比等温线要陡些.这是因为点 A 处等温线的斜率为

$$\left(\frac{\mathrm{d}p}{\mathrm{d}V}\right)_T=-\frac{p_A}{V_A}$$

而绝热线的斜率为

$$\left(\frac{\mathrm{d}p}{\mathrm{d}V}\right)_a=-\gamma\frac{p_A}{V_A}$$

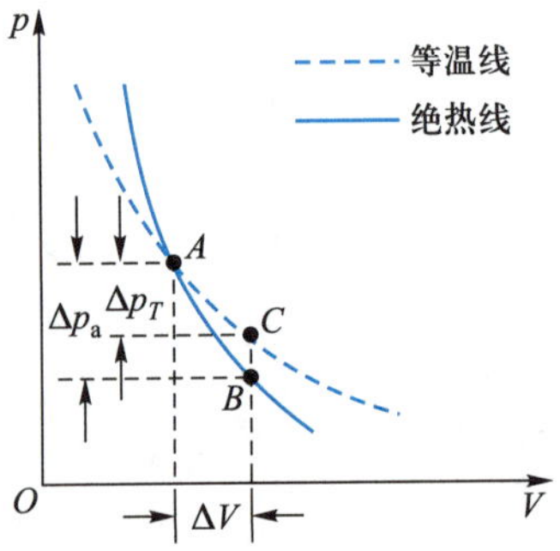

图 5-19 绝热线比等温线陡

因为 $\gamma>1$，所以绝热线比等温线要陡.这一点可以解释如下：处于某一状态的气体，虽经等温过程或绝热过程膨胀相同的体积，但在绝热过程中压强的降低 Δp_a 比在等温过程中压强的降低 Δp_T 要多.这是因为在等温过程中，压强 $p=nkT$ 的降低仅由气体密度 n 的减小而引起，而在绝热过程中，除气体密度 n 减小这个因素外，温度 T 降低也是使压强降低的一个因素.所以，当气体膨胀相同体积时，在绝热过程中压强的降低比在等温过程中要多.

例

某封闭的气缸里有一定量的某单原子分子理想气体，此气缸有可活动的活塞(活塞与气缸壁之间无摩擦且不漏气).已知气体的初压强 $p_1=1$ atm，体积 $V_1=1$ L，现将该气体在等压下加热，直到体积变为原来的 2 倍，然后在等体积下加热，直到压强变为原来的 2 倍，最后作绝热膨胀，直到温度下降到初温为止.试求在整个过程中，(1)气体内能的增量；(2)气体所吸收的热量；(3) 气体所做的功.

[分析] 这是求解理想气体准静态过程中的功、热量和内能增量的问题.求解此类问题应画出各过程的 $p-V$ 图,根据过程特征结合这三个物理量的性质,运用热力学第一定律求解.

[解答] 根据题意,画出 $p-V$ 图,如图 5-20 所示.

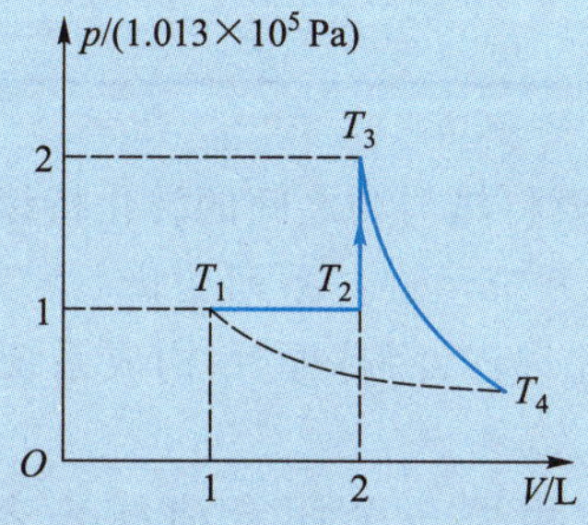

图 5-20

(1) 因为初态温度与终态温度相等,即

$$T_4=T_1$$

而理想气体内能是温度的单值函数,所以

$$\Delta E=0$$

(2) 整个过程由等压、等容和绝热三个过程组成,绝热过程吸热为零,则

$$\begin{aligned}Q&=Q_p+Q_V\\&=\nu C_{p,\mathrm{m}}(T_2-T_1)+\nu C_{V,\mathrm{m}}(T_3-T_2)\\&=\frac{5}{2}\nu R(T_2-T_1)+\frac{3}{2}\nu R(T_3-T_2)\end{aligned}$$

将理想气体物态方程 $pV=\nu RT$ 代入上式,得

$$\begin{aligned}Q&=\frac{5}{2}(p_2V_2-p_1V_1)+\frac{3}{2}(p_3V_3-p_2V_2)\\&=\frac{5}{2}p_1(2V_1-V_1)+\frac{3}{2}[2V_1(2p_1-p_1)]\\&=\frac{11}{2}p_1V_1\approx5.6\times10^2\ \mathrm{J}\end{aligned}$$

(3) 对整个过程运用热力学第一定律,

$$Q=\Delta E+W$$

因为 $\Delta E=0$,所以

$$W=Q=5.6\times10^2\ \mathrm{J}$$

当然,也可对三个过程分别求功,然后求代数和,得出总功,但显然要烦琐一些.

[注意] 求解这类问题时,要正确画出 $p-V$ 图,且要抓住过程特征.另外,要随时想到运用物态方程.

[拓展] 若终态温度是初态的 1/2 倍,该如何求上述三个物理量?

本节练习

1. 理想气体经历如图所示的 abc 准静态过程,则该系统对外做功 W,从外界吸收的热量 Q 和内能的增量 ΔE 的正负情况为(　　).

(A) $\Delta E>0,Q>0,W<0$

(B) $\Delta E>0,Q>0,W>0$

(C) $\Delta E>0,Q<0,W<0$

(D) $\Delta E<0,Q<0,W<0$

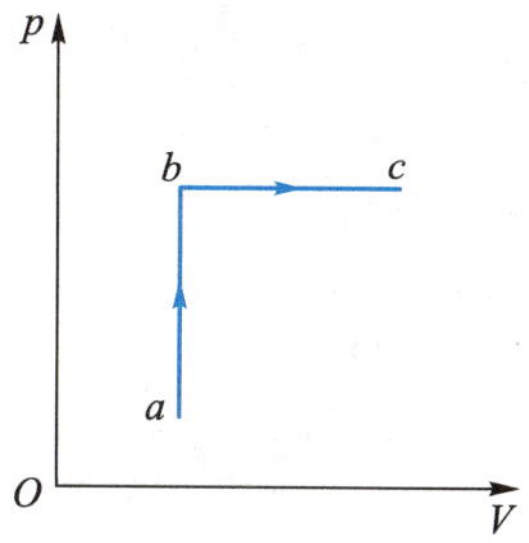

练习 1 图

2. 一理想气体的几种状态变化过程的 $p-V$ 图如图所示,其中 MT 为等温线,MQ 为绝热线,在 AM、BM、CM 三种准静态过程中,温度降低的是________过程,气体吸热的是________过程.

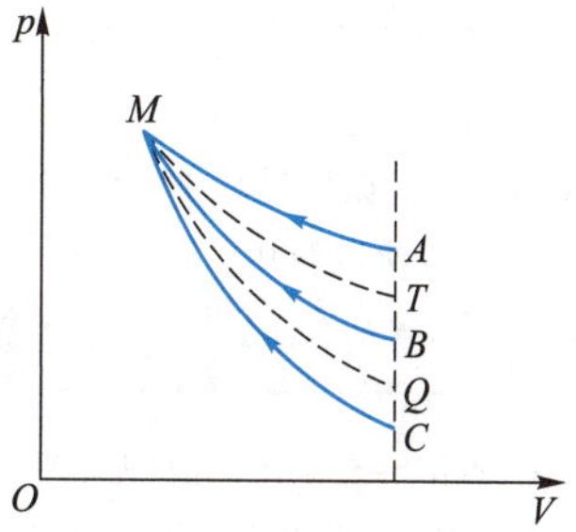

练习 2 图

5-7 循环过程 热力学第二定律

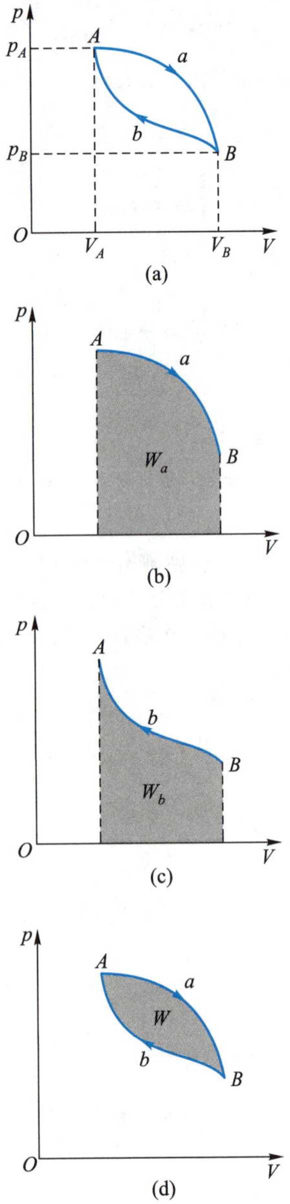

图 5-21 循环过程中气体所做的功

一、循环过程

在生产技术上,人们需要将热与功之间的转化持续地进行下去,这就需要利用循环过程.系统经过一系列变化后,又回到原来状态的过程叫做热力学循环过程,简称循环.构成系统的物质称为工作物质.

在 $p-V$ 图上,循环过程用一个闭合曲线来表示,如图 5-21(a)所示.如图 5-21(b)中所示,在膨胀过程中,气体对外所做的功 W_a 等于 A、B 两点间过程曲线 AaB 下面的面积.如图 5-21(c)所示,在压缩过程中,外界对气体所做的功 W_b 等于 A、B 两点间过程曲线 BbA 下面的面积.按照图中所选定的过程,W_b 的值小于 W_a 的值.所以气体经历一个循环以后,对外所做的净功 W 应是 W_a 与 W_b 之差①,即

$$W=W_a-W_b$$

显然,在 $p-V$ 图上,W 是由 AaB 和 BbA 两个过程组成的循环所包围的面积[图 5-21(d)].应当指出,在任何一个循环过程中,系统所做的净功都等于 $p-V$ 图所示循环包围的面积.

因为内能是系统状态的单值函数,所以系统经历一个循环过程之后,它的内能没有改变.这是循环过程的重要特征.

二、热机和制冷机

按过程进行的方向,我们可把循环过程分为两类.在 $p-V$ 图上按顺时针方向进行的循环过程叫做正循环,图 5-21(d)就是一个正循环;在 $p-V$ 图上按逆时针方向进行的循环过程叫做逆循环.工作物质作正循环的机器叫做热机(如蒸汽机、内燃机),它是把热量持续地转化为功的机器.工作物质作逆循环的机器叫做制

① 在第 5-5 节中讲述热力学第一定律时,对 $Q=E_2-E_1+W$ 中的热量 Q 和功 W 曾规定:系统吸热时 Q 为正值,放热时 Q 为负值,系统对外做功时 W 为正值,外界对系统做功时 W 为负值.但自本节起,为书写方便,Q 与 W 均为绝对值,因此系统吸热为 $+Q$,放热为 $-Q$,系统对外做功为 $+W$,外界对系统做功为 $-W$.请读者予以注意.

冷机(也叫热泵)①,它是利用外界做功使热量由低温处流入高温处,从而获得低温的机器.

如图 5-22(a)所示,一热机经过一个正循环后,由于工作物质的内能不变化,它从高温热源吸收的热量 Q_1,一部分用于对外做功 W,另一部分则向低温热源放热,Q_2 为向低温热源放出的热量.这就是说,热机经历一个正循环后,吸收的热量 Q_1 不能全部转化为功,转化为功的只是 $W=Q_1-Q_2$.通常把

$$\eta=\frac{W}{Q_1}=\frac{Q_1-Q_2}{Q_1}=1-\frac{Q_2}{Q_1} \tag{5-36}$$

叫做热机效率或循环效率.第一部实用的热机是蒸汽机②[图5-22(b)],它创制于 17 世纪末,用于煤矿中抽水.目前蒸汽机主要用于发电厂中.热机除蒸汽机外,还有内燃机、喷气机等③.虽然它们在工作方式、效率上各不相同,但工作原理却基本相同,都是不断地把热量转化为功.表 5-2 列出了几种热机的循环效率.

文档:热泵

文档:能制多少冰?

文档:提高热机效率的两种方法

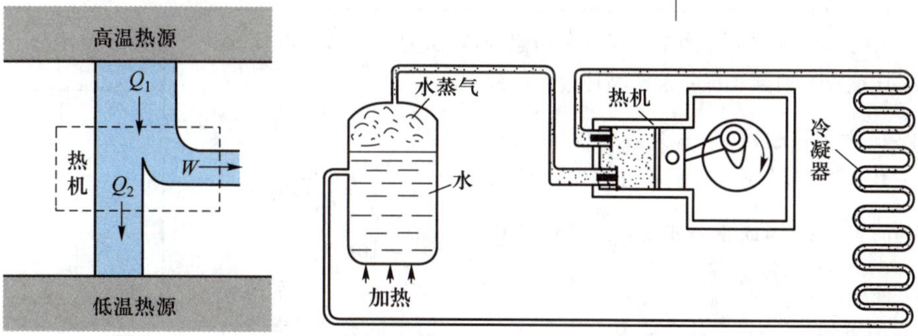

(a) 热机的示意图

(b) 蒸汽机的示意图

图 5-22

表 5-2 几种热机的循环效率

液体燃料火箭	燃气轮机	柴油机	汽油机	蒸汽机车	热电偶
$\eta=0.48$	$\eta=0.46$	$\eta=0.37$	$\eta=0.25$	$\eta=0.08$	$\eta=0.07$

① 关于热泵较具体的介绍和利用制冷机在制冰过程中所耗费功的计算,可分别参阅马文蔚等主编《物理学原理在工程技术中的应用》(第四版)之“热泵”和“能制多少冰?”,高等教育出版社,2015 年.

② 有些出版物误传蒸汽机是瓦特发明的,其实蒸汽机是英国人萨维利(Savery)于 1698 年、纽可门(Newcomen)于 1705 年各自独立发明的,用于矿井抽水,当时效率很低.1768 年,英国人瓦特(J.Watt,1736—1819)在修理纽可门机的基础上,对蒸汽机作了重大改进,使冷凝器与气缸分离,发明曲轴和齿轮传动以及离心调速器等,使蒸汽机实现了现代化,大大地提高了蒸汽机效率.瓦特的这些发明,仍使用在现代蒸汽机中.为纪念瓦特的贡献,功率的单位名称以其姓氏命名.

③ 长期以来,人们都在寻求提高热机效率的方法,这方面的内容可参阅马文蔚等主编《物理学原理在工程技术中的应用》(第四版)之“提高热机效率的两种方法”,高等教育出版社,2015 年.

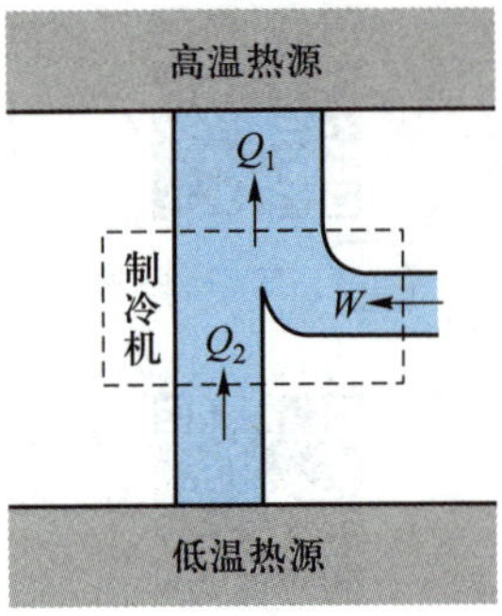

图 5-23 制冷机的示意图

图 5-23 是制冷机的工作原理图，工作物质从低温热源吸收热量，并在压缩过程中，把热量放出给高温热源. 为实现这一点，外界必须对制冷机做功. 图中 Q_2 为制冷机从低温热源吸收的热量，W 为外界对它做的功，Q_1 为它放出给高温热源的热量. 于是，当制冷机完成一个逆循环后有 $-W=Q_2-Q_1$，即 $W=Q_1-Q_2$. 这就是说，制冷机经历一个逆循环后，由于外界对它做功，可把热量由低温热源传递到高温热源. 外界不断做功，就能不断地从低温热源吸收热量，传递到高温热源. 这就是制冷机的工作原理. 通常我们把

$$e=\frac{Q_2}{W}=\frac{Q_2}{Q_1-Q_2} \tag{5-37}$$

叫做制冷机的制冷系数.

例 1

如图 5-24 所示，一定质量的单原子分子理想气体，从初始状态 a 出发，经过图中的循环过程又回到状态 a. 求此循环过程的效率.

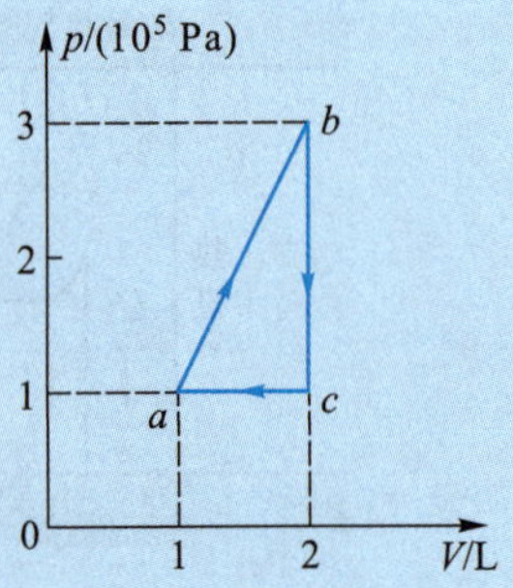

图 5-24

［分析］ $b\to c$ 为等容过程，$c\to a$ 为等压过程. 此循环过程中只有 $a\to b$ 过程吸热，循环过程净功可通过三角形的面积计算. 因此用公式 $\eta=\frac{W}{Q_1}$ 计算循环效率比较方便.

［解答］ 由图可知，循环过程的净功为

$$W=\frac{1}{2}(p_b-p_c)(V_c-V_a)=\frac{1}{2}\times2\times10^5\times10^{-3}\ \text{J}=100\ \text{J}$$

循环过程中总吸热为

$$\begin{aligned}Q_1=Q_{ab}&=\Delta E+W_{ab}\\&=\frac{m'}{M}C_{V,\text{m}}(T_b-T_a)+\frac{1}{2}(p_a+p_b)(V_b-V_a)\\&=\frac{3}{2}(p_bV_b-p_aV_a)+\frac{1}{2}(p_a+p_b)(V_b-V_a)\\&=950\ \text{J}\end{aligned}$$

则

$$\eta=\frac{W}{Q_1}=\frac{100}{950}\times100\%\approx10.5\%$$

［注意］ 计算循环效率的公式(5-36)中，W 是净功，即 $p-V$ 图上闭合曲线所包围的面积，若是简单的几何图形(如三角形、矩形等)，可方便地计算面积得到功. 否则需计算各过程的功，然后求代数和得净功；而 Q_1 是总吸热，需将各吸热过程吸收的热量求和得到.

例 2

1 mol 双原子分子理想气体作如图 5-25 所示的循环，其中 ab 为直线，bc 为绝热线，ca 为等温线. 已知 $T_2=2T_1$，$V_3=8V_1$. 求：(1) 各过程的功、内能增量和传递的热量(用 T_1 和已知常量表示)；(2) 此循环的效率.

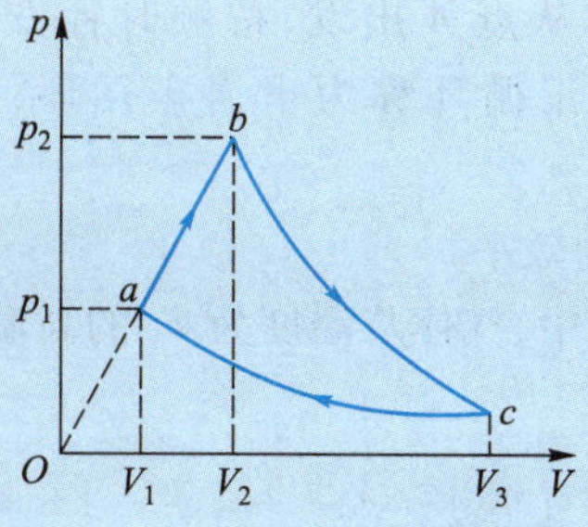

图 5-25

[分析] 理想气体的内能是温度的单值函数.故 ΔE 与过程无关,取决于 ΔT;$b\rightarrow c$ 为绝热过程,$c\rightarrow a$ 为等温过程,其 Q(绝热过程为零)和 W,均可由相应公式求出,而 ab 为直线,其 W 可由梯形面积求得,然后由热力学第一定律求出 Q.此外,ab 的延长线经过 O 点,因而有$\dfrac{p_2}{V_2}=\dfrac{p_1}{V_1}$或 $p_1V_2=p_2V_1$.

[解答] (1) ab 为任意直线过程,其内能增量、做功和吸热分别为

$$\Delta E_1=C_{V,\mathrm{m}}(T_2-T_1)=C_{V,\mathrm{m}}(2T_1-T_1)=\frac{5}{2}RT_1$$

$$W_1=\frac{1}{2}(p_1+p_2)(V_2-V_1)=\frac{1}{2}(p_2V_2-p_1V_1)$$

$$=\frac{1}{2}RT_2-\frac{1}{2}RT_1=\frac{1}{2}RT_1$$

$$Q_1=\Delta E_1+W_1=3RT_1 \quad (\text{吸热})$$

bc 为绝热膨胀过程,因此吸热为 $Q_2=0$.内能增量为

$$\Delta E_2=C_{V,\mathrm{m}}(T_3-T_2)=C_{V,\mathrm{m}}(T_1-T_2)=-\frac{5}{2}RT_1$$

做功为

$$W_2=-\Delta E_2=\frac{5}{2}RT_1$$

ca 为等温压缩过程,因此内能增量为 $\Delta E_3=0$,此时

$$-Q_3=-W_3=-RT_1\ln\left(\frac{V_3}{V_1}\right)=-RT_1\ln\left(\frac{8V_1}{V_1}\right)=-2.08RT_1$$

式中负号表示 ca 过程中外界对系统做功,系统放热.

(2) 此循环的效率为

$$\eta=1-\frac{Q_{放}}{Q_{吸}}=1-\frac{Q_3}{Q_1}=1-\frac{2.08RT_1}{3RT_1}\approx 30.7\%$$

[注意] 计算各过程的 W、ΔE 和 Q 时要抓住过程特征,使问题简化;在计算循环效率时,对于 $p-V$ 图是直线组成的简单几何图形(如三角形、矩形)的循环用公式 $\eta=\dfrac{W}{Q_{吸}}$较方便,对于包含绝热过程、等温过程等 $p-V$ 图由曲线组成的循环过程,用公式 $\eta=1-\dfrac{Q_{放}}{Q_{吸}}$比较方便.

三、卡诺循环

虽然瓦特改进了蒸汽机,使热机的效率大为提高,但是人们还迫切要求进一步提高热机的效率.那么,提高热机效率的主要方向在哪里呢?提高热机效率有没有极限呢?为此,法国的年轻工程师卡诺(S.Carnot,1796—1832)于 1824 年提出一个工作在两热源之间的理想循环——卡诺循环,他找到了在两个给定温度热源的条件下,热机效率的理论极限值.

卡诺

文档:卡诺

卡诺循环是由四个准静态过程所组成的,其中两个是等温过程,两个是绝热过程.卡诺循环对工作物质是没有规定的,为方便讨论,我们以理想气体为工作物质.如图 5-26(a)所示,曲线AB 和 CD 分别是温度为 T_1 和 T_2 的等温线,曲线 BC 和 DA

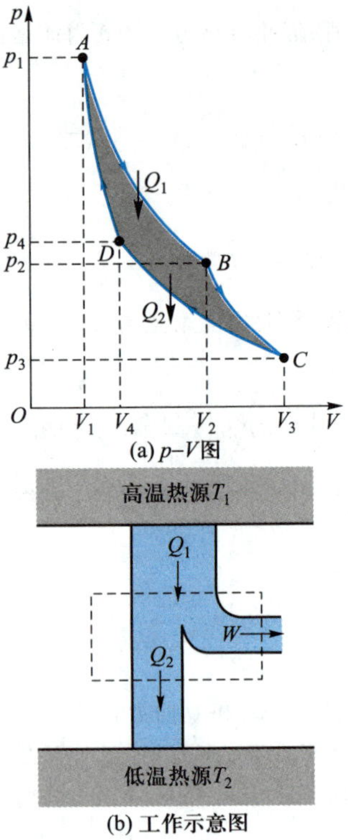

图 5-26 卡诺正循环——卡诺热机

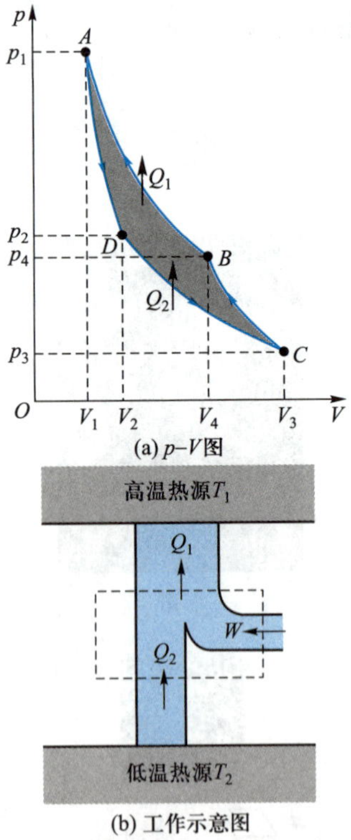

图 5-27 卡诺逆循环——卡诺制冷机

是两条绝热线.若理想气体从点 A 出发,按顺时针方向沿封闭曲线 $ABCDA$ 进行,则这种正循环称为卡诺正循环,又称卡诺热机.

下面分析卡诺正循环的效率.

在 AB 的等温膨胀过程中,气体从温度为 T_1 的高温热源吸收热量 Q_1,则

$$Q_1=\nu RT_1\ln\frac{V_2}{V_1} \tag{5-38}$$

在 CD 的等温压缩过程中,气体向温度为 T_2 的低温热源放出的热量 Q_2,则

$$Q_2=\nu RT_2\ln\frac{V_3}{V_4} \tag{5-39}$$

BC 和 DA 过程都是绝热过程,气体与外界没有热量交换.

由热机效率公式(5-36)

$$\eta=1-\frac{Q_2}{Q_1}$$

由理想气体的绝热方程和物态方程,根据式(5-38)和式(5-39)可得

$$\frac{Q_1}{T_1}=\frac{Q_2}{T_2}$$

将此式代入热机的效率公式,得到理想气体为工作物质的卡诺热机效率为

$$\eta=1-\frac{T_2}{T_1}=\frac{T_1-T_2}{T_1} \tag{5-40}$$

上式表明:要完成一次卡诺循环必须有高温和低温两个热源;若高温热源的温度越高,低温热源的温度越低,则卡诺循环的效率越高.

如图 5-27 所示的由两个绝热过程和两个等温过程组成的卡诺逆循环,即卡诺制冷机.

用类似演算可得卡诺制冷机的制冷系数 e 为

$$e=\frac{Q_2}{Q_1-Q_2}=\frac{T_2}{T_1-T_2} \tag{5-41}$$

例 3

已知某处海洋的表面温度为 20 ℃，海面下 1 km 处海水的温度为 5 ℃.假想在该处，利用海面以下 1 km 范围内存在的温度梯度建一个卡诺热机，(1) 则卡诺热机的效率是多少？(2) 若该卡诺热机的输出功率为 75 MW，则该卡诺热机每小时从海面吸收的能量为多少？

[分析] 这一假想卡诺热机以海面处的海水为高温热源，因此 $T_1=293\ \mathrm{K}$，以海面下 1 km 处的海水为低温热源，$T_2=278\ \mathrm{K}$.利用卡诺热机的效率公式可求得工作效率.

[解答] (1) 由式(5-40)可知，卡诺热机的效率为

$$\eta=1-\frac{T_2}{T_1}=1-\frac{278}{293}=5.12\%$$

(2) 由题意可知，卡诺热机每小时对外做的功为

$$W=Pt=(7.5\times10^7)\times3\ 600\ \mathrm{J}=2.7\times10^{11}\ \mathrm{J}$$

设发电站每小时从海面吸收的能量为 Q_1，则由热机效率的定义式

$$\eta=\frac{W}{Q_1}$$

可得

$$Q_1=\frac{W}{\eta}=\frac{2.7\times10^{11}}{0.051\ 2}\ \mathrm{J}=5.3\times10^{12}\ \mathrm{J}$$

[注意] 虽然卡诺热机的效率并不高(只有 5.12%)，但重要的是所使用的“燃料”(在本例中为海水)基本没有成本，因此这样的系统是环保、有益的，尤其是在传统能源成本高昂或物流难以实施的地区.

[拓展] 假想，如果这个卡诺热机就是一个发电机，其内部结构的主体是什么？计算其效率需要考虑什么转化？

四、热力学第二定律

在 19 世纪初期，蒸汽机已在工业、航海等领域得到了广泛的使用，随着技术水平的提高，蒸汽机的效率也有所增加.但提高热机效率有没有限制呢？能否制造这样一种热机，它可把从单一热源吸收的热量完全用来做功呢？能否制造这样一种制冷机，它可以不需要外界对系统做功，就能使热量从低温物体传递给高温物体呢？这些都是当时在理论上急需解决的问题，但这些问题又不能由热力学第一定律来解决.此外，人们还发现在自然界中不是所有符合热力学第一定律的过程都能发生(如混合后的气体不能自动地分离).这表明，自然界自动进行的过程是有方向性的.为此人们在实践的基础上总结出了一条新的定律，即热力学第二定律.

历史上曾有人试图制造一种循环工作的热机，它只从单一热源吸收热量，并将吸收的热量全部用来做功而不放出热量给低温热源，因而它的效率可达 100%.假如这种机器制造成功，那么该机器就可以从单一热源(如大气或海洋)吸收热量，并把它全部用来做功.这种热机叫做第二类永动机.第二类永动机并不违反热

力学第一定律，即不违反能量守恒定律，因而对人们更具有诱惑性. 人们经过长期的实践认识到，第二类永动机是不可能实现的，并得出了如下的结论：不可能制造出这样一种循环工作的热机，它只从单一热源吸热并对外界做功，而不放出热量给其他物体. 这就是热力学第二定律的开尔文表述. 大家记得，前面曾提醒过不要重犯试图制造第一类永动机的错误，现在更要强调一下，第二类永动机最易引人上当之处，在于人们往往忘记热力学第二定律的告诫，误以为凡是遵守能量守恒的过程就一定能够实现. 我们要牢记：热力学这两条定律都是不容违背的.

应当指出，热力学第二定律的开尔文说法指的是循环工作的热机. 如果工作物质进行的不是循环过程，而是像等温膨胀这样的过程，那么是可以把从单一热源吸收的热量全部用来做功的. 但是，单一的等温膨胀过程并不是循环工作的机器，要用它来持续做功是不现实的.

此外，我们有这样的经验，如果在一个与外界没有能量传递的孤立系统①中，有一个温度为 T_1 的高温物体和一个温度为 T_2 的低温物体，那么，经过一段时间后，整个系统将达到温度为 T（$T_2<T<T_1$）的热平衡状态. 这说明在一个孤立系统中，热量是由高温物体向低温物体传递的. 我们也有这样的经验，就是从未见过在一个孤立系统中低温物体的温度会越来越低，高温物体的温度会越来越高，即热量能自动地由低温物体向高温物体传递. 显然，这一过程也并不违反热力学第一定律，但在实践中确实无法实现. 要使热量由低温物体传递到高温物体（如制冷机），只有依靠外界对它做功才能实现. 人们总结出如下结论：热量不可能从低温物体自动传到高温物体而不引起外界的变化. 这就是热力学第二定律的克劳修斯表述.

文档：热力学第二定律的建立

应当指出，和热力学第一定律一样，热力学第二定律不能从更普遍的定律推导出来，它是大量实验和经验的总结，虽然我们不能直接去验证它的正确性，但它因由其所得出的推论与客观实际相符而得到肯定. 热力学第二定律除开尔文表述和克劳修斯表述外，还有其他一些表述，就不一一列举了. 上面介绍的热力学第二定律的克劳修斯表述和开尔文表述表明，在自然界中，热量的传递和热功之间的转化都是有方向性的. 这个方向性就是：在一个孤立系统中，热量只能自动地从高温物体传递给低温物体，而不能相反进行；在一个循环过程中，功能转化为热量，而热量不能全部转化为功. 自然界中还有不少过程的进行是具有方向性的. 例

① 孤立系统也可以称为不受外界影响的系统，它与外界没有物质和能量的交换.

如两种气体混合时，只能逐渐趋于均匀分布，而不能自动地相反进行，等等.

热力学第二定律的开尔文表述和克劳修斯表述，虽然表述不同，但它们是等效的.即一个表述是正确的，另一个表述也必然是正确的；一个表述不成立，另一个表述也必然不成立①.

本节练习

1. 练习 1 图中(A)、(B)、(C)、(D)分别表示某人设想的理想气体的四个循环过程.物理上可能实现的循环过程为(　　).

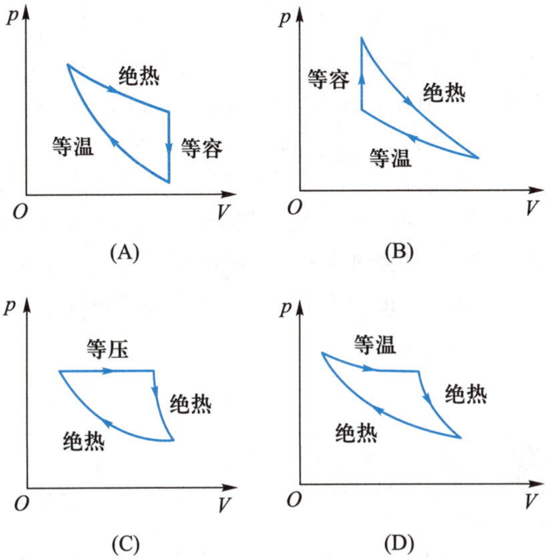

练习 1 图

2. 根据热力学第二定律可知，下列说法正确的是(　　).

(A) 功可以全部转化为热，但热不能全部转化为功

(B) 热量可以从高温物体传到低温物体，但不能从低温物体传到高温物体

(C) 凡是遵守热力学第一定律的过程就一定能够实现

(D) 热力学第二定律的两种说法是等效的

3. 一理想卡诺热机在温度分别为 300 K 和 400 K 的两个热源之间工作.若把高温热源的温度提高 100 K，则其效率可提高为原来的________倍.

① 可参阅马文蔚等改编《物理学》(第七版)下册 255 页，高等教育出版社，2020 年.

*5-8 熵 熵增加原理

一、可逆过程与不可逆过程

热力学过程具有方向性，为了研究热力学过程方向性的问题，有必要引入可逆过程和不可逆过程的概念.

可逆过程和不可逆过程的定义如下：在系统状态变化过程中，如果逆过程能重复正过程的每一状态，而且不引起其他变化，这样的过程叫做可逆过程；反之，在不引起其他变化的条件下，不能使逆过程重复正过程的每一状态，或者虽然重复但会引起其他变化，这样的过程叫做不可逆过程.

实现可逆过程的条件是什么呢？只有系统的状态变化过程是无限缓慢进行的准静态过程，而且在过程进行中没有能量耗散效应，这时系统所经历的过程才是可逆过程；否则，该过程就是不可逆过程.

不可逆过程在自然界中是普遍存在的，而可逆过程是理想的，是实际过程的近似.本章所讨论的热力学过程除特别指明外，都视为可逆过程.

在自然界中不可逆过程的例子是很多的.除前面讲过的热功转化、热传导外，气体的扩散、水的汽化、固体的升华等都是不可逆过程.生命科学里的生长与衰老也都是不可逆过程.

二、熵

热力学第二定律指明，一切涉及热现象的过程不仅必须满足能量守恒，并且具有方向性和局限性，即指出了自然界的自发过程都是不可逆过程.为了更方便地判别孤立系统中过程进行的方向，我们引入一个新的态函数——熵，并用熵的变化把系统中实际过程进行的方向表示出来，这就是熵增加原理.

克劳修斯

文档：克劳修斯

克劳修斯（Rudolf Clausius，1822—1888），德国理论物理学家.他对热力学理论有杰出贡献，曾提出热力学第二定律的克劳修斯表述.为了说明不可逆过程，他提出了一个新的概念——熵，并得出孤立系统的熵增加原理.他还是气体动理论的创始人之一.他提出统计概念和自由程概念，并导出平均自由程公式.他还利用统计概念导出气体压强公式，提出比范德瓦耳斯方程更普遍的气体物态方程.

卡诺提出，工作在两个热源（高温热源的温度为 T_1，低温热源的温度为 T_2）之间的所有可逆机的效率都相等，如其中有一可逆卡诺热机，则有

$$\eta=\frac{Q_1-|Q_2|}{Q_1}=\frac{T_1-T_2}{T_1}$$

得

$$\frac{Q_1}{T_1}=\frac{|Q_2|}{T_2}$$

式中 Q_1 为系统吸收的热量，$Q_2(<0)$ 为系统放出的热量.上式可写为

$$\frac{Q_1}{T_1}+\frac{Q_2}{T_2}=0 \tag{5-42}$$

式中 Q_1/T_1 和 Q_2/T_2 分别为在等温膨胀和等温压缩过程中吸收和放出的热量与热源温度的比值，称为热温比.这样式(5-42)就表明，在可逆卡诺循环中，系统经历一个循环后，其热温比的总和为零.上述结论虽是从研究可逆卡诺循环时得出的，但它对任意可逆循环都适用，因而具有普遍性.

如图 5-28 所示的任意可逆循环，都可以看成是由许多小可逆卡诺循环所组成的.这样，可逆循环的热温比近似等于所有小卡诺循环热温比之和，并为零，即

$$\sum_{i=1}^{n}\frac{Q_i}{T_i}=0 \tag{5-43}$$

当小可逆卡诺循环无限变窄，即小卡诺循环的数目无限多时，式(5-43)中的 $n\to\infty$，此时求和可用积分来替代，有

$$\oint\frac{\mathrm{d}Q}{T}=0 \tag{5-44}$$

式中 $\mathrm{d}Q$ 为系统从温度为 T 的热源中吸收的热量.式(5-44)表明，系统经历任意可逆循环过程一周后，其热温比之和为零.式(5-44)也称为克劳修斯等式.

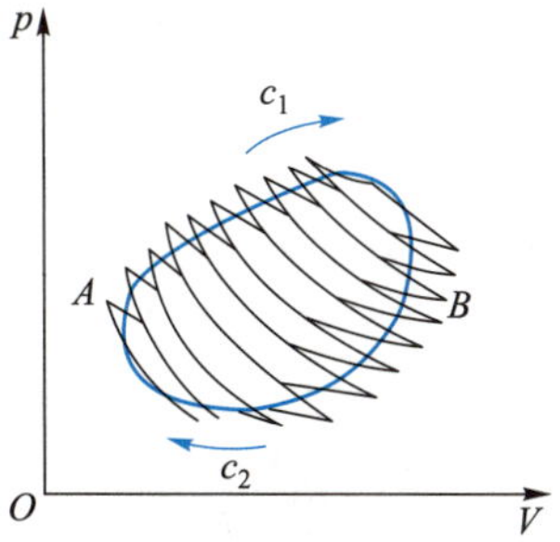

图 5-28 任意可逆循环可看作由许多个可逆卡诺循环组成

在如图 5-29 所示的可逆循环中有两个状态 A 和 B.这个可逆循环可分为 Ac_1B 和 Bc_2A 两个可逆过程.由式(5-44)有

$$\oint\frac{\mathrm{d}Q}{T}=\int_{Ac_1B}\frac{\mathrm{d}Q}{T}+\int_{Bc_2A}\frac{\mathrm{d}Q}{T}=0 \tag{5-45}$$

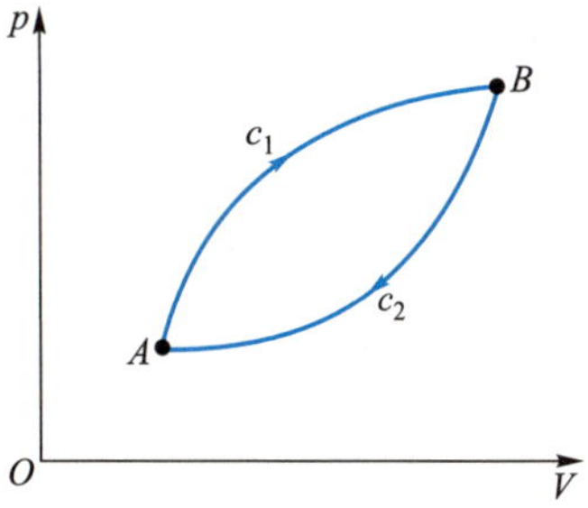

图 5-29 熵

由于上述每一过程都是可逆的，故正逆过程热温比的值相等但反号，有

$$\int_{Bc_2A}\frac{\mathrm{d}Q}{T}=-\int_{Ac_2B}\frac{\mathrm{d}Q}{T}$$

于是式(5-45)可写为

$$\int_{Ac_1B}\frac{\mathrm{d}Q}{T}=\int_{Ac_2B}\frac{\mathrm{d}Q}{T} \tag{5-46}$$

这个结果表明，系统从状态 A 到达状态 B，无论经历哪一个可逆过程，热温比 $\mathrm{d}Q/T$ 的积分都是相等的.这就是说，沿可逆过程的 $\mathrm{d}Q/T$ 的积分，只取决于始、末两态，而与过程无关.对此，比照第 5-5 节关于定义内能的思路，我们可以认为，上述结果表明存在一个新的态函数，这个态函数在始、末两态 A、B 间的增量为一确定值，等于这两平衡态之间任意一个可逆过程的热温比 $\mathrm{d}Q/T$ 的积分，而与什么样的具体过程无关.这个态函数叫做熵 S，它是克劳修斯于 1854 年发现，并于 1865 年予以命名的.于是，由式(5-46)有

$$S_B-S_A=\int_A^B\frac{\mathrm{d}Q}{T}\quad(\text{可逆过程}) \tag{5-47a}$$

式中 S_A 和 S_B 分别表示系统在状态 A 和状态 B 的熵.上式表明:在热力学过程中,任一热力学系统从始态 A 变化到末态 B 时,系统熵的增量等于始态 A 和末态 B 之间任意可逆过程热温比 dQ/T 的积分.熵的单位名称是焦耳每开尔文,符号是 $J \cdot K^{-1}$.

若系统经无限小的可逆过程,则有

$$dS=\frac{dQ}{T} \tag{5-47b}$$

三、熵增加原理

通过对熵变的计算可得,孤立系统在进行任何不可逆过程时,系统的熵要增加的结论,即

$$\Delta S>0 \quad (\text{孤立系统中的不可逆过程}) \tag{5-48}$$

那么,在孤立系统中可逆过程的熵变又是如何呢?由于孤立系统与外界之间没有能量传递,孤立系统中发生的过程,当然也是绝热的,即 $dQ=0$.因此,由式(5-47b)可知,孤立系统中的可逆过程,其熵应该保持不变,即

$$\Delta S=0 \quad (\text{孤立系统中的可逆过程}) \tag{5-49}$$

于是我们把式(5-48)和式(5-49)合并为一个式子,有

$$\Delta S \geqslant 0 \tag{5-50}$$

上式可适用于孤立系统中的任意过程.当取">"号时,用于不可逆过程;当取"="号时,用于可逆过程.式(5-50)叫做熵增加原理.它表明,孤立系统中的可逆过程的熵不变;孤立系统中的不可逆过程的熵要增加.因此,若一个孤立系统开始时处于非平衡态(如系统内部各处的温度不同、气体密度不同等),后来逐渐向平衡态过渡,则在此过程中熵要增加,最后当系统达到平衡态时(如系统内部各处的温度均匀、气体密度均匀等),系统的熵达到最大值.此后,如果系统的平衡状态不被破坏,系统的熵将保持不变.孤立系统中非平衡态向平衡态过渡的过程为不可逆过程.所以说,孤立系统中的不可逆过程总是朝着熵增加的方向进行,直到达到熵的最大值.因此,用熵增加原理可判断过程进行的方向和限度.

应当强调指出,熵增加原理是有条件的,它只对孤立系统才成立.

根据热力学第二定律的表述和熵增加原理的表述,可以看到它们对宏观热现象进行的方向和限度的叙述是等效的.不过,熵增加原理是把热现象中不可逆过程进行的方向和限度,用简明的数量关系表达出来了,尽管这种表达只限于对孤立系统而言.

视频:熵与绝热去磁

四、玻耳兹曼关系式——热力学第二定律的统计意义

上面我们从宏观方面出发，讨论了描述热力学过程方向性的熵增加原理.下面我们将从玻耳兹曼关系式来简述热力学第二定律的统计意义，从而加深对熵和熵增加原理的理解.

从微观观点来看，无论是不同温度的液体之间的混合，还是温度不均匀的物体的热传导，它们的熵总是增加的.也就是说，在孤立系统中，温度总是由不均匀趋向于均匀，正如朝某方向喷洒的香水总会弥散到整个房间那样，由不均匀趋于均匀，从有序趋于无序.显然，熵增加的过程是系统从有序趋于无序的过程.那么，怎样把系统的熵和无序度定量地联系起来呢？玻耳兹曼认为，系统的无序度可用系统的微观状态数 W 或热力学概率来描述，并提出热力学熵 S 与系统的微观状态数 W 之间的关系为

$$S=k\ln W \tag{5-51}$$

上式称为玻耳兹曼关系式，式中 k 为玻耳兹曼常量.

玻耳兹曼

文档：玻耳兹曼

下面我们通过在孤立系统中气体扩散的例子，介绍系统的微观状态数 W 的概念，以及应用玻耳兹曼关系式(5-51)来讨论气体扩散过程中熵增加的问题，从而理解热力学第二定律的统计意义.

在图 5-30 所示的孤立容器内，一隔板把体积 V_2 分为 A、B 两部分.开始时，A 部分体积 V_1 内有 N 个理想气体分子，余下 B 部分的体积内为真空.为确定分子处在 V_1 内的位置，设想将容器分为许多小格子，每个小格子的体积为 τ，这样，在 V_1 内就有 V_1/τ 个格子.分子处于不同的格子里就表示分子不同的微观态.我们假设分子处在诸多格子中任意一个格子的概率是相等的①，并认为分子处于某一个格子里就表示分子的一个微观状态，那么，一个分子在 V_1 内就有 $V_1/\tau=\omega_1$ 个微观状态数.于是，N 个分子在体积为 V_1 的容器内将有 $W_1=\omega_1^N=(V_1/\tau)^N$ 个微观状态数.显然，当把隔板抽出以后，N 个气体分子将分布在体积为 V_2 的整个容器内，这时 N 个分子在 V_2 内的微观状态数就为 $W_2=\omega_2^N=(V_2/\tau)^N$.

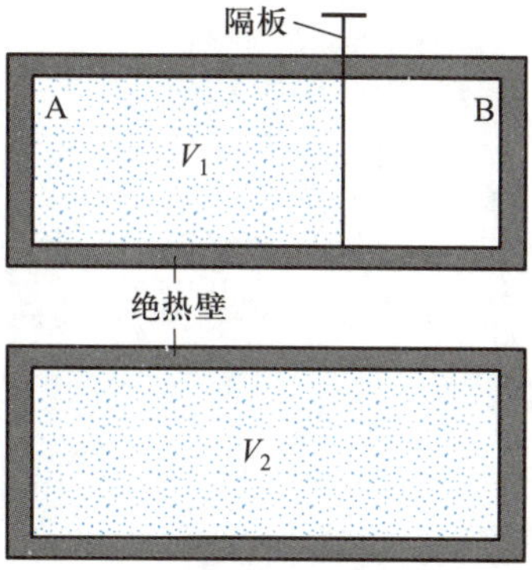

图 5-30 理想气体的绝热自由膨胀

由玻耳兹曼关系式(5-51)可得，N 个分子均匀分布在 V_1 内的熵为

$$S_1=k\ln W_1=k\ln(V_1/\tau)^N \tag{5-52}$$

把隔板抽出以后，N 个气体分子均匀分布在体积为 V_2 的整个容器内的熵为

$$S_2=k\ln W_2=k\ln(V_2/\tau)^N \tag{5-53}$$

这样，N 个气体分子从体积为 V_1 自由膨胀到体积为 V_2 的过程中，增加的熵为

$$S_2-S_1=k\ln(V_2/\tau)^N-k\ln(V_1/\tau)^N$$

① 这是统计力学的一条基本假设，也称为微观态等概率原理，它是由玻耳兹曼最先提出的.

$$=kN\ln V_2-kN\ln V_1=kN\ln\frac{V_2}{V_1}>0$$

因为 $N=\nu N_A$，$R=kN_A$，所以上式亦可写成

$$S_2-S_1=\nu R\ln\frac{V_2}{V_1}>0 \qquad (5-54)$$

可见，理想气体在自由膨胀的过程中，系统的热力学概率由 W_1 增加到 W_2，即 $W_2>W_1$. 在此过程中，系统的熵亦由 S_1 增加到 S_2. 因此可以说，孤立系统熵增加的过程是系统的热力学概率增大的过程，是系统从非平衡态趋于平衡态的过程，是系统无序度加大的过程，是一个宏观的不可逆过程.

上述结论虽是从理想气体的绝热自由膨胀过程得出的，但对孤立系统中其他的不可逆过程都是适用的. 从上述结论可以知道，玻耳兹曼关系式的重要意义在于把宏观量熵和微观量热力学概率联系了起来，从而对熵增加原理和热力学第二定律给予了统计解释. 劳厄对玻耳兹曼的贡献给予极高评价："熵与概率之间的联系是物理学最深刻的思想之一."

图 5-31　在维也纳大学校园里的玻耳兹曼墓碑

为了纪念玻耳兹曼的卓越贡献，他的墓碑（图 5-31）上虽没有惯用的墓志铭以记述他的功绩，却寓意隽永地刻着 $S=k\log W$①. 这表达了人们对玻耳兹曼的深深怀念和敬意.

章首问题答案

作为粗略估算，可将原子弹爆炸后"火球"的扩大过程视作空气的绝热膨胀. 根据绝热方程式（5-35），有

$$p_1V_1^{\gamma}=p_2V_2^{\gamma}$$

将理想气体物态方程 $pV=\nu RT$ 代入上式，得绝热方程的另一形式，有

$$V_1^{\gamma-1}T_1=V_2^{\gamma-1}T_2$$

将球体体积 $V_1=\frac{4}{3}\pi R_1^3$，$V_2=\frac{4}{3}\pi R_2^3$ 代入上式，空气作为刚性双原子分子，$\gamma=\frac{C_{p,m}}{C_{V,m}}=\frac{7}{5}$，则

$$T_2=\left(\frac{R_1}{R_2}\right)^{\frac{6}{5}}T_1$$

将已知数据 $T_1=3\times10^5$ K，$R_1=15$ m，$R_2=1\ 500$ m 代入上式，得

$$T_2\approx1.2\times10^3\ \text{K}$$

可见，在"火球"半径达到 1 500 m 时，其温度仍高达 1 200 K.

用普通温度计不能测量这种高温，因为普通温度计是接触型的，要通过与待测物体的接触引起热量传递而读出温度，而且普通温度计所用玻璃在这种异常高温下会熔化. 可用非接触红外线温度计（又叫测温枪）来测量，它是通过光学方法测定物体的辐射能，进而得知物体的温度.

复习自测题

① 现今玻耳兹曼关系式的形式是式（5-51），而不是墓碑上的形式.

总　结

- 气体动理论和热力学
  - 气体动理论
    - 理想气体物态方程 $pV=\frac{m'}{M}RT$ 或 $p=nkT$
    - 气体分子热运动的统计规律
      - 速率分布函数 $f(v)=\frac{\mathrm{d}N}{N\mathrm{d}v}$
      - 三种速率
        - 方均根速率 $\sqrt{\overline{v^2}}=\sqrt{\frac{3RT}{M}}=\sqrt{\frac{3kT}{m}}$
        - 平均速率 $\bar{v}=\sqrt{\frac{8RT}{\pi M}}=\sqrt{\frac{8kT}{\pi m}}$
        - 最概然速率 $v_p=\sqrt{\frac{2RT}{M}}=\sqrt{\frac{2kT}{m}}$
      - 平均碰撞频率和平均自由程
        - 平均碰撞频率 $\bar{Z}=\sqrt{2}\pi d^2\bar{v}n$
        - 平均自由程 $\bar{\lambda}=\frac{\bar{v}}{\bar{Z}}=\frac{1}{\sqrt{2}\pi d^2 n}$
    - 理想气体压强公式和温度公式
      - 压强公式 $p=\frac{2}{3}n\overline{\varepsilon_k}$
      - 温度公式 $\overline{\varepsilon_k}=\frac{3}{2}kT$
    - 理想气体内能
      - 能量均分定理 $\bar{\varepsilon}=\frac{i}{2}kT$
      - 理想气体内能 $E=\frac{m'}{M}\frac{i}{2}RT$，$\mathrm{d}E=\frac{m'}{M}\frac{i}{2}R\mathrm{d}T$
  - 热力学基础
    - 准静态过程
    - 热力学第一定律 $Q=W+\Delta E$，$\mathrm{d}Q=\mathrm{d}W+\mathrm{d}E$
      - 等容过程 $\frac{p}{T}=$ 常量，$\Delta E=\nu C_{V,m}(T_2-T_1)$，$W=0$，$Q=\nu C_{V,m}(T_2-T_1)$
      - 等压过程 $\frac{V}{T}=$ 常量，$\Delta E=\nu C_{V,m}(T_2-T_1)$，$W=p(V_2-V_1)$，$Q=\nu C_{p,m}(T_2-T_1)$
      - 等温过程 $pV=$ 常量，$\Delta E=0$，$W=\nu RT\ln\frac{V_2}{V_1}$，$Q=\nu RT\ln\frac{V_2}{V_1}$
      - 绝热过程 $pV^{\gamma}=$ 常量，$\Delta E=\nu C_{V,m}(T_2-T_1)$，$W=-\nu C_{V,m}(T_2-T_1)=\frac{p_1V_1-p_2V_2}{\gamma-1}$，$Q=0$
      - 摩尔热容
        - 摩尔定容热容 $C_{V,m}=\frac{\mathrm{d}Q_{V,m}}{\mathrm{d}T}=\frac{i}{2}R$
        - 摩尔定压热容 $C_{p,m}=\frac{\mathrm{d}Q_{p,m}}{\mathrm{d}T}=\frac{i+2}{2}R$
    - 循环过程
      - 正循环——热机 $\eta=\frac{W}{Q_1}=1-\frac{Q_2}{Q_1}$
      - 负循环——制冷机 $e=\frac{Q_2}{W}=\frac{Q_2}{Q_1-Q_2}$
      - 卡诺循环
        - 卡诺热机 $\eta=1-\frac{T_2}{T_1}$
        - 卡诺制冷机 $e=\frac{T_2}{T_1-T_2}$
    - 热力学第二定律
      - 开尔文表述
      - 克劳修斯表述

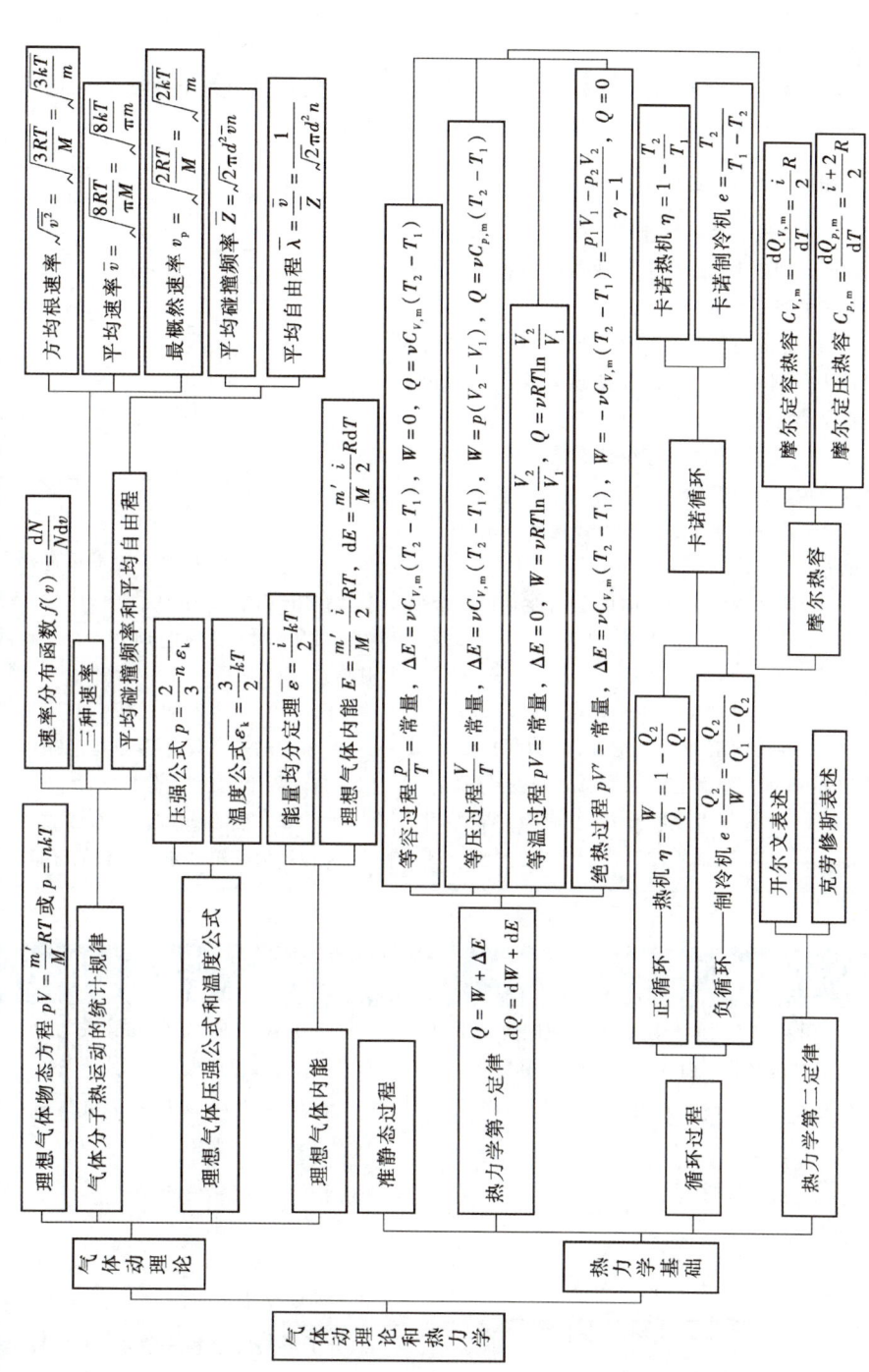

问题

5-1 气体在平衡态时有何特征？这时气体分子有热运动吗？

5-2 速率分布函数 $f(v)$ 的物理意义是什么？试说明下列各式的物理意义：(1) $f(v)\mathrm{d}v$；(2) $Nf(v)\mathrm{d}v$；(3) $\int_{v_1}^{v_2} f(v)\mathrm{d}v$；(4) $\int_{v_1}^{v_2} Nf(v)\mathrm{d}v$.

5-3 气体分子的平均速率可达到几百米每秒，那么，为什么在房间内打开一汽油瓶的瓶塞后，需隔一段时间才能闻到汽油味？

5-4 一定量的气体，体积不变，当温度升高时，分子运动得更剧烈，因而平均碰撞频率增大.试问：平均自由程是否也因此而减小？

5-5 为什么说温度具有统计意义？讲一个分子具有多少温度，有意义吗？

5-6 宏观量压强 p 是由哪个微观量的统计平均值决定的？

5-7 若某气体分子的自由度是 i，能否说每个分子的能量都等于$\dfrac{i}{2}kT$？

5-8 为什么理想气体的内能仅是温度的函数？

5-9 从改变内能的效果来说，做功和传递热量是等效的，但又如何理解它们在本质上的差异呢？

5-10 一系统能否吸收热量，仅使其内能变化？一系统能否吸收热量，而不使其内能变化？

5-11 在一巨大的容器内，储满温度与室温相同的水.容器底部有一小气泡缓缓上升，逐渐变大，这是什么过程？在气泡上升过程中，泡内气体是吸热还是放热？

5-12 同一种理想气体的摩尔定压热容 $C_{p,\mathrm{m}}$ 大于摩尔定容热容 $C_{V,\mathrm{m}}$，其原因是什么？

5-13 如图所示，有三个循环过程，指出每一循环过程中系统对外界所做的功是正的、负的，还是零，说明理由.

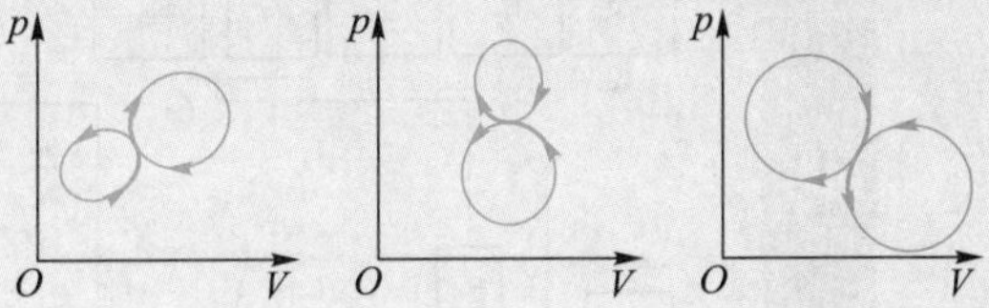

问题 5-13 图

5-14 有人说，因为在循环过程中系统对外做的净功在数值上等于 p-V 图中封闭曲线所包围的面积，所以封闭曲线包围的面积越大，循环效率就越高，对吗？

5-15 自然界的过程都遵守能量守恒定律，那么，作为它的逆定理："遵守能量守恒定律的过程都可以在自然界中出现"，能否成立？

5-16 等温膨胀时，系统吸收的热量全部用来做功，这和热力学第二定律有没有矛盾？

习题

5-1 图示两条曲线分别表示在相同温度下氧气和氢气分子的速率分布曲线.如果 $(v_\mathrm{p})_{\mathrm{O}_2}$ 和 $(v_\mathrm{p})_{\mathrm{H}_2}$ 分别表示氧气和氢气的最概然速率，则(　　).

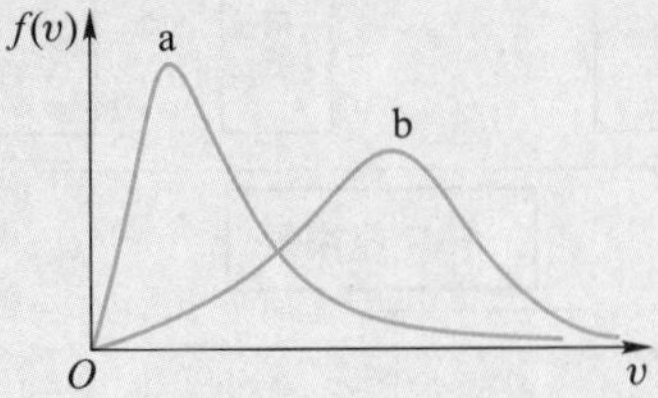

习题 5-1 图

(A) 图中曲线 a 表示氧气分子的速率分布且 $(v_\mathrm{p})_{\mathrm{O}_2}/(v_\mathrm{p})_{\mathrm{H}_2}=4$

(B) 图中曲线 a 表示氧气分子的速率分布且 $(v_\mathrm{p})_{\mathrm{O}_2}/(v_\mathrm{p})_{\mathrm{H}_2}=1/4$

(C) 图中曲线 b 表示氧气分子的速率分布且 $(v_\mathrm{p})_{\mathrm{O}_2}/(v_\mathrm{p})_{\mathrm{H}_2}=1/4$

(D) 图中曲线 b 表示氧气分子的速率分布且 $(v_\mathrm{p})_{\mathrm{O}_2}/(v_\mathrm{p})_{\mathrm{H}_2}=4$

5-2 在一个体积不变的容器中，储有一定量的某种理想气体，温度为 T_0 时，气体分子的平均速率为 $\bar{v}_0$，分子平均碰撞频率为 $\bar{Z}_0$，平均自由程为 $\bar{\lambda}_0$.当气体温度升高为 $4T_0$ 时，气体分子的平均速率 $\bar{v}$、平均碰撞频率 $\bar{Z}$ 和平均自由程 $\bar{\lambda}$ 分别为(　　).

(A) $\overline{v}=4\overline{v}_0,\overline{Z}=4\overline{Z}_0,\overline{\lambda}=4\overline{\lambda}_0$

(B) $\overline{v}=2\overline{v}_0,\overline{Z}=2\overline{Z}_0,\overline{\lambda}=\overline{\lambda}_0$

(C) $\overline{v}=2\overline{v}_0,\overline{Z}=2\overline{Z}_0,\overline{\lambda}=4\overline{\lambda}_0$

(D) $\overline{v}=4\overline{v}_0,\overline{Z}=2\overline{Z}_0,\overline{\lambda}=\overline{\lambda}_0$

5-3 处于平衡状态的一瓶氦气和一瓶氮气的分子数密度相同，分子的平均平动动能也相同，则它们的(　　).

(A) 温度、压强均不相同

(B) 温度相同，但氦气压强大于氮气的压强

(C) 温度、压强都相同

(D) 温度相同，但氦气压强小于氮气的压强

5-4 一系统从外界吸收一定的热量，则(　　).

(A) 系统的内能一定增加

(B) 系统的内能一定减少

(C) 系统的内能一定保持不变

(D) 系统的内能可能增加，也可能减少或保持不变

5-5 两个相同的刚性容器，一个储有氢气，一个储有氦气(均视为刚性分子理想气体).开始时它们的压强和温度都相同，现将 3 J 热量传给氦气，使之升高到一定的温度.若使氢气也升高同样的温度，则应向氢气传递的热量为(　　).

(A) 6 J　　(B) 3 J

(C) 5 J　　(D) 10 J

5-6 一定量的理想气体分别经过等压、等温和绝热过程从体积 V_1 膨胀到体积 V_2，如图所示，则下述正确的是(　　).

(A) $A\to C$ 吸热最多，内能增加

(B) $A\to D$ 内能增加，做功最少

(C) $A\to B$ 吸热最多，内能不变

(D) $A\to C$ 对外做功，内能不变

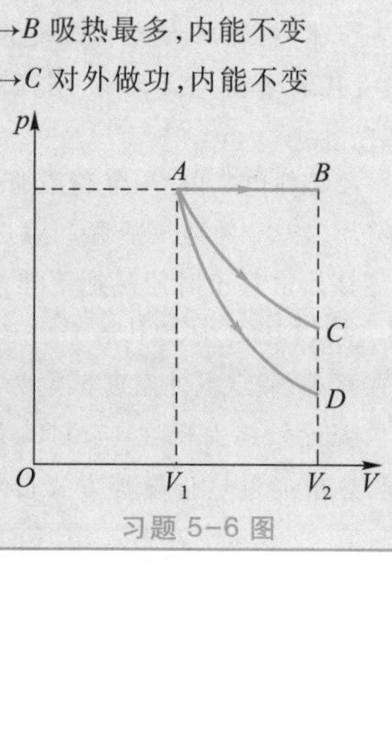

习题 5-6 图

5-7 一台工作于温度为 327 ℃ 的高温热源和温度为 27 ℃ 的低温热源之间的卡诺热机，每经历一个循环吸热2 000 J，则对外做功(　　).

(A) 2 000 J　　(B) 1 000 J

(C) 4 000 J　　(D) 500 J

*5-8 有 N 个质量均为 m 的同种气体分子，它们的速率分布如图所示.(1) 说明曲线与横坐标所包围面积的含义；(2) 由 N 和 v_0 求 a 值；(3) 求速率在 $v_0/2$ 到 $3v_0/2$ 间隔内的分子数；(4) 求分子的平均平动动能.

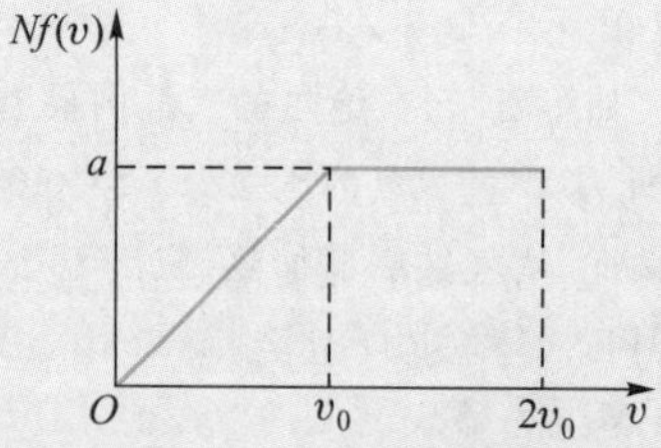

习题 5-8 图

5-9 在标准状况下，1 cm^3 氮气中有多少个氮分子？氮分子的平均速率为多少？平均碰撞频率为多少？平均自由程为多少？(已知氮分子的有效直径 $d=3.76\times10^{-10}$ m.)

5-10 一容器内储有氧气，其压强为 1.01×10^5 Pa，温度为 27.0 ℃，求：(1) 气体分子的数密度；(2) 氧气的密度；(3) 分子的平均平动动能.

5-11 当温度为 0 ℃ 时，可将气体分子视为刚性分子，求在此温度下：(1) 氧分子的平均平动动能和平均转动动能；(2) 4.0×10^{-3} kg 氧气的内能；(3) 4.0×10^{-3} kg 氦气的内能.

5-12 在容积为 2.0×10^{-3} m^3 的容器中，有内能为 6.75×10^2 J 的某刚性双原子分子理想气体.(1) 求气体的压强；(2) 若容器中分子总数为 5.4×10^{22} 个，求气体的温度.

5-13 容积为 1 m^3 的容器储有 1 mol 氧气，其以 $v=10\ m\cdot s^{-1}$ 的速度运动，设容器突然停止，其中氧气的 80% 的机械运动动能转化为气体分子的热运动动能，则气体的温度及压强各升高了多少？

5-14 位于委内瑞拉的安赫尔瀑布是世界上落差最大的瀑布，高 979 m.如果在水下落过程中，重力对它所做的功中有 50% 转化为热量使水温升高，求瀑布顶部与底部的温差.(水的比热容为 $4.18\times10^3\ J\cdot kg^{-1}\cdot K^{-1}$.)

5-15 如图所示，1 mol 氦气由状态 $A(p_1,V_1)$ 沿直线变到状态 $B(p_2,V_2)$，求此过程中内能的变化量、对外做的功、吸收的热量.

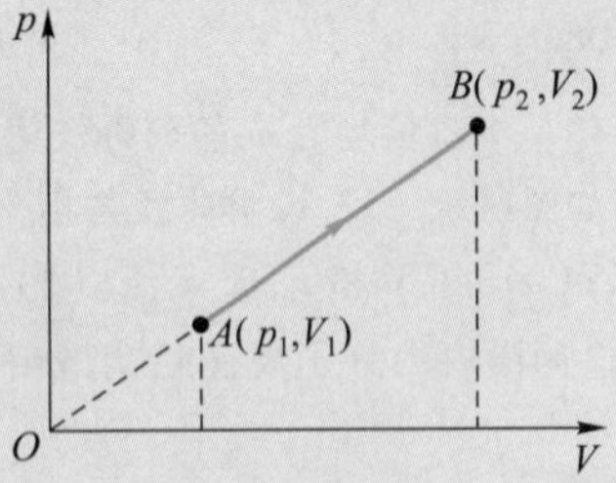

习题 5-15 图

5-16 如图所示，在绝热的气缸内储有 1 mol 的氦气，活塞外为大气，氦气的压强为 1.51×10^5 Pa，活塞面积为 0.02 m^2.从气缸底部加热，使活塞缓慢上升了 0.5 m.问：(1) 气体经历了什么过程？(2) 气缸中的气体吸收了多少热量？

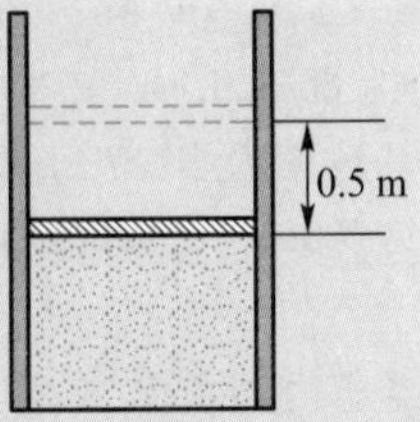

习题 5-16 图

5-17 一压强为 1.0×10^5 Pa、体积为 1.0×10^{-3} m^3 的氧气自 0 ℃ 被加热到 100 ℃，问：(1) 当压强不变时，需要多少热量？当体积不变时，需要多少热量？(2) 在等压或等容过程中氧气各做了多少功？

5-18 如图所示，系统从状态 A 沿 ABC 变化到状态 C 的过程中，外界有 326 J 的热量传递给系统，同时系统对外做功 126 J.当系统从状态 C 沿另一曲线 CA 回到状态 A 时，外界对系统做功 52 J，那么此过程中系统是吸热还是放热？传递的热量是多少？

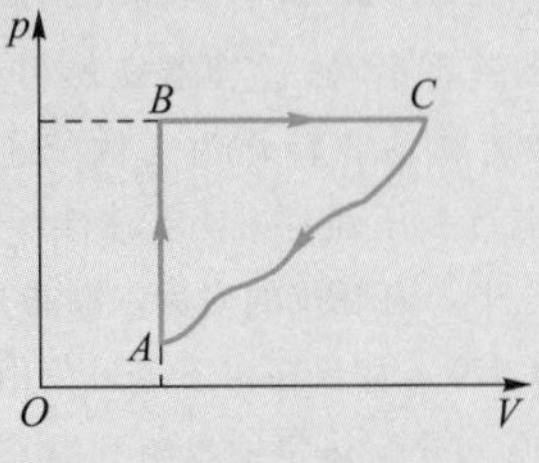

习题 5-18 图

5-19 将体积为 1.0×10^{-4} m^3、压强为 1.01×10^5 Pa 的氢气绝热压缩，使其体积变为 2.0×10^{-5} m^3，求在此过程中气体所做的功.

5-20 如图所示，$abcda$ 为 1 mol 单原子分子理想气体的循环过程.ab、cd 为等压过程.已知 $p_a=2.026\times10^5$ Pa，$V_a=1\times10^{-3}$ m^3，$p_c=1.013\times10^5$ Pa，$V_c=2.0\times10^{-3}$ m^3.气体循环一次时，(1) 求气体对外所做的净功；(2) 求气体从外界吸收的热量 Q；(3) 求此循环的效率.

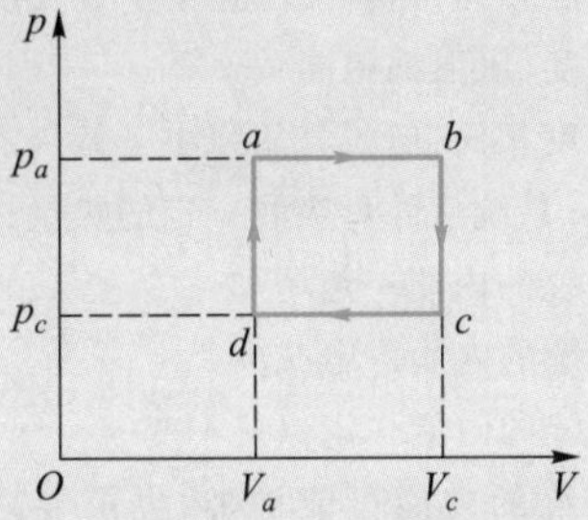

习题 5-20 图

5-21 1 mol 单原子分子理想气体的循环过程如图所示，其中，ca 为等温线，c 点温度 $T_c=600$ K.试求：(1) ab、bc、ca 各个过程中系统吸收的热量；(2) 经此循环过程系统所做的净功；(3) 此循环的效率.

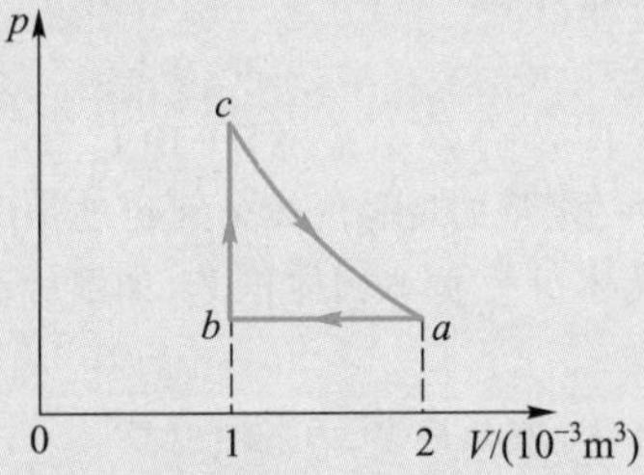

习题 5-21 图

5-22 一卡诺热机的低温热源温度为 7 ℃，效率为 40%，若要将其效率提高到 50%，则高温热源的温度需提高多少？

5-23 一小型热电厂内，一台利用地热发电的热机工作于温度为 227 ℃ 的地下热源和温度为27 ℃ 的地表之间.假定该热机每小时能从地下热源获取 1.8×10^{11} J 的热量，试从理论上计算其最大功率.

5-24 在夏季，假定室外温度恒定为 37.0 ℃，启动空调使室内温度始终保持在 17.0 ℃.如果每天有 2.51×10^8 J 的热量通过热传导等方式自室外流入室内,则空调一天耗电多少?(设该空调制冷机的制冷系数为同条件下的卡诺制冷机制冷系数的60%.)

5-25 一颗质量为 $m=10$ g 的子弹以 $v=1.2\times10^{3}$ m·s^{-1} 的速度嵌入一棵大树(温度为 $T=15$ ℃)的树干中.假设子弹的动能全部转化为热能,并全部被树干吸收,求树的熵变.

习题答案

第六章　静　电　场

预习自测题

知识图谱

电磁运动是物质的又一种基本运动形式.电磁相互作用是自然界已知的四种基本相互作用之一,也是人们认识得较深入的一种相互作用.在日常生活和生产活动中,在对物质结构的深入认识过程中,都要涉及电磁运动.因此,理解和掌握电磁运动的基本规律,在理论上和实践上都有极重要的意义.

一般来说,运动电荷将同时激发电场和磁场,电场和磁场是相互关联的.但是,在某种情况下,例如当我们所研究的电荷相对某参考系静止时,电荷在这个静止参考系中就只激发电场,而无磁场.这个电场就是本章所要讨论的静电场.实际上,在静电场中总有导体或电介质(绝缘体)存在,而且在静电的应用中也都要涉及导体和电介质的影响,本章讨论静电场中的导体特性,但只在电容器内容中略提电介质对电容的影响.

本章的主要内容有:静电场的基本定律——库仑定律、静电场的两条基本定理——高斯定理和环路定理、描述静电场的两个基本物理量——电场强度和电势、导体的静电平衡条件、电容、电场能量、电介质对电容的影响等.

章首问题

有一个不带电、开有小孔的绝缘金属壳,如图所示,问:

(1) 将一个带正电的灯草小球放入金属壳内而不与其接触,金属壳上的电荷将如何分布?

(2) 将带正电的小球放入金属壳内后与其接触,金属壳上的电荷将如何分布?

(3) 将带正电的小球放入金属壳内并与其接触后再将小球移出,金属壳上的电荷将如何分布?

(4) 将带正电的小球放入金属壳内并与其接触后将小球移出,再将金属壳接地,金属壳上的电荷分布如何?

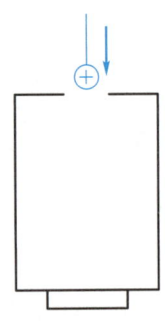

6-1 电场强度

一、电荷

按照原子理论，在每个原子里，电子环绕由中子和质子组成的原子核运动，这些电子的状况可视为如图 6-1 所示的电子云.原子核的线度比电子云的线度要小得多.一般来说，原子核的线度约为 5×10^{-15} m，电子云的线度（即原子的直径）约为 2×10^{-10} m.这就是说，原子的线度约为原子核线度的 10^{5} 倍.原子核中的中子不带电，质子带正电，电子带负电，质子与电子所具有的电荷量（简称电荷）的绝对值是相等的.在正常情况下，每个原子中的电子数与质子数相等，故物体呈电中性，若电子过多，则物体带负电；若是电子不足，则物体带正电.

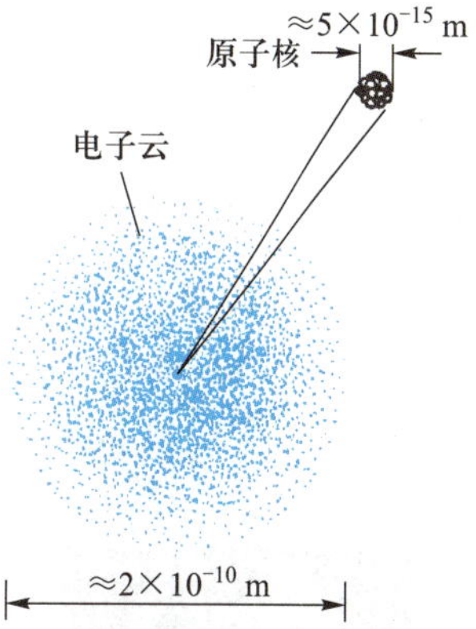

图 6-1 电子云

1. 电荷的量子化

1897 年 J.J.汤姆孙从实验中测量阴极射线粒子的电荷与质量之比时，得出阴极射线粒子的电荷的绝对值与质量之比约为氢离子的 2 000 倍.这种粒子后来被称为电子.因此人们一般认为 J.J.汤姆孙是电子的发现者.电子的电荷的绝对值与质量之比称为电子的荷质比①（e/m_e）.通过数年努力，1913 年 R.A.密立根终于从实验中得出带电体的电荷是“$\pm e$”的整数倍的结论，即 $q=\pm ne$，n 为 1，2，3，….电荷的这种只能取离散的、不连续的量值的性质，叫做电荷的量子化.电子电荷的绝对值 e 称为元电荷，或称为电荷的量子.

电荷的单位名称为库仑，简称库，符号为 C.在通常的计算中，元电荷的近似值为

$$e=1.602\times10^{-19}\ \text{C}$$

现在知道的自然界中的微观粒子，包括电子、质子、中子在内，已有几百种，其中带电粒子所具有的电荷或者是 $+e$、$-e$，或者是它们的整数倍②.因此可以说，电荷量子化是一个普遍的量子化规则.

① 按 2019 年全国科学技术名词审定委员会公布的物理学名词，e/m_e 定名为电子的荷质比.

② 近代物理学从理论上预言：自然界中应该存在电荷为分数$\left(\text{例如}\pm\frac{1}{3}e\text{ 或}\pm\frac{2}{3}e\right)$的粒子，称为夸克，中子和质子等由夸克组成.

2. 电荷守恒定律

前面已指出，在正常状态下，物体是电中性的，物体里正、负电荷的代数和为零.如果在一个系统中有两个电中性的物体，由于某些原因，使一些电子从一个物体移到另一个物体上，则前者带正电，后者带负电，不过两物体正、负电荷的代数和仍为零.总之，不管系统中的电荷如何迁移，系统电荷的代数和保持不变，这就是电荷守恒定律.电荷守恒定律就像能量守恒定律、动量守恒定律和角动量守恒定律那样，也是自然界的基本守恒定律.无论是在宏观领域里，还是在原子、原子核和粒子范围内，电荷守恒定律都是成立的.

二、库仑定律

库仑

文档：库仑

1785 年法国物理学家库仑用扭秤实验测定了两个带电球体之间相互作用的电力.库仑在实验的基础上发现了两个点电荷之间相互作用的规律，即库仑定律①."点电荷"是一个抽象的模型.当两带电体本身的线度 d 比问题中所涉及的距离 r 小得多，即 $d \ll r$ 时，带电体就可近似当成"点电荷".库仑定律的表述为：

在真空中，两个静止的点电荷之间的相互作用力，其大小与它们电荷的乘积成正比，与它们之间距离的二次方成反比；作用力的方向沿着两点电荷的连线，同号电荷相斥，异号电荷相吸.

库仑（Charles Augustin de Coulomb，1736—1806），法国物理学家.他使用自己创制的扭秤发现了电荷间作用力的库仑定律.他通过对滚动和滑动摩擦的实验研究，得出了摩擦定律.

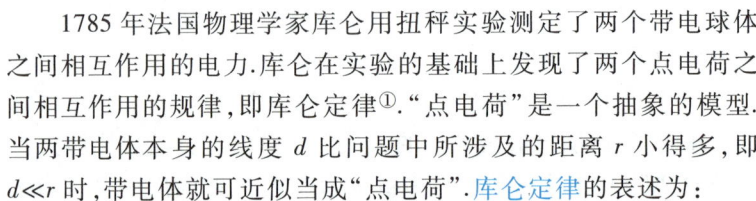

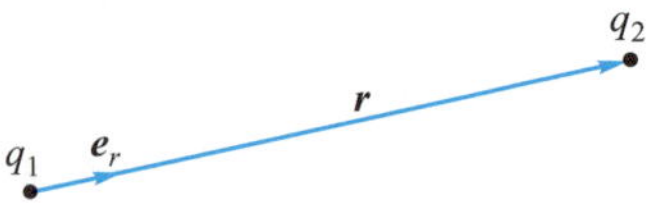

图 6-2 库仑定律

如图 6-2 所示，两个点电荷分别为 q_1 和 q_2，由电荷 q_1 指向电荷 q_2 的矢量用 $\boldsymbol{r}$ 表示.那么，电荷 q_2 受到电荷 q_1 的作用力 $\boldsymbol{F}$ 为

$$\boldsymbol{F}=\frac{1}{4\pi\varepsilon_0}\frac{q_1q_2}{r^2}\boldsymbol{e}_r \tag{6-1}$$

式中 $\boldsymbol{e}_r$ 为从电荷 q_1 指向电荷 q_2 的单位矢量，即 $\boldsymbol{e}_r=\boldsymbol{r}/r$.而 ε_0 叫

① 比库仑的扭秤实验早 12 年的 1773 年，英国物理学家卡文迪什（H.Cavendish，1731—1810）也得出了电荷间作用力的二次方反比定律，但卡文迪什没有发表，直到 1871 年才被麦克斯韦发现而公之于世.关于库仑定律中二次方指数的偏差，即 $2+\delta$ 中 δ 的准确值，则是自卡文迪什、库仑以来，迄今为止许多著名实验室仍在研究的一个课题.1971 年威廉斯等人的实验结果为：指数和 2 的偏差 δ 的上限为 $(2.7\pm3.1)\times10^{-16}$.有关这方面的问题，读者如有兴趣可参阅郭奕玲编《大学物理中的著名实验》之 80 至 87 页，科学出版社，1994 年；马文蔚等编《物理学发展史上的里程碑》之 139 至 145 页，江苏科学技术出版社，1992 年.

做真空电容率①,是电学中常用到的一个物理量.一般计算时,其值为

$$\begin{aligned}\varepsilon_0 &= 8.85\times10^{-12}\ \mathrm{C^2\cdot N^{-1}\cdot m^{-2}}\\ &= 8.85\times10^{-12}\ \mathrm{F\cdot m^{-1}}②\end{aligned}$$

由上式可以看出,当 q_1 和 q_2 同号时,$q_1q_2>0$,q_2 受到斥力作用;当 q_1 和 q_2 异号时,$q_1q_2<0$,q_2 受到引力作用.静止电荷间的电作用力,又称为库仑力.应当指出,两静止点电荷之间的库仑力遵守牛顿第三定律.由于我们所研究的电荷或是静止,或是其速率非常小($v\ll c$),都属于低速运动的情况,牛顿第二定律以及由牛顿第二定律所导出的结论,也都能适用于有库仑力作用的情形.

文档:普利斯特利的猜想

三、电场强度

1. 静电场

任何电荷在其周围都将激发起电场,电荷间的相互作用是通过电场对电荷的作用来实现的.静电场存在于静止电荷的周围,并分布在一定的空间.处于静电场中的电荷要受到电场力的作用,并且当电荷在电场中运动时电场力也要对它做功.针对这两方面的性质我们分别引入电场强度和电势这两个物理量来描述.下面我们先介绍电场强度,电势则在第 6-3 节中介绍.

2. 电场强度

为了表述电场对处于其中的电荷施以作用力的性质,我们把一个试验电荷 q_0 放到电场中不同位置,观察电场对试验电荷 q_0 的作用力的情况.试验电荷必须满足如下要求:① 试验电荷必须是点电荷;② 它的电荷量应足够小,以致把它放进电场中时对原有的电场几乎没有什么影响.为叙述方便,我们取试验电荷为正电荷 $+q_0$③.

如图 6-3 所示,在静止电荷 $+Q$ 周围的静电场中,先后将试验电荷 $+q_0$ 放到电场中 A、B 和 C 三个不同的位置.我们发现,试验电荷 $+q_0$ 在电场中不同位置所受到电场力 $\boldsymbol{F}$ 的大小和方向均不相同.另一方面,就电场中某一点而言,试验电荷 q_0 在该处所受的电场力 $\boldsymbol{F}$ 只与 q_0 的大小有关;但 $\boldsymbol{F}$ 与 q_0 之比,与 q_0 无关,为一不变的矢量.显然,这个不变的矢量只与该处的电场有关,因此该矢

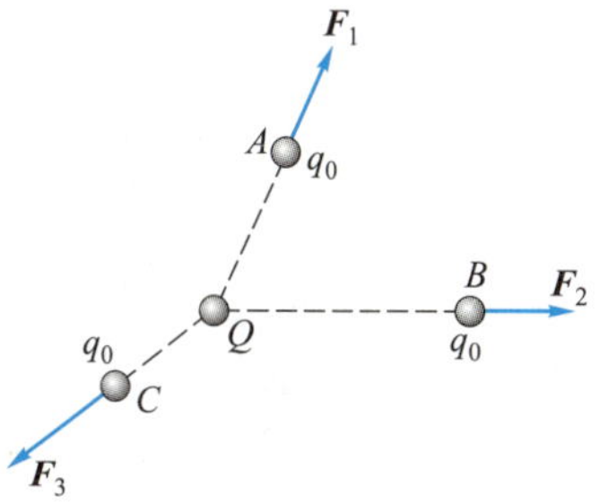

图 6-3 试验电荷在电场中不同位置受电场力的情况

① 2019 年全国科学技术名词审定委员会公布的物理学名词,ε_0 又称真空介电常量(为不推荐用名).

② 其中 F 是电容的单位名称法拉的符号.

③ 试验电荷也可取负电荷,负试验电荷在电场中的受力方向与正试验电荷的受力方向相反.本书提到的试验电荷都指正试验电荷.

量称为电场强度,用符号 $\boldsymbol{E}$ 表示,即

$$\boldsymbol{E}=\frac{\boldsymbol{F}}{q_0} \tag{6-2}$$

式(6-2)为电场强度的定义式.它表明,电场中某点处的电场强度 $\boldsymbol{E}$ 等于位于该点处的单位试验电荷所受的电场力.电场强度是空间位置的函数.由于我们取试验电荷为正电荷,所以 $\boldsymbol{E}$ 的方向与其所受力 $\boldsymbol{F}$ 的方向相同.

在国际单位制中,电场强度的单位为牛顿每库仑,符号为 $\mathrm{N\cdot C^{-1}}$;电场强度的单位亦为伏特每米,符号为 $\mathrm{V\cdot m^{-1}}$.本章第6-3节将说明 $\mathrm{V\cdot m^{-1}}$ 与 $\mathrm{N\cdot C^{-1}}$ 是一样的.不过,$\mathrm{V\cdot m^{-1}}$ 比 $\mathrm{N\cdot C^{-1}}$ 使用得更普遍一些.

应当指出,在已知电场强度分布的电场中,电荷 q 在场中某点处所受的电场力 $\boldsymbol{F}$,可由式(6-2)得

$$\boldsymbol{F}=q\boldsymbol{E}$$

3. 点电荷的电场强度

由库仑定律及电场强度定义式,可求得真空中点电荷周围电场的电场强度.

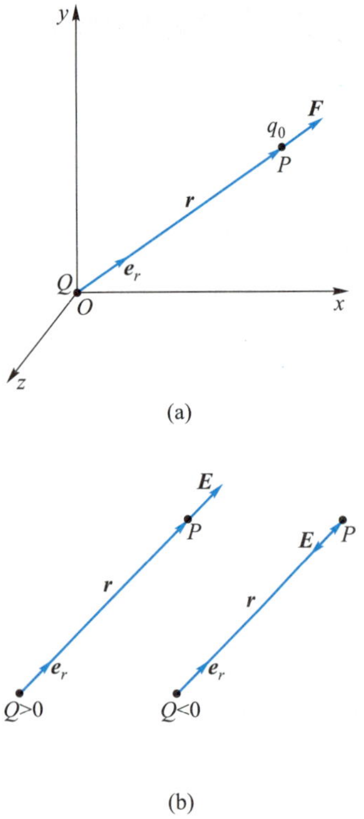

图 6-4 点电荷的电场强度

如图 6-4(a)所示,在真空中,点电荷 Q 位于直角坐标系的原点 O,由原点 O 指向场点 P 的位矢为 $\boldsymbol{r}$.若把试验电荷 q_0 置于场点 P,则由库仑定律式(6-1)和电场强度定义式(6-2)可得,场点 P 的电场强度为

$$\boldsymbol{E}=\frac{\boldsymbol{F}}{q_0}=\frac{1}{4\pi\varepsilon_0}\frac{Q}{r^2}\boldsymbol{e}_r \tag{6-3}$$

式中 $\boldsymbol{e}_r$ 为位矢 $\boldsymbol{r}$ 的单位矢量,即 $\boldsymbol{e}_r=\boldsymbol{r}/r$.上式是在真空中点电荷 Q 所激发的电场中,任意点 P 处的电场强度表示式.从式(6-3)可以看出,如果点电荷为正电荷(即 $Q>0$),那么 $\boldsymbol{E}$ 的方向与 $\boldsymbol{e}_r$ 的方向相同;若点电荷为负电荷(即 $Q<0$),则 $\boldsymbol{E}$ 的方向与 $\boldsymbol{e}_r$ 的方向相反[图 6-4(b)].

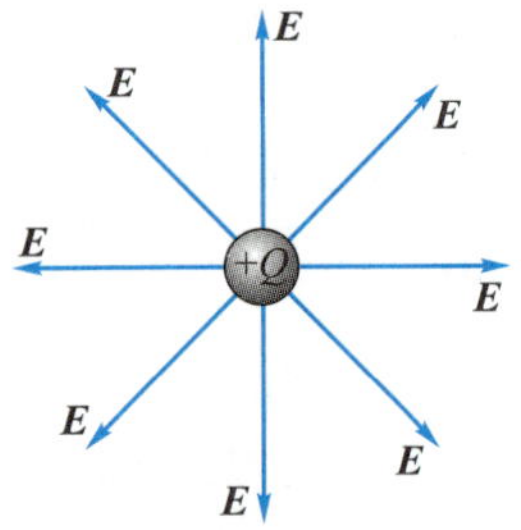

图 6-5 点电荷的电场具有对称性

从式(6-3)还可以看出,在真空中,若将正点电荷 Q 放在原点 O,并以 r 为半径作一球面,则球面上各处 $\boldsymbol{E}$ 的大小相等,$\boldsymbol{E}$ 的方向均沿径矢 $\boldsymbol{r}$,具有球对称性.故真空中点电荷的电场是非均匀场,但具球对称性,如图 6-5 所示.

4. 电场强度叠加原理

一般来说,空间可能存在由许多个点电荷组成的点电荷系,那么点电荷系的电场强度如何计算呢?下面从力的叠加原理引出电场强度的叠加原理.

设真空中一点电荷系由 Q_1、Q_2 和 $-Q_3$ 三个点电荷组成[图

6-6(a)]，在场点 P 处放置一试验电荷 q_0，且 Q_1、Q_2 和 $-Q_3$ 到点 P 的矢量分别为 $\boldsymbol{r}_1$、$\boldsymbol{r}_2$ 和 $\boldsymbol{r}_3$. 若试验电荷 q_0 受到的 Q_1、Q_2 和 $-Q_3$ 的作用力分别为 $\boldsymbol{F}_1$、$\boldsymbol{F}_2$ 和 $\boldsymbol{F}_3$，则根据力的叠加原理可得作用在试验电荷 q_0 上的力 $\boldsymbol{F}$ 为

$$\boldsymbol{F}=\boldsymbol{F}_1+\boldsymbol{F}_2+\boldsymbol{F}_3$$

由库仑定律可知 $\boldsymbol{F}_1$、$\boldsymbol{F}_2$ 和 $\boldsymbol{F}_3$ 分别为

$$\boldsymbol{F}_1=\frac{1}{4\pi\varepsilon_0}\frac{q_0Q_1}{r_1^2}\boldsymbol{e}_1,\quad \boldsymbol{F}_2=\frac{1}{4\pi\varepsilon_0}\frac{q_0Q_2}{r_2^2}\boldsymbol{e}_2,\quad \boldsymbol{F}_3=-\frac{1}{4\pi\varepsilon_0}\frac{q_0Q_3}{r_3^2}\boldsymbol{e}_3$$

式中 $\boldsymbol{e}_1$、$\boldsymbol{e}_2$ 和 $\boldsymbol{e}_3$ 分别为矢量 $\boldsymbol{r}_1$、$\boldsymbol{r}_2$ 和 $\boldsymbol{r}_3$ 的单位矢量.

另外，按照电场强度定义式(6-2)可得，点 P 处的电场强度为

$$\boldsymbol{E}=\frac{\boldsymbol{F}}{q_0}=\frac{\boldsymbol{F}_1}{q_0}+\frac{\boldsymbol{F}_2}{q_0}+\frac{\boldsymbol{F}_3}{q_0}=\frac{1}{4\pi\varepsilon_0}\frac{Q_1}{r_1^2}\boldsymbol{e}_1+\frac{1}{4\pi\varepsilon_0}\frac{Q_2}{r_2^2}\boldsymbol{e}_2-\frac{1}{4\pi\varepsilon_0}\frac{Q_3}{r_3^2}\boldsymbol{e}_3$$

上面等式中最右边第一项、第二项和第三项分别为 Q_1、Q_2 和 $-Q_3$ 各自存在时点 P 处的电场强度[图 6-6(b)]，即

$$\boldsymbol{E}_1=\frac{1}{4\pi\varepsilon_0}\frac{Q_1}{r_1^2}\boldsymbol{e}_1,\quad \boldsymbol{E}_2=\frac{1}{4\pi\varepsilon_0}\frac{Q_2}{r_2^2}\boldsymbol{e}_2,\quad \boldsymbol{E}_3=-\frac{1}{4\pi\varepsilon_0}\frac{Q_3}{r_3^2}\boldsymbol{e}_3$$

于是有

$$\boldsymbol{E}=\boldsymbol{E}_1+\boldsymbol{E}_2+\boldsymbol{E}_3 \tag{6-4a}$$

式(6-4a)表明，三个点电荷在点 P 处激发的电场强度等于各个点电荷单独存在时该处电场强度的矢量和. 上述结论虽是从三个点电荷组成的点电荷系得出的，但显然不难推广至由任意数目点电荷所组成的点电荷系，故可以得出普遍结论如下：点电荷系所激发的电场中某点处的电场强度等于各个点电荷单独存在时在该点处所激发的电场强度的矢量和. 这就是电场强度的叠加原理，其数学表达式为

$$\boldsymbol{E}=\sum_{i=1}^{n}\boldsymbol{E}_i=\frac{1}{4\pi\varepsilon_0}\sum_{i=1}^{n}\frac{Q_i}{r_i^2}\boldsymbol{e}_i \tag{6-4b}$$

根据电场强度叠加原理，我们可以计算电荷连续分布的电荷系的电场强度.

如图 6-7 所示，有一体积为 V，电荷连续分布的带电体，现在来计算点 P 处的电场强度. 首先，我们在带电体上取一电荷元 $\mathrm{d}q$，其线度相对于 V 可视为无限小，从而可将 $\mathrm{d}q$ 作为一个点电荷对待. 于是，$\mathrm{d}q$ 在点 P 处激发的电场强度为

$$\mathrm{d}\boldsymbol{E}=\frac{1}{4\pi\varepsilon_0}\frac{\mathrm{d}q}{r^2}\boldsymbol{e}_r$$

式中 $\boldsymbol{e}_r$ 为由 $\mathrm{d}q$ 指向点 P 的单位矢量. 其次，计算各电荷元在点 P 处的电场强度，并求矢量积分. 于是可得电荷系在点 P 处激发的

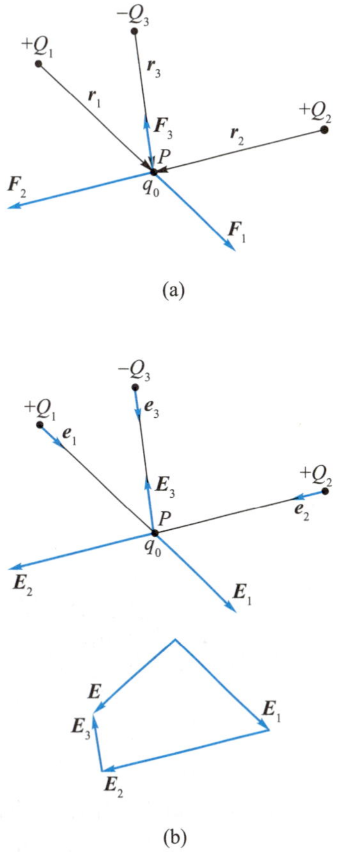

图 6-6 电场强度的叠加原理

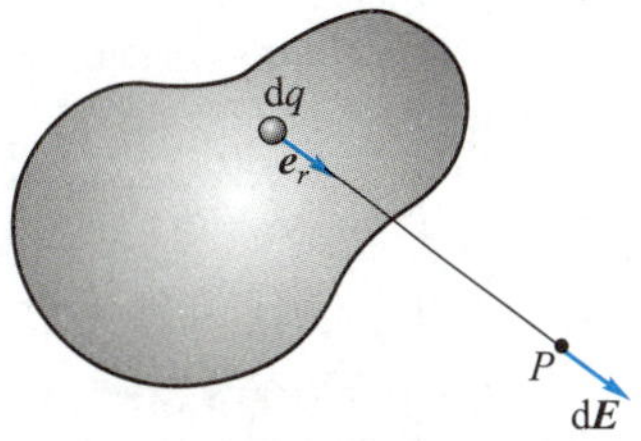

图 6-7 带电体的电场强度

电场强度为

$$\boldsymbol{E}=\int_V \mathrm{d}\boldsymbol{E}^{①}=\int_V \frac{1}{4\pi\varepsilon_0}\frac{\boldsymbol{e}_r}{r^2}\mathrm{d}q \tag{6-5}$$

对于电荷连续分布的带电体，若 ρ 为其电荷体密度，$\mathrm{d}V$ 为电荷元 $\mathrm{d}q$ 的体积元，则 $\mathrm{d}q=\rho\mathrm{d}V$.同理，对电荷连续分布的面带电体和线带电体，若 σ 为电荷面密度，$\mathrm{d}S$ 为 $\mathrm{d}q$ 的面积元，λ 为电荷线密度，$\mathrm{d}l$ 为 $\mathrm{d}q$ 的线段元，则分别有 $\mathrm{d}q=\sigma\mathrm{d}S$ 和 $\mathrm{d}q=\lambda\mathrm{d}l$，于是式(6-5)亦可写成

$$\begin{aligned}\boldsymbol{E}&=\int_V \frac{1}{4\pi\varepsilon_0}\frac{\rho\boldsymbol{e}_r}{r^2}\mathrm{d}V\\ \boldsymbol{E}&=\int_S \frac{1}{4\pi\varepsilon_0}\frac{\sigma\boldsymbol{e}_r}{r^2}\mathrm{d}S\\ \boldsymbol{E}&=\int_l \frac{1}{4\pi\varepsilon_0}\frac{\lambda\boldsymbol{e}_r}{r^2}\mathrm{d}l\end{aligned} \tag{6-6}$$

例 1

在直角三角形 AOB 中，$AO=3.0\ \mathrm{cm}$，$BO=4.0\ \mathrm{cm}$，点电荷 $q_1=1.5\times10^{-9}\ \mathrm{C}$、$q_2=-2.5\times10^{-9}\ \mathrm{C}$ 分别放置在 A、B 两点上，如图 6-8 所示，求 O 点的电场强度.

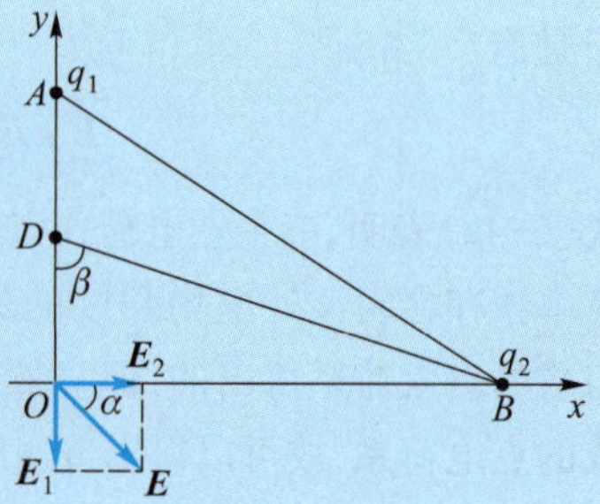

图 6-8

［分析］ q_1、q_2 周围空间各点的电场由两个点电荷共同产生，根据叠加原理，O 点的电场强度等于 q_1 和 q_2 单独存在时在该点产生的电场强度的矢量和.

［解答］ 由题目所给数据并取 $\varepsilon_0=8.85\times10^{-12}\ \mathrm{C^2\cdot N^{-1}\cdot m^{-2}}$，则

q_1 单独存在时 O 点的场强 $\boldsymbol{E}_1$ 的大小为

$$E_1=\frac{q_1}{4\pi\varepsilon_0(AO)^2}=1.5\times10^4\ \mathrm{V\cdot m^{-1}}$$

$\boldsymbol{E}_1$ 的方向沿 y 轴负方向.

q_2 单独存在时 O 点的场强 $\boldsymbol{E}_2$ 的大小为

$$E_2=\frac{q_2}{4\pi\varepsilon_0(BO)^2}=1.4\times10^4\ \mathrm{V\cdot m^{-1}}$$

$\boldsymbol{E}_2$ 的方向沿 x 轴正方向.

O 点的合场强为 $\boldsymbol{E}=\boldsymbol{E}_1+\boldsymbol{E}_2$，代入前面的计算结果得

$$E=\sqrt{E_1^2+E_2^2}=2.1\times10^4\ \mathrm{V\cdot m^{-1}}$$

$\boldsymbol{E}$ 与 x 轴的夹角 α 为

$$\alpha=\arctan\frac{|E_1|}{|E_2|}=47°$$

［注意］ 电场强度的叠加是矢量叠加，计算时要给出矢量的大小和方向.

［拓展］ 若已知 AD、BD、β、q_1、q_2，则 D 点的电场强度怎样计算？

① 为简便计，本书的体积分用“$\int_V$”表示，面积分和线积分亦仿此.

例 2

如图 6-9 所示，真空中有一均匀带电直导线，长度为 L，总带电量为 Q，线外一点 P 离直导线的垂直距离为 a，点 P 和直导线两端的连线与直导线之间的夹角分别为 α_1 和 α_2，求点 P 处的电场强度.

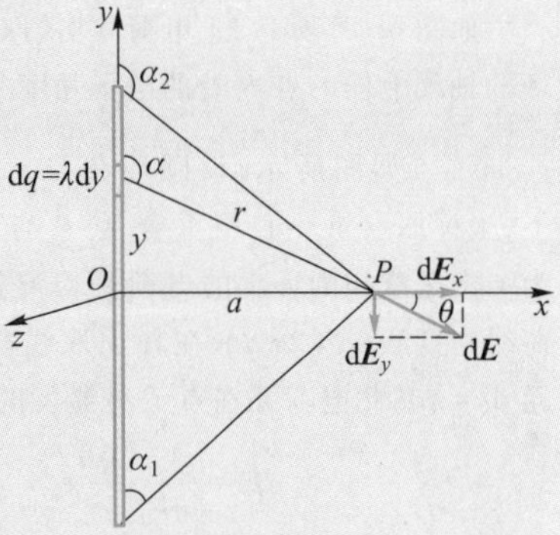

图 6-9

[分析] 建立如图 6-9 所示的直角坐标系 $Oxyz$. 在带电直导线上任取一线元 dy，其坐标为 y，带电荷量为 dq，已知均匀带电直导线的电荷线密度 $\lambda=\dfrac{Q}{L}$，则 $dq=\lambda dy$. 设 dq 到点 P 的距离为 r，两者连线与 y 轴的夹角为 α. 用场强叠加原理可积分求得点 P 处的电场强度.

[解答] dq 在点 P 处的电场强度大小为

$$dE=\frac{dq}{4\pi\varepsilon_0 r^2}=\frac{\lambda dy}{4\pi\varepsilon_0 r^2}$$

$d\boldsymbol{E}$ 方向如图 6-9 所示，其分量式为

$$dE_x=dE\cos\theta=dE\cos\left(\alpha-\frac{\pi}{2}\right)=dE\sin\alpha$$

$$=\frac{\lambda dy}{4\pi\varepsilon_0 r^2}\sin\alpha \qquad (1)$$

$$dE_y=-dE\sin\theta=-dE\sin\left(\alpha-\frac{\pi}{2}\right)=dE\cos\alpha$$

$$=\frac{\lambda dy}{4\pi\varepsilon_0 r^2}\cos\alpha \qquad (2)$$

$$dE_z=0,\text{则 } E_z=0$$

统一场强分量式中的积分变量，由图 6-9 中的几何关系可得

$$r=\frac{a}{\sin(\pi-\alpha)}=\frac{a}{\sin\alpha} \qquad (3)$$

$$y=a\cot(\pi-\alpha)=-a\cot\alpha \qquad (4)$$

$$dy=a\frac{d\alpha}{\sin^2\alpha} \qquad (5)$$

将式(3)和式(5)分别代入式(1)和式(2)，得

$$dE_x=\frac{\lambda}{4\pi\varepsilon_0 a}\sin\alpha d\alpha,\ dE_y=\frac{\lambda}{4\pi\varepsilon_0 a}\cos\alpha d\alpha$$

积分求点 P 处的电场强度分量

$$E_x=\int dE_x=\frac{\lambda}{4\pi\varepsilon_0 a}\int_{\alpha_1}^{\alpha_2}\sin\alpha d\alpha$$

$$=\frac{\lambda}{4\pi\varepsilon_0 a}(\cos\alpha_1-\cos\alpha_2) \qquad (6)$$

$$E_y=\int dE_y=\frac{\lambda}{4\pi\varepsilon_0 a}\int_{\alpha_1}^{\alpha_2}\cos\alpha d\alpha$$

$$=\frac{\lambda}{4\pi\varepsilon_0 a}(\sin\alpha_2-\sin\alpha_1) \qquad (7)$$

点 P 处的电场强度大小为 $E=\sqrt{E_x^2+E_y^2}$，方向用其与 x 轴的夹角 θ 表示，$\theta=\arctan\dfrac{E_y}{E_x}$.

[注意] 本题是应用场强叠加原理求连续分布带电体场强的典型例题，其中坐标系和电荷元的选取，以及统一积分变量对于简化计算有重要作用.

[拓展] 若点 P 在带电直导线的中垂线上，则

$$E_x=\frac{\lambda L}{4\pi\varepsilon_0 a^2[1+L^2/(4a^2)]^{1/2}},E_y=0 \qquad (8)$$

则 $E=E_x$.

若带电直导线为无限长时，则

$$E_x=\frac{\lambda}{2\pi\varepsilon_0 a},\quad E_y=0 \qquad (9)$$

则 $E=E_x$.

式(9)表明，无限长均匀带电直导线外空间的电场是轴对称的，与轴等距离处的电场强度大小相等，若 $\lambda>0$（带正电），场强均垂直于带电直导线并由带电直导线指向外，若 $\lambda<0$（带负电），场强均垂直于带电直导线并指向带电直导线.

试由式(6)和式(7)分别导出式(8)和式(9).

例 3

如图 6-10 所示，正电荷 q 均匀地分布在半径为 R 的圆环上.计算在环的轴线上任一点 P 处的电场强度.

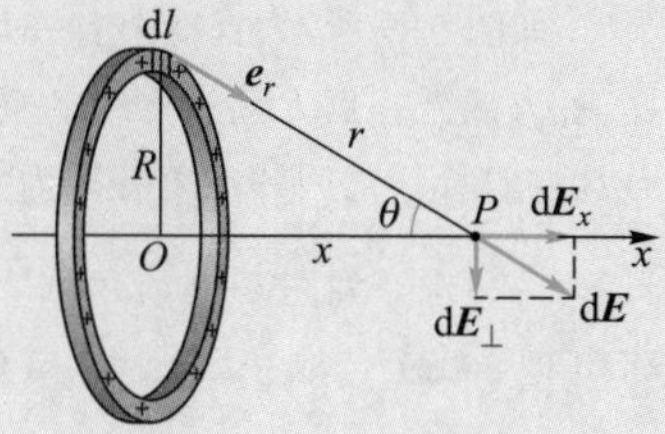

图 6-10

[分析] 如图所示，设圆环在与 x 轴垂直的平面上，坐标原点与环心相重合.点 P 与环心 O 的距离为 x.由题意知圆环上的电荷是均匀分布的，故其电荷线密度 $\lambda=q/(2\pi R)$.在环上取线段元 dl，其电荷元 $dq=\lambda dl$.此电荷元在点 P 处激发的电场强度为

$$d\boldsymbol{E}=\frac{1}{4\pi\varepsilon_0}\frac{\lambda dl}{r^2}\boldsymbol{e}_r$$

由于电荷分布的对称性，圆环上各电荷元在点 P 处激发的电场强度的分布也具有对称性，且在垂直于 x 轴方向上的分量 $dE_\perp$ 将互相抵消；而各电荷元在点 P 的电场强度沿 x 轴的分量 dE_x 都具有相同的方向，且 $dE_x=dE\cos\theta$.

[解答] 由以上分析知

$$E_\perp=\int_l dE_\perp=0$$

$$E=E_x=\int_l dE_x=\int_l dE\cos\theta \qquad (1)$$

因为

$$dE\cos\theta=\frac{1}{4\pi\varepsilon_0}\frac{\lambda dl}{r^2}\frac{x}{r}=\frac{1}{4\pi\varepsilon_0}\frac{\lambda x}{(x^2+R^2)^{3/2}}dl$$

代入式(1)，有

$$E=\frac{1}{4\pi\varepsilon_0}\frac{\lambda x}{(x^2+R^2)^{3/2}}\int_0^{2\pi R}dl$$

故知

$$E=\frac{1}{4\pi\varepsilon_0}\frac{qx}{(x^2+R^2)^{3/2}} \qquad (2)$$

上式表明，均匀带电圆环在轴线上任意点处的电场强度，是该点距环心 O 的距离 x 的函数，即 $E=E(x)$.图 6-11 为带电圆环轴线上 $E-x$ 的分布图线.

[注意] 值得注意的几个特殊点的电场强度：

(1) 若 $x\gg R$，则 $(x^2+R^2)^{3/2}\approx x^3$，这时有

$$E\approx\frac{1}{4\pi\varepsilon_0}\frac{q}{x^2} \qquad (3)$$

亦即在远离圆环的地方，可以把带电圆环看作点电荷.

(2) 若 $x=0$，$E=0$，这表明环心处的电场强度为零.

(3) 由 $dE/dx=0$ 可求得电场强度极大的位置，即

$$\frac{d}{dx}\left[\frac{1}{4\pi\varepsilon_0}\frac{qx}{(x^2+R^2)^{3/2}}\right]=0$$

得

$$x=\pm\frac{\sqrt{2}}{2}R \qquad (4)$$

这表明，圆环轴线上具有最大电场强度的位置，位于原点 O 两侧的 $+\sqrt{2}R/2$ 和 $-\sqrt{2}R/2$ 处，见图 6-11.

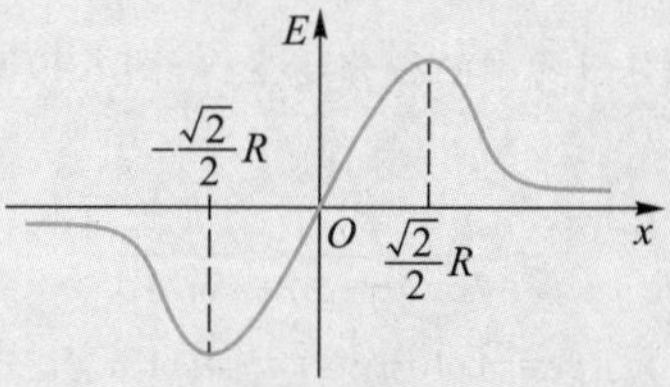

图 6-11

[拓展] 如果将均匀带电圆环换成均匀带电薄圆盘，其轴线上的电场强度将怎样计算？

本节练习

1. 比较库仑定律和万有引力定律，简述它们的相似之处和不同之处.
2. 处于静电场中的电荷要受到电场力的作用，当电荷在电场中运动时

电场力要对其做功.为什么在描述静电场的上述性质时要引入电场强度,而不直接用电场力来描述呢?

3. 在电场中某一点的电场强度定义为 $\boldsymbol{E}=\boldsymbol{F}/q_0$,若该点没有试验电荷,则该点的电场强度为(　　)

(A) 0　　(B) $\boldsymbol{F}$　　(C) $\boldsymbol{F}/q_0$　　(D) 不能确定

4. 在地球表面上通常有一竖直方向的电场,电子在此电场中受到一个向上的力,则电场强度的方向为(　　)

(A) 向上　　(B) 向下　　(C) 向左　　(D) 向右

6-2 高斯定理

上一节我们研究了描述电场性质的一个重要物理量——电场强度,并从叠加原理出发讨论了点电荷系和带电体的电场强度.为了更深入地理解电场,本节将在介绍电场线①的基础上,引进电场强度通量的概念,并导出静电场的重要定理——高斯定理.

一、电场线

为了形象地描述电场的分布,我们可以在电场中描绘一系列的假想曲线,称之为电场线,并且规定:电场线上每一点的切线方向与该点电场强度 $\boldsymbol{E}$ 的方向一致;在电场的任一点处,过垂直于电场强度 $\boldsymbol{E}$ 的单位面积上的电场线数目等于该点处 E 的大小.图 6-12 是几种典型电场的电场线.

电场线不仅可以描述电场中电场强度的方向,如图 6-12(d)中 M、N 两点处 $\boldsymbol{E}$ 的方向均与该点电场线的切线方向相同,而且电场线的密度分布还能表示电场强度 $\boldsymbol{E}$ 的大小.如图 6-13 所示,在电场中任取一个垂直于该点场强的面积元 $\mathrm{d}S$.设通过 $\mathrm{d}S$ 的电场线数为 $\mathrm{d}N$,则根据电场线的规定有如下关系:

$$\frac{\mathrm{d}N}{\mathrm{d}S}=E \tag{6-7}$$

式中$\frac{\mathrm{d}N}{\mathrm{d}S}$也称为电场线数密度.

① 电场线曾称电力线,按 2019 年全国科学技术名词审定委员会公布的物理学名词改用现名.力线名称最早是由英国实验物理学家法拉第提出的.法拉第是第一位认识场的物质性的科学家.

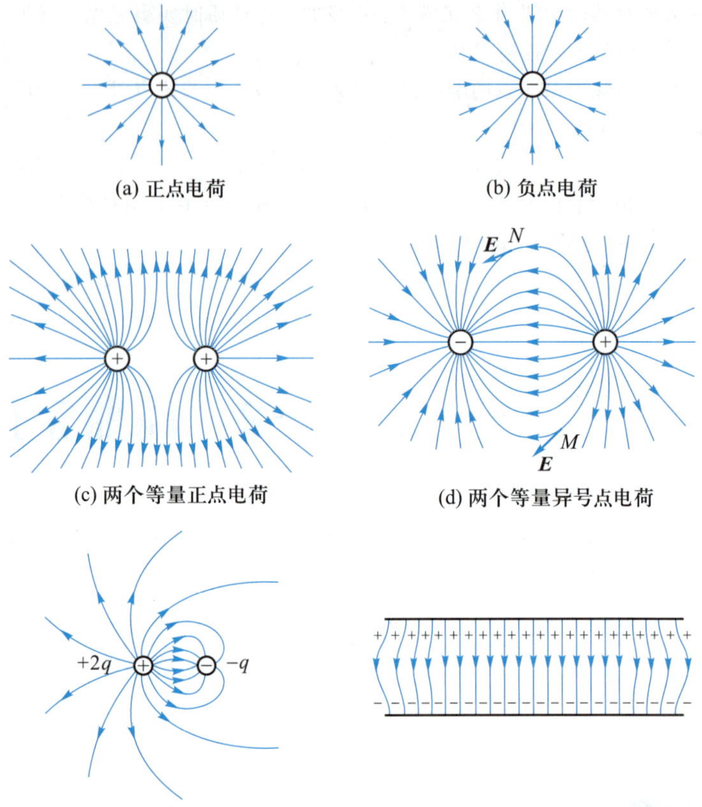

(a) 正点电荷　(b) 负点电荷

(c) 两个等量正点电荷　(d) 两个等量异号点电荷

(e) 两个不等量异号点电荷　(f) 均匀带等值异号电荷的两平行板

图 6-12　几种典型电场的电场线分布图形

动画：两点电荷的电场线

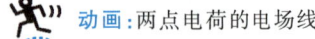

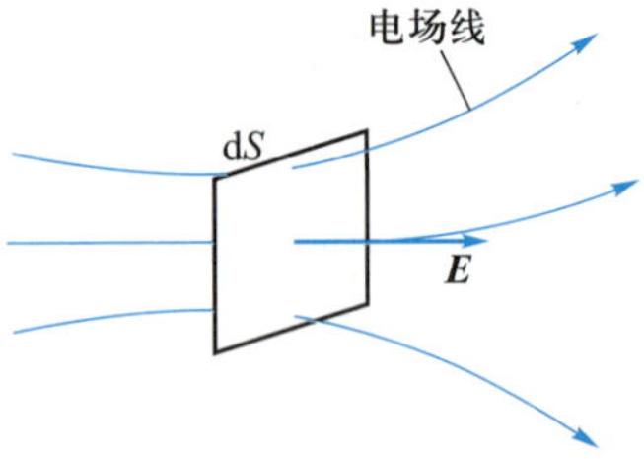

图 6-13　电场线密度与电场强度

静电场的电场线有如下特点：① 电场线总是始于正电荷或无限远处，终止于负电荷或无限远处，不形成闭合曲线；② 在没有电荷分布的区域，任何两条电场线都不能相交，这是因为电场中每一点处的电场强度只能有一个确定的方向.

由图 6-12(f)可以看出，带等值而异号电荷的两平行板中间部分电场的电场线密度处处相同，而且方向一致.这表明电场中的 $\boldsymbol{E}$ 处处相同（方向处处一致，大小处处相等），这种电场叫做匀强电场或均匀电场.而图 6-12 中其他几种电场都是非均匀电场.

二、电场强度通量

我们把通过电场中某一个面的电场线数叫做通过这个面的电场强度通量，用符号 Φ_e 表示.下面先讨论匀强电场中电场强度通量 Φ_e.设在匀强电场中取一个平面 S，并使它和电场强度的方向垂直[图 6-14(a)].由于匀强电场的电场强度处处相等，所以电场线密

度也应处处相等.这样,通过面 S 的电场强度通量为

$$\Phi_e = ES \tag{6-8}$$

如果平面 S 与匀强电场的 $\boldsymbol{E}$ 不垂直,那么面 S 在电场空间可取许多方位.为了把面 S 在电场中的大小和方位同时表示出来,我们引入面积矢量 $\boldsymbol{S}$,其大小为 S,其方向用单位法线矢量 $\boldsymbol{e}_n$ 来表示,则有 $\boldsymbol{S}=S\boldsymbol{e}_n$.在图6-14(b)中,$\boldsymbol{e}_n$ 与 $\boldsymbol{E}$ 之间的夹角为 θ.因此,这时通过面 S 的电场强度通量为

$$\Phi_e = ES\cos\theta \tag{6-9a}$$

由矢量标积的定义可知,$ES\cos\theta$ 为矢量 $\boldsymbol{E}$ 和 $\boldsymbol{S}$ 的标积,故上式可用矢量表示为

$$\Phi_e = \boldsymbol{E}\cdot\boldsymbol{S} = \boldsymbol{E}\cdot S\boldsymbol{e}_n \tag{6-9b}$$

如果电场是非匀强电场,并且面 S 是任意曲面[图 6-14(c)],则可以把曲面分成无限多个面积元 $\mathrm{d}S$,每个面积元 $\mathrm{d}S$ 都可看成一个小平面,在面积元 $\mathrm{d}S$ 上,$\boldsymbol{E}$ 可看作匀强电场.仿照上面的办法,若 $\boldsymbol{e}_n$ 为面积元 $\mathrm{d}S$ 的单位法线矢量,则 $\mathrm{d}\boldsymbol{S}=\mathrm{d}S\boldsymbol{e}_n$.若 $\boldsymbol{e}_n$ 与 $\boldsymbol{E}$ 成 θ 角,则通过面积元 $\mathrm{d}S$ 的电场强度通量为

$$\mathrm{d}\Phi_e = E\mathrm{d}S\cos\theta = \boldsymbol{E}\cdot\mathrm{d}\boldsymbol{S} \tag{6-10}$$

因此通过曲面 S 的电场强度通量 Φ_e,就等于通过曲面 S 上所有面积元 $\mathrm{d}S$ 的电场强度通量 $\mathrm{d}\Phi_e$ 的总和,即

$$\Phi_e = \int_S \mathrm{d}\Phi_e = \int_S E\cos\theta\,\mathrm{d}S = \int_S \boldsymbol{E}\cdot\mathrm{d}\boldsymbol{S} \tag{6-11}$$

式中“$\int_S$”表示对整个曲面 S 进行积分.

如果曲面是闭合曲面,那么式(6-11)中的曲面积分应换成对闭合曲面的积分,闭合曲面积分用“$\oint_S$”表示,故通过闭合曲面的电场强度通量为

$$\Phi_e = \oint_S E\cos\theta\,\mathrm{d}S = \oint_S \boldsymbol{E}\cdot\mathrm{d}\boldsymbol{S} \tag{6-12}$$

一般来说,通过闭合曲面的电场线,有些是“穿进”的,有些是“穿出”的.也就是说,通过曲面上各个面积元的电场强度通量 $\mathrm{d}\Phi_e$ 有正、有负.为此规定:曲面上某点的法线矢量的方向是垂直指向曲面外侧的①.依照这个规定,如图 6-15 所示,在曲面的点 A

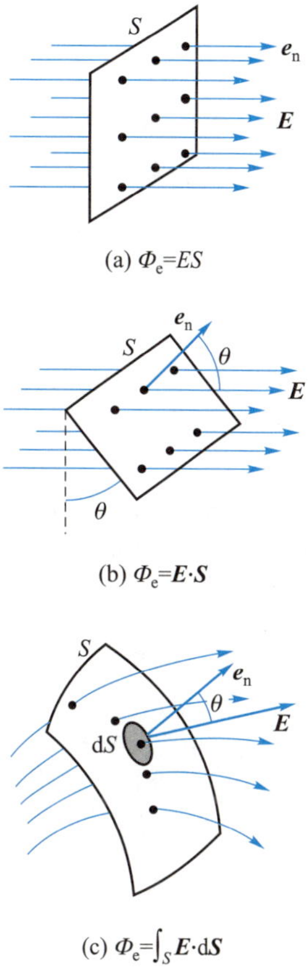

图 6-14 电场强度通量的计算

① 我们知道,闭合曲面把空间分成两部分,即闭合曲面内和闭合曲面外.因此,闭合曲面上任意面积元 $\mathrm{d}\boldsymbol{S}$ 的法线矢量,就有外法线矢量和内法线矢量之分.在研究诸如电场强度通量、高斯定理这类问题时,我们规定闭合曲面上面积元 $\mathrm{d}\boldsymbol{S}$ 的外法线矢量为正法线矢量.

处,电场线从外穿进曲面里,$\theta>\frac{\pi}{2}$,所以 $\mathrm{d}\Phi_e$为负;在点 B 处,电场线从曲面里向外穿出,$\theta<\frac{\pi}{2}$,所以 $\mathrm{d}\Phi_e$为正;而在点 C 处,电场线与曲面相切,$\theta=\frac{\pi}{2}$,所以 $\mathrm{d}\Phi_e$为零.

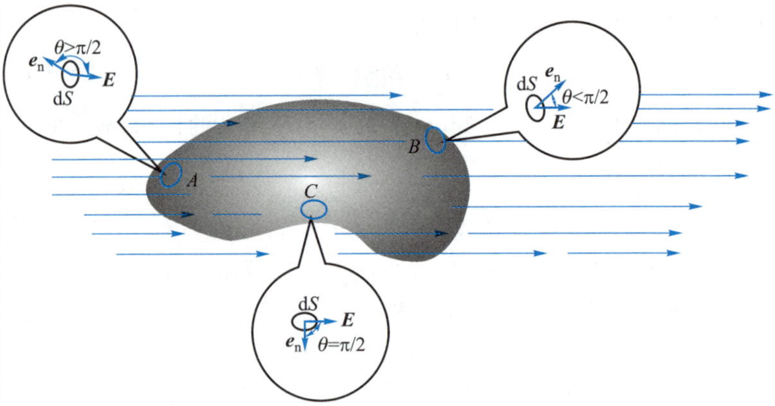

图 6-15 通过闭合曲面上不同地方面积元的电场强度通量正负的判别

三、高斯定理

既然可以用电场线来形象地描述电荷所激发的电场,那么,对一定量的电荷来说,通过电场空间某一给定闭合曲面的电场线数也应是一定的.可见,这两者之间必有确定的关系,通过高斯定理可以论证这个关系.

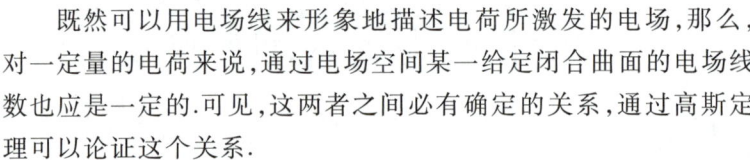

高斯

高斯(Carl Friedrich Gauss,1777—1855),德国数学家、天文学家和物理学家.高斯在数学上建树颇丰,有“数学王子”美称.他与另一位德国物理学家韦伯(Wilhelm Eduard Weber,1804—1891)制成第一台有线电报机和建立了地磁观测台.高斯还创立了电磁学量的绝对单位制.

文档:静电学的数学研究

设真空中有一个正点电荷 q,被置于半径为 R 的球面中心(图 6-16).由点电荷电场强度公式(6-3)可知,球面上各点处电场强度 $\boldsymbol{E}$ 的大小均等于

$$E=\frac{1}{4\pi\varepsilon_0}\frac{q}{R^2}$$

$\boldsymbol{E}$ 的方向则沿径矢方向向外.在球面上任取一面积元 $\mathrm{d}\boldsymbol{S}$,其正法线单位矢量 $\boldsymbol{e}_n$与电场强度 $\boldsymbol{E}$ 的方向相同,即 $\boldsymbol{E}$ 与面积元垂直(与 $\mathrm{d}\boldsymbol{S}$

平行).根据式(6-10),通过 d$\boldsymbol{S}$ 的电场强度通量为

$$\mathrm{d}\Phi_{\mathrm{e}}=\boldsymbol{E}\cdot\mathrm{d}\boldsymbol{S}=E\mathrm{d}S=\frac{1}{4\pi\varepsilon_0}\frac{q}{R^2}\mathrm{d}S$$

于是通过整个球面的电场强度通量为

$$\Phi_{\mathrm{e}}=\oint_S\mathrm{d}\Phi_{\mathrm{e}}=\oint_S\boldsymbol{E}\cdot\mathrm{d}\boldsymbol{S}=\frac{1}{4\pi\varepsilon_0}\frac{q}{R^2}\oint_S\mathrm{d}S=\frac{1}{4\pi\varepsilon_0}\frac{q}{R^2}\cdot4\pi R^2$$

得

$$\Phi_{\mathrm{e}}=\oint_S\boldsymbol{E}\cdot\mathrm{d}\boldsymbol{S}=\frac{q}{\varepsilon_0}\tag{6-13}$$

即通过球面的电场强度通量等于球面所包围的电荷 q 除以真空电容率.从电场线的观点看来,若 q 为正电荷,从 q 出发穿出球面的电场线数为 q/ε_0;若 q 为负电荷,则穿入球面并会聚于 q 的电场线数为 q/ε_0.

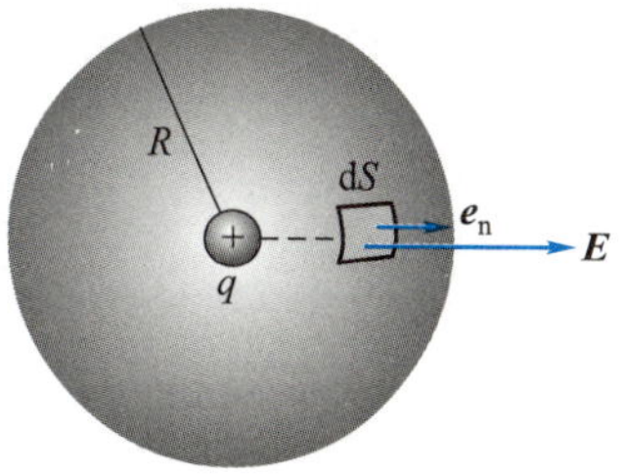

图 6-16 推导高斯定理用图

如果被包围点电荷不在球心或闭合曲面形状是任意的,可以证明①,式(6-13)仍能成立.这就是说,在点电荷 q 的电场中,通过包围 q 的闭合曲面的电场强度通量与闭合曲面的形状无关,其值都等于 q/ε_0.当 $q>0$ 时,$\Phi_{\mathrm{e}}>0$,这表示电场线从闭合曲面内向外穿出,或者说电场线从正电荷发出;当 $q<0$ 时,$\Phi_{\mathrm{e}}<0$,这表示电场线从外面穿进闭合曲面,或者说电场线会聚于负电荷.

如果点电荷位于闭合曲面之外(图6-17),那么通过此闭合曲面的电场强度通量又将为多少呢?从图中可以看出,进入闭合曲面的电场线数与穿出闭合曲面的电场线数相等,故穿过闭合曲面的电场强度通量为零.由此不难推断,当在电场中所取的闭合曲面内不含有电荷,或者所含电荷的代数和为零时,穿过此闭合曲面的电场强度通量必为零,即

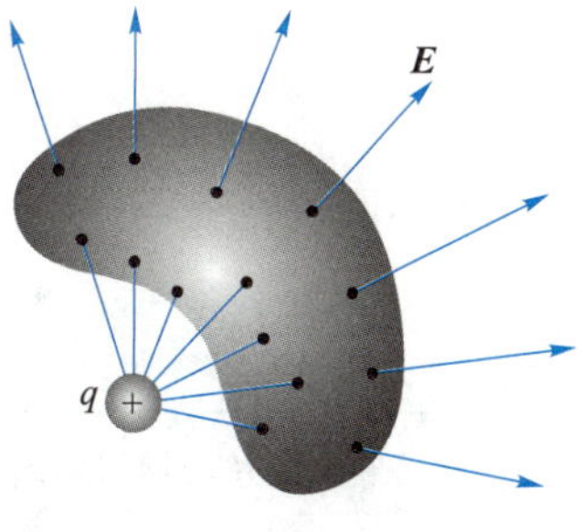

图 6-17 点电荷在闭合曲面之外

$$\Phi_{\mathrm{e}}=\oint_S\boldsymbol{E}\cdot\mathrm{d}\boldsymbol{S}=0\quad(\text{闭合曲面内不含净电荷})$$

对于点电荷系激发的电场,穿过任意闭合曲面的电场强度通量为②

$$\oint\boldsymbol{E}\cdot\mathrm{d}\boldsymbol{S}=\frac{1}{\varepsilon_0}\sum_{i=1}^{n}q_i^{\mathrm{in}}\tag{6-14}$$

式中 $\sum\limits_{i=1}^{n}q_i^{\mathrm{in}}$ 是闭合曲面内所含电荷的代数和.式(6-14)表明:在真空静电场中,穿过任意闭合曲面的电场强度通量等于该闭合曲面所包围的所有电荷的代数和除以 ε_0.这就是真空中静电场的高斯定理.在高斯定理中,我们常把所选取的闭合曲面称为高斯面,

① 参阅马文蔚等改编《物理学》(第七版)上册第 5-3 节,高等教育出版社,2020 年.

② 参阅马文蔚等编《物理学教程》(第四版)下册第 9-4 节,高等教育出版社,2023 年.

所以，穿过任意高斯面的电场强度通量只与高斯面所包围的电荷系有关，而与高斯面的形状无关，也与电荷系的电荷分布情况无关.高斯定理在静电场中表现出来的上述规律，说明静电场离不开电荷，换句话说，电荷是静电场的起源，即，静电场的有源性.

应当指出.虽然高斯定理是在库仑定律的基础上得出的，但库仑定律是由电荷间的作用反映静电场的性质，而高斯定理则是从场和场源电荷间的关系反映静电场的性质.从场的研究方面来看，高斯定理比库仑定律更基本，应用范围更广.库仑定律只适用于静电场，而高斯定理不但适用于静电场，而且对变化电场也是适用的，它是电磁场理论的基本方程之一.

四、高斯定理应用举例

高斯定理的一个重要应用就是计算带电体周围电场的电场强度①.一般来说，高斯定理的数学表达式属于面积分，故在计算上比较复杂.但如果所论及的电场是均匀电场，或者电场的分布是对称的，这就为我们选取合适的闭合曲面提供了条件，从而使面积分变得简单易算.因此，分析电场的对称性是应用高斯定理求电场强度的一个十分重要的步骤，必须予以重视.下面举几个例子，说明如何应用高斯定理来计算对称分布的电场的电场强度.

例 1

设一半径为 R 的均匀球面，其所带电荷量为 Q.求球面内部和外部任意点的电场强度.

[分析] 电荷 Q 均匀分布在半径为 R 的球面上.由于电荷分布是球对称的，所以 $\boldsymbol{E}$ 的分布也是球对称的.则在与带电球面同心的同一球面上，各点处 $\boldsymbol{E}$ 的大小相等，且 $\boldsymbol{E}$ 与球面上各处的面积元 $\mathrm{d}\boldsymbol{S}$ 相垂直.

[解答] 选取任意一点 P.如图 6-18(a)所示，若点 P 在球面内，以球心到点 P 的距离 $r(r<R)$ 为半径作一高斯球面，由于高斯面内没有电荷，即 $\sum q=0$.由高斯定理式(6-14)可得

$$\oint_S \boldsymbol{E}\cdot\mathrm{d}\boldsymbol{S}=E\cdot 4\pi r^2=0$$

有

$$E=0\quad (r<R) \tag{1}$$

上式表明，均匀带电球面内部的电场强度为零.

如图 6-18(b)所示，若点 P 在球面外，以球心到点 P 的距离 $r(r>R)$ 为半径作一高斯球面，显然点 P 在此球面上.由于高斯面所包围的电荷量为 Q.由高斯定理可得

$$\oint_S \boldsymbol{E}\cdot\mathrm{d}\boldsymbol{S}=E\cdot 4\pi r^2=\frac{Q}{\varepsilon_0}$$

于是点 P 的电场强度为

① 高斯定理还有其他方面的应用，如在第 6-3 节中将用之以讨论静电平衡时导体的电荷分布和电场强度分布等.

$$E=\frac{1}{4\pi\varepsilon_0}\frac{Q}{r^2}\quad(r>R)\tag{2}$$

上式表明，均匀带电球面在其外部激发的电场，与等量电荷全部集中在球心时激发的电场相同.

由式(1)和式(2)可作如图 6-18(c)的 $E-r$ 曲线.从曲线上可以看出，球面内($r<R$)的 E 为零，球面外($r>R$)的 E 与 r^2 成反比，球面处($r=R$)的电场强度有跃变.

[注意] 之所以选与均匀带电球面同心的球面作为高斯面，是因为电场的分布具有球对称性且所选高斯面上的场强大小是相等的.

[拓展] 若为一半径为 R 的均匀带电球体，所带电荷量为 Q，则其球内外的电场如何分布？

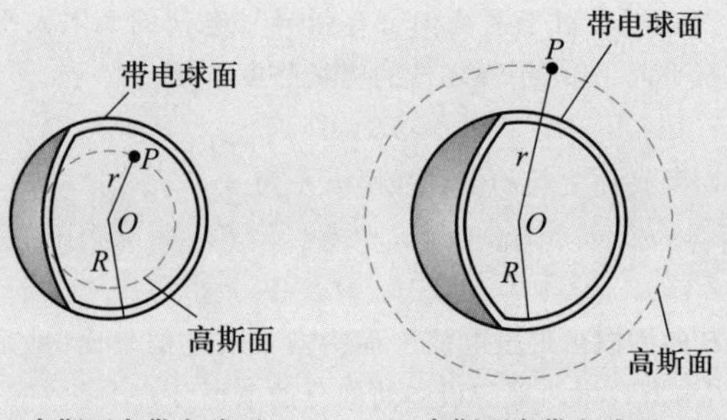

(a) 高斯面在带电球面内部，$\Sigma q=0$ (b) 高斯面在带电球面外部，$\Sigma q=Q$

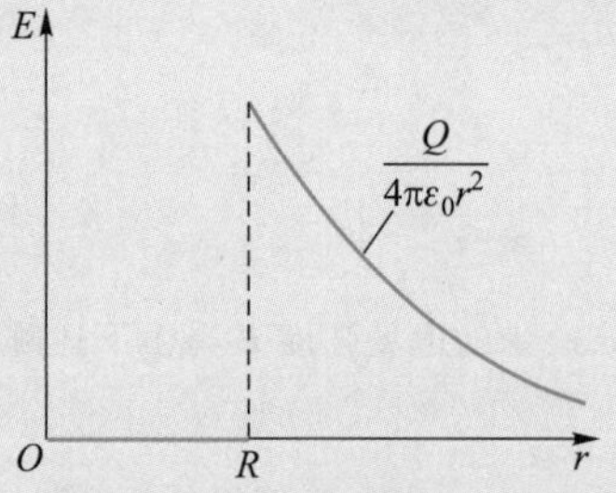

(c) 均匀带电球面的 E 随 r 的变化曲线

图 6-18

例 2

设有一无限大①的均匀带电平面，单位面积上所带的电荷(即电荷面密度)为 σ.求距离该平面 r 处 P 点的电场强度.

[分析] 由于均匀带电平面是无限大的，带电平面两侧附近的电场具有对称性，所以带电平面两侧的电场强度垂直于该平面[图 6-19(a)].

[解答] 如图 6-19(b)所示，取穿过带电平面且对带电平面对称，底面积为 S，侧面长度为 $2r$ 的圆柱形高斯面，点 P 在其底面上，高斯面侧面的法线与电场强度方向垂直，所以，通过侧面的电场强度通量为零.而底面的法线与电场强度平行，且底面上电场强度大小相等，所以通过两底面的电场强度通量各为 ES.已知带电平面的电荷面密度为 σ，则根据高斯定理有

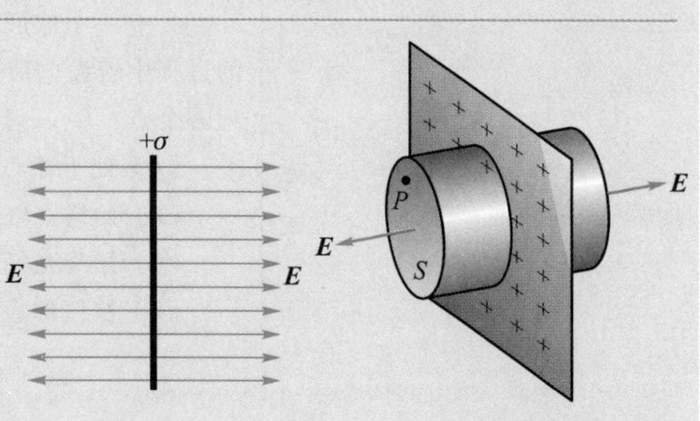

(a) (b)

图 6-19

① 实际上并不存在数学意义上的“无限大”平面.但是，如果某平面中部附近有一点 P，点 P 到平面的垂直距离 r 远小于平面的线度，那么从点 P 来看，看不到平面的边.因此所谓“无限大”平面是抽象的物理模型，只有当场点很接近带电平面时，才能把平面当成“无限大”平面来处理.

$$2ES=\frac{\sigma S}{\varepsilon_0}$$

得

$$E=\frac{\sigma}{2\varepsilon_0}$$

上式表明，无限大均匀带电平面的 E 与场点 P 到平面的距离 r 无关，而且 $\boldsymbol{E}$ 的方向与带电平面垂直. 无限大带电平面两侧的电场为均匀电场.

［注意］ 若均匀带电平面为有限大小，则高斯定理仍然成立，但不能方便地用高斯定理求得电场强度.

［拓展］ 对于两均匀带等量异号电荷的无限大平行平面，其两平面之外的电场强度

$$\boldsymbol{E}=\boldsymbol{0}$$

而两平面之间的电场强度大小为

$$E=\frac{\sigma}{\varepsilon_0}$$

$\boldsymbol{E}$ 的方向由带正电的平面指向带负电的平面，见图 6-12(f) 中两平行板中间部分的电场分布.

试用场强叠加原理推导上述结果.

本节练习

1. 高斯定理 $\oint \boldsymbol{E}\cdot \mathrm{d}\boldsymbol{S}=\sum q/\varepsilon_0$ 中的电场强度 $\boldsymbol{E}$ 是由下述哪些电荷所激发的？（　　）

（A）高斯面内的电荷　　（B）高斯面外的电荷

（C）高斯面内外的所有电荷　　（D）高斯面内的正电荷

2. 应用高斯定理求电场强度需要什么条件？简述原因.

3. 一个点电荷 q 放在球形高斯面的球心处，试问在下列哪种情况下，穿过这高斯面的电场强度通量会发生变化？（　　）

（A）将第二个点电荷放在高斯球面外附近

（B）将第二个点电荷放在高斯球面内

（C）将原来的点电荷移动使其离开球心，但仍在高斯球面内

（D）将一对等量异号的点电荷放入高斯球面内

4. 有一个球形的橡皮气球，电荷均匀地分布在表面上，在此气球被吹大的过程中若设电荷仍然均匀地分布在表面上，则电场强度发生变化的是下列哪个点？（　　）

（A）处于球心的点

（B）始终在气球外部的点（相对于球心距离不变）

（C）始终在气球内部的点

（D）被气球表面掠过的点

6-3 静电场的环路定理　电势

在牛顿力学中，我们曾论证了保守力——万有引力和弹性力对质点做功只与起始和终了位置有关，而与路径无关这一重要特性，并由此引入相应的势能概念. 那么静电场力是否也具有保守

力做功的特性？而由此可引入电势能的概念吗？

一、静电场力所做的功

如图 6-20 所示，一正点电荷 q 固定于原点 O，试验电荷 q_0 在 q 的电场中由点 A 沿任意路径 ACB 到达点 B. 在路径上的点 C 处取位移元 $\mathrm{d}\boldsymbol{l}$，从原点 O 到点 C 的位矢为 $\boldsymbol{r}$. 电场力对 q_0 所做的元功为

$$\mathrm{d}W=q_0\boldsymbol{E}\cdot\mathrm{d}\boldsymbol{l}$$

代入点电荷的电场强度，元功可写为

$$\mathrm{d}W=\frac{1}{4\pi\varepsilon_0}\frac{qq_0}{r^2}\boldsymbol{e}_r\cdot\mathrm{d}\boldsymbol{l}$$

从图 6-20 中可以看出，$\boldsymbol{e}_r\cdot\mathrm{d}\boldsymbol{l}=\mathrm{d}l\cos\theta=\mathrm{d}r$，式中 θ 是 $\boldsymbol{E}$ 与 $\mathrm{d}\boldsymbol{l}$ 之间的夹角，则上式可写成

$$\mathrm{d}W=\frac{1}{4\pi\varepsilon_0}\frac{qq_0}{r^2}\mathrm{d}r$$

于是，在试验电荷 q_0 从点 A 移至点 B 的过程中，电场力所做的总功为

$$W=\int\mathrm{d}W=\frac{qq_0}{4\pi\varepsilon_0}\int_{r_A}^{r_B}\frac{\mathrm{d}r}{r^2}=\frac{qq_0}{4\pi\varepsilon_0}\left(\frac{1}{r_A}-\frac{1}{r_B}\right)\qquad(6-15)$$

式中 r_A 和 r_B 分别为试验电荷移动时的起点和终点与点电荷 q 的距离. 上式表明，在点电荷 q 的非匀强电场中，电场力对试验电荷 q_0 所做的功，只与其移动时的起始和终了位置有关，而与所经历的路径无关.

任意带电体都可看做由许多点电荷组成的点电荷系. 由电场强度叠加原理已知，点电荷系的电场强度 $\boldsymbol{E}$ 为各点电荷电场强度的叠加，即 $\boldsymbol{E}=\boldsymbol{E}_1+\boldsymbol{E}_2+\cdots$，因此任意点电荷系的电场力对试验电荷 q_0 所做的功，等于组成该点电荷系的各点电荷的电场力所做的功的代数和，即

$$W=q_0\int_l\boldsymbol{E}\cdot\mathrm{d}\boldsymbol{l}=q_0\int_l\boldsymbol{E}_1\cdot\mathrm{d}\boldsymbol{l}+q_0\int_l\boldsymbol{E}_2\cdot\mathrm{d}\boldsymbol{l}+\cdots$$

上式中每一项都与路径无关，所以它们的代数和也必然与路径无关. 由此得出如下结论：一试验电荷 q_0 在静电场中从一点沿任意路径运动到另一点时，静电场力对它所做的功，仅与试验电荷 q_0 及路径的起始和终了的位置有关，而与该路径的形状无关.

应当指出，在静电场中，电场力对试验电荷做功与路径无关

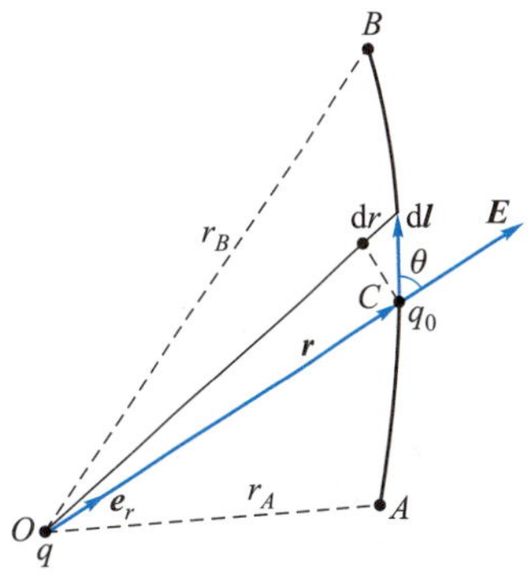

图 6-20 非匀强电场中电场力所做的功

是静电场的一个重要性质，这与万有引力和弹性力做功的特点是一样的.

二、静电场的环路定理

由上述静电场力做功与路径无关这一特点出发，可以得出静电场的另一重要定理——静电场的环路定理.

如图 6-21 所示，设试验电荷 q_0 在静电场中运动，经历的闭合路径为$ABCDA$，则电场力做的功为

$$W=q_0\oint_l \boldsymbol{E}\cdot \mathrm{d}\boldsymbol{l}=q_0\int_{ABC}\boldsymbol{E}\cdot \mathrm{d}\boldsymbol{l}+q_0\int_{CDA}\boldsymbol{E}\cdot \mathrm{d}\boldsymbol{l} \quad (6-16)$$

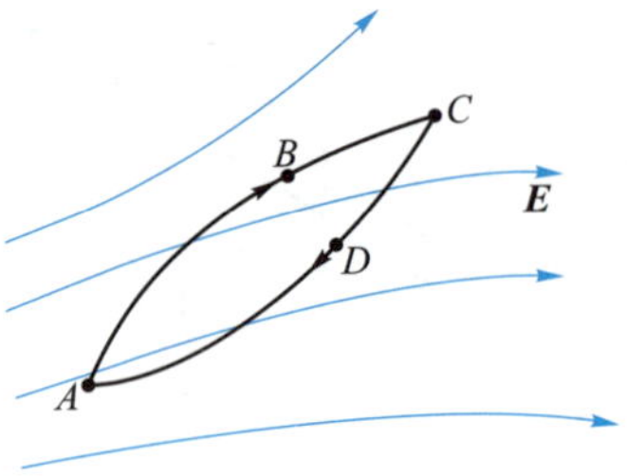

图 6-21 q_0 沿闭合路径移动一周电场力做功为零

由于电场力做功与路径无关，即

$$q_0\int_{ADC}\boldsymbol{E}\cdot \mathrm{d}\boldsymbol{l}=q_0\int_{ABC}\boldsymbol{E}\cdot \mathrm{d}\boldsymbol{l}$$

将上式代入式(6-16)得

$$q_0\oint_l \boldsymbol{E}\cdot \mathrm{d}\boldsymbol{l}=q_0\int_{ABC}\boldsymbol{E}\cdot \mathrm{d}\boldsymbol{l}-q_0\int_{ADC}\boldsymbol{E}\cdot \mathrm{d}\boldsymbol{l}=0$$

由于 q_0 不为零，故上式成立的条件为

$$\oint_l \boldsymbol{E}\cdot \mathrm{d}\boldsymbol{l}=0 \quad (6-17)$$

上式表明，在静电场中，电场强度 $\boldsymbol{E}$ 沿任意闭合路径的线积分为零. $\boldsymbol{E}$ 沿任意闭合路径的线积分又叫做 $\boldsymbol{E}$ 的环流，故上式也表明，在静电场中电场强度 $\boldsymbol{E}$ 的环流为零，这叫做静电场的环路定理. 与高斯定理一样，它也是表述静电场性质——无旋性的一个重要定理.

至此，我们论证了静电场力与万有引力、弹性力一样，是保守力；静电场是保守、无旋场.

三、电势能

在力学中，由于重力、弹性力这一类保守力具有做功与路径无关的特点，曾引进重力势能和弹性势能. 静电场力也是保守力，它对试验电荷所做的功也具有与路径无关的特点，因此也可以引进相应的势能.

与物体在重力场中具有重力势能，并且可以用重力势能的改变量来量度重力所做的功一样，我们可以认为，电荷在静电场中

的一定位置上具有一定的电势能,这个电势能是属于电荷-电场系统的,而静电场力对电荷所做的功就等于电荷电势能的改变量.如果以 E_{pA}①和 E_{pB}分别表示试验电荷 q_0在电场中点 A 和点 B 处的电势能,则试验电荷从点 A 移动到点 B,静电场力对它做的功为

$$W_{AB}=E_{pA}-E_{pB}=-(E_{pB}-E_{pA})$$

或

$$q_0\int_{AB}\boldsymbol{E}\cdot\mathrm{d}\boldsymbol{l}=E_{pA}-E_{pB}=-(E_{pB}-E_{pA}) \tag{6-18}$$

电势能也和重力势能一样,是一个相对的量.在重力场中,要决定物体在某点的重力势能,就必须先选择一个势能为零的参考点,与此相似,要决定电荷在电场中某一点的电势能,也必须先选择一个电势能参考点,并设该点的电势能为零.这个参考点的选择是任意的,处理问题时怎样方便就怎样选取.在式(6-18)中,若选 q_0在点 B 处的电势能为零,即 $E_{pB}=0$,则有

$$E_{pA}=q_0\int_{AB}\boldsymbol{E}\cdot\mathrm{d}\boldsymbol{l}\quad(E_{pB}=0) \tag{6-19}$$

这表明,试验电荷 q_0 在电场中某点处的电势能,在数值上等于把它从该点移到零电势能处静电场力所做的功.

四、电势

1. 电势

电势是描述静电场性质的另一个重要物理量.在式(6-18)中,如果取

$$V_A=E_{pA}/q_0,\quad V_B=E_{pB}/q_0$$

V_A和 V_B分别称为点 A 和点 B 的电势,那么式(6-18)可写成

$$V_A=\int_{AB}\boldsymbol{E}\cdot\mathrm{d}\boldsymbol{l}+V_B \tag{6-20}$$

从上式可以看出,电场中点 A 的电势 V_A在数值上等于将单位正试验电荷从点 A 移至点 B 时,电场力所做的功 $\int_{AB}\boldsymbol{E}\cdot\mathrm{d}\boldsymbol{l}$ 与点 B 的电势 V_B之和.同样,电势也是一个相对的量,要确定点 A 的电势,必须知道参考点 B 的电势 V_B.原则上 V_B可取任意值.但是为方便起见,对电荷分布在有限空间的情况来说,通常取点 B 在无限

① 按照物理量符号国家标准的规定,电势能用符号 E_p表示,电场强度用符号 $\boldsymbol{E}$ 表示,请读者注意区别.

远处，并令无限远处的电势能和电势为零，即 $E_{pB}=0, V_B=0$. 于是，电场中点 A 的电势为

$$V_A=\int_{A\infty}\boldsymbol{E}\cdot\mathrm{d}\boldsymbol{l} \tag{6-21}$$

上式表明，电场中某一点 A 的电势 V_A，在数值上等于把单位正试验电荷从点 A 移至无限远处时，静电场力所做的功.

电势是一个标量，它的单位是伏特，简称伏，它的符号为 V①.

电场中点 A 和点 B 两点间的电势差用符号 U_{AB} 表示. 表 6-1 列出了几种常见的电势差. 式(6-20)可写成

$$U_{AB}=V_A-V_B=-(V_B-V_A)=\int_{AB}\boldsymbol{E}\cdot\mathrm{d}\boldsymbol{l} \tag{6-22}$$

这就是说，静电场中 A、B 两点的电势差 U_{AB}，在数值上等于把单位正试验电荷从点 A 移至点 B 时，静电场力所做的功. 因此，如果把电荷 q 从点 A 移至点 B，静电场力所做的功 W_{AB} 为

$$W_{AB}=q\int_{AB}\boldsymbol{E}\cdot\mathrm{d}\boldsymbol{l}=qU_{AB}=q(V_A-V_B)=-q(V_B-V_A) \tag{6-23}$$

在原子物理学、原子核物理学中，电子、质子等粒子的能量也常用电子伏作单位，符号为 eV. 1 eV 表示 1 个电子通过 1 V 电势差时所获得的能量. 电子伏与焦耳间的关系为

$$1\ \mathrm{eV}=1.602\times10^{-19}\ \mathrm{J}$$

应当指出，电场中某一点的电势值与电势为零的参考点的选取有关，而电场中任意两点间的电势差与电势为零的参考点的选取无关.

表 6-1 几种常见的电势差

生物电	10^{-3} V	家用电源	110 V 或 220 V
普通干电池	1.5 V	高压输电线	已达 5.5×10^5 V
汽车电源	12 V	闪电	$10^8\sim10^9$ V

在实用中，常取大地的电势为零. 这样，任何导体接地后，就认为它的电势也为零. 如果某点相对于大地的电势差为 380 V，那么该点的电势值就为 380 V. 在电子仪器中，常取机壳或公共地线的电势为零，各点的电势值就等于它们与公共地线（或机壳）之

① 伏特这个单位名称，是为纪念意大利物理学家伏打（A. Volta，1745—1827）而命名的. 伏打对电流的早期研究作出了重要贡献，率先提出了电的接触学说，发现了由两种不同的第一类导体（金属）和第二类导体（电解液）构成的最初电源，并由此发明伏打电堆和伏打电池，成功地实现了将化学能转化为电能. 他的发明成为后一段时期内获得稳定电流的唯一手段，为后来的一些关键性实验（如奥斯特电流磁效应实验和法拉第电磁感应实验等）提供了必需的电源.

间的电势差；只要测出这些电势差的值，就很容易判定仪器工作是否正常.

2. 点电荷电场的电势

设在点电荷 q 的电场中，点 P 距点电荷 q 的距离为 r，因为电场力的功与路径无关，取从 P 点到无限远的射线为积分路径，由式(6-21)和式(6-3)可得点 P 的电势为

$$V_P=\int_{P\infty}\boldsymbol{E}\cdot\mathrm{d}\boldsymbol{l}=\int_{r\infty}E\mathrm{d}r=\frac{q}{4\pi\varepsilon_0}\frac{1}{r}\qquad(6-24)$$

上式表明，当 $q>0$ 时，电场中各点的电势都是正值，随 r 的增加而减小；当 $q<0$ 时，电场中各点的电势都是负值，而在无限远处的电势虽为零，但电势却最高.

3. 电势的叠加原理

如图 6-22 所示，真空中有一点电荷系 $q_1,q_2,\cdots,q_i,\cdots,q_n$，其中有的是正电荷，有的是负电荷.这个点电荷系所激发的电场中某点的电势如何计算呢？

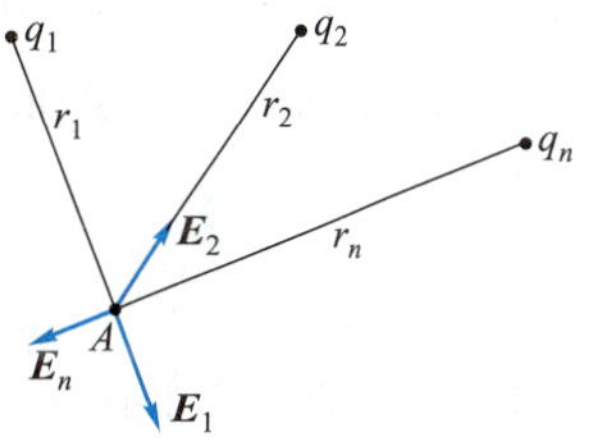

图 6-22 讨论电势叠加原理用图

我们从电场强度叠加原理知道，点电荷系的电场中某点的电场强度 $\boldsymbol{E}$，等于各个点电荷单独存在时在该点激发的电场强度的矢量和，即

$$\boldsymbol{E}=\boldsymbol{E}_1+\boldsymbol{E}_2+\cdots+\boldsymbol{E}_i+\cdots+\boldsymbol{E}_n$$

于是，根据电势的定义式(6-21)可得，点电荷系电场中点 A 的电势为

$$\begin{aligned}V_A&=\int_{A\infty}\boldsymbol{E}\cdot\mathrm{d}\boldsymbol{l}=\int_{A\infty}\boldsymbol{E}_1\cdot\mathrm{d}\boldsymbol{l}+\int_{A\infty}\boldsymbol{E}_2\cdot\mathrm{d}\boldsymbol{l}+\cdots+\\&\quad\int_{A\infty}\boldsymbol{E}_i\cdot\mathrm{d}\boldsymbol{l}+\cdots+\int_{A\infty}\boldsymbol{E}_n\cdot\mathrm{d}\boldsymbol{l}\\&=V_1+V_2+\cdots+V_i+\cdots+V_n\end{aligned}$$

式中 $V_1,V_2,\cdots,V_i,\cdots,V_n$ 分别为点电荷 $q_1,q_2,\cdots,q_i,\cdots,q_n$ 独立激发的电场中点 A 的电势.由点电荷电势的计算式(6-24)，上式可写成

$$V_A=\sum_{i=1}^{n}\frac{1}{4\pi\varepsilon_0}\frac{q_i}{r_i}\qquad(6-25)$$

上式表明，点电荷系所激发的电场中某点的电势，等于各点电荷单独存在时在该点激发的电场的电势的代数和.这一结论叫做静电场的电势叠加原理.式(6-25)是它的数学表达式.

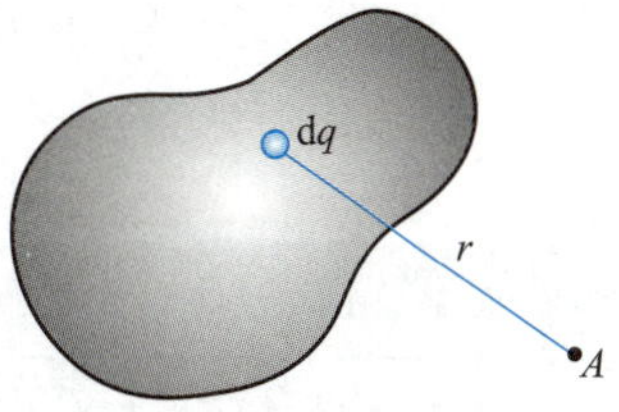

图 6-23 电荷连续分布带电体所建立的电势

若一带电体上的电荷是连续分布的，则可把它分成如图 6-23 所示的无限多个电荷元 dq，每一电荷元在电场中点 A 激发的电势为

$$\mathrm{d}V=\frac{1}{4\pi\varepsilon_0}\frac{\mathrm{d}q}{r}$$

而该点的电势则为这些电荷元电势的叠加，即

$$V=\frac{1}{4\pi\varepsilon_0}\int\frac{\mathrm{d}q}{r} \tag{6-26}$$

把式(6-26)和式(6-5)相比可以看出，求电势的积分是一个标量积分，而求电场强度的积分是一个矢量积分. 因此一般来说，求电势要比求电场强度简便一些.

例 1

真空中有一无限长均匀带电直导线，电荷线密度为 λ，点 P 和导线的距离为 a，点 P_1 和导线的距离为 b，选该点为电势零点，求点 P 处的电势.

[分析] 如图 6-24 所示，由 6-1 节例 2 已知，无限长均匀带电直导线外空间的电场是轴对称的，其大小为 $E=\frac{\lambda}{2\pi\varepsilon_0 r}$，$r$ 为场点到直线的垂直距离；场强均垂直于带电直导线，指向由 λ 的正负决定. 已知电场强度，可由 $V_P=\int_{PP_1}\boldsymbol{E}\cdot\mathrm{d}\boldsymbol{l}+V_{P_1}$ 积分求电势. 由于无限长均匀带电直导线的电荷分布延伸到无限远，因此不能选无限远处为电势零点，而是选点 P_1 为电势零点.

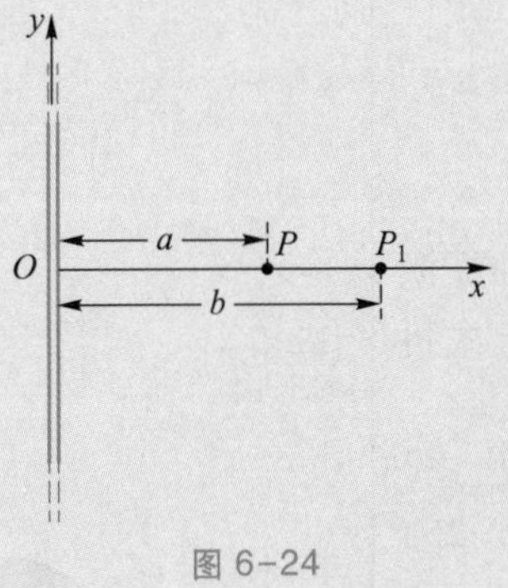

图 6-24

[解答] 因为电场强度沿 x 轴正方向，所以选过点 P 沿 x 轴积分，可得

$$V_P=\int_{PP_1}\boldsymbol{E}\cdot\mathrm{d}\boldsymbol{l}+V_{P_1}=\int_a^b E\mathrm{d}x+V_{P_1}=\int_a^b\frac{\lambda\mathrm{d}x}{2\pi\varepsilon_0 x}+V_{P_1}$$

$$=\frac{\lambda}{2\pi\varepsilon_0}\ln\frac{b}{a}+V_{P_1}$$

若设 $V_{P_1}=0$，则有

$$V_P=\frac{\lambda}{2\pi\varepsilon_0}\ln\frac{b}{a}$$

[注意] 电势零点的选取是任意的，由处理问题的需要而定. 计算有限大小带电体所激发电场的电势时，一般选无限远处为电势零点；当电荷分布延伸到无限远时，可根据具体情况选电场中某一点为电势零点.

[拓展] 由 $V_P=\frac{\lambda}{2\pi\varepsilon_0}\ln\frac{b}{a}$ 分析无限长均匀带电直导线外空间电势的分布特点.

例 2

在真空中，有一电荷为 Q，半径为 R 的均匀带电球壳，其电荷是面分布的. 试求其产生的电场中电势的分布.

[分析] 从第6-2节的例1,我们已知均匀带电球壳的场强分布为

$$\boldsymbol{E}=\begin{cases}\dfrac{1}{4\pi\varepsilon_0}\dfrac{Q}{r^2}\boldsymbol{e}_r & (r>R)\\ 0 & (r<R)\end{cases}\qquad(1)$$

其沿径矢方向,$\boldsymbol{e}_r$为沿径矢的单位矢量.由于已知场强$\boldsymbol{E}$的分布函数,可以利用式(6-21)选沿$\boldsymbol{e}_r$方向的直线为积分路径求电势分布.

[解答] 在球壳外($r>R$)有

$$V(r)=\int_r^\infty \boldsymbol{E}\cdot \mathrm{d}\boldsymbol{l}=\int_r^\infty \frac{1}{4\pi\varepsilon_0}\frac{Q}{r^2}\mathrm{d}r=\frac{1}{4\pi\varepsilon_0}\frac{Q}{r}\qquad(2)$$

上式表明,均匀带电球壳外一点的电势,与球上电荷全部集中于球心时的电势是一样的.

在球壳内($r<R$),则式(6-21)中的积分分为两段:

$$V(r)=\int_r^\infty \boldsymbol{E}\cdot \mathrm{d}\boldsymbol{l}=\int_r^R \boldsymbol{E}\cdot \mathrm{d}\boldsymbol{l}+\int_R^\infty \boldsymbol{E}\cdot \mathrm{d}\boldsymbol{l}$$

$$=0+\int_R^\infty \frac{1}{4\pi\varepsilon_0}\frac{Q}{r^2}\mathrm{d}r=\frac{1}{4\pi\varepsilon_0}\frac{Q}{R}\qquad(3)$$

上式表明带电球壳为一等势体,球壳内各处的电势与球壳表面的电势相等.

由式(2)和式(3)可得均匀带电球壳内、外的电势分布曲线,如图6-25所示.

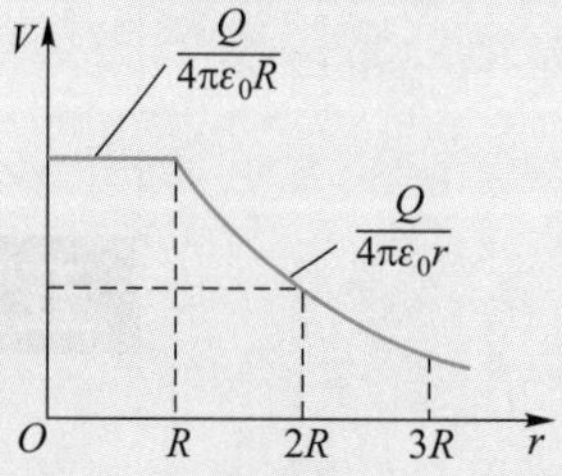

图 6-25

[注意] 应用式(6-21)时,应注意参考点的选取.只有当电荷分布在有限空间里时才能选取无限远处的电势为零($V_\infty=0$);还应注意,在积分路径上$\boldsymbol{E}$的函数表达式必须是知道的.

[拓展] 若有半径分别为R_A和R_B($R_A<R_B$)的两个同心均匀带电球壳,所带电荷分别为Q_A和Q_B.试求两球壳之间的电势差.

例 3

如图6-26所示,正电荷q均匀地分布在半径为R的细圆环上.求在环的轴线上与环心O相距为x处点P的电势.

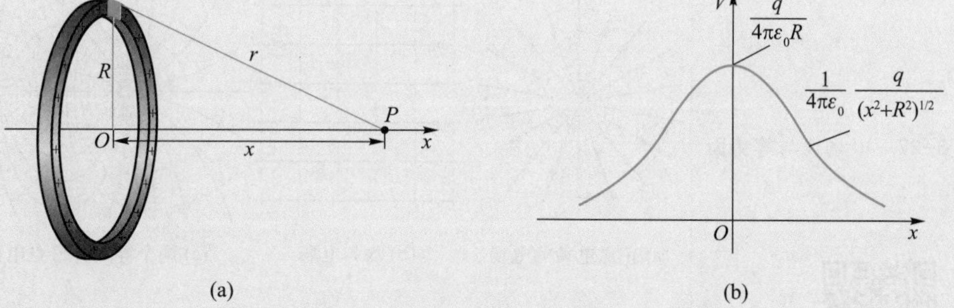

图 6-26

[分析] 由于电荷分布的对称性,可以方便地用点电荷电势的叠加原理求点P的电势.

[解答] 如图6-26(a)所示,设圆环处于通过圆环中心O且与Ox轴相垂直的平面上.在圆环上取一电荷元$\mathrm{d}q$,其电荷线密度为λ,故有$\mathrm{d}q=\lambda \mathrm{d}l=\dfrac{q}{2\pi R}\mathrm{d}l$.把它代入式(6-26),有

$$V_P=\frac{1}{4\pi\varepsilon_0}\int_l \frac{q}{2\pi R}\,\frac{1}{r}\mathrm{d}l=\frac{1}{4\pi\varepsilon_0}\,\frac{q}{r}=\frac{1}{4\pi\varepsilon_0}\,\frac{q}{\sqrt{x^2+R^2}}$$

图 6-26(b)给出了 x 轴上的电势 V 随坐标 x 而变化的曲线.

[注意] 计算电势的方法有两种,上述结果也可以由式(6-21)积分求得.

[拓展] 用式(6-21)计算本题点 P 的电势.

五、等势面

前面,我们曾用电场线来形象地描绘电场中电场强度的分布.这里,我们将用等势面来形象地描绘电场中电势的分布,并指出两者之间的联系.

电场中电势相等的点所构成的面,叫做等势面.在电场中,电荷 q 沿等势面运动时,电场力对电荷不做功,即 $q\boldsymbol{E}\cdot \mathrm{d}\boldsymbol{l}=0$.由于 q、$\boldsymbol{E}$ 和 $\mathrm{d}\boldsymbol{l}$ 均不为零,故上式成立的条件是:电场强度 $\boldsymbol{E}$ 必须与 $\mathrm{d}\boldsymbol{l}$ 垂直,即某点的电场强度 $\boldsymbol{E}$ 与通过该点的等势面垂直.

前面曾用电场线的疏密程度来表示电场的强弱,这里我们也可以用等势面的疏密程度来表示电场的强弱.为此,对等势面的疏密作这样的规定:电场中任意两个相邻等势面之间的电势差都相等.根据这样的规定,图 6-27 示出了一些典型电场的等势面和电场线的图形.图中实线代表电场线,虚线代表等势面.从图可以看出,等势面越密的地方,电场强度也越大,这一点将在下面证明.

视频:从等势面到电磁惯性

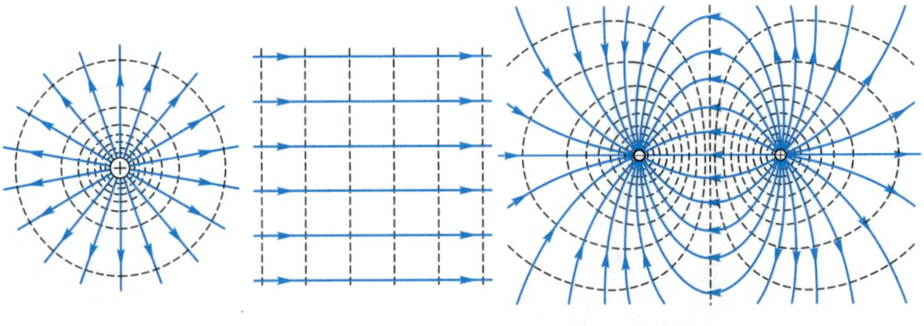

(a) 正点电荷的电场 (b) 均匀电场 (c) 两个等量异号点电荷的电场

图 6-27 电场线与等势面

在实用中,由于电势差易于测量,所以常常是先测出电场中等电势的各点,并把这些点连起来,画出电场的等势面,再根据某点的电场强度与通过该点的等势面相垂直的特点而画出电场线,从而对电场有较全面的定性的直观了解.

动画:两点电荷的等势面

六、电势梯度

如图 6-28 所示，设想在静电场中有两个靠得很近的等势面Ⅰ和Ⅱ，它们的电势分别为 V 和 $V+\Delta V$.在两等势面上分别取点 A 和点 B，这两点非常靠近，间距为 Δl，因此它们之间的电场强度 $\boldsymbol{E}$ 可以认为是不变的.设 $\Delta \boldsymbol{l}$ 与 $\boldsymbol{E}$ 之间的夹角为 θ，则将单位正电荷由点 A 移到点 B，由式(6-22)得电场力所做的功为

$$-(V_B-V_A)=\boldsymbol{E}\cdot\Delta\boldsymbol{l}=E\Delta l\cos\theta$$

因为 $-(V_B-V_A)=-\Delta V$，电场强度 $\boldsymbol{E}$ 在 $\Delta \boldsymbol{l}$ 方向上的分量为 $E\cos\theta=E_l$，所以有

$$-\Delta V=E_l\Delta l$$

或

$$E_l=-\frac{\Delta V}{\Delta l} \tag{6-27}$$

在式(6-27)中 $\frac{\Delta V}{\Delta l}$ 为电势在 $\Delta \boldsymbol{l}$ 方向上的变化率.式(6-27)中的负号表明，当 $\frac{\Delta V}{\Delta l}<0$ 时，$E_l>0$，即沿着电场强度的方向，电势由高到低；逆着电场强度的方向，电势由低到高.还应指出，根据式(6-27)，电场强度的单位也常用伏特每米($\mathrm{V\cdot m^{-1}}$)表示.

从式(6-27)可以看出，等势面密集处的电场强度大，等势面稀疏处的电场强度小.所以从等势面的分布可以定性地看出电场强度的强弱分布情况.

若把 Δl 取得极小，式(6-27)为

$$E_l=-\lim_{\Delta l\to 0}\frac{\Delta V}{\Delta l}=-\frac{\mathrm{d}V}{\mathrm{d}l} \tag{6-28a}$$

$\mathrm{d}V/\mathrm{d}l$ 是沿 $\boldsymbol{l}$ 方向的电势的变化率.式(6-28)表明，电场中某一点的电场强度沿任一方向的分量，等于沿该方向的电势变化率的负值.

当 $\boldsymbol{l}$ 方向取正法向方向，即 $\theta=0$ 时，则 $E_l=E_\mathrm{n}=E$，由(6-28a)得

$$E=-\frac{\mathrm{d}V}{\mathrm{d}l_\mathrm{n}} \tag{6-28b}$$

这就是电场强度与电势的微分关系.

应当指出，电势 V 是标量，与矢量 $\boldsymbol{E}$ 相比，V 比较容易计算，因此，在实际计算时，常是先计算电势 V，然后再用式(6-28b)来求出电场强度 $\boldsymbol{E}$.

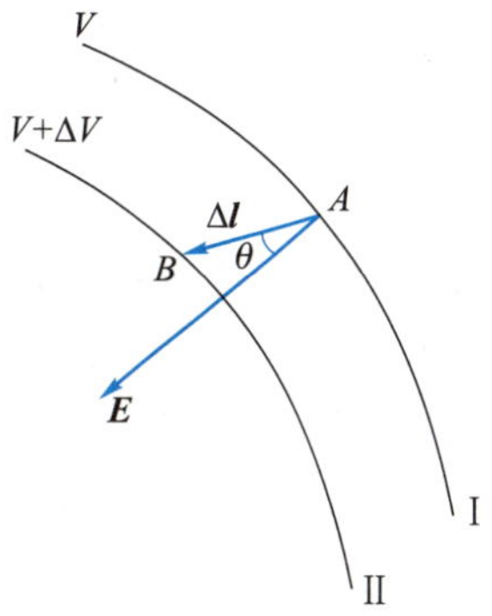

图 6-28 $\boldsymbol{E}$ 和 V 的关系

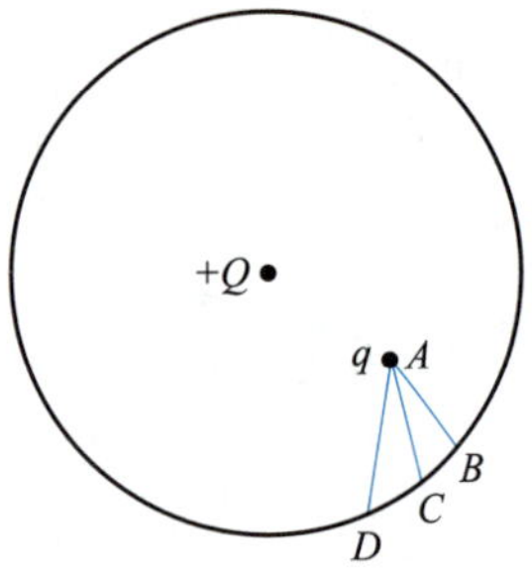

练习 1 图

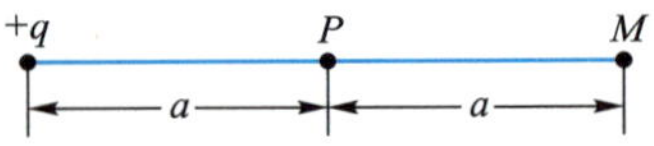

练习 3 图

本节练习

1. 在一个点电荷$+Q$的电场中，一个试验电荷q从A点分别移动到B、C、D点，B、C、D点在以$+Q$为圆心的圆周上，如图所示，则电场力做的功为(　　).

(A) 从A到B电场力做功最大

(B) 从A到C电场力做功最小

(C) 从A到C电场力做功最大

(D) 电场力做功一样大

2. 下列说法正确的是(　　).

(A) 带正电的物体的电势一定是正的

(B) 电场强度为零的地方电势一定为零

(C) 等势面与电场线处处正交

(D) 等势面上的电场强度处处相等

3. 如图所示，在点电荷$+q$的电场中，若取图中点M处为电势零点，则点P处的电势为(　　).

(A) $q/(4\pi\varepsilon_0 a)$　　(B) $q/(8\pi\varepsilon_0 a)$

(C) $-q/(4\pi\varepsilon_0 a)$　　(D) $-q/(8\pi\varepsilon_0 a)$

4. 简述下列问题，能否单独用电场强度来描述电场的性质？为什么要引入电势？

6-4 静电场中的导体

一、静电平衡条件

金属导体由大量带负电的自由电子和带正电的晶格格点上的原子实构成.当金属导体不带电或者不受外电场影响时，导体中的自由电子只作微观的无规则热运动，而没有宏观的定向运动.若把金属导体放在外电场中，导体中的自由电子在作无规则热运动的同时，还将在电场力作用下作宏观定向运动，从而使导体中的电荷重新分布.这个现象叫做静电感应现象.在电场中，导体电荷重新分布的过程一直延续到导体内部的电场强度等于零，即$\boldsymbol{E}=\mathbf{0}$时为止.这时，导体内没有电荷作定向运动，导体处于静电平衡状态.

在静电平衡时，不仅导体内部没有电荷作定向运动，导体表面也没有电荷作定向运动，这就要求导体表面电场强度的方向应与表面垂直，否则电场强度沿表面将有切向分量，自由电子受到与该切向分量相应的电场力的作用，将沿表面运动，这样就不是静电平衡状态了.因此，当导体处于静电平衡状态时，必须满足以下两个条件：

（1）导体内部任意一点处的电场强度为零；

（2）导体表面处电场强度的方向与导体表面垂直.

由于导体静电平衡时满足上述两个条件，而电场中任意两点 A、B 间的电势差为

$$U=\int_{AB}\boldsymbol{E}\cdot\mathrm{d}\boldsymbol{l}$$

因此，导体的静电平衡条件也可以用电势来表述为[①]：当导体处于静电平衡时，导体上的电势处处相等，导体为一等势体，导体表面是个等势面.

二、静电平衡时导体上电荷的分布

在静电平衡时，带电导体的电荷分布可运用高斯定理进行讨论.如图6-29所示，有一带电导体处于静电平衡状态.由于在静电平衡时，导体内的 $\boldsymbol{E}$ 为零，所以通过导体内任意高斯面的电场强度通量亦必为零，即

$$\oint_S\boldsymbol{E}\cdot\mathrm{d}\boldsymbol{S}=0$$

于是根据高斯定理，此高斯面内所包围的电荷的代数和必然为零.因为高斯面是任意作出的，所以可得到如下结论：在静电平衡时，导体所带的电荷只能分布在导体的表面上，导体内没有净电荷.

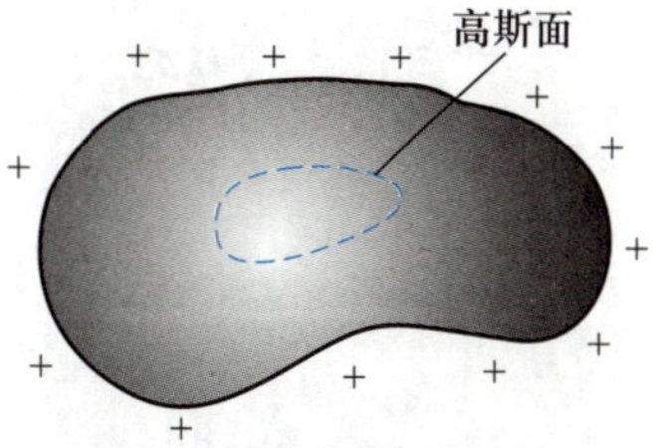

图 6-29 带电导体的电荷分布在导体表面上

如果一空腔带电导体处于静电平衡状态，当腔内没有其他带电体时，则电荷只能全部分布在空腔导体的外表面上，空腔内表面不会出现任何形式的分布电荷，读者可试用高斯定理和静电平衡条件予以说明[②].

视频：点电荷与电中性的金属之间的静电力都是吸引力吗？

当带电导体处于静电平衡时，带电导体表面的电荷面密度与其邻近处电场强度有如下的关系：

①② 参阅马文蔚等编《物理学教程》（第四版）下册第 10-1 节，高等教育出版社，2023 年.

$$E=\frac{\sigma}{\varepsilon_0} \tag{6-29}$$

上式表明,处于静电平衡态中的导体,其表面之外非常邻近表面处的电场强度 $\boldsymbol{E}$,其数值与该处电荷面密度 σ 成正比,其方向与导体表面垂直.当 $\sigma>0$ 时,$\boldsymbol{E}$ 的方向垂直于表面向外;当 $\sigma<0$ 时,$\boldsymbol{E}$ 的方向垂直于表面指向导体.对于上述结果,读者同样可以试用高斯定理和静电平衡条件予以说明①.

式(6-29)只给出导体表面的电荷面密度与表面附近的电场强度之间的关系.至于带电导体达到静电平衡后导体表面的电荷是如何分布的,则是一个复杂问题,定量研究是很困难的,因为导体表面的电荷分布不仅与导体本身的形状有关,而且与导体周围的环境有关.即使对于孤立导体,其表面电荷面密度 σ 与曲率半径 ρ 之间也不存在单一的函数关系.实验表明,如把一定量的电荷放到如图 6-30 所示的非球形导体上,当达到静电平衡时,导体虽为一等势体,导体表面为一等势面,但在点 A 附近,曲率半径较小,其电荷面密度和电场强度的值较大;而在点 B 附近,曲率半径较大,其电荷面密度和电场强度的值较小.图 6-31 给出带有等量异号电荷的一个非球形导体和一块平板导体的电场线图像.从图中可以看出,曲率半径较小的带电导体表面附近,电场线密集,电场较强,尖端附近的电场最强.

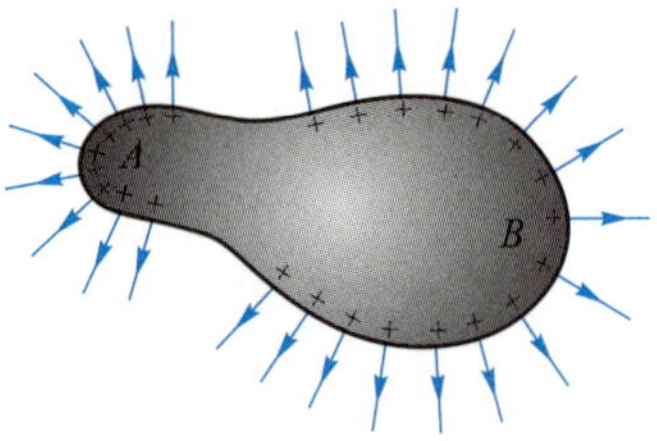

图 6-30 带电导体表面曲率半径较小处附近的电场要强些

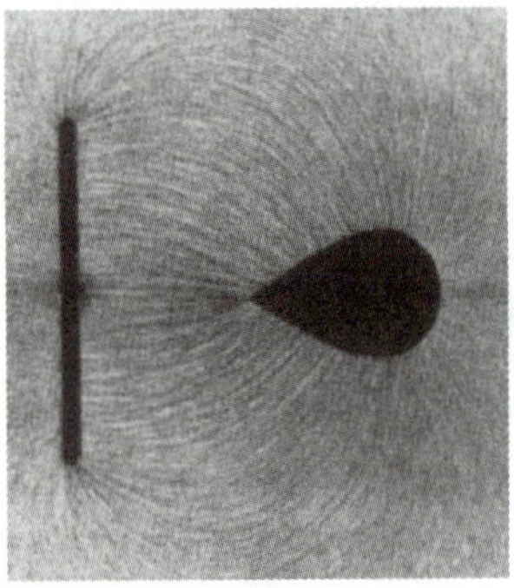
图 6-31 带电导体尖端附近的电场最强

带电尖端附近的电场强度特别大,可使尖端附近的空气发生电离而成为导体.在电场不过分强的情况下,带电尖端经由电离化的空气而放电的过程,是比较平稳地无声息地进行的;但在电场很强的情况下,放电就会以暴烈的火花放电的形式出现,并在短暂的时间内释放出大量的能量.这两种形式的放电现象就是所谓的尖端放电.例如,在阴雨潮湿天气时,人们常可在高压输电线表面附近看到淡蓝色的辉光(电晕),就是一种平稳的尖端放电现象.

尖端放电会使电能白白损耗,还会干扰精密测量和通信.因此在许多高压电气设备中,所有金属元件都应避免带有尖棱,最好做成球形,并使导体表面尽量光滑而平坦,这都是为了避免尖端放电的产生.然而尖端放电也有很广的用途,例如我们熟悉的避雷针,范德格拉夫(R.J.Van de Graaff,1901—1967)静电起电机②等.

视频:大气中的电现象

① 参阅马文蔚等编《物理学教程》(第四版)下册第 10-1 节,高等教育出版社,2023 年.
② 参阅马文蔚等编《物理学教程》(第四版)下册第 10-6 节,高等教育出版社,2023 年.

三、静电屏蔽

在静电场中，因导体的存在使某些特定的区域不受电场影响的现象称为静电屏蔽.怎样才能实现静电屏蔽呢？在如图 6-32 所示的静电场中，放置一个空腔导体.由前面的讨论可知，在静电平衡时，由静电感应产生的感应电荷只分布在导体的外表面上，导体内和空腔中的电场强度处处为零.这就是说，空腔中的整个区域都将不受外电场的影响.这时空腔导体内部的电势处处相等，其构成一个等势体.

此外，我们有时还需要屏蔽电荷激发的电场对外界的影响.这时可采用如图 6-33 所示的办法，在电荷外面放置一个外表面接地的空腔导体.这就使得导体外表面所产生的感应正电荷与从地上来的负电荷中和，从而使空腔导体外表面不带电，这样，接地的空腔导体内的电荷激发的电场对导体外就不会产生任何影响了.

综上所述，空腔导体（无论接地与否）将使腔内部空间不受外电场的影响，而接地空腔导体将使外部空间不受空腔内的电场的影响.这就是空腔导体的静电屏蔽作用.

在实际工作中，人们常用编织得相当紧密的金属网来代替金属壳体.例如，高压设备周围的金属网，校测电子仪器的金属网屏蔽室都能起静电屏蔽作用.

利用静电平衡条件下空腔导体是等势体以及静电屏蔽的原理，人们可在高压输电线路上进行带电维修和检测等工作.当工作人员登上数十米高的铁塔，接近高压线（如 500 kV）时，人体通过铁塔与大地相连接，人体与高压线间有非常大的电势差，因而它们之间存在很强的电场，电场能使人体周围的空气电离而放电，从而危及人身安全.利用空腔导体能屏蔽外电场的原理，工作人员穿上用细铜丝（或导电纤维）和纤维编织成导电性能良好的工作服（通常也叫屏蔽服、均压服），使之构成一导体网壳.这就相当于把人体置于空腔导体内部，使电场不能深入人体，从而保证了工作人员的安全.

视频：场致发射显微镜

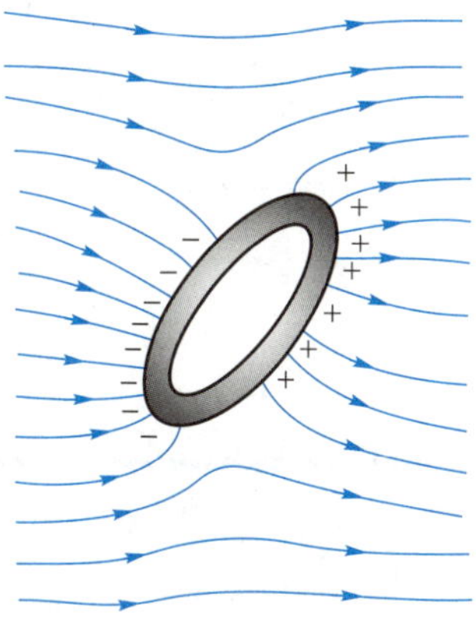

图 6-32 空腔导体屏蔽外电场

动画：一个点电荷在导体球腔内的电场线

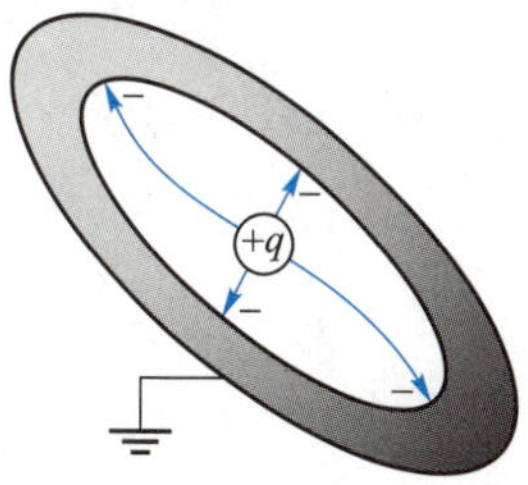

图 6-33 接地空腔导体屏蔽内电场

文档：电器接地与危险区域

本节练习

1. 有一绝缘的金属筒，上面开有一小孔.通过小孔放进一用丝线悬挂的带正电荷 q 的小球，小球跟筒的内壁不接触，则（　　）.

（A）金属筒内壁带 $-q$ 的电荷量，外壁带电荷量为 $+q$

(B) 金属筒内壁带电荷量为 $+q$,外壁带电荷量为 $-q$

(C) 金属筒内壁带电荷量为 $-q$,外壁不带电

(D) 金属筒内壁不带电,外壁带电荷量为 $-q$

2. 若有一个带电荷量为 Q 的孤立导体球,则电荷 Q 在其表面上如何分布?导体内任一点的场强是多少?导体球外表面的场强沿什么方向?导体球表面是否等电势?

3. 有一点电荷 q,附近有一不带电的导体 A,如图所示.当 A 处于静电平衡态时,导体内部 P 点的电场强度为( ).

(A) 不为零 (B) 等于零

(C) 与 q 相对 A 的位置有关 (D) 无法确定

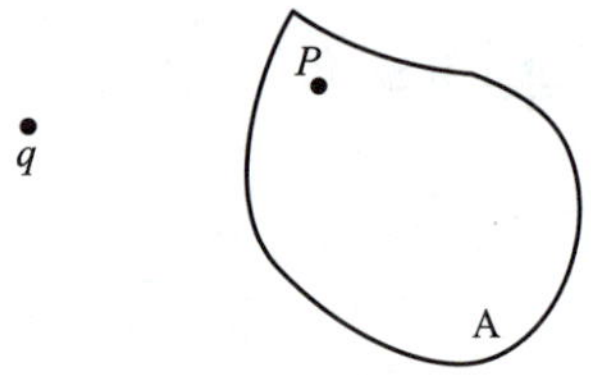

练习 3 图

4. 高压设备周围的金属网如果不接地,能否起到静电屏蔽作用?简述上述问题并说明为什么.

6-5 电容 静电场的能量 电介质

一、电容器及其电容

如图 6-34 所示,两个带有等值异号电荷的导体以及它们之间的电介质所组成的系统,叫做电容器.导体称为极板或电极.当两极板 A、B 之间的电势差为 U 时,两极板所带的电荷分别为 $+Q$ 和 $-Q$.电容器极板上电荷 Q 与两极板间的电势差 U 的比值,定义为电容器的电容 C,即

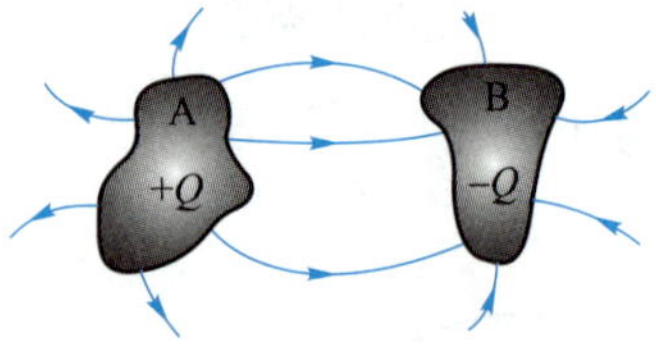

图 6-34 电容器

$$C=\frac{Q}{U} \tag{6-30}$$

在国际单位制中,电容的单位名称是法拉(法拉第),符号为 F.在实际应用中,常用微法(μF)、皮法(pF)等作为电容的单位,$1\ \text{F}=10^{6}\ \mu\text{F}=10^{12}\ \text{pF}$.

电容器可以储存电荷和能量,是现代电工技术和电子技术中的重要元件,其大小、形状不一,种类繁多,有大到比人还高的巨型电容器,也有小到肉眼无法看见的微型电容器.在超大规模集成电路中,$1\ \text{cm}^2$ 的面积中可以容纳数以万计的电容器,而随着芯片和纳米材料的发展,更微小的电容器已经出现,电子技术正日益向微型化发展.同时,电容器的大型化也日趋成熟,人们利用高功率电容器已获得高强度的脉冲激光束,为实现人工控制热核

聚变的良好前景提供了条件.

根据不同需要,电容器有不同的形状,其两极板之间填充有绝缘介质,也可以填充空气或者为真空.

如果设电容器的两个极板分别带上等量异号电荷,通过计算两极板之间的电场强度与电势差,根据式(6-30)可以方便地计算几种电容器的电容表达式.例如对于极板面积为 S、两极板距离为 d、极板之间为真空且 d 比极板线度小得多的平行板电容器,可以算出 $C=\varepsilon_0 S/d$①,可见平板电容器的电容与极板面积成正比,与极板距离成反比.显然通过增加极板面积来加大电容是有限制的,通常的做法是改变电容器的形状(如圆柱形电容器)和结构,或者把电容器组合起来等.

例 1

圆柱形电容器.如图 6-35 所示,圆柱形电容器由半径分别为 R_A 和 R_B 的两个同轴圆柱导体面 A 和 B 所组成,且圆柱面的长度 l 比半径 R_B 大得多.两圆柱面之间为真空,求此圆柱形电容器的电容.

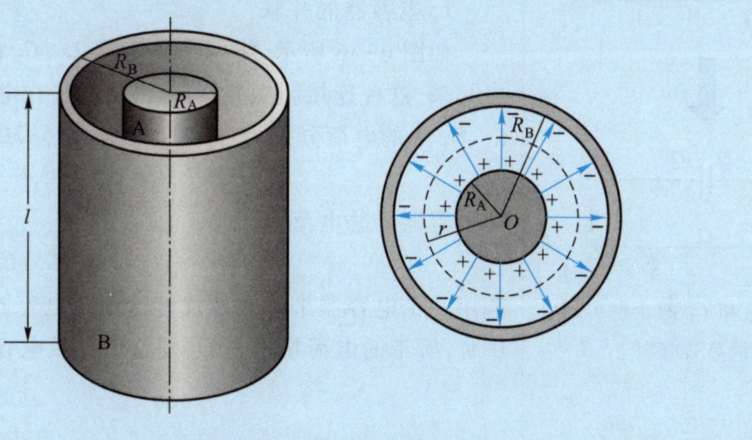

图 6-35 圆柱形电容器

[分析] 因为 $l \gg R_B$,所以可把 A、B 两圆柱面间的电场看成是无限长圆柱面的电场.由于电荷分布是均匀对称的,所以电场强度的方向垂直于圆柱轴线.根据上述对称性分析,可以作一半径为 r ($R_A<r<R_B$)、长为 l、与圆柱面同轴的柱形高斯面求电场强度.

[解答] 设内、外圆柱面各带有电荷 $+Q$ 和 $-Q$,则电荷线密度 $\lambda=\dfrac{Q}{l}$.由于电场强度与柱形高斯面两底面的法线垂直,所以通过两底面的电场强度通量为零,由高斯定理

$$\oint_S \boldsymbol{E}\cdot d\boldsymbol{S}=\frac{\lambda l}{\varepsilon_0}$$

得两圆柱面之间距圆柱的轴线为 r 处的电场强度 $\boldsymbol{E}$ 的大小为

$$E=\frac{\lambda}{2\pi\varepsilon_0 r}=\frac{Q}{2\pi\varepsilon_0 l}\frac{1}{r}$$

电场强度 $\boldsymbol{E}$ 的方向垂直于圆柱面轴线,则两圆柱面

① 参阅马文蔚等编《物理学教程》(第四版)下册第 10-4 节,高等教育出版社,2023 年.

间的电势差为

$$U=\int_l \boldsymbol{E}\cdot \mathrm{d}\boldsymbol{r}=\int_{R_A}^{R_B}\frac{Q}{2\pi\varepsilon_0 l}\frac{\mathrm{d}r}{r}=\frac{Q}{2\pi\varepsilon_0 l}\ln\frac{R_B}{R_A}$$

根据式(6-30)可得,圆柱形电容器的电容为

$$C=\frac{Q}{U}=\frac{2\pi\varepsilon_0 l}{\ln\frac{R_B}{R_A}} \tag{1}$$

可见,圆柱面越长,电容 C 越大;两圆柱面的间隙 $d=R_B-R_A$ 越小,电容 C 也越大.

[注意] 当 $d\ll R_A$,即在两圆柱面的间隙远小于圆柱半径的条件下,圆柱形电容器可当作平板电容器.

[拓展] 在 $d\ll R_A$ 的条件下,试由式(1)导出平板电容器电容 $C\approx\varepsilon_0 S/d$.

二、电容器的并联和串联

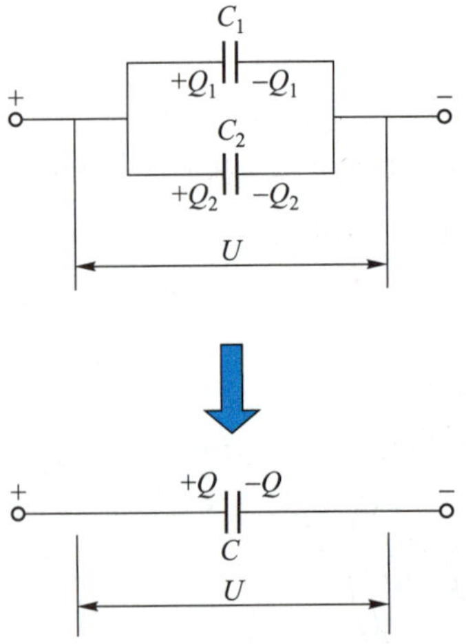

图 6-36 C_1 和 C_2 两个电容器并联,C 为它们的等效电容

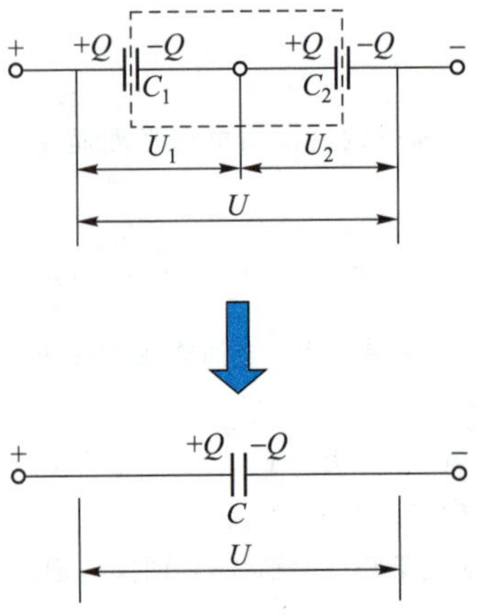

图 6-37 C_1 和 C_2 两个电容器串联,C 为它们的等效电容

在实际的电路设计和使用中,常需要把一些电容器组合起来才便于使用.电容器最基本的组合方式是并联和串联.下面讨论电容器并联或串联的等效电容.

1. 电容器的并联

如图 6-36 所示,将两个电容器 C_1、C_2 的极板一一对应地连接起来,这种连接叫做并联.若将它们接在电压为 U 的电路上,则 C_1、C_2 上的电荷分别为 Q_1、Q_2.根据式(6-30)有

$$Q_1=C_1U,\quad Q_2=C_2U$$

两电容器上总电荷 Q 为

$$Q=Q_1+Q_2=(C_1+C_2)U$$

若用一个电容器来等效地代替这两个电容器,使它在所加电压为 U 时,所带的电荷量也为 Q,则这个等效电容器的电容为

$$C=\frac{Q}{U}$$

把它与前式相比较可得

$$C=C_1+C_2 \tag{6-31}$$

这说明,当几个电容器并联时,其等效电容等于这几个电容器的电容之和.

可见,并联电容器组的等效电容比电容器组中任何一个电容器的电容都要大,但各个电容器上的电压却是相等的.

2. 电容器的串联

如图 6-37 所示,将两个电容器的极板首尾相连接,这种连接叫做串联.若加在串联电容器组上的电压为 U,则两端的极板分别带有 $+Q$ 和 $-Q$ 的电荷.由于静电感应使虚线框内的两块极板所带的电荷分别为 $-Q$ 和 $+Q$.这就是说,串联电容器组中每个电容器

极板上所带的电荷是相等的.根据式(6-30)可得每个电容器的电压为

$$U_1=\frac{Q}{C_1},\quad U_2=\frac{Q}{C_2}$$

而总电压 U 为各个电容器上的电压 U_1、U_2 之和,即

$$U=U_1+U_2=\left(\frac{1}{C_1}+\frac{1}{C_2}\right)Q$$

若用一个电容为 C 的电容器来等效地代替串联电容器组,使它在所加的电压为 U 时,所带的电荷量也为 Q,则有

$$U=\frac{Q}{C}$$

把它与前式相比较可得

$$\frac{1}{C}=\frac{1}{C_1}+\frac{1}{C_2} \tag{6-32}$$

这说明,串联电容器组等效电容的倒数等于电容器组中各个电容器的电容倒数之和.

如果把式(6-32)改写为

$$C=\frac{C_1C_2}{C_1+C_2}$$

容易看出,串联电容器组的等效电容比电容器组中任何一个电容器的电容都小,但每一个电容器上的电压却小于总电压.

三、静电场的能量　能量密度

下面我们将以平行平板电容器的带电过程为例,讨论通过外力做功把其他形式的能量转化为电能的机理.

1. 电容器的电能

如图 6-38 所示,一电容为 C 的平行平板电容器正处于充电过程中,在充电过程中,平板电容器内建立起电场.设在某时刻两极板之间的电势差为 u,此时若继续把电荷 $+\mathrm{d}q$ 从带负电的极板移到带正电的极板,则外力因克服静电场力而需做的功为

$$\mathrm{d}W=u\mathrm{d}q=\frac{1}{C}q\mathrm{d}q$$

当电容器两极板的电势差为 U,且极板上分别带有 $\pm Q$ 的电荷时,外力做的总功为

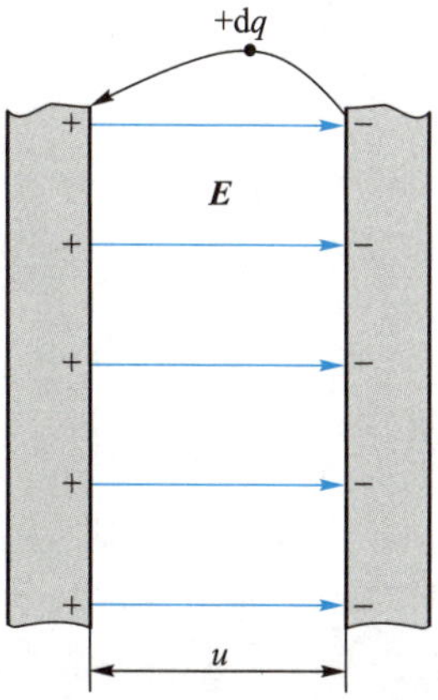

图 6-38　把电荷 $+\mathrm{d}q$ 从负电极板移到正电极板,外力做的功为 $\mathrm{d}W=u\mathrm{d}q$

$$W=\frac{1}{C}\int_{0}^{Q} q\mathrm{d}q=\frac{Q^2}{2C}=\frac{1}{2}QU=\frac{1}{2}CU^2 \tag{6-33a}$$

我们知道,功是能量变化的量度,它使电容器的能量增加,也就是说电容器储存了电能 W_e①.于是有

$$W_e=\frac{1}{2}\frac{Q^2}{C}=\frac{1}{2}QU=\frac{1}{2}CU^2 \tag{6-33b}$$

从上述讨论可见,在电容器的带电过程中,外力通过克服静电场力做功,把非静电能转化为电容器的电能了.

2. 静电场的能量　能量密度

电容器的能量储存在哪里呢?我们仍以两极板之间为真空的平行平板电容器为例进行讨论.

对于极板面积为 S、间距为 d 的平板电容器,若不计边缘效应,则电场所占有的空间体积为 Sd,于是此电容器储存的能量也可以写成

$$W_e=\frac{1}{2}CU^2=\frac{1}{2}\frac{\varepsilon_0 S}{d}(Ed)^2=\frac{1}{2}\varepsilon_0 E^2 Sd \tag{6-34}$$

式(6-33)和式(6-34)的物理意义是不同的.式(6-33)表明,电容器之所以储存有能量,是因为在外力作用下电荷 Q 从一个极板移至另一极板,因此电容器能量的携带者是电荷.而式(6-34)却表明,在外力做功的情况下,原来没有电场的电容器的两极板间建立起了有确定电场强度的静电场,因此电容器能量的携带者应当是电场.我们知道,静电场总是伴随着静止电荷而产生,所以在静电学范围内,上述两种观点是等效的,没有区别.但对于变化的电磁场来说,情况就不一样了.我们知道电磁波是变化的电场和磁场在空间的传播.电磁波不仅含有电场能量 W_e 而且含有磁场能量 W_m.理论和实验都已确认,在电磁波的传播过程中,并没有电荷伴随着传播,所以不能说电磁波能量的携带者是电荷,而只能说电磁波能量的携带者是电场和磁场.因此如果某一空间具有电场,那么该空间就具有电场能量.电场强度是描述电场性质的物理量,电场的能量应以电场强度来表述.基于上述理由,我们说式(6-34)比式(6-33)更具有普遍的意义.

单位体积电场所具有的电场能量

$$w_e=\frac{1}{2}\varepsilon_0 E^2 \tag{6-35}$$

① 前面章节中能量的符号为 E.在电磁学中,由于电场强度的符号为 E,所以为区分起见,电场能量的符号取 W_e,后面章节中磁场能量的符号取 W_m.

式中 w_e 叫做电场的能量密度.式(6-35)表明,电场的能量密度与电场强度的二次方成正比.电场强度越大的区域,电场的能量密度也越大.式(6-35)虽然是从平板电容器这个特例中求得的,但可以证明,对于任意电场,这个结论也是正确的.

我们知道,物质与运动是不可分的,凡是物质都在运动,都具有能量.电场具有能量,这表明电场确是一种物质.

例 2

求本节例 1 中的圆柱形电容器储存的电场能量.

[分析] 对于均匀电场,由式(6-34)可直接求电场能量.对于非均匀电场则要由式(6-35)积分求电场能量.本节例 1 中的电场强度大小为

$$E=\frac{Q}{2\pi\varepsilon_0 l}\frac{1}{r}$$

场强与 r 有关且分布具有对称性,可取如图 6-39 所示的半径为 r、厚度为 $\mathrm{d}r$、高为 l 的圆柱薄层,其体积元为 $\mathrm{d}V=2\pi rl\mathrm{d}r$,然后积分求电场能量.

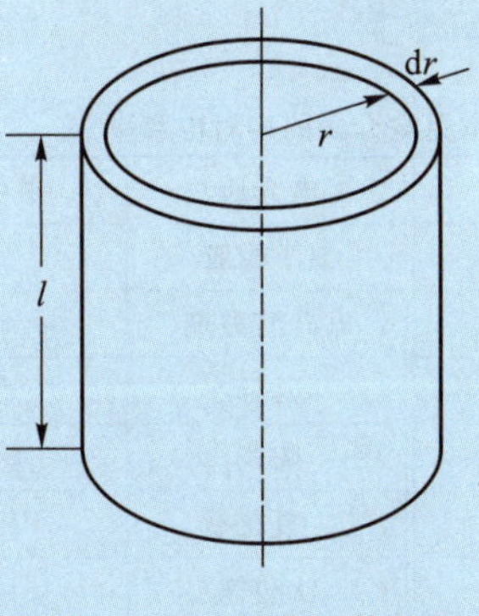

图 6-39 圆柱薄层体积元

[解答] 电场的能量密度为

$$w_e=\frac{1}{2}\varepsilon_0 E^2=\frac{Q^2}{8\pi^2\varepsilon_0 l^2}\frac{1}{r^2}$$

体积元 $\mathrm{d}V$ 中的电场能量为

$$\mathrm{d}W_e=w_e\mathrm{d}V=\frac{Q^2}{4\pi\varepsilon_0 l}\frac{\mathrm{d}r}{r}$$

电容器两极板之间总的电场能量为

$$W_e=\int\mathrm{d}W_e=\int_{R_A}^{R_B}\frac{Q^2}{4\pi\varepsilon_0 l}\frac{\mathrm{d}r}{r}=\frac{Q^2}{4\pi\varepsilon_0 l}\ln\frac{R_B}{R_A}$$

与电容器的储能公式(6-33b)

$$W_e=\frac{1}{2}\frac{Q^2}{C}$$

对比可得

$$C=\frac{2\pi\varepsilon_0 l}{\ln\frac{R_B}{R_A}}$$

上式与本节例 1 的答案相同.从上述讨论中可以明确,电容器的能量是储存于电容器内的电场之中的.

[注意] 这里给出了求电容器电容的另一种方法,即求出电容器储存的电场能量,再由电容器的储能公式(6-33b)求出电容.

[拓展] 试计算半径为 R、所带电荷为 Q 的孤立导体球激发的电场所储存的能量.

四、电介质

电介质就是绝缘体,常见的电介质有空气、水、油、玻璃、云母等.放入电场中的电介质在电场的作用下会发生极化,从而改变

自身的电荷分布并对电场产生影响,我们不进行电介质的极化机制和对电场的影响的详细讨论①,而仅以平行板电容器为例说明电介质对电容的影响.

对本节例 1 给出的平行板电容器,已求得其极板之间为真空时的电容为

$$C_0=\frac{\varepsilon_0 S}{d}$$

若在两极板之间充满均匀电介质,则由实验测得其电容为

$$C=\varepsilon_r C_0=\frac{\varepsilon_r\varepsilon_0 S}{d}=\frac{\varepsilon S}{d} \tag{6-36}$$

式中,ε_r 叫做电介质的相对电容率;相对电容率 ε_r 与真空电容率 ε_0 的乘积叫做电容率 ε②,即 $\varepsilon=\varepsilon_r\varepsilon_0$.表 6-2 列出了几种常见电介质的相对电容率.当电容器两极板之间填充电介质以后,可以提高电容器的容电能力和耐压能力③.

由式(6-36),仍然以充满电介质的平行平板电容器为例,可以导出电介质中的电场能量密度,即式(6-35)可改写成

$$w_e=\frac{1}{2}\varepsilon E^2 \tag{6-37}$$

表 6-2 几种常见电介质的相对电容率

电介质	相对电容率 ε_r	电介质	相对电容率 ε_r
真空	1	氯丁橡胶	6.60
空气(0 ℃)	1.000 59	硼硅酸玻璃	5~10
水(20 ℃)	80.2	云母	5.4
变压器油	2.2~2.5	陶瓷	6
纸	2.5	二氧化钛	173
聚四氟乙烯	2.1	钛酸锶	约 250
聚乙烯	2.26	钛酸钡锶	约 10^4

本节练习

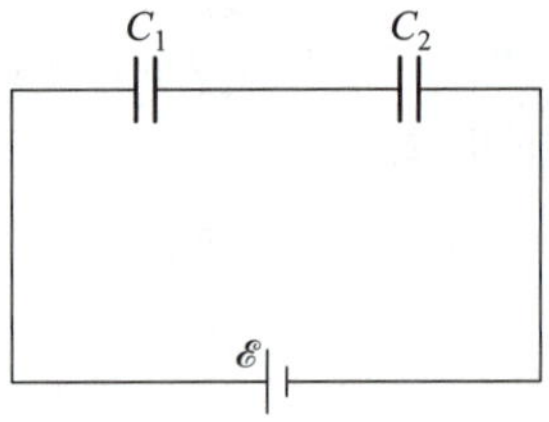

练习 1 图

1. 如图所示,电容器 C_1 和 C_2 串联后与电源连接,则(　　).

(A) C_1 上的电荷量大于 C_2 上的电荷量

(B) C_1 上的电荷量小于 C_2 上的电荷量

① 电介质的极化机制和对电场影响的讨论,参阅马文蔚等编《物理学教程》(第四版)下册第 10-2 节,高等教育出版社,2023 年.

② 按 2019 年全国科学技术名词审定委员会公布的物理学名词,ε、ε_0 和 ε_r 分别又称介电常量、真空介电常量和相对介电常量,这些名词均为不推荐用名.

③ 参阅马文蔚等编《物理学教程》(第四版)下册第 10-4 节,高等教育出版社,2023 年.

(C) C_1 上的电荷量与 C_2 上的电荷量相等

(D) 电容器组的电容大于 C_1 或 C_2

2. 如图所示,电容器 C_1 和 C_2 并联后与电源连接,则(　　).

(A) C_1 与 C_2 上的电荷量相等

(B) C_1 和 C_2 两端的电压不相等

(C) 电容器组的电容大于 C_1 和 C_2

(D) 电容器组的电容小于 C_1 或 C_2

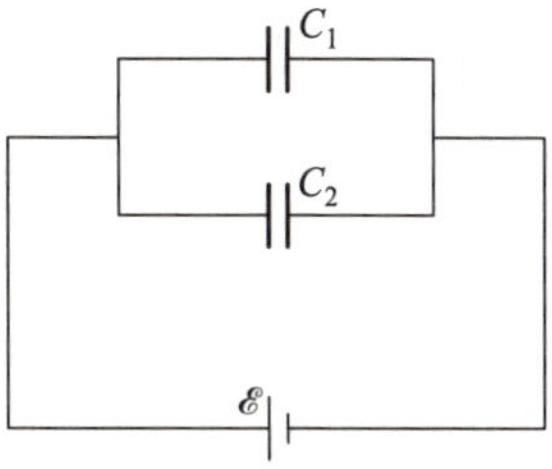

练习 2 图

3. 一空气平板电容器,其电容 $C=1.0\ \text{pF}$,充电到其电荷量为 $Q=1.0\times10^{-6}\ \text{C}$ 后将电源切断,则极板之间的电势差为________,电场能量为________.

4. 保持平板电容器极板上的电荷量不变(充电后切断电源),若使两极板间的距离增大,电容是增大还是减小?两极板之间的电势差有何变化?两极板之间的场强有何变化?为什么?

章首问题答案

由导体静电平衡时的性质,可以得到如下结论:

(1) 在第一种情况下,带电小球将在金属壳内表面感应出等量的负电荷;根据电荷守恒定律,金属壳外表面将感应出与内表面等量的正电荷,如图(a)所示.

(2) 在第二种情况下,金属壳内表面与带电小球上均无电荷分布,带电小球上的电荷量将全部分布在金属壳的外表面上,如图(b)所示.

(3) 第三种情况与第二种情况的电荷分布相同,如图(c)所示.

(4) 由于金属壳接地,所以在第四种情况下,金属壳内外表面上均无电荷分布,如图(d)所示.

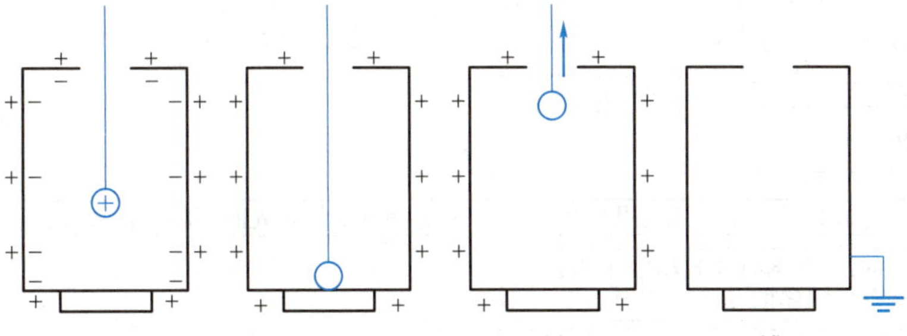

(a)　(b)　(c)　(d)

复习自测题

[拓展] 关于点电荷间相互作用力和距离的平方成反比的阅读材料,可扫描右侧二维码获取.

阅读材料

总 结

一、静电场

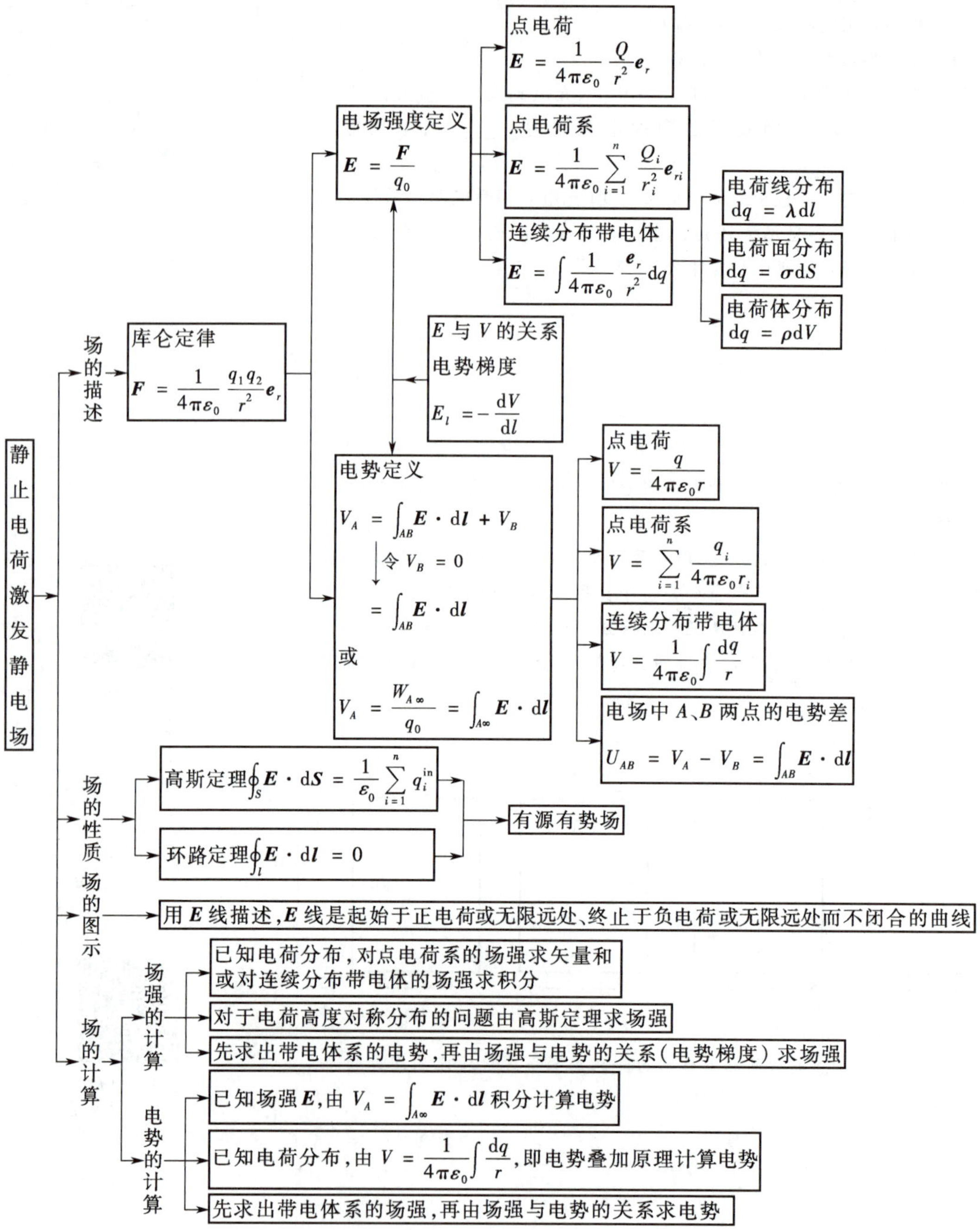
静止电荷激发静电场
场的描述
库仑定律
$F=\frac{1}{4\pi\varepsilon_0}\frac{q_1q_2}{r^2}e_r$
电场强度定义
$E=\frac{F}{q_0}$
点电荷
$E=\frac{1}{4\pi\varepsilon_0}\frac{Q}{r^2}e_r$
点电荷系
$E=\frac{1}{4\pi\varepsilon_0}\sum_{i=1}^{n}\frac{Q_i}{r_i^2}e_{ri}$
连续分布带电体
$E=\int\frac{1}{4\pi\varepsilon_0}\frac{e_r}{r^2}dq$
电荷线分布
$dq=\lambda dl$
电荷面分布
$dq=\sigma dS$
电荷体分布
$dq=\rho dV$
E 与 V 的关系
电势梯度
$E_l=-\frac{dV}{dl}$
电势定义
$V_A=\int_{AB}E\cdot dl+V_B$
令 $V_B=0$
$=\int_{AB}E\cdot dl$
或
$V_A=\frac{W_{A\infty}}{q_0}=\int_{A\infty}E\cdot dl$
点电荷
$V=\frac{q}{4\pi\varepsilon_0 r}$
点电荷系
$V=\sum_{i=1}^{n}\frac{q_i}{4\pi\varepsilon_0 r_i}$
连续分布带电体
$V=\frac{1}{4\pi\varepsilon_0}\int\frac{dq}{r}$
电场中 A、B 两点的电势差
$U_{AB}=V_A-V_B=\int_{AB}E\cdot dl$
场的性质
高斯定理 $\oint_S E\cdot dS=\frac{1}{\varepsilon_0}\sum_{i=1}^{n}q_i^{in}$
环路定理 $\oint_l E\cdot dl=0$
有源有势场
场的图示
用 E 线描述,E 线是起始于正电荷或无限远处、终止于负电荷或无限远处而不闭合的曲线
场的计算
场强的计算
已知电荷分布,对点电荷系的场强求矢量和或对连续分布带电体的场强求积分
对于电荷高度对称分布的问题由高斯定理求场强
先求出带电体系的电势,再由场强与电势的关系(电势梯度)求场强
电势的计算
已知场强 E,由 $V_A=\int_{A\infty}E\cdot dl$ 积分计算电势
已知电荷分布,由 $V=\frac{1}{4\pi\varepsilon_0}\int\frac{dq}{r}$,即电势叠加原理计算电势
先求出带电体系的场强,再由场强与电势的关系求电势

二、静电场中的导体

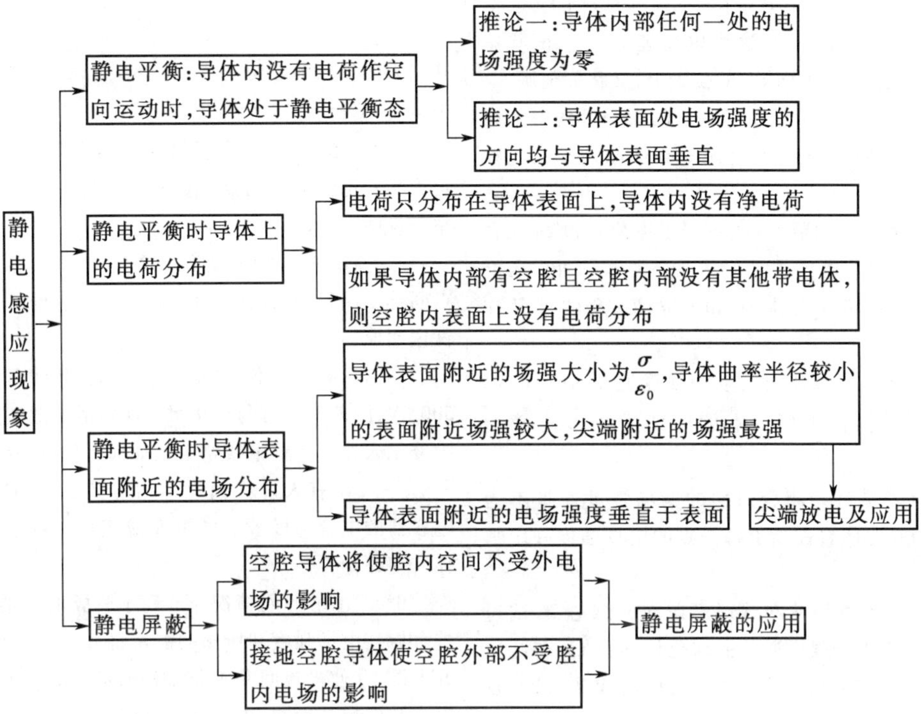

三、电容器和电容

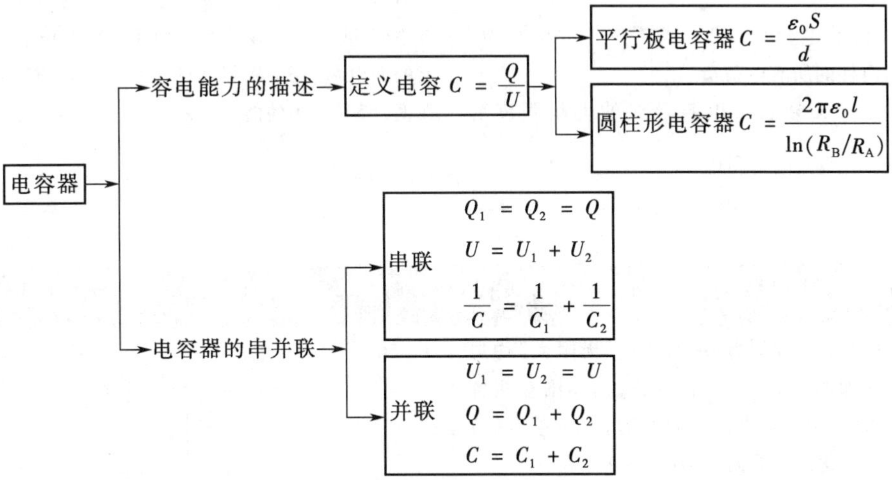

四、电场能量

能量密度 $w_e=\frac{1}{2}\varepsilon E^2$,电容器储存的能量 $W_e=\frac{1}{2}\frac{Q^2}{C}=\frac{1}{2}CU^2=\frac{1}{2}QU$

问题

6-1 设电荷均匀分布在一空心的球面上，若把另一点电荷放在球心上，这个电荷能处于平衡状态吗？如果把它放在偏离球心的位置上，又将如何呢？

6-2 我们分别介绍了静电场的库仑力的叠加原理和电场强度的叠加原理.这两个叠加原理是彼此独立没有联系的吗？

6-3 有两个相距为 r 的同号点电荷 q 和 $2q$.在它们激发的电场中，电场强度 $\boldsymbol{E}=\mathbf{0}$ 的场点在何处？若上述两点电荷为异号电荷 $+q$ 和 $-2q$，$\boldsymbol{E}=\mathbf{0}$ 的点又在何处？

6-4 如果穿过曲面的电场强度通量 $\Phi_e=0$，那么，能否说此曲面上每一点的电场强度 $\boldsymbol{E}$ 也必为零呢？

6-5 若穿过一闭合曲面的电场强度通量不为零，则是否在此闭合曲面上每一点的电场强度一定都不为零？

6-6 一点电荷放在球形高斯面的球心处.试讨论下列情形下电场强度通量的变化情况：(1) 若此球形高斯面被一与它相切的正方体表面所代替；(2) 点电荷离开球心，但仍在球内；(3) 有另一个电荷放在球面外；(4) 有另一个电荷放在球面内.

6-7 在高斯定理 $\oint_S \boldsymbol{E}\cdot \mathrm{d}\boldsymbol{S}=\sum q/\varepsilon_0$ 中，$\sum q$ 是 (1) 高斯面内的电荷量；(2) 高斯面外的电荷量；(3) 高斯面内外的所有电荷量.

6-8 已知无限长带电直导线的电场强度为 $E(r)=\dfrac{1}{2\pi\varepsilon_0}\dfrac{\lambda}{r}$.我们能否利用

$$V_A=\int_{A\infty}\boldsymbol{E}\cdot \mathrm{d}\boldsymbol{l}+V_\infty$$

并使无限远处的电势为零（$V_\infty=0$），来计算“无限长”带电直导线附近点 A 的电势？

6-9 在电场中，电场强度为零的点，电势是否一定为零？电势为零的点，电场强度是否一定为零？试举例说明.

6-10 在电场中，有两点的电势差为零，若在两点间选一路径，在此路径上，电场强度也处处为零吗？试说明原因.

6-11 有人说：“某一高压输电线的电压有 500 kV，因此你不可与之接触.”这句话是对还是不对？维修工人在高压输电线路上是如何工作的呢？

6-12 有人说：“由电容的定义式 $C=Q/U$ 可知电容器的电容与极板上的电荷成正比.”对这个说法，你有何评论？

6-13 在下列情况下，平行平板电容器的电势差、电荷、电场强度和所储的能量将如何变化？(1) 断开电源，并使极板间距加倍，极板间为真空；(2) 保持电源与电容器两极相连，使极板间距加倍，极板间为真空.

6-14 一平行平板电容器充电后，将电源断开，然后将一厚度为两极板间距一半的金属板放在两极板之间.试问下述各量如何变化？(1) 电容；(2) 极板上的面电荷；(3) 极板间的电势差；(4) 极板间的电场强度；(5) 电场的能量.

习题

6-1 电荷面密度均为 $+\sigma$ 的两块“无限大”均匀带电的薄平板如图(a)所示平行放置，其周围空间各点电场强度 $\boldsymbol{E}$（设电场强度方向向右为正、向左为负）随位置坐标 x 变化的关系曲线为（　　）.

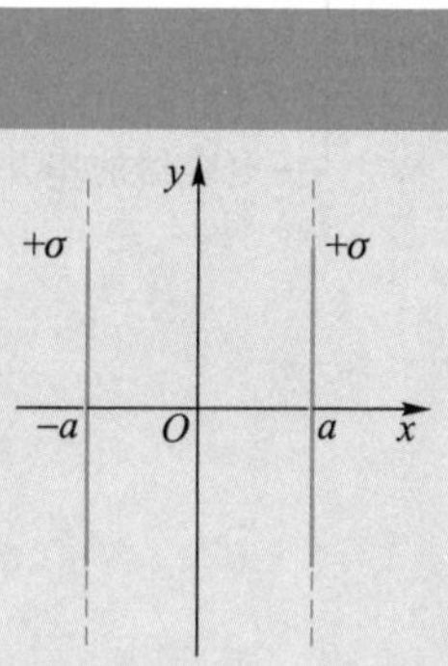

(a)

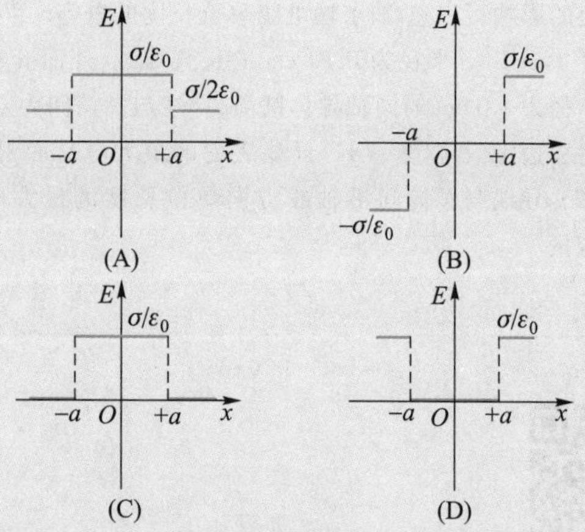

(b)

习题 6-1 图

6-2 下列说法正确的是( ).

(A) 闭合曲面上各点电场强度都为零时,曲面内一定没有电荷

(B) 闭合曲面上各点电场强度都为零时,曲面内电荷的代数和必定为零

(C) 闭合曲面的电场强度通量为零时,曲面上各点的电场强度必定为零

(D) 闭合曲面的电场强度通量不为零时,曲面上任意一点的电场强度都不可能为零

6-3 下列说法正确的是( ).

(A) 电场场强为零的点,电势也一定为零

(B) 电场强度不为零的点,电势也一定不为零

(C) 电势为零的点,电场强度也一定为零

(D) 电势在某一区域内为常量,则电场强度在该区域内必定为零

6-4 三个点电荷如图所示分布,试求点 P 处的电场强度.

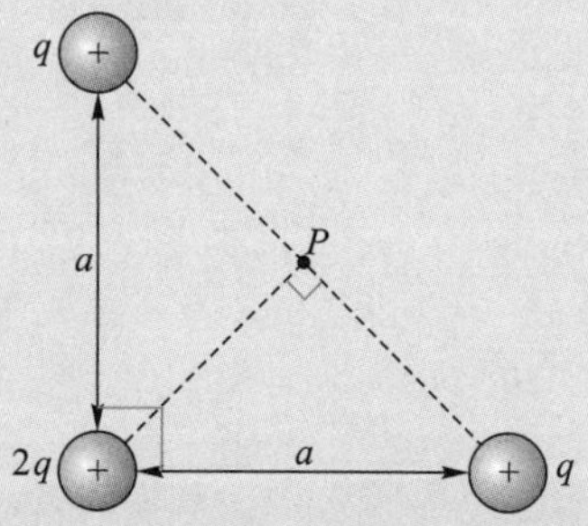

习题 6-4 图

6-5 一半径为 R 的半球壳,均匀地带有电荷,电荷面密度为 σ.求球心处电场强度的大小.

6-6 地球周围的大气犹如一部大电机,由于雷雨云和大气气流的作用,在晴天区域大气电离层总是带有大量的正电荷,地球表面必然带有负电荷.晴天大气电场平均电场强度约为 120 $\mathrm{V\cdot m^{-1}}$,方向指向地面.试求地球表面单位面积所带的电荷(以每平方厘米的电子数表示).

6-7 两个带有等量异号电荷的无限长同轴圆柱面,半径分别为 R_1 和 $R_2(R_1<R_2)$,电荷线密度为 λ.求离轴线为 r 处的电场强度:(1) $r<R_1$;(2) $R_1<r<R_2$;(3) $r>R_2$.

6-8 两个同心球面的半径分别为 R_1 和 R_2,各自带有电荷 Q_1 和 Q_2.求:(1) 各区域电势的分布,并画出分布曲线;(2) 两球面上的电势差.

6-9 一薄圆盘半径 $R=3.00\times10^{-2}$ m,圆盘均匀带电,电荷面密度 $\sigma=2.00\times10^{-5}$ $\mathrm{C\cdot m^{-2}}$.(1) 求轴线上的电势分布;(2) 根据电场强度和电势梯度的关系求轴线上的电场分布;(3) 计算轴线上离盘心 30.0 cm 处的电势和电场强度.

6-10 在一次典型的闪电中,如图所示,两个放电点间的电势差约为 10^9 V,被迁移的电荷约为30 C.(1) 如果释放出来的能量都用来使 0 ℃的冰熔化成 0 ℃的水,则可熔化多少冰?(冰的熔化热 $L=3.34\times10^5$ $\mathrm{J\cdot kg^{-1}}$.)(2) 假设每个家庭 1 年消耗的能量为 3 000 kW·h,则该能量可为多少个家庭提供 1 年的能量消耗?

习题 6-10 图

6-11 一个真空二极管,其主要构件是一个半径为 $R_1=5.0\times10^{-4}$ m 的圆柱形阴极和一个套在阴极外、半径为 $R_2=4.5\times10^{-3}$ m 的同轴圆筒形阳极.阳极电势比阴极电势高 300 V,阴极与阳极的长度均为 $L=2.5\times10^{-2}$ m.假设电子从阴极射出时的初速度为零,求:

(1) 该电子到达阳极时所具有的动能和速率;(2) 电子刚从阴极射出时所受的电场力.

6-12 一导体球半径为 R_1,外罩一半径为 R_2 的同心薄导体球壳,外球壳所带总电荷为 Q,而内球的电势为 V_0.求此系统的电势和电场分布.

6-13 两根输电线的半径为 3.26 mm,两输电线中心相距 0.50 m.输电线位于地面上空很高处,因而大地的影响可以忽略.求输电线单位长度的电容.

6-14 半径为 0.10 cm 的长直导线,外面套有内半径为 1.0 cm 的同轴导体圆筒,导线与圆筒间为空气.略去边缘效应,求:(1) 导线表面的最大电荷面密度;(2) 导线与圆筒间沿轴线方向单位长度的最大电场能量.

习题答案

第七章　恒定磁场和电磁感应

人们发现磁现象要比发现电现象早得多.早在公元前600年左右,古籍中就有了磁石(Fe_3O_4)能吸铁的记述.我国东汉时期的王充指出古代的“司南勺”是个指南器,并在11世纪的《武经总要》(成书于1044年)中叙述了制造指南鱼的方法.12世纪初,我国已将指南针用于航海船上.指南针传入欧洲则是12世纪末(1190年)了.

1820年以前,人们虽曾在自然现象中观察到闪电能使钢针磁化或使磁针退磁等现象,但没能把电现象与磁现象联系起来.因此,长期以来,人们普遍认为电现象和磁现象是互不相关的.在电磁学发展史上,1820年是取得光辉成就的一年.丹麦物理学家奥斯特(Hans Christian Oersted,1777—1851)崇尚康德①的各种自然现象是相互关联的学说,从这个思想出发,他发现了电流对磁针的作用,从而导致了19世纪中叶电磁理论的统一和发展.他认为闪电过后钢针被磁化绝非偶然现象,他还认为电流流过导体既然能产生热效应、化学效应,为什么不能产生磁效应呢.为此,他从1807年起,用了近13年的时间,寻找电流对磁针的作用,但因方法不对而未获结果.直到1820年4月的一次实验,他终于发现在通电直导线附近的小磁针确有偏转.不久,他又发现磁铁也可使通电导线发生偏转.奥斯特的电流与磁体间相互作用的实验于同年7月21日以论文的形式发表后,在欧洲物理学界引起了极大的关注.特别是法国物理学家的工作,将奥斯特的发现推进到了新的高度.同年9月4日安培得知奥斯特的实验后,于9月18日进而发现圆电流与磁针有相似的作用,于9月25日又报告了两平行通电直导线间和两圆电流间也都存在相互作用,

预习自测题

知识图谱

文档:吉伯的电学和磁学研究

① 康德(Immanuel Kant,1724—1804),德国哲学家.他提倡各种自然现象是相互联系的学说.这个学说对当时欧洲的一些科学工作者很有影响.

奥斯特

文档：奥斯特

安培还发现了直电流附近小磁针取向的右手螺旋定则，而所有这些都是在一个星期里完成的。这一年的 12 月毕奥和萨伐尔①发表了长直载流导线所激发的磁场正比于电流 I，而反比于与导线的垂直距离 r 的实验结果。虽然不久在这个实验的基础上，拉普拉斯②和安培又分别得出了电流元磁场的公式，但由于主要的实验工作是毕奥和萨伐尔完成的，所以通常就称该公式为毕奥-萨伐尔定律。法国物理学家关于电流磁效应的实验和理论研究成果传到了英国以后，英国同行备受鼓舞。法拉第认为既然"电能生磁"，那么"磁也应能生电"。从 1821 年开始，法拉第就从事"磁变电"的研究，直到 1831 年 8 月终于发现了电磁感应现象。后经诺埃曼、麦克斯韦等人的工作，给出了电磁感应的数学表达式。电磁感应现象的发现进一步揭示了自然界电现象和磁现象之间的联系，促进了电磁理论的发展，为麦克斯韦电磁场理论的建立奠定了坚实的基础。电磁感应的发现还标志着新的技术革命和工业革命即将到来，使现代电力工业、电工和电子技术得以建立和发展。

本章主要讨论恒定电流（或相对参考系以恒定速度运动的电荷）激发磁场的规律和性质。主要内容有：恒定电流的电流密度，电源的电动势；描述磁场的物理量——磁感强度 B；电流激发磁场的规律——毕奥-萨伐尔定律；反映磁场性质的基本定理——磁场的高斯定理和安培环路定理；磁场对运动电荷的作用力——洛伦兹力和磁场对电流的作用力——安培力；电磁感应定律；动生电动势和感生电动势；自感和互感；磁场能量；麦克斯韦关于有旋电场和位移电流的假设；电磁场、电磁振荡和电磁波的基本概念。

金属探测器

章首问题

在市政工程、油气管道施工等许多领域，常用"地下金属探测器"对地下金属管线进行探测。你知道这种金属探测器的基本工作原理吗？

① 毕奥（J.B.Biot，1774—1862）和萨伐尔（F.Savart，1791—1841）均为法国物理学家。
② 拉普拉斯（Pierre Simon M.de Laplace，1749—1827），法国数学家和天文学家。

7-1 恒定电流 电流密度 电动势

一、电流

当导体处于静电平衡时，其内部的电场强度 $\boldsymbol{E}=0$，导体内没有电荷作定向运动，故而导体内不能形成电流.然而，如在导体两端加上电势差（即电压）后，就可使导体内出现稳定的电场，这样导体内的自由电子除作热运动外，还要在电场力作用下作宏观的定向运动，这就形成了电流.

总而言之，电流是由大量电荷作定向运动形成的.一般来说，电荷的携带者可以是自由电子、质子、正负离子，这些带电粒子亦称为载流子.由带电粒子定向运动形成的电流叫做传导电流.而带电物体作机械运动时形成的电流叫做运流电流.

在金属导体内，载流子是自由电子，但在历史上，人们把正电荷移动的方向规定为电流的方向，因此电流的方向与负电荷的移动方向恰好相反.

如图 7-1 所示，在截面积为 S 的一段导体中，有正电荷从左向右运动.若在时间间隔 $\mathrm{d}t$ 内，通过截面 S 的电荷为 $\mathrm{d}q$，则在导体中的电流 I 为通过截面 S 的电荷随时间的变化率，即

$$I=\frac{\mathrm{d}q}{\mathrm{d}t} \tag{7-1}$$

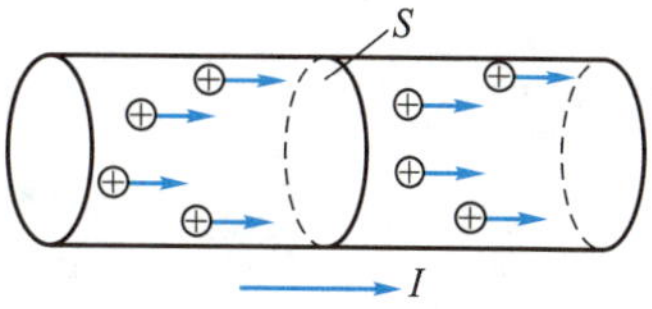

图 7-1 导体中的电流

如果导体中的电流不随时间而变化，这种电流叫做恒定电流.

电流是国际单位制中的基本量之一，其单位名称为安培①，其符号为 A，$1\ \mathrm{A}=1\ \mathrm{C}\cdot\mathrm{s}^{-1}$.常用的电流单位还有 mA 和 μA，

$$1\ \mu\mathrm{A}=10^{-3}\ \mathrm{mA}=10^{-6}\ \mathrm{A}$$

应当指出，电流是标量，不是矢量.虽然人们在实际应用中常说“电流的方向”，但这只是指一群“正电荷的流向”而已.

二、电流密度

当电流在大块导体中流动时，导体内各处电流的大小和方向

① 为纪念法国物理学家安培（André-Marie Ampère，1775—1836）对电磁学的贡献而命名.

一般不相同，其分布将是不均匀的.图 7-2 为半球形接地电极，从图中可以看到，在半球形电极附近的导体（大地）中，电流的分布是不均匀的.

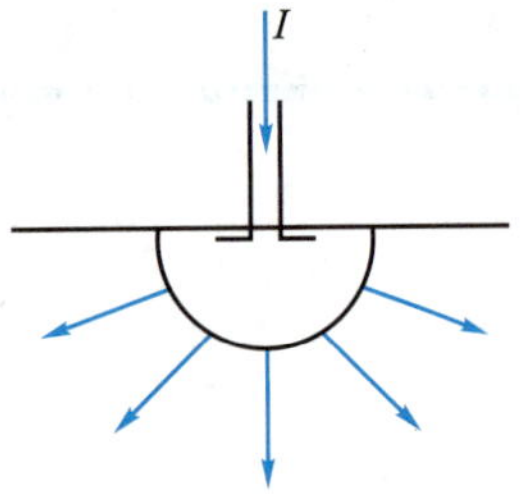

图 7-2 半球形电极附近导体（大地）中电流的分布，各点电流的大小和方向均不相同

为了细致地描述导体内各点电流分布的情况，引入一个新的物理量——电流密度矢量 $\boldsymbol{j}$，电流密度的方向和大小规定如下：导体中任意一点电流密度 $\boldsymbol{j}$ 的方向为该点正电荷的运动方向；$\boldsymbol{j}$ 的大小等于在单位时间内通过该点附近垂直于正电荷运动方向的单位面积的电荷.

如图 7-3 所示，设想在导体中点 P 处取一面积元 $\Delta \boldsymbol{S}$，并使 $\Delta \boldsymbol{S}$ 的单位法线矢量 $\boldsymbol{e}_n$ 与正电荷的运动方向（即电流密度 $\boldsymbol{j}$ 的方向）间成 α 角.若在时间间隔 Δt 内有正电荷 Δq 通过面积元 ΔS，则按上述规定可得，点 P 处电流密度的大小为

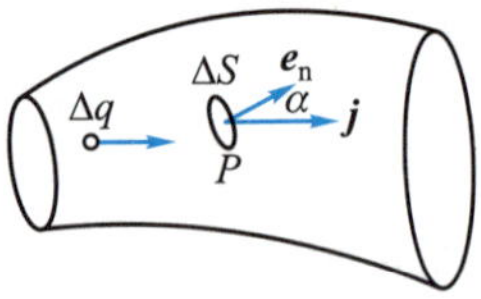

图 7-3 电流密度

$$j=\frac{\Delta q}{\Delta t \Delta S_{\perp}}=\frac{\Delta I}{\Delta S\cos\alpha} \tag{7-2}$$

式中 $\Delta S_{\perp}$ 即 $\Delta S\cos\alpha$ 为面积元 ΔS 在垂直于电流密度方向上的投影，则上式可写成

$$\Delta I=\boldsymbol{j}\cdot\Delta\boldsymbol{S} \tag{7-3a}$$

通过导体任一有限截面 S 的电流为

$$I=\int_S \boldsymbol{j}\cdot \mathrm{d}\boldsymbol{S} \tag{7-3b}$$

下面我们来简略讨论金属导体的电流和电流密度与自由电子的数密度和漂移速度之间的关系.

从导电机制来看，金属中存在着大量的自由电子和正离子.正离子构成金属的晶格，而自由电子在晶格间作无规则的热运动，并不断地与晶格相碰撞.当在导体中加了电场以后，自由电子将在电场力的作用下沿与电场强度 $\boldsymbol{E}$ 相反的方向作定向运动，这时自由电子将同时有无规则的热运动和定向运动，自由电子的定向运动在导体中形成了宏观电流.我们把自由电子定向运动的平均速度叫做漂移速度，用符号 $\boldsymbol{v}_d$ 表示，漂移速度 $\boldsymbol{v}_d$ 的大小叫漂移速率.

如图 7-4 所示，设导体中自由电子的数密度为 n，每个电子的漂移速度均为 $\boldsymbol{v}_d$.在导体内取一面积元 ΔS，且 ΔS 与 $\boldsymbol{v}_d$ 垂直.于是在时间间隔 Δt 内，在任一长为 $v_d\Delta t$、截面积为 ΔS 的柱体里的自由电子都要通过截面积 ΔS，即有 $nv_d\Delta t\Delta S$ 个电子通过 ΔS.考虑到每个电子电荷的绝对值为 e，故在时间间隔 Δt 内通过 ΔS 的电荷为 $\Delta q=env_d\Delta t\Delta S$.由式（7-1）和式（7-2）可得，导体中 ΔS 处的电流和电流密度大小为

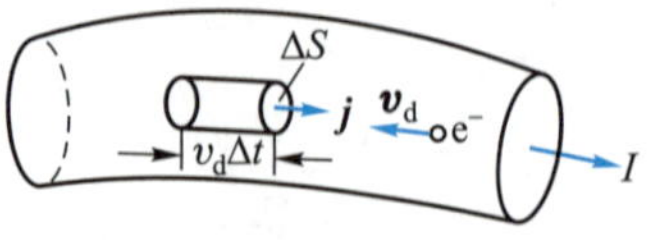

图 7-4 电流与电子漂移速度的关系

$$\Delta I = env_{\mathrm{d}}\Delta S \tag{7-4}$$

和

$$j = env_{\mathrm{d}} \tag{7-5}$$

上述两式均表明，金属导体中的电流和电流密度均与自由电子数密度和自由电子的漂移速率成正比.

式(7-4)和式(7-5)对一般导体或半导体也适用，只不过把电子的电荷换成载流子的电荷 q，把自由电子的漂移速率换成载流子的平均定向运动速率 v 就可以了.

三、电源的电动势

前面曾指出，要在导体中形成恒定电流，必须在导体两端维持恒定的电势差.怎样才能维持恒定的电势差呢？

在如图 7-5(a)所示的导电回路中，若开始时极板 A 和 B 分别带有正、负电荷，则 A、B 之间有电势差，这时导线中有电场.在电场力作用下，正电荷从极板 A 通过导线移至极板 B，并与极板 B 上的负电荷中和，直至两极板间的电势差消失.

但是，如果我们能把正电荷从负极板 B，沿着两极板间另一路径移至正极板 A 上，并使两极板维持正、负电荷量不变，那么两极板间就有恒定的电势差，导线中也就有恒定的电流通过.显然，要把正电荷从极板 B 移至极板 A，必须有非静电力 $\boldsymbol{F}'$ 克服静电力 $\boldsymbol{F}$ 对正电荷做功才能实现[图 7-5(b)].这种能提供非静电力的装置称为电源.电源中非静电力 $\boldsymbol{F}'$ 的做功过程，就是把其他形式的能量转化为电能的过程.

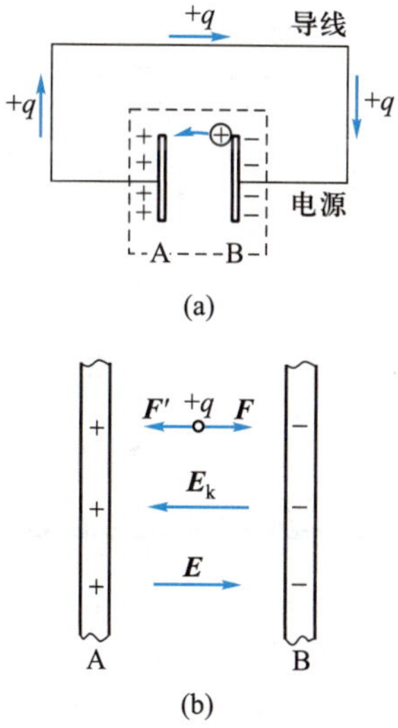

图 7-5 电源内的非静电力把正电荷从负极板移至正极板

为了表述不同电源转化能量的能力，人们引入了电动势这一物理量.我们定义单位正电荷绕闭合回路一周时，非静电力所做的功为电源的电动势.如果以 $\boldsymbol{E}_{\mathrm{k}}$ 表示非静电电场强度①，W 表示非静电力所做的功，$\mathscr{E}$ 表示电源电动势，那么由上述电动势的定义，有

$$\mathscr{E} = \frac{W}{q} = \oint \boldsymbol{E}_{\mathrm{k}} \cdot \mathrm{d}\boldsymbol{l} \tag{7-6}$$

考虑到在如图 7-5(a)所示的闭合回路中，外电路的导线中只存在静电场，没有非静电场，非静电电场强度 $\boldsymbol{E}_{\mathrm{k}}$ 只存在于电源内

① 非静电电场强度 $\boldsymbol{E}_{\mathrm{k}}$ 是一种等效说法，它是指作用在单位正电荷上的非静电力.在电源内部，$\boldsymbol{E}_{\mathrm{k}}$ 的方向与静电电场强度 $\boldsymbol{E}$ 的方向相反.

部，故在外电路上有

$$\int_{外} \boldsymbol{E}_{\mathrm{k}} \cdot \mathrm{d}\boldsymbol{l}=0$$

这样，式(7-6)可改写为

$$\mathscr{E}=\oint_{l} \boldsymbol{E}_{\mathrm{k}} \cdot \mathrm{d}\boldsymbol{l}=\int_{内} \boldsymbol{E}_{\mathrm{k}} \cdot \mathrm{d}\boldsymbol{l} \tag{7-7}$$

式(7-7)表示电源电动势的大小等于把单位正电荷从负极经电源内部移至正极时非静电力所做的功.

电动势虽不是矢量，但为了便于判断在电流通过时非静电力是做正功还是做负功(也就是电源是放电，还是被充电)，通常把电源内部电势升高的方向，即从负极经电源内部到正极的方向，规定为电动势的方向.电动势的单位和电势的单位相同.

本节练习

1. 金属导线中有恒定电流通过时，导线内出现的电场是否单纯属于静电场？

2. 在通常情况下，导体中电子漂移的速率很小.例如在半径为 0.81 mm 的铜导线中通过的电流为 15 A，则电子的漂移速率只有 $5.36\times10^{-4}\ \mathrm{m\cdot s^{-1}}$，但为什么开关接通后，室内的灯会亮得那样快呢？

3. 电源所起的作用与静电场有何不同？

7-2 磁感强度 毕奥-萨伐尔定律 磁场的高斯定理

一、磁感强度

1. 磁场

从静电场的研究中我们已经知道，在静止电荷周围的空间存在着电场，静止电荷间的相互作用是通过电场来传递的.电流间(包括运动电荷间)的相互作用也是通过场来传递的，这种场称为磁场.磁场是存在于运动电荷周围空间除电场以外的一种特殊物质，磁场对位于其中的运动电荷有力的作用.因此，运动电荷与运动电荷之间、电流与电流之间、电流(或运动电荷)与磁铁之间的相互作用，都可以看成是它们中任意一个所激发的磁场对另一个施加的作用力.恒定电流激发的磁场称为恒定磁场或静磁场.

2. 磁感强度

在静电学中,为了描述空间某点电场的性质,我们可以在该点放一静止试验电荷 q_0 并考察 q_0 所受电场力 $\boldsymbol{F}$ 的特性,由此引入电场强度 $\boldsymbol{E}=\boldsymbol{F}/q_0$ 来定量地描述该处的电场.与此类似,我们将从磁场对运动电荷的作用力,引出磁感强度 $\boldsymbol{B}$① 来定量地描述磁场.但是,磁场作用在运动电荷上的力比电场作用在静止电荷上的力要复杂得多.因此,对 $\boldsymbol{B}$ 的定义比对 $\boldsymbol{E}$ 的定义也要复杂些.下面我们以运动电荷在磁场力的作用下发生偏转这一事实为对象,进行分析研究.

图 7-6(a)为一阴极射线管,当阴极和阳极之间有一定的电压时,从阴极射出一束沿水平方向运动的电子束.若电子束所经过的区域没有外磁场,电子束将沿水平方向运动[图 7-6(a)].若将一条形磁铁的 N 极靠近电子束,则电子束的路径将发生弯曲[图 7-6(b)],这表明,电子受到磁场力的作用.

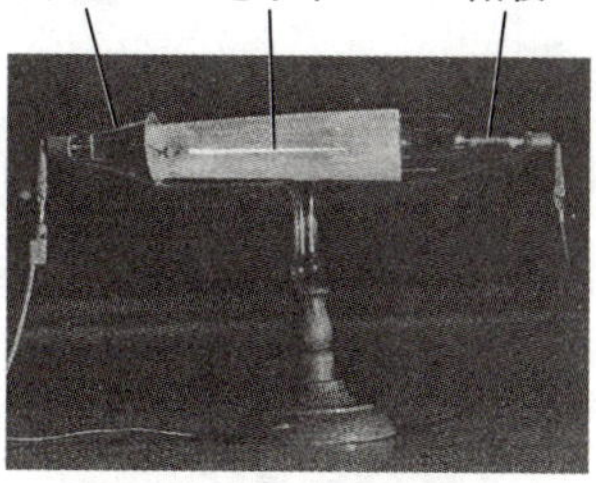

(a)

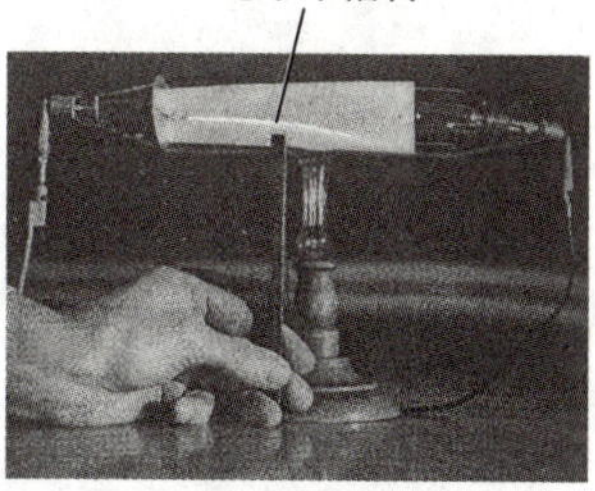

(b)

图 7-6 运动电荷在磁场中受到作用

实验表明,运动电荷在磁场中所受的磁场力,不仅与其电荷的正负和电荷量多少有关,而且还与其运动速度的大小和方向密切相关.实验中发现:

(1) 电荷 q 在磁场中运动,当其速度 $\boldsymbol{v}$ 与某一特定方向平行时,电荷不受磁场力的作用.将小磁针置于该处,会发现小磁针 N 极的指向与运动电荷的速度方向平行,我们将小磁针 N 极的指向规定为该处磁感强度 $\boldsymbol{B}$ 的方向(如图 7-7 所示).

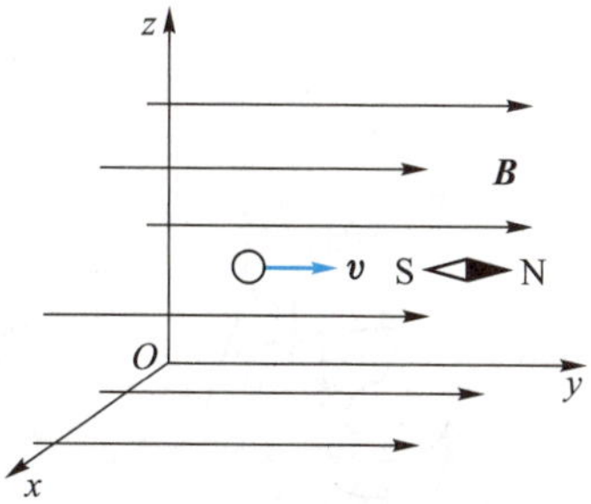

图 7-7 运动电荷速度与磁感强度平行时所受磁场力为零

(2) 当正电荷 q 的速度 $\boldsymbol{v}$ 的方向与其所在处 $\boldsymbol{B}$ 的方向之间的夹角为 $\alpha(\alpha\neq 0,\pi)$时,磁场力的大小 F_{m} 和 $qv\sin\alpha$ 成正比,且比值 $F_{\mathrm{m}}/(qv\sin\alpha)$对于确定的场点有唯一的量值.可见,这一比值可以表明该场点处磁场的强弱,因此我们将其定义为该处磁感强度 $\boldsymbol{B}$ 的大小,即

$$B=\frac{F_{\mathrm{m}}}{qv\sin\alpha} \tag{7-8}$$

由此可得,作用于运动电荷 q 上磁场力的大小为

$$F_{\mathrm{m}}=qvB\sin\alpha$$

一般情况下,磁场中的各点磁感强度的大小和方向都不相同.

(3) 正电荷 q 的速度 $\boldsymbol{v}$ 的方向与磁感强度 $\boldsymbol{B}$ 的方向不平行时,其所受磁场力 $\boldsymbol{F}_{\mathrm{m}}$ 的方向总是垂直于 $\boldsymbol{v}$ 和 $\boldsymbol{B}$ 所确定的平面,且 $\boldsymbol{F}_{\mathrm{m}}$、$\boldsymbol{v}$ 与 $\boldsymbol{B}$ 相互构成右手螺旋关系.将这一结果与式(7-8)结

① 表述磁场的强度的物理量,似以用"磁场强度"为最好.但由于历史等方面的原因,现在一般都用"磁感[应]强度"这个物理量来表述.磁感强度 $\boldsymbol{B}$ 是与电场强度 $\boldsymbol{E}$ 对应的物理量.

合,我们就得到了磁场力 $\boldsymbol{F}_{\mathrm{m}}$ 的矢量表达式:

$$\boldsymbol{F}_{\mathrm{m}}=q\boldsymbol{v}\times\boldsymbol{B} \tag{7-9}$$

式中矢量 $\boldsymbol{B}$ 代表运动电荷所在处的磁感强度.式(7-9)定义的这个表示磁场作用于运动电荷的力 $\boldsymbol{F}_{\mathrm{m}}$ 又称为洛伦兹力.由式(7-9)可知,两个点电荷 $+q$ 和 $-q$ 分别以相同的速度运动到磁场中的同一点时,它们所受的磁场力大小相等、方向相反.

在国际单位制中,B 的单位是 $\mathrm{N\cdot s\cdot C^{-1}\cdot m^{-1}}$ 或 $\mathrm{N\cdot A^{-1}\cdot m^{-1}}$,其名称为特斯拉①,符号为 T,即

$$1\ \mathrm{T}=1\ \mathrm{N\cdot A^{-1}\cdot m^{-1}}$$

表 7-1 列出了自然界中的一些磁场的近似值.

表 7-1 自然界中的一些磁场的近似值

中子星的磁场	10^{8} T	太阳表面的磁场	10^{-2} T
超导电磁铁的磁场	5~40 T	地球两极附近的磁场	6×10^{-5} T
大型电磁铁的磁场	1~2 T	太阳在地球轨道上的磁场	3×10^{-9} T
地球赤道附近的磁场	3×10^{-5} T	人体磁场	10^{-12} T

顺便指出,如果磁场中某一区域内各点的磁感强度 $\boldsymbol{B}$ 都相同,即该区域内各点的 $\boldsymbol{B}$ 方向一致、大小相等,那么该区域内的磁场就叫做均匀(匀强)磁场.不符合上述情况的磁场就是非均匀磁场.

二、毕奥-萨伐尔定律

下面我们将介绍恒定电流激发磁场的规律.在静磁场中,任意一点的磁感强度 $\boldsymbol{B}$ 仅是空间坐标的函数,而与时间无关.

1. 毕奥-萨伐尔定律

与静电场中计算任意带电体在某点电场强度 $\boldsymbol{E}$ 的思路相仿,对于载流导线,把流过某一线元矢量 $\mathrm{d}\boldsymbol{l}$ 的电流 I 与 $\mathrm{d}\boldsymbol{l}$ 的乘积 $I\mathrm{d}\boldsymbol{l}$ 称为电流元,把电流的流向作为线元矢量的方向,则一载流导线可以看成是由许多个电流元 $I\mathrm{d}\boldsymbol{l}$ 连接而成.这样,载流导线在磁场中某点所激发的磁感强度 $\boldsymbol{B}$,就是这导线的所有电流元在该点所激发的 $\mathrm{d}\boldsymbol{B}$ 的叠加.而电流元 $I\mathrm{d}\boldsymbol{l}$ 在空间某点激发的磁感强度 $\mathrm{d}\boldsymbol{B}$ 由毕奥-萨伐尔定律给出.毕奥-萨伐尔定律的表述如下:

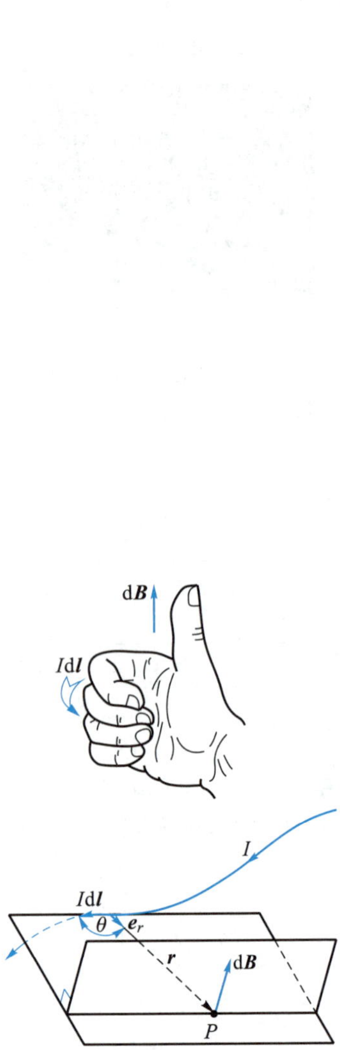

图 7-8 电流元的磁感强度的方向

如图 7-8 所示,电流元 $I\mathrm{d}\boldsymbol{l}$ 在真空中某点 P 处的磁感强度

① 特斯拉(Nikola Tesla,1856—1943),美籍塞尔维亚电气工程师.他于 1888 年发明旋转磁场,并于 1889—1890 年研制成交流发电机,此后还研制成多相发电机、电动机、变压器以及输变电系统.他对人类广泛而安全地进入电气化时代,作出了杰出贡献.为此,1956 年国际电气学会以特斯拉作为磁感强度单位的名称.

d$\boldsymbol{B}$ 的大小，与电流元的大小 Idl 成正比，与电流元 $I\mathrm{d}\boldsymbol{l}$ 和由电流元 $I\mathrm{d}\boldsymbol{l}$ 指向点 P 的矢量 $\boldsymbol{r}$ 间夹角 θ 的正弦成正比，与电流元到点 P 的距离 r 的二次方成反比.d$\boldsymbol{B}$ 的方向沿矢积 $\mathrm{d}\boldsymbol{l}\times\boldsymbol{r}$ 的方向.毕奥-萨伐尔定律的数学表达式为

$$\mathrm{d}\boldsymbol{B}=\frac{\mu_0}{4\pi}\frac{I\mathrm{d}\boldsymbol{l}\times\boldsymbol{r}}{r^3}=\frac{\mu_0}{4\pi}\frac{I\mathrm{d}\boldsymbol{l}\times\boldsymbol{e}_r}{r^2} \qquad (7-10)$$

式中 μ_0 叫做真空磁导率，其值为 $\mu_0=4\pi\times10^{-7}\ \mathrm{N\cdot A^{-2}}$，$\boldsymbol{e}_r$ 为沿矢量 $\boldsymbol{r}$ 的单位矢量.d$\boldsymbol{B}$ 的大小为

$$\mathrm{d}B=\frac{\mu_0}{4\pi}\frac{I\mathrm{d}l\sin\theta}{r^2}$$

任意载流导线在点 P 处的磁感强度 $\boldsymbol{B}$ 可以由式(7-10)求得：

$$\boldsymbol{B}=\int\mathrm{d}\boldsymbol{B}=\int\frac{\mu_0 I}{4\pi}\frac{\mathrm{d}\boldsymbol{l}\times\boldsymbol{e}_r}{r^2} \qquad (7-11)$$

应当指出，导体中的电流是导体中大量自由电子作定向运动形成的.因此，可以认为电流激发的磁场，其实是由运动电荷所激发的.因而运动电荷所激发的磁场的磁感强度可由毕奥-萨伐尔定律求得①.下面应用毕奥-萨伐尔定律来讨论几种载流导体所激发的磁场.

文档：毕奥

文档：萨伐尔

视频：毕奥-萨伐尔定律的来龙去脉

2. 毕奥-萨伐尔定律应用举例

例 1 载流长直导线的磁场

如图 7-9 所示，在真空中有一通有电流 I 的长直导线 CD，试求此长直导线附近任意点 P 处的磁感强度 $\boldsymbol{B}$.已知点 P 与长直导线间的垂直距离为 r_0.

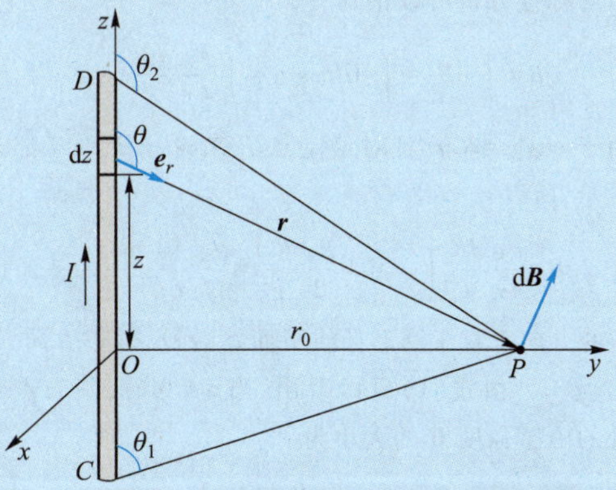

图 7-9

[分析] 选如图 7-9 所示的坐标系，其中 Oy 轴过点 P，Oz 轴沿载流长直导线 CD.取电流元 $I\mathrm{d}z$，$\boldsymbol{r}$ 为点 P 相对于 $I\mathrm{d}z$ 的位矢，θ 为 $I\mathrm{d}z$ 与 $\boldsymbol{r}$ 之间的夹角，由毕奥-萨伐尔定律，电流元 $I\mathrm{d}z$ 在点 P 激发的磁感强度 d$\boldsymbol{B}$ 的大小为

$$\mathrm{d}B=\frac{\mu_0}{4\pi}\frac{I\mathrm{d}z\sin\theta}{r^2}$$

d$\boldsymbol{B}$ 的方向垂直于 Oyz 平面且沿 Ox 轴负方向.从图 7-9 可以看出，长直导线上所有电流元在点 P 激发的 d$\boldsymbol{B}$ 方向均相同，因此点 P 处的总磁感强度的大小就等于各个电流元在此处激发的磁感强度大小之和.

① 参阅马文蔚等改编《物理学》(第七版)上册第 7-4 节之“运动电荷的磁场”，高等教育出版社，2020 年.

[解答] $$B=\int \mathrm{d}B=\frac{\mu_0}{4\pi}\int_{CD}\frac{I\mathrm{d}z\sin\theta}{r^2} \tag{1}$$

从图 7-9 可以看出,z、r 和 θ 之间有如下关系:

$$z=-r_0\cot\theta,\quad r=r_0/\sin\theta$$

于是,$\mathrm{d}z=r_0\mathrm{d}\theta/\sin^2\theta$,因此式(1)可写成

$$B=\frac{\mu_0 I}{4\pi r_0}\int_{\theta_1}^{\theta_2}\sin\theta\mathrm{d}\theta$$

式中 θ_1 和 θ_2 分别是长直导线的始点 C 和终点 D 处电流流向与该处到点 P 的位矢 $\boldsymbol{r}$ 间的夹角(图 7-9).由上式的积分得

$$B=\frac{\mu_0 I}{4\pi r_0}(\cos\theta_1-\cos\theta_2)\text{(方向沿 }x\text{ 轴负向)} \tag{2}$$

如果载流长直导线可视为“无限长”直导线,那么可近似取 $\theta_1=0,\theta_2=\pi$.这样由式(2)可得

$$B=\frac{\mu_0 I}{2\pi r_0} \tag{3}$$

这就是“无限长”载流直导线附近的磁感强度,它表明,磁感强度与电流 I 成正比,与场点到导线的垂直距离成反比.可以指出,上述结论与毕奥-萨伐尔早期的实验结果是一致的.

[注意] 对于“无限长”直导线,其周围的磁感强度大小为 $B=\mu_0 I/(2\pi r_0)$,其方向与电流之间遵从右手螺旋定则[见图 7-12(c)].

[拓展] 试分析“半无限长”直导线,即 $\theta_1=\dfrac{\pi}{2}$,$\theta_2=\pi\left(\text{或 }\theta_1=0,\theta_2=\dfrac{\pi}{2}\right)$时,导线周围的磁场分布.

例 2 载流圆形导线上的磁场

如图 7-10 所示,在真空中有一半径为 R 的圆形导线,通过的电流为 I,通常称之为圆电流.试求通过圆心并垂直于圆形导线平面的轴线上任意点 P 处的磁感强度.

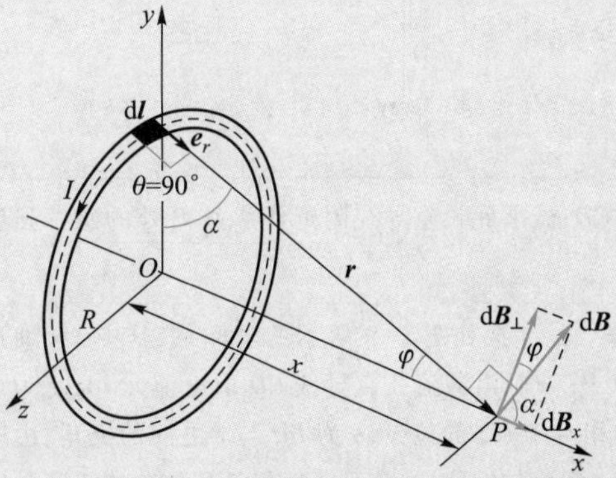

图 7-10

[分析] 选取如图 7-10 所示的坐标系,在圆电流上任取一电流元 $I\mathrm{d}\boldsymbol{l}$,$I\mathrm{d}\boldsymbol{l}$ 到点 P 的位矢为 $\boldsymbol{r}$.$I\mathrm{d}\boldsymbol{l}$ 在点 P 激起的磁感强度为 $\mathrm{d}\boldsymbol{B}$(图 7-10).可将 $\mathrm{d}\boldsymbol{B}$ 分解成沿 Ox 轴的分量 $\mathrm{d}B_x=\mathrm{d}B\cos\alpha$,和垂直于 Ox 轴的分量 $\mathrm{d}B_\perp=\mathrm{d}B\sin\alpha$.考虑到圆上任一直径两端的电流元对 Ox 轴的对称性,所有电流元在点 P 处的 $\mathrm{d}\boldsymbol{B}_\perp$ 的总和应为零,所以只需计算点 P 处 $\mathrm{d}\boldsymbol{B}_x$ 的总和即可得到磁感强度的大小.

[解答] 由毕奥-萨伐尔定律可得

$$\mathrm{d}\boldsymbol{B}=\frac{\mu_0}{4\pi}\frac{I\mathrm{d}\boldsymbol{l}\times\boldsymbol{e}_r}{r^2}$$

由于 $\mathrm{d}\boldsymbol{l}$ 与 $\boldsymbol{e}_r$ 垂直,所以 $\mathrm{d}\boldsymbol{B}$ 的大小为

$$\mathrm{d}B=\frac{\mu_0}{4\pi}\frac{I\mathrm{d}l}{r^2}$$

由对称性分析可以得到

$$B=\int_l \mathrm{d}B_x=\int_l \mathrm{d}B\cos\alpha=\int_l\frac{\mu_0}{4\pi}\frac{I\mathrm{d}l}{r^2}\cos\alpha$$

由于 $\cos\alpha=R/r$,且对给定点 P 来说,r、I 和 R 都是常量,所以有

$$B=\frac{\mu_0}{4\pi}\frac{IR}{r^3}\int_0^{2\pi R}\mathrm{d}l=\frac{\mu_0}{2}\frac{R^2 I}{r^3}=\frac{\mu_0}{2}\frac{R^2 I}{(R^2+x^2)^{3/2}} \tag{1}$$

B 的方向垂直于圆形导线平面并沿 Ox 轴正方向.

[注意] 由式(1)可以看出,当 $x=0$ 时,圆心点 O 处的磁感强度 **B** 的大小为

$$B=\frac{\mu_0 I}{2R} \tag{2}$$

B 的方向垂直于圆形导线平面并沿 Ox 轴正方向.

若 $x\gg R$,即场点 P 在远离原点 O 的 Ox 轴上,则

$(R^2+x^2)^{3/2}\approx x^3$.由式(1)可得

$$B=\frac{\mu_0 IR^2}{2x^3}$$

圆电流的面积为 $S=\pi R^2$,则上式可写成

$$B=\frac{\mu_0 IS}{2\pi x^3} \tag{3}$$

[拓展] 我们引入磁矩 $\boldsymbol{m}$ 来描述载流线圈的性质.如图 7-11 所示,一圆电流的面积为 S,通过的电流为 I,$\boldsymbol{e}_n$ 为圆电流平面的正法向单位矢量,它与电流 I 的流向遵守右手螺旋定则,即右手四指顺着电流流动方向弯曲时,大拇指的指向为圆电流平面正法向单位矢量 $\boldsymbol{e}_n$ 的方向.我们定义圆电流的磁矩 $\boldsymbol{m}$ 为

$$\boldsymbol{m}=IS\boldsymbol{e}_n \tag{4}$$

$\boldsymbol{m}$ 的方向与正法向单位矢量 $\boldsymbol{e}_n$ 的方向相同,$\boldsymbol{m}$ 的大小为 IS.应当指出,上式对任意形状的平面载流线圈都是适用的.

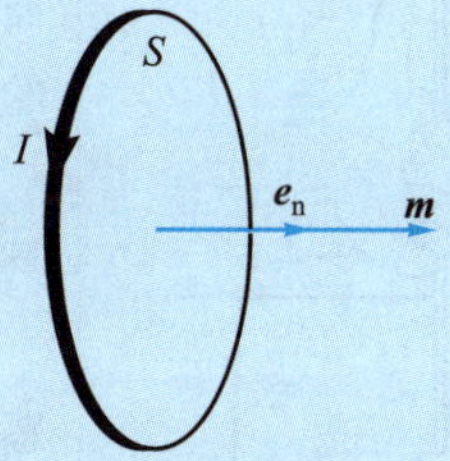

图 7-11 磁矩

考虑到圆电流磁矩的矢量关系 $\boldsymbol{m}=IS\boldsymbol{e}_n$,式(3)可写成如下矢量形式:

$$\boldsymbol{B}=\frac{\mu_0}{2\pi}\frac{\boldsymbol{m}}{x^3}=\frac{\mu_0}{2\pi}\frac{m}{x^3}\boldsymbol{e}_n$$

三、磁场的高斯定理

1. 磁感线

为了形象地反映磁场的分布情况,就像在静电场中用电场线来表示静电场分布那样,我们用一些设想的曲线来表示磁场分布.由于给定磁场中每一点磁感强度 $\boldsymbol{B}$ 的大小和方向都是确定的,因此我们规定曲线上每一点的切线方向就是该点的磁感强度 $\boldsymbol{B}$ 的方向,而曲线的疏密程度则表示该点磁感强度 $\boldsymbol{B}$ 的大小.这样的曲线叫做磁感线或 $\boldsymbol{B}$ 线.磁感线是人为画出来的,磁场中并非真的有这种线存在.

磁场中的磁感线可借助小磁针或铁屑显示出来.如果在垂直于载流长直导线的玻璃板上撒上一些铁屑,这些铁屑将被磁场磁化,可以当作一些细小的磁针[图 7-12(a)],那么它们在磁场中会形成如图 7-12(b)所示的分布图样.由载流长直导线的磁感线图样可以看出,磁感线的回转方向和电流方向之间的关系遵从右手螺旋定则,即用右手握住导线,使大拇指伸直并指向电流方向,这时其他四指弯曲的方向就是磁感线的回转方向[图 7-12(c)].

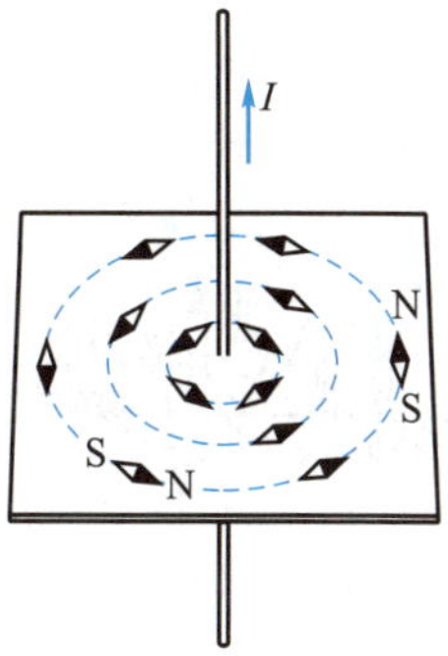

(a)

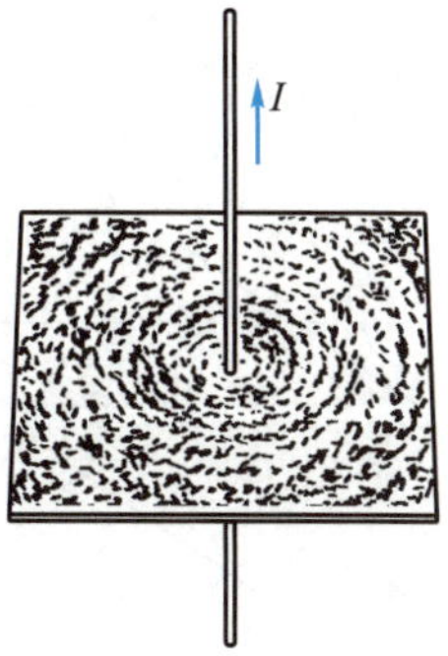

(b)

图 7-13 是载流圆形导线和载流长直螺线管的磁感线图形.它们的磁感线方向也可由右手螺旋定则来确定.不过这时要用右

手握住螺线管(或圆形导线),使四指弯曲的方向沿着电流方向,而伸直大拇指的指向就是螺线管内(或圆形导线中心处)磁感线的方向.

由上述几种典型的载流导线磁感线的图形可以看出,磁感线具有如下特性.

(1) 由于磁场中某点的磁场方向是确定的,所以磁场中的磁感线不会相交.磁感线的这一特性和电场线是一样的.

(2) 载流导线周围的磁感线都是围绕电流的闭合曲线,没有起点,也没有终点.磁感线的这个特性和静电场中的电场线不同,静电场中的电场线起始于正电荷或无限远处,终止于负电荷或无限远处.

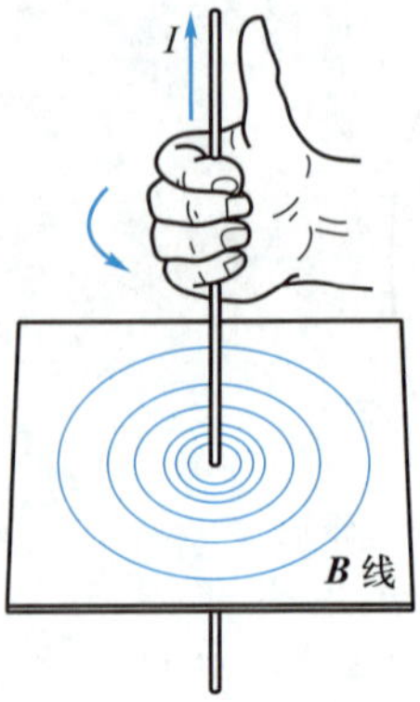

(c)

图 7-12 载流长直导线的磁感线

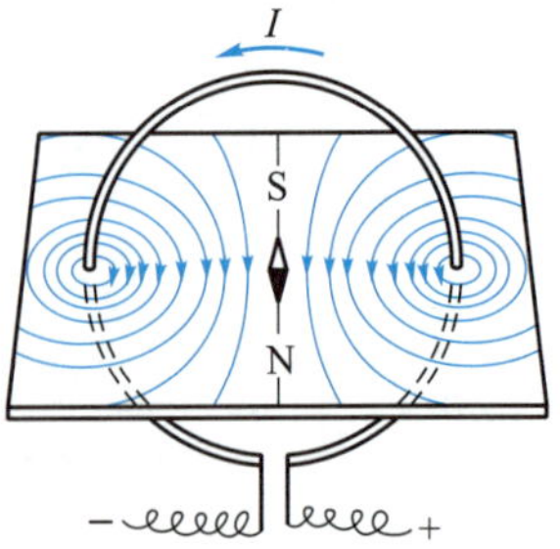

(a)

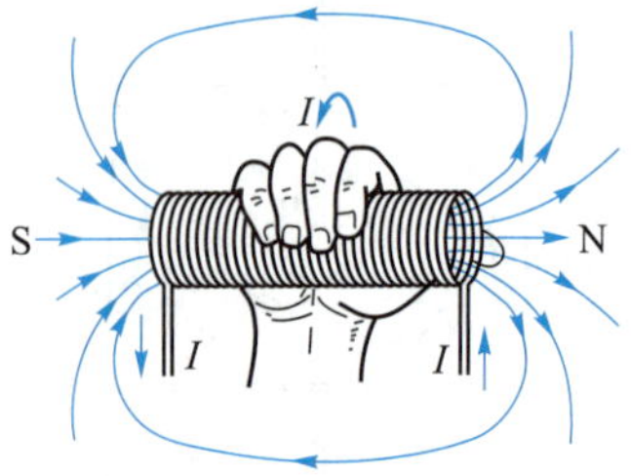

(b)

图 7-13 载流圆形导线和载流长直螺线管的磁感线

2. 磁通量 磁场的高斯定理

为了用磁感线描述磁场的强弱,对磁感线的密度规定如下:磁场中某点处垂直于 $\boldsymbol{B}$ 矢量的单位面积上通过的磁感线数目(磁感线数密度)等于该点 $\boldsymbol{B}$ 的数值.因此,B 大的地方,磁感线密集;B 小的地方,磁感线稀疏.对均匀磁场来说,磁场中的磁感线相互平行,各处的磁感线密度相等;对非均匀磁场来说,磁感线相互不平行,各处的磁感线密度不相等.

通过磁场中某一曲面的磁感线数叫做通过此曲面的磁通量,用符号 Φ 表示.

如图 7-14(a)所示,在磁感强度为 $\boldsymbol{B}$ 的均匀磁场中,取一面积矢量 $\boldsymbol{S}$,其大小为 S,其方向用它的法向单位矢量 $\boldsymbol{e}_n$ 来表示,有 $\boldsymbol{S}=S\boldsymbol{e}_n$,在图中 $\boldsymbol{e}_n$ 与 $\boldsymbol{B}$ 之间的夹角为 θ.按照磁通量的定义,通过面积 S 的磁通量为

$$\Phi=BS\cos\theta \qquad (7-12a)$$

用矢量来表示,上式可写为

$$\Phi=\boldsymbol{B}\cdot\boldsymbol{S}=\boldsymbol{B}\cdot S\boldsymbol{e}_n \qquad (7-12b)$$

在非均匀磁场中,通过任意曲面的磁通量怎样计算呢?

在如图 7-14(b)所示的曲面上取一面积元矢量 $\mathrm{d}\boldsymbol{S}$,它所在处的磁感强度 $\boldsymbol{B}$ 与法向单位矢量 $\boldsymbol{e}_n$ 之间的夹角为 θ,则通过面积元 $\mathrm{d}S$ 的磁通量为

$$\mathrm{d}\Phi=B\mathrm{d}S\cos\theta=\boldsymbol{B}\cdot\mathrm{d}\boldsymbol{S}$$

而通过某一有限曲面的磁通量 Φ 就等于通过这些面积元 $\mathrm{d}\boldsymbol{S}$ 的磁通量 $\mathrm{d}\Phi$ 的总和,即

$$\Phi=\int_S\mathrm{d}\Phi=\int_S B\cos\theta\mathrm{d}S=\int_S\boldsymbol{B}\cdot\mathrm{d}\boldsymbol{S} \qquad (7-13)$$

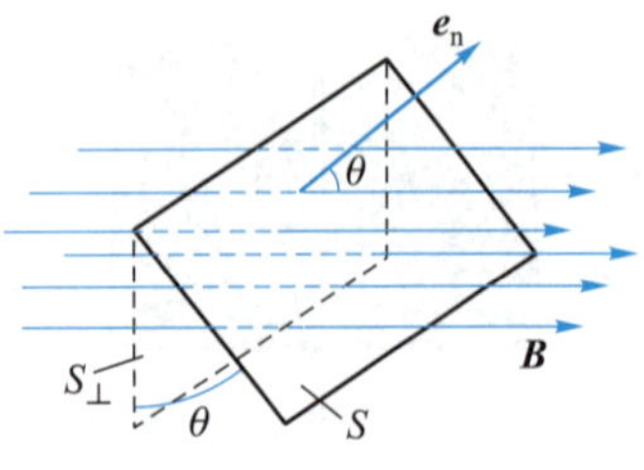

(a)

对于闭合曲面来说,人们规定其正法向单位矢量 $\boldsymbol{e}_n$ 的方向垂

直于曲面向外.依照这个规定,当磁感线从曲面内穿出时($\theta<\pi/2$,$\cos\theta>0$),磁通量是正的;而当磁感线从曲面外穿入时($\theta>\pi/2$,$\cos\theta<0$),磁通量是负的.由于磁感线是闭合的,对任一闭合曲面来说,有多少条磁感线进入闭合曲面,就一定有多少条磁感线穿出该闭合曲面.也就是说,通过任意闭合曲面的磁通量必等于零,即

$$\oint_S B\cos\theta \mathrm{d}S=0$$

或

$$\oint_S \boldsymbol{B}\cdot \mathrm{d}\boldsymbol{S}=0 \tag{7-14}$$

上述结论叫做磁场的高斯定理,它是描述磁场性质的重要定理之一.虽然式(7-14)和静电场的高斯定理$\left(\oint_S \boldsymbol{E}\cdot \mathrm{d}\boldsymbol{S}=\sum q/\varepsilon_0\right)$在形式上相似,但两者有着本质上的区别.通过任意闭合曲面的电场强度通量可以不为零,而通过任意闭合曲面的磁通量必为零.

在国际单位制中,B 的单位是特斯拉(T),S 的单位是平方米(m^2),$\boldsymbol{\Phi}$ 的单位名称为韦伯①,符号为 Wb,则有

$$1\ \mathrm{Wb}=1\ \mathrm{T}\cdot\mathrm{m}^2$$

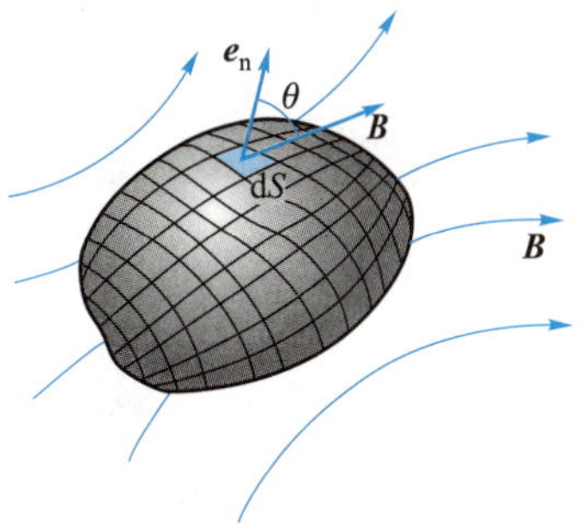

(b)

图 7-14 磁通量

本节练习

1. 对于磁感强度 $\boldsymbol{B}$,其方向我们是这样规定的:当正电荷$+q$ 以速度 $\boldsymbol{v}$ 经过磁场中某点时,若它不受磁场力的作用(即 $\boldsymbol{F}=\boldsymbol{0}$),且在该点放上小磁针,磁针 N 极指向与速度方向一致时,则规定此时正电荷速度的方向为该点 $\boldsymbol{B}$ 的方向.为什么不把运动电荷受磁场力的方向定义为磁感强度 $\boldsymbol{B}$ 的方向呢?

2. 如果一个电子在通过空间某一区域时,电子运动的路径不发生偏转,我们能否说这个区域没有磁场?

3. 比较点电荷的场强公式 $\mathrm{d}\boldsymbol{E}=\dfrac{1}{4\pi\varepsilon_0}\dfrac{\mathrm{d}q}{r^2}\boldsymbol{e}_r$ 与毕奥-萨伐尔定律 $\mathrm{d}\boldsymbol{B}=\dfrac{\mu_0}{4\pi}\dfrac{I\mathrm{d}\boldsymbol{l}\times\boldsymbol{e}_r}{r^2}$之间的异同.

4. 均匀磁场与非均匀磁场的磁感线分布有何不同?

① 韦伯(W.E.Weber,1804—1891),德国物理学家.他与 C.F.高斯合作于 1833 年制成第一台有线电报机,1834 年又一起组织了磁学联合会,并创建了地磁观测网.

7-3 洛伦兹力 安培力

这一节将首先介绍带电粒子在磁场中运动时所受的力——洛伦兹力,以及带电粒子在电场和磁场中运动的一些例子.然后讨论电流元 $I\mathrm{d}\boldsymbol{l}$ 在磁场中所受的力——安培力,以及载流线圈在均匀磁场中所受的力矩,通过这些讨论,我们可以了解电磁学的一些基本原理在科学技术中的应用.

一、洛伦兹力

在静电场中,若点 P 的电场强度为 $\boldsymbol{E}$,则处于该点的电荷为 $+q$ 的带电粒子所受的电场力为

$$\boldsymbol{F}_{\mathrm{e}}=q\boldsymbol{E}$$

若点 P 处的磁感强度为 $\boldsymbol{B}$,且电荷为 $+q$ 的带电粒子以速度 $\boldsymbol{v}$ 通过点 P,如图 7-15 所示,则由式(7-9)可知,作用在带电粒子上的磁场力为

$$\boldsymbol{F}_{\mathrm{m}}=q\boldsymbol{v}\times\boldsymbol{B} \tag{7-15}$$

$\boldsymbol{F}_{\mathrm{m}}$ 叫做洛伦兹力[①]. $\boldsymbol{F}_{\mathrm{m}}$ 的方向垂直于运动电荷的速度 $\boldsymbol{v}$ 和磁感强度 $\boldsymbol{B}$ 所组成的平面,且符合右手螺旋定则:即以右手四指由 $\boldsymbol{v}$ 经小于 180°的角转向 $\boldsymbol{B}$,此时,拇指的指向就是正电荷所受洛伦兹力的方向.由式(7-15)还可以看出,当电荷为 $+q$ 时,$\boldsymbol{F}_{\mathrm{m}}$ 的方向与 $\boldsymbol{v}\times\boldsymbol{B}$ 的方向相同;当电荷为 $-q$ 时,$\boldsymbol{F}_{\mathrm{m}}$ 的方向则与 $\boldsymbol{v}\times\boldsymbol{B}$ 的方向相反.

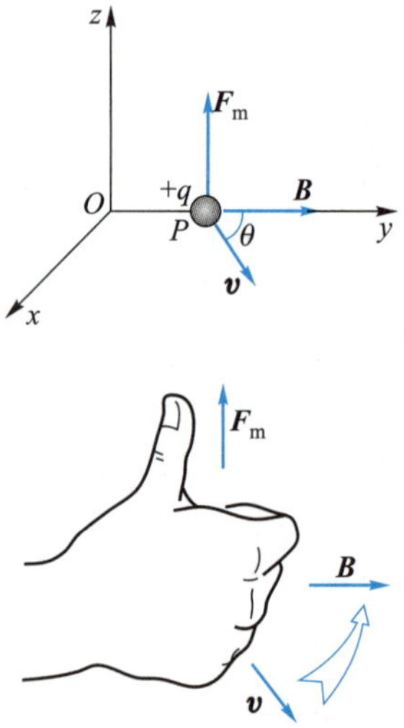

图 7-15 洛伦兹力

在普遍的情况下,若带电粒子既在电场又在磁场中运动,则作用在带电粒子上的力应为电场力 $q\boldsymbol{E}$ 和洛伦兹力 $q\boldsymbol{v}\times\boldsymbol{B}$ 之和,即

$$\boldsymbol{F}=q\boldsymbol{E}+q\boldsymbol{v}\times\boldsymbol{B}$$

① 一般我们也称 $\boldsymbol{F}=q\boldsymbol{E}+q\boldsymbol{v}\times\boldsymbol{B}$ 为洛伦兹力,而将最早由洛伦兹提出的 $\boldsymbol{F}_{\mathrm{m}}=q\boldsymbol{v}\times\boldsymbol{B}$ 称为磁场力.本书中我们仍称 $q\boldsymbol{v}\times\boldsymbol{B}$ 为洛伦兹力.

二、带电粒子在磁场中的运动及其应用举例

1. 回旋半径和回旋频率

设在磁感强度为 $\boldsymbol{B}$ 的均匀磁场中，有电荷为 $+q$，质量为 m 的带电粒子以与 $\boldsymbol{B}$ 垂直的初速度 $\boldsymbol{v}_0$ 进入磁场中，如图 7-16 所示①. 若略去重力作用，则作用在带电粒子上的力仅为洛伦兹力 $\boldsymbol{F}_{\mathrm{m}}$，其大小为 $F_{\mathrm{m}}=qv_0B$，其方向垂直于 $\boldsymbol{v}_0$ 与 $\boldsymbol{B}$ 所构成的平面. 因此，带电粒子进入磁场后将以速率 v_0 作匀速圆周运动. 根据牛顿第二定律有

$$qv_0B=m\frac{v_0^2}{R}$$

式中 R 为带电粒子作匀速圆周运动的轨道半径，也称回旋半径. 由上式可得

$$R=\frac{mv_0}{qB} \tag{7-16}$$

上式表明，半径 R 与带电粒子速度 $\boldsymbol{v}_0$ 的大小成正比，与磁感强度 $\boldsymbol{B}$ 的大小成反比.

带电粒子运行一周所需要的时间叫做回旋周期，用符号 T 表示，即

$$T=\frac{2\pi R}{v_0}=\frac{2\pi m}{qB} \tag{7-17a}$$

带电粒子单位时间内所运行的圈数叫做回旋频率，用符号 f 表示，即

$$f=\frac{1}{T}=\frac{qB}{2\pi m} \tag{7-17b}$$

由上面可以看出，带电粒子将在垂直于 $\boldsymbol{B}$ 的平面内作匀速圆周运动，其回旋频率 f 与带电粒子的速率无关，但回旋半径 R 与速率有关，速率越大的带电粒子，其回旋半径也越大.②

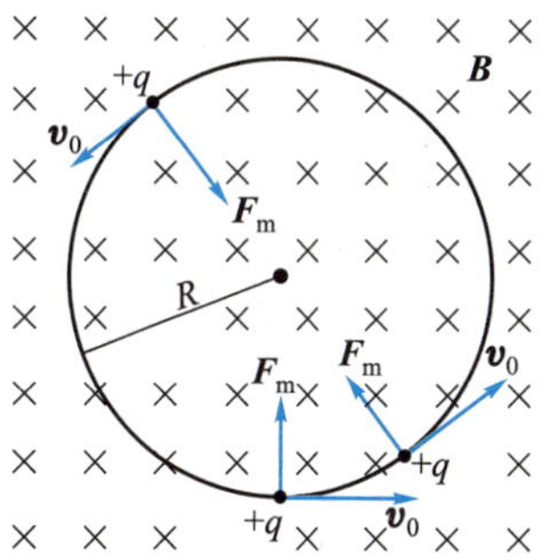

图 7-16 带电粒子的 $\boldsymbol{v}_0$ 与 $\boldsymbol{B}$ 垂直时的运动

① 符号“×”表示 $\boldsymbol{B}$ 的方向垂直纸面向里，符号“·”表示 $\boldsymbol{B}$ 的方向垂直纸面向外. 其他矢量也可这样表示其方向.

② 式(7-17a)和式(7-17b)只适用于带电粒子速度远小于光速的非相对论情形. 关于带电粒子的速度接近光速时的讨论，参阅马文蔚等改编《物理学》(第七版)上册第 7-7 节，高等教育出版社，2020 年.

2. 质谱仪

图 7-17 是一种质谱仪①的示意图.其工作过程分为两步,第一步:从离子源(图中未画出)产生电荷量为+q的正离子,以速率v经过狭缝 S_1 和 S_2 之后,进入速度选择器.设速度选择器中 P_1、P_2 两平行板之间的均匀电场的电场强度为 $\boldsymbol{E}$,而垂直纸面向外的均匀磁场的磁感强度为 $\boldsymbol{B}$.正离子在 P_1 和 P_2 之间同时受到电场力 $\boldsymbol{F}_e=q\boldsymbol{E}$ 和洛伦兹力 $\boldsymbol{F}_m=q\boldsymbol{v}\times\boldsymbol{B}$ 的作用,当 $\boldsymbol{F}_e=-\boldsymbol{F}_m$,即$q\boldsymbol{E}=-q\boldsymbol{v}\times\boldsymbol{B}$ 时,可得

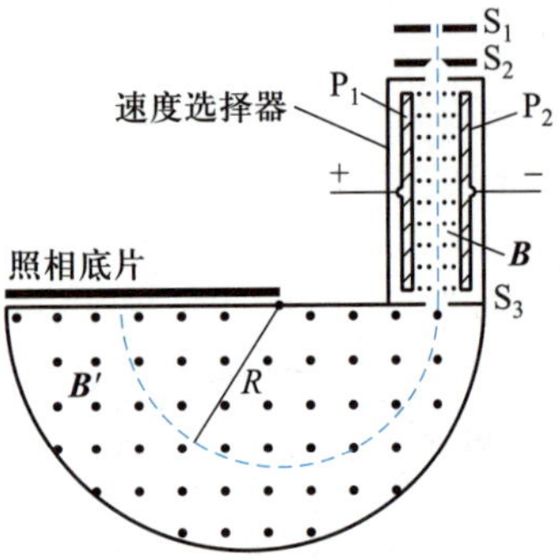

图 7-17 质谱仪的示意图

$$v=\frac{E}{B}$$

显然,对于给定的 $\boldsymbol{E}$ 和 $\boldsymbol{B}$,只有正离子的速率满足 $v=E/B$ 时,它们所受合力为零,才能不偏转而是径直穿过 P_1、P_2 从狭缝 S_3 射出.

第二步:正离子由 S_3 射出后,进入另一个磁感强度为 $\boldsymbol{B}'$的均匀磁场区域,磁场的方向也是垂直纸面向外的,但在此区域中没有电场.这时正离子只受洛伦兹力 $\boldsymbol{F}'_m=q\boldsymbol{v}\times\boldsymbol{B}'$的作用,在其作用下,正离子将以半径 R 作匀速圆周运动.若离子的质量为 m,则有

$$qvB'=m\frac{v^2}{R}$$

故

$$m=\frac{qB'R}{v}$$

由于 B'和离子的速率 v 是已知的,且假定每个离子的电荷都是相等的,所以从上式可以看出,离子的质量和它的轨道半径成正比.

如果这些离子中有不同质量的同位素,它们的轨道半径就不一样,将分别射到照相底片上不同的位置,形成若干线状谱中的细条纹,每一个条纹相当于一定质量的离子.从条纹的位置可以推算出轨道半径 R,从而算出它们相应的质量,所以这种仪器叫做质谱仪.图 7-18 表示锗的质谱,条纹表示质量数为 70,72,…的锗的同位素^{70}Ge,^{72}Ge,….

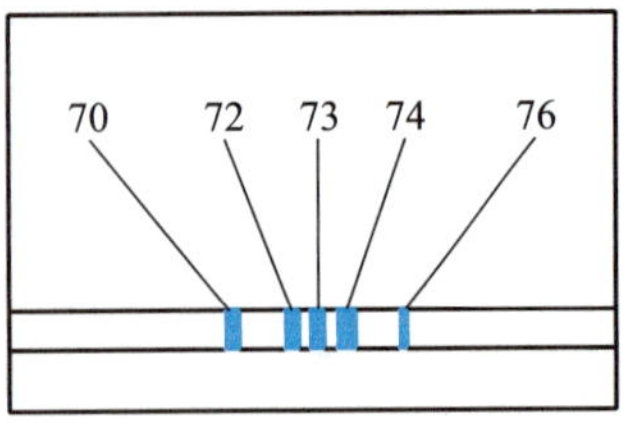

图 7-18 锗的质谱

采用某种收集装置代替照相底片,人们就能进而得知各种同位素的相对成分②.利用质谱仪既可发现新同位素及其所占百分比,又能从同位素分离中获得某一特需的同位素产品,其最大优点在于,整个过程简捷可靠.

① 质谱仪是用物理方法分析同位素的仪器,是由英国实验化学家和物理学家阿斯顿(F.W.Aston,1877—1945)在 1919 年创制的,当年用它发现了氯和汞的同位素.以后几年内又发现了许多种同位素,特别是一些非放射性的同位素.为此,阿斯顿于 1922 年获诺贝尔化学奖.阿斯顿仅拥有学士学位,他的成才主要得力于在长期的实验室平凡工作中力求进取的精神和毅力.

② 阿斯顿等人因此曾先后发现天然存在的镁(Mg)元素中,同位素^{24}Mg 占 78.7%.^{25}Mg 占 11.1%,^{26}Mg 占 11.2%.

3. 磁聚焦

当带电粒子的初速度$\boldsymbol{v}_0$与磁感强度$\boldsymbol{B}$垂直时，带电粒子在磁场中作圆周运动，若$\boldsymbol{v}_0$与$\boldsymbol{B}$之间有任意夹角时，带电粒子将遵从怎样的运动规律呢？如图7-19所示，设均匀磁场中的磁感强度$\boldsymbol{B}$的方向沿z轴正方向，带电粒子的初速度$\boldsymbol{v}_0$与$\boldsymbol{B}$之间的夹角为θ. 于是，可将初速度$\boldsymbol{v}_0$分解为：平行于$\boldsymbol{B}$的纵向分矢量$\boldsymbol{v}_{/\!/}$和垂直于$\boldsymbol{B}$的横向分矢量$\boldsymbol{v}_{\perp}$. 它们的大小分别为$v_{/\!/}=v_0\cos\theta$和$v_{\perp}=v_0\sin\theta$. 带电粒子所受的洛伦兹力为

$$\boldsymbol{F}_{\mathrm{m}}=q\boldsymbol{v}\times\boldsymbol{B}=q\boldsymbol{v}_{\perp}\times\boldsymbol{B}+q\boldsymbol{v}_{/\!/}\times\boldsymbol{B}=q\boldsymbol{v}_{\perp}\times\boldsymbol{B}$$

由前面的结论我们知道，在垂直于$\boldsymbol{B}$的平面内，带电粒子将以速率$v_{\perp}$作匀速圆周运动；而在平行于$\boldsymbol{B}$的z方向，由于不受磁场的影响，带电粒子仍将以$v_{/\!/}$作匀速直线运动. 由于带电粒子同时参与上述两种运动，所以其运动轨迹为向前的螺旋线. 显然，螺旋线的半径为

$$R=\frac{mv_{\perp}}{qB} \tag{7-18}$$

回旋周期为

$$T=\frac{2\pi R}{v_{\perp}}=\frac{2\pi m}{qB}$$

若把带电粒子回旋一周沿磁场方向前进的距离叫做螺距，则其大小为

$$d=v_{/\!/}T=\frac{2\pi mv_{/\!/}}{qB}$$

上式表明，螺距d与$v_{\perp}$无关，只与$v_{/\!/}$成正比.

利用上述结果可实现磁聚焦. 如图7-20所示，在均匀磁场中某点A发射一束初速度相差不大的带电粒子，它们的$\boldsymbol{v}_0$与$\boldsymbol{B}$之间的夹角θ不尽相同，但都很小，于是这些粒子的横向速度$\boldsymbol{v}_{\perp}$略有差异，而纵向速度$\boldsymbol{v}_{/\!/}$却近似相等. 这样这些带电粒子沿半径不同的螺旋线运动，但它们的螺距却是近似相等的，即经距离d后都相交于屏上同一点P. 这个现象与光束通过光学透镜聚焦的现象很相似，故称之为磁聚焦现象①. 磁聚焦在电子光学中有着广泛的应用.

4. 霍耳效应

如图7-21所示，把一块宽为b、厚为d的导电板放在磁感强度为$\boldsymbol{B}$的磁场中，并在导电板中通以纵向电流I，此时在板的横

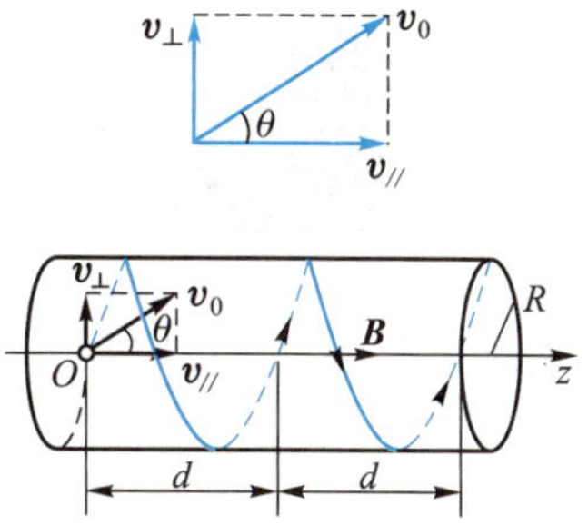

图 7-19 带电粒子在均匀磁场中的螺旋运动

动画：带电粒子射入磁场后的运动

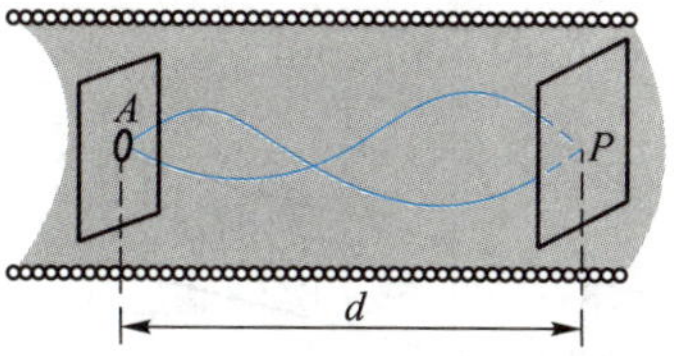

图 7-20 磁聚焦的原理

文档：磁透镜

① 对磁聚焦的较深入讨论，可参阅马文蔚等主编《物理学原理在工程技术中的应用》（第四版）之《磁透镜》，高等教育出版社，2015年.

视频：磁透镜的聚焦原理

向两侧面 A、A'之间就呈现出一定的电势差 U_H.这一现象称为霍耳效应[①],所产生的电势差 U_H 称霍耳电压.实验表明,霍耳电压的值为

$$U_H = R_H \frac{IB}{d} \tag{7-19}$$

如果撤去磁场,或者撤去电流,霍耳电压也就随之消失.

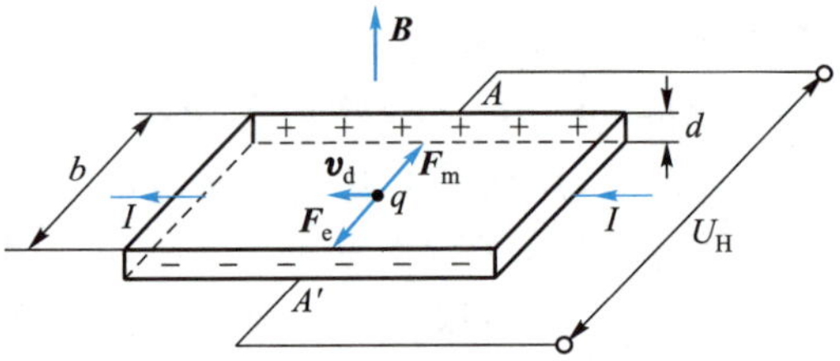

图 7-21 霍耳效应示意图

式(7-19)中的 R_H 称为霍耳系数,为

$$R_H = \frac{1}{nq} \text{②} \tag{7-20}$$

式中 n 为载流子[③]数密度,q 为载流子电荷.

利用霍耳效应制成的霍耳元件,作为一种特殊的半导体器件,在生产和科研中得到了广泛的应用.如判别材料的导电类型,确定载流子数密度与温度的关系,测量温度,测量磁场,测量电流等.磁流体发电的原理也是基于霍耳效应的[④].

文档：磁流体发电

三、安培力

如图 7-22 所示,在平行纸面向下的均匀磁场中有一电流元 $I\mathrm{d}\boldsymbol{l}$,它与磁感强度 $\boldsymbol{B}$ 之间的夹角为 φ.设电流元中自由电子的平均漂移速度均为 $\boldsymbol{v}_d$,且 $\boldsymbol{v}_d$ 与 $\boldsymbol{B}$ 之间的夹角为 θ,故 $\theta=\pi-\varphi$.

根据洛伦兹力公式(7-15),电流元中的一个自由电子所受的洛伦兹力的大小为 $F=ev_dB\sin\theta$,由于电子带负电,所以此力的方向垂直纸面向里.如果电流元的截面积为 S,单位体积中有 n 个自由电子,那么,电流元中的自由电子数为 $nS\mathrm{d}l$.这样,电流元所

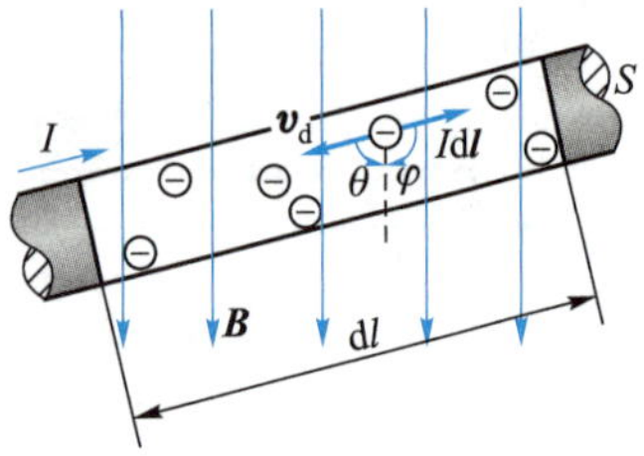

图 7-22 磁场对电流元的作用力

① 霍耳效应是霍耳(E.H.Hall,1855—1938)于 1879 年发现的.他当时是美国约翰·霍普金斯大学著名的罗兰(H.A.Rowland,1848—1901)教授的研究生.在此前,罗兰曾做了带电旋转盘的磁效应实验,第一次揭示了运动电荷也能激发磁场.

② 关于霍耳系数的详细讨论可参阅马文蔚等改编《物理学》(第七版)上册第 7-7 节,高等教育出版社,2020 年.

③ 在半导体中,载流子是带正电的空穴和带负电的电子,有关半导体的载流子内容可参阅马文蔚等编《物理学教程》(第四版)下册第 16-10 节,高等教育出版社,2023 年.

④ 参阅马文蔚等主编《物理学原理在工程技术中的应用》(第四版)之“磁流体发电”,高等教育出版社,2015 年.

受的力等于电流元中 $nSdl$ 个电子所受的洛伦兹力的总和.因为作用在每个电子上的力的大小、方向都相同,所以磁场作用在电流元上的力为

$$dF = nSdlev_d B\sin\theta$$

即

$$dF = nev_d SdlB\sin\theta$$

从式(7-4)已知,通过导线的电流为 $I=nev_dS$,则上式可写成

$$dF = IdlB\sin\theta$$

由于 $\sin\theta=\sin\varphi$,所以上式亦可写成

$$dF = IdlB\sin\varphi \tag{7-21}$$

上式表明:磁场对电流元 Idl 作用的力,在数值上等于电流元的大小、电流元所在处的磁感强度大小以及电流元 Idl 和磁感强度 $\boldsymbol{B}$ 之间的夹角 φ 的正弦之乘积,这个规律叫做安培定律.磁场对电流元作用的力,通常叫做安培力.安培力的方向可以这样判定:右手四指由 Idl 经小于 180°的角转向 $\boldsymbol{B}$,这时大拇指的指向就是安培力的方向(图 7-23).

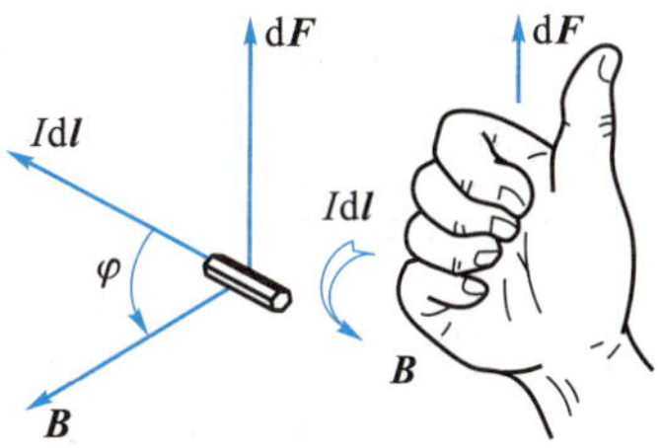

图 7-23 安培力的方向

若用矢量式表示安培定律,则有

$$d\boldsymbol{F} = Id\boldsymbol{l}\times\boldsymbol{B} \tag{7-22}$$

显然,安培力 $d\boldsymbol{F}$ 垂直于 $Id\boldsymbol{l}$ 和 $\boldsymbol{B}$ 所组成的平面,且 $d\boldsymbol{F}$ 的方向与矢积 $Id\boldsymbol{l}\times\boldsymbol{B}$ 的方向一致.

文档:安培定律的提出

有限长载流导线所受的安培力,等于各电流元所受安培力的矢量叠加,即

$$\boldsymbol{F} = \int_l d\boldsymbol{F} = \int_l Id\boldsymbol{l}\times\boldsymbol{B} \tag{7-23}$$

上式说明,安培力是作用在整个载流导线上,而不是集中作用于一点上的.

如果有一长为 l,通以电流为 I 的直导线,放在磁感强度为 $\boldsymbol{B}$ 的均匀磁场中,那么由上式可以求得此载流导线所受安培力的大小为

$$F = IlB\sin\varphi \tag{7-24}$$

力 $\boldsymbol{F}$ 的方向垂直于直导线和磁感强度所组成的平面,φ 为电流的流向与 $\boldsymbol{B}$ 之间的夹角.由上式可以看出,当 $\varphi=0$,即通过导线的电流流向和 $\boldsymbol{B}$ 的方向相同时,载流导线所受的力为零;当 $\varphi=\pi/2$,即电流流向和 $\boldsymbol{B}$ 的方向垂直时,载流导线所受的力最大,为 $F=IlB$.

例 1

如图 7-24 所示,一通有电流的闭合回路放在磁感强度为 $\boldsymbol{B}$ 的均匀磁场中,回路的平面与磁感强度 $\boldsymbol{B}$ 垂直.该回路由直导线$\overline{AB}$和半径为 r 的圆弧导线$\widehat{BCA}$组成.若回路中的电流为 I,其流向为顺时针,问磁场作用于整个回路的力为多少?

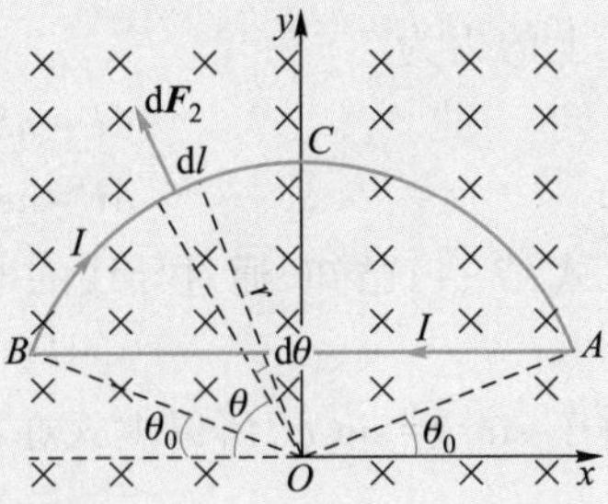

图 7-24

[分析] 整个回路所受的力为导线$\overline{AB}$和$\widehat{BCA}$所受力的矢量和.设作用在$\overline{AB}$上的力为 $\boldsymbol{F}_1$,作用在$\widehat{BCA}$上的力为 $\boldsymbol{F}_2$,若在$\widehat{BCA}$上取一线元 $\mathrm{d}\boldsymbol{l}$,则 $\mathrm{d}\boldsymbol{l}$ 所受的安培力为 $\mathrm{d}\boldsymbol{F}_2=I\mathrm{d}\boldsymbol{l}\times\boldsymbol{B}$,$\mathrm{d}\boldsymbol{F}_2$ 的大小为 $\mathrm{d}F_2=IB\mathrm{d}l$,$\mathrm{d}\boldsymbol{F}_2$ 的方向为矢积 $\mathrm{d}\boldsymbol{l}\times\boldsymbol{B}$ 的方向(如图所示).将 $\mathrm{d}\boldsymbol{F}_2$ 分解成 $\mathrm{d}F_{2x}$和 $\mathrm{d}F_{2y}$两个分量,由对称性可知,$\widehat{BCA}$上所有线元沿 Ox 轴方向受力的总和为零,即 $F_{2x}=\int\mathrm{d}F_{2x}=0$.

[解答] 对导线$\overline{AB}$,由式(7-24)可知作用在其上的力 $\boldsymbol{F}_1$ 的大小为

$$F_1=BI\,|AB|$$

$\boldsymbol{F}_1$ 的方向与 Oy 轴的正方向相反,竖直向下.

对导线$\widehat{BCA}$,取 $\mathrm{d}l=r\mathrm{d}\theta$,则 $I\mathrm{d}l=Ir\mathrm{d}\theta$,

$$\mathrm{d}F_{2y}=\mathrm{d}F_2\sin\theta=IB\sin\theta\mathrm{d}l=IBr\sin\theta\mathrm{d}\theta$$

于是$\widehat{BCA}$上所有线元的合力 $\boldsymbol{F}_2$ 的大小为

$$\begin{aligned}F_2&=F_{2y}=\int\mathrm{d}F_{2y}=IBr\int_{\theta_0}^{\pi-\theta_0}\sin\theta\mathrm{d}\theta\\&=BIr[\cos\theta_0-\cos(\pi-\theta_0)]\\&=BI(2r\cos\theta_0)=BI\,|AB|\end{aligned}$$

$\boldsymbol{F}_2$ 的方向沿 Oy 轴正方向,竖直向上.

整个线圈所受的合力为

$$\boldsymbol{F}=\boldsymbol{F}_1+\boldsymbol{F}_2=\boldsymbol{0}$$

即图 7-24 所示的闭合回路所受的磁场力为零.

[注意] 从上述计算结果可以看出,$\boldsymbol{F}_2$ 与 $\boldsymbol{F}_1$ 的大小相等,方向相反,如果弧线导线$\widehat{BCA}$上的电流反向,则 $\boldsymbol{F}_2$ 与 $\boldsymbol{F}_1$ 的大小相等,方向相同.

[拓展] 由此可以将此题的结论推广:

(1) 处于均匀磁场中的一条任意形状的载流导线,其上所受的安培力等于此载流导线两端所连接的直导线上通有大小、流向相同的电流时所受的安培力.

(2) 处于均匀磁场中的其他形状的闭合回路,若闭合回路的平面与磁感强度垂直,则此闭合回路不受磁场力的作用.读者可以试给予证明.

例 2

电磁弹射原理①.如图 7-25 所示,两条平行的圆柱形导体轨道长为 L,半径为 R,轨道间距为 $d(L>>d)$,两轨道之间的棒状金属弹射体质量为 m,轨道和弹射体与外电源组成回路,通以大电流 I.(1) 求弹射体受到的安培力;(2) 如果弹射体从轨道的中部开始运动,加速的距离为 $L/2$,那么离开轨道时弹射体的出射速度是多少?

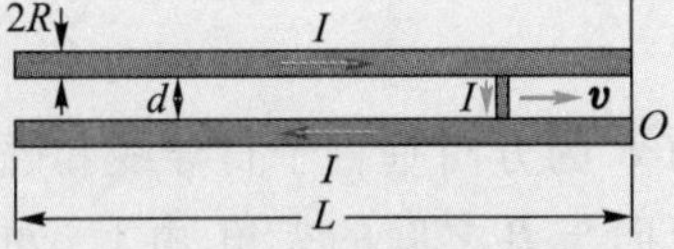

图 7-25 电磁弹射原理

[分析] 载流导体轨道产生磁场,棒状金属弹射体中有电流,受安培力作用,安培力做的功等于弹射体动能的增量.由此,可求出弹射体的速度大小.

[解答] 轨道电流产生的磁场相当于两根半无限长载流直导线产生的磁场,即

① 参阅马文蔚等主编《物理学原理在工程技术中的应用》(第四版)之“电磁炮的基本原理”.

$$B=\frac{\mu_0 I}{4\pi}\left(\frac{1}{R+x}+\frac{1}{R+d-x}\right)$$

弹射体受到的安培力为

$$F=\int_0^d IB\mathrm{d}x=\frac{\mu_0 I^2}{2\pi}\ln\frac{R+d}{R}$$

若电流 I 保持不变，弹射体从轨道的中部开始加速，出射时的速度为 v，则有

$$\frac{1}{2}mv^2=F\frac{L}{2}$$

弹射体离开轨道时的出射速度为

$$v=\left(\frac{\mu_0 I^2 L}{2\pi m}\ln\frac{R+d}{R}\right)^{\frac{1}{2}}$$

［拓展］ 航空母舰上使用的电磁弹射系统以及电磁轨道炮都是以上述原理为基础的.当然，要使质量以吨计算的航母舰载机获得起飞所需的速度，所需的电流极大，且要由高功率的电源及其储能装置提供，技术比较复杂，耗资也很大，但它与蒸汽弹射相比，具有装置体积较小，效率较高，可调性较强等优点.

四、磁场对载流线圈作用的力矩

在磁电式电流计和直流电动机内，一般都有放在磁场中的线圈，当线圈中有电流通过时，它们将在磁场的作用下发生转动.下面我们用安培定律来研究磁场对载流线圈的作用.

如图 7-26 所示，在磁感强度为 $\boldsymbol{B}$ 的均匀磁场中，有一刚性矩形载流线圈 $MNOP$，它的边长分别为 l_1 和 l_2，电流为 I，流向为 $M\to N\to O\to P\to M$.设线圈平面的正法向单位矢量 $\boldsymbol{e}_n$ 与磁感强度 $\boldsymbol{B}$ 之间的夹角为 θ，即线圈平面与 $\boldsymbol{B}$ 之间的夹角为 $\varphi(\varphi+\theta=\pi/2)$，并且 MN 边及 OP 边均与 $\boldsymbol{B}$ 垂直.

根据式(7-24)可以求得磁场对导线 NO 段和 PM 段作用力的大小分别为

$$F_4=BIl_1\sin\varphi$$

$$F_3=BIl_1\sin(\pi-\varphi)=BIl_1\sin\varphi$$

$\boldsymbol{F}_3$ 和 $\boldsymbol{F}_4$ 这两个力的大小相等、方向相反，并且在同一直线上，所以对整个线圈来讲，它们的合力及合力矩都为零.

导线 MN 段和 OP 段所受磁场作用力的大小则分别为

$$F_1=BIl_2$$

$$F_2=BIl_2$$

这两个力的大小相等，方向亦相反，但不在同一直线上，它们的合力虽为零，但对线圈要产生磁力矩 $M=F_1l_1\cos\varphi$.由于 $\varphi=\pi/2-\theta$，所以 $\cos\varphi=\sin\theta$，则有

$$M=F_1l_1\sin\theta=BIl_2l_1\sin\theta$$

或

$$M=BIS\sin\theta \tag{7-25a}$$

式中 $S=l_1l_2$ 为矩形线圈的面积.大家知道，线圈的磁矩为

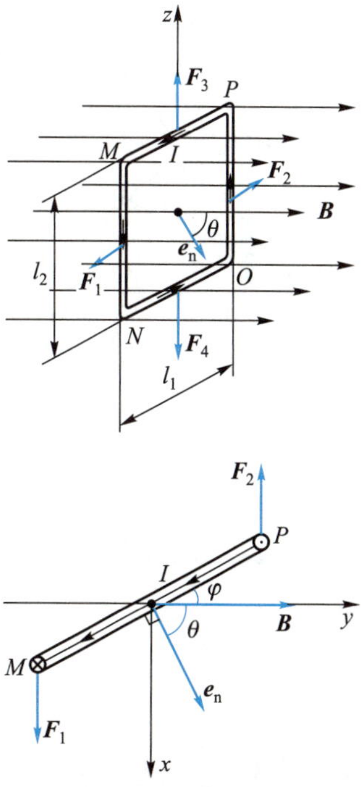

图 7-26 矩形载流线圈在均匀磁场中所受的磁力矩

$\boldsymbol{m}=IS\boldsymbol{e}_{\mathrm{n}}$,此处 $\boldsymbol{e}_{\mathrm{n}}$ 为线圈平面的正法向单位矢量.因为角 θ 是 $\boldsymbol{e}_{\mathrm{n}}$ 与磁感强度 $\boldsymbol{B}$ 之间的夹角,所以上式可用矢量表示为

$$\boldsymbol{M}=IS\boldsymbol{e}_{\mathrm{n}}\times\boldsymbol{B}=\boldsymbol{m}\times\boldsymbol{B} \tag{7-25b}$$

如果线圈不是一匝,而是 N 匝,那么线圈所受的磁力矩应为

$$\boldsymbol{M}=NIS\boldsymbol{e}_{\mathrm{n}}\times\boldsymbol{B} \tag{7-25c}$$

应当指出,式(7-25)虽然是从矩形线圈推导出来的,但可以证明它对任意形状的平面线圈都是适用的.

从式(7-25)可以看出,当载流线圈的 $\boldsymbol{e}_{\mathrm{n}}$ 与磁感强度 $\boldsymbol{B}$ 方向垂直($\theta=\pi/2$)时,$M=NBIS$,线圈所受磁力矩最大.当 $\boldsymbol{e}_{\mathrm{n}}$ 与 $\boldsymbol{B}$ 方向相同($\theta=0$)时,$M=0$,磁力矩为零,此时线圈处于稳定平衡态.当 $\boldsymbol{e}_{\mathrm{n}}$ 与 $\boldsymbol{B}$ 方向相反($\theta=\pi$)时,$M=0$,磁力矩也为零,但线圈此时处于非稳平衡态,只要有一微小的扰动使线圈稍稍偏过一极小角度,线圈就会在磁力矩的作用下离开这个位置而转动到稳定平衡位置($\theta=0$)上来.总之,磁场对载流线圈作用的磁力矩,总是要使线圈转到它的 $\boldsymbol{e}_{\mathrm{n}}$ 方向与磁场方向相一致的稳定平衡位置上来.

本节练习

1. 如果一束质子在运动过程中发生侧向偏转,其原因可能是:(1) 电场的作用?(2) 磁场的作用?(3) 电场和磁场的共同作用?

2. 安培力 $\mathrm{d}\boldsymbol{F}=I\mathrm{d}\boldsymbol{l}\times\boldsymbol{B}$ 的三个矢量中哪两个矢量始终是正交的?哪两个矢量之间可以有任意角度?

3. 在均匀磁场中放置两个面积相等且通过相同电流的线圈.一个是三角形,另一个是矩形,问两者受到的最大磁力矩是否相同?磁场力是否相等?

7-4 安培环路定理 磁介质的磁导率

一、安培环路定理

我们在静电场的环路定理中曾指出:电场线是有头有尾的,

电场强度 $\boldsymbol{E}$ 沿任意闭合路径的积分等于零,即 $\oint_l \boldsymbol{E}\cdot \mathrm{d}\boldsymbol{l}=0$,这是静电场的一个重要特征.那么,磁场中的磁感强度 $\boldsymbol{B}$ 沿任意闭合路径的积分 $\oint_l \boldsymbol{B}\cdot \mathrm{d}\boldsymbol{l}$ 等于什么呢?

下面先研究真空中一无限长载流直导线的磁场.如图 7-27 所示,取一平面 S 与载流直导线垂直,以这平面与导线的交点 O 为圆心,在平面上作一半径为 R 的圆,并选定圆周回路的绕行方向与电流的流向呈右手螺旋关系(即迎着电流流向看为逆时针方向).由第 7-2 节中例 1 的式(3)可知,在这圆周上任意一点的磁感强度 $\boldsymbol{B}$ 的大小均为 $B=\mu_0 I/(2\pi R)$.$\boldsymbol{B}$ 的方向与线元 $\mathrm{d}\boldsymbol{l}$ 的方向相同,即 $\boldsymbol{B}$ 与 $\mathrm{d}\boldsymbol{l}$ 之间的夹角 $\theta=0°$.这样,$\boldsymbol{B}$ 沿着上述圆周的积分为

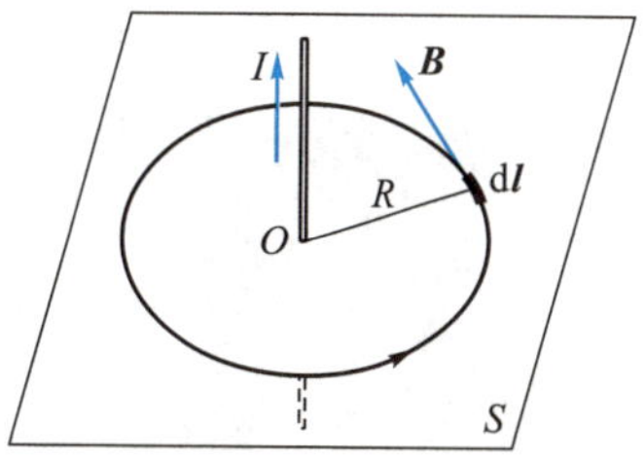

图 7-27 无限长载流直导线 $\boldsymbol{B}$ 的环流

$$\oint_l \boldsymbol{B}\cdot \mathrm{d}\boldsymbol{l}=\oint_l B\cos\theta \mathrm{d}l=\oint_l \frac{\mu_0 I}{2\pi R}\mathrm{d}l=\frac{\mu_0 I}{2\pi R}\oint_l \mathrm{d}l$$
$$=\frac{\mu_0 I}{2\pi R}2\pi R=\mu_0 I$$

所以

$$\oint_l \boldsymbol{B}\cdot \mathrm{d}\boldsymbol{l}=\mu_0 I \tag{7-26a}$$

上式表明,在恒定磁场中,磁感强度 $\boldsymbol{B}$ 沿闭合路径的线积分,等于此闭合路径所包围的电流与真空磁导率的乘积.$\boldsymbol{B}$ 沿闭合路径的线积分又叫做 $\boldsymbol{B}$ 的环流.

在式(7-26a)中,若回路 l 绕行方向不变,而电流反向,则

$$\oint_l \boldsymbol{B}\cdot \mathrm{d}\boldsymbol{l}=-\mu_0 I=\mu_0(-I)$$

这时可以认为,对回路 l 来讲,电流是负的.

式(7-26a)是从特例得出的.如果 $\boldsymbol{B}$ 的环流是沿任意闭合路径,而且其中穿过不止一个电流,那么也可以证明:对真空中的恒定磁场,磁感强度 $\boldsymbol{B}$ 沿任一闭合路径的积分(即 $\boldsymbol{B}$ 的环流)的值,等于 μ_0 乘以该闭合路径所包围的各电流的代数和,即

$$\oint_l \boldsymbol{B}\cdot \mathrm{d}\boldsymbol{l}=\mu_0\sum_{i=1}^{n} I_i \tag{7-26b}$$

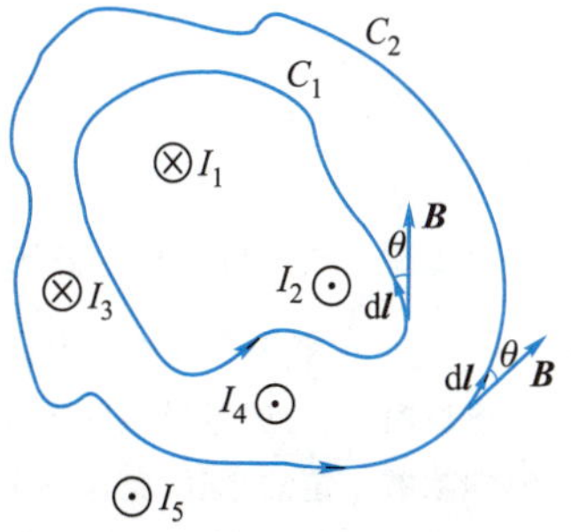

图 7-28 安培环路定理

这就是真空中磁场的环路定理,也称为安培环路定理.它是电流与磁场之间的基本规律之一.在式(7-26b)中,约定电流流向与积分路径呈右手螺旋关系时,电流取正值,反之则取负值.

如图 7-28 所示①,在纸平面内有两个闭合路径 C_1 和 C_2,垂

① 符号⊗表示电流流向垂直纸面向里,符号⊙表示电流流向垂直纸面向外.

直于纸平面的电流分别为 I_1、I_2、I_3、I_4 和 I_5. 于是对闭合路径 C_1, $\boldsymbol{B}$ 的环流为

$$\oint \boldsymbol{B} \cdot \mathrm{d}\boldsymbol{l} = \mu_0(I_2 - I_1)$$

而对闭合回路 C_2, $\boldsymbol{B}$ 的环流为

$$\oint \boldsymbol{B} \cdot \mathrm{d}\boldsymbol{l} = \mu_0(I_2 + I_4 - I_1 - I_3)$$

安培

安培(André-Marie Ampère, 1775—1836),法国物理学家,对数学和化学也有贡献.他在电磁理论的建立和发展方面建树颇丰.1820 年 9 月他提出了物质磁性起源的分子电流假设,并在 1821—1825 年精巧实验的基础上导出两电流元间相互作用力的公式,这个公式为毕奥-萨伐尔定律和安培力公式之结合.

文档:安培

由式(7-26b)可以看出,不管闭合回路外面的电流如何分布,只要闭合回路没有包围电流,或者所包围电流的代数和等于零,就总有 $\oint_l \boldsymbol{B} \cdot \mathrm{d}\boldsymbol{l} = 0$. 但是,应当注意, $\boldsymbol{B}$ 的环流为零一般并不意味着闭合路径上各点的磁感强度都为零.

由安培环路定理还可以看出,恒定磁场的基本性质与静电场是不同的.恒定磁场中 $\boldsymbol{B}$ 的环流一般不等于零,所以磁场是涡旋场;而静电场中 $\boldsymbol{E}$ 的环流等于零,故静电场是保守场.

用静电场中高斯定理可以求得电荷对称分布时的电场强度.同样,我们可以应用恒定磁场中的安培环路定理来求某些具有对称性分布电流的磁感强度.把真空中磁场的安培环路定理和真空中静电场的高斯定理对照列出,就不难明白这一点了.

二、安培环路定理应用举例

例 1

无限长载流圆柱体的磁场.

[分析] 在第 7-2 节例 1 中计算无限长载流直导线的磁场时,认为通过导线的电流是线电流,而实际上导线都有一定的半径,电流是分布在导线截面内的.设圆柱形导体半径为 R,电流 I 均匀地分布在导体的横截面上,电流密度为 $j = I/(\pi R^2)$. 如果圆柱体的长度远大于其半径,则在导体的中部,由于电流对中心轴线的对称分布,磁场对圆柱中心轴线也是对称分布的,磁感线是一组分布于垂直于轴线的平面上,并以轴线和平面的交点为中心的同心圆,同心圆上各点的磁感强度 $\boldsymbol{B}$ 大小相等,方向沿圆的切线

并与电流构成右手螺旋关系.因此可用安培环路定理来求磁感强度.①

［解答］ 在圆柱体外($r>R$)，过点 P 沿磁感线方向作半径为 r，与圆柱体轴线垂直的圆形环路，如图 7-29 所示.根据安培环路定理有

$$\oint_l \boldsymbol{B}\cdot \mathrm{d}\boldsymbol{l}=\oint_l B\mathrm{d}l=B\oint_l \mathrm{d}l=B\cdot 2\pi r=\mu_0 I$$

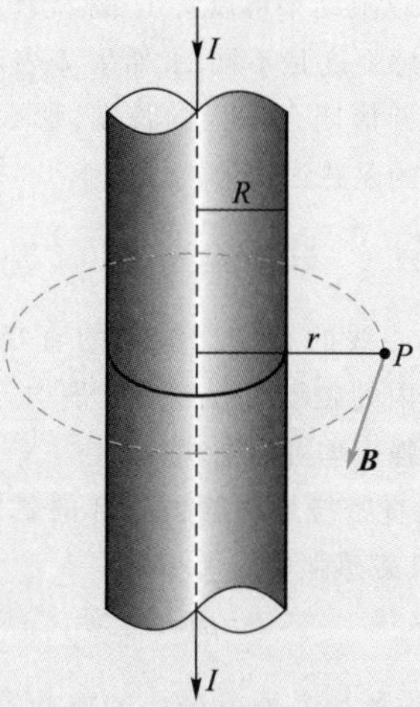

图 7-29

由此得 $$B=\frac{\mu_0 I}{2\pi r}\quad (r>R)$$

从上式可以看出，无限长载流圆柱体外的磁感强度与无限长载流直导线的磁感强度是相同的.

在圆柱体内($r<R$)，同理过点 P 作半径为 r、与圆柱体轴线垂直的圆形环路，如图 7-30 所示.根据安培环路定理有

$$\oint_l \boldsymbol{B}\cdot \mathrm{d}\boldsymbol{l}=B\cdot 2\pi r=\mu_0\sum I_i$$

式中 $\sum I_i$ 是以 r 为半径的圆所包围的电流，则 $\sum I_i=j\pi r^2=Ir^2/R^2$.于是上式可写为

$$\oint_l \boldsymbol{B}\cdot \mathrm{d}\boldsymbol{l}=B\cdot 2\pi r=\mu_0\frac{Ir^2}{R^2}$$

由此得 $$B=\frac{\mu_0 Ir}{2\pi R^2}\quad (r<R)$$

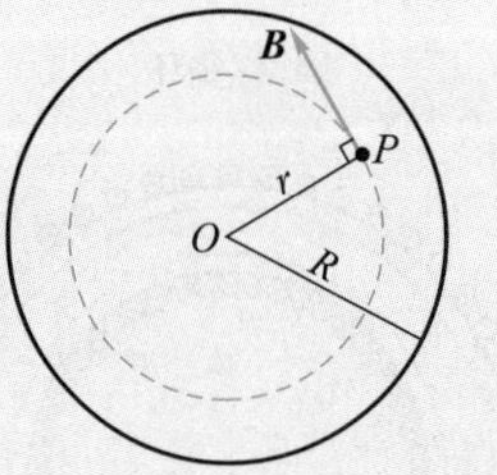

图 7-30

由上述结果可得图 7-31 所示的图线，它给出 $\boldsymbol{B}$ 的大小随 r 变化的情形.

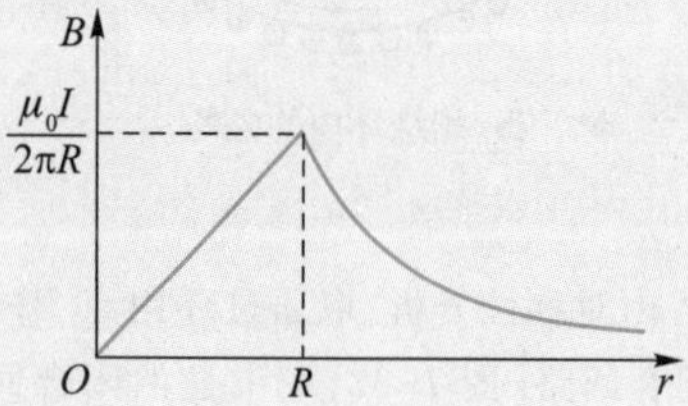

图 7-31

［注意］ 对于任何电流回路以及任意选取的闭合积分回路，安培环路定理 $\oint_l \boldsymbol{B}\cdot \mathrm{d}\boldsymbol{l}=\mu_0 I$ 都成立，但只有电流分布具有适当对称性时，可以单从安培环路定理求得磁场.

［拓展］ 若导体为无限长直圆柱面，电流 I 均匀地分布在圆柱面上，则有

$$B=\begin{cases}0 & (r<R)\\ \mu_0 I/(2\pi r) & (r>R)\end{cases}$$

例 2

图 7-32 为一螺绕环，环内为真空，环上均匀地密绕有 N 匝线圈，线圈中的电流为 I.求螺绕环内的磁场.

［分析］ 由于环上的线圈绕得很密集，环外的磁场很微弱，可以略去不计，磁场几乎全部集中在螺绕环内.此时，呈对称分布的电流的磁场也具对称性，这导致环内的磁感线形成一系列同轴的圆，且同一

① 铝、铜这类金属导体的磁化率是很小的(参阅马文蔚等编《物理学教程》(第四版)下册第 11-9 节中表 11-2，高等教育出版社，2023 年)，因此，在一般情况下，它们因磁化而产生的附加磁场比电流的磁场弱得多.因此，这类导体的磁化效应略去不计.

圆周上各点的磁感强度 $\boldsymbol{B}$ 的大小相等,方向处处沿圆周的切向.

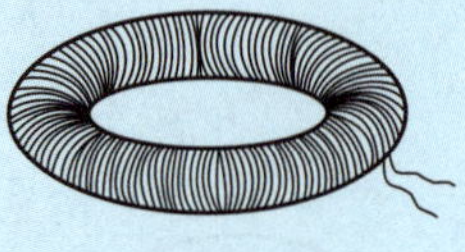

(a) 螺绕环

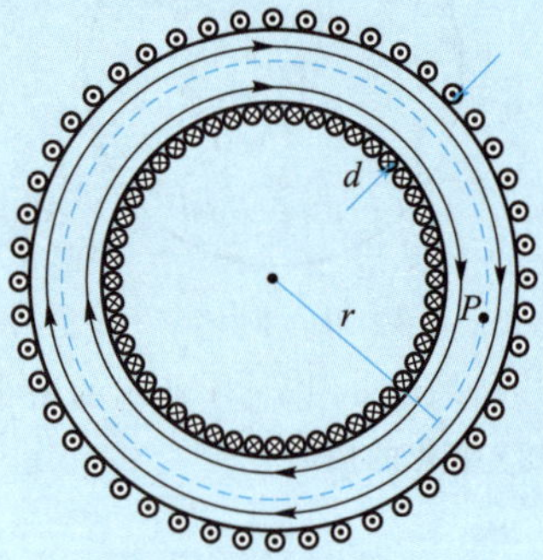

(b) 螺绕环内的磁场

图 7-32

[解答] 由对称性分析,取通过环内点 P,半径为 r 的圆形闭合回路[图 7-32(b)].显然闭合回路上各点的磁感强度方向都和闭合回路相切,各点 $\boldsymbol{B}$ 的大小都相等,并且闭合回路内包围的电流的流向与回路的绕向构成右手螺旋关系.这样,根据安培环路定理有

$$\oint_l \boldsymbol{B}\cdot \mathrm{d}\boldsymbol{l}=B\cdot 2\pi r=\mu_0 NI$$

可得

$$B=\frac{\mu_0 NI}{2\pi r}$$

[注意] 从以上结果可以看出,螺绕环内的横截面上各点的磁感强度是不同的.如果 L 表示螺绕环中心线所在的圆形闭合路径的长度,那么,圆环中心线上一点处的磁感强度为

$$B=\mu_0\frac{NI}{L}$$

当螺绕环中心线的直径比线圈的直径大得多,即 $2r\gg d$ 时,管内的磁场可近似看成是均匀的,管内任意点的磁感强度均可用上式表示.

[拓展] 长直密绕螺线管内中部的磁场是常见的均匀磁场,其磁感强度的大小为

$$B=\mu_0 nI$$

式中 $n=\dfrac{N}{L}$ 为单位长度上的线圈匝数,N 为螺线管总匝数,L 为螺线管长度.

三、磁介质的磁导率

1. 磁介质

前面讨论了电流在真空中所激发磁场的性质和规律.而在实际情形中,电流的周围会有各种各样的物质,这些物质与磁场会产生相互影响.处于磁场中的物质会被磁化,一切能够被磁化的物质称为磁介质.而磁化了的磁介质要激发附加磁场,从而对原磁场产生影响.关于磁介质的磁化机制和对原磁场的影响我们在这里不进行详细的讨论①.

磁介质对磁场的影响远比电介质对电场的影响要复杂得多,在此我们只作简单的论述.不同的磁介质在磁场中的表现很不相

① 磁介质磁化机制和与原磁场的相互影响的讨论,参阅马文蔚等编《物理学教程》(第四版)下册第 11-9 节,高等教育出版社,2023 年.

同，根据磁介质在磁场中的表现一般可以将其分为弱磁性物质和强磁性物质. 下面分别进行讨论.

设在真空中某点的磁感强度为 $\boldsymbol{B}_0$，放入磁介质后因磁介质被磁化而产生的附加磁感强度为 $\boldsymbol{B}'$，则该点的磁感强度 $\boldsymbol{B}$ 应为 $\boldsymbol{B}_0$ 和 $\boldsymbol{B}'$的矢量和，即

$$\boldsymbol{B}=\boldsymbol{B}_0+\boldsymbol{B}'$$

实验表明，不同性质的磁介质，附加磁感强度 $\boldsymbol{B}'$的大小和方向不同.

有一类磁介质，$\boldsymbol{B}'$的方向与 $\boldsymbol{B}_0$ 的方向相同，使 $B>B_0$，这种磁介质叫做顺磁质，如铝、氧、锰等；另一些磁介质，$\boldsymbol{B}'$的方向与 $\boldsymbol{B}_0$ 的方向相反，使 $B<B_0$，这种磁介质叫做抗磁质，如铜、铋、氢等. 但无论是顺磁质还是抗磁质，附加磁感强度 $\boldsymbol{B}'$的值都比原磁感强度 B_0 的值小得多（约几万分之一或几十万分之一），因此它们对原磁场的影响极为微弱. 我们将顺磁质和抗磁质统称为弱磁性物质.

还有一类磁介质，它的附加磁感强度 $\boldsymbol{B}'$的方向与 $\boldsymbol{B}_0$ 的方向相同（与顺磁质一样），但 $\boldsymbol{B}'$的值要比 $\boldsymbol{B}_0$ 的值大很多（一般为 $10^2\sim10^4$ 倍），使得 $B\gg B_0$，并且不是常量，这类磁介质叫做铁磁质，如铁、镍、钴及其合金等. 铁磁质能显著地增强磁场，是强磁性物质.

2. 磁介质的磁导率

由实验和理论分析可知，在各向同性均匀磁介质中的磁感强度 $\boldsymbol{B}$ 与真空中原磁感强度 $\boldsymbol{B}_0$ 的关系为①

$$\boldsymbol{B}=\frac{\mu}{\mu_0}\boldsymbol{B}_0=\mu_r\boldsymbol{B}_0 \tag{7-27}$$

μ_r 叫做磁介质的相对磁导率，μ 叫做磁介质的磁导率. 显然 $\mu=\mu_0\mu_r$，对于顺磁质，$\mu_r>1$，对于抗磁质 $\mu_r<1$，对于铁磁质 $\mu_r\gg1$，且为非常量. 表 7-2 给出了一些顺磁质和抗磁质的相对磁导率.

表 7-2 几种顺磁质和抗磁质的相对磁导率（27 ℃，1.013×10^5 Pa）

顺磁质	μ_r-1	抗磁质	μ_r-1
氧	2.09×10^{-6}	氮	-5.0×10^{-9}
铝	2.3×10^{-5}	铜	-9.8×10^{-6}
钨	6.8×10^{-5}	铅	-1.7×10^{-5}
钛	7.06×10^{-5}	汞	-2.9×10^{-5}

① 式（7-27）的讨论，参阅马文蔚等改编《物理学》（第七版）上册第 7-9 节，高等教育出版社，2020 年.

上海超导磁悬浮列车

阿尔法磁谱仪的环形永磁体

丁肇中

文档：丁肇中

对某些材料（金属、合金以及化合物），当温度降低到某一特定温度时，其电阻会突然降至零，这种现象叫超导电现象.超导材料除具有零电阻的基本特性外，还具有重要的磁学性质——完全抗磁性①，利用超导体的零电阻和完全抗磁性等特性，超导技术在科学技术和生产应用中发挥了巨大的作用，例如超导线圈可以产生强磁场，超导电缆可以实现低损耗电能传输等，特别是利用超导体的抗磁性制造的磁悬浮列车已在日本、德国试运行.我国上海于 2003 年 10 月建成并投入商业运行的磁悬浮列车，行程为 31 km，时速可达 430 $km \cdot h^{-1}$，它是中国和德国合作建成的.

表 7-3 给出了几种铁磁质的相对磁导率，当在通电螺线管中插入铁磁材料制成的铁芯后，其空间各点的磁场就会大大加强.铁磁质又分软磁材料和硬磁材料②，软磁材料的特性使其很适宜于制造电磁铁以及变压器、交流电动机、交流发电机等电器中的铁芯.硬磁材料的特性使其适宜于制造永磁体.1998 年 6 月 3 日，由美国"发现者"号航天飞机携带的、丁肇中教授组织领导探测宇宙中反物质和暗物质所用的阿尔法磁谱仪上的环形永磁体，是由中国科学院电工研究所等单位用钕铁硼（Nd-Fe-B）研制的，环中心的磁感强度达到 0.137 T.该永磁体的直径为 1.2 m，高为 0.8 m.这是人类第一次将大型永磁体送入宇宙空间，对宇宙中的带电粒子进行直接观测，虽然未获预期的结果，但它给人类开拓了一个全新的科学领域.永磁体又于 2011 年 5 月 16 日随同我国参与设计和研制的阿尔法磁谱仪 2 进入国际空间站，继续为反物质、暗物质等的探索发挥作用.

丁肇中（1936— ），美籍华裔物理学家.1974 年他与美国斯坦福大学里希特几乎同时发现新的基本粒子 J/ψ.为此，他们于 1976 年共获诺贝尔物理学奖.

表 7-3 几种铁磁质的相对磁导率

铁磁质	μ_r	铁磁质	μ_r
铸铁	200~400	工程纯铁（含 0.2%杂质）	9×10^3（最大值）
		78%坡莫合金	100×10^3（最大值）
铸钢	500~2 200	磁铁（热轧）	7×10^3（最大值）

① 超导材料的完全抗磁性参阅马文蔚等编《物理学教程》（第四版）下册第 16-11 节，高等教育出版社，2023 年.

② 软磁材料和硬磁材料性能的讨论参阅马文蔚等改编《物理学》（第七版）上册第 7-9 节，高等教育出版社，2020 年.

本节练习

1. 如图所示，两导线中的电流相等，即 $I_1=I_2$. 对图中所示的闭合曲线 a、b、c，分别写出安培环路定理的表达式.

2. 在上题中，a、b、c 三条闭合曲线上各点的磁感强度 $\boldsymbol{B}$ 的大小是否相同？闭合曲线 c 上各点的磁感强度是否为零？

3. 安培环路定理 $\oint_l \boldsymbol{B}\cdot \mathrm{d}\boldsymbol{l}=\mu_0 I$ 中的磁感强度 $\boldsymbol{B}$，是否只由穿过闭合环路内的电流所激发？它与环路外面的电流有无关系？

4. 应用安培环路定理进行计算时考虑了环路外面的电流对 $\boldsymbol{B}$ 的影响没有？若考虑了这种影响，在计算中体现在什么地方？

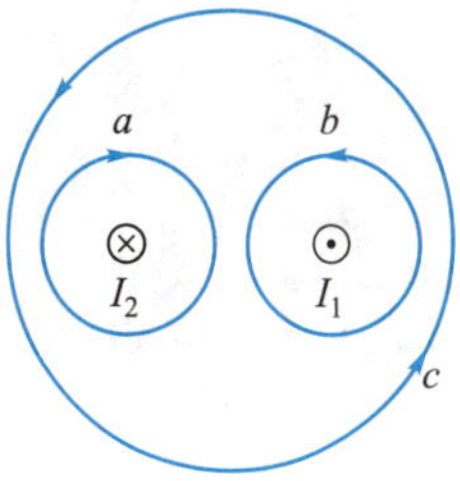

练习 1 图

7-5 电磁感应定律

一、电磁感应现象

1831 年 8 月 29 日法拉第首次发现，处在随时间而变化的电流附近的闭合回路中有电流产生. 在兴奋之余，他又做了一系列实验，用不同的方式证实电磁感应现象的存在及其规律. 下面择取几个表明电磁感应现象的实验，并说明产生这一现象的条件.

（1）如图 7-33 所示，线圈 A 和 B 绕在一个环形铁芯上，B 与开关 S 和电源相接，A 接有电流计. 在开关 S 闭合和打开的瞬时，与线圈 A 连接的电流计的指针都发生偏转，两种情况下线圈 A 中都有电流，但电流的流向相反.

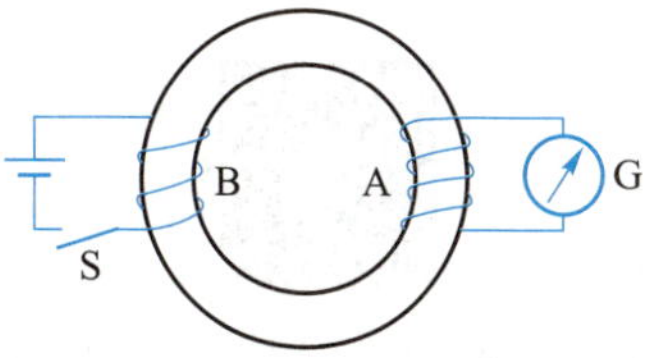

图 7-33 开关 S 闭合和打开的瞬间，电流计指针发生偏转

（2）取一个如图 7-34 所示的线圈 A，把它的两端和一个电流计 G 连成一个闭合回路. 若将一磁铁插入线圈或从线圈中拔出，或者磁铁不动，线圈向着（或背离）磁铁运动，即两者发生相对运动时，电流计的指针都将发生偏转. 但回路中电流的流向与线圈和磁铁的相对运动方向有关.

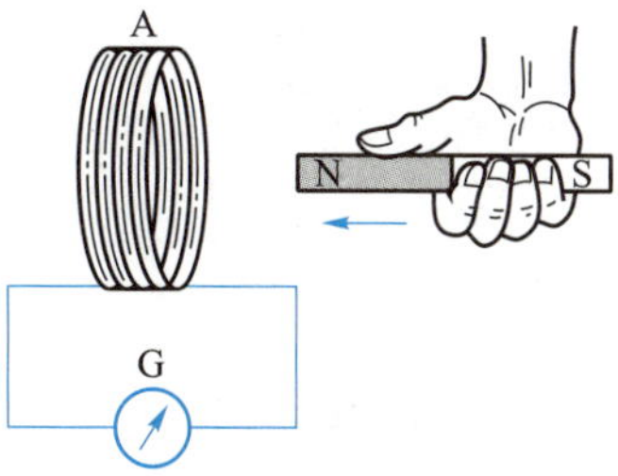

图 7-34 磁铁与线圈有相对运动时，电流计的指针发生偏转

此外，法拉第还做了一些诸如闭合线圈在磁场中转动，闭合回路中某一段导线在磁场中运动等一系列的实验，也都发现回路中有电流. 这里就不一一赘述了.

法拉第（Michael Faraday，1791—1867），伟大的英国物理学家和化学家.

法拉第

文档:法拉第

文档:爱迪生直流电机

动画:电磁感应之双螺线管实验

他创造性地提出场的思想,磁场这一名称是法拉第最早引入的.他是电磁理论的创始人之一,他于 1831 年发现电磁感应现象,后又相继发现电解定律、物质的抗磁性和顺磁性,以及光的偏振面在磁场中的旋转.

从上述实验可以看出,无论是使闭合回路(或称探测线圈)保持不动,而使闭合回路(或线圈)中的磁场发生变化;或者是使磁场保持不变,而使闭合回路(或线圈)在磁场中运动,都可以在闭合回路(或线圈)中引起电流.这就是说,尽管在闭合回路(或线圈)中引起电流的方式有所不同,但都可归结出一个共同点,即穿过闭合回路(或线圈)的磁通量都发生了变化.这里要特别强调的是,不是磁通量本身,而是磁通量的变化,才是产生电磁感应现象的必要条件.于是,可以得出如下结论:当穿过一个闭合导体回路所围面积的磁通量发生变化时,不管这种变化是什么原因所引起的,回路中都有电流产生.这种现象叫做电磁感应现象.回路中所出现的电流叫做感应电流.在回路中出现电流,表明回路中有电动势存在.这种在回路中由于磁通量的变化而引起的电动势,叫做感应电动势.

二、电磁感应定律

电磁感应定律[①]可表述为:当穿过闭合回路所围面积的磁通量发生变化时,不论这种变化是什么原因引起的,回路中都会建立起感应电动势,且此感应电动势等于磁通量对时间变化率的负值,即

$$\mathscr{E}_{\mathrm{i}}=-\frac{\mathrm{d}\Phi}{\mathrm{d}t} \qquad (7-28\mathrm{a})$$

在国际单位制中,$\mathscr{E}_{\mathrm{i}}$的单位为 V(伏特),Φ 的单位为 Wb(韦伯),t 的单位为 s(秒).至于式中负号的物理意义,将在下面楞次[②]定律中再作讨论.

式(7-28a)中的 Φ 是穿过回路所围面积的磁通量.如果回路是由 N 匝密绕线圈组成的,而穿过每匝线圈的磁通量都等于 Φ,那么穿过 N 匝密绕线圈的磁通匝数则为 $\Psi=N\Phi$,Ψ 也叫做磁链.对此,电磁感应定律就可写成

① 电磁感应定律常称为法拉第电磁感应定律.

② 楞次(H.F.E.Lenz,1804—1865),俄国物理学家和地球物理学家.他于 1833 年 11 月发表了含有后来被称为楞次定律的论文,文中提出了一个能确定感应电流、感应电动势方向的规则(即楞次定律).

$$\mathscr{E}_i = -\frac{d\Psi}{dt} \tag{7-28b}$$

如果闭合回路的电阻为 R,那么根据闭合回路的欧姆定律 $\mathscr{E}=IR$,回路中的感应电流为

$$I = -\frac{1}{R}\frac{d\Phi}{dt} \tag{7-29}$$

利用上式以及 $I=dq/dt$,可计算出在时间间隔 $\Delta t=t_2-t_1$ 内,由于电磁感应,流过回路的电荷.设在时刻 t_1 穿过回路所围面积的磁通量为 Φ_1,在时刻 t_2 穿过回路所围面积的磁通量为 Φ_2,于是在时间间隔 Δt 内,流过回路的感应电荷为

$$q = \int_{t_1}^{t_2} I dt = -\frac{1}{R}\int_{\Phi_1}^{\Phi_2} d\Phi = \frac{1}{R}(\Phi_1 - \Phi_2) \tag{7-30}$$

比较式(7-29)和式(7-30)可以看出,感应电流与回路中磁通量随时间的变化率有关,变化率越大,感应电流越强;但感应电荷则只与回路中磁通量的变化量有关,而与磁通量随时间的变化率无关.在计算感应电荷时,式(7-30)取绝对值.从式(7-30)还可以看出,对于给定电阻 R 的闭合回路来说,如果从实验中测出流过此回路的电荷为 q,那么就可以知道此回路内磁通量的变化.这就是磁强计的设计原理.在地质勘探和地震监测等部门中,磁强计常用来探测地磁场的变化.

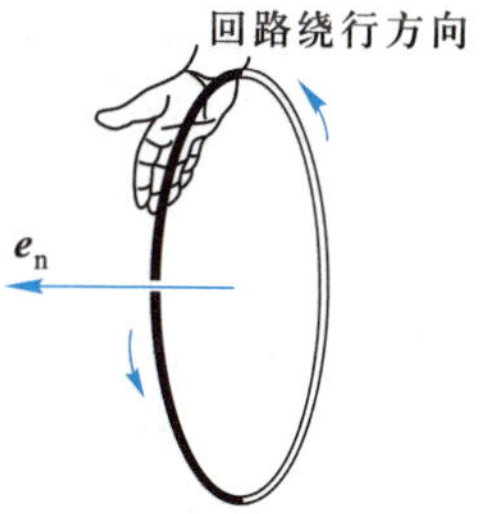

图 7-35 回路正法线 e_n 方向的确定

三、楞次定律

现在来说明式(7-28)中负号的物理意义.为分析方便起见,作如下规定:设回路的绕行方向与回路的正法线 e_n 的方向之间遵守右手螺旋定则(图 7-35);当回路中的感应电动势取负值(即 $\mathscr{E}_i<0$)时,感应电动势的方向与回路的绕行方向相反;当感应电动势取正值(即 $\mathscr{E}_i>0$)时,感应电动势的方向与回路的绕行方向相同.下面我们用上述规定来具体确定感应电动势的正负值.

首先,讨论图 7-34 中磁铁插入线圈的情况.在图 7-36(a)中,取回路的绕行方向如图所示,线圈中各匝回路的正法线 e_n 的方向与磁感强度 $\boldsymbol{B}$ 的方向相同,所以穿过线圈所包围面积的磁通量为正值,即 $\Phi>0$.当磁铁插入线圈时,穿过线圈的磁通量增加,故磁通量随时间的变化率 $d\Phi/dt>0$.由式(7-28)可知,$\mathscr{E}_i<0$,即线圈中各匝回路的感应电动势的方向与回路的绕行方向相反.

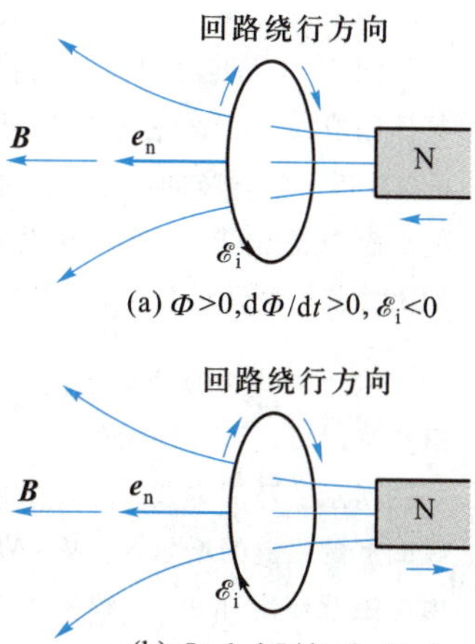

(a) $\Phi>0, d\Phi/dt>0, \mathscr{E}_i<0$

(b) $\Phi>0, d\Phi/dt<0, \mathscr{E}_i>0$

图 7-36 感应电动势方向的确定

此时，线圈中感应电流所激发的磁场与 $\boldsymbol{B}$ 的方向相反，它阻碍磁铁向线圈运动. 当磁铁从线圈中抽出时，如图 7-36(b) 所示，穿过线圈的磁通量虽仍为正值，即 $\Phi>0$，但因磁铁从线圈中抽出，所以穿过线圈的磁通量将有所减少，故有 $\mathrm{d}\Phi/\mathrm{d}t<0$. 由式(7-28)可知，感应电动势 $\mathscr{E}_i>0$，为正值. 这就是说，$\mathscr{E}_i$ 的方向与回路的绕行方向相同. 此时，感应电流所激发的磁场与 $\boldsymbol{B}$ 的方向相同，它试图阻碍磁铁远离线圈运动.

从上面的讨论中可以得出如下规律：闭合回路中感应电流的方向，总是使它自己激发的磁场所产生的穿过回路所围面积的磁通量，去抵偿引起感应电流的磁通量的改变. 或者用另一种方式来表述：闭合的导体回路中所出现的感应电流，总是使它自己所激发的磁场反抗任何引起电磁感应的原因（反抗相对运动、磁场变化或线圈变形等）. 这个规律叫做楞次定律. 楞次定律给出了另一种直接判断感应电流方向的方法.

实质上，楞次定律是能量守恒定律的一种表现. 如在图 7-36(a) 中，当磁铁的 N 极插入线圈中时，线圈中因为有感应电流，也相当于一块磁铁. 由楞次定律可以判断，感应电流使线圈的 N 极出现在右端而与磁铁的 N 极相对，使得插入磁铁时必须有外力克服两个 N 极的斥力做机械功，正是这部分机械功转化成了线圈上感应电流所产生的焦耳热. 假如感应电流的方向不遵守楞次定律，那么在图 7-36(a) 的情形中，线圈就会既对外做功，又释放焦耳热，这显然违反了能量守恒定律，所以感应电流的方向必须是楞次定律所规定的方向.

例 1

图 7-37 是电子计算机内作为存储元件的环形磁芯，磁芯是用矩磁铁氧体制成的. 环形磁芯上绕有两个截面积均为 $S=4.5\times10^{-2}\ \mathrm{mm}^2$ 的线圈 a 和 b. 当线圈 a 中有脉冲电流 i 通过时，在时间间隔 $\Delta t=4.5\times10^{-7}$ s 内，磁芯内的磁感强度由 $+B$ 翻转为 $-B$. 设 $B=0.17$ T，线圈 b 的匝数为 $N=2$. 求磁芯内的磁感强度翻转过程中，线圈 b 中产生的感应电动势.

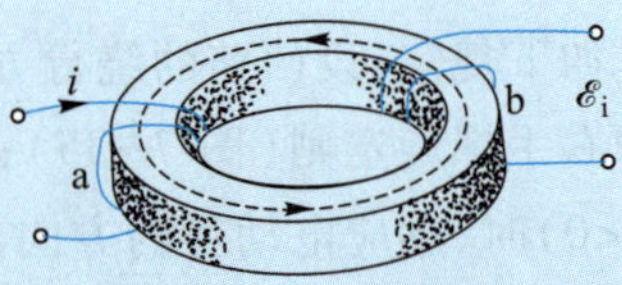

图 7-37

[解答] 铁氧体是磁导率很大的铁磁质，磁芯内的磁感强度可认为是均匀的，而且磁芯内的磁感线是如图所示的环形虚线. 这样，在时间间隔 Δt 内，通过线圈 b 的磁链的增量为 $\Delta\Psi=NBS-(-NBS)=2NBS$. 由电磁感应定律可得，线圈 b 中的感应电动势的大小为

$$\mathscr{E}_i=\left|\frac{\Delta\Psi}{\Delta t}\right|=\frac{2NBS}{\Delta t}$$

将已知数据代入上式可得 $\mathscr{E}_i=6.8\times10^{-2}\ \mathrm{V}=68\ \mathrm{mV}$.

例 2

在如图 7-38 所示的均匀磁场中，置有面积为 S 的可绕 OO' 轴转动的 N 匝线圈.若线圈以角速度 ω 作匀速转动，求线圈中的感应电动势.

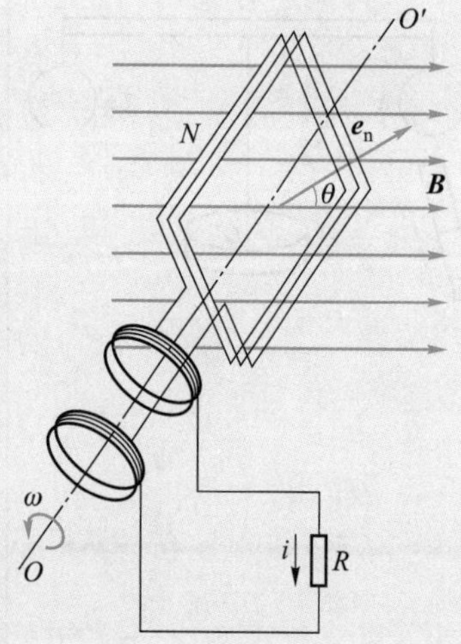

图 7-38

[分析]　线圈在磁场中转动时，通过线圈回路的磁通量在不断变化，由电磁感应定律知在线圈回路中会出现感应电动势和感应电流.

[解答]　设在 $t=0$ 时，线圈平面的正法线 $\boldsymbol{e}_n$ 的方向与磁感强度 $\boldsymbol{B}$ 的方向相同，则在 t 时刻，$\boldsymbol{e}_n$ 与 $\boldsymbol{B}$ 之间的夹角为 $\theta=\omega t$.此时，穿过 N 匝线圈的磁链为

$$\Psi=N\Phi=NBS\cos\theta=NBS\cos\omega t$$

由式(7-28b)可得，线圈中的感应电动势为

$$\mathscr{E}=-\frac{\mathrm{d}\Psi}{\mathrm{d}t}=NBS\omega\sin\omega t$$

式中 N、S、B 和 ω 均是常量.令 $\mathscr{E}_m=NBS\omega$，则上式可写为

$$\mathscr{E}=\mathscr{E}_m\sin\omega t$$

线圈每秒转动的周数(即转动频率)用 f 表示，因此有 $\omega=2\pi f$.上式亦可写为

$$\mathscr{E}=\mathscr{E}_m\sin 2\pi ft$$

由上述计算可知，在均匀磁场中，匀速转动的线圈内所建立的感应电动势是时间的正弦函数，$\mathscr{E}_m$ 为感应电动势的最大值[图 7-39(a)]，叫做电动势的振幅，它与磁场的磁感强度、线圈的面积、匝数和转动的角速度成正比.

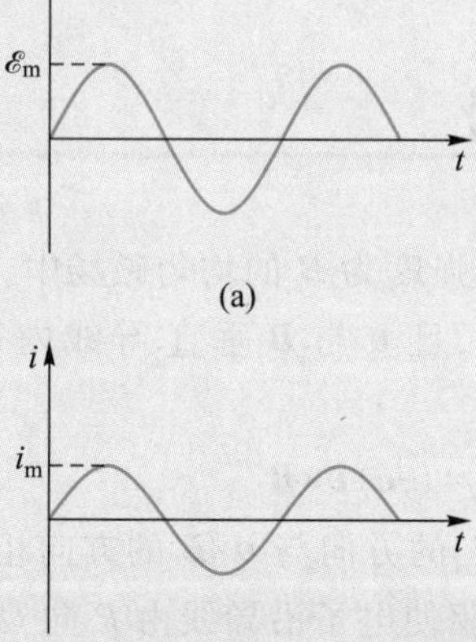

图 7-39

当外电路的电阻 R 比线圈的电阻 R_i 大很多，即 $R\gg R_i$ 时，根据欧姆定律，闭合回路中的感应电流为

$$i=\frac{\mathscr{E}_m}{R}\sin\omega t$$
$$=i_m\sin\omega t$$

式中 $i_m=\dfrac{\mathscr{E}_m}{R}$ 为感应电流的振幅[图 7-39(b)].可见，在均匀磁场中，匀速转动的线圈内的感应电流也是时间的正弦函数.这种电流叫做正弦交变电流，简称交流电.

[注意]　水力发电系统就是利用水位的落差推动发电机的转子，从而将机械能转化成电能的.

[拓展]　应当指出，上述内容是交流发电机的基本工作原理.实际上大功率的交流发电机输出交流电的线圈是固定不动的，转动部分则是提供磁场的电磁铁线圈(即转子)，它以角速度 ω 绕 OO' 轴转动，从而形成所谓旋转磁场.这种结构的发电机是由特斯拉发明的.

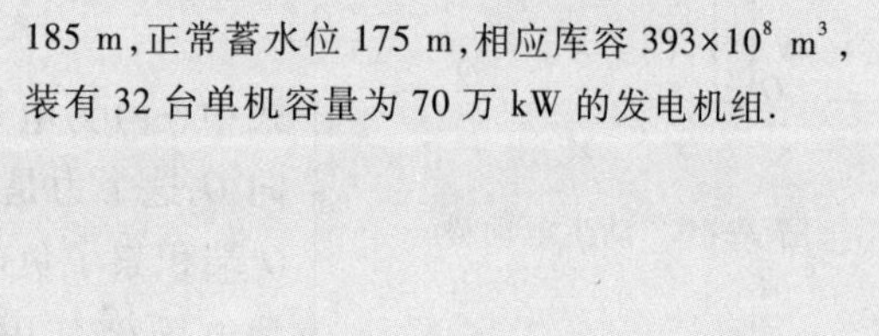

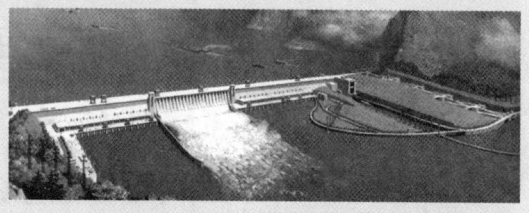

三峡水电站的大坝坝顶轴线长 2 309 m，坝高 185 m，正常蓄水位 175 m，相应库容 $393\times10^8\ \mathrm{m}^3$，装有 32 台单机容量为 70 万 kW 的发电机组.

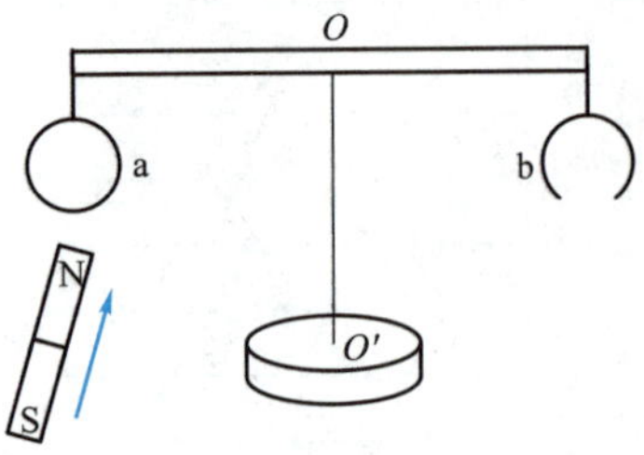

练习 2 图

本节练习

1. 在电磁感应定律中,感应电动势是否一定依赖闭合回路导体而存在?

2. 一个闭合导体圆环 a 和有缺口的导体圆环 b 用细杆连接,可绕 OO' 轴在水平面内自由转动,如图所示,用磁场足够强的条形磁铁的任一极插入环 a 时,可观察到环 a 向后退;插入环 b 时,环 b 不动.(1) 解释观察到的现象;(2) 当磁铁插入环 b 时,问环 b 中有没有感应电动势?(3) 当用 N 极插入环 a 时,环中感应电流的方向如何?

7-6 动生电动势和感生电动势

由电磁感应定律知道,当穿过回路的磁通量发生变化时,回路中就会有感应电动势.从磁通量的表达式 $\Phi=\int_S \boldsymbol{B}\cdot \mathrm{d}\boldsymbol{S}=\int_S B\mathrm{d}S\cos\theta$ 可以看出,穿过回路所围面积的磁通量是由磁感强度 $\boldsymbol{B}$、回路面积的大小 S 以及回路在磁场中的取向 θ 三个因素决定的,因此,只要这三个因素中任何一个发生变化,都可使磁通量发生变化,从而引起感应电动势.通常把由于回路所围面积的大小变化或回路取向变化而引起的感应电动势,称为动生电动势;而把由于磁感强度变化而引起的感应电动势,称为感生电动势.下面分别讨论这两种电动势.

一、动生电动势

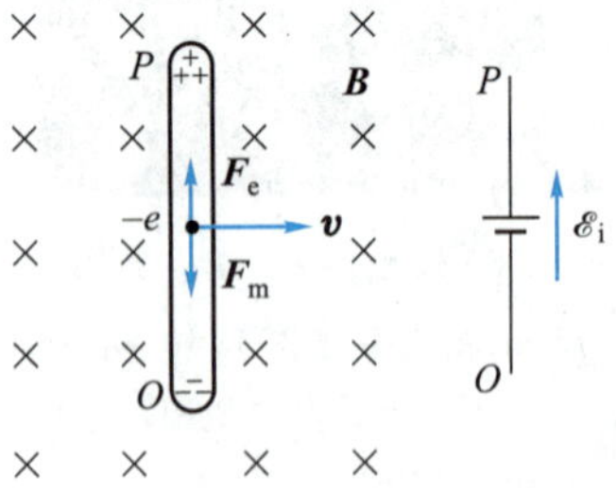

图 7-40 动生电动势

如图 7-40 所示,在磁感强度为 $\boldsymbol{B}$ 的均匀磁场中,一长为 l 的导线 OP 以速度 $\boldsymbol{v}$ 向右运动,且 $\boldsymbol{v}$ 与 $\boldsymbol{B}$ 垂直.导线内每个自由电子受到的洛伦兹力 $\boldsymbol{F}_m$ 为

$$\boldsymbol{F}_m=(-e)\boldsymbol{v}\times\boldsymbol{B}$$

式中$(-e)$为电子的电荷量,$\boldsymbol{F}_m$的方向与 $\boldsymbol{v}\times\boldsymbol{B}$ 的方向相反,由 P 指向 O.这个力是非静电力,它驱使电子沿导线由 P 向 O 移动,致使 O 端积累了负电荷,P 端则积累了正电荷,从而在导线内建立起静电场.当作用在电子上的静电场力 $\boldsymbol{F}_e$与洛伦兹力 $\boldsymbol{F}_m$相平衡(即 $\boldsymbol{F}_e+\boldsymbol{F}_m=\boldsymbol{0}$)时,$O$、$P$ 两端间便有稳定的电势差.由于洛伦兹力是非

静电力，所以，若以 $\boldsymbol{E}_k$ 表示非静电的电场强度，则有

$$\boldsymbol{E}_k=\frac{\boldsymbol{F}_m}{-e}=\boldsymbol{v}\times\boldsymbol{B}$$

$\boldsymbol{E}_k$ 的方向与 $\boldsymbol{v}\times\boldsymbol{B}$ 的方向相同. 由电动势的定义可得，在磁场中运动的导线 OP 所产生的动生电动势为

$$\mathscr{E}_i=\int_{OP}\boldsymbol{E}_k\cdot d\boldsymbol{l}=\int_{OP}(\boldsymbol{v}\times\boldsymbol{B})\cdot d\boldsymbol{l} \qquad (7-31)$$

式(7-31)虽然是从图 7-40 的特例导出的，但可以证明它就是一般情况下动生电动势的数学表达式.

在图 7-40 的情况中，考虑到 $\boldsymbol{v}$ 与 $\boldsymbol{B}$ 垂直，且矢积 $\boldsymbol{v}\times\boldsymbol{B}$ 的方向与 $d\boldsymbol{l}$ 的方向相同，以及 $\boldsymbol{v}$ 与 $\boldsymbol{B}$ 均为常矢量，故上式可写为

$$\mathscr{E}_i=\int_0^l vB\,dl=vBl$$

导线 OP 上动生电动势的方向由 O 端指向 P 端(图 7-40). 应当注意，上式只能用来计算在均匀磁场中导线以恒定速度垂直于磁场运动时所产生的动生电动势. 对任意形状的导线在非均匀磁场中运动所产生的动生电动势，则要由式(7-31)来进行计算.

例 1

一根长度为 L 的铜棒，在磁感强度为 $\boldsymbol{B}$ 的均匀磁场中，以角速度 ω 在与磁场方向垂直的平面内绕棒的一端 O 作匀速转动(图 7-41)，试求铜棒两端的感应电动势.

[分析] 虽然本题中为均匀磁场，但铜棒在转动中各点的线速度并不相同，因此可以在铜棒上任取一离 O 点距离为 l、从 O 指向 P 的线段元 $d\boldsymbol{l}$，用式(7-31)计算动生电动势.

[解答] 设 $d\boldsymbol{l}$ 的速度为 $\boldsymbol{v}$，从图 7-41 可以看出，$\boldsymbol{v}$、$\boldsymbol{B}$、$d\boldsymbol{l}$ 相互垂直，有

$$d\mathscr{E}_i=(\boldsymbol{v}\times\boldsymbol{B})\cdot d\boldsymbol{l}=vB\,dl$$

若把铜棒分成许多线段元，虽然每一段线元速度 $\boldsymbol{v}$ 的大小 $v=\omega l$ 随 l 而变化，但其方向却均与 $\boldsymbol{B}$ 垂直，因此所有线段元产生的动生电动势的方向是一致的，故有

$$\mathscr{E}_i=\int_{OP}d\mathscr{E}_i=\int_0^L vB\,dl=\int_0^L B\omega l\,dl=\frac{1}{2}B\omega L^2$$

动生电动势的方向由 O 端指向 P 端.

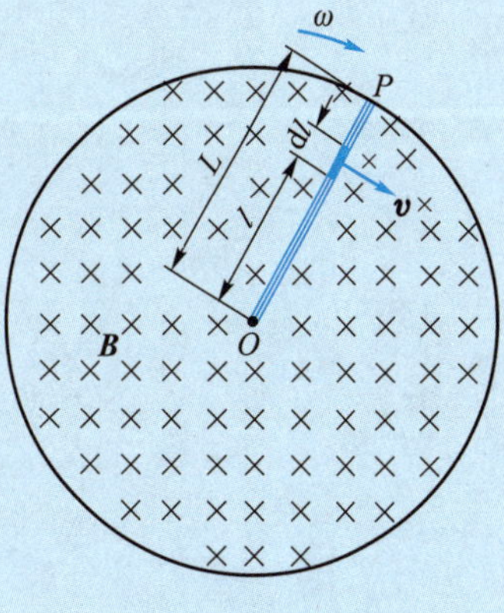

图 7-41

[注意] 铜棒中的自由电子在洛伦兹力的作用下向 O 端移动，而使 OP 两端间形成稳定的电势差，因此 O 端带负电，P 端带正电.

[拓展] 在本题中怎样应用楞次定律判断动生电动势的方向？

二、感生电动势

在图 7-33 所示的电磁感应实验中，我们已看到，当导体回路处于变化的磁场中时，穿过闭合回路的磁通量发生变化，从而在回路中要激发感应电流．大家知道，要形成电流，不仅要有可以移动的电荷，还要有迫使电荷作定向移动的电场．但是由穿过闭合导体回路的磁通量变化而激发的电场不可能是静电场，于是麦克斯韦在分析了一些电磁感应现象以后，提出了如下假设：变化的磁场在其周围空间要激发一种电场，这种电场叫做感生电场，其电场强度用符号 $\boldsymbol{E}_k$ 表示．感生电场与静电场一样都对电荷有力的作用．它们之间的不同之处是：静电场存在于静止电荷周围的空间内，感生电场则是由变化的磁场所激发，不是由电荷所激发；静电场的电场线是始于正电荷或无限远处、终于负电荷或无限远处的，感生电场的电场线则是闭合的．正是由于感生电场的存在，在闭合回路中才形成感生电动势．由电动势的定义式（7-6）知，感生电动势等于感生电场 $\boldsymbol{E}_k$ 沿任意闭合回路的线积分，即

$$\mathscr{E}_i=\oint_l \boldsymbol{E}_k\cdot \mathrm{d}\boldsymbol{l}=-\frac{\mathrm{d}\Phi}{\mathrm{d}t} \tag{7-32}$$

应当明确，这个由麦克斯韦感生电场的假设而得到的感生电动势表达式，不只对由导体所构成的闭合回路，甚至对真空，也都是适用的．这就是说，如果穿过空间内某一闭合回路所围面积的磁通量发生变化，那么此闭合回路上的感生电动势总是等于感生电场 $\boldsymbol{E}_k$ 沿该闭合回路的环流．

由此，可以进一步说明感生电场的性质．我们知道，静电场是一种保守场，沿任意闭合回路静电场的电场强度的环流恒为零，即 $\oint_l \boldsymbol{E}\cdot \mathrm{d}\boldsymbol{l}=0$．而感生电场与静电场不同，它沿任意闭合回路的环流一般不等于零，即 $\oint_l \boldsymbol{E}_k\cdot \mathrm{d}\boldsymbol{l}=-\mathrm{d}\Phi/\mathrm{d}t$．这就是说，感生电场不是保守场．由于静电场的电场线是有头有尾的，而感生电场的电场线是闭合的，所以感生电场也称为有旋电场．

最后，由于磁通量为

$$\Phi=\int_S \boldsymbol{B}\cdot \mathrm{d}\boldsymbol{S}$$

所以，式（7-32）也可写成

$$\mathscr{E}_i=\oint_l \boldsymbol{E}_k\cdot \mathrm{d}\boldsymbol{l}=-\frac{\mathrm{d}}{\mathrm{d}t}\int_S \boldsymbol{B}\cdot \mathrm{d}\boldsymbol{S}$$

若闭合回路是静止的，它所围的面积 S 也不随时间变化，则上式也可写成

$$\mathscr{E}_{i}=\oint_{l}\boldsymbol{E}_{k}\cdot\mathrm{d}\boldsymbol{l}=-\int_{S}\frac{\mathrm{d}\boldsymbol{B}}{\mathrm{d}t}\cdot\mathrm{d}\boldsymbol{S}\tag{7-33}$$

式中 $\mathrm{d}\boldsymbol{B}/\mathrm{d}t$ 是闭合回路所围面积内某点的磁感强度随时间的变化率.式(7-33)表明,只要存在着变化的磁场,就一定会有感生电场,而且 $-\mathrm{d}\boldsymbol{B}/\mathrm{d}t$ 与 $\boldsymbol{E}_k$ 在方向上应遵从右手螺旋关系.

例 2

如图 7-42 所示,一均匀密绕的长直螺线管半径为 R_1,单位长度匝数为 n,其导线中通有电流 $I=I_0\sin\omega t$,求套在螺线管外且与螺线管同轴的半径为 R_2 的一个细圆环中的感生电动势.

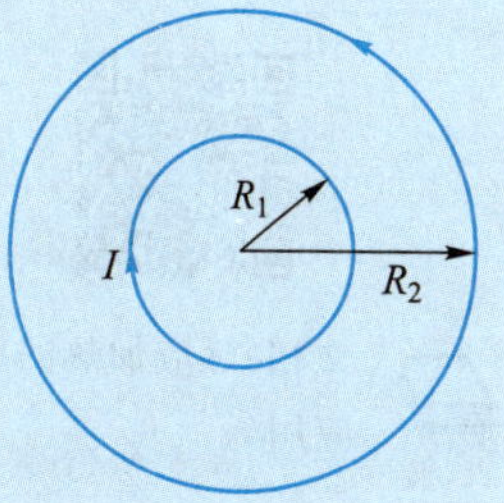

图 7-42

[分析] 螺线管内的磁场是随时间均匀变化的,则通过细圆环所包围平面内的磁通量是变化的,因此细圆环中产生感生电动势.

[解答] 由 7-4 例 2 可知,长直螺线管中的磁感强度为 $B=\mu_0 nI$.

根据式(7-33),感生电动势为

$$\mathscr{E}_{i}=-\int_{S}\frac{\mathrm{d}\boldsymbol{B}}{\mathrm{d}t}\cdot\mathrm{d}\boldsymbol{S}=-\frac{\mathrm{d}B}{\mathrm{d}t}\int_{S}\mathrm{d}S=-\mu_0 n\frac{\mathrm{d}I}{\mathrm{d}t}\pi R_1^2$$
$$=-\pi R_1^2\mu_0 nI_0\omega\cos\omega t$$

[注意] 计算面积时,磁场所在区域的面积是 πR_1^2,不是 πR_2^2.

[拓展] (1) 如果已知螺线管中电流的方向,如何判断感生电动势的方向?

(2) 什么情况下细圆环中有感应电流?

三、涡电流

感应电流不仅能够在导体回路内出现,而且能在大块导体中出现,无论是大块导体与磁场有相对运动,还是大块导体处在变化的磁场中,在这块导体中都会激发感应电流.这种在大块导体中流动的感应电流,叫做涡电流,简称涡流.涡电流在工程技术上有广泛的应用,下面对涡电流的产生和应用作一粗略介绍①.

如图 7-43(a)所示,在一个绕有线圈的铁芯上端放置一个盛有冷水的铜杯,把线圈的两端接到交流电源上,过几分钟,杯内的冷水就会变热,甚至沸腾起来.

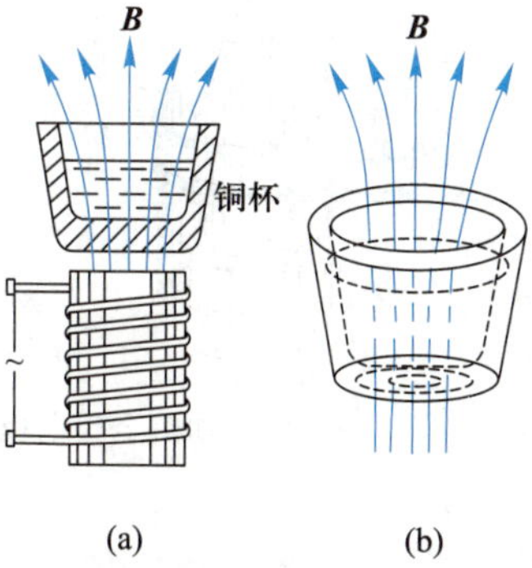

图 7-43 涡电流的热效应

为了说明上述事实,我们把铜杯看成是由一层一层的铜圆筒套在一起构成的[图 7-43(b)].每一层圆筒都相当于一个回路.

① 关于涡电流的应用,还可参阅马文蔚等主编《物理学原理在工程技术中的应用》(第四版)之"感应加热的原理与应用"及"感应加热在铁路工务部门的应用",高等教育出版社,2015 年.

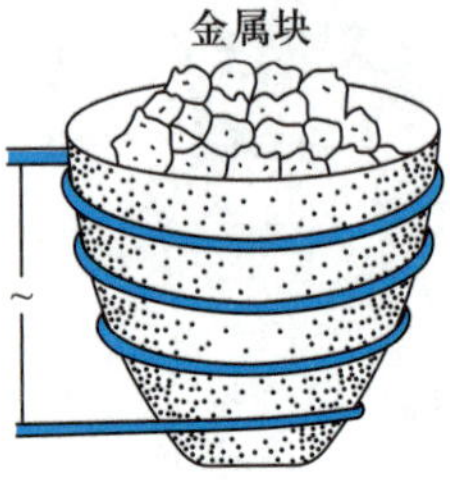

图 7-44 工频感应炉示意图

文档:感应加热的原理与应用

文档:感应加热在铁路工务部门的应用

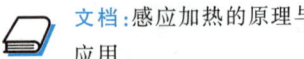

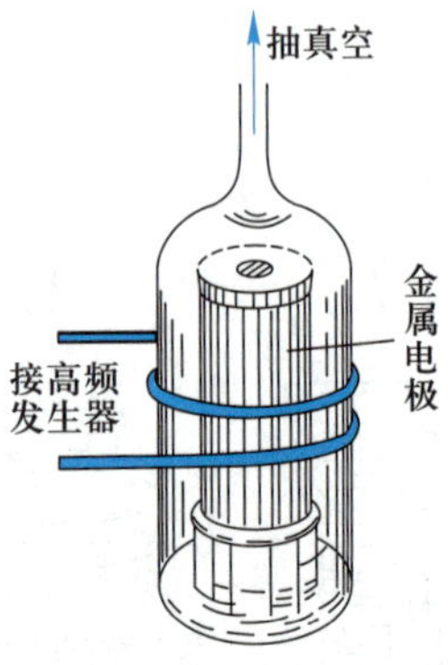

图 7-45 用涡电流加热金属电极

当绕在铁芯上的线圈中通有交流电时,穿过铜杯中每个回路包围面积的磁通量都在不断地变化,因此,在这些回路中便产生感应电动势,并形成环形感应电流.由于铜杯的电阻很小,所以涡电流很大,因此能够产生大量的热量,使杯中的冷水变热,以至沸腾起来.如果考虑到水也具有微弱的导电性,那么水中的涡电流也会使水的温度升高,只是这并不是使水变热乃至沸腾的主要因素.然而,在工厂中冶炼合金时常用的工频感应炉(图 7-44),就是利用待冶炼的金属块中涡流的热量使金属块熔化的.如果要熔化不导电的物料,就需要用金属炉体才行.

用涡电流加热的方法有很多独特的优点.这种方法是在物料内部各处同时加热,而不是把热量从外面逐层地传导进去.用这种方法加热,还可以把被熔金属和坩埚放在真空室中,使被熔金属在高温下不被氧化.在冶金工业中,熔化活泼的或难熔的金属(如钛、钽、铌、钼等)和冶炼特殊合金,都常用这种方法加热.又如制作电子管、显像管或激光管时,在做好后要抽气封口,但管内金属电极吸附的气体不易放出,此时必须加热到高温才能使气体很快被放出和抽走.那么怎样加热金属电极呢? 这时就利用涡电流加热的方法,一边加热,一边抽气,然后封口(图 7-45).

除了上面所讲的热效应以外,涡电流还可以起电磁阻尼①和电磁驱动②作用,在一些电磁仪表中,常利用电磁阻尼使摆动的指针迅速地停止在平衡位置上.电度表中的制动铝盘,也利用了电磁阻尼效应.而感应式异步电动机则应用了电磁驱动的原理③.

上面讲了涡电流有用的一面.但是,事物总是有利有弊的,在有些情况下,涡电流发热是很有害的.例如,变压器和电机中的铁芯由于处在交变电流的磁场中,在铁芯内部就要出现涡电流,使铁芯发热.这样,不仅浪费了电能,而且由于不断发热,铁芯的温度就要升高,从而引起导线间绝缘材料性能的下降.当温度过高时,绝缘材料就会被烧坏,从而使变压器或电机损坏,造成事故.因此,对变压器、电机这类设备,应当尽量减小涡电流.为此,变压器和电机中的铁芯都是用一片片彼此绝缘的硅钢片叠合而成.这样,虽然穿过整个铁芯的磁通量不变,但是对每一片硅钢片来说,穿过它的磁通量的变化率就相应地减少,因而每一片里的感应电动势就减小,涡电流也就减小了.减小涡电流的另一措施是选择电阻率较大的材料做成铁芯.变压器、电机的铁芯用硅钢片而不

① 关于电磁阻尼的原理,可参阅马文蔚等编《物理学教程》(第四版)下册第 12-2 节,高等教育出版社,2023 年.

② 关于电磁驱动现象,可参阅赵凯华、陈熙谋编《电磁学》(第三版)的 5.1.4,高等教育出版社,2011 年.

③ 关于感应电动机原理,可参阅赵凯华、陈熙谋编《电磁学》(第三版)的 7.9.5,高等教育出版社,2011 年.

用铁片的原因之一就是,前者的电阻率比后者的要大得多,而且用硅钢片叠合的方式,可使回路截面积减小,长度增加,从而增大电阻.对于高频器件,如收音机中的磁性天线等,线圈中电流变化的频率很高,为了减少涡电流损耗,人们常采用电阻率很大的半导体磁性材料(铁氧体)做成磁芯.这样,不仅可以使涡电流损耗大大降低,而且由于铁氧体具有高磁导率,这些器件还可以做得很小.

视频:磁感应驱动

本节练习

1. 导线在均匀磁场中作如图所示的几种运动.问在哪几种运动中导线会产生感应电动势?其方向怎样?

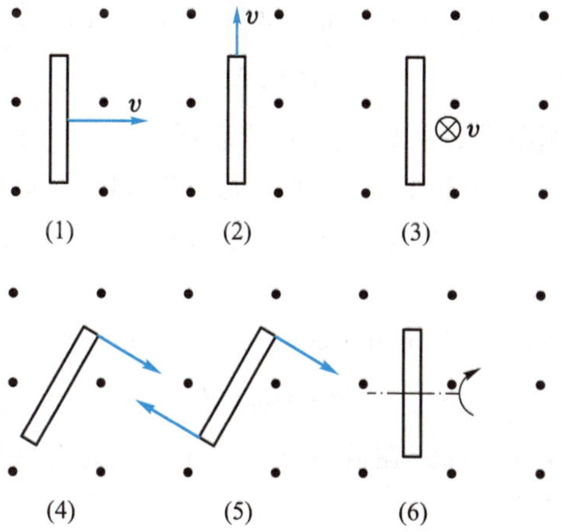

练习 1 图

2. 一块金属在均匀磁场中平移,金属中是否会有涡电流?一块金属在均匀磁场中旋转,金属中是否一定会有涡电流?

3. 试从以下三个方面来比较静电场与有旋电场:(1) 产生的原因;(2) 电场线的分布;(3) 对导体中电荷的作用.

7-7 自感和互感 磁场的能量

我们已经明确,不论以什么方式,只要能使穿过闭合回路的磁通量发生变化,此闭合回路中就一定会有感应电动势出现.但是,引起磁通量变化的原因是多种多样的,必须依据情况作具体分析.

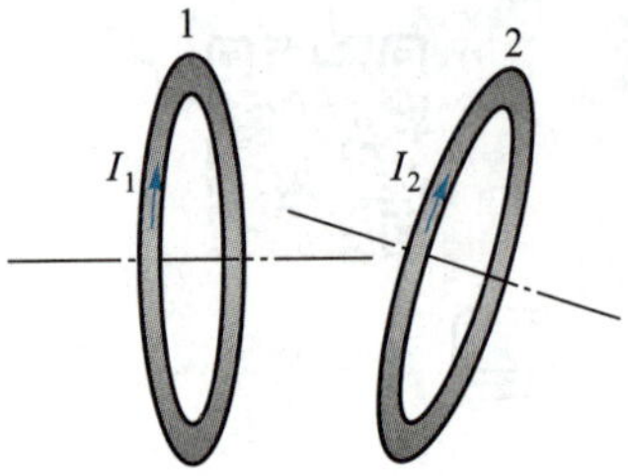

图 7-46 两邻近的载流闭合回路

如图 7-46 所示，在通有电流 I_1 的闭合回路 1 的附近，有另一个通有电流 I_2 的闭合回路 2. 我们将仅由回路 1 中电流 I_1 的变化而在回路 1 自身中引起的感应电动势称为自感电动势，用符号 $\mathscr{E}_L$ 表示；而将仅由回路 2 中电流 I_2 的变化，在回路 1 中引起的感应电动势称为互感电动势，用符号 $\mathscr{E}_{12}$ 表示. 下面分别讨论这两种感应电动势.

一、自感电动势　自感

若只有一个闭合回路，设其中的电流为 I. 根据毕奥–萨伐尔定律，此电流在空间任意一点的磁感强度都与 I 成正比，因此，穿过回路本身所围面积的磁通量也与 I 成正比，即

$$\Phi = LI \tag{7-34a}$$

式中 L 为比例系数，叫做自感. 实验表明，自感 L 与回路的形状、大小以及周围介质的磁导率有关. 由式(7-34a)可以看出，某回路的自感，在数值上等于回路中通有单位电流时，穿过此回路所围面积的磁通量.

当回路是由 N 匝线圈构成时，式(7-34a)应改写成

$$\Psi = N\Phi = LI \tag{7-34b}$$

这时，N 匝线圈的自感，在数值上等于线圈中通有单位电流时，穿过此线圈中的磁通匝数.

根据电磁感应定律，由式(7-34a)可求得自感电动势：

$$\mathscr{E}_L = -\frac{\mathrm{d}\Phi}{\mathrm{d}t} = -\left(L\frac{\mathrm{d}I}{\mathrm{d}t} + I\frac{\mathrm{d}L}{\mathrm{d}t}\right)$$

如果回路的形状、大小和周围介质的磁导率都不随时间变化，那么 L 为一常量，故 $\mathrm{d}L/\mathrm{d}t = 0$，由此可得

$$\mathscr{E}_L = -L\frac{\mathrm{d}I}{\mathrm{d}t} \tag{7-35}$$

由上式可以看出，自感的意义也可以这样来理解：某回路的自感，在数值上等于回路中的电流随时间的变化率为一个单位时，在回路中所引起的自感电动势的绝对值.

式(7-35)中的负号是楞次定律的数学表示. 它指出，自感电动势将反抗回路中电流的改变. 必须强调指出，自感电动势所反抗的是电流的变化，而不是电流本身.

自感的单位名称是亨利①，符号是 H. 单位亨利可由式(7-34)确定. 当一个线圈中的电流为 1 A 时，穿过这个线圈的磁通量为 1 Wb，则此线圈的自感就为 1 H. 常用的自感单位有 1 mH = 10^{-3} H，1 μH = 10^{-6} H.

亨利

文档：亨利

在工程技术和日常生活中，自感现象的应用是很广泛的，如无线电技术和电工中常用的扼流圈，日光灯上用的镇流器等就是实例. 但是在有些情况下，自感现象会带来危害，必须采取措施予以防止. 例如，当无轨电车行驶时，若路面不平，则车顶上的受电弓由于车身颠簸，有时会短时间脱离电网而使电路突然断开. 这时由于自感而产生的自感电动势，在电网与受电弓之间形成一较高的电压，其常常大到"击穿"空气隙而导电，以致在空气隙处产生电弧，对电网有损坏作用. 又如，电机和强力电磁铁在电路中都相当于自感很大的线圈，因此在断开电路的瞬时，在电路中会出现暂态的过大电流，从而造成事故. 为了减小这种危险，一般都是先增加电阻使电流减小，然后再断开电路. 所以，大电流电力系统中的开关，都附加有"灭弧"的装置.

通常自感由实验测定，只是在某些简单的情形下才可由其定义计算出来.

二、互感电动势 互感

假定两个邻近的线圈 1 和 2(图 7-47)分别通有电流 I_1 和 I_2. 当其他条件不变，只是其中一个线圈的电流发生变化时，在另一个线圈中就会引起互感电动势. 这两个回路通常叫做互感耦合回路.

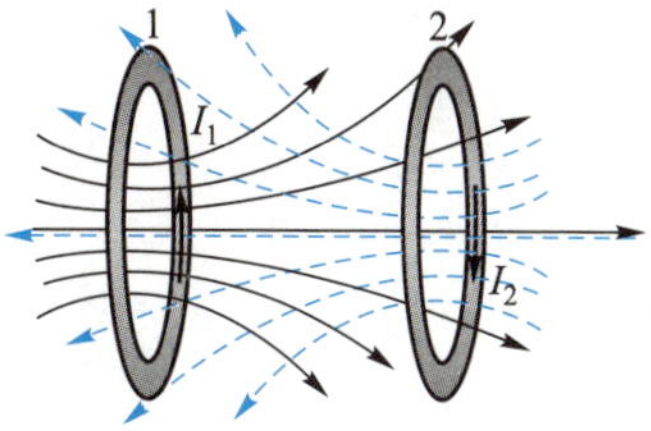

图 7-47 互感

设线圈 1 中电流 I_1 所激发的磁场穿过线圈 2 的磁通量是 Φ_{21}. 而根据毕奥-萨伐尔定律，在空间的任意一点，I_1 所建立的磁感强度都与 I_1 成正比，因此，I_1 的磁场穿过线圈 2 的磁通量也必然与 I_1 成正比，则有

$$\Phi_{21} = M_{21} I_1$$

式中 M_{21} 是比例系数.

同理，线圈 2 中电流 I_2 所激发的磁场穿过线圈 1 的磁通量 Φ_{12}，应与 I_2 成正比，所以有

① 美国物理学家亨利(J.Henry，1797—1878)在 1830 年就已观察到自感现象，直到 1832 年 7 月才将题为《长螺线管中的电自感》的论文发表. 亨利与法拉第是各自独立地发现电磁感应现象的，但其发表稍晚些. 强力实用的电磁继电器是亨利发明的，他还指导莫尔斯发明了第一架实用电报机. 为纪念亨利的贡献，自感的单位名称以亨利命名.

$$\Phi_{12}=M_{12}I_2$$

式中 M_{12}是比例系数.

比例系数 M_{21}和 M_{12}应与两个线圈的形状、大小、匝数、相对位置以及周围介质的磁导率有关,因此叫做两线圈的互感.理论和实验都证明,当两线圈的形状、大小、匝数、相对位置以及周围介质的磁导率都保持不变时,M_{21}和 M_{12}是相等的,即 $M_{21}=M_{12}=M$①,则上述两式可简化为

$$\Phi_{21}=MI_1,\quad \Phi_{12}=MI_2 \tag{7-36}$$

从上面两式可以看出,两个线圈的互感 M 在数值上等于其中一个线圈中通有单位电流时,穿过另一个线圈所围面积的磁通量.

由此可得,当线圈 1 中的电流 I_1发生变化时,根据电磁感应定律,在线圈 2 中引起的互感电动势为

$$\mathscr{E}_{21}=-\frac{\mathrm{d}\Phi_{21}}{\mathrm{d}t}=-M\frac{\mathrm{d}I_1}{\mathrm{d}t} \tag{7-37a}$$

同理,当线圈 2 中的电流 I_2发生变化时,在线圈 1 中引起的互感电动势为

$$\mathscr{E}_{12}=-\frac{\mathrm{d}\Phi_{12}}{\mathrm{d}t}=-M\frac{\mathrm{d}I_2}{\mathrm{d}t} \tag{7-37b}$$

由上面两式可以看出,互感 M 的意义也可以这样来理解:两个线圈的互感 M,在数值上等于一个线圈中的电流随时间的变化率为一个单位时,在另一个线圈中所引起的互感电动势的绝对值.另外还可以看出,当一个线圈中的电流随时间的变化率一定时,互感越大,则在另一个线圈中引起的互感电动势就越大;反之,互感越小,则在另一个线圈中引起的互感电动势就越小.所以,互感是表明两个线圈相互感应强弱的一个物理量,或者说是两个电路耦合程度的量度.互感的单位名称亦为亨利(H).

式(7-37)中的负号表示,在一个线圈中所引起的互感电动势,要反抗另一个线圈中电流的变化.

利用互感现象可以把交变的电信号或电能由一个电路转移到另一个电路,而无须把这两个电路连接起来.这种转移能量的方法在电工技术、无线电技术中得到广泛的应用.当然,互感现象有时也需予以避免,使之不产生有害的干扰.为此,人们常采用磁

① 关于互感 $M_{21}=M_{12}=M$ 的证明,可参阅赵凯华、陈熙谋编《电磁学》(第四版)第 282 页,高等教育出版社,2018 年.

屏蔽[1]的方法将某些器件保护起来.

互感通常由实验测定，只是对于某些比较简单的情况，才能根据定义用计算的方法求得.

三、磁场的能量 能量密度

我们曾在第 6-5 节中看到，对电容器充电过程中所做的功等于储存在电容器中的能量，其大小为

$$W_e = \frac{Q^2}{2C} = \frac{1}{2}QU = \frac{1}{2}CU^2$$

而且也可以说，储存在电容器中的能量是储存在两极板之间的电场中的. 在一般情况下，电场内某点处的电场强度大小为 E，则该点附近的电场能量密度为

$$w_e = \frac{1}{2}\varepsilon E^2$$

在电流激发磁场的过程中，也是要供给能量的，所以磁场中也应具有能量. 为此，我们可以仿照研究静电场能量的方法来讨论磁场的能量.

如图 7-48 所示，电路中含有一个自感为 L 的线圈，电阻为 R，电源的电动势为 $\mathscr{E}$. 在开关 S 未闭合时，电路中没有电流，线圈内也没有磁场. 而开关闭合后，在线圈中的电流由零逐渐增大，最后到稳定的过程中，线圈中有自感电动势. 自感电动势将反抗线圈中电流的增加，其方向如图 7-48 所示. 在此过程中，电源供给的能量分成两个部分：一部分转化为电阻 R 上的焦耳热，另一部分则转化成线圈内的磁场能量.

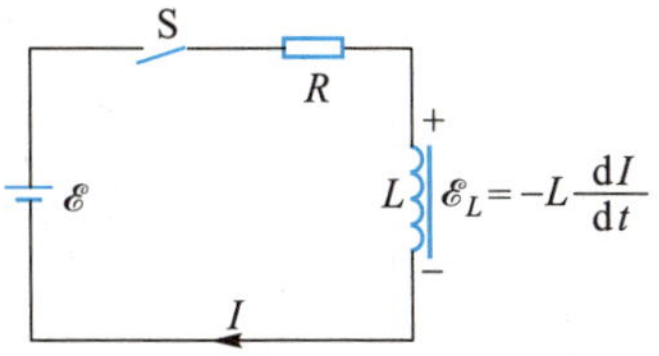

图 7-48 含有自感电路的能量转化

由闭合电路欧姆定律

$$\mathscr{E} + \mathscr{E}_L = RI$$

得

$$\mathscr{E} - L\frac{\mathrm{d}I}{\mathrm{d}t} = RI$$

两边同乘以 $I\mathrm{d}t$，有

$$\mathscr{E}I\mathrm{d}t - LI\mathrm{d}I = RI^2\mathrm{d}t$$

若在初始时，$I=0$，而在 t 时刻，电流增长到 I，则上式的积分为

$$\int_0^t \mathscr{E}I\mathrm{d}t = \frac{1}{2}LI^2 + \int_0^t RI^2\mathrm{d}t \qquad (7-38)$$

① 关于磁屏蔽，可参阅马文蔚等编《物理学教程》(第四版)下册第 11-9 节，高等教育出版社，2023 年.

式中 $\int_0^t \mathscr{E} I \mathrm{d}t$ 为电源在 0 到 t 这段时间内所做的功，也就是电源所供给的能量；$\int_0^t RI^2 \mathrm{d}t$ 为在这段时间内回路中电阻的焦耳热；$\frac{1}{2}LI^2$ 则为电源反抗自感电动势所做的功.由于当电路中的电流从 0 增长到 I 时，电路附近的空间只是逐渐建立起一定强度的磁场，而没有其他的变化，所以电源因反抗自感电动势做功所消耗的能量，显然在建立磁场的过程中转化成了磁场的能量.因此，对自感为 L 的线圈来说，当其中的电流为 I 时，磁场的能量应为

$$W_{\mathrm{m}} = \frac{1}{2}LI^2 \qquad (7-39)$$

我们知道，磁场的性质是用磁感强度来描述的.既然如此，那么磁场的能量也可以用磁感强度来表示.我们可以计算得到长直螺线管内的磁场能量为①

$$W_{\mathrm{m}} = \frac{1}{2}LI^2 = \frac{1}{2}\frac{B^2}{\mu}V$$

上式表明，磁场能量与磁感强度、磁导率和磁场所占的体积有关.由此可得出，单位体积磁场的能量——磁场能量密度 w_{m} 为

$$w_{\mathrm{m}} = \frac{W_{\mathrm{m}}}{V} = \frac{1}{2}\frac{B^2}{\mu} \qquad (7-40)$$

w_{m} 的单位符号为 $\mathrm{J \cdot m^{-3}}$.上式表明，磁场能量密度与磁感强度的二次方成正比.

必须指出，式(7-40)虽然是从长直螺线管这一特例导出的，但是可以证明，在任意的磁场中某处的磁场能量密度都可以用上式表示.式(7-40)说明：任何磁场都具有能量，磁场的能量储存于磁场的整个体积之中.

本节练习

1. 自感系数的表达式为 $L=\Phi/I$，能否说通过线圈中的电流越小，自感系数 L 就越大？
2. 要设计一个自感很大的线圈，应从哪些方面去考虑？
3. 如何绕制才能使两个线圈之间的互感系数最大？

① 关于长直螺线管内磁场能量与磁感强度关系的计算，可参阅马文蔚等编《物理学教程》(第四版)下册第 12-4 节，高等教育出版社，2023 年.

7-8 *位移电流 *电磁场基本方程的积分形式 电磁振荡和电磁波

自从 1820 年奥斯特发现电现象与磁现象之间的联系以后，由于安培、法拉第、亨利等人的工作，电磁学的理论有了很大发展.到了 19 世纪 50 年代，电磁技术也有了明显的进步，各种各样的电流表、电压表被制造出来了，发电机、电动机和弧光灯已从实验室进入生活和生产领域，有线电报也从实验室的研究转向社会的应用.这时，在电磁学范围已建立了许多定律、定理和公式，然而，人们迫切地企盼像经典力学归纳出牛顿运动定律和万有引力定律那样，也能对众多的电磁学规律进行归纳总结，找出电磁学的基本方程.正是在这种情况下，麦克斯韦总结了从库仑到安培、法拉第等人电磁学的全部成就，并发展了法拉第的场的思想，针对变化磁场能激发电场以及变化电场能激发磁场的现象，提出了有旋电场和位移电流的概念，从而于 1864 年年底归纳出电磁场的基本方程，即麦克斯韦电磁场基本方程.在此基础上，麦克斯韦还预言了电磁波的存在，并指出电磁波在真空中的传播速度为

$$c=\frac{1}{(\mu_0\varepsilon_0)^{1/2}}$$

式中 ε_0 和 μ_0 分别是真空电容率和真空磁导率.将 ε_0 和 μ_0 的数值代入上式，可得电磁波在真空中的传播速度为 $3\times10^8\ \mathrm{m\cdot s^{-1}}$，它与真空中的光速是相同的.之后，赫兹从实验中证实了麦克斯韦关于电磁波的预言，赫兹的实验给予麦克斯韦电磁理论以决定性支持.麦克斯韦电磁理论奠定了经典电动力学的基础，也为电工技术、无线电技术和现代信息技术的发展开辟了广阔的前景.至今，麦克斯韦电磁理论对宏观、高速和低速的情况都仍能适用.

一、位移电流 全电流安培环路定理

在第 7-4 节中，我们曾讨论了在真空中恒定电流激发磁场的安培环路定理

$$\oint_l \boldsymbol{B}\cdot\mathrm{d}\boldsymbol{l}=\mu_0 I$$

这个定理表明，在真空中磁感强度沿任一闭合路径的环流等于此闭合路径所围传导电流的代数和乘以 μ_0.在非恒定电流的情况下，这个定律是否仍适用呢？我们可以先从电流连续性的问题谈起.

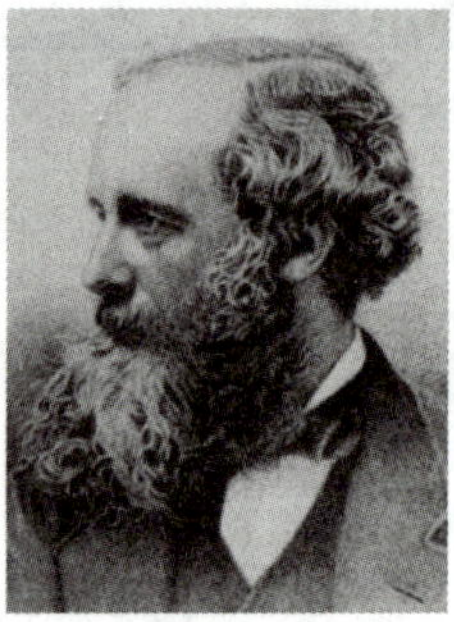

麦克斯韦

文档:麦克斯韦

麦克斯韦(James Clerk Maxwell,1831—1879),英国物理学家,经典电磁理论的奠基人,气体动理论创始人之一.他提出了有旋电场和位移电流概念,建立了经典电磁理论,这个理论包括电磁现象的所有基本定律,并预言了以光速传播的电磁波的存在.1873年,他的《电磁学通论》问世了,这本书凝聚着杜费、富兰克林、库仑、奥斯特、安培、法拉第等科学家的心血,是一本划时代巨著,它与牛顿的《自然哲学的数学原理》并驾齐驱,是人类探索电磁学规律的一个里程碑.在气体动理论方面,他还提出了气体分子按速率分布的统计规律.

在一个不含有电容器的闭合电路中,传导电流通常是连续的.这就是说,在任一时刻,流过导体上某一截面的电流与流过其他任何截面的电流是相等的.但在含有电容器的电路中情况就不同了.无论电容器被充电还是放电,传导电流都不能在电容器的两极板之间通过,这时传导电流就不连续了.

如图7-49(a)所示,设电容器的两极板之间为真空,在放电过程中,电路导线中的传导电流 I_c 是非恒定电流,它随时间而变化.如图7-49(b)所示,在极板A附近取一个闭合路径 L,并以此路径为边界作两个曲面 S_1 和 S_2,其中 S_1 与导线相交,S_2 不与导线相交.因为有传导电流穿过曲面 S_1,所以对 S_1 来说,路径 L 所围的电流为 I_c,故由真空中安培环路定理,有

$$\oint_L \boldsymbol{B}\cdot \mathrm{d}\boldsymbol{l}=\mu_0 I_c$$

而因为没有传导电流穿过 S_2,故若以 S_2 为依据,则路径 L 所围的电流为零,则由安培环路定理有

$$\oint_L \boldsymbol{B}\cdot \mathrm{d}\boldsymbol{l}=0$$

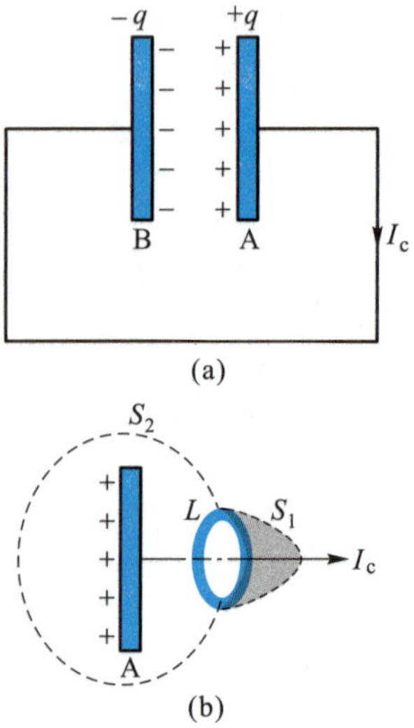

图7-49 含有电容的电路,传导电流不连续

这就突出表明,在真空的非恒定电流的磁场中,磁感强度沿路径 L 的环流与如何选取以闭合路径 L 为边界的曲面有关.选取不同的曲面,$\boldsymbol{B}$ 的环流有不同的值.怎样来解决这一问题呢?

在科学史上,解决这类问题一般有两条途径:一是在大量实验事实的基础上,提出新概念,建立与实验事实相符合的新理论;另一是在原有理论的基础上,提出合理的假设,对原有的理论作必要的修正,使矛盾得到解决,并用实验检验假设的合理性.而在科学发展的一定阶段上,人们往往循第二条途径.麦克斯韦的位移电流假设,就是为修正安培环路定理,使之也适合非恒定电流的情形而提出的.

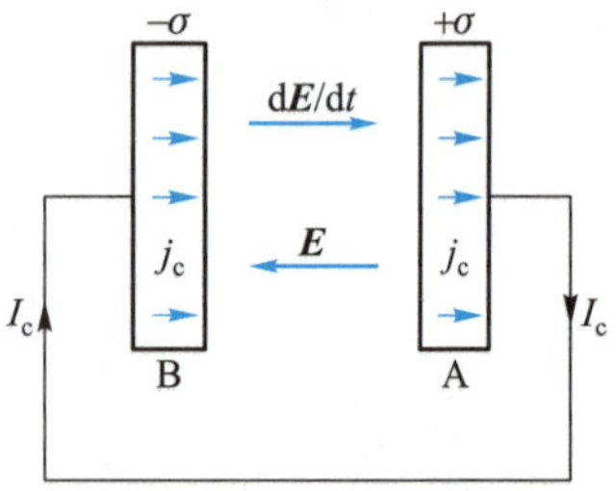

图7-50 位移电流

在图7-50所示的真空电容器放电电路中,设某一时刻电容器两极板A、B上的电荷分别为 $+q$ 和 $-q$,电荷面密度分别为 $+\sigma$ 和 $-\sigma$.当电容器放电时,设正电荷由极板A沿导线向极板B流动,则在 $\mathrm{d}t$ 时间内通过电路中任一截面的电荷为 $\mathrm{d}q$,而这个 $\mathrm{d}q$ 也就是电容器极板上失去(或获得)的电荷.所以,极板上电荷对时间的变化率 $\mathrm{d}q/\mathrm{d}t$ 也是电路中的传导电流.若极板的面积为 S,则极板内的传导电流为

$$I_c=\frac{\mathrm{d}q}{\mathrm{d}t}=\frac{\mathrm{d}(S\sigma)}{\mathrm{d}t}=S\frac{\mathrm{d}\sigma}{\mathrm{d}t}$$

传导电流密度大小为

$$j_c=\frac{\mathrm{d}\sigma}{\mathrm{d}t}$$

在电容器两极板之间的真空中，由于没有自由电荷的移动，传导电流为零，即对整个电路来说，传导电流是不连续的.

但是，在上述放电过程中，极板上的电荷面密度 σ 随时间而变化. 当两极板上的电荷面密度分别为 $+\sigma$ 和 $-\sigma$ 时，由第 6-2 节例 2 的讨论已知，两极板间电场强度的大小为 $E=\sigma/\varepsilon_0$，电场强度通量的大小为 $\Phi_e=ES$，二者均随时间而变化. 其随时间的变化率分别为

$$\frac{\mathrm{d}E}{\mathrm{d}t}=\frac{1}{\varepsilon_0}\frac{\mathrm{d}\sigma}{\mathrm{d}t},\quad \frac{\mathrm{d}\Phi_e}{\mathrm{d}t}=\frac{\mathrm{d}(ES)}{\mathrm{d}t}=\frac{S\mathrm{d}E}{\mathrm{d}t}=\frac{1}{\varepsilon_0}\frac{S\mathrm{d}\sigma}{\mathrm{d}t}=\frac{1}{\varepsilon_0}\frac{\mathrm{d}q}{\mathrm{d}t}$$

上式中 S 为极板的面积. 从上述结果可以看出：两极板间电场强度矢量随时间的变化率 $\mathrm{d}E/\mathrm{d}t$，在数值上等于极板内传导电流密度 j_c 除以真空电容率 ε_0；电场强度通量随时间的变化率 $\mathrm{d}\Phi_e/\mathrm{d}t$，在数值上等于传导电流 I_c 除以真空电容率 ε_0. 当电容器放电时，极板上的电荷面密度减小，因此，$\mathrm{d}E/\mathrm{d}t$ 的方向与 $\boldsymbol{E}$ 的方向相反. 然而，从图 7-50 中可以看出，$\mathrm{d}\boldsymbol{E}/\mathrm{d}t$ 的方向恰与极板内电流密度的方向相同. 因此可以设想，如果以 $\varepsilon_0\dfrac{\mathrm{d}\boldsymbol{E}}{\mathrm{d}t}$ 表示某种电流密度，那么，它就可以代替在两极板间中断了的传导电流密度，从而保持电流的连续性.

于是，麦克斯韦引进位移电流，并定义：真空电场中某一点的位移电流密度 j_d 等于该点的电场强度对时间的变化率与 ε_0 的乘积；通过电场中某一截面的位移电流 I_d 等于通过该截面的电场强度通量 Φ_e 对时间的变化率与 ε_0 的乘积，即

$$\boldsymbol{j}_d=\varepsilon_0\frac{\mathrm{d}\boldsymbol{E}}{\mathrm{d}t},\quad I_d=\varepsilon_0\frac{\mathrm{d}\Phi_e}{\mathrm{d}t} \qquad (7-41)$$

麦克斯韦并假设位移电流和传导电流一样，也会在其周围空间激起磁场. 这样，按照麦克斯韦位移电流的假设，在有电容器的电路中，在电容器极板表面中断了的传导电流 I_c，可以由位移电流 I_d 继续下去，两者一起保持电流的连续性.

就一般情形来说，麦克斯韦认为电路中可同时存在传导电流 I_c 和位移电流 I_d，那么它们之和为

$$I_s=I_c+I_d$$

式中 I_s 叫做全电流. 这样就推广了电流的概念，对图 7-49(b) 中取 S_1 或取 S_2 的情形，结果都是一样的. 理论和实验都已证明，导体内的变化电场所体现的位移电流几乎为零，完全可以忽略不计. 于是，真空中的安培环路定理可修正为

$$\oint_l \boldsymbol{B}\cdot\mathrm{d}\boldsymbol{l}=\mu_0 I_s=\mu_0(I_c+I_d)=\mu_0 I_c+\mu_0\varepsilon_0\frac{\mathrm{d}\Phi_e}{\mathrm{d}t}$$

或

$$\oint_l \boldsymbol{B}\cdot\mathrm{d}\boldsymbol{l}=\int_S\left(\mu_0\boldsymbol{j}+\mu_0\varepsilon_0\frac{\mathrm{d}\boldsymbol{E}}{\mathrm{d}t}\right)\cdot\mathrm{d}\boldsymbol{S} \qquad (7-42)$$

这就表明，磁感强度 $\boldsymbol{B}$ 沿任意闭合路径的环流等于穿过此闭合路径所围曲面的全电流乘以真空磁导率 μ_0，这就是全电流安培环路定理. 上式中的 $\boldsymbol{B}$，从原则上说是由空间存在的所有电流，而不单是闭合路径所包围的全电流所激发. 尽管如此，式(7-42)仍然肯定地表述了传导电流和位移电流（即变化的电场）所激发的磁场都是有旋磁场. 所以，麦克斯韦关于位移电流假设的实质，就是认为变化的电场要激发有旋磁场. 应当强调指出，在麦克斯韦的位移电流假设基础上所得出的推论，都与实验结果符合得很好.

二、电磁场 电磁场基本方程的积分形式

前面我们先后介绍了麦克斯韦有旋电场和位移电流的两个假设. 前者指出变化的磁场要激发有旋电场，后者则指出变化的电场要激发有旋磁场. 总之，这两个假设揭示了电场和磁场之间的内在联系. 存在变化电场的空间必存在变化磁场，同样，存在变化磁场的空间也必存在变化电场. 这就是说，变化电场和变化磁场是密切地联系在一起的，它们构成一个统一的电磁场整体. 这就是麦克斯韦关于电磁场的基本概念.

在研究电现象和磁现象的过程中，我们曾分别得出真空中静止电荷激发的静电场和恒定电流激发的恒定磁场的一些基本方程，即

静电场的高斯定理

$$\oint_S \boldsymbol{E}\cdot \mathrm{d}\boldsymbol{S}=\frac{q}{\varepsilon_0}$$

静电场的环路定理

$$\oint_l \boldsymbol{E}\cdot \mathrm{d}\boldsymbol{l}=0$$

磁场的高斯定理

$$\oint_S \boldsymbol{B}\cdot \mathrm{d}\boldsymbol{S}=0$$

磁场的安培环路定理

$$\oint_l \boldsymbol{B}\cdot \mathrm{d}\boldsymbol{l}=\mu_0\int_S \boldsymbol{j}\cdot \mathrm{d}\boldsymbol{S}=\mu_0 I_{\mathrm{c}}$$

麦克斯韦在引入有旋电场和位移电流两个重要概念后，将真空中静电场的环路定理修改为

$$\oint_l \boldsymbol{E}\cdot \mathrm{d}\boldsymbol{l}=-\frac{\mathrm{d}\Phi}{\mathrm{d}t}=-\int_S \frac{\mathrm{d}\boldsymbol{B}}{\mathrm{d}t}\cdot \mathrm{d}\boldsymbol{S}$$

将真空中磁场的安培环路定理修改为

$$\oint_l \boldsymbol{B}\cdot \mathrm{d}\boldsymbol{l}=\mu_0(I_{\mathrm{c}}+I_{\mathrm{d}})=\int_S\left(\mu_0\boldsymbol{j}+\mu_0\varepsilon_0\frac{\mathrm{d}\boldsymbol{E}}{\mathrm{d}t}\right)\cdot \mathrm{d}\boldsymbol{S}$$

使它们能适用于一般的电磁场. 麦克斯韦还认为静电场的高斯定理和磁场的高斯定理不仅适用于静电场和恒定磁场，也适用于一般电磁场. 于是，由

此得到真空中电磁场的四个基本方程：

$$\oint_S \boldsymbol{E}\cdot \mathrm{d}\boldsymbol{S}=\frac{q}{\varepsilon_0} \tag{7-43a}$$

$$\oint_l \boldsymbol{E}\cdot \mathrm{d}\boldsymbol{l}=-\int_S \frac{\mathrm{d}\boldsymbol{B}}{\mathrm{d}t}\cdot \mathrm{d}\boldsymbol{S} \tag{7-43b}$$

$$\oint_S \boldsymbol{B}\cdot \mathrm{d}\boldsymbol{S}=0 \tag{7-43c}$$

$$\oint_l \boldsymbol{B}\cdot \mathrm{d}\boldsymbol{l}=\int_S \left(\mu_0\boldsymbol{j}+\mu_0\varepsilon_0\frac{\mathrm{d}\boldsymbol{E}}{\mathrm{d}t}\right)\cdot \mathrm{d}\boldsymbol{S} \tag{7-43d}$$

这四个方程就是麦克斯韦方程组的积分形式.

麦克斯韦方程组的形式既简洁又优美，全面地反映了电场和磁场的基本性质，并把电磁场作为一个整体，用统一的观点阐明了电场和磁场之间的联系.因此，麦克斯韦方程组是对电磁场基本规律所作的总结性、统一性的简明而完美的描述.麦克斯韦电磁理论的建立是19世纪物理学发展史上又一个重要的里程碑.正如爱因斯坦所说："这是自牛顿以来物理学所经历的最深刻和最有成果的一项真正观念上的变革."所以人们常称麦克斯韦是电磁学领域中的牛顿.

三、振荡电路　无阻尼自由电磁振荡

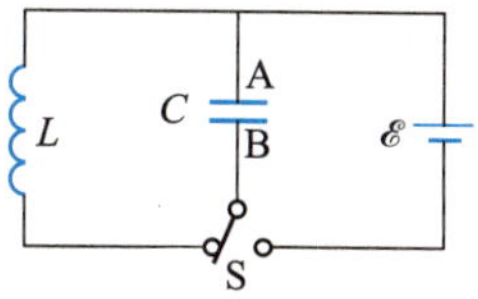

图7-51　LC振荡电路

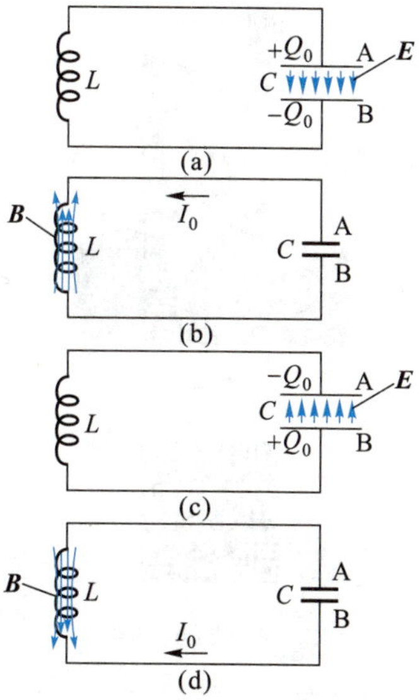

图7-52　无阻尼自由电磁振荡

在一般的电路中，常会有电阻R、电容C和电感L.若电路中不含有电阻，只有电容C和电感L，则此电路称为LC振荡电路，简称振荡电路.这个电路有什么特点和作用呢？如图7-51所示，LC振荡电路通过开关S连接在电动势为$\mathscr{E}$的电源上，当S与电源相连接时，电源对电容器充电，使两极板间的电势差U_0等于电源的电动势$\mathscr{E}$，这时电容器两极板A、B上分别带有等量异号电荷$+Q_0$和$-Q_0$，然后转换开关S使电容器和自感线圈相连接.在电容器放电之前瞬间，电路中没有电流，电场的能量全部集中在电容器的两极板间[图7-52(a)].

当电容器放电时，电流就在自感线圈中激发磁场，由电磁感应定律可知，在自感线圈中将激发感应电动势，以反抗电流的增大.因此在放电过程中，电路中的电流将逐渐增大到最大值，两极板上的电荷也相应地逐渐减小到零.在放电终了时，电容器两极板间的电场能量全部转化成了线圈中的磁场能量[图7-52(b)].

在电容器放电完毕时，电路中的电流达到最大值.这时，由于线圈的自感作用，就要对电容器作反方向的充电.结果是B板带正电，A板带负电.随着电流逐渐减小到零，电容器两极板上的电荷也相应地逐渐增大到最大值.这时,磁场能量又全部转化成了电场能量[图 7-52(c)].

然后,电容器又通过线圈放电,电路中的电流逐渐增大,不过这时电流的方向与图 7-52(b)中的相反,电场能量又转化成了磁场能量[图 7-52(d)].

此后,电容器又被充电,恢复到原状态,完成了一个完全的振荡过程.

由上所述可知,在 LC 电路中,电荷和电流都随时间作周期性的变化,相应地电场能量和磁场能量也都随时间作周期性的变化,而且不断地相互转化着,电荷(电场能量)最大时,电流(磁场能量)就最小;电荷(电场能量)最小时,电流(磁场能量)就最大.这种电荷和电流、电场和磁场随时间作周期性变化的现象,叫做电磁振荡.如果电路中没有任何能量耗散(转化为焦耳热、电磁辐射等),那么这种变化过程将在电路中一直持续下去,这种电磁振荡叫做无阻尼自由电磁振荡,亦称 LC 电磁振荡.

四、电磁波的产生与传播

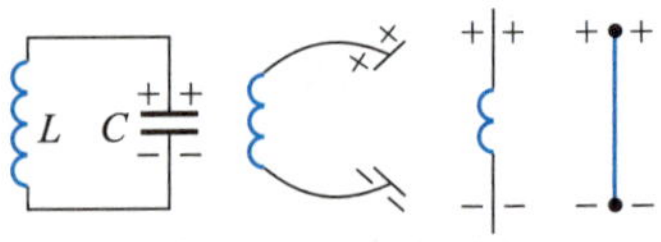

图 7-53 开放电磁场的方法

在图 7-52 所示的振荡电路中,变化的电场和磁场局限在电容器 C 和自感线圈 L 内.怎样才能将变化的电场和磁场由近及远地辐射出去呢?我们可以把电容器极板面积缩小,并把两极板间的距离拉大,同时减少线圈的匝数并逐渐地拉直,最后简化成一根直导线,如图 7-53 所示.这样敞开的 LC 振荡电路可以使电场和磁场分散到周围的空间.同时,L 和 C 的减小也提高了电路的振荡频率①.因此只要在直线形的电路上引起电磁振荡,直线形电路的两端就会交替出现等量异号电荷,这种改造后的 LC 振荡电路叫做振荡电偶极子.振荡电偶极子可以作为发射电磁波的天线.

赫兹

文档:赫兹

赫兹(H.R.Hertz,1857—1894)德国物理学家.1886 年他利用感应圈放电产生高频电振荡,然后用两根两端带有金属小球的细铜棒弯成两矩形开路,当其中一个矩形开路与工作着的感应圈的次级相连时,两球间的空气隙产生电火花.这时,在附近的另一个矩形开路的两球间也有微弱的电火花,这说明第二个矩形开路接收到了第一个矩形开路发射的电磁波.从而他用实验初步证实了电磁波的存在,此后直至 1888 年,赫兹又进一步系统地从实验中证实,电磁波与光波一样,具有相同的波速,也遵守反射和折射定律,

① LC 电路的振荡频率,可参阅马文蔚等改编《物理学》(第七版)下册第 9-7 节,高等教育出版社,2020 年.

也具有干涉、衍射和偏振等特性.他还在1886—1887年间最早发现了光电效应.

如果把天线作为电磁波源,其上有交变的电流时,则在天线周围会激发交变的涡旋磁场,交变的涡旋磁场又在自己周围激发交变的涡旋电场,交变的涡旋磁场和涡旋电场相互激发,闭合的磁感线和闭合的电场线相互套合,像链条一样在空间传播而形成电磁波.电磁波传播机制的示意图见图7-54①.

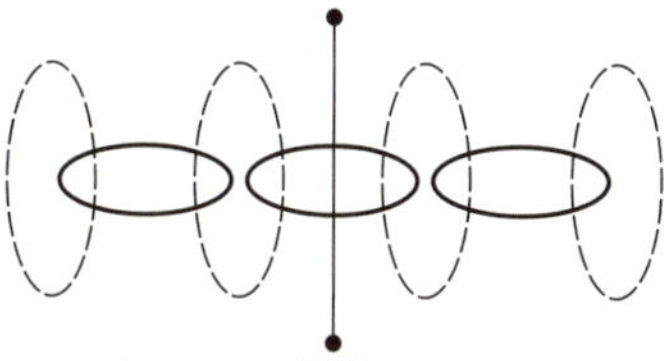

图7-54 电磁波产生和传播机制的示意图

实线:涡旋磁场,虚线:涡旋电场

理论和实验都证明电磁波有如下基本特性:

(1) 电磁波是横波.电场强度 $\boldsymbol{E}$ 和磁场强度 $\boldsymbol{H}$② 都垂直于波的传播方向 $\boldsymbol{u}$,因此电磁波是横波.$\boldsymbol{E}$、$\boldsymbol{H}$、$\boldsymbol{u}$ 三者互相垂直,构成右手螺旋关系(图7-55).$\boldsymbol{E}$ 和 $\boldsymbol{H}$ 与波的传播方向构成的平面,分别称为 $\boldsymbol{E}$ 的振动面和 $\boldsymbol{H}$ 的振动面.$\boldsymbol{E}$ 和 $\boldsymbol{H}$ 分别在各自的振动面内振动,这个特性称为偏振性.只有横波才具有偏振性.

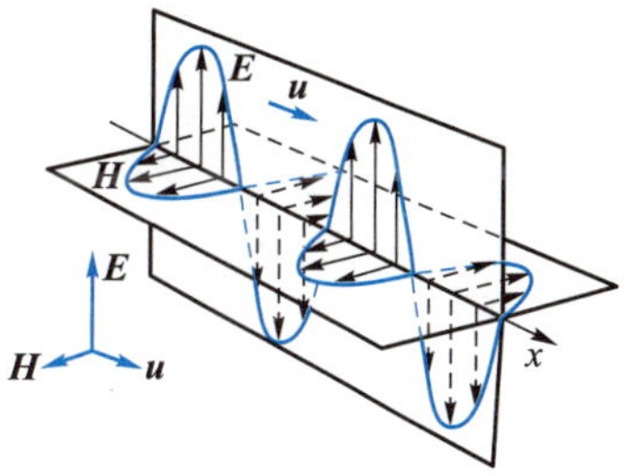

图7-55 平面电磁波

(2) $\boldsymbol{E}$ 和 $\boldsymbol{H}$ 同相位.即在任何时刻、任何地点 $\boldsymbol{E}$ 和 $\boldsymbol{H}$ 都是同步变化的.

(3) $\boldsymbol{E}$ 和 $\boldsymbol{H}$ 的大小成比例.

(4) 真空中电磁波的传播速度等于真空中的光速:

$$u = 1/\sqrt{\varepsilon_0\mu_0} \tag{7-44}$$

将 $\varepsilon_0 = 8.854\times10^{-12}\ \mathrm{F\cdot m^{-1}}$,$\mu_0 = 4\pi\times10^{-7}\ \mathrm{H\cdot m^{-1}}$ 代入上式,得电磁波在真空中的速度

$$u = \sqrt{\frac{1}{(8.854\times10^{-12}\ \mathrm{F\cdot m^{-1}})(4\pi\times10^{-7}\ \mathrm{H\cdot m^{-1}})}} = 2.998\times10^{8}\ \mathrm{m\cdot s^{-1}}$$

其与光在真空中的速度大小相等③.

五、电磁波谱

实验表明,电磁波波长的范围很广,没有上下限,从无线电波、红外线、可见光、紫外线到X射线和γ射线等都是电磁波.它们的本质完全相同,只是波长(或频率)有很大的差异.由于波长

① 电磁波的产生和传播由振荡电偶极子发出的电磁场线说明会更清晰和详细.其讨论可参阅马文蔚等编《物理学教程》(第四版)下册第12-6节,高等教育出版社,2023年.

② 在各向同性介质中,磁场强度 $\boldsymbol{H}$ 与磁感强度 $\boldsymbol{B}$ 的关系为 $\boldsymbol{H}=\dfrac{\boldsymbol{B}}{\mu}$,$\mu$ 为磁导率.

③ 这是麦克斯韦推断光亦是一种电磁波的重要依据,他把光和电磁波统一了起来.

不同，它们就有不同的特性，而且产生的方式也各不相同.为了便于比较，人们把它们按照波长（或频率）的大小依次排列起来，并称之为电磁波谱.表 7-4 列出了各种电磁波的波长范围及其主要产生方式.

表 7-4 各种电磁波的波长范围及其主要产生方式

电磁波谱		真空中的波长	主要产生方式
无线电波	长　波	$3\times10^3\sim3\times10^4$ m	由电子线路中电磁振荡所激发的电磁辐射
	中　波	$200\sim3\times10^3$ m	
	短　波	$10\sim200$ m	
	超短波	$1\sim10$ m	
	微　波	0.1 mm ~1 m	
	太赫兹波	$0.3\sim3$ mm	光电导产生宽频带脉冲辐射等
红外线		$0.76\sim1\ 000\ \mu$m	由炽热物体、气体放电或其他光源激发分子或原子等微观客体所产生的电磁辐射
可见光	红	$620\sim760$ nm	
	橙	$592\sim620$ nm	
	黄	$578\sim592$ nm	
	绿	$500\sim578$ nm	
	青	$464\sim500$ nm	
	蓝	$446\sim464$ nm	
	紫	$400\sim446$ nm	
紫外线		$5\sim400$ nm	
X 射线		$0.04\sim5$ nm	用高速电子流轰击原子中的内层电子而产生的电磁辐射
γ 射线		0.04 nm 以下	由放射性原子衰变所发出的电磁辐射，或高能粒子与原子核碰撞所产生的电磁辐射

本节练习

1. 试按下述几方面比较传导电流与位移电流：(1) 由什么变化引起？(2) 可以在哪些物质中通过？(3) 两者是否都能引起热效应？

2. 试指出电荷作下述两种运动时能否辐射电磁波？

(1) 电荷在空间作谐振动；

(2) 电荷在空间作椭圆的轨道运动.

3. 静电场的高斯定理

$$\oint_S \boldsymbol{E}\cdot \mathrm{d}\boldsymbol{S}=\frac{q}{\varepsilon_0}$$

和真空中电磁场的高斯定理[(7-43a)式]

$$\oint_S \boldsymbol{E} \cdot \mathrm{d}\boldsymbol{S} = \frac{q}{\varepsilon_0}$$

在形式上是相同的，问两式有何区别？

章首问题答案

金属探测器的基本原理是电磁感应，具体地说是两次电磁感应.

如图所示，金属探测器主要由发射器和接收器两部分组成.发射器主要包括发射螺线管（线圈）和交变电源，接收器主要包括探测螺线管（线圈）和信号显示器（蜂鸣器）.金属探测器工作时，电源提供的交变电流使发射螺线管产生一个变化的磁场，待测金属物体在这个变化的磁场的作用下产生感应电流（涡电流），该感应电流又会产生一个变化的磁场，这个变化的磁场在探测螺线管中产生感应电流.于是，显示器出现读数或蜂鸣器发出声光信号，这就表明，此时金属探测器探测到了金属物.根据读数和信号大小，可判断探测到的金属物的大小、位置等，也可较准确地判定地下金属管线的位置、深度和走向.

基于电磁感应原理制成的金属探测器，还可广泛应用于军事、安检、考古等领域.

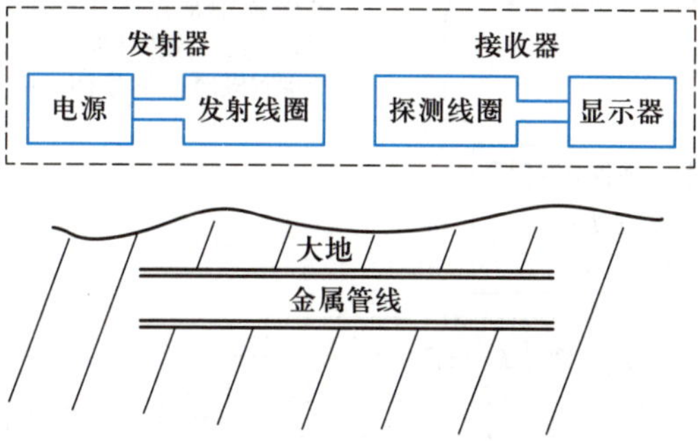

章首问题答案图　金属探测器原理图

复习自测题

总 结

一、电流与电动势

1. 电流

- 电流 $I=\dfrac{\mathrm{d}q}{\mathrm{d}t}$ → $I=\int_S \boldsymbol{j}\cdot \mathrm{d}\boldsymbol{S}$
- 电流密度 $j=\dfrac{\Delta I}{\Delta S}$，方向为该点正电荷运动方向 → $I=\int_S \boldsymbol{j}\cdot \mathrm{d}\boldsymbol{S}$

2. 电动势

$$\mathscr{E}=\frac{W}{q}=\oint \boldsymbol{E}_{\mathrm{k}}\cdot \mathrm{d}\boldsymbol{l}=\int_{内}\boldsymbol{E}_{\mathrm{k}}\cdot \mathrm{d}\boldsymbol{l}$$

二、恒定磁场

恒定电流激发恒定磁场

- 场的描述 → 用磁感强度 $\boldsymbol{B}$ 描述，定义式 $\boldsymbol{F}=q\boldsymbol{v}\times\boldsymbol{B}$
  - 大小：$B=\dfrac{F_{\perp}}{qv}$
  - 方向：正电荷 q 以速度 $\boldsymbol{v}$ 通过磁场中某点时不受磁场力，小磁针在该点时N极所指的方向
- 元场源的场 → 毕奥－萨伐尔定律 $\mathrm{d}\boldsymbol{B}=\dfrac{\mu_0}{4\pi}\dfrac{I\mathrm{d}\boldsymbol{l}\times\boldsymbol{e}_r}{r^2}$
- 场的性质
  - 磁场高斯定理 $\oint_S \boldsymbol{B}\cdot \mathrm{d}\boldsymbol{S}=0$
  - 安培环路定理 $\oint_l \boldsymbol{B}\cdot \mathrm{d}\boldsymbol{l}=\mu_0\sum\limits_{i=1}^{n} I_i$
  - → 无源有旋场
- 场的图示 → 用 $\boldsymbol{B}$ 线描述，$\boldsymbol{B}$ 线是没有起止点的闭合曲线
- 场的计算
  - 已知电流分布，由毕奥－萨伐尔定律积分求磁场分布
  - 对于电流高度对称分布的问题由安培环路定理求磁场分布
  - 由定义式 $\boldsymbol{F}=q\boldsymbol{v}\times\boldsymbol{B}$ 求磁场 $\boldsymbol{B}$ 的分布
- 场的作用力
  - 静止电荷不受磁场力的作用
  - 洛伦兹力 $\boldsymbol{F}=q\boldsymbol{v}\times\boldsymbol{B}$
  - 安培力 $\mathrm{d}\boldsymbol{F}=I\mathrm{d}\boldsymbol{l}\times\boldsymbol{B}$

三、电磁感应

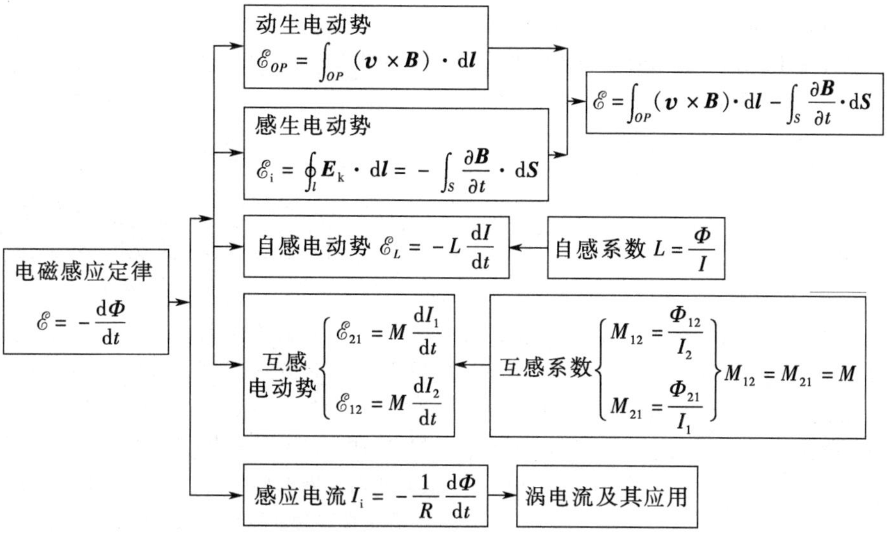

四、电磁场与电磁波

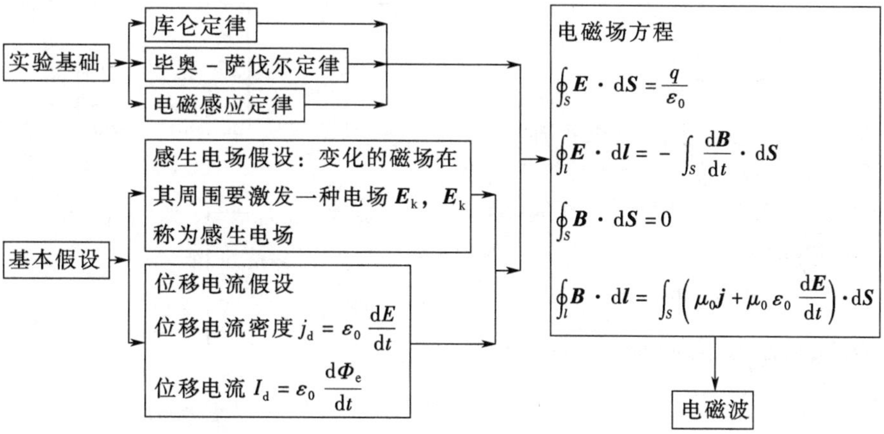

问题

7-1 两根横截面积不同而材料相同的金属导体如图所示串接在一起，两端加一定电压 U.问通过这两根导体的电流密度是否相同？两导体内的电场强度是否相同？如果两导体的长度相等，则两导体上的电压是否相同？

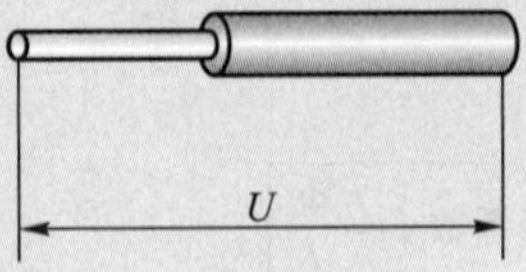

问题 7-1 图

7-2 你能说出一些有关电流元 $I\mathrm{d}\boldsymbol{l}$ 激发的磁场 $\mathrm{d}\boldsymbol{B}$ 与电荷元 $\mathrm{d}q$ 激发的电场 $\mathrm{d}\boldsymbol{E}$ 的异同吗？

7-3 在球面上，竖直和水平的两个圆中通以相等的电流，电流流向如图所示，求球心 O 处磁感强度的方向.

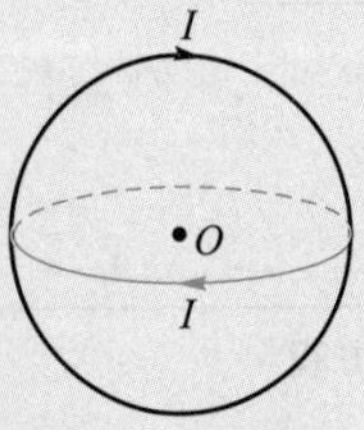

问题 7-3 图

7-4 如图所示，在一个圆形电流的平面内取一个同心的圆形闭合回路，并使这两个圆同轴，且互相平行.由于此闭合回路内不包含电流，所以把安培环路定理用于上述闭合回路，可得

$$\oint_l \boldsymbol{B}\cdot\mathrm{d}\boldsymbol{l}=0$$

由此结果能否说在闭合回路上各点的磁感强度为零？

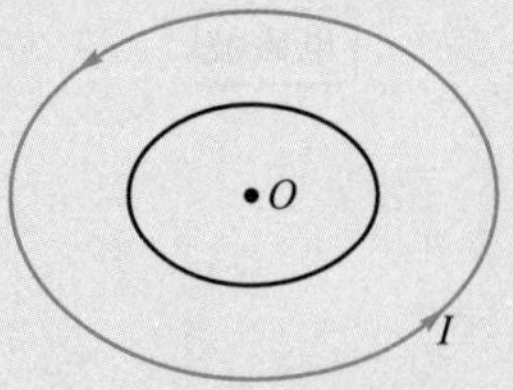

问题 7-4 图

7-5 气泡室是借助于小气泡显示在室内通过的带电粒子径迹的装置.如图所示是气泡室中所摄照片的描绘图，磁感强度 $\boldsymbol{B}$ 的方向垂直纸平面向外.在照片的点 P 处有两条曲线，试判断哪一条径迹是电子形成的？哪一条是正电子形成的？

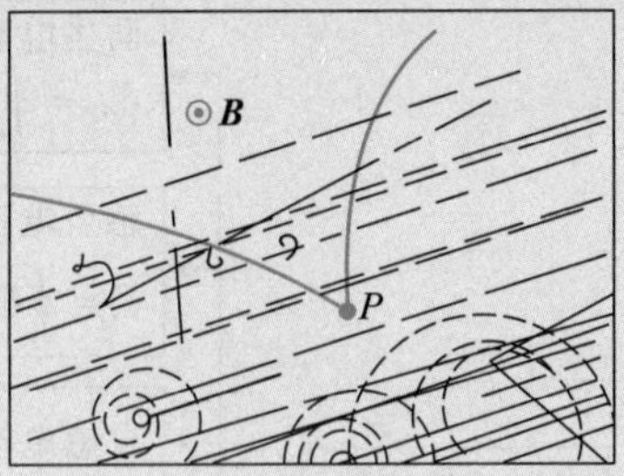

问题 7-5 图

7-6 在磁场中，若穿过某一闭合曲面的磁通量为零，那么，穿过另一非闭合曲面的磁通量是否也为零呢？

7-7 如图所示，把一载流线圈放入一永久磁铁的磁场中，在磁场的作用下线圈将发生转动.(1)图(a)中的线圈怎样转动？(2)图(b)中的线圈由上往下看是在顺时针转动，问磁铁的哪一边是 N 极？哪一边是 S 极？(3)图(c)中的线圈由上往下看是在逆时针转动，问线圈中电流的流向怎样？

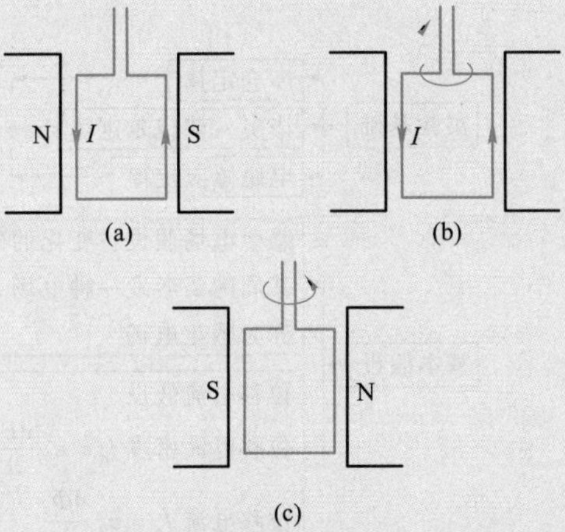

问题 7-7 图

7-8 如图所示，有两个圆电流 A 和 B 平行放置.这两个圆电流间是吸引还是排斥？

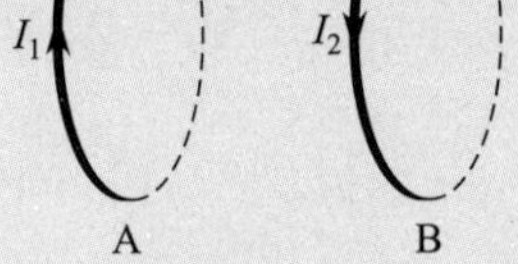

问题 7-8 图

7-9　为什么装指南针的盒子不用铁而是用胶木等材料制成？

7-10　如图所示，在一长直导线 L 中通有电流 I，$ABCD$ 为一矩形线圈，试确定在下列情况下，$ABCD$ 上的感应电动势的方向：(1) 矩形线圈在纸面内向右移动；(2) 矩形线圈绕 AD 轴旋转；(3) 矩形线圈以直导线为轴旋转.

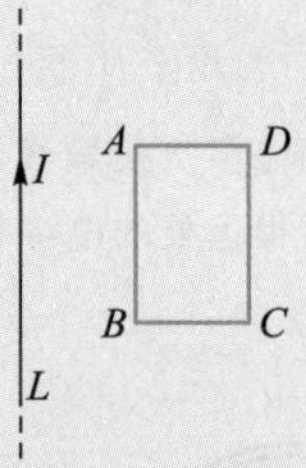

问题 7-10 图

7-11　当我们把条形磁铁沿铜质圆环的轴线插入铜环中时，铜环中有感应电流和感应电场吗？若用塑料圆环替代铜质圆环，圆环中仍有感应电流和感应电场吗？

7-12　如图所示，有两个平行静止放置的线圈 A 和 B.若有一条形磁铁向右运动，则两线圈中感应电动势和感应电流的方向各如何？

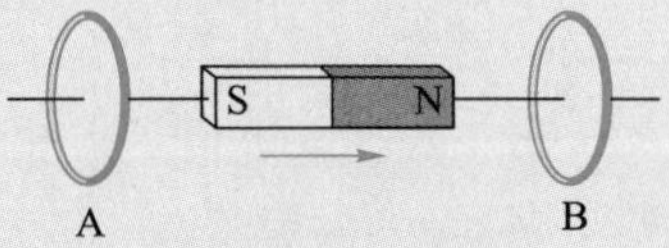

问题 7-12 图

7-13　一根很长的铜管竖直放置，有一根磁棒由管中竖直下落.试述磁棒的运动情况.

7-14　有的电阻元件是用电阻丝绕成的，为了使它只有电阻而没有自感，常用双绕法（如图所示）.试说明为什么要这样绕.

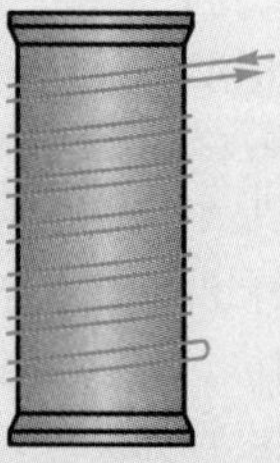
问题 7-14 图

7-15　两个线圈的长度相同，半径接近相等，试指出在下列三种情况下，哪一种情况的互感最大？哪一种情况的互感最小？(1) 两个线圈靠得很近，轴线在同一直线上；(2) 两个线圈相互垂直，也靠得很近；(3) 一个线圈套在另一个线圈的外面.

7-16　变化的电场所产生的磁场，是否也一定随时间发生变化？变化的磁场所产生的电场，是否也一定随时间发生变化？

习题

7-1　两根长度相同的细导线分别密绕在半径为 R 和 r 的两个长直圆筒上形成两个螺线管，两个螺线管的长度相同，$R=2r$，螺线管通过的电流都为 I，螺线管中的磁感强度大小 B_R、B_r 满足（　　）.

(A) $B_R=2B_r$　　(B) $B_R=B_r$

(C) $2B_R=B_r$　　(D) $B_R=4B_r$

7-2　一个半径为 r 的半球面如图所示放在均匀磁场中，通过半球面的磁通量为（　　）.

(A) $2\pi r^2 B$　　(B) $\pi r^2 B$

(C) $2\pi r^2 B\cos\alpha$　　(D) $\pi r^2 B\cos\alpha$

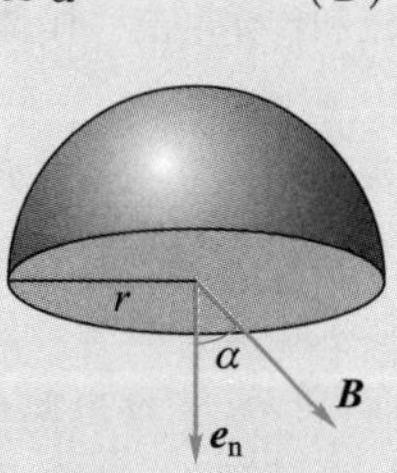

习题 7-2 图

7-3　下列说法正确的是（　　）.

(A) 闭合回路上各点磁感强度都为零时,回路内一定没有电流穿过

(B) 闭合回路上各点磁感强度都为零时,回路内穿过电流的代数和必定为零

(C) 磁感强度沿闭合回路的积分为零时,回路上各点的磁感强度必定为零

(D) 磁感强度沿闭合回路的积分不为零时,回路上任意一点的磁感强度都不可能为零

7-4 一根无限长平行直导线通有电流 I,一矩形线圈位于导线平面内,沿垂直于导线方向以恒定速率运动(如图所示),则( ).

(A) 线圈中无感应电流

(B) 线圈中的感应电流为顺时针方向

(C) 线圈中的感应电流为逆时针方向

(D) 线圈中的感应电流方向无法确定

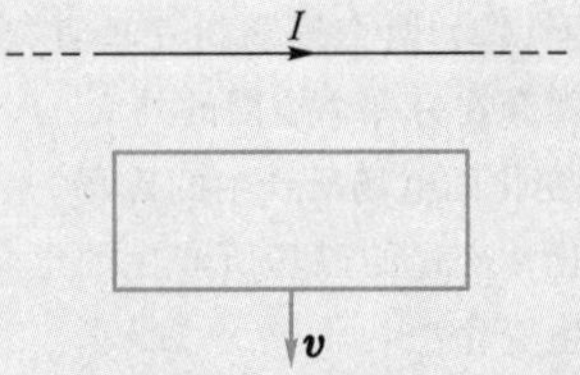

习题 7-4 图

7-5 将形状完全相同的铜环和木环静止放置在交变磁场中,并假设通过两环面的磁通量随时间的变化率相等,不计自感,则( ).

(A) 铜环中有感应电流,木环中无感应电流

(B) 铜环中有感应电流,木环中有感应电流

(C) 铜环中感应电场大,木环中感应电场小

(D) 铜环中感应电场小,木环中感应电场大

7-6 对位移电流,下述说法正确的是( ).

(A) 位移电流的实质是变化的电场

(B) 位移电流和传导电流一样是由电荷的定向运动引起的

(C) 位移电流服从传导电流遵循的所有定律

(D) 位移电流的磁效应不服从安培环路定理

7-7 已知地球北极地磁场磁感强度 $\boldsymbol{B}$ 的大小为 6.0×10^{-5} T.如图所示,若设想此地磁场是由地球赤道上的一圆电流所激发,此电流有多大?流向如何?

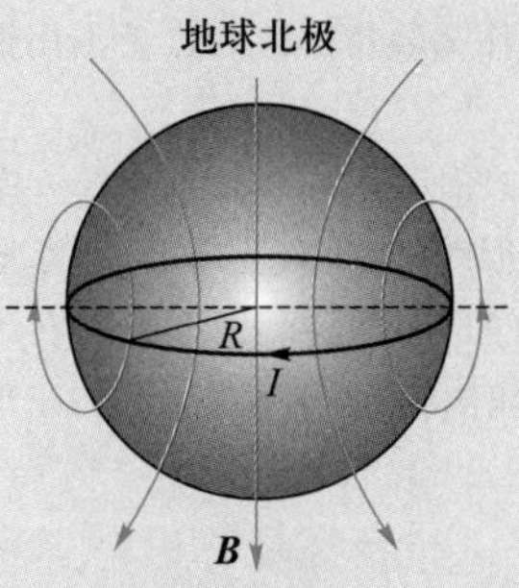

习题 7-7 图

7-8 如图所示,有两根导线沿半径方向接到铁环的 a、b 两点,并与很远处的电源相接.求环心 O 处的磁感强度.

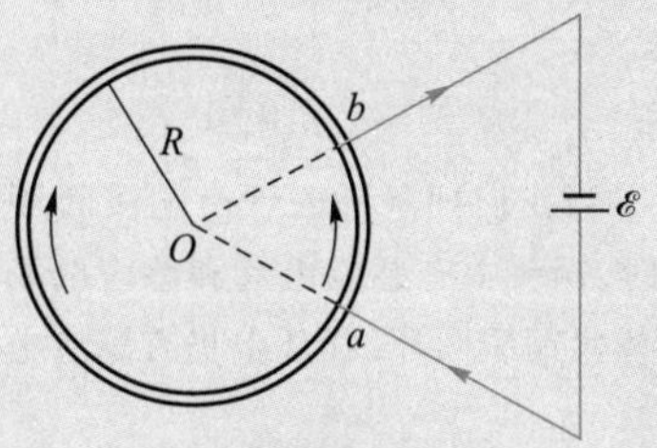

习题 7-8 图

7-9 如图所示,几种载流导线在平面内分布,电流均为 I,它们在 O 点的磁感强度各为多少?

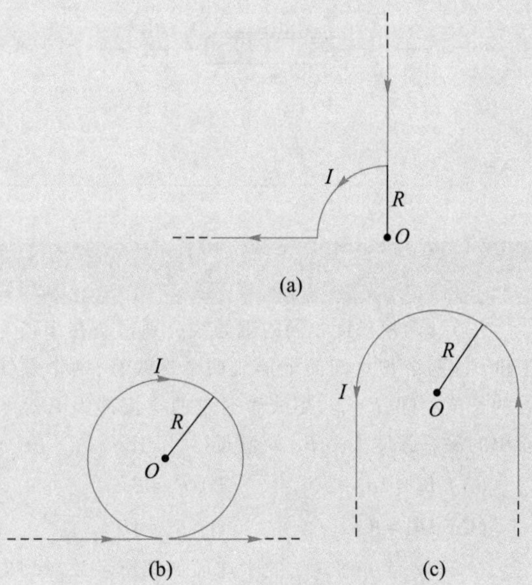

习题 7-9 图

7-10　如图所示，在纸面内有一宽度为 a 的无限长薄载流平面，电流 I 均匀分布在平面上（或电流线密度 $i=\dfrac{I}{a}$），试求与载流平面共面的点 P 处的磁感强度.（点 P 距载流平面一边的距离为 b.）

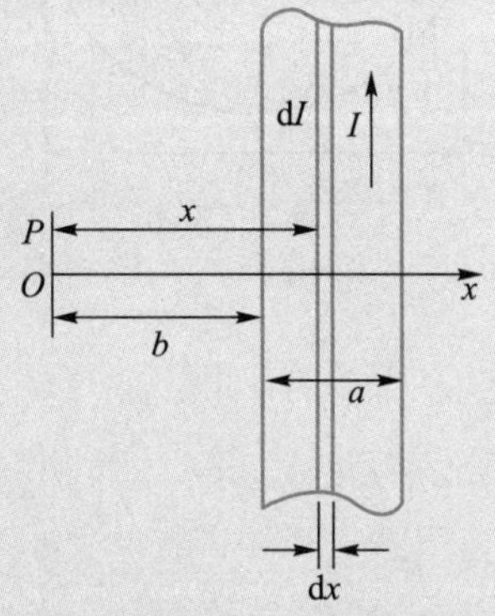

习题 7-10 图

7-11　已知横截面积为 10 mm^2 的裸铜线最多允许通过 50 A 的电流而不致导线过热，电流在导线横截面上均匀分布.求导线内、外磁感强度的分布.

7-12　一同轴电缆，其尺寸如图所示.两导体中的电流均为 I，但电流的流向相反，导体的磁性可不考虑.试计算以下各处的磁感强度：(1) $r<R_1$；(2) $R_1<r<R_2$；(3) $R_2<r<R_3$；(4) $r>R_3$.画出 $B-r$ 图线.

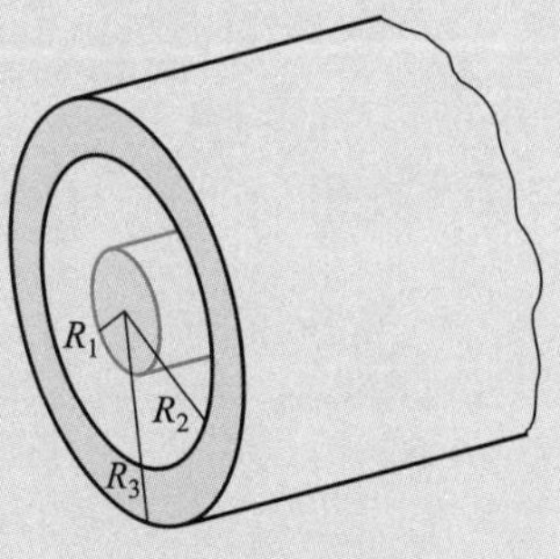

习题 7-12 图

7-13　一铁芯上绕有线圈 100 匝，已知铁芯中磁通量与时间的关系为 $\Phi=8.0\times10^{-5}\sin 100\pi t$，式中 Φ 的单位为 Wb，t 的单位为 s.求在 $t=1.0\times10^{-2}$ s 时，线圈中的感应电动势.

7-14　载流长直导线中的电流以 dI/dt 的变化率增长.若有一边长为 d 的正方形线圈与导线处于同一平面内，如图所示，求线圈中的感应电动势.

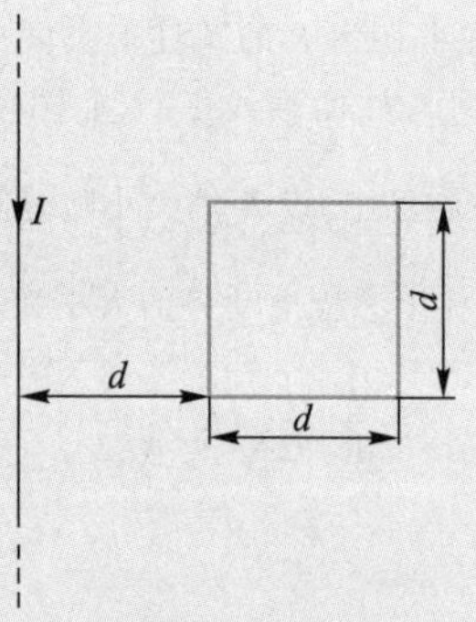

习题 7-14 图

7-15　如图所示，把一半径为 R 的半圆形导线 OP 置于磁感强度为 $\boldsymbol{B}$ 的均匀磁场中.当导线 OP 以匀速率 v 向右移动（方向与 OP 连线垂直）时，求导线中感应电动势的大小，哪一端电势较高？

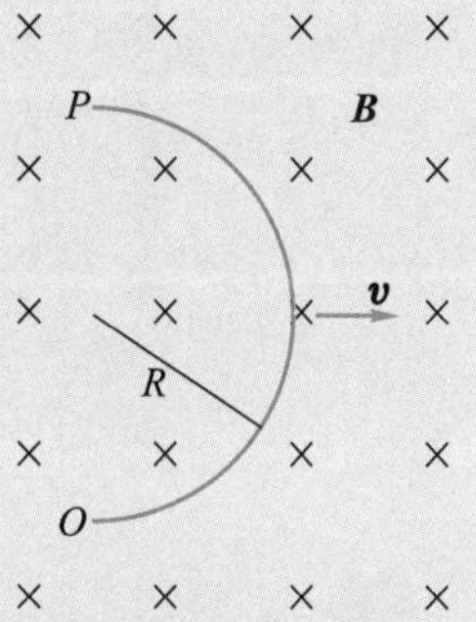

习题 7-15 图

7-16　长度为 L 的铜棒，以距端点 r 处为支点，并以角速度 ω 绕通过支点且垂直于铜棒的轴转动.设磁感强度为 $\boldsymbol{B}$ 的均匀磁场与轴平行，求棒两端的电势差.

7-17　如图所示，在一无限长直载流导线的近旁放置一个矩形导体线框.该线框在垂直于导线方向上以匀速率 v 向右移动，求在图示位置处线框中的感应电动势的大小和方向.

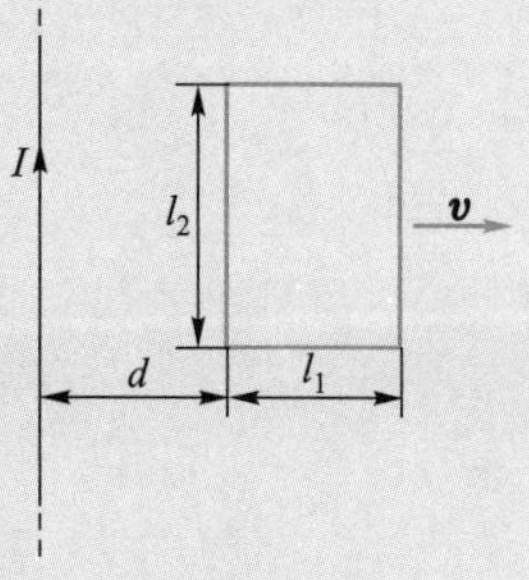

习题 7-17 图

7-18 在半径为 R 的圆柱形空间中存在着均匀磁场，$\boldsymbol{B}$ 的方向与柱的轴线平行. 如图所示，一长为 l 的金属棒放在磁场中，设 $\boldsymbol{B}$ 的大小随时间的变化率 $\frac{\mathrm{d}B}{\mathrm{d}t}$ 为常量. 试证：棒上感应电动势的大小为

$$\mathscr{E}=\frac{\mathrm{d}B}{\mathrm{d}t}\frac{l}{2}\sqrt{R^{2}-\left(\frac{l}{2}\right)^{2}}$$

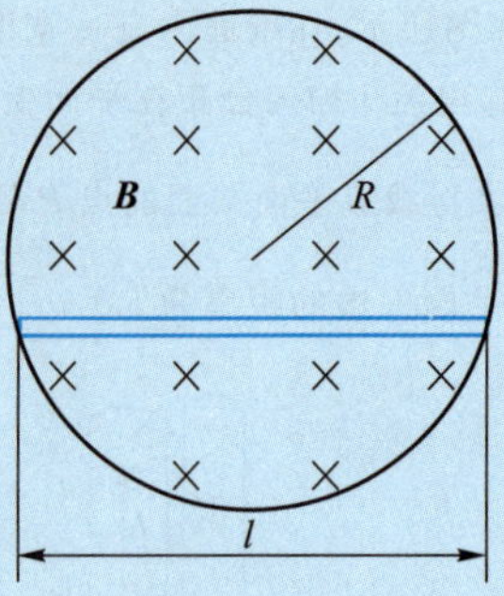

习题 7-18 图

习题答案

第八章　光　　学

光学现象的探究源于公元前500年左右，在2000多年的漫长岁月中，围绕着光的本性问题，从牛顿的粒子说与惠更斯的波动说的长期争论，到爱因斯坦提出光的波粒二象性理论，形成了几何光学、波动光学、量子光学和现代光学等分支.光在均匀介质中传播时，若遇到障碍物的线度比光波波长大很多时，光的传播将可视为沿直线传播，依此所研究的光学称为几何光学.光是一种电磁波，用波动理论来研究光的传播规律的光学分支称为波动光学.光具有波粒二象性，根据光的量子性①从微观上研究光与物质的相互作用的光学分支叫做量子光学.

本章简要介绍几何光学的一些基本知识，并介绍光的干涉、光的衍射和光的偏振等波动光学的主要内容.

预习自测题

知识图谱

章首问题

画家笔下的初升太阳是一个规则的圆而且光芒万丈，你觉得真实吗？

① 参阅本书第九章第9-2节.

8-1 几何光学简介

一、反射和折射定律 全反射

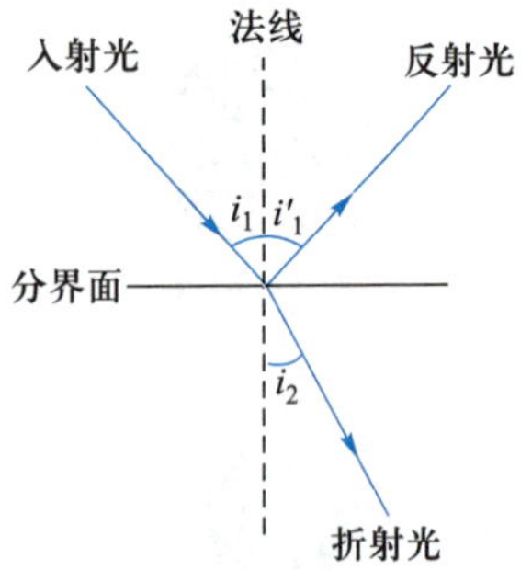

图 8-1 光的反射和折射定律

光在均匀介质中沿直线传播，而在遇到两种均匀介质的分界面时，一般会同时产生反射和折射现象.人们把返回原介质中传播的光称为反射光，把进入另一介质按另一波速沿另一方向传播的光称为折射光（图 8-1）.图中，i_1、i'_1和 i_2 分别是入射角、反射角和折射角.

实验发现，对一般的两种均匀介质而言，反射光、折射光都在由分界面与入射光构成的入射面内，且与入射光分处法线两侧.

当光从一种均匀介质 1 入射到另一种均匀介质 2 表面时，反射角等于入射角，即

$$i_1 = i'_1$$

这就是光的反射定律.

实验还发现，入射角正弦与折射角正弦之比为一个与介质和波长有关的常数，即

$$\frac{\sin i_1}{\sin i_2} = n_{21} \tag{8-1}$$

这个常数 n_{21}称为介质 2 相对介质 1 的相对折射率.

人们把任一介质相对真空的折射率，称为该介质的绝对折射率，简称折射率，记作 n_1（或 n_2）.实验表明，任一介质中的光速 v 与在真空中的光速 c 的关系为 $v_1 = c/n_1$（或 $v_2 = c/n_2$）.由此，式（8-1）中的 n_{21}可写为

$$n_{21} = \frac{n_2}{n_1} \tag{8-2}$$

式（8-1）又可写作

$$n_1 \sin i_1 = n_2 \sin i_2 \tag{8-3}$$

这就是光的折射定律，也称为斯涅耳（W.Snell）定律.

折射率与介质、光的波长有关，通常由实验测定.表 8-1 列出了几种常用介质对钠黄光（$\lambda = 589.3$ nm）的折射率.两种介质相比把折射率较大的介质称为光密介质，折射率较小的介质称为光疏介质.

介质	折射率	介质	折射率
空气	1.000 29	冕牌玻璃	1.516
水	1.333	火石玻璃	1.603
普通玻璃	1.468	重火石玻璃	1.755

表 8-1 几种常用介质的折射率

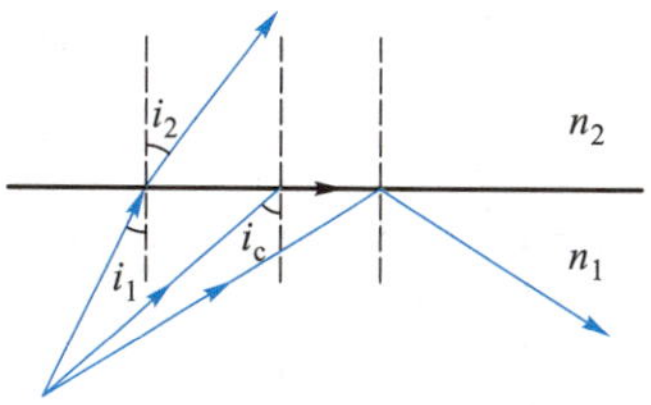

图 8-2 光的折射和全反射

应当指出,反射和折射现象及其规律与介质分界面的形状无关,这里将其画成平面,只是为方便而已.

当光从光密介质(n_1)入射到光疏介质(n_2)的界面上,即 $n_1>n_2$,则 $i_2>i_1$,将折射角 $i_2=90°$时的入射角记为 i_c,称为临界角.则当入射角 $i_1 \geqslant i_c$ 时,就不会再有折射光,即光全部被反射回折射率为 n_1 的介质中,这种现象称为全反射,如图 8-2 所示.全反射的应用很广,例如,望远镜中常用全反射棱镜来使光线转向 90°,光导纤维(光纤)利用全反射将光约束在其内,使光线沿着光纤轴线方向传播,如图 8-3 所示.

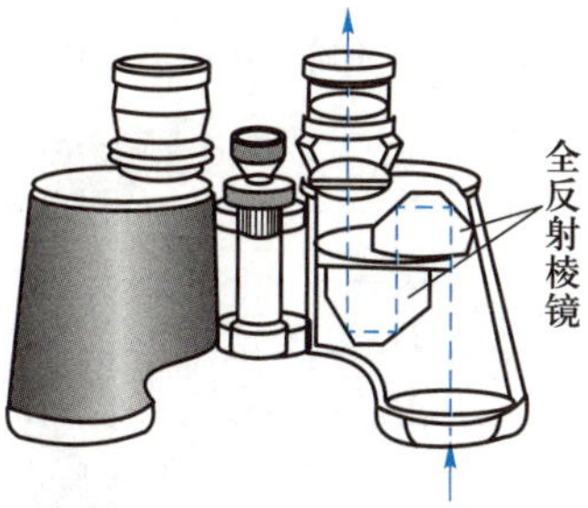

(a) 望远镜

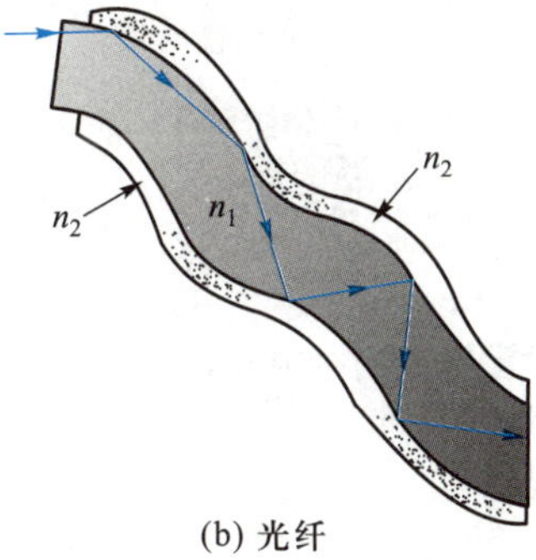

(b) 光纤

图 8-3 望远镜和光纤

二、光在平面上的反射和折射成像

1. 平面上的反射成像

点光源发射出的发散光照射在平面分界面,如平面镜上时,其反射光也是发散的,所有反射光的反向延长线交于一点,但这像不是由光线真实聚集而成的,所以称为虚像.据此可知,由于物体由无限多个点组成,所以用平面镜能获得"完善"的物之虚像.图8-4为点光源反射成像光路图.

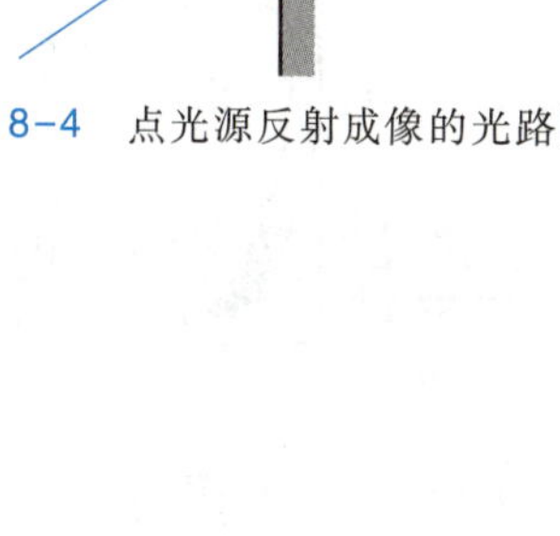

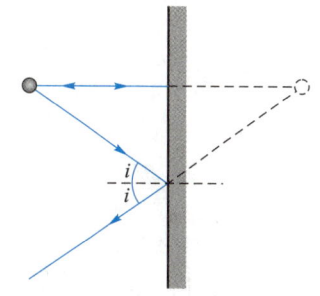

图 8-4 点光源反射成像的光路图

2. 平面的折射成像

与反射光不同,折射光的折射角与入射角不成线性关系.点光源的折射光的反向延长线一般不会相交于同一点.因此,折射不能形成"完善"的像.这可以用一个例子来说明.

如图 8-5 所示,在水中深度为 y 处有一发光点 Q.作 OQ 垂直于水面,我们将证明射出水面的折射线延长线与 OQ 相交处 Q'的深度 y',是与入射角 i 有关的.设水相对于空气的折射率为 $n(\approx 4/3)$,根据折射定律有

$$n\sin i=\sin i'$$

设入射角为 i 的光线与水面相遇于 M 点,则 $y=x\cot i$,$y'=x\cot i'$,故

$$y'=y\frac{\sin i\cos i'}{\sin i'\cos i}=\frac{y\sqrt{1-n^2\sin^2 i}}{n\cos i} \tag{8-4}$$

这就表明，由 Q 发出的不同方向的入射光线，折射后的反向延长线不再相交于同一点.

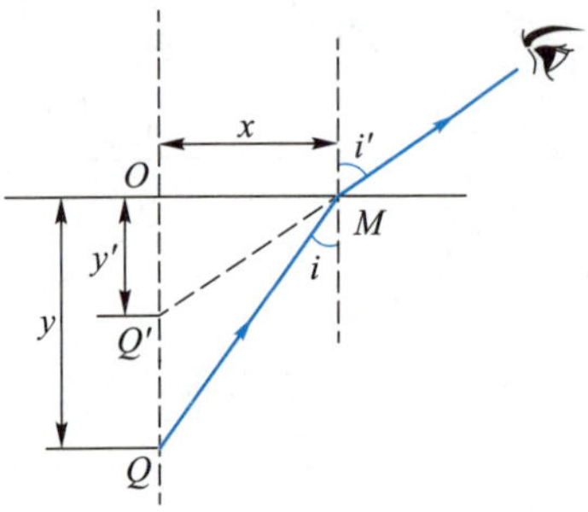

图 8-5 眼睛看水中的物体

三、光在球面上的反射和折射成像

1. 球面上的反射成像

利用反射定律可以证明，如图 8-6 中的平行光入射到球形凹面镜上时，其反射光并不交于一点.但对于球面对称轴（主光轴）附近的近轴光线而言（以后我们讨论的都属近轴光线，不再另加说明），则图 8-6 中的光线 1、2、3、4、5 就会交于一点.这一点称为凹面镜的**焦点**，用 F 表示.利用反射定律及简单的几何学可以证明，**焦距** f 等于球形凹面曲率半径 r 的1/2，即 $f=r/2$.利用作图法可以确定像的位置和大小.事实上，只要选择物体端点发出的两条特殊光线，我们就可简洁、快速地画出物体的成像光路图.在图 8-7(a)、(b)中，光线 1 平行于主光轴，反射后经过焦点 F；光线 2 通过焦点（或其反向延长线通过焦点），反射后平行于主光轴.这样，在图(a)的情形下，上述两光线反射光的延长线交点，就是物端点的虚像；而在图(b)的情形下，两反射光的交点乃是物端点的**实像**.

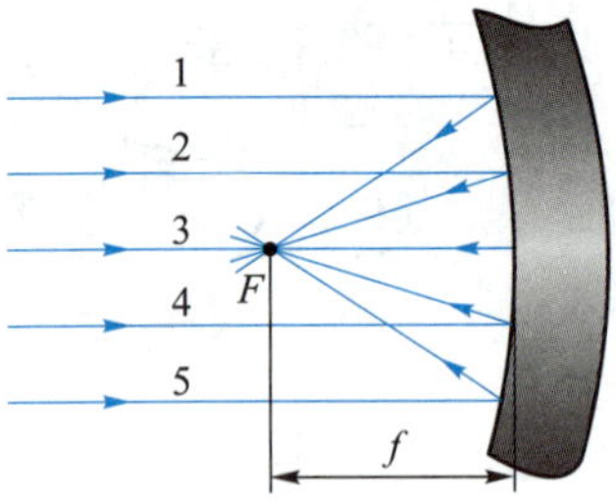

图 8-6 凹面镜的焦点

动画：凹面镜成像的原理

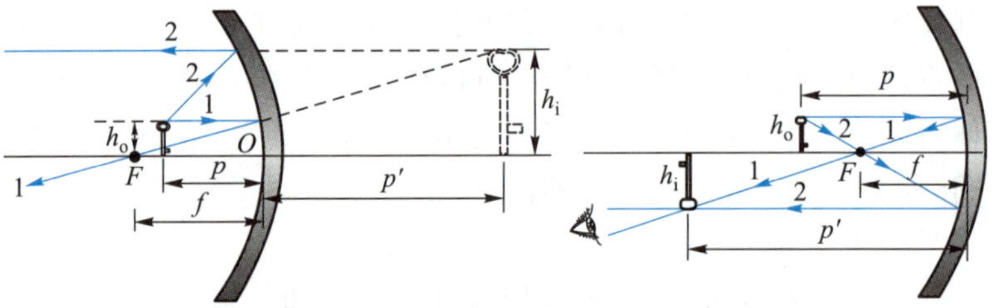

(a) 焦点内侧成像　　(b) 焦点外侧成像

图 8-7 凹面镜成像

球形凸面镜的反射成像与凹面镜类似.一束平行于主光轴的光线入射到凸面镜上，反射后光线发散，其反向延长线会聚于一点 F，该点为（虚）焦点，如图 8-8 所示.与凹面镜对比，其焦点在镜后.同样只要选择物体端点发出的两条特殊光线，我们就可方便地画出物体的成像图，如图 8-9 所示.凸面镜所成的像是虚像.

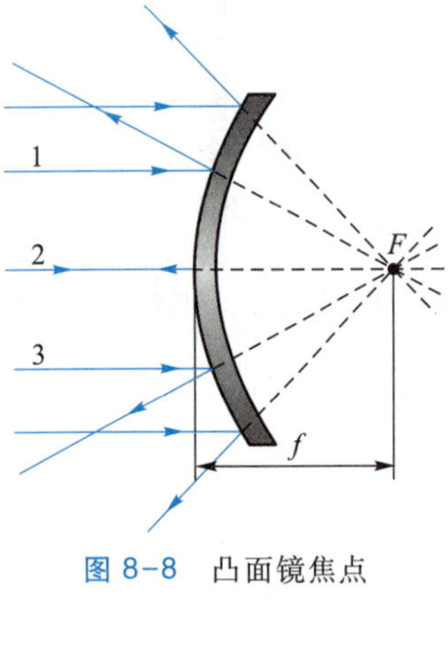

图 8-8 凸面镜焦点

若 p 为**物距**，p'为**像距**（皆从主光轴与镜面的交点 O 量起），则利用几何关系可以证明

$$\frac{1}{p}+\frac{1}{p'}=\frac{1}{f} \tag{8-5}$$

这就是球面镜的反射成像公式.在运用此公式时要注意正负号规则:以球面顶点(球面与主光轴的交点)为分界点,入射光线方向自左向右为正向,当物点、像点、焦点和曲率中心在顶点右侧时,物距、像距、焦距和曲率半径均为正;反之,在左侧时则为负.例如在图 8-7(a)中,$p<0$, $f<0$,$p'>0$;在图 8-7(b)中,$p<0$,$f<0$,$p'<0$;图 8-9 中,$p<0$,$f>0$,$p'>0$.

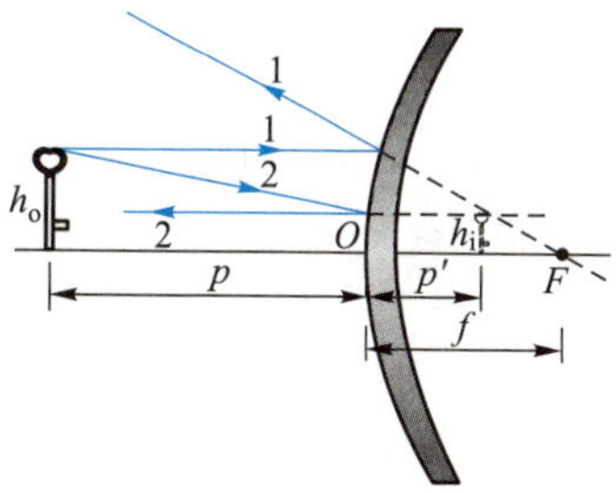

图 8-9 凸面镜成像

动画:凸面镜成像的原理

2. 球面上的折射成像

(1) 成像公式

如图 8-10 所示,主光轴上的物点 Q 在折射率为 n 的介质中发射出一条入射光,照射在折射率为 n'、半径为 r 的球形表面的点 M,折射光交于轴上的点 Q'.一般来说,由 Q 点发出的不同倾角的光线,折射后不再与主光轴交于同一点,即不存在唯一对应的成像关系.但若考虑近轴光线,则可以证明物与像有唯一对应的关系,且物距和像距遵从下列成像公式:

$$\frac{n'}{p'}-\frac{n}{p}=\frac{n'-n}{r} \tag{8-6}$$

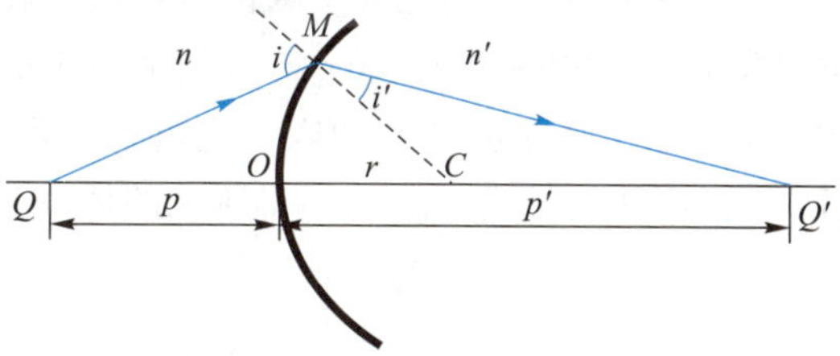

图 8-10 球面折射光路图

若式中 $p\to\infty$,即入射光平行于主光轴,则其像点 F' 称为像方焦点,相应的像距称为像方焦距,记为 f';若式中 $p'\to\infty$,即当折射线平行于主光轴,则其物点 F 称为物方焦点,相应的物距称为物方焦距,记为 f,于是由式(8-6)可得

$$f=-\frac{nr}{n'-n},\quad f'=\frac{n'r}{n'-n}$$

故式(8-6)也可写为

$$\frac{f'}{p'}+\frac{f}{p}=1 \tag{8-7}$$

(2) 横向放大率

一般来说,垂直于主光轴的物和像有不同的长度和正倒.我们规定像高 h_i、物高 h_o 在轴上方为正,下方为负,并定义 $V=h_i/h_o$ 为横向放大率,如图 8-11 所示.

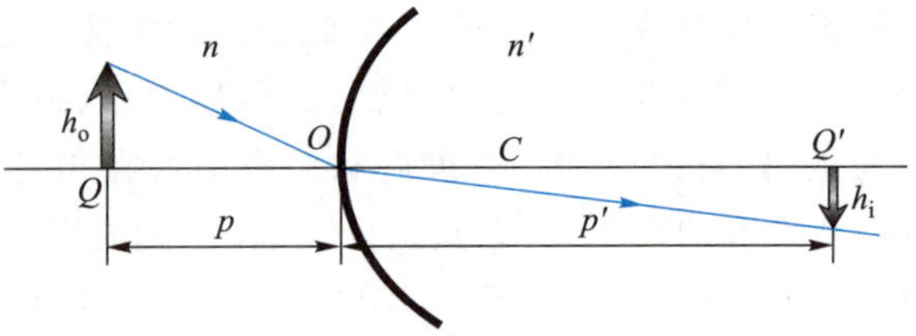

图 8-11 球面折射成像及其横向放大率

可以证明，V 与物距、像距及折射率的关系为

$$V=\frac{np'}{n'p} \tag{8-8}$$

$V>0$ 表示像是正立的，$V<0$ 表示像是倒立的；$|V|>1$ 表示像是放大的，$|V|<1$ 表示像是缩小的.式（8-8）表明放大率与物高 h_o 无关，但这只限于近轴光线的情形；否则像与物的相似性不能保证，像将呈现为变了形的物像.

可以指出，对球形凹面的折射，上述各公式依然成立.

在运用上述公式时，物距、像距、焦距以及曲率半径的正负号规则仍与球面镜的一致.

（3）近轴光线的作图法

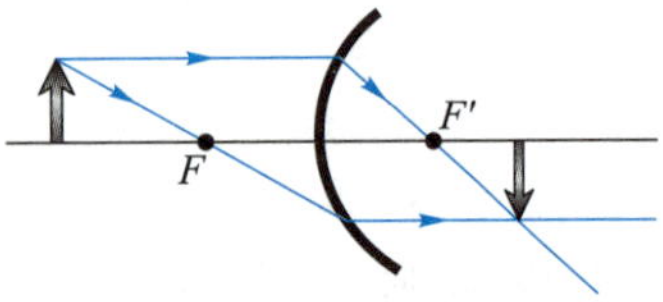

图 8-12 球面特殊光线作图法

在近轴光线的条件下，只要选择下列两条特殊光线我们就能容易地作出成像图，如图 8-12 所示.平行于光轴的入射光折射后经过像方焦点 F'；经过物方焦点 F 的入射光折射后平行于光轴.于是两条折射光（或其延长线）相交，即得所成的像.

四、薄透镜

如图 8-13 所示，透镜是由两个曲率半径分别为 r_1、r_2 的球面组成的，透镜通常用玻璃或树脂制成，其折射率记作 n_L.透镜前后的介质折射率分别记作 n_o 和 n_i.当透镜的厚度 d 远小于两折射面的曲率半径时，该透镜称为薄透镜.

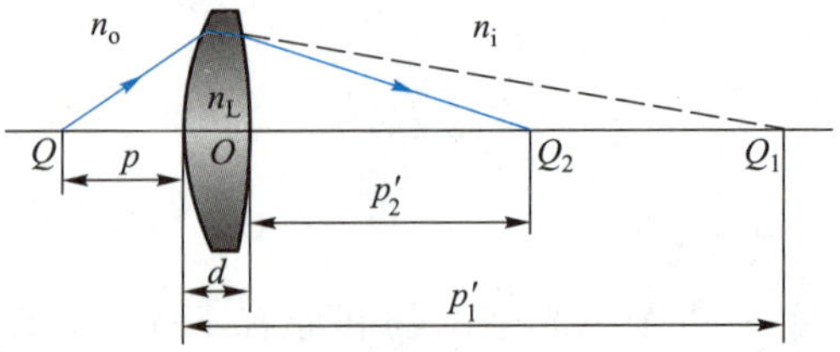

图 8-13 薄透镜成像

薄透镜有多种类型，中央厚、边缘薄的称为凸透镜（会聚透镜）；边缘厚、中央薄的称为凹透镜（发散透镜）.

1. 薄透镜的成像公式

在图 8-13 中，Q_1是 Q 对 r_1（左）球面成的像，Q_2是 Q_1对 r_2（右）球面成的像，于是 Q_2是 Q 的最终像.两次利用单球面成像关系式(8-7)，即可求出 Q 与 Q_2之间的成像关系.在忽略透镜厚度 d，以 p'替代最终成像的像距 p_2'的情况下，我们省略具体的运算过程，直接给出相应的结果：

$$\frac{f'}{p'}+\frac{f}{p}=1 \tag{8-9}$$

通常，考虑透镜在空气中，$n_i=n_o\approx 1$，可算得像方焦距 f'和物方焦距 f 为

$$f'=-f=\frac{1}{(n_L-1)\left(\frac{1}{r_1}-\frac{1}{r_2}\right)} \tag{8-10}$$

此式被称为磨镜者公式.于是式(8-9)变为

$$\frac{1}{p'}-\frac{1}{p}=\frac{1}{f'} \tag{8-11}$$

这就是常用的薄透镜成像公式.在运用上式时，仍然要注意正负号规则，即仍与球面反射类似：以薄透镜光心（薄透镜中心）为分界点，入射光方向为正向，若入射光自左向右，则当物点、像点、焦点和薄透镜两面的曲率中心在光心右侧时，物距、像距、焦距和曲率半径均为正；反之，在左侧时则为负.如凸透镜的像方焦距 $f'>0$，凹透镜的像方焦距 $f'<0$.

图 8-14 是凸、凹透镜的成像图.图中列出了三条特殊光线：平行于主光轴的入射光通过透镜后过像方焦点；过光心的入射光出射后方向不变；过物方焦点的入射光通过透镜后平行于主光轴.在具体作图确定像位置时，往往用其中两条光线就行了.

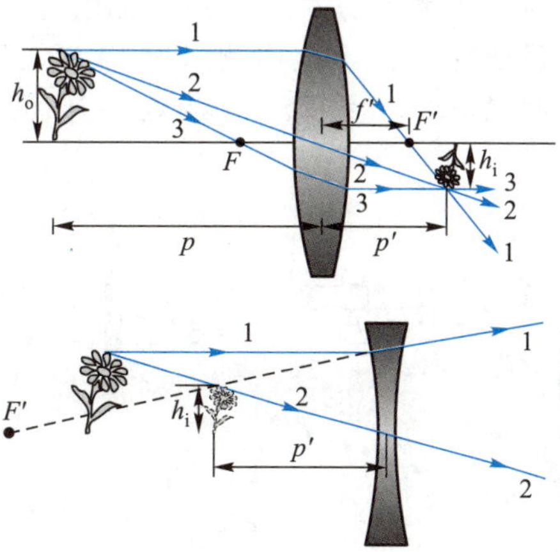

图 8-14 凸、凹透镜成像

2. 薄透镜的成像特性

由式(8-11)可以绘出空气中的凸、凹透镜 p-p' 曲线(图 8-15),并以此了解薄透镜的成像特性.

由图可以清楚地看到物像距离关系和像的特性.例如在凸透镜中,当物距 $p=-2a=-2f'$ 时,像距 $p'=2a=2f'$,物像等高;当 $p<-a$ 时,所成的像为实像,当 $-a<p<0$ 时,所成的像为虚像.从图中还可看出,横向放大率式(8-12)决定着像的大小和正倒关系.

3. 薄透镜的横向放大率

根据单球面折射横向放大率公式连续两次计算,薄透镜的放大率为

$$V=\frac{p'}{p} \tag{8-12}$$

放大率的正负及 $|V|$ 大于、等于和小于 1 的含义,与单球面折射时相同.

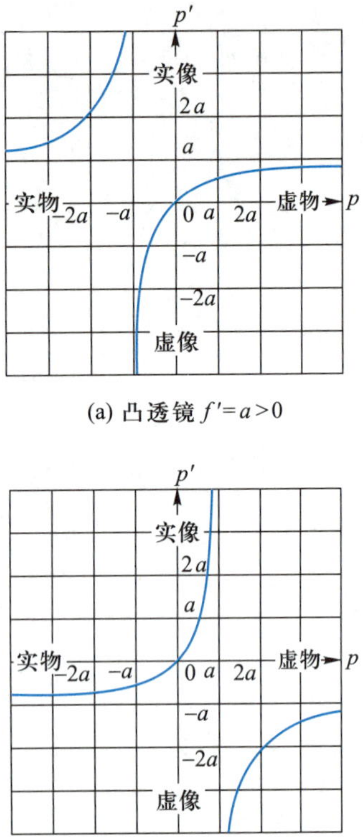

(a) 凸透镜 $f'=a>0$

(b) 凹透镜 $f'=-a$

图 8-15 薄透镜的成像($|f|=a$)

动画:薄透镜成像

五、显微镜、望远镜和照相机

显微镜、望远镜和照相机都是常用的光学仪器,它们都是由几个透镜组合而成的.处理透镜组合的基本方法是,利用单透镜成像公式及放大率公式,逐次计算.以下将不加证明地介绍显微镜、望远镜和照相机的成像光路图及放大率的计算公式.

1. 显微镜

(1) 显微镜的成像光路

显微镜的功能是使近距离微小物体成放大的像.根据此要求可构建由物镜(靠近物的透镜)和目镜(靠近观察者眼睛的透镜)组成的如图 8-16 所示的光路.通过调节各透镜相对于物的距离,使被观察的物体处在物镜物方焦点 F_o 外侧附近,并使它经物镜放大成实像于目镜物方焦点 F_e 内侧附近,从而能经目镜放大成虚像于人眼的明视距离 s_0(约 25 cm)附近.这样,就达到了显微镜观物的目的.

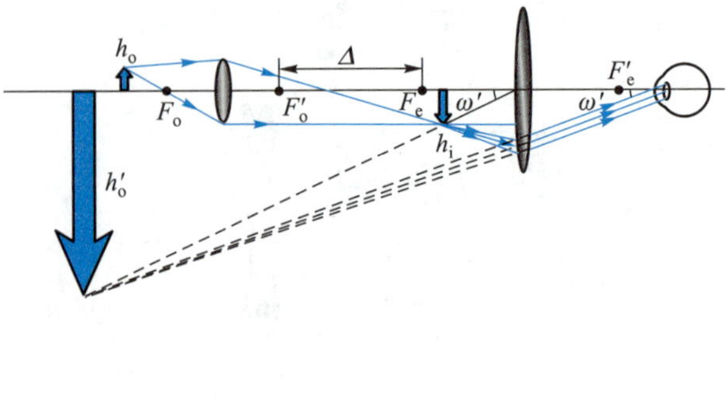

图 8-16 显微镜

（2）显微镜的放大率

显微镜、望远镜等是通过透镜放大物体对人眼的视角，从而达到获得放大的物体像的目的.因此，定义显微镜的视角放大率为 $M=\omega'/\omega$，其中 ω 为无显微镜时物体在明视距离 s_0 处对眼睛所张的视角，即 $\omega=h_o/s_0$，而 ω' 为通过显微镜最后所成的虚像对眼睛所张的视角，它近似为前述实像对目镜所张的视角，即 $\omega'=h_i/f'_e$.由于此时物镜的横向放大率 $h_i/h_o\approx-\Delta/f'_o$（$\Delta$ 为光学筒长，即物镜像方焦点 F'_o 到目镜物方焦点 F_e 的距离，近似等于筒长，即物镜与目镜的间距），所以显微镜的视角放大率为

$$M=\frac{\omega'}{\omega}=\frac{h_i/f'_e}{h_o/s_0}=-\frac{s_0\Delta}{f'_o f'_e}=-\frac{s_0\Delta}{f_o f_e} \tag{8-13}$$

M 的正负与大小反映了物像的正倒和大小关系.由上式可以看出，为获得较大的放大率，显微镜目镜和物镜的焦距都很小，所以我们才能把筒长近似看成两焦点间的距离.现代显微镜的 Δ 已约定为 17～19 cm，因此改换不同焦距的目镜和物镜，就能获得不同的放大率.

2. 望远镜

（1）望远镜的成像光路

望远镜的结构和光路与显微镜有些类似，只是望远镜的功能是对远处的物体成视角放大的像.根据此要求可构建如图 8-17 所示的光路.

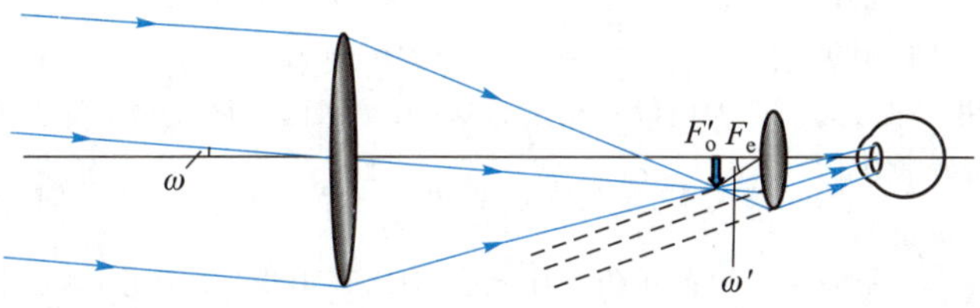

图 8-17 望远镜

通常物镜的像方焦点 F'_o 和目镜的物方焦点 F_e 几乎重合.这就使望远镜所成之像对眼睛所张的视角，相比人眼直接观察远物时的视角要大许多，远处的物体似乎被移近了，所以望远镜的放大作用与显微镜不同.当然，远物不可能被移近，实际上望远镜物镜所成的像比远物小许多，而显微镜的物镜是真的把微小物体放大了.

（2）望远镜的放大率

由于物距非常大，远物对眼睛所张的视角实际上与远物对物镜所张的视角 ω 一样，即，$\omega=-h_i/f'_o$（因为 $h_i<0, f'_o>0$），而 $\omega'=h_i/f'_e$，所以望远镜的视角放大率为

$$M=\frac{\omega'}{\omega}=\frac{h_i/f_e'}{-h_i/f_o'}=-\frac{f_o'}{f_e'} \tag{8-14}$$

由上式可以看出，增大望远镜的物镜焦距并减小目镜焦距，就能显著提高望远镜的放大率.

六、照相机

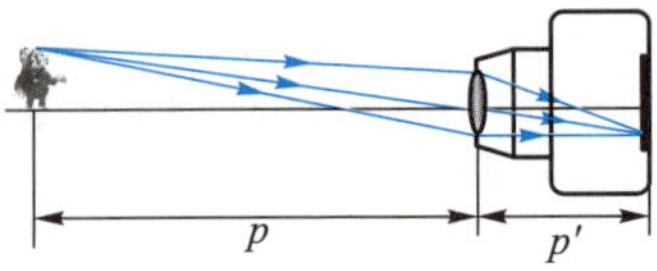

图 8-18 照相机

照相机的功能是将远处的物体成缩小的实像于感光底片上.照相机的结构如图 8-18 所示.

照相机相比上述两种仪器多一个辅助部分——光阑（俗称光圈）.它设置在镜头上，其作用有二：一是影响底片接收的光通量；二是影响景深.景深是照相机允许清晰成像的物点前后空间的范围.一般来说，光阑直径大，曝光量大，但景深短；光阑直径小，曝光量小，但景深长.不过，曝光量的控制还可以利用快门调节曝光时间来达到.总之，在使用照相机时，应充分兼顾这三者之间的关系，作出恰当的调配.

例

某人是近视眼，他的眼睛远点为 0.2 m，为使其在戴上眼镜后远点恢复到无限远，他应佩戴怎样的眼镜？

［分析］ 眼睛睫状肌完全松弛和最紧张时所能看清楚（即成像在视网膜上）的点，分别称为眼睛调焦范围的远点和近点.当近视眼睫状肌完全松弛时，无限远处的物体成像在视网膜之前，有限远处的物体才能成像于视网膜上，即其远点为有限远.矫正的方法是戴眼镜（透镜），使无限远物点先成像于近视眼的远点处，再由眼睛晶状体成像于视网膜上.

因此，本题实为已知物距和像距求薄透镜的焦距.

［解答］ 薄透镜成像公式，即式（8-11）为

$$\frac{1}{p'}-\frac{1}{p}=\frac{1}{f'}$$

根据题意可知，$p=-\infty$，$p'=-0.2$ m，可得

$$f'=-0.2 \text{ m}$$

即应佩戴焦距为 0.2 m 的凹透镜（发散）眼镜.在光学中，定义光焦度 $\Phi=\frac{1}{f'}$，当 f' 以 m 为单位时，光焦度的单位为屈光度（D），其 100 倍称为度.本题中

$$\Phi=\frac{1}{f'}=-\frac{1}{0.2 \text{ m}}=-5 \text{ D}$$

因此，他应佩戴 500 度的近视眼镜（凹透镜）

［注意］ 注意按正负号规则确定成像公式中各个量的正负号.

［拓展］ 远视眼应佩戴怎样的眼镜？

本节练习

凸透镜的焦距为 12 cm，请填写表 8-2.

表 8-2				
物距/cm	-6.0	-12	-24	-36
像距/cm				
横向放大率				
像的虚实				
像的正倒				

8-2 光的干涉

一、相干光

1. 光的相干性

干涉现象是波动的基本特征之一.第四章已经指出:由频率相同、振动方向相同、相位相同或相位差恒定的两个波源所发出的波是相干波,在两束相干波相遇的区域里,有些点的振动始终加强,有些点的振动始终减弱或完全消失,即产生干涉现象.

光是电磁波,传播的物理量是交变的电磁场,即电场强度 $\boldsymbol{E}$ 和磁感强度 $\boldsymbol{B}$,其中对人眼或感光设备等起作用的主要是电场强度矢量 $\boldsymbol{E}$,故通常把 $\boldsymbol{E}$ 矢量称为光矢量,而把 $\boldsymbol{E}$ 振动称为光振动.若两束光的光矢量满足相干条件,则它们是相干光,相应的光源称为相干光源.

我们知道,光是光源中的原子或分子的运动状态发生变化时辐射出来的①.原子或分子每次发光的持续时间为 $10^{-10}\sim10^{-8}$ s,也就是说,原子或分子每次发出的光是一个短短的波列.普通光源中大量原子或分子是各自相互独立地发出一个个波列的,它们的发射是偶然的,彼此间没有联系.因此在同一时刻,各原子或分子所发出的光,即使频率相同,相位和振动方向一般却各不相同[图 8-19(a)].此外,原子或分子的发光是间歇的,即使是同一个原子,在不同时刻发出的波列的振动方向和相位也各不相同.如图 8-19(b)所示,两个独立光源中原子 1 和原子 2 各自发出一系列的波列,当它们到达点 P 时,因为不符合相干条件,不能产生干

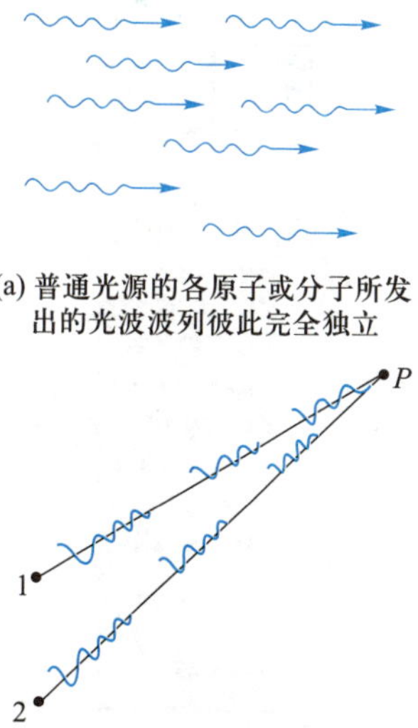

(a) 普通光源的各原子或分子所发出的光波波列彼此完全独立

(b) 波列的叠加

图 8-19 波列

① 参阅本书第九章第 9-3 节.

托马斯·杨

文档:托马斯·杨

动画:杨氏双缝干涉波振面

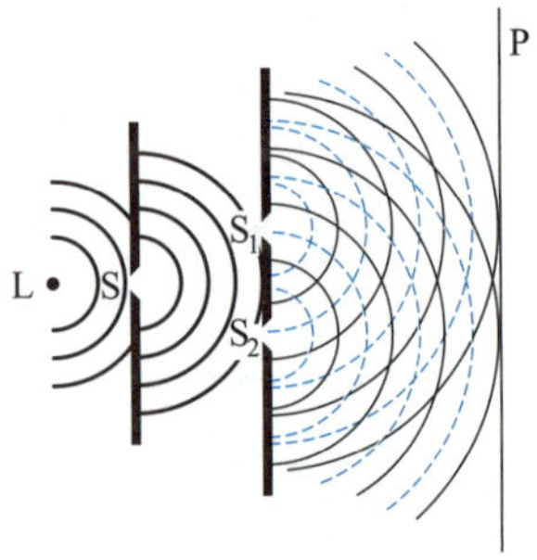

(a) 示意图

(b) 干涉条纹

图 8-20 杨氏双缝干涉实验

涉.所以,根据普通光源(非激光光源)的发光本质和特点,可知,两个独立的光源不能构成相干光源.不仅如此,即使是同一个光源上不同部分发出的光,也不会产生干涉.

2. 相干光的获取

怎样才能获得两束相干光呢?基本思路是将一个普通光源上同一点发出的光,利用反射或折射等方法“一分为二”,使它们沿两条不同的路径传播后相遇,这时,原来的每一个波列都分成了两个频率相同、振动方向相同、相位差恒定的波列,这两个波列就是相干的了,当它们相遇时,就能产生干涉现象.

获得相干光的基本方法有波阵面分割法和振幅分割法.波阵面分割法是从光源发出的同一波阵面上,取出两部分作为相干光源.下面将要介绍的杨氏双缝干涉实验,就是用波阵面分割法实现的.振幅分割法是利用反射、折射把波面上同一振幅分成两部分,再使它们相遇而产生干涉.后面将介绍的劈尖和牛顿环等薄膜干涉实验,都是属于振幅分割法.

二、杨氏双缝干涉

杨氏双缝干涉实验是 1801 年由英国物理学家托马斯·杨(T.Young,1773—1829)提出并成功实现的①,该实验是最早利用单一光源形成两束相干光,从而获得干涉现象的典型实验.

如图 8-20 所示,由光源 L 发出的光照射在单缝 S 上(S 相当缝光源),在 S 前面放置两个相距很近的狭缝 S_1 和 S_2,且 S_1 与 S 及 S_2 与 S 之间的距离相等.按惠更斯原理,S_1、S_2 可将 S 发出的同一波阵面的光分成两部分,且满足频率相同、振动方向相同、相位差恒定[在图 8-20(a)中相位差为零]的相干条件,故 S_1、S_2 为相干光源.这样,由 S_1 和 S_2 发出的光在空间相遇,将产生干涉现象.若在 S_1 和 S_2 的前面置一屏幕 P,则屏幕上将出现明暗相间的干涉条纹[图 8-20(b)].

下面分析屏幕上形成明、暗干涉条纹所应满足的条件.如图 8-21 所示,设 S_1 和 S_2 间的距离为 d,双缝所在平面与屏幕 P 平行,两者之间的垂直距离为 d'.今在屏幕上任取一点 B,它与 S_1 和 S_2 的距离分别为 r_1 和 r_2,若 O_1 为 S_1 和 S_2 的中点,O 与 O_1 正对,点 B 与点 O 的距离为 x.在通常情况下,$d' \gg d$.这时,由 S_1、S_2 发出的光到达屏上点 B 的波程差为

① 杨氏当时利用的是两个小孔,小孔后来逐渐被双缝所代替.

$$\Delta r=r_2-r_1\approx d\sin\theta$$

此处 θ 为缝 S_1 到 S_2B 线段的垂线与 S_1S_2 连线的夹角，亦为 O_1O 和 O_1B 的夹角，如图 8-21 所示.

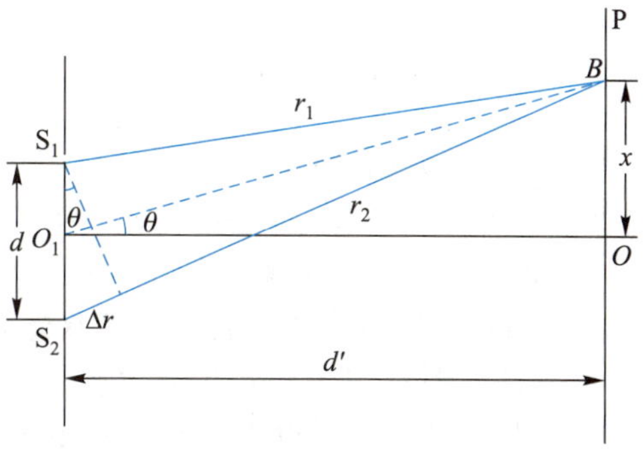

图 8-21 杨氏双缝干涉条纹的计算用图

若 Δr 满足条件

$$d\sin\theta=\pm k\lambda,\quad k=0,1,2,\cdots \tag{8-15}$$

则点 B 处两束光相互加强（最强），该处为一明条纹中心.式中正负号表明干涉条纹在点 O 两边是对称分布的.对于点 O，$\theta=0$，$\Delta r=0$，$k=0$.因此点 O 处为一明条纹中心，此明条纹叫做中央明纹.在点 O 两侧，与 $k=1,2,\cdots$ 相应的 x_k 处，Δr 分别为 $\pm\lambda$，$\pm2\lambda$，…，这些明条纹分别叫第 1 级、第 2 级……明条纹.它们对称地分布在中央明纹的两侧.

因为 $d'\gg d$，所以 $\sin\theta\approx\tan\theta=x/d'$.于是，干涉加强条件式(8-15)为

$$d\frac{x}{d'}=\pm k\lambda,\quad k=0,1,2,\cdots$$

即在屏上

$$x=\pm\frac{d'}{d}k\lambda,\quad k=0,1,2,\cdots \tag{8-16}$$

的各处，为各级明条纹中心.当点 B 处满足

$$\Delta r=d\frac{x}{d'}=\pm(2k+1)\frac{\lambda}{2}$$

即

$$x=\pm\frac{d'}{d}(2k+1)\frac{\lambda}{2},\quad k=0,1,2,\cdots \tag{8-17}$$

时，两束光干涉减弱（最弱），则此处为暗条纹中心.这样，与 $k=0$，1，…相应的 $x=\pm\frac{d'}{2d}\lambda$，$\pm\frac{3d'}{2d}\lambda$，…处为各级暗条纹中心.若 S_1 和 S_2 在点 B 的波程差既不满足式(8-16)，也不满足式(8-17)，则点 B 处既不是最明，也不是最暗.

动画：杨氏双缝干涉

综上所述，在干涉区域内，我们从屏幕上可以看到，在中央明纹两侧，对称地分布着明暗相间的干涉条纹.若已知 d、d'、λ 各量，从式(8-16)或式(8-17)可算出相邻明条纹(或暗条纹)中心间的距离均为

$$\Delta x = x_{k+1} - x_k = \frac{d'}{d}\lambda$$

即干涉明、暗条纹是等距离分布的.若已知 d、d'，又测出 Δx，则由上式可以算出单色光的波长 λ.若用白光照射，除中央明纹仍是白色，其余各级明纹中不同波长的光将出现在不同位置，呈现彩色光谱.

菲涅耳(A.J.Fresnel)于 1881 年进行了许多双光束干涉实验，其中具有代表性的是菲涅耳双镜和双棱镜实验.1834 年，劳埃德(H.Lloyd)进行了更加简单的双光束干涉实验.这些实验具体的干涉情况与杨氏双缝实验类似，读者可参阅相关书籍自行分析.

例 1

单色光照射到相距为 0.2 mm 的双缝上，双缝与屏幕的垂直距离为 1 m.(1) 若屏上第 1 级明条纹中心到同侧的第 4 级明条纹中心间的距离为 7.5 mm，求单色光的波长；(2) 若入射光的波长为 600 nm，求相邻两暗条纹中心间的距离.

[分析] 这是杨氏双缝干涉问题，可根据干涉条纹明暗方程进行计算.

[解答] (1) 根据双缝干涉明条纹的条件，第 k 级明条纹中心的坐标为

$$x_k = \pm\frac{d'}{d}k\lambda,\quad k=0,1,2,\cdots$$

将 $k=1$ 和 $k=4$ 代入上式得，第 1 级与第 4 级明条纹中心间距离为

$$\Delta x_{14} = x_4 - x_1 = \frac{d'}{d}(k_4 - k_1)\lambda$$

所以

$$\lambda = \frac{d}{d'}\ \frac{\Delta x_{14}}{k_4 - k_1}$$

将 $d=0.2\ \text{mm}$，$\Delta x_{14}=7.5\ \text{mm}$，$d'=10^3\ \text{mm}$ 代入上式，得

$$\lambda = 500\ \text{nm}$$

(2) 当 $\lambda = 600\ \text{nm}$ 时，相邻两暗条纹中心间的距离为

$$\Delta x = \frac{d'}{d}\lambda = 3.0\ \text{mm}$$

[注意] 本题表明，在双缝结构(d、d')不变的情况下，条纹间距由波长决定.

[拓展] 中央明纹的宽度如何确定？写出计算公式.

三、薄膜干涉

薄膜干涉是常见的光的干涉现象，内容丰富多彩.我们在日常

生活中看到油膜、肥皂膜和汽车隐形车衣(贴膜)在阳光下所呈现的彩色条纹,就是薄膜干涉现象,劈尖和牛顿环等装置呈现的也是薄膜干涉条纹.下面我们来讨论薄膜干涉的基本原理和实验.

1. 光程和光程差　半波损失

前面所讨论的杨氏双缝干涉,两束相干光是在同一种介质(如空气)中传播的,所以只要计算出两相干光到达相遇点时的几何路程差,即波程差 Δr,就可确定其相位差 $\Delta\varphi$,从而确定是相互加强,还是相互减弱.但当两束光分别通过不同介质时,由于同一频率的光在不同介质中的传播速度不同,光波波长要随介质的不同而变化,这时就不能只根据几何路程差来计算相位差了.为此,我们引入光程这一概念.

设有一频率为 ν 的单色光,它在真空中的传播速度为 c,波长为 $\lambda=\dfrac{c}{\nu}$.当它在折射率为 n 的介质中传播时,传播速度变为 $v=c/n$,其波长为 $\lambda_n=v/\nu=c/(n\nu)=\lambda/n$.这说明,一定频率的光在折射率为 n 的介质中传播时,其波长为真空中波长的 $1/n$.由于波行进一个波长的距离,其相位变化 2π.因此,若光波在介质中传播的几何路程为 L,则相位的变化为

$$\Delta\varphi=2\pi\frac{L}{\lambda_n}=2\pi\frac{nL}{\lambda} \tag{8-18}$$

上式表明,光波在介质中传播时,其相位的变化与光波传播的几何路程、真空中的波长及介质的折射率均有关.光在折射率为 n 的介质中通过几何路程 L 所发生的相位变化,与光在真空中通过 nL 的路程所发生的相位变化相当.如果对于任意介质,都采用真空中波长 λ 来计算相位变化(实际均如此),则需要把介质中的几何路程 L 乘以折射率 n.人们把折射率 n 和几何路程 L 的乘积 nL,叫做光程.

由此,两相干光分别通过不同的介质在空间某点相遇时,所产生的干涉情况与两者的光程差有关.光程差用符号 Δ 表示.

从同一光源发出的两束相干光,它们的光程差 Δ 与相位差 $\Delta\varphi$ 的关系为

$$\Delta\varphi=2\pi\frac{\Delta}{\lambda} \tag{8-19}$$

所以,当

$$\Delta=\pm k\lambda,\quad k=0,1,2,\cdots \tag{8-20}$$

时,有 $\Delta\varphi=\pm 2k\pi$,干涉加强(最强);当

$$\Delta=\pm(2k+1)\frac{\lambda}{2},\quad k=0,1,2,\cdots \tag{8-21}$$

时,有 $\Delta\varphi=\pm(2k+1)\pi$,干涉减弱(最弱).

理论和实验都表明,光从光速较大(折射率较小)的介质射向光速较小(折射率较大)的介质时,反射光的相位与入射光的相位相比跃变了 π①.这一相位跃变相当于反射光与入射光之间附加了半个波长($\lambda/2$)的光程差,故常称此为半波损失.这是在讨论光的干涉问题时必须加以考虑的.

例 2

如图 8-22 所示,缝光源 S 发出波长为 λ 的单色光,照射在对称的双缝 S_1 和 S_2 上,通过空气后在屏 H 上形成干涉条纹.(1) 若点 P 处为第 3 级明条纹,求光从 S_1 和 S_2 到点 P 的光程差;(2) 若将整个装置放置于某种透明液体中,点 P 处为第 4 级明条纹,求该液体的折射率;(3) 整个装置仍在空气中,在 S_2 后面放一折射率为 1.5 的透明薄片,点 P 处为第 5 级明条纹,求该透明薄片的厚度;(4) 若将 S_2 盖住,在 S_1、S_2 的对称轴上放一反射镜 M(图 8-23),则点 P 处有无干涉条纹?若有,是明的还是暗的?

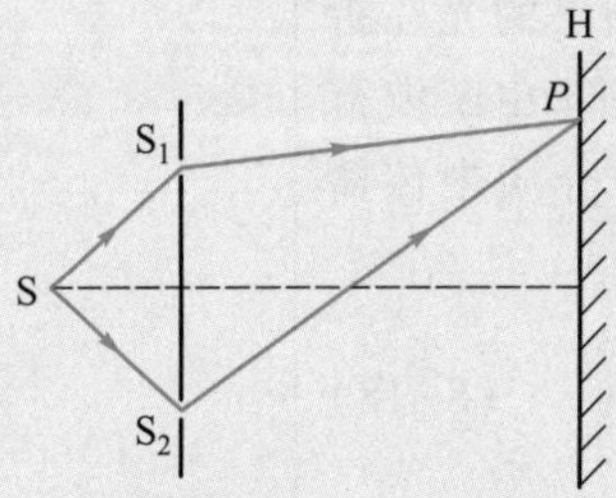

图 8-22

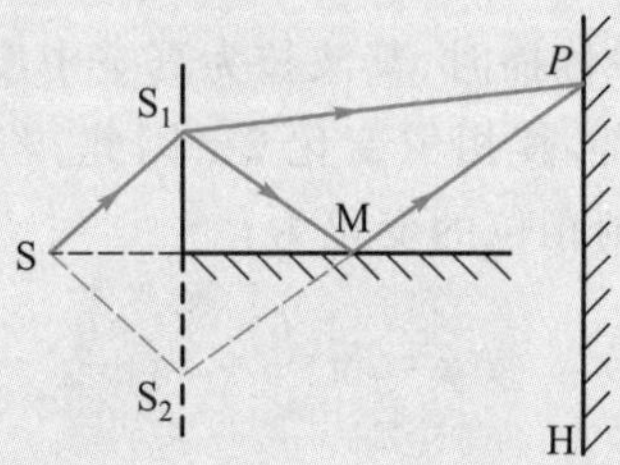

图 8-23

[分析] 干涉的强弱(明、暗)取决于两相干光的光程差.计算各情况下的光程差,根据干涉强弱的条件式(8-20)和式(8-21)即可解此题.

[解答] 这是杨氏双光束干涉的问题.

(1) 根据题意,光从 S_1 和 S_2 到点 P 的光程差为

$$\Delta_1=3\lambda$$

(2) 此时,光从 S_1 和 S_2 到点 P 的光程差为 $\Delta_2=n\Delta_1=4\lambda$,则

$$n=\frac{4\lambda}{\Delta_1}=\frac{4}{3}\approx1.33$$

(3) 设该透明薄片厚度为 d,则此时光从 S_1 和 S_2 到点 P 的光程差为

$$\Delta_3=\Delta_1+(n'-1)d=5\lambda$$

则

$$d=\frac{2\lambda}{n'-1}=4\lambda$$

(4) 如图 8-23 所示,从 S_1 经 M 反射至点 P 的光,与从 S_1 直接到达点 P 的光相干叠加后,在点 P 处产生干涉条纹.此时,两相干光在点 P 处的相位差与(1)中相比相差 π(反射时的相位跃变).因此,此时点 P 处是暗条纹.

[注意] 在根据光程差讨论干涉强弱时,要关注相位跃变(半波损失)存在与否.

[拓展] 若缝光源 S 不在 S_1、S_2 的对称位置处,则上述问题的结果是否需要修改?为什么?

① 参阅赵凯华编《新概念物理教程 光学》(第二版)第 88 页,高等教育出版社,2021 年.

2. 薄膜干涉的光程差

如图 8-24 所示，在折射率为 n_1 的均匀介质中，有一折射率为 n_2 的薄膜，且 $n_2>n_1$. M_1 和 M_2 分别为薄膜的上、下两界面. 设由单色光源 S 上一点发出的光线 1，以入射角 i 投射到界面 M_1 上的点 A，一部分由点 A 反射（图中的光线 2），另一部分折射进薄膜并在界面 M_2 上反射，再经界面 M_1 折射而出（图中的光线 3）. 显然，光线 2、3 是两条平行光线，经透镜 L 会聚于屏幕 P 处. 由于光线 2、3 是同一入射光的两部分，虽经历了不同的路径，但有恒定的相位差，因此它们是相干光. 需要说明的是透镜并不引起附加的光程差①.

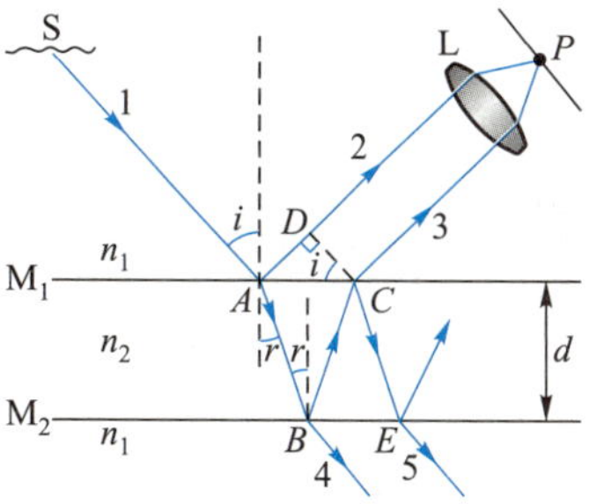

图 8-24 薄膜干涉

设 $CD\perp AD$，则 CP 和 DP 的光程相等. 由图可知，光线 3 和光线 2 的光程差为

$$\Delta' = n_2(AB+BC) - n_1 AD \qquad (8-22)$$

设薄膜的厚度为 d，由图可得

$$AB = BC = d/\cos r$$

$$AD = AC\sin i = 2d\tan r\sin i$$

把以上两式代入式（8-22），得

$$\Delta' = \frac{2d}{\cos r}(n_2 - n_1\sin r\sin i)$$

根据折射定律 $n_1\sin i = n_2\sin r$，上式可写成

$$\Delta' = \frac{2d}{\cos r}n_2(1-\sin^2 r) = 2n_2 d\cos r \qquad (8-23)$$

或

$$\Delta' = 2n_2 d\sqrt{1-\sin^2 r} = 2d\sqrt{n_2^2 - n_1^2\sin^2 i} \qquad (8-24)$$

此外，由于薄膜和介质的折射率不同，所以我们还必须考虑光在界面反射时可能具有相位跃变 π，或附加光程差 $\pm\frac{\lambda}{2}$. 我们在此取 $+\frac{\lambda}{2}$，则两相干光的总光程差为

$$\Delta_r = 2d\sqrt{n_2^2 - n_1^2\sin^2 i} + \left(\frac{\lambda}{2}, 0\right) \qquad (8-25)$$

当反射膜的折射率 n_2 大于或小于两侧介质的折射率时，需要考虑附加光程差 $\frac{\lambda}{2}$；当反射膜的折射率 n_2 分别大于、小于两侧介质的折射率时，则无须考虑附加光程差，或取附加光程为 0. 于是，干

① 参阅马文蔚等改编《物理学》（第七版）下册第 110 页，高等教育出版社，2020 年.

涉条件为

$$\Delta_r=2d\sqrt{n_2^2-n_1^2\sin^2 i}+\left(\frac{\lambda}{2},0\right)=\begin{cases}k\lambda, & k=1,2,\cdots(\text{加强})\\ \left(2k+1\right)\dfrac{\lambda}{2}, & k=0,1,2,\cdots(\text{减弱})\end{cases} \tag{8-26}$$

当光垂直入射(即 $i=0$)时

$$\Delta_r=2n_2d+\left(\frac{\lambda}{2},0\right)=\begin{cases}k\lambda, & k=1,2,\cdots(\text{加强})\\ (2k+1)\dfrac{\lambda}{2}, & k=0,1,2,\cdots(\text{减弱})\end{cases} \tag{8-27}$$

视频:薄膜干涉演示仪

利用薄膜干涉可以测定波长或薄膜的厚度,还可提高或降低光学器件的透射率.一些光学器件,常在表面镀一层薄膜,使反射由于干涉而减弱,因为入射光和反射光的总能量是守恒的.从而增强透射光,这种能减小反射光强度而增加透射光强度的薄膜,称为增透膜.有些光学器件则通过镀膜使反射光干涉而增强,这种利用干涉增加反射光强度的薄膜称为增反膜(高反射膜)

例 3

图 8-25(a)所示的照相机镜头是折射率为 1.50 的玻璃,上面镀有折射率为 1.38 的氟化镁(MgF_2)透明薄膜.若要使垂直入射到镜头上的黄绿光(波长约为 550 nm)最大限度地进入镜头(照相感光元件对黄绿光最敏感),则所镀的薄膜层至少应为多厚?

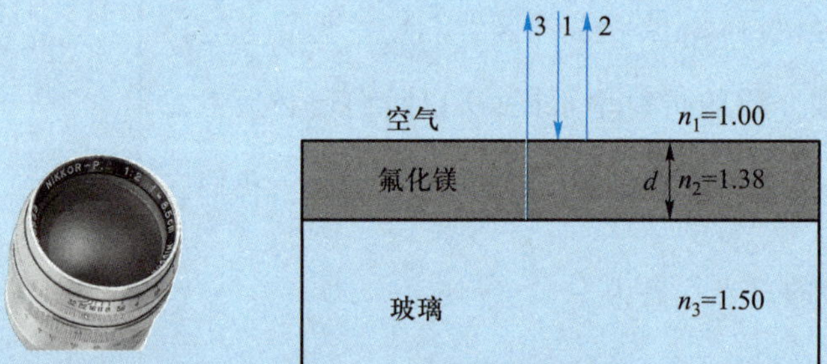

(a) 照相机镜头 (b) 镜头增透膜示意图

图 8-25

[分析] 根据题意,介质薄膜对黄绿光应是增透膜,须反射光干涉相消,且反射膜氟化镁的折射率分别大于空气、小于玻璃的折射率,无须考虑附加光程差,即薄膜上、下界面反射光的光程差

$$\Delta=\left(k+\frac{1}{2}\right)\lambda.$$

[解答] 在图 8-25(b)中,因为 $n_1=1$, $n_2=1.38$, $n_3=1.50$, $n_1<n_2<n_3$,所以在氟化镁薄膜上、下两界

面的反射光 2 和 3 都具有相位跃变 π，从而可不计入附加光程差.即有

$$\Delta=2n_2d=\left(k+\frac{1}{2}\right)\lambda,\quad k=0,1,2,\cdots$$

薄膜的厚度应满足

$$d=\frac{\left(k+\frac{1}{2}\right)\lambda}{2n_2},\quad k=0\text{ 时 }d\text{ 最小}$$

所以

$$d_{\min}=\frac{\lambda}{4n_2}=\frac{550\ \text{nm}}{4\times1.38}\approx10^2\ \text{nm}$$

［拓展］ 在实际中，这样的薄膜厚度太小，镀膜时难以操作且不牢固，那该怎么办呢？

3. 劈尖

如图 8-26(a)所示，G_1、G_2 为两片平板玻璃，其一端相接触，另一端被一细丝隔开，因而在 G_1 的下表面和 G_2 的上表面之间形成一个空气薄层，该空气薄层叫做空气劈尖.两玻璃片接触处为劈尖的棱边，图中 M 为与水平成 45°角放置的半透半反平面镜，L 为透镜，T 为显微镜.单色光源 S 发出的光经透镜 L 后成为平行光，经 M 反射后垂直射向劈尖（入射角 $i=0$）.自空气劈尖上、下两表面反射的光相互干涉，从显微镜 T 中可观察到明暗交替、均匀分布的干涉条纹［图 8-26(b)］.图中，相邻两明条纹（或暗条纹）中心间的距离 b 叫做条纹宽度.

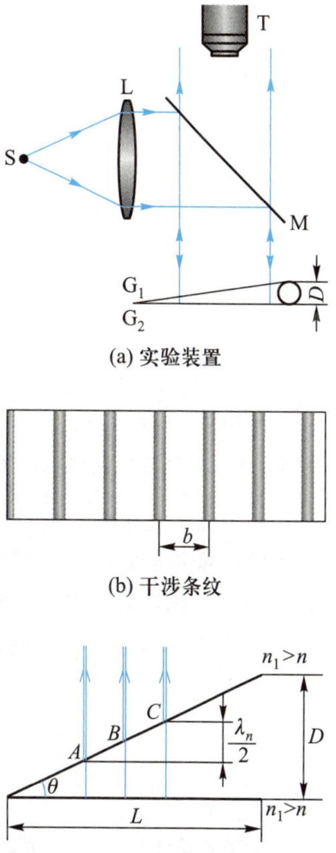

(a) 实验装置

(b) 干涉条纹

(c) 劈尖干涉条纹的形成原理

图 8-26 劈尖干涉

设入射处劈尖厚度为 d，劈尖层折射率为 n，则劈尖上、下表面反射的两相干光的光程差为

$$\Delta=2nd+\frac{\lambda}{2}$$

因此，劈尖反射光产生干涉极大（明条纹）的条件为

$$2nd+\frac{\lambda}{2}=k\lambda,\quad k=1,2,3,\cdots \tag{8-28}$$

产生干涉极小（暗条纹）的条件为

$$2nd+\frac{\lambda}{2}=(2k+1)\frac{\lambda}{2},\quad k=0,1,2,\cdots \tag{8-29}$$

从式(8-28)和式(8-29)可以看出，凡劈尖上厚度 d 相同的地方光程差都一样，均满足相同的干涉条件.因此，劈尖的干涉条纹是一系列平行于劈尖棱边的明暗相间的直条纹［图 8-26(b)］.这种与劈尖厚度相对应的干涉现象，叫做等厚干涉.

在两玻璃片相接触处（劈尖厚度 $d=0$），由于存在相位跃变，即有附加光程差 $\Delta=\frac{\lambda}{2}$，故在棱边处应为暗条纹.这和实际观察到的结果相符.

视频：劈尖法测量细丝直径

设第 k 级明条纹（或暗条纹）处劈尖的厚度为 d_k，第 $k+1$ 级明条纹（或暗条纹）处的劈尖厚度为 d_{k+1}，由式（8-28）、式（8-29），相邻两明条纹（或暗条纹）处劈尖的厚度差为

$$d_{k+1}-d_k=\frac{\lambda}{2n}=\frac{\lambda_n}{2} \tag{8-30}$$

式中 $\lambda_n(=\lambda/n)$ 为光在折射率为 n 的劈尖介质中的波长.

在图 8-26（c）中，D 为细丝直径，L 为玻璃片长度，θ 为两玻璃片间夹角，θ 实际很小.若相邻两明条纹（或暗条纹）间的距离为 b，则有

$$\theta\approx\frac{D}{L},\quad \theta\approx\frac{\lambda_n/2}{b}$$

得

$$D=\frac{\lambda_n}{2b}L=\frac{\lambda}{2nb}L \tag{8-31}$$

利用劈尖干涉，可测量细丝直径或纸张厚度、薄膜厚度、折射率等，也可用来检查表面的平整度等.下面的例题就讨论这方面的问题.

例 4

两块长 $L=10$ cm 的玻璃片一边相接触，另一边用一细丝隔开，波长为 680 nm 的平行光垂直照射到玻璃片上，在反射光方向测得从第 1 级暗条纹至第 21 级暗条纹的距离为2 cm，求细丝直径 D.

［分析］ 这是空气劈尖的等厚干涉问题，可根据劈尖干涉的规律求解.

［解答］ 根据题意，及有关数据得邻近干涉条纹间距 $b=\frac{2\ \text{cm}}{21-1}=0.1$ cm，又由式（8-31）可得

$$D=\frac{\lambda L}{2b}=\frac{0.68\times10^{-3}\ \text{mm}\times10\ \text{cm}}{2\times0.1\ \text{cm}}=0.034\ \text{mm}$$

［注意］ 干涉条纹间距的计算要仔细.

［拓展］ 细丝正上方应该是亮条纹还是暗条纹？

例 5

如图 8-27（a）所示，一光学平板玻璃 A 与待测工件 B 之间形成空气劈尖.用波长 $\lambda=500$ nm 的单色光垂直照射，反射光的干涉条纹如图 8-27（b）所示，有些条纹弯曲部分的顶点恰好与其右边条纹的直线部分相切.问工件的上表面缺陷是凸起纹还是凹槽？最大高度或最大深度是多少？

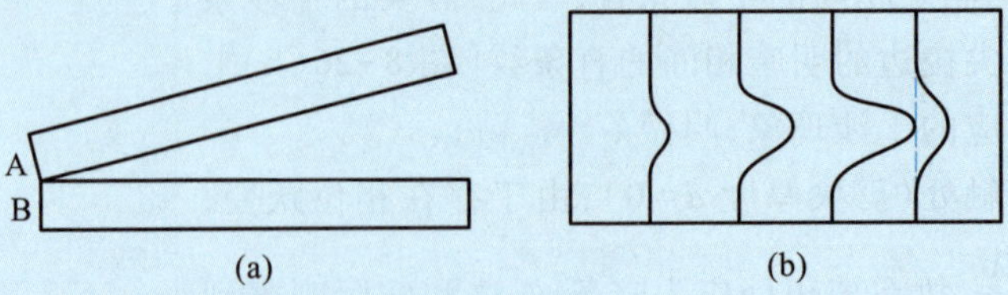

图 8-27

[分析] 这是等厚干涉问题，可根据等厚干涉的原理和规律分析得出结果.

[解答] 根据等厚干涉原理，厚度相同的地方对应同一干涉条纹. 现条纹向右弯曲，说明这一条纹右侧薄膜厚度与其相同，即缺陷是凸起纹.

最大弯曲部分顶点与其右边条纹直线相切. 即本该出现 $k+1$ 级条纹的地方仍在 k 级条纹上，而相邻条纹对应空气薄膜厚度差为 $\frac{\lambda}{2}$. 因此，最大高度为

$$\frac{\lambda}{2}=250\ \mathrm{nm}$$

[拓展] 若干涉条纹如图 8-28 所示，则上述结果应为如何？

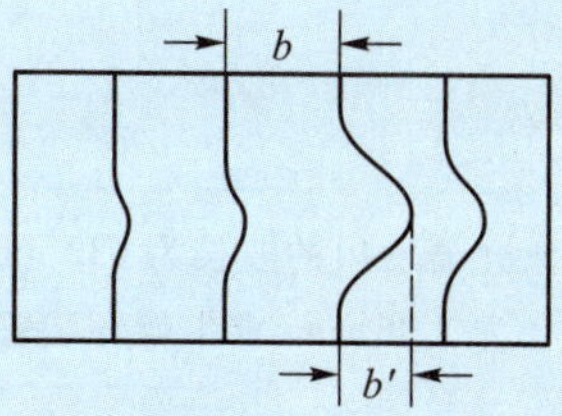

图 8-28

4. 牛顿环

如图 8-29(a)所示，将一曲率半径很大的平凸透镜和一块平玻璃摞在一起，构成一个上表面为球面、下表面为平面的空气膜. 由光源 S 发出的单色光，经半透半反镜 M 反射后垂直照射在空气膜上时，光要在空气膜的上、下表面处发生反射，这两束反射的相干光进入显微镜 T 后，形成如图 8-29(b)所示的干涉图样. 这个图案是许多明暗相间的同心环，叫做牛顿环.

下面计算干涉条纹的半径 r、光波的波长 λ 和平凸透镜的曲率半径 R 之间的关系. 在厚度为 d 的空气膜处，考虑有附加光程差，两相干光的光程差为

$$\Delta=2d+\frac{\lambda}{2}$$

由图 8-29 可得

$$r^2=R^2-(R-d)^2=2dR-d^2$$

已知 $R\gg d$，可以略去 d^2，故得

$$r=\sqrt{2dR}=\sqrt{\left(\Delta-\frac{\lambda}{2}\right)R}$$

由式(8-27)，得

明环半径 $$r=\sqrt{\left(k-\frac{1}{2}\right)R\lambda},\quad k=1,2,\cdots \tag{8-32}$$

暗环半径 $$r=\sqrt{kR\lambda},\quad k=0,1,2,\cdots \tag{8-33}$$

由于光在空气膜下表面反射时有 π 的相位跃变，故在透镜与平玻璃的接触处，$d=0$，光程差 $\Delta=\lambda/2$，所以反射时牛顿环的中心为一暗斑.

由式(8-32)可知，明环半径 $r=\sqrt{R\lambda/2},\sqrt{3R\lambda/2},\sqrt{5R\lambda/2},\cdots$

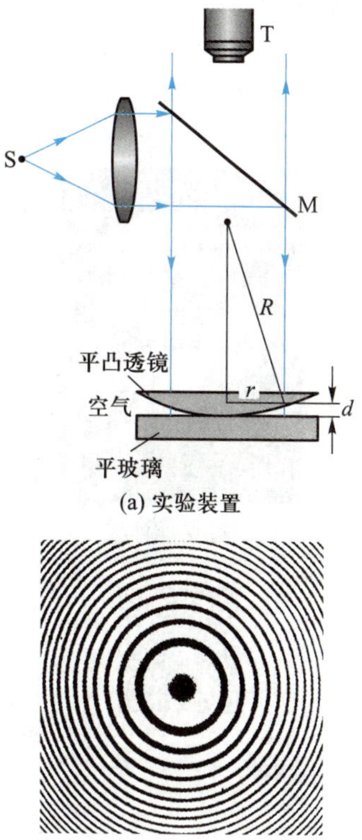

(a) 实验装置

(b) 干涉图样

图 8-29 牛顿环

动画：牛顿环

而由式(8-33)可得暗环半径 $r=\sqrt{R\lambda},\sqrt{2R\lambda},\sqrt{3R\lambda},\cdots$.这说明 k 越大,相邻明(暗)环之间的间距越小,条纹的分布是不均匀的.

例 6

用氦氖激光器发出的波长为 633 nm 的单色光做牛顿环实验,测得第 k 个暗环的半径为 5.63 mm,第$k+5$ 个暗环的半径为 7.96 mm,求牛顿环装置的平凸透镜的曲率半径 R.

[分析] 这是典型的牛顿环实验,应用暗环半径公式即可.

[解答] 根据式(8-33),有

$$r_k=\sqrt{kR\lambda},\quad r_{k+5}=\sqrt{(k+5)R\lambda}$$

解得

$$5R\lambda=(r_{k+5}^2-r_k^2)$$

$$R=\frac{r_{k+5}^2-r_k^2}{5\lambda}=\frac{(7.96\ \text{mm})^2-(5.63\ \text{mm})^2}{5\times633\ \text{nm}}=10.0\ \text{m}$$

[注意] 物理实验中人们常采用这样的方法确定平凸透镜的曲率半径.在工业上则可利用牛顿环来检查透镜的质量.

[拓展] 若将平凸透镜和平玻璃拉开一小距离,应怎样分析其干涉条纹的变化.

迈克耳孙

文档:迈克耳孙

根据光的干涉原理,人们制成了干涉仪.这是一种有着广泛应用的精密仪器,其中最经典的是 1881 年迈克耳孙(A.A.Michelson)精心设计的干涉仪,后被称为迈克耳孙干涉仪①.迈克耳孙干涉仪对狭义相对论的创立起了重要作用.而且,在广义相对论发表 100 周年之际,2015 年 9 月 14 日,美国激光干涉引力波天文台应用一台改进的迈克耳孙干涉仪,首次探测到了引力波.引力波是广义相对论最重要的预言,它的首次发现具有划时代的意义.

本节练习

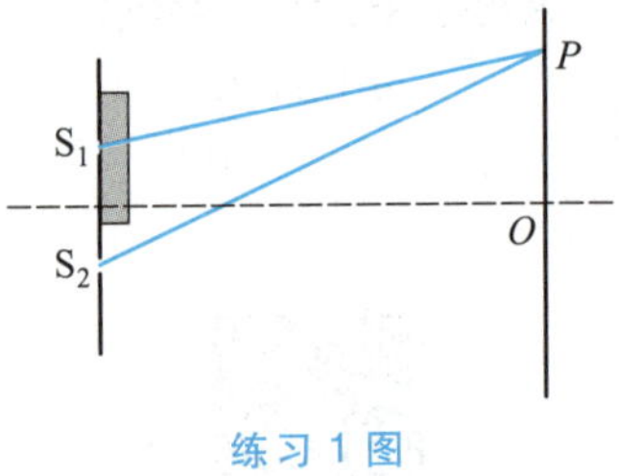

练习 1 图

1. 在双缝干涉实验中,入射光的波长为 λ,用玻璃纸遮住双缝中的一个缝,如图所示.若玻璃纸中光程比相同厚度的空气的光程大 2.5λ,则屏上原来的明条纹处(　　).

(A) 仍为明条纹　　(B) 变为暗条纹

(C) 既非明条纹也非暗条纹　　(D) 无法确定

2. 波长为 λ 的平行单色光垂直照射到劈尖薄膜上,劈尖薄膜的折射率为 n,第 2 级明条纹与第 5 级明条纹所对应的薄膜厚度之差是________.

① 可参阅马文蔚等改编《物理学》(第七版)下册第 11-4 节,高等教育出版社,2020 年.

8-3 光的衍射

一、光的衍射

1. 光的衍射现象

和干涉一样，衍射也是波动的一个重要特性. 光是电磁波，光在传播过程中遇到尺寸比光波波长大得不多的障碍物时，它将偏离直线传播绕过障碍物而进入其阴影区，并形成不均匀的光强分布，这种现象称为光的衍射现象.

如图 8-30 所示，一束平行光通过一个狭缝 K 后，在屏幕 P 上将呈现光斑图像 E. 若缝宽比波长大得多时，屏幕 P 上的光斑图像和狭缝完全一致[图 8-30(a)]，这时光可看成沿直线传播. 若缩小缝宽使它可与光波波长相比较，则在屏幕 P 上将出现如图 8-30(b) 所示的明暗相间的衍射条纹.

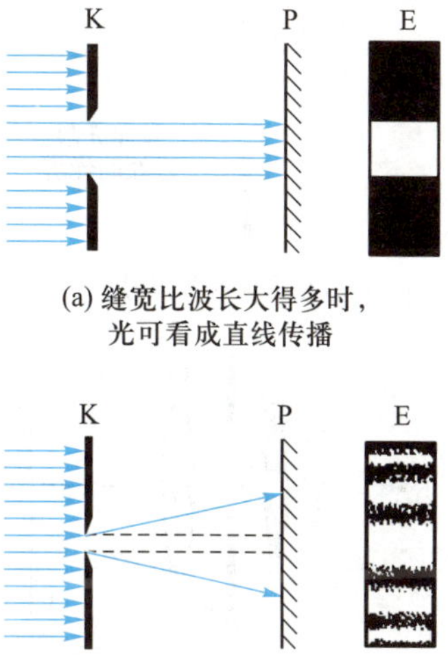

(a) 缝宽比波长大得多时，光可看成直线传播

(b) 缝宽可与波长相比拟时，出现衍射条纹

图 8-30 光通过狭缝

2. 惠更斯-菲涅耳原理

波动中曾用惠更斯原理解释了波的衍射，但是它不能说明沿不同方向传播的振动的振幅和相位，即不能定量计算在各个方向上波的强度.

菲涅耳运用波的叠加和干涉原理，给惠更斯原理作了补充. 他假设：从同一波面上各点发出的子波，在传播到空间某一点时，各个子波间也可以互相叠加而产生干涉现象. 这个发展了的惠更斯原理叫做惠更斯-菲涅耳原理.

菲涅耳(Augustin-Jean Fresnel，1788—1827) 法国物理学家. 1814 年开始研究光学，他以光的干涉原理补充了惠更斯原理，提出了惠更斯-菲涅耳原理，完美地解释了圆盘衍射等重要衍射现象，为波动光学的建立奠定了基础. 他还证明了光的横波性，并由此导出了著名的菲涅耳反射和折射公式. 菲涅耳在 1823 年当选为法国科学院院长，1825 年被评为英国皇家学会会员. 1827 年，菲涅耳不幸因肺病医治无效而英年早逝.

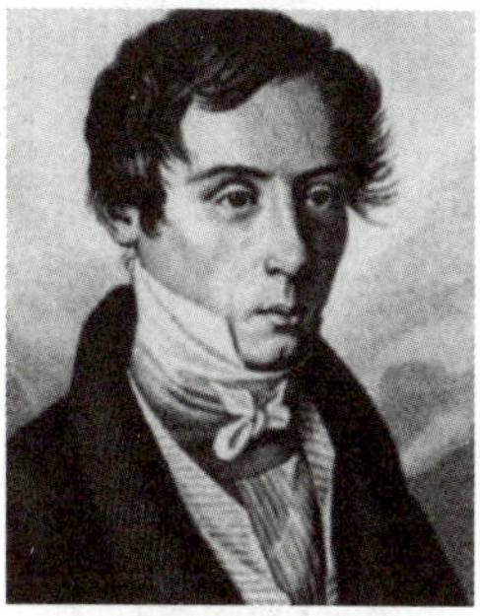

菲涅耳

文档：菲涅耳

3. 菲涅耳衍射和夫琅禾费衍射

依照光源、衍射孔(缝或障碍物)、屏幕三者的相互位置，衍射可分成两类.

图 8-31(a) 为菲涅耳衍射. 在这种衍射中，光源 S 或显示衍射花纹的屏幕 P，与衍射孔(缝或障碍物) R 之间的距离是有限的. 把光源和屏幕移到无限远处的衍射，叫做夫琅禾费衍射. 这时，光到

达衍射孔(缝)和到达无限远处屏幕上的波阵面都是平面[图 8-31(b)].在实验室中,常把光源放在透镜 L_1 的焦点上,并把屏幕 P 放在透镜 L_2 的焦面上[图 8-31(c)],则到达衍射孔(缝)的光和衍射光都能满足夫琅禾费衍射的条件.本书讨论夫琅禾费衍射.

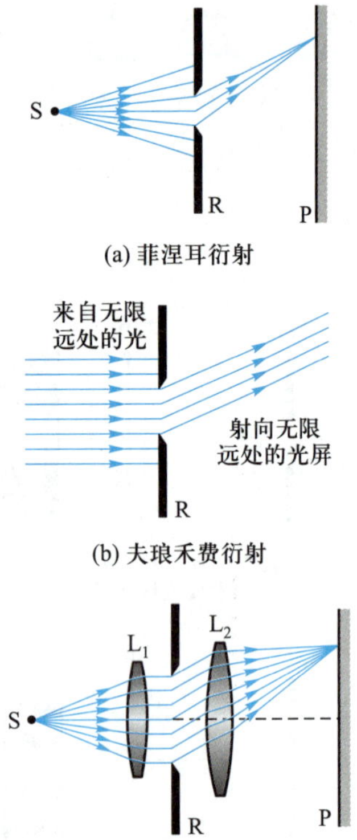

(a) 非涅耳衍射

(b) 夫琅禾费衍射

(c) 在实验室中实现夫琅禾费衍射

图 8-31　两类衍射

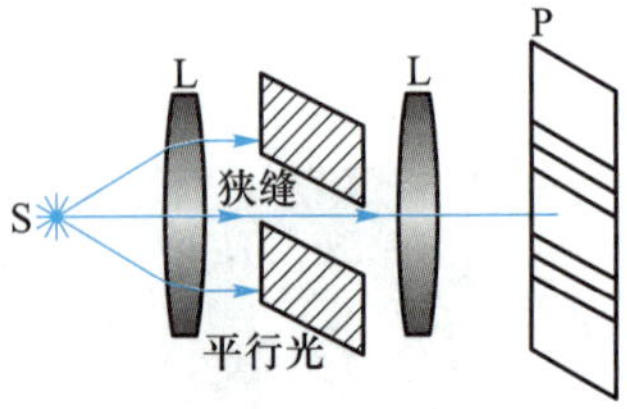

图 8-32　单缝衍射实验装置示意图

动画:单缝的夫琅禾费衍射图样和光强分布曲线

二、单缝衍射

单缝夫琅禾费衍射的实验装置示意图如图 8-32 所示.当平行光垂直照射宽度很小(可与光波长相比拟)的狭缝时,光会产生衍射,再经透镜 L 会聚在屏幕 P 上,这样形成的条纹叫做单缝衍射条纹(图 8-33).下面我们解释单缝衍射条纹的形成.

在图 8-34 中,AB 为单缝的截面,其宽度为 b.按照惠更斯-菲涅耳原理,AB 上各点都可以看成是新的波源,它们发出的子波到达空间某处时,会进行相干叠加.

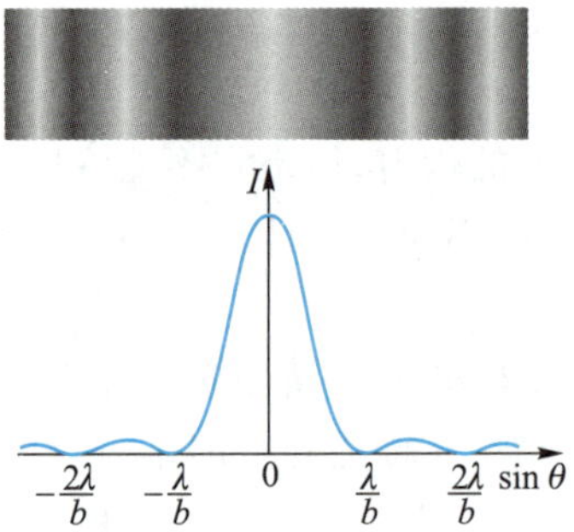

图 8-33　单缝衍射条纹及其强度分布

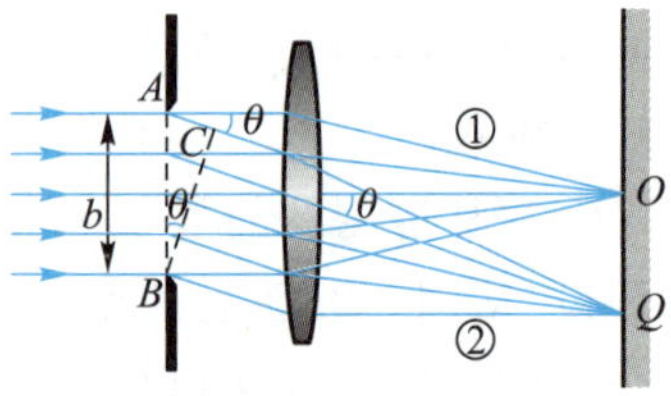

图 8-34　单缝衍射原理图

首先考虑沿入射方向传播的各子波射线(光束①),它们经透镜 L 会聚于焦点 O.由于 AB 是同相位面,所以这些子波的相位是相同的,它们经透镜后不会引起附加的光程差,所以它们在点 O 会聚时仍保持相同的相位,因而互相加强.这样,在正对狭缝中心的 O 处将是一条明条纹的中心,该明条纹叫做中央明纹.

在其他方向上,如与入射方向成 θ 角的子波射线(光束②),θ 叫衍射角.平行光束②经过透镜会聚于屏幕上点 Q,但光束②中各子波到达点 Q 的光程并不相等,所以它们在点 Q 的相位也不相同.如果作面 BC 垂直于面 AC,则由面 BC 上各点到达点 Q 的光程都相等.这样,从面 AB 发出的各子波射线在点 Q 的相位差,就等于它们在 BC 面上的相位差.由图可见,从单缝的 A、B 两端点来看,点 A 发出的子波比点 B 发出的子波多走 $AC=b\sin\theta$ 的光程.这是沿 θ 角方向各子波光线的最大光程差.下面我们用菲涅耳提出的构思精妙的半波带法来讨论单缝衍射条纹.

设 AC 恰好等于单色光半波长的整数倍,即

$$b\sin\theta=\pm k\frac{\lambda}{2},\quad k=1,2,\cdots \tag{8-34}$$

我们把 AC 分成 k 等分,并作彼此相距为 $\lambda/2$ 的平行于 BC 的平面,这些平面也把单缝上波面 AB 切割成 k 个波带.

图 8-35(a)表示当 $k=4$ 时,波面 AB 被分成 AA_1、A_1A_2、A_2A_3 和 A_3B 四个面积相等的波带,从每个波带发出的子波的强度,可以认为是相等的.每个波带上的对应点(如 AA_1 与 A_1A_2 的中点)所发出的子波光线,到达点 Q 处的光程差均为 $\lambda/2$.因而互相干涉抵消.故上述波带叫做半波带.于是,AA_1 和 A_1A_2 两相邻半波带上各子波波源发出的光,在点 Q 处相互干涉抵消.依此类推,A_2A_3 与 A_3B 两相邻半波带上各子波波源发出的光,在点 Q 处也相互干涉抵消.因而点 Q 处呈现为暗条纹.所以,对于某确定的衍射角 θ,若 AC 恰好等于半波长的偶数倍,即单缝上波面 AB 恰好能分成偶数个半波带,则在屏上对应处是暗条纹(中心).

夫琅禾费

文档:夫琅禾费

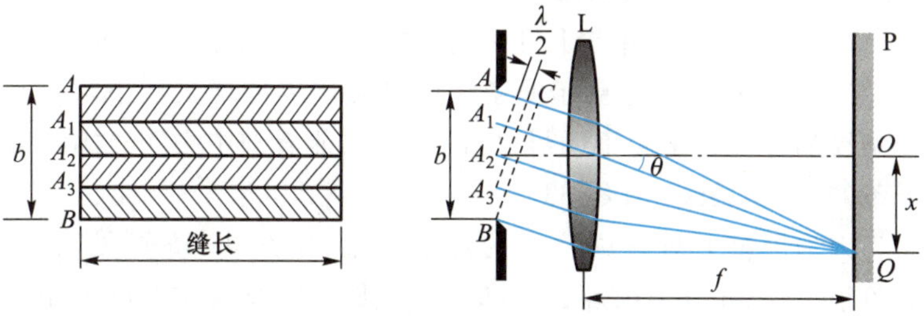

(a) k=4, $AC=4\times\frac{\lambda}{2}$

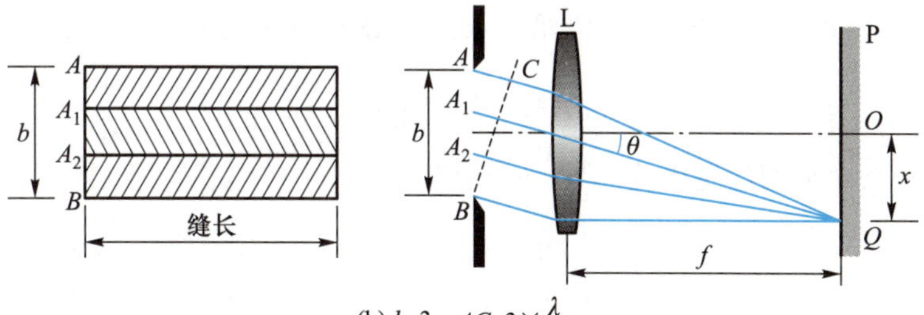

(b) k=3, $AC=3\times\frac{\lambda}{2}$

图 8-35 单缝的菲涅耳半波带

如图 8-35(b)所示,若 $k=3$,则波面 AB 可被分成三个半波带.此时,AA_1 与 A_1A_2 相邻两半波带上各对应点的子波,相互干涉抵消.只剩下半波带 A_2B 上的子波到达点 Q 处没有被抵消,因此点 Q 将是明条纹的中心.依此类推,当 $k=5$ 时,可被分成五个半

波带,其中四个相邻半波带相互干涉抵消,只剩下一个半波带的子波没有被抵消,因此点 Q 处也将出现明条纹.但是 $k=5$ 时,每个半波带的面积要小于 $k=3$ 时每个半波带的面积,因此波带越多,即衍射角 θ 越大时,明条纹的亮度越小.若对应于某个 θ 角,AB 不能分成整数个半波带,则屏幕上的对应点将介于明暗之间.上述讨论可用数学公式表示,当衍射角 θ 适合

$$b\sin\theta=\pm 2k\frac{\lambda}{2}=\pm k\lambda,\quad k=1,2,\cdots \tag{8-35}$$

时,为暗条纹(中心).对应于 $k=1,2,\cdots$ 的条纹分别叫做第 1 级暗条纹、第 2 级暗条纹…….式中正、负号表示条纹对称地分布于中央明纹的两侧.两侧对称的第 1 级暗条纹之间的距离(即在 $b\sin\theta=-\lambda$ 和 $b\sin\theta=\lambda$ 之间)为中央明纹的宽度(注意:$b\sin\theta=0$,即 $\theta=0$,是中央明纹的中心).

当衍射角 θ 满足

$$b\sin\theta=\pm(2k+1)\frac{\lambda}{2},\quad k=1,2,\cdots \tag{8-36}$$

时,点 Q 处为明条纹(中心).对应于 $k=1,2,\cdots$ 的条纹分别叫做第 1 级明条纹、第 2 级明条纹…….

由上讨论可知,单缝衍射条纹对称分布在中央明纹的两侧,两暗纹中间为明条纹.由于明条纹的亮度随 k 的增大而下降,明、暗条纹的分界越来越不明显,所以一般只能看到中央明纹附近若干条的明、暗条纹(图 8-33).

因为屏幕 P 处在透镜 L 的焦平面上,由图 8-35 可见,在衍射角很小时,$\sin\theta\approx\theta$,那么 θ 和透镜焦距 f 以及条纹在屏上距中心 O 的距离 x 之间的关系为

$$x=\theta f$$

由式(8-35)可知,第 1 级暗条纹距中心 O 的距离为

$$x_1=\theta_1 f=\frac{\lambda}{b}f$$

所以中央明纹宽度为

$$l_0=2x_1=\frac{2\lambda f}{b} \tag{8-37}$$

其他任意两相邻暗条纹的距离(即其他明条纹的宽度)为

$$l=\theta_{k+1}f-\theta_k f=\left[\frac{(k+1)\lambda}{b}-\frac{k\lambda}{b}\right]f=\frac{\lambda f}{b} \tag{8-38}$$

可见,所有其他明条纹均有同样的宽度,而中央明纹的宽度为其他明纹宽度的两倍,若已知缝宽 b、焦距 f,又测出 l_0 或 l,就可用

文档:光的衍射法测细丝直径

文档:光的单缝衍射的一些应用

单缝衍射来测定光波的波长,单缝衍射还可用于测量细微物体的线度、微小间隔和微小位移等.

从式(8-38)可以看出,当单缝宽度 b 很小时,条纹分布较宽,光的衍射作用明显.当 b 变大时,条纹相应变得狭窄而密集;当单缝很宽($b\gg\lambda$)时,各级衍射条纹都密集于中央明纹附近而分辨不清,只能观察到一条亮纹,它就是单缝的像.这时,光可看成是沿直线传播的.当缝宽 b 一定时,入射光的波长 λ 越大,衍射角也越大.因此,若以白光照射,则中央明纹将是白色的,而其两侧呈现一系列由紫到红的彩色条纹.

例 1

在夫琅禾费单缝衍射装置中,用细丝代替单缝,就构成了衍射细丝测径仪.已知光波波长为 630 nm,透镜焦距为 50 cm,今测得中央明纹的宽度为 1.0 cm,试求该细丝的直径.

[分析] 细丝衍射和单缝衍射情况相同,其直径对应于缝宽 b,故应用单缝衍射中央明纹宽度的公式即可.

[解答] 根据夫琅禾费单缝衍射中央明纹宽度公式

$$l_0=\frac{2\lambda f}{b}$$

得,该细丝的直径为

$$b=\frac{2\lambda f}{l_0}=\frac{2\times630\times10^{-6}\times50\times10}{1\times10}\ \mathrm{mm}=6.3\times10^{-2}\ \mathrm{mm}$$

例 2

平行单色光垂直照射到缝宽为 0.5 mm 的单缝上,缝后有一个焦距为 100 cm 的凸透镜,在透镜焦平面上的屏上形成衍射条纹,若距离透镜焦点(中央明纹中心)为 1.5 mm 的点 P 处为第 1 级明条纹,试求:

(1) 入射光的波长;

(2) 该条纹对应的狭缝可分成的波带数;

(3) 中央明纹宽度.

[分析] 这是夫琅禾费单缝衍射.应用明条纹条件即可求得光波长;根据菲涅耳半波带法原理即可知对应的波带数;代入公式即可得中央明纹宽度.

[解答] (1) 明条纹条件:

$$b\sin\theta=(2k+1)\frac{\lambda}{2}$$

其位置 $$x=f\tan\theta\approx f\sin\theta=(2k+1)\frac{f\lambda}{2b}$$

则 $$\lambda=\frac{2bx}{(2k+1)f}$$

因为 $k=1$,$b=0.5$ mm,$x=1.5$ mm,$f=100$ cm,代入上式,得入射光的波长为

$$\lambda=500\ \mathrm{nm}$$

(2) 点 P 处为 $k=1$ 的明条纹,对应的波带数为

$$N=2k+1=3$$

(3) 中央明纹宽度为

$$l_0=\frac{2\lambda f}{b}=\frac{2\times500\times10^{-9}\times1}{0.5\times10^{-3}}\ \mathrm{m}=2.0\ \mathrm{mm}$$

[注意] 透镜焦点即图 8-35 中的 O 点,故离透镜焦点的距离为 x.

[拓展] 若已知入射光为可见光(波长 400~760 nm),而未知点 P 处明条纹的级次,如何解此题?

三、圆孔衍射 *光学仪器的分辨本领

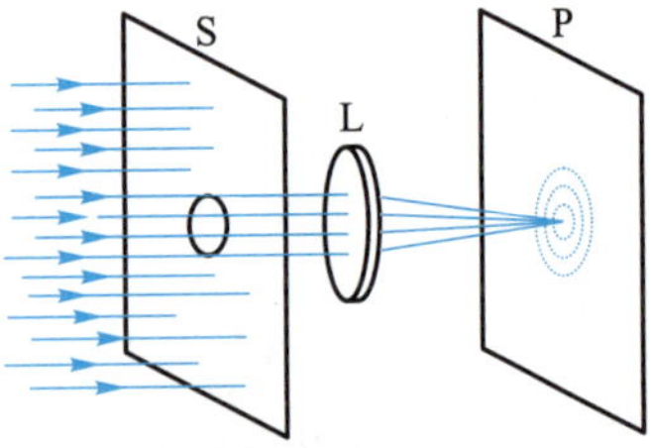

(a) 圆孔衍射

(b) 衍射图样

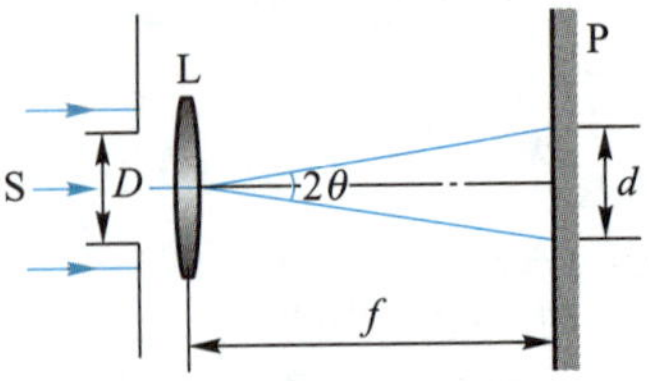

(c) 艾里斑对透镜光心的张角与圆孔直径、单色光波长的关系

图 8-36 圆孔衍射和艾里斑

动画：圆孔的夫琅禾费衍射图样和光强分布曲线

1. 圆孔衍射

上面讨论了光通过矩形狭缝时的衍射现象.同样，平行光通过小圆孔时，也会产生衍射现象.如图 8-36(a)所示，当单色平行光垂直照射小圆孔时，在透镜 L 焦平面处的屏幕上将出现中央为亮圆斑，周围为明、暗交替的环形衍射图样[图 8-36(b)].中央圆斑较亮，称为艾里(Airy)斑.若艾里斑的直径为 d，透镜的焦距为 f，圆孔的直径为 D，单色光的波长为 λ，由理论计算可得，艾里斑对透镜光心的张角 2θ[图 8-36(c)]与圆孔直径 D、单色光波长 λ 有如下关系：

$$2\theta=\frac{d}{f}=2.44\frac{\lambda}{D} \qquad (8-39)$$

*2. 光学仪器的分辨本领

光学仪器中的透镜、光阑等都相当于一个透光的小圆孔.以几何光学的观点来看，物体通过光学仪器成像时，每一物点都有一对应的像点.但由于光的衍射，像点已不是一个几何的点，而是有一定大小的艾里斑.因此对相距很近的两个点，其相对应的两个艾里斑就会互相重叠，甚至无法分辨出两个物点的像.可见，由于光的衍射，使光学仪器的分辨能力受到了限制.

下面以透镜 L 为例，说明光学仪器的分辨能力与哪些因素有关.

设在远处有两个点光源 S_1、S_2，它们的光到达透镜 L 时可看成是平行光，从而在透镜焦平面上形成两个艾里斑(图 8-37).

在图 8-37(a)中，S_1 与 S_2 相距较大，两个艾里斑中心的距离 d_0 大于艾里斑的半径($d/2$).这时，两衍射图样虽然部分重叠，但重叠部分的光强较艾里斑中心处的光强要小.因此，两物点的像是能够被分辨的.

而在图 8-37(c)中，S_1 和 S_2 相距很近，两个艾里斑中心的距离 d_0 小于艾里斑的半径($d/2$).这时，两个衍射图样重叠而混为一体，两物点就不能被分辨出来.

在图 8-37(b)中，S_1 和 S_2 的距离恰好使两个艾里斑中心的距离 d_0 等于每一个艾里斑的半径，即 S_1 的艾里斑中心，刚好和 S_2 的艾里斑第一暗环相重叠(反之亦然).这时，两个艾里斑重叠部分的中心光强 I 为每一个中央亮斑最大强度 I_0 的 80%($I=0.8I_0$)，则两物点刚好能被光学仪器所分辨.我们把两个物点 S_1 和 S_2 对透镜光心的张角，叫做最小分辨角 θ_0，由式(8-39)可得

$$\theta_0=1.22\lambda/D \qquad (8-40)$$

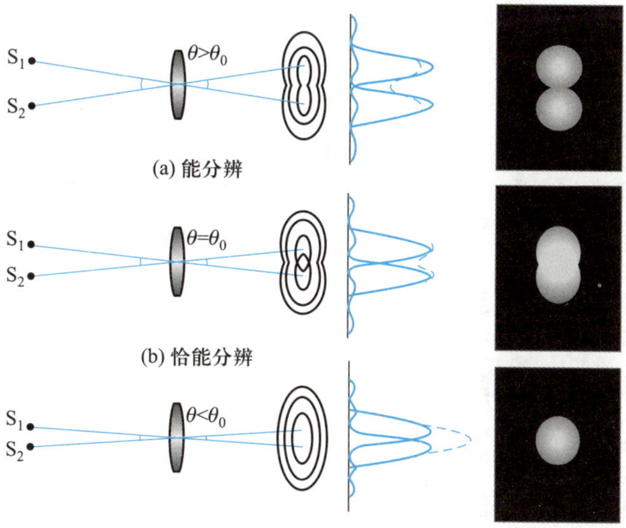

(a) 能分辨

(b) 恰能分辨

(c) 不能分辨

图 8-37 光学仪器的分辨本领

动画：分辨本领

在光学中，光学仪器的最小分辨角的倒数 $1/\theta_0$ 叫做分辨本领，由式(8-40)可以看出：最小分辨角 θ_0 与波长 λ 成正比，即分辨本领与波长成反比。波长越小分辨本领越大；θ_0 与 D 成反比，即分辨本领与仪器的透光孔径 D 成正比。D 越大，则分辨本领也越大。在天文观测上，采用直径很大的透镜，以提高望远镜的分辨本领。

近代物理学（参见第九章）指出，电子亦有波动性。与运动电子（如电子显微镜中的电子束）相应的物质波波长比可见光的波长要小，约为十分之几埃到几埃数量级。因此，电子显微镜的分辨率要比普通光学显微镜的分辨率约大数千倍。

视频：光的衍射与蜜蜂的复眼

四、衍射光栅

在单缝衍射中，若缝较宽，明条纹亮度虽较强，但相邻明条纹的间隔很窄而不易分辨；若缝很窄，明条纹的间隔虽可加宽，但亮度却显著减小。在这两种情况下，都很难精确地测定条纹宽度，因此用单缝衍射不能精确地测定光波波长。那么，我们是否可以获得明条纹本身既亮又窄，且相邻明条纹分得很开的条纹呢？利用衍射光栅可做到这一点。

1. 光栅

我们在玻璃片上刻划出许多条等间距、等宽度的平行直线，刻痕处相当于毛玻璃（不透光），而两刻痕间可以透光，相当于一个单缝。这样平行排列的许多等间距、等宽度的狭缝就构成了平面衍射光栅。设不透光部分的宽度为 b'，透光部分的宽度为 b，则

$b+b'$叫做光栅常量.实际的光栅,通常在 1 cm 内刻划有成千或上万条平行等间距的透光狭缝.若在 1 cm 内刻划有 1 000 条狭缝,则其光栅常量为 1×10^{-5} m.一般的光栅常量的数量级为 $10^{-6}\sim10^{-5}$ m.

如图 8-38 所示,当一束平行单色光照射到光栅上时,每一狭缝都要产生衍射,而缝与缝之间透过的光又要发生干涉.用透镜 L 把光束会聚到屏幕上,就会呈现光栅衍射条纹(图 8-39).

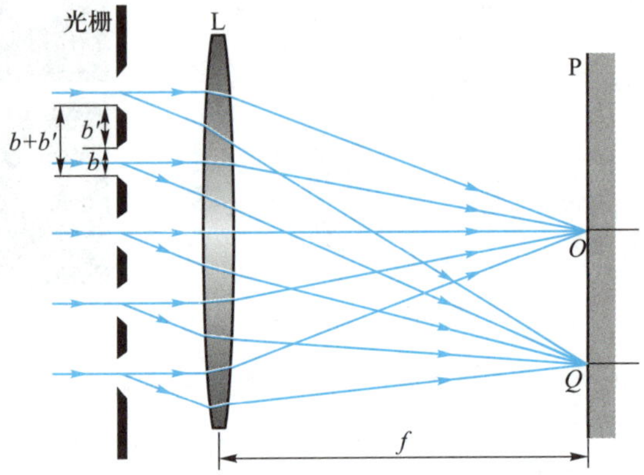

图 8-38 透射式平面衍射光栅实验的截面示意图

实际装置中,f 比 $b+b'$ 大得多

图 8-39 多缝衍射条纹

2. 光栅衍射条纹的形成

光栅中的每一条透光缝,由于单缝衍射都将在屏幕上呈现衍射图样.但是,由于各缝发出的衍射光都是相干光,所以会产生衍射光间的干涉现象.因此,光栅的衍射条纹是衍射和干涉的总效果.

下面简单讨论一下，在屏上某处出现光栅衍射条纹所应满足的条件.

在图 8-40 中，试选取任意两相邻透光缝来分析. 当这相邻两缝发出的沿衍射角 θ 方向的光，被透镜会聚于点 Q 时，若它们的光程差 $(b+b')\sin\theta$ 恰好是入射光波长 λ 的整数倍，可知，这两条光线相互加强. 显然，其他任意相邻两缝沿 θ 方向的光程差也等于 λ 的整数倍，它们的干涉效果也都是相互加强的. 所以总体来看，光栅衍射明条纹的条件是衍射角 θ 必须满足下列关系：

$$(b+b')\sin\theta=\pm k\lambda,\quad k=0,1,2,\cdots \tag{8-41}$$

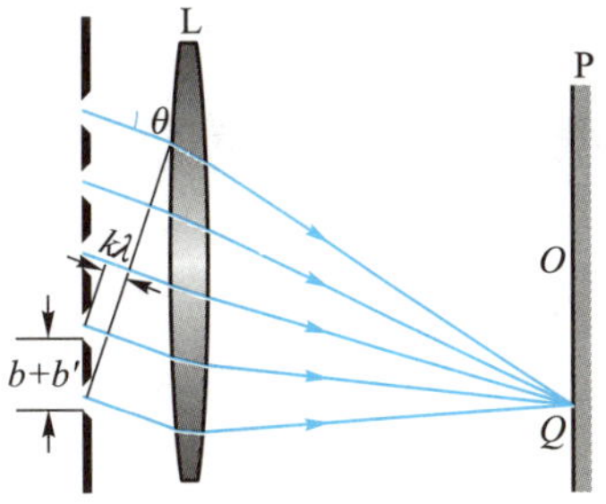

图 8-40 光栅衍射明条纹的形成

动画：多缝干涉/衍射

上式称为光栅方程. 式中，对应于 $k=0$ 的条纹叫中央明纹，对应于 $k=1,2,\cdots$ 的明条纹分别叫第 1 级、第 2 级……明条纹. 正、负号表示各级明条纹对称地分布在中央明纹两侧.

可以证明，光栅中狭缝条数越多，明条纹就越亮；光栅常量越小，明条纹就越窄，明条纹间相隔得就越远. 若以 θ_1 和 θ_2 分别为第 1 级明条纹和第 2 级明条纹的衍射角，则有

$$\sin\theta_1=\frac{\lambda}{b+b'}$$

$$\sin\theta_2=\frac{2\lambda}{b+b'}$$

从上式可见，当以单色光垂直照射光栅时，光栅常量 $b+b'$ 越小，$\theta_2-\theta_1$ 越大，则在屏幕上明条纹的间隔也越大.

3. 衍射光谱

由光栅方程可见，当光栅常量 $b+b'$ 一定时，明、暗条纹的衍射角 θ 的大小和入射光的波长有关. 若白光经过光栅后，各种波长的单色光将产生各自的衍射条纹. 除中央明纹由各色光混合仍为白光外，其两侧的各级明条纹都由紫到红对称排列着，这些由各色光谱线组成的彩色光带，叫做衍射光谱（图 8-41）. 由于波长短的衍射角小，波长长的衍射角大，所以紫光（图中以 V 表示）靠近中央明纹，红光（图中以 R 表示）则远离中央明纹. 从图中还可以看出，级数较高的光谱中有部分谱线是彼此重叠着的.

视频：光栅原理与相控阵雷达

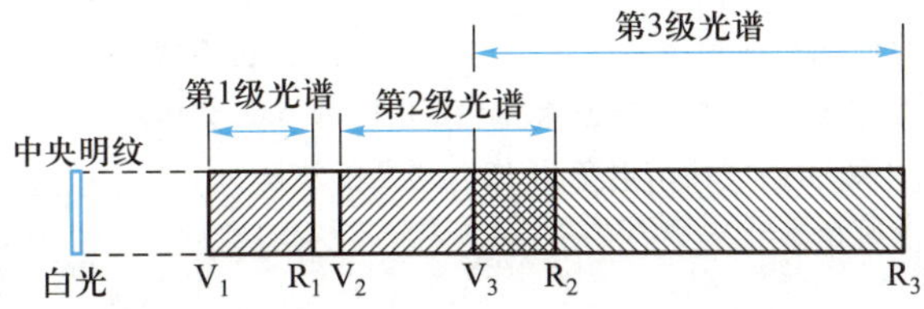

图 8-41 衍射光谱

各种光源发出的光所形成的光谱各不相同. 如炽热固体等所发射的光谱，是连成一片的各色光，叫做连续光谱. 放电管中激发

的气体所发出的光谱，是由一些分立的明线构成的，叫做线状光谱；还有一类光谱叫做带状光谱，它由若干条明带组成，而每一条明带实际上是一些密集的谱线．带状光谱是由分子产生的，也叫做分子光谱．

由于各种元素（或化合物）有它们自己特定的光谱，所以由某种材料的谱线结构，可以定性地分析出该材料所含的元素或化合物．此外，还可从谱线的强度定量地分析元素含量的多少．这种分析方法叫做光谱分析，在科学研究、工农业技术和环境保护等领域有着广泛的应用．

例 3

波长为 500 nm 的单色光，垂直入射到一个平面光栅上．如果要求第 1 级明条纹的衍射角为 30°，光栅每毫米应刻几条线？若换用另一单色光源，测得其第 2 级明条纹的衍射角为 60°，求这个光源发光的波长．

［分析］ 平面衍射光栅由许多条平行等间距的相同透光狭缝组成．相邻狭缝（或刻线）的间距为光栅常量 $b+b'$，因此，求出光栅常量即可得每毫米的刻线数，而光栅常量可根据光栅方程求得．换用光源后，根据已求得的光栅常量，运用光栅方程即可求得入射光波长．

［解答］ 根据光栅方程

$$(b+b')\sin\theta=k\lambda$$

得

$$b+b'=\frac{k\lambda}{\sin\theta}=\frac{1\times500\ \text{nm}}{\sin 30^\circ}=1\times10^{-3}\ \text{mm}$$

所以，每毫米的刻线数为

$$N'=\frac{1}{b+b'}=1\ 000\ \text{mm}^{-1}$$

换用光源后，$k=2$，$\theta=60^\circ$，代入光栅方程，得入射光波长为

$$\lambda'=\frac{(b+b')\sin\theta}{k}=\frac{1\times10^{-3}\times10^{6}\times\frac{\sqrt{3}}{2}\ \text{nm}}{2}=433\ \text{nm}$$

［注意］ 单色光各级谱线只有一条不会重合，若为复合光，各级谱线将有多条，会出现重合现象．

［拓展］ 若以白光（400～760 nm）垂直照射在该光栅上，求第 2 级光谱的张角．

本节练习

1. 在夫琅禾费单缝衍射实验中，对于给定的入射单色光，当缝宽度变小时，除中央亮纹的中心位置不变外，各级衍射条纹（　　）

（A）对应的衍射角变小　　（B）对应的衍射角变大

（C）对应的衍射角也不变　　（D）光强也不变

2. 为测定一个光栅的光栅常量，用波长为 632.8 nm 的光垂直照射光栅，测得第 1 级明条纹的衍射角为 18°，则光栅常量 $b+b'=$________，第 2 级明条纹的衍射角 $\theta=$________．

8-4 光的偏振

光的干涉和衍射现象说明了光的波动性.那么,光是纵波,还是横波呢? 电磁波理论指出电磁波是横波.光的偏振现象表明了光的确是横波.

一、光的偏振性

1. 自然光 偏振光

横波和纵波在某些方面的表现是截然不同的.如图 8-42 所示,在机械波的传播路径上,若放置一个狭缝 AB.对横波来说,当缝 AB 与横波的振动方向平行时,它可以穿过狭缝继续向前传播;当缝 AB 与横波的振动方向垂直时,由于振动受阻,横波就不能穿过狭缝继续向前传播[图 8-42(b)],但对纵波却都能穿过狭缝继续向前传播[图 8-42(c)、(d)],从机械波能否通过狭缝 AB,可以判断出它是纵波还是横波.

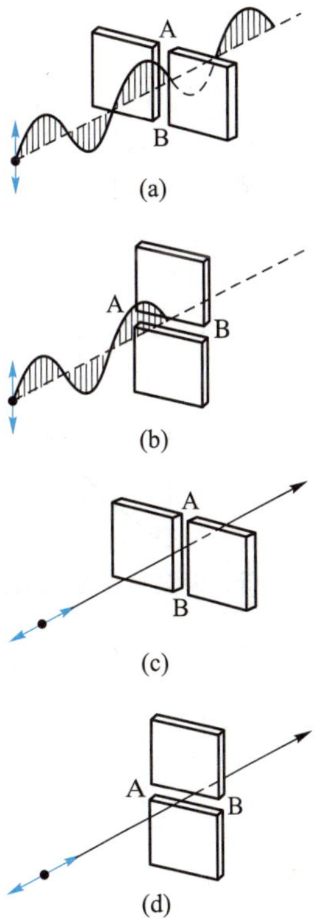

图 8-42 机械横波与纵波的区别

一般光源发出的光中,包含着各个方向的光矢量,没有哪一个方向占优势,即在所有可能的方向上,$\boldsymbol{E}$ 的振幅都相等.这样的光叫做自然光[图 8-43(a)].在任一时刻,我们可以把各个光矢量都沿任意取定的两个垂直方向分解,然后将所有光矢量的两个分量分别叠加起来,成为总光波光矢量的两个分量,而用图 8-43(b)所示的方法表示自然光.但应注意,由于自然光中光振动的无规性,所以这叠加而成的相互垂直的光矢量之间并没有恒定的相位差.为了简明地表示光的传播,常用和传播方向垂直的短线表示在纸面内的光振动,而用点表示和纸面垂直的光振动.对自然光,点和短线作等距分布,表示没有哪一个方向的光振动占优势[图8-43(c)].

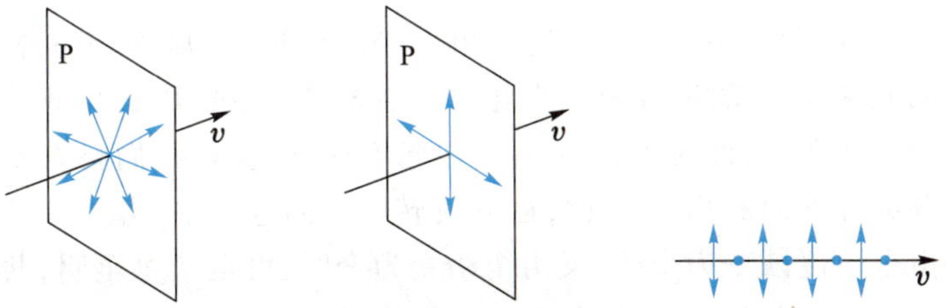

(a) 自然光中光矢量振幅在各个方向上都相等
(b) 将自然光分解为两个没有恒定相位差的垂直光振动
(c) 从左向右传播的自然光

图 8-43 自然光

自然光经反射、折射或吸收后，可能只保留某一方向的光振动.振动只发生在某一固定方向的光，叫做线偏振光，简称偏振光[图8-44(a)、(b)].偏振光的振动方向与传播方向组成的平面，叫做振动面.若光线中，某一方向的光振动比与之相垂直方向的光振动占优势，则这种光叫做部分偏振光[图8-44(c)、(d)].

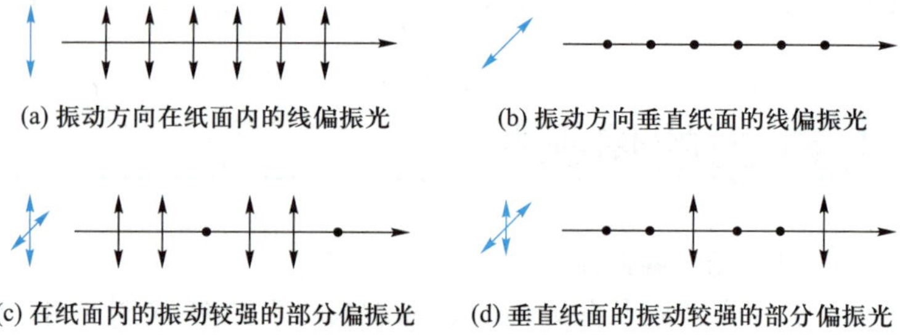
(a) 振动方向在纸面内的线偏振光
(b) 振动方向垂直纸面的线偏振光
(c) 在纸面内的振动较强的部分偏振光
(d) 垂直纸面的振动较强的部分偏振光

图 8-44 线偏振光和部分偏振光

2. 偏振片 起偏与检偏

除激光器等特殊光源外，一般光源(如太阳光、日光灯等)发出的光都是自然光.使自然光成为偏振光有多种方法，我们首先介绍利用偏振片产生偏振光的方法.

某些物质(例如硫酸金鸡纳硷)能吸收某一方向的光振动，而只让与这个方向垂直的光振动通过.把这种晶体涂敷于透明薄片上，就成为偏振片.当自然光照射在偏振片上时，它只让某一特定方向的光振动通过，这个方向叫做偏振化方向.通常偏振片上的偏振化方向在偏振片上用记号“↕”表示.图 8-45 表示自然光从偏振片射出后，就成为振动方向与偏振化方向相平行的偏振光.使自然光成为偏振光的装置叫做起偏器.偏振片是一种起偏器.

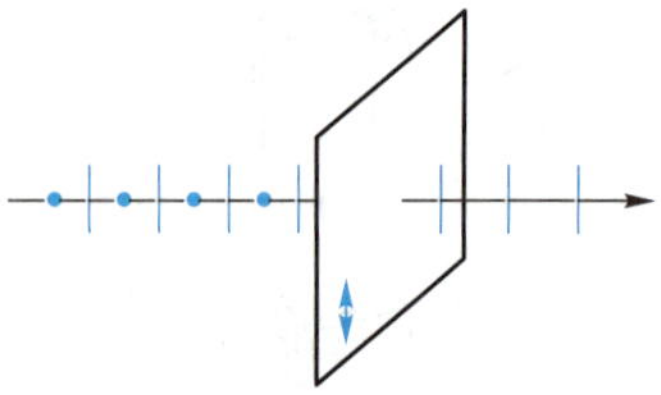

图 8-45 偏振片作为起偏器

起偏器不但可用以使自然光变成偏振光，也可用以检查某一光是否为偏振光(叫做检偏)，即起偏器也可作为检偏器.如图 8-46 所示，有两块偏振片 A、B，让透过偏振片 A 的偏振光投射到偏振片 B 上，当 B 与 A 的偏振化方向相同，则透过 A 的偏振光仍能透过 B[图 8-46(a)]，因此可清晰地看到放在 A、B 下面的物体.若把 B 绕光的传播方向转过一角度(小于 90°)，则 A、B 重叠部分的光强比较暗淡.若两偏振化方向互相垂直，A、B 重叠部分就完全不透明了，此时透过 A 的偏振光不能透过 B，我们将看不到重叠部分下面的物体.因此，在 B 旋转一周的过程中，透过 B 的光强由全明逐渐变为全暗，又由全暗变为全明，再全暗再全明，共经历了两个全明和全暗的过程.但若用自然光照射在 B 上，那么在旋转 B 的过程中，就不会出现两明和两暗的现象.根据这些现象，即可判断照射在偏振片上的光是否为偏振光.

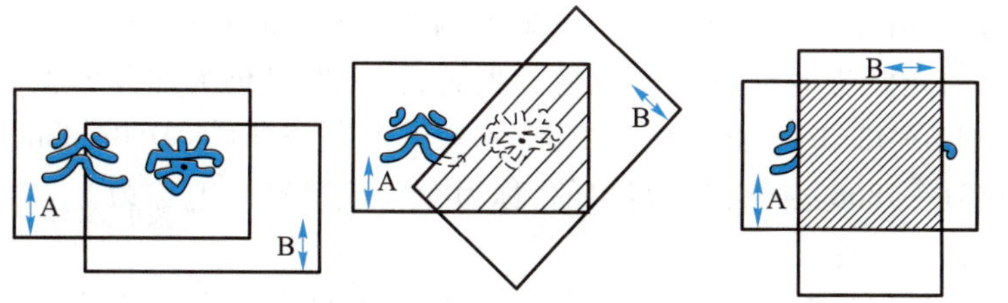

(a) A、B的偏振化方向相同 (b) A、B的偏振化方向成一不为90°的交角 (c) A、B的偏振化方向互相垂直

图 8-46 偏振片作为检偏器

3. 马吕斯定律

由起偏器产生的偏振光在通过检偏器以后，其光强如何变化？在图 8-47 中，起偏器 I 的偏振化方向为 OM，检偏器 Ⅱ 的偏振化方向为 ON，它们的夹角为 α. 自然光经过起偏器后成为沿 OM 方向的线偏振光，设其振幅为 E_0，而其只有沿 ON 方向的分量才能通过检偏器，则从检偏器透出的光的振幅为

$$E=E_0\cos\alpha$$

所以，若入射到检偏器上的光强为 I_0，则从检偏器射出的光强为

$$I=I_0\cos^2\alpha \tag{8-42}$$

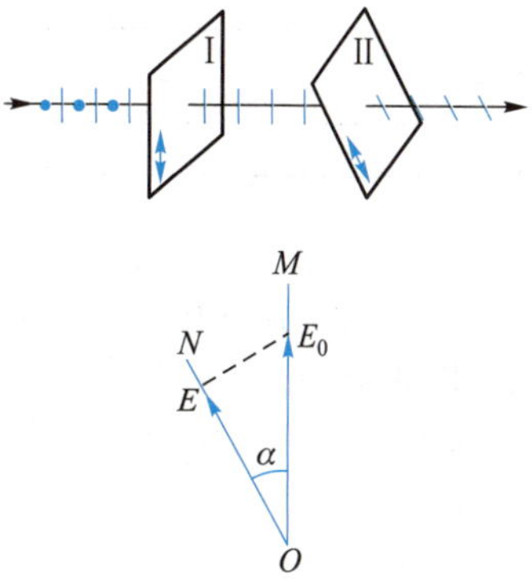

图 8-47 马吕斯定律

式(8-42)表明，强度为 I_0 的偏振光通过检偏器后，出射光的强度为 $I_0\cos^2\alpha$. 这一关系是马吕斯(E.L.Malus，1775—1812)于 1808 年由实验发现的，故叫做马吕斯定律.

当起偏器与检偏器的偏振化方向平行，即当 $\alpha=0$ 或 $\alpha=\pi$ 时，$I=I_0$，光强最大. 若两者的偏振化方向互相垂直，即当 $\alpha=\pi/2$ 或 $\alpha=3\pi/2$ 时，$I=0$，光强为零，这时没有光从检偏器中射出. 若 α 介于上述各值之间，则光强在最大值和零之间. 由此可检查入射光是否为偏振光，并确定其偏振化的方向.

二、反射光和折射光的偏振

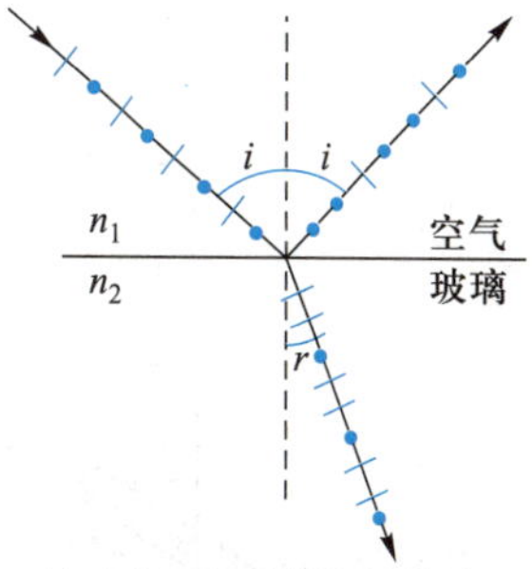

(a) 自然光经反射和折射后，产生部分偏振光

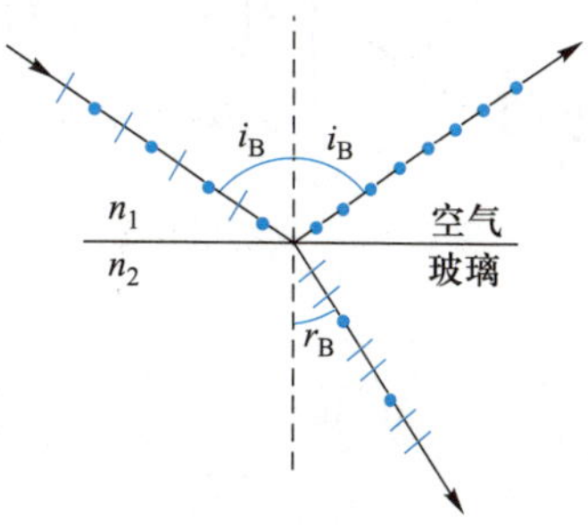

(b) 入射角为布儒斯特角时，反射光为偏振光

图 8-48

实验发现，当自然光入射到折射率分别为 n_1 和 n_2 的两种介质(如空气和玻璃)的分界面上时，反射光和折射光都是部分偏振光. 如图 8-48(a)所示，i 为入射角，r 为折射角，入射光为自然光，反射光是垂直入射面的振动较强的部分偏振光，而折射光则是平行入射面的振动较强的部分偏振光.

实验还发现，当改变入射角 i 时，反射光的偏振化程度也随之改变. 当入射角 i_B 满足

$$\tan i_B=\frac{n_2}{n_1} \tag{8-43}$$

时，反射光中就只有垂直于入射面的光振动，而没有平行于入射面的光振动.这时反射光成为偏振光，而折射光仍为部分偏振光[图 8-48(b)].式(8-43)是 1811 年由布儒斯特(D. Brewster, 1781—1868)从实验中得出的，称为布儒斯特定律. i_B 称为起偏角或布儒斯特角.

根据折射定律，可以证明，当入射角为起偏角时，反射光与折射光互相垂直.

对于一般的光学玻璃，反射光的强度约占入射光强度的 7.5%，大部分光能将透过玻璃.因此，仅靠自然光在一块玻璃的反射来获得偏振光，其强度是比较弱的.但将一些玻璃片叠成玻璃片堆(图 8-49)，并使入射角为起偏角，则由于在各个界面上的反射光都是光振动垂直于入射面的偏振光，所以经过玻璃片堆反射后，入射光中绝大部分的垂直光振动被反射掉了.这样，从玻璃片堆透射出的光中，几乎只有平行于入射面的光振动，透射光可近似地看作线偏振光.

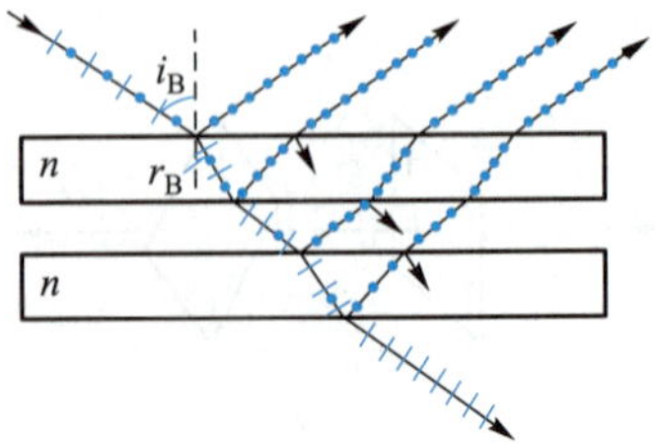

图 8-49 使光通过玻璃片堆，折射光近似为偏振光

这里只画出两片玻璃，且分开一定距离

三、双折射现象

一般情况下，一束光线在两种各向同性介质的分界面上发生折射时，在入射面内只有一束折射光，其方向由折射定律

$$\frac{\sin i}{\sin r}=n=\text{常量}$$

决定，其中 i 为入射角，r 为折射角，n 为相对折射率.

但特殊的是，对于光学性质随方向而异的一些晶体(如方解石等)，光线进入晶体后，一束入射光会有两束折射光.其中一束折射光的方向遵从上述折射定律，叫做寻常光(或 o 光)，另一束折射光的方向，不遵从折射定律，且随入射光的方向而变化，在一般情况下，这束折射光不在入射面内，故叫做非寻常光(或 e 光).这种现象叫做双折射现象.能产生双折射现象的晶体叫做双折射晶体(图 8-50).由实验可知，o 光和 e 光都是偏振光.它们的光矢量振动方向不同，在一定条件下，两种光的振动方向相互垂直.

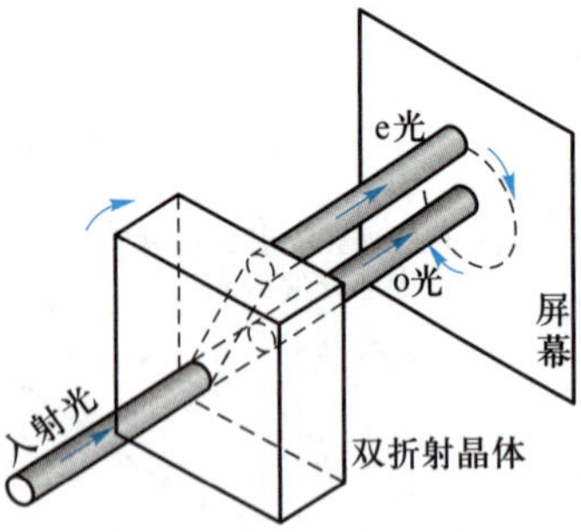

图 8-50 双折射现象

四、光偏振的应用

光的偏振在科学研究、工程技术和军事装备等领域以及日常

生活中，有着广泛的应用，这里举几个例子.

1. 3D 电影

我们用两只眼睛看物体，能产生立体感.基于此，3D（立体）电影利用光的偏振现象来分解图像，产生“立体”效果.

拍摄时，两台摄影机的两个镜头像人眼那样从两个不同方向同时拍摄场景，制成两组正片.放映时，用两台放映机同步放映这两组胶片.两台放映机前各放置一张偏振片，且其偏振化方向相互垂直，这会使振动方向相互垂直的两束偏振光重叠地投射到银幕上.观众戴一副偏振化方向相互垂直的镜片观看银幕，每只眼睛只看到透过镜片（偏振片）的偏振光产生的图像，即两只眼睛分别看到两台放映机各自播放的画面.于是，就像直接观看物体那样，图像通过人的视觉系统，产生立体感.

早期的 3D 电影，采用的是线偏振技术，现在则使用了圆偏振技术①，观众佩戴的眼镜一个镜片是左旋偏振片，另一个是右旋偏振片，左、右眼看到不同的图像，产生立体感.

2. 激光器的布儒斯特窗

激光器中的布儒斯特窗，利用反射时光的偏振，可根据布儒斯特定律，提高激光的输出功率，并使输出激光为线偏振光.

图 8-51 所示是一种外腔式激光器的谐振腔，在激光腔的两端装有布儒斯特窗 B，当光在两个腔镜 M 和 M′之间来回反射时，以布儒斯特角 i_B 射到窗 B 上，平行于入射面（即纸面）振动的光不发生反射而完全透过，而垂直于入射面振动的光则逐次被反射掉而不发生振荡.这样，只有平行于入射面振动的光在激光器内发生振荡（且无反射损耗）而形成激光.因此，这种激光器输出的是线偏振光.

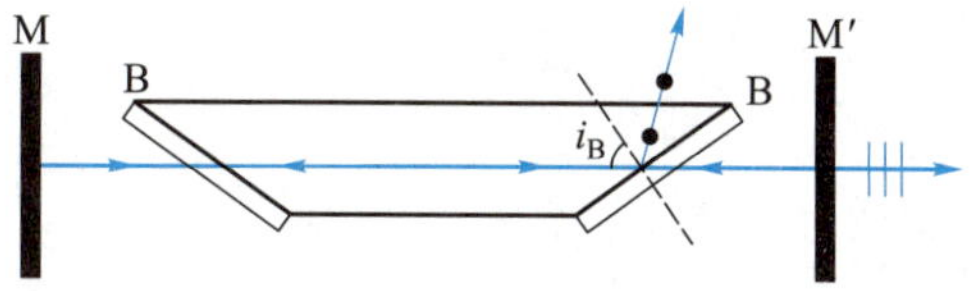

图 8-51 外腔式激光器谐振腔

3. 偏光镜

在光照强烈的户外，人们看远处的路面（如驾驶车辆时）或水面会感觉耀眼，如果戴上偏光镜（偏振太阳镜），景物就会清晰很多.这是由于偏光镜的镜片是偏振片，它只让振动方向与其偏振化方向一致的光透过，从而减弱引起“耀眼”的来自平坦物体的反射光，使景物显得清晰.同理，在拍摄水面下的景物或玻璃橱

① 参阅姚启钧原著、管曙光等改编《光学教程》（第七版）第 5 节、第 7 节，高等教育出版社，2025 年.

窗里的物体时，常常在镜头前加一个偏振镜（片），减弱镜面反射光，可使拍摄的照片更加清晰.

总之，利用光的偏振性开发的偏振器件、偏振设备和偏振技术在现代科技中发挥着越来越重要的作用.

例 1

一束光强为 I_0 的自然光垂直穿过两个偏振片，且两偏振片的偏振化方向成 45°角，若不考虑偏振片的反射和吸收，求穿过两个偏振片后的光强 I.

［分析］ 自然光穿过偏振片后，只剩下与偏振片的偏振化方向平行的一个振动方向的光矢量，故光强减半，再通过偏振片，出射光强可由马吕斯定律求得.

［解答］ 光强为 I_0 的自然光穿过一个偏振片后，光强为

$$I'=\frac{1}{2}I_0$$

其振动方向为该偏振片的偏振化方向，即与第二个偏振片的偏振化方向成 $\alpha=45°$ 角，于是，最后出射光强为

$$I=I'\cos^2\alpha=\frac{1}{4}I_0$$

［拓展］ 要使某一偏振光的振动方向转过 90°，至少需要几个偏振片？最后出射光强与原光强的比值为多少？

例 2

一束自然光由空气入射到某种介质的表面上，测得起偏角为 56°，求这种介质的折射率.

［分析］ 这是反射光的偏振问题，应用布儒斯特定律即可求解.

［解答］ 根据布儒斯特定律

$$\tan i_B=\frac{n_2}{n_1}$$

得

$$n_2=n_1\tan i_B$$

式中，$n_1=1$，$i_B=56°$，则这种介质的折射率为

$$n_2=1.48$$

［拓展］ 若此介质为一块有一定厚度的透明平板，那么此时，下表面的反射光是偏振光吗？透射光呢？

本节练习

1. 自然光以 60°的入射角照射到某两介质交界面时，反射光为线偏振光，则知折射光为（　　）.

（A）线偏振光，且折射角为 30°

（B）部分偏振光，且只是在该光由真空入射到折射率为$\sqrt{3}$的介质时，折射角为 30°

（C）部分偏振光，但须知两种介质的折射率才能确定折射角

（D）部分偏振光，且折射角为 30°

2. 检验自然光、偏振光和部分偏振光时，使被检验光入射到偏振片上，然后旋转偏振片.若从偏振片射出的光________，则入射光为自然光；若射

出的光________，则入射光为部分偏振光；若射出的光________，则入射光为偏振光.

章首问题答案

我们都看见过日出，初升的太阳看上去是扁的（椭圆）而且看不见辐射光芒（章首问题答案图1）.

章首问题答案图1　初升的太阳

初升的太阳为什么看上去是扁的？这是由于其发出的光穿过地球周围大气层时的折射造成的. 大气的密度随高度的增加而减小，其折射率也随高度的增加而减小. 太阳光穿过大气层，是从光疏介质射向光密介质，折射光逐渐向法线靠近，即弯向地面. 这样，我们从地面上观察，光线好像是从较高的位置射来，即发光点的视觉位置高于其实际位置（章首问题答案图2）. 根据折射定律可以证明，光线的入射角越大，这种弯曲程度越大，发光点的视觉位置抬高得越多. 因此，朝阳（夕阳也是如此）从顶部到底部视觉位置被抬高越来越多，所以这时的太阳看起来是扁的了.

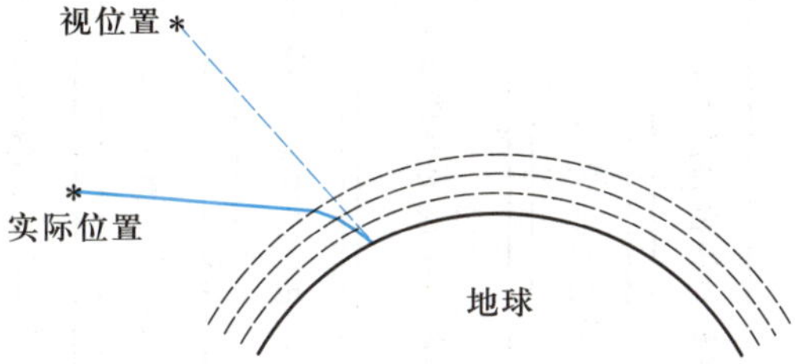

章首问题答案图2　光线在大气中的折射

用肉眼观察远处的小灯，可以看到辐射光芒，这是光通过眼睛瞳孔而衍射的结果. 太阳是个面光源，可以看成是大量非相干点光源的集合，每个点光源可以形成各自的衍射光芒，而总的光强分布是它们非相干叠加的结果，是均匀的，所以是看不到辐射光芒的.

画家笔下，圆圆的太阳光芒万丈，只是一种浪漫的想象，并非真实写照.

复习自测题

总 结

- 光学
  - 几何光学
    - 光的反射和折射
      - 反射定律 $i_1 = i_1'$
      - 折射定律 $n_1 \sin i_1 = n_2 \sin i_2$
    - 光在球面上反射、折射成像
      - 球面反射成像公式 $\frac{1}{p} + \frac{1}{p'} = \frac{1}{f}$
      - 球面折射成像公式 $\frac{f'}{p'} + \frac{f}{p} = 1$
    - 薄透镜成像
      - 成像公式 $\frac{1}{p'} - \frac{1}{p} = \frac{1}{f'}$
      - 横向放大率 $V = \frac{p'}{p}$
      - 特殊光线作图
  - 波动光学
    - 光的干涉
      - 干涉明暗条件
        - 光程差与相位差的关系 $\Delta\varphi = \frac{2\pi}{\lambda}\Delta$
        - 相位跃变 $\Delta' = \frac{\lambda}{2}$
        - 干涉明暗条纹的条件 $\Delta = \begin{cases} \pm k\lambda, & k = 0, 1, 2, \cdots \quad \text{明条纹中心} \\ \pm(2k+1)\frac{\lambda}{2}, & k = 0, 1, 2, \cdots \quad \text{暗条纹中心} \end{cases}$
      - 杨氏双缝干涉
        - 明条纹中心位置 $x = \pm\frac{d'}{d}k\lambda$, $k = 0, 1, 2, \cdots$
        - 暗条纹中心位置 $x = \pm\frac{d'}{d}(2k+1)\frac{\lambda}{2}$, $k = 0, 1, 2, \cdots$
        - 相邻明条纹（或暗条纹）间距 $\Delta x = x_{k+1} - x_k = \frac{d'}{d}\lambda$

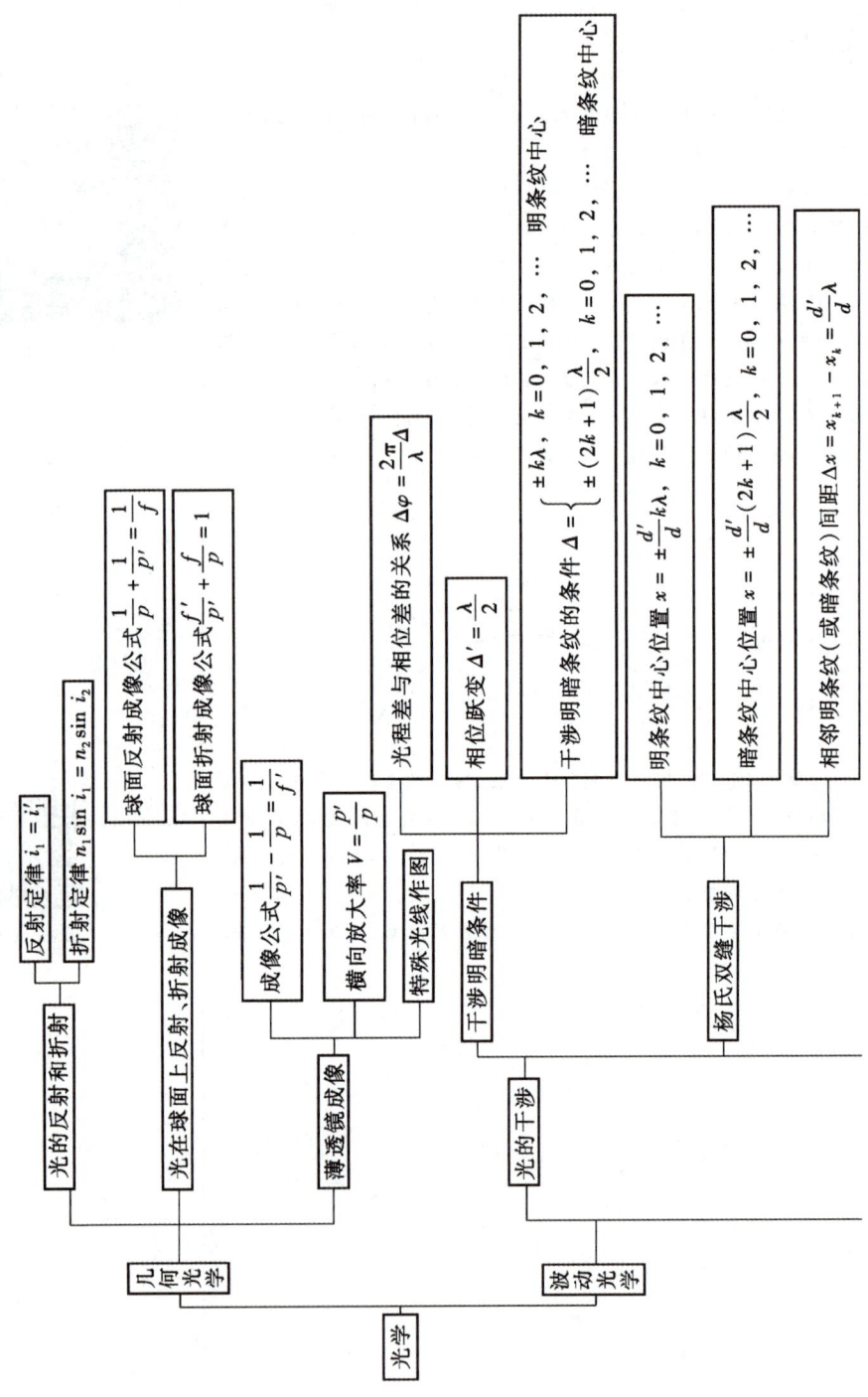

- **薄膜干涉**

  $$\Delta = 2d\sqrt{n_2^2 - n_1^2\sin^2 i} + \left(\frac{\lambda}{2},\ 0\right) = \begin{cases} k\lambda, & k=1, 2, \cdots \quad 明纹中心 \\ (2k+1)\dfrac{\lambda}{2}, & k=0, 1, 2, \cdots \quad 暗纹中心 \end{cases}$$

  $i=0$ 时，

  $$\Delta = 2n_2 d + \left(\frac{\lambda}{2},\ 0\right) = \begin{cases} k\lambda, & k=1, 2, \cdots \quad 明纹中心 \\ (2k+1)\dfrac{\lambda}{2}, & k=0, 1, 2, \cdots \quad 暗纹中心 \end{cases}$$

  - **劈尖**
    - 明、暗条纹条件 $\Delta = 2nd + \left(\frac{\lambda}{2},\ 0\right) = \begin{cases} k\lambda, & k=1, 2, \cdots \quad 明条纹 \\ (2k+1)\frac{\lambda}{2}, & k=0, 1, 2, \cdots \quad 暗条纹 \end{cases}$
    - 相邻明条纹（或暗条纹）处劈尖的厚度差 $\Delta d = \frac{\lambda}{2n}$
    - 相邻明条纹（或暗条纹）的距离 $b = \frac{\lambda}{2n\sin\theta} = \frac{\lambda L}{2nD}$
  - **牛顿环**
    - 明、暗条纹条件 $\Delta = 2d + \left(\frac{\lambda}{2},\ 0\right) = \begin{cases} k\lambda, & k=1, 2, \cdots \quad 明条纹 \\ (2k+1)\frac{\lambda}{2}, & k=0, 1, 2, \cdots \quad 暗条纹 \end{cases}$
    - 明环半径 $r = \sqrt{\left(k-\frac{1}{2}\right)R\lambda}$，$k=1, 2, \cdots$
    - 暗环半径 $r = \sqrt{kR\lambda}$，$k=0, 1, 2, \cdots$

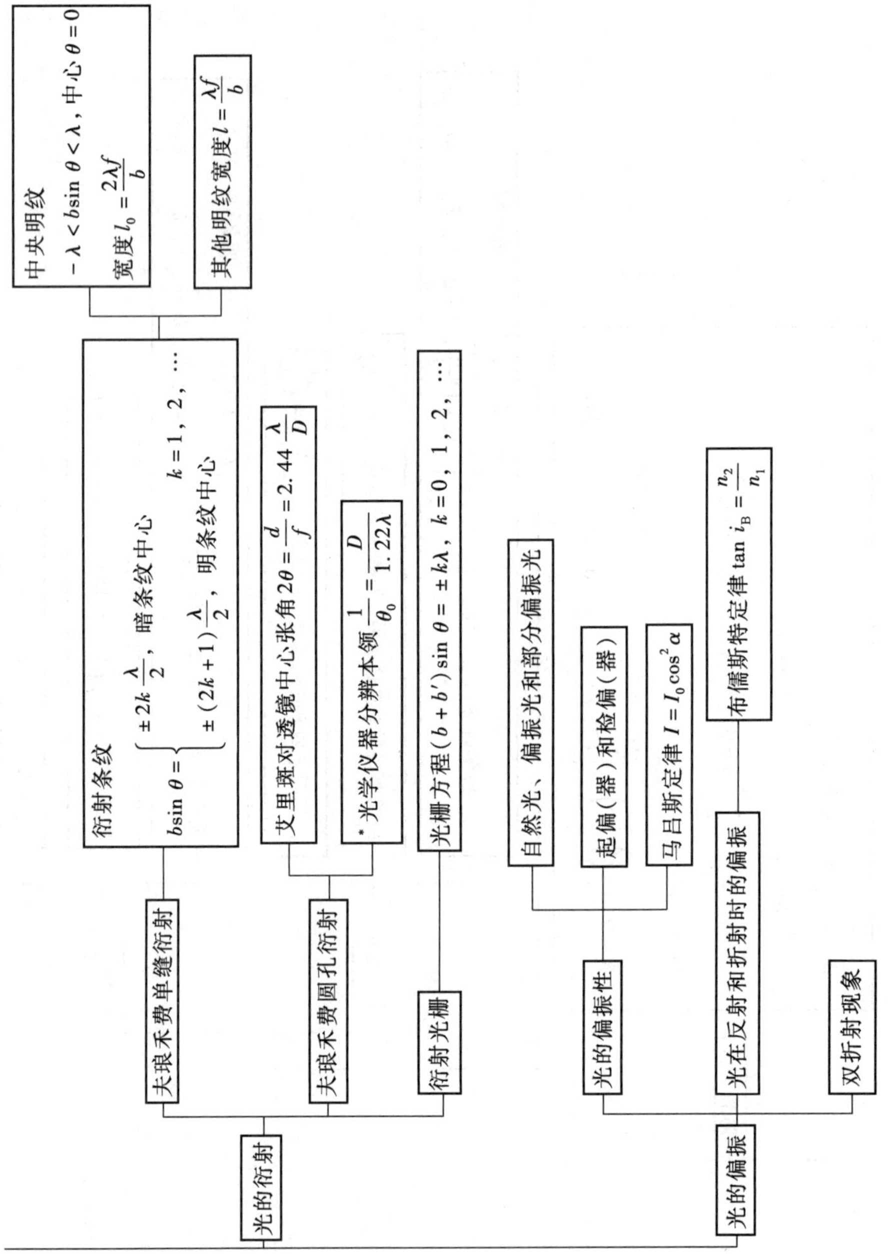
光的衍射
夫琅禾费单缝衍射
衍射条纹
$b\sin\theta=\begin{cases}\pm 2k\dfrac{\lambda}{2}, & 暗条纹中心\\ \pm(2k+1)\dfrac{\lambda}{2}, & 明条纹中心\end{cases}$ $k=1, 2, \cdots$
中央明纹
$-\lambda < b\sin\theta < \lambda$，中心 $\theta=0$
宽度 $l_0=\dfrac{2\lambda f}{b}$
其他明纹宽度 $l=\dfrac{\lambda f}{b}$
夫琅禾费圆孔衍射
艾里斑对透镜中心张角 $2\theta=\dfrac{d}{f}=2.44\dfrac{\lambda}{D}$
*光学仪器分辨本领 $\dfrac{1}{\theta_0}=\dfrac{D}{1.22\lambda}$
衍射光栅
光栅方程 $(b+b')\sin\theta=\pm k\lambda$，$k=0, 1, 2, \cdots$
光的偏振
光的偏振性
自然光、偏振光和部分偏振光
起偏(器)和检偏(器)
马吕斯定律 $I=I_0\cos^2\alpha$
光在反射和折射时的偏振
布儒斯特定律 $\tan i_B=\dfrac{n_2}{n_1}$
双折射现象

问题

8-1　为什么金刚石比磨成相同形状的玻璃仿制品显得更加光彩夺目?

8-2　要从平面镜中看到自己的全身,平面镜至少需多高?

8-3　凸面镜与凸透镜成像有何不同?

8-4　如图所示,两盏钠灯发出波长相同的光,照射到点 P,问能否产生干涉? 为什么? 如果只用一盏钠灯,并用黑纸盖住钠灯的中部,使 A、B 两部分的光同时照射到点 P,问能否产生干涉? 为什么?

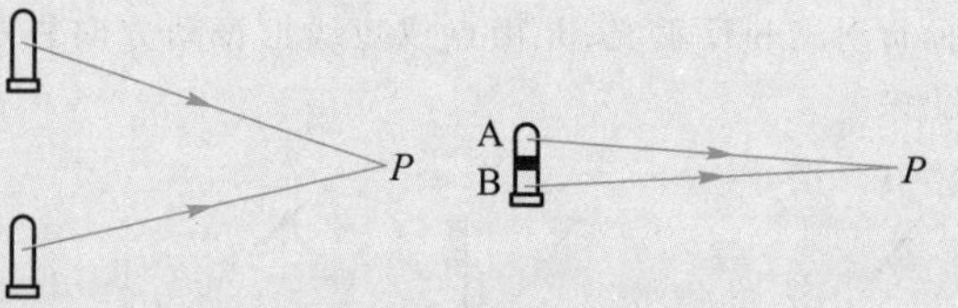

问题 8-4 图

8-5　如图所示,由相干光源 S_1 和 S_2 发出的波长为 λ 的单色光,分别通过两种介质(折射率分别为 n_1 和 n_2,且 $n_1>n_2$)射到这两种介质分界面上的一点 P.已知两光源到 P 的距离均为 r.问这两束光的光程是否相等? 光程差是多少?

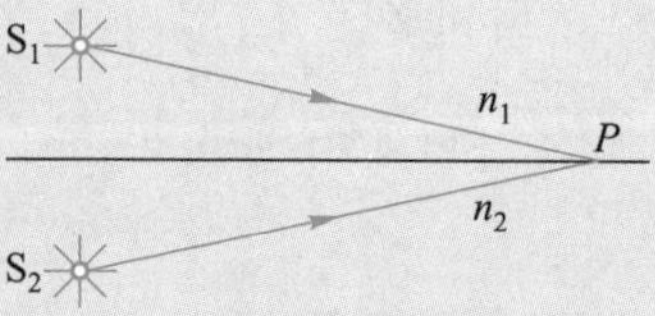

问题 8-5 图

8-6　在杨氏双缝干涉中,若作如下一些情况的变动,则屏幕上的干涉条纹将如何变化? (1) 将钠黄光换成波长为 632.8 nm 的氦氖激光;(2) 将双缝(S_1 和 S_2)的间距 d 增大;(3) 在双缝之一的后面放一折射率为 n 的透明薄膜.

8-7　在空气中的肥皂泡膜,随着膜厚度的变薄,膜上将出现什么颜色? 试解释之.

8-8　为什么眼镜上经常镀有一层膜?

8-9　单色光垂直照射空气劈尖,观察到的条纹宽度为 $b=\lambda/2\theta$,问相邻两暗条纹处劈尖的厚度差为多少?

8-10　上题中若用折射率为 n 的物质构成劈尖,问条纹宽度有何变化? 相邻两暗条纹处的厚度差为多少?

8-11　如图所示,若劈尖的上表面向上平移,干涉条纹会发生怎样的变化[图(a)]? 若劈尖的上表面向右方平移,干涉条纹又会发生怎样的变化[图(b)]? 若劈尖的角度增大,干涉条纹又会发生怎样的变化[图(c)]?

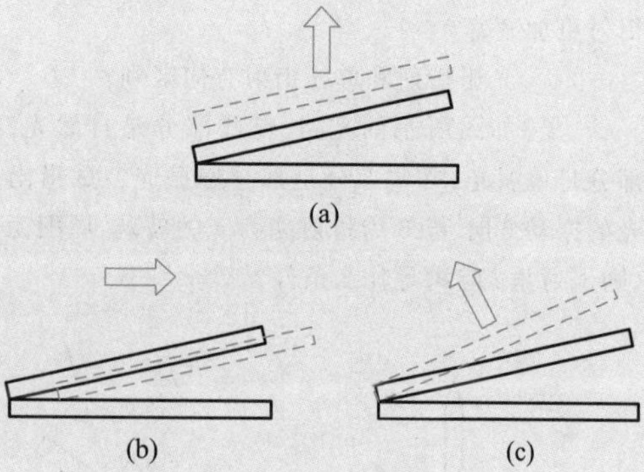

问题 8-11 图

8-12　工业上常用光学平面验规(表面经过精密加工,作为标准的平板玻璃)来检验金属平面的平整程度.如图所示,将验规放在待检平面上形成一个空气劈尖,并用单色光照射.若待检平面上有不平处,则干涉条纹将发生弯曲.试判定图中 A 处,待检平面是隆起还是凹下.隆起或凹下的最大尺度约为多少?

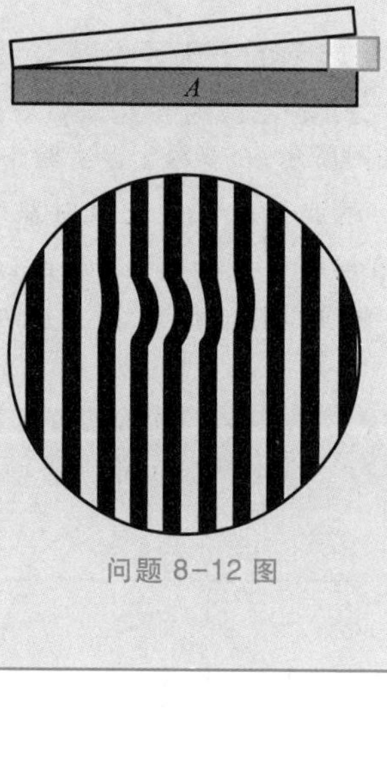

问题 8-12 图

8-13 如图所示,用单色光垂直照射由三种透明材料构成的牛顿环装置,在反射光中看到的干涉条纹是什么样的?

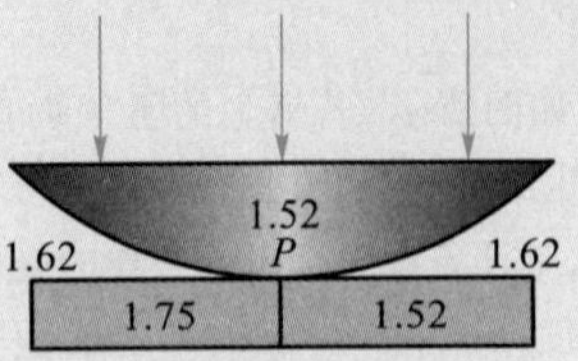

问题 8-13 图

8-14 为什么在日常生活中声波的衍射比光波的衍射更加显著?

8-15 光栅衍射和单缝衍射有何区别?

8-16 如图所示的光路,哪些部分是自然光,哪些部分是偏振光,哪些部分是部分偏振光?试指出偏振光的振动方向.若 B 为折射率为 n 的玻璃,周围为空气,则入射角 i 应满足什么条件?

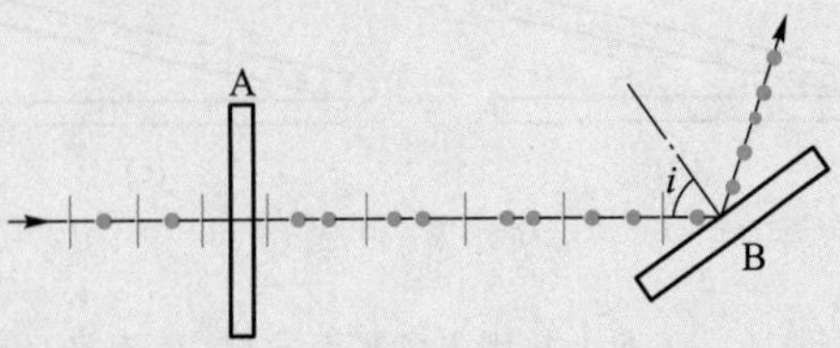

问题 8-16 图

8-17 如图所示,Q 为起偏器,G 为检偏器.今以单色自然光垂直入射,若保持 Q 不动,将 G 绕 OO' 轴转动 360°,问转动过程中,通过 G 的光的光强怎样变化?

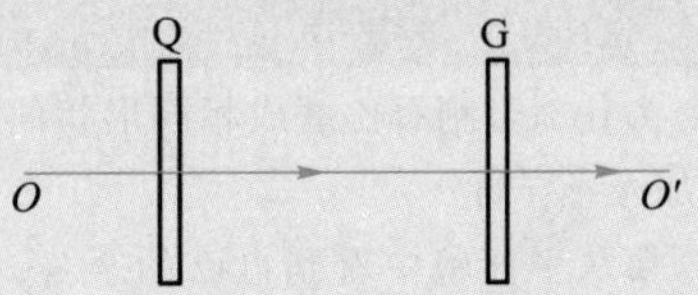

问题 8-17 图

8-18 如图所示的五个图中,前四幅图表示线偏振光入射于两种介质分界面上,最后一幅图表示入射光是自然光.n_1、n_2 为两种介质的折射率且 $n_2>n_1$,图中入射角 $i_0=\arctan\left(\dfrac{n_2}{n_1}\right)$, $i\neq i_0$,试在图上画出实际存在的折射光和反射光,并用点或短线把振动方向表示出来.

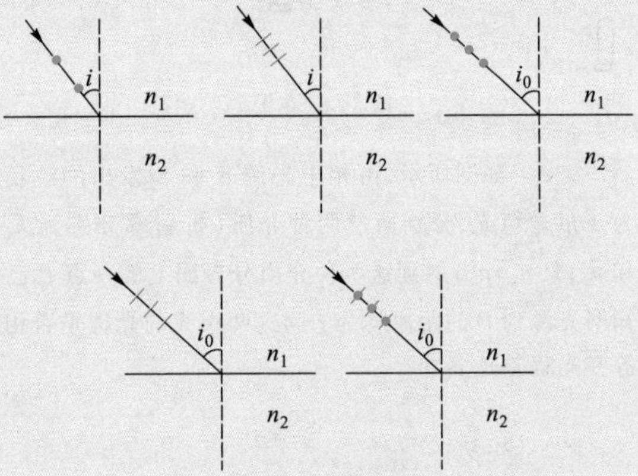

问题 8-18 图

习题

8-1 如图所示,在双缝干涉实验中,S 到 S_1、S_2 的距离相等,用波长为 λ 的光照射双缝 S_1 和 S_2,通过空气后在屏幕 H 上形成干涉条纹,已知 P 点处为第 3 级明条纹,则 S_1 和 S_2 到 P 点的光程差为( ).

(A) 3.5λ　　(B) 7λ

(C) 3λ　　(D) 6λ

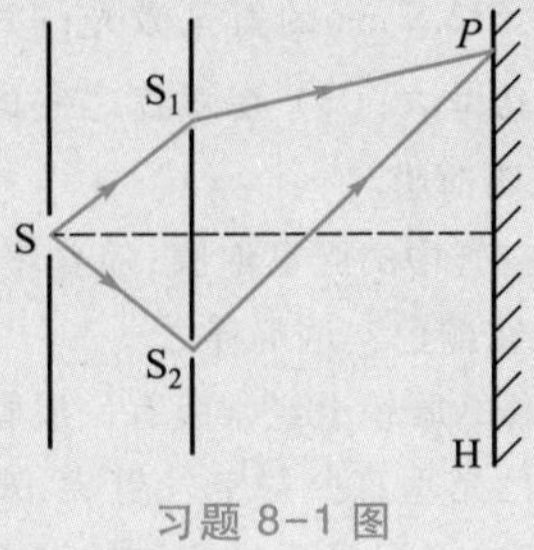

习题 8-1 图

8-2　如图所示，折射率为 n_2，厚度为 e 的透明介质薄膜的上方和下方的透明介质的折射率分别为 n_1 和 n_3，且 $n_1<n_2$，$n_2>n_3$，若用真空中波长为 λ 的单色平行光垂直入射到该薄膜上，则从薄膜上、下两表面反射的光的光程差是（　　）.

（A）$2n_2e$　　（B）$2n_2e-\dfrac{\lambda}{2}$

（C）$2n_2e-\lambda$　　（D）$2n_2e-\dfrac{\lambda}{2n_2}$

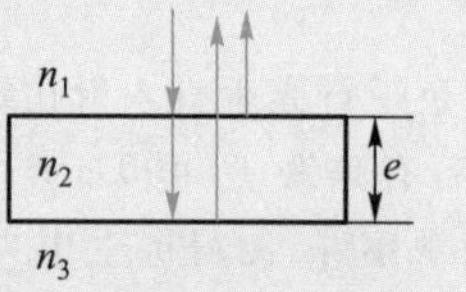

习题 8-2 图

8-3　如图所示，两个直径有微小差别的彼此平行的滚柱之间的距离为 L，夹在两块平面玻璃的中间，形成空气劈尖，当单色光垂直入射时，产生等厚干涉条纹.如果滚柱之间的距离 L 变小，那么在 L 范围内干涉条纹的（　　）.

（A）数目减小，间距变大

（B）数目减小，间距不变

（C）数目不变，间距变小

（D）数目增加，间距变小

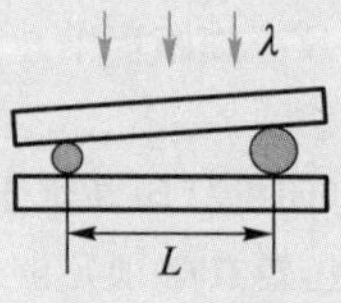

习题 8-3 图

8-4　当单色平行光垂直照射在单缝上时，可观察夫琅禾费衍射.若屏上点 P 处为第 2 级暗条纹，则相应的单缝波阵面可分成的半波带数为（　　）.

（A）3 个　　（B）4 个

（C）5 个　　（D）6 个

8-5　波长 $\lambda=550$ nm 的单色光垂直入射于光栅常量 $d=1.0\times10^{-4}$ cm 的光栅上，可能观察到的光谱线的最大级次为（　　）.

（A）4　　（B）3

（C）2　　（D）1

8-6　三个偏振片 P_1、P_2 与 P_3 堆叠在一起，P_1 与 P_3 的偏振化方向相互垂直，P_2 与 P_1 的偏振化方向间的夹角为 30°，强度为 I_0 的自然光入射于偏振片 P_1，并依次通过偏振片 P_1、P_2 与 P_3，则通过三个偏振片后的光的光强为（　　）.

（A）$\dfrac{3I_0}{16}$　　（B）$\dfrac{\sqrt{3}I_0}{8}$

（C）$\dfrac{3I_0}{32}$　　（D）0

8-7　如图所示，设光纤内层材料的折射率为 n_1，外层材料的折射率为 n_2（$n_1>n_2$），光纤外是空气.若要使光能在光纤中传播，其最大的入射角为多大？

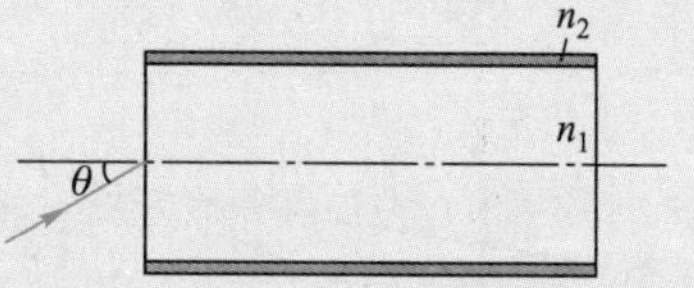

习题 8-7 图

8-8　将一根短金属丝置于焦距为 35 cm 的会聚透镜的主轴上，距离透镜的光心为 50 cm，如图所示，（1）试绘出成像光路图；（2）求金属丝的成像位置.

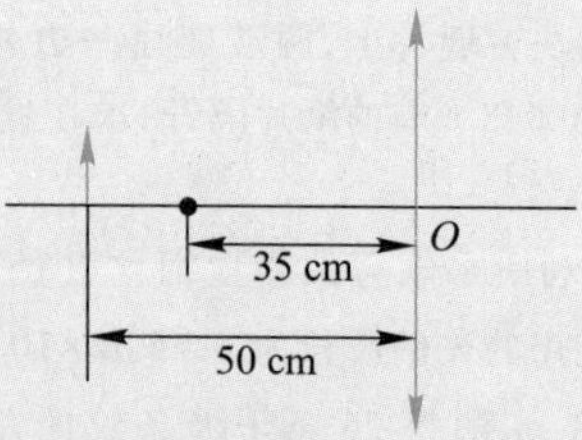

习题 8-8 图

8-9　在双缝干涉实验中，两缝间距为 0.30 mm，用单色光垂直照射双缝，在离缝 1.20 m 的屏上测得中央明纹一侧第 5 级暗条纹与另一侧第 5 级暗条纹间的距离为 22.78 mm.问所用光的波长为多少？

8-10　在双缝干涉实验中，用波长 $\lambda=546.1$ nm 的单色光照射，双缝与屏的距离 $d'=300$ mm.现测得中央明纹两侧的两个第 5 级明条纹的间距为 12.2 mm，求双缝间的距离.

8-11　如图所示，将一折射率为 1.58 的云母片覆盖于杨氏双缝的一条缝上，使得屏上原中央极大的所在点 O 改变为第 5 级明条纹.假定 $\lambda=550$ nm，求：（1）条纹移动方向，（2）云母片厚度 d.

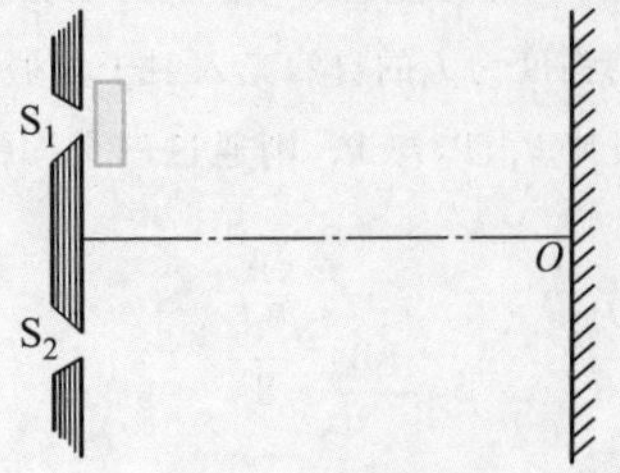

习题 8-11 图

8-12 在空气(视为真空)杨氏双缝干涉实验中,屏幕上的点 P 处为第 2 级明条纹,如图所示.若将整个装置浸入某种透明液体中,点 P 处变为第 3 级明条纹,求此液体的折射率 n.

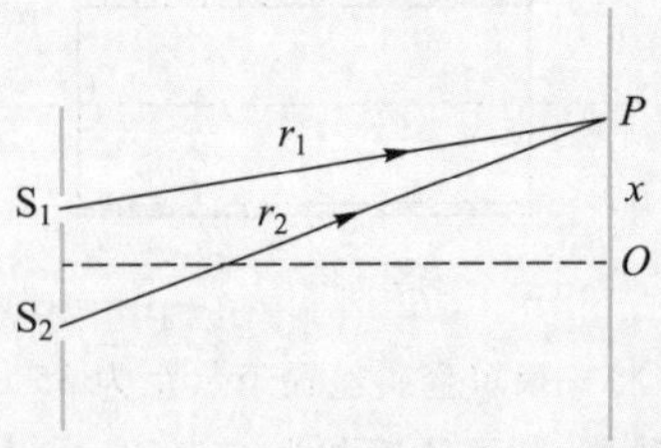

习题 8-12 图

8-13 波长为 680 nm 的平行光垂直照射到长度为12 cm的两块玻璃片上,两玻璃片一边相互接触,另一边被厚为 0.048 mm 的纸片隔开,求在这 12 cm 内呈现的明条纹个数.

8-14 利用空气劈尖测量细丝直径的装置如图所示,已知使用的光的波长为 $\lambda=5.32\times10^{-7}$ m,劈尖长度 $L=3\times10^{-2}$ m.测得 26 条干涉条纹的总宽度为 5×10^{-3} m,则细丝的直径 d 是多少?

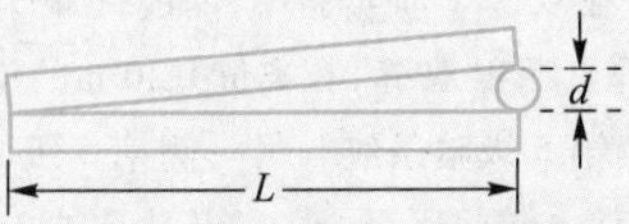

习题 8-14 图

8-15 用单色光观察牛顿环,测得某一明环的直径为 3 mm,在它外边第 5 个明环的直径为 4.6 mm,所用平凸透镜的凸面曲率半径为 1.03 m,求此单色光的波长.

8-16 如图所示,折射率 $n_2=1.2$ 的油滴落在$n_3=1.50$ 的平板玻璃上,形成一上表面近似于球面的油膜,测得油膜中心最高处的高度 $d_m=1.1$ μm.用 $\lambda=600$ nm 的单色光垂直照射油膜,求:(1) 油膜周边是暗环还是明环?(2) 对整个油膜我们可看到几个完整暗环?

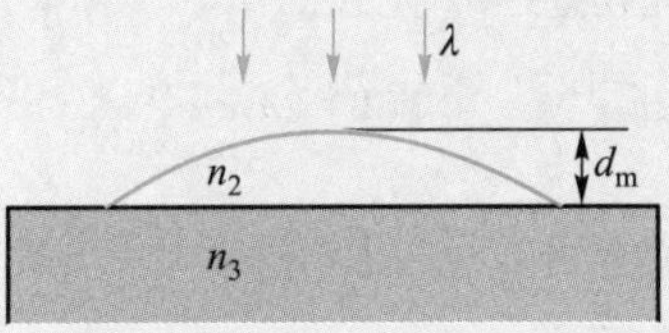

习题 8-16 图

8-17 单色平行光垂直入射在缝宽 $b=0.15$ mm 的单缝上,缝后有焦距 $f=400$ mm 的凸透镜,在其焦平面上放置观察屏,测得屏上中央明纹两侧的两个第 3 级暗条纹之间的距离为 8 mm,求入射光的波长.

8-18 一单色平行光垂直照射于一单缝,若其第 3 级明条纹位置正好和波长为 600 nm 的单色光垂直入射时的第 2 级明条纹位置重合,求前一种单色光的波长.

8-19 已知单缝宽度 $b=1.0\times10^{-4}$ m,透镜焦距 $f=0.50$ m,用 $\lambda_1=400$ nm 和 $\lambda_2=760$ nm 的单色平行光分别垂直照射,求这两种光的第 1 级明条纹离屏中心的距离,以及这两条明条纹之间的距离.若用每厘米刻有1 000 条刻线的光栅代替这个单缝,则这两种单色光的第 1 级明条纹分别距屏中心多远?这两条明条纹之间的距离又是多少?

8-20 激光打印机打印在纸上的图案由一个个的小墨点组成,这些墨点必须足够接近,即相邻两个墨点对人眼的张角必须小于人眼的最小分辨角,即 $\theta<\theta_0=1.22\dfrac{\lambda}{D}$时,人眼才可以看到清晰的、连续的图案.已知人眼的瞳孔直径为 $D=3\times10^{-3}$ m,纸张到眼睛的距离 $l=0.3$ m,可见光的平均波长为 5.5×10^{-7} m,则为了保证打印质量,相邻两个墨点之间的最大距离 s 为多少?

8-21 用钠黄光($\lambda=589.3$ nm)垂直照射到某光栅上,测得第 3 级光谱的衍射角为 60°.若换用另一光源,测得第 2 级光谱的衍射角为 30°,求后一光源发光的波长.

8-22　一束自然光垂直穿过两个偏振片，两个偏振片的偏振化方向成 45°角，已知通过这两个偏振片后的光强为 I，求入射的自然光的强度.

8-23　一束光是自然光和偏振光的混合，当它通过一偏振片时，发现透射光的强度取决于偏振片的取向，其最大强度是最小强度的 5 倍，求入射光中两种光的强度各占总入射光强度的几分之几.

8-24　现测得从一池静水的表面反射出来的太阳光是线偏振光，求此时太阳处在地平线的多大仰角处？（水的折射率为 1.33.）

习题答案

第九章　近代物理简介

预习自测题

知识图谱

文档：两朵“乌云”与经典物理学理论的问题

在 17 世纪到 19 世纪这段时期内，经典物理学取得了很大的成就．在牛顿力学的基础上，拉格朗日（J. L. Lagrange，1736—1813）等人的工作使经典力学臻于完善，而且物理学研究的范围也扩大了，从机械运动的范畴进入了热运动和电磁运动的范畴．在这段时期内，通过克劳修斯、开尔文、玻耳兹曼等人对热现象的研究，人们建立了热力学和统计物理学；通过牛顿、惠更斯、杨、菲涅耳等人对光现象的研究，人们建立了光学；而安培、法拉第、麦克斯韦等人对电磁现象的研究，则为电动力学奠定了基础．至 19 世纪末，经典物理学已发展到相当完善的阶段，当时许多物理学家，包括像开尔文那样知名的、对物理学理论有着多方面贡献的物理学家，都认为物理学的基本规律已被揭示出来，今后的任务只是使这些规律进一步完善、物理学常量更加精确，并把物理学的基本定律应用到具体问题的处理上，以及用来说明新的实验事实而已．

正当物理学家们为经典物理学的成就感到满意和欣喜的时候，一些新的实验事实却给经典物理学以有力的冲击，这些冲击主要来自以下三个方面．一是 1887 年的迈克耳孙-莫雷实验否定了绝对参考系的存在；二是 1900 年瑞利和金斯用经典的能量均分定理来说明热辐射现象时，出现了所谓的“紫外灾难”；三是 1897 年 J.J.汤姆孙发现电子，这说明原子不是物质的基本单元，原子是可分的．经典物理理论无法对这些新的实验结果作出正确的解释，因此处于非常困难的境地，这也使一些物理学家深感困惑．

为摆脱经典物理学的困境，一些思想敏锐而又不为旧观念束缚的物理学家，重新思考了物理学中的某些基本概念，经过艰苦而又曲折的道路，终于在 20 世纪初期建立了相对论和量子理论．本章对狭义相对论和量子物理初步知识作简要介绍，主要内容是：狭义相对论的两条基本假定、洛伦兹变换及其三个时空结论；量子物理基础实验、光子的二象性、玻尔理论、实物粒子的二象性和量子力学初步．

章首问题

日光充裕的白天，房间中的人能感受到阳光的普照，可房外的人远望房间却漆黑一片，如何解释此现象？

(1) 房间的窗户太小，阳光照不进房间，也就不会有反射光出来，所以看不见里面的物体；

(2) 房间的窗户太小，阳光照进去之后，反射光出不来，所以看不见里面的物体；

(3) 房间里的光线不够充足，无法照射到远处，所以看不见里面的物体；

(4) 房间作为一个辐射源，透过窗户辐射出的光线中含可见光成分较弱，所以看不见里面的物体.

9-1 狭义相对论的基本概念

一、经典力学的绝对时空观及其困难

经典力学认为空间只是物质运动的“场所”，是与其中的物质完全无关而独立存在的，并且是永恒不变、绝对静止的.因此，空间的量度(如两点间的距离)就应当与惯性系无关，是绝对不变的.另外，经典力学还认为，时间也是与物质的运动无关而在永恒地、均匀地流逝着的，时间是绝对的.因此，对于不同的惯性系，就可以用同一的时间($t'=t$)来讨论问题.举例来说，对于一个惯性系，两件事是同时发生的，那么，从另一个惯性系来看，也应该是同时发生的，而事件所持续的时间，则不论从哪个惯性系来看都是相同的.

伽利略

文档：伽利略

伽利略变换式是这种绝对时空观的数学表述.如图 9-1 所示，在两个彼此作匀速直线运动的惯性系中，点 P 在这两个惯性系中的时空关系满足

$$\begin{cases} x'=x-vt \\ y'=y \\ z'=z \\ t'=t \end{cases} \quad 或 \quad \begin{cases} x=x'+vt \\ y=y' \\ z=z' \\ t=t' \end{cases} \tag{9-1}$$

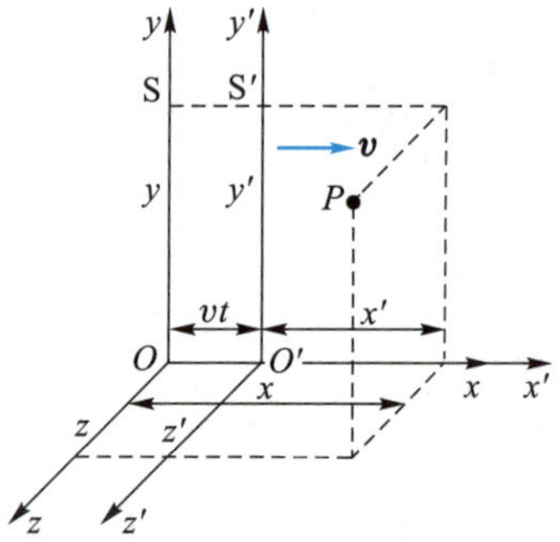

图 9-1 惯性系 S′以速度 $\boldsymbol{v}$ 相对惯性系 S 运动

的变换叫做伽利略时空坐标变换式.其对应的速度变换为

$$\begin{cases} u'_x = u_x - v \\ u'_y = u_y \\ u'_z = u_z \end{cases} \tag{9-2}$$

式中 u'_x、u'_y、u'_z是点 P 对于 S′系的速度分量，u_x、u_y、u_z是点 P 对于 S 系的速度分量.式(9-2)为点 P 在 S 系和 S′系中的速度变换关系，叫做伽利略速度变换式.其对应的加速度变换为

$$\begin{cases} a'_x = a_x \\ a'_y = a_y \\ a'_z = a_z \end{cases} \tag{9-3a}$$

其矢量形式为

$$\boldsymbol{a}' = \boldsymbol{a} \tag{9-3b}$$

上式表明，在惯性系 S 和 S′中，点 P 的加速度是相同的，即在伽利略变换中，对不同的惯性系而言，加速度是个不变量.

由于经典力学认为质点的质量是与运动状态无关的常量，所以由式(9-3)可知，在两个相互作匀速直线运动的惯性系中，牛顿运动定律的形式也应是相同的，即有如下形式：

$$\boldsymbol{F} = m\boldsymbol{a}, \quad \boldsymbol{F}' = m\boldsymbol{a}'$$

上述结果表明，当由惯性系 S 变换到惯性系 S′时，牛顿运动方程的形式不变，即牛顿运动方程对伽利略变换式来讲是不变的.由此不难推断，对于所有的惯性系，牛顿力学的规律都应具有相同的形式.这就是牛顿力学的相对性原理.应当指出，牛顿力学的相对性原理在宏观、低速的范围内，是与实验结果相一致的.

然而，在涉及电磁现象，包括光的传播现象时，牛顿力学的相对性原理和伽利略变换却遇到了不可克服的困难.大家知道，麦克斯韦电磁理论所预言的电磁波，在真空中传播的速度与光的传播速度相同，尤其在赫兹实验确认存在电磁波以后，光作为电磁波的一部分，在理论上和实验上就逐步被确定了.另一方面，人们早就明白，机械波的传播需要弹性介质，例如，空气可以传播声波，而真空却不能.因此，在光的电磁理论发展初期，人们自然会想到光和电磁波的传播也需要一种弹性介质.19 世纪的物理学家们称这种介质为以太.他们认为，以太充满于整个空间，即使是真空也不例外，并且可以渗透到一切物质的内部.在相对以太静止的参考系中，光的速度在各个方向都是相同的，这个参考系被称为以太参考系.于是，以太参考系就可以作为所谓的绝对参考系了.倘若另有一运动参考系，它相对绝对参考系以速度 $\boldsymbol{v}$ 运动，那

么，由牛顿力学的相对性原理，光在运动参考系中的速度应为

$$\boldsymbol{c}'=\boldsymbol{c}-\boldsymbol{v}$$

其中 $\boldsymbol{c}$ 是光在绝对参考系中的速度，$\boldsymbol{c}'$ 为光在运动参考系中的速度. 从上式可以看出，在运动参考系中，光的速度在各方向是不一定相同的.

不难想象，如果能借助某种方法测出运动参考系相对以太的速度，那么，作为绝对参考系的以太也就被确定了. 为此，历史上确曾有许多物理学家做过很多实验来寻找绝对参考系，但都得出了否定的结果. 其中最著名的是迈克耳孙（A.A.Michelson，1852—1931）和莫雷（E.W.Morley，1838—1923）所做的实验①. 这些实验都无法分辨出光在不同方向上的差别，当然，也无法分辨出在不同惯性系中光速的差别. 这似乎是说，在不同惯性系中的光速是无差别的.

迈克耳孙-莫雷实验以及其他一些实验结果给人们带来了一些困惑，似乎相对性原理只适用于牛顿运动定律，而不能用于麦克斯韦电磁场理论. 看来要解决这一难题，必须在物理观念上来个变革. 这使许多物理学家都预感到一个新的基本理论即将产生. 在洛伦兹、庞加莱等人为探求新理论所做的先期工作的基础上，一位具有变革思想的青年学者——爱因斯坦于 1905 年创立了狭义相对论，为物理学的发展树立了新的里程碑.

二、狭义相对论的基本原理

爱因斯坦坚信世界的统一性和合理性. 他在深入研究牛顿力学和麦克斯韦电磁场理论的基础上，认为相对性原理具有普适性，无论是对牛顿力学还是对麦克斯韦电磁场理论皆如此. 此外，他还认为相对以太的绝对运动是不存在的，光速是一个常量，它与惯性系的选取无关. 1905 年，爱因斯坦在一篇论文②中，摒弃了以太假说和绝对参考系的假设，提出了两条狭义相对论的基本原理：

文档：迈克耳孙-莫雷实验

（1）狭义相对性原理　物理定律在所有的惯性系中都具有相同的表达形式，即所有的惯性系对运动的描述都是等效的. 这就是说，不论在哪一个惯性系中做实验都不能确定该惯性系的运

① 读者如有兴趣了解迈克耳孙-莫雷实验较详细的讨论可参阅马文蔚等改编《物理学》（第七版）下册第十四章第14-2节. 迈克耳孙毕生从事光速的精密测量，是光速测定的国际中心人物. 1881 年为测定地球相对以太的运动而创制了干涉仪，后又利用其精细的结构，第一次以光的波长为基准，对标准米尺进行了测定. 为此，他于 1907 年成为美国获得诺贝尔物理学奖的第一人.

② 这篇题为《论动体的电动力学》的论文发表在 1905 年 9 月出版的德国《物理学年鉴》第 17 卷上.

动.换言之,对运动的描述只有相对意义,绝对静止的参考系是不存在的.

(2) 光速不变原理 真空中的光速是常量,它与光源或观测者的运动无关,即不依赖于惯性系的选择.

在专利局工作

在思考统一场论?

文档:爱因斯坦

爱因斯坦(Albert Einstein,1879—1955),20 世纪最伟大的理论物理学家,他否定了牛顿的绝对时空观,于 1905 年和 1915 年先后创立了狭义相对论和广义相对论.另外,在普朗克能量子假设的基础上,爱因斯坦于 1905 年还提出了光量子假设,并于 1916 年被密立根的光电效应实验所证实,为此,他于 1921 年获得诺贝尔物理学奖.他对量子理论的贡献是多方面的:1906 年用量子理论说明了固体热容与温度的关系;1912 年用光量子概念建立了光化学定律;1916 年提出自辐射和受激辐射的概念,为激光的出现奠定了理论基础;1924 年提出了量子统计法——玻色-爱因斯坦统计法.爱因斯坦用广义相对论研究整个宇宙的时空结构,于 1917 年开创了宇宙学研究的新纪元,导致宇宙膨胀理论的建立,该理论于 1946 年后发展成为宇宙大爆炸理论.从 1925 年到临终的前一天,他一直不懈地致力于把引力场和电磁场统一起来的统一场论的研究;而统一场论的思想导致了 20 世纪 70 年代的电弱统一(电磁相互作用与弱相互作用统一)理论的建立.

这两条原理非常简明,但它们的意义非常深远,是狭义相对论①的基础.狭义相对论和量子论是 20 世纪初物理学的两项最伟大最深刻的变革,它们以极大的创新性促进了 20 世纪的科学技术,尤其是能源科学、材料科学、生命科学和信息科学等巨大的发展,并将且已在 21 世纪继续产生重大影响.

应当指出,爱因斯坦提出的狭义相对论的基本原理,是与伽利略变换(或牛顿力学时空观)相矛盾的.例如,对一切惯性系,光速都是相同的,这就与伽利略速度变换公式相矛盾.机场照明跑道的灯光相对于地球以速度 c 传播,若从相对于地球以速度 v 运动着的飞机上看,按光速不变原理,光仍是以速度 c 传播的.而按伽利略变换,则当光的传播方向与飞机的运动方向一致时,从飞机上测得的光速应为 $c-v$;当两者的方向相反时,飞机上测得的光速应为 $c+v$.但这与实际观测是相矛盾的.

当然,狭义相对论的这两条基本原理的正确性,最终仍要以由它们所导出的结果与实验事实是否相符来判定.

① 狭义相对论中的“狭义”是指这个理论只适用于惯性参考系.1915 年爱因斯坦又将相对性原理推广到非惯性系,建立了广义相对论.

三、洛伦兹变换式

伽利略变换与狭义相对论的光速不变原理不相容，因此需要寻找一个满足狭义相对论基本原理的变换式.爱因斯坦导出了这个变换式，一般称它为洛伦兹变换式[①].

设有两个惯性系 S 和 S′，其中惯性系 S′沿 xx' 轴以速度 $\boldsymbol{v}$ 相对 S 系运动（图 9-2），以两个惯性系的原点相重合的瞬时作为计时的起点.若有一个事件发生在点 P，从惯性系 S 测得点 P 的坐标是 x、y、z，时间是 t；而从惯性系 S′测得点 P 的坐标是 x'、y'、z'，时间是 t'.由狭义相对论的相对性原理和光速不变原理，可导出该事件在两个惯性系 S 和 S′中的时空坐标变换式如下：

洛伦兹

文档：洛伦兹

$$\begin{cases} x'=\dfrac{x-vt}{\sqrt{1-\beta^2}}=\gamma(x-vt) \\ y'=y \\ z'=z \\ t'=\dfrac{t-\dfrac{vx}{c^2}}{\sqrt{1-\beta^2}}=\gamma\left(t-\dfrac{vx}{c^2}\right) \end{cases} \tag{9-4}$$

式中 $\beta=\dfrac{v}{c}$，$\gamma=\dfrac{1}{\sqrt{1-\beta^2}}$，$c$ 为光速.从式（9-4）可解得 x、y、z 和 t，即逆变换式为

$$\begin{cases} x=\dfrac{x'+vt'}{\sqrt{1-\beta^2}}=\gamma(x'+vt') \\ y=y' \\ z=z' \\ t=\dfrac{t'+\dfrac{vx'}{c^2}}{\sqrt{1-\beta^2}}=\gamma\left(t'+\dfrac{vx'}{c^2}\right) \end{cases} \tag{9-5}$$

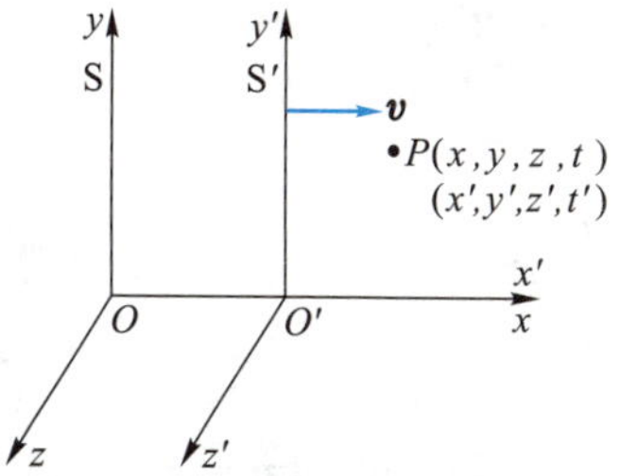

图 9-2 洛伦兹变换式用图

式（9-4）和式（9-5）都叫做洛伦兹变换式.应当注意，在洛伦兹变换式中，t 和 t' 都依赖于空间的坐标，即 t 是 t' 和 x' 的函数，t' 是 t 和 x 的函数.这与伽利略变换式迥然不同.

容易看出，当惯性系 S′相对惯性系 S 的速度 v 远小于光速 c 时，$\beta=v/c\ll1$，洛伦兹变换式就转换为伽利略变换式了.由此，

① 洛伦兹（H. A. Lorentz，1853—1928），荷兰物理学家.洛伦兹变换式原来是洛伦兹在 1904 年研究电磁场理论时提出的，当时他未给予正确解释.第二年爱因斯坦从狭义相对论的基本原理出发，独立地导出了这个变换式，但是这个变换式通常仍以洛伦兹变换式命名.

我们可以说，当物体的运动速度远小于光速时，洛伦兹变换与伽利略变换是等效的. 可见伽利略变换式只适用于低速运动的物体.

四、狭义相对论的时空观

运用洛伦兹变换式可以得到许多与我们的日常经验大相径庭的、令人惊奇的重要结论. 这些结论后来被近代高能物理中许多实验所证实. 例如，两点之间的距离或物体的长度随进行量度的惯性系的不同而不同，某一过程所经历的时间也随惯性系而异. 下面我们首先讨论同时的相对性，它是从狭义相对论基本原理得出的结论，然后再讨论长度的收缩和时间的延缓.

1. 同时的相对性

在牛顿力学中，时间是绝对的. 如果两事件在惯性系 S 中是被同时观察到的，那么在另一惯性系 S′中也是被同时观测到的. 但是狭义相对论认为，这两个事件在惯性系 S 中被观测时是同时的，但在惯性系 S′中观测时，一般来说就不再是同时的了. 这就是狭义相对论的同时的相对性.

下面介绍爱因斯坦假想的用逻辑推理说明同时的相对性的实验.

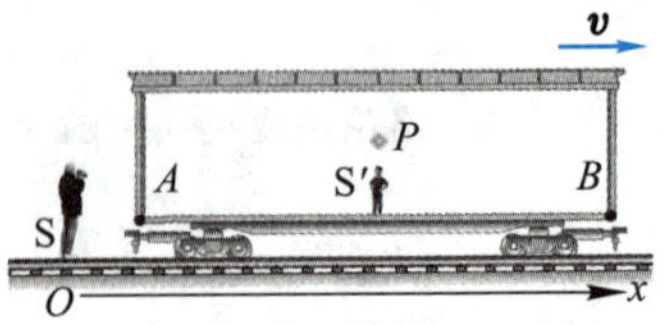

图 9-3 同时的相对性的理想实验

如图 9-3 所示，设想有一车厢以速度 $\boldsymbol{v}$ 相对地面惯性系 S 沿 Ox 轴运动. 在车厢正中间的灯 P 闪了一下后，有光信号同时向车厢两端的点 A 和点 B 传去，且 $PA=PB$. 现在要问：分别从地面惯性系 S 的观测者和随车厢一起运动的惯性系 S′的观测者来看，这两个光信号达到 A 和 B 的时间间隔是否相等？先后次序是否相同？显然，对 S′系的观测者来说，光向 A 和 B 的传播速度是相同的，光信号应该同时到达 A 和 B. 可是对 S 系来说情况就不一样了，A 是以速度 $\boldsymbol{v}$ 迎向光（灯 P 发出的光，而不是 P）运动的，而 B 则以速度 $\boldsymbol{v}$ 背离光运动，所以光信号到达 A 比到达 B 要早一些. 可见，从灯 P 发出的光信号到达点 A 和到达点 B 这两个事件所经历的时间，是与所选取的惯性系有关的.

从上述理想实验可以明白，两个事件在一个惯性系中是同时的，一般来说在另一个惯性系中却是不同时的，不存在与惯性系无关的所谓绝对时间. 这就是同时的相对性，它是由相对性原理和光速不变原理推得的必然结论之一.

2. 长度的收缩

在伽利略变换中，两点之间的距离或物体的长度是不随惯性系而变的.例如对于长为 1 m 的尺子，不论在运动的车厢里或者在车站上去测量它，其长度都是1 m.那么，在洛伦兹变换中，情况又是怎样的呢？

设有两个观测者分别静止于惯性参考系 S 和 S′中，S′系以速度 $\boldsymbol{v}$ 相对 S 系沿 Ox 轴运动.一细棒静止于 S′系中并沿 Ox' 轴放置，如图 9-4 所示.一般来说，棒的长度应是在同一时刻测得的棒两端点的距离，若 S′系中的观测者测得棒两端点的坐标为 x_1' 和 x_2'，则棒长为 $l'=x_2'-x_1'$.通常把观测者相对棒静止时所测得的棒长称为棒的固有长度 l_0，在此处 $l'=l_0$.而 S 系中的观测者则认为棒相对 S 系运动，并同时测得其两端点的坐标为 x_1 和 x_2，即棒长为 $l=x_2-x_1$.根据洛伦兹变换式(9-4)，有

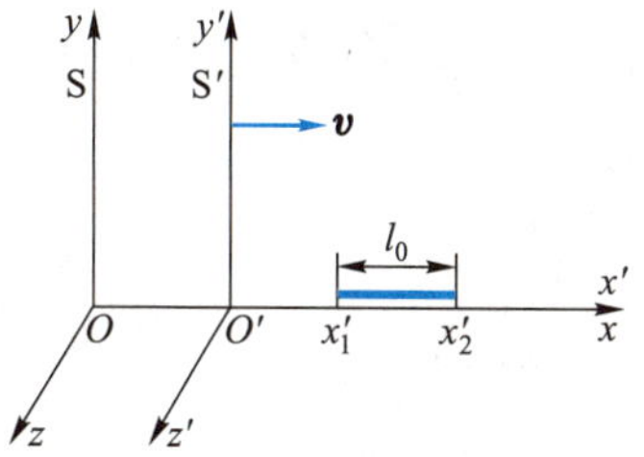

图 9-4 长度的收缩

$$x_1'=\frac{x_1-vt_1}{\sqrt{1-\beta^2}},\qquad x_2'=\frac{x_2-vt_2}{\sqrt{1-\beta^2}}$$

式中 $t_1=t_2$.将上两式相减，得

$$x_2'-x_1'=\frac{x_2-x_1}{\sqrt{1-\beta^2}}$$

即

$$l=l'\sqrt{1-\beta^2}=l_0\sqrt{1-\beta^2} \qquad (9-6)$$

由于 $\sqrt{1-\beta^2}<1$，所以 $l<l'$.这就是说，从 S 系中测得的运动细棒的长度 l，要比从相对细棒静止的 S′系中所测得的长度 l' 缩短至 $\sqrt{1-\beta^2}$ 倍.物体的这种沿运动方向发生的长度收缩称为洛伦兹收缩.容易证明，若棒静止于 S 系中，则从 S′系中测得的棒长，也只有其固有长度的 $\sqrt{1-\beta^2}$ 倍.

从表面上看，棒长的相对收缩不符合日常经验，这是因为人们在日常生活和生产领域中所遇到的运动，都比光速要慢得多，对于这些运动，由于 $\beta\ll1$，式(9-6)可简化为

$$l'\approx l$$

这就是说，对于相对运动速度较小的惯性参考系来说，长度可以近似看作一个绝对量.在地球上，宏观物体所达到的最大速度一般为若干千米每秒，此最大速度与光速之比的数量级为 10^{-5} 左右.在这样的速度下，长度相对收缩的数量级约为 10^{-10}，故可以忽略不计.

例 1

设想一光子火箭相对地球以速率 $v=0.95c$ 作直线运动.若以火箭为参考系测得火箭长为 15 m,问以地球为参考系,此火箭有多长?

[解答] 由式(9-6)可得

$$l=l_0\sqrt{1-\beta^2}=15\times\sqrt{1-0.95^2}\ \text{m}=4.68\ \text{m}$$

即从地球参考系中测得光子火箭的长度只有 4.68 m.

3. 时间的延缓

在狭义相对论中,如同长度不是绝对的,时间间隔也不是绝对的.我们来考察下面一个例子,从光速不变的原理出发论证两个惯性系中测量到的同一事件的时间间隔是相对的.

如图 9-5 所示,一列车作为 S′参考系以速度为 $\boldsymbol{v}$ 相对地面运动,地面设为 S 参考系.列车上有一脉冲光源 B,某一时刻发出一脉冲光束,经光源正上方、高度为 D 的反射镜 M 反射后回到光源发光处.在与列车相对静止的光源处有一时钟记录到这个过程的时间间隔为 Δt_0.在列车参考系 S′中,脉冲光以光速 c 沿垂直于列车运动方向上、下行进,有

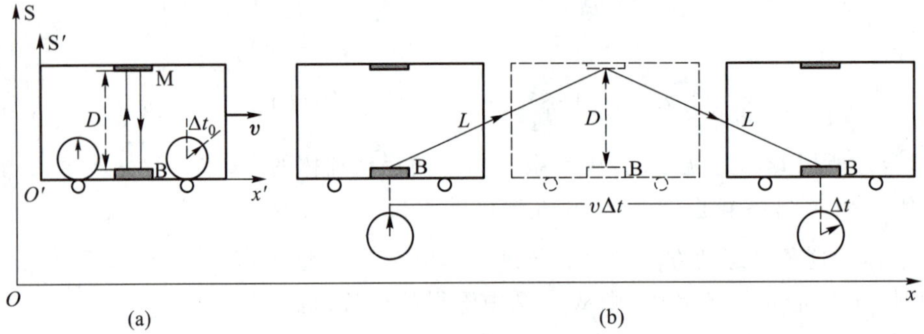

图 9-5 时间延缓

$$\Delta t_0=\frac{2D}{c} \tag{9-7}$$

若在地面上放置一系列时钟,其中在光脉冲发出时刻地点处和光脉冲被接收到时刻地点处的两个时钟,如图 9-5(b)所示,这两个时钟记录到上述过程的时间间隔为 Δt.在地面参考系 S 中观察到的光脉冲仍以光速 c 运动,但沿如图9-5(b)所示的折线方向行进.折线路径长为 $2L$,则有

$$\Delta t=\frac{2L}{c} \tag{9-8}$$

列车在 Δt 时间内相对于地面行驶的距离为 $v\Delta t$,则由几何关系有

$$L=\sqrt{D^2+\left(\frac{1}{2}v\Delta t\right)^2} \tag{9-9}$$

将式(9-9)代入式(9-8)，并注意到式(9-7)，化简后可得

$$\Delta t=\frac{\Delta t_0}{\sqrt{1-\frac{v^2}{c^2}}} \tag{9-10}$$

式(9-10)具有普遍意义.这表明凡某一参考系中同一地点处发生的两个事件的时间间隔 Δt_0，称为固有时，在另一个相对于此参考系运动速度为 v 的参考系中观察到的相同事件的时间间隔 Δt，称为运动时，两者皆满足式(9-10).由于 $\sqrt{1-\frac{v^2}{c^2}}<1$，即运动时 Δt 大于固有时 Δt_0，这个结论称为时间延缓.对上述例子而言，在地面看列车中的时钟走慢了；反之，在列车中看地面的时钟也会走慢，这是狭义相对论的实质.

在经典力学中，我们把发生两个事件的时间间隔看作量值不变的绝对量.与此不同，在狭义相对论中，发生两个事件的时间间隔，在不同的惯性系中是不相同的.这就是说，两个事件之间的时间间隔是相对的概念，它与惯性系有关.只有在运动速度 $v \ll c$，即 $\beta \ll 1$ 时，式(9-10)才简化为

$$\Delta t' \approx \Delta t$$

也就是说，对于缓慢运动的情形来说，两个事件的时间间隔近似为一绝对量.

综上所述，狭义相对论指出了时间和空间的量度与惯性参考系的选择有关.时间与空间是相互联系的，并与物质有着不可分割的联系.不存在孤立的时间，也不存在孤立的空间.时间、空间与运动三者之间的紧密联系，深刻地反映了时空的性质，这是正确认识自然界乃至人类社会所应持有的基本观点.

文档：爱因斯坦创建狭义相对论的基本思路

视频：狭义相对论中的佯谬问题

例 2

1970 年 4 月 24 日，“东方红”一号人造地球卫星在酒泉卫星发射中心成功发射，开创了中国航天史的新纪元，使中国成为继苏、美、法、日之后世界上第五个独立研制并发射人造地球卫星的国家.该人造地球卫星上携带了时长为 4 分钟的《东方红》乐曲，目前仍在轨运行，如图 9-6 所示.若该卫星以速度 $u=0.6c$ 远离地球而去，试问地球上的观察者观测到“东方红”一号上的《东方红》乐曲时长为多少？

图 9-6

[解答] 以地面为 S 系,“东方红”一号卫星为 S′系,以乐曲播放为事件,由已知条件可知

$$\Delta x'=0,\quad \Delta t'=4\ \text{min}$$

根据时间延缓效应式(9-10)可得

$$\Delta t=\frac{\Delta t'}{\sqrt{1-\frac{u^2}{c^2}}}=\frac{4}{\sqrt{1-\frac{(0.6c)^2}{c^2}}}=5\ \text{min}$$

本节练习

1. 狭义相对论以________、________为基础得出________、________和________三个时空结论.该结论充分说明狭义相对论时空关系与参考系运动速度相关.

2. 地面上一只母猫产崽用时 t_0,在一艘高速运动的飞船中测量到的产崽时间为 t,则(　　).

(A) $t=t_0$　　(B) $t>t_0$

(C) $t<t_0$　　(D) 无法判断

3. π 介子从诞生到衰变成其他粒子前,在地面参考系中观测到其飞行的距离为 l,则在 π 介子参考系中测得地面相对于它飞行的距离 l'有(　　).

(A) $l'=l$　　(B) $l'>l$

(C) $l'<l$　　(D) 无法判断大小关系

9-2 量子假设　光的波粒二象性

自古以来,人们都认为物质由一些最小的基本单元所组成.最初,人们相信原子是构成物质的基本单元,而且这种基本单元是不可分的.1897 年 J.J.汤姆孙发现电子是比原子更基本的物质单元,后来,人们又相继发现了中子、质子、介子、超子等粒子.正是这些不连续的基元通过多种多样的组合方式,才得以构成物质世界如此丰富多彩的图景.但是,20 世纪以前,人们从来不曾怀疑过物质的能量是连续的.在以牛顿为代表的经典力学理论,以玻耳兹曼为代表的统计物理学理论和以麦克斯韦为代表的经典电磁学理论中,人们一直认为能量是可以连续变化的,物体之间能量的传递也是以连续的方式进行的.这些观念为世人所公认,是不言而喻的.直到 1900 年,普朗克试图从理论上解释黑体辐射的规律时,才打破了能量连续变化这一传统的观念,提出了不连续的能量子的概念,从而开创了物理学革命的新纪元,宣告了量子物理的诞生.

一、黑体 黑体辐射 普朗克能量子假设

1. 黑体 黑体辐射

任何一个物体,在任何温度下都要发射电磁波.这种由于物体中的分子、原子受到热激发而发射电磁辐射的现象,称为热辐射.另一方面,任何物体在任何温度下都要接收外界射来的电磁辐射,除一部分反射回外界外,其余部分都被物体所吸收.这就是说,物体在任何时候都存在着发射和吸收电磁辐射的过程.实验表明,不同物体在某一频率范围内发射和吸收电磁辐射的能力是不同的,例如,深色物体吸收和发射电磁辐射的能力比浅色物体要大一些.但是,对同一个物体来说,若它在某一频率范围内发射电磁辐射的能力越强,则它吸收该频率范围内电磁辐射的能力也越强;反之亦然.

一般来说,入射到物体上的电磁辐射,并不能全部被物体所吸收.通常人们认为,最黑的煤烟也只能吸收入射电磁辐射的95%.我们设想有一种物体,它能全部吸收一切外来的电磁辐射,则这种物体称为黑体(也称绝对黑体),黑体只是一种理想模型.如果在一个由任意材料(钢、铜、陶瓷或其他)做成的空腔壁上开一个小孔(图9-7),那么小孔就可近似地看作黑体.这是因为射入小孔的电磁辐射,要被腔壁多次反射,每反射一次,腔壁就要吸收一部分电磁辐射能,以致射入小孔的电磁辐射很少有可能从小孔逃逸出来.不妨设想一个单位的电磁辐射从小孔射入空腔中,在空腔内经100次反射后,才从小孔射出来.若每次反射时仅被腔壁吸收10%,那么从小孔射出的电磁辐射就只为入射能量的$(0.900)^{100}=2.656\times10^{-5}$倍了.

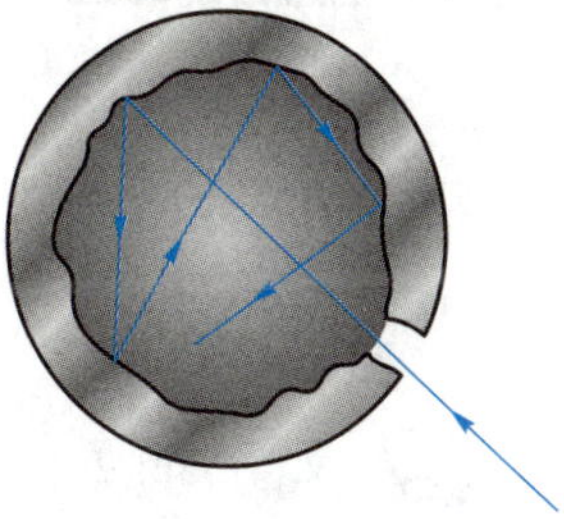

图 9-7 空腔壁上的小孔可看作黑体

动画:黑体的辐出度曲线

另外,如前所述,此空腔处于某确定的温度时,也应有电磁辐射从小孔发射出来.显然,从小孔发射出来的电磁辐射就可作为黑体的辐射.总之,无论从吸收还是发射电磁辐射来看,空腔的小孔都可以看作黑体.实验分析表明,空腔小孔向外发射的电磁辐射是含有各种频率成分的,而且不同频率成分的电磁辐射的强度也不同,仅随黑体的温度而异.

图9-8为黑体温度分别为6 000 K和300 K时的辐射实验曲线.图中横坐标ν为辐射频率.纵坐标$M_\nu(T)$称为单色辐出度,其意义为:热力学温度为T的黑体的单位面积上单位时间内,在频率ν附近单位频率范围内所辐射的电磁波能量.在1900年以前

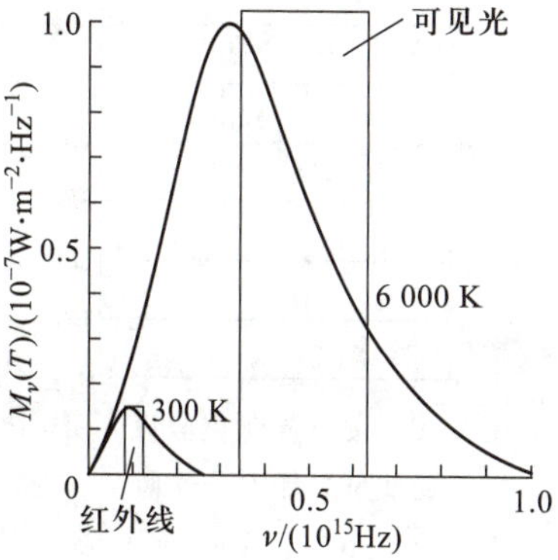

图 9-8 黑体辐射实验曲线

的所有经典物理学理论都无法找到与实验曲线完全一致的 $M_\nu(T)-\nu$ 关系式.这是因为在这以前的理论中所有有关能量都是连续变化的.可恰恰黑体辐射显示的能量关系却是不连续的,当然这是普朗克经过研究后揭示的.

2. 普朗克能量子假设

普朗克

文档:普朗克

普朗克(Max Karl Ernst Ludwig Planck,1858—1947),德国理论物理学家,量子论的奠基人.1900 年 12 月 14 日他在德国物理学会的例会上,宣读了题为《关于正常光谱中能量分布定律的理论》的论文,该论文提出了能量的量子化假设,并导出黑体辐射的能量分布公式.劳厄称这一天是"量子论的诞生日".量子论和相对论一起构成了近代物理学的理论基础.

1900 年德国物理学家普朗克为了得到与实验曲线相一致的公式,提出了一个与经典物理概念不同的新假设:金属空腔壁上电子的振动可视为一维谐振子,它吸收或者发射电磁辐射能量时,不是过去经典物理所认为的那样可以连续地吸收或发射能量,而是以与振子的频率成正比的能量子

$$\varepsilon=h\nu$$

为基本单元来吸收或发射能量.这就是说,空腔壁上的带电谐振子吸收或发射的能量,只能是 $h\nu$ 的整数倍,即

$$\varepsilon=nh\nu \qquad (9-11)$$

式中 $n=0,1,2,3,\cdots$ 为正整数,称为量子数.普朗克并假设,比例常量 h 对所有谐振子都是相同的,后来人们把 h 称为普朗克常量.

应当指出,在经典物理学中,谐振子的能量正比于振幅的二次方和频率的二次方,尤其重要的是对于给定频率的谐振子,其振幅是任意的.这就是说,给定频率为 ν 的谐振子可以具有任意连续的能量值.而按照普朗克的假设,频率为 ν 的谐振子,其能量值只能取不连续的值中的一个值(图 9-9),即谐振子能量是按量子数 n 作阶梯式分布的,后来人们把谐振子处于某些能量状态,形象地称为处于某个能级.上述普朗克假设,一般叫做普朗克能量子假设,或简称普朗克量子假设.这个假设与经典物理能量连续的概念格格不入,为物理学带来了新的概念和活力.

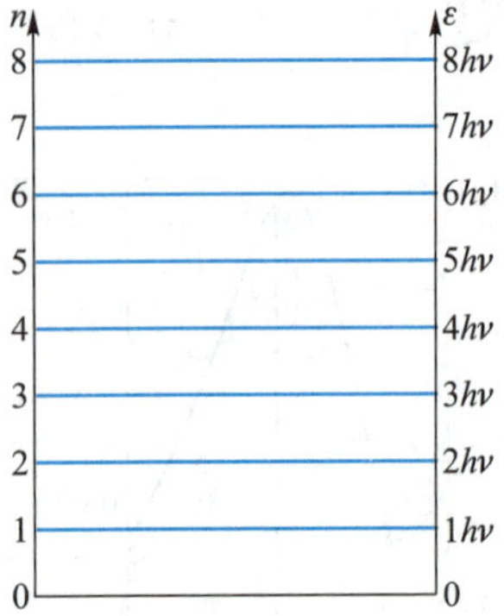

图 9-9 按照普朗克假设,一维谐振子的能量只能取分立值

普朗克按照他的能量子假设得到,在单位时间内,从温度为 T 的黑体的单位面积上,在频率为 $\nu\sim\nu+\mathrm{d}\nu$ 的范围内,所辐射的能量为

$$M_\nu(T)\,\mathrm{d}\nu=\frac{2\pi h\nu^3}{c^2}\,\frac{\mathrm{d}\nu}{\mathrm{e}^{h\nu/kT}-1} \qquad (9-12)$$

这就是著名的普朗克黑体辐射公式.图 9-10 给出了普朗克公式与实验结果的比较,从图中可见,两者是十分吻合的.一般计算时取 $h=6.63\times10^{-34}$ J·s.

普朗克按照能量子假设,虽然从理论上得出了与实验结果相一致的黑体辐射能量分布,但是他并未因此而高兴.相反,他却认为自己做了一件错事,把本来很和谐的经典物理学弄得一团糟,内心不安,诚惶诚恐,甚至企图将能量量子化重新纳入经典物理学的轨道之内.持有类似态度的物理学家,当时不止普朗克一人,他们还想从经典物理概念中找出路,当然,这些努力都是徒劳的.甚至当 1905 年爱因斯坦在普朗克的能量量子化的启发下,提出了光量子概念以说明光电效应之后,普朗克的观点仍无改变.接着,1913 年玻尔发展了量子化概念,正确地解释了氢原子光谱的规律.直到 1915 年,普朗克才逐渐认识到量子化的重要作用.普朗克在回忆这段往事时说:"试图使量子与经典物理协调起来的这种徒劳无益的打算,使我耗去了很多精力,直到 1915 年.我的许多同事认为这近乎是一个悲剧,但我并不这样认为,因为我由此获得的透彻的启示是更有价值的.现在我知道作用量子 h 比我当初想象的重要得多."科学家是人,不是神.一种科学观点的变革,即使对像普朗克这样有开创精神的科学家,也不是那么容易接受的.但科学是不会忘记普朗克的开创精神的,人们称普朗克为量子之父.由于普朗克对建立量子论的贡献,1918 年他被授予诺贝尔物理学奖.

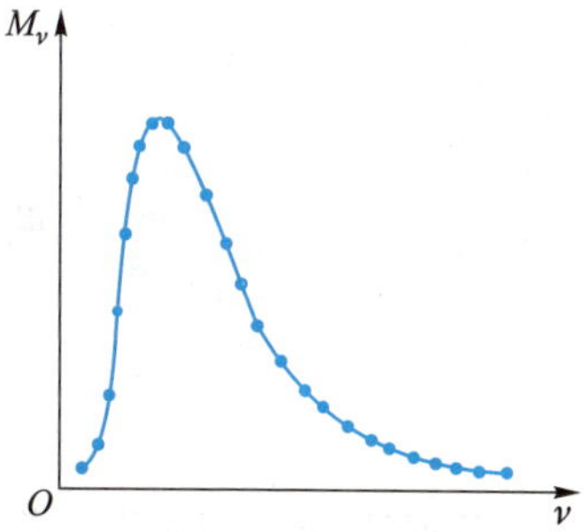

图 9-10 黑体辐射频谱分布的实验值与普朗克公式的理论曲线比较

图中的圆点为实验值

文档:黑体辐射规律的探索

视频:地球为什么足够温暖?

二、光电效应 光的波粒二象性

1887 年,赫兹发现了光电效应.18 年以后(即 1905 年),爱因斯坦发展了普朗克关于能量量子化的假设,提出了光量子概念,从理论上成功地说明了光电效应实验的规律.为此,爱因斯坦获得了 1921 年的诺贝尔物理学奖.

1. 光电效应

在光照射下,电子从金属表面逸出的现象,叫做光电效应.逸出的电子称为光电子.

从光电效应实验中我们可归纳出三条规律.

(1) 对某一种金属来说,只有当入射光的频率大于某一频率 ν_0时,光电子才能从金属表面逸出,电路中才有光电流.这个频率 ν_0叫做截止频率(也称红限频率).如果入射光的频率小于截止频率(即 $\nu<\nu_0$),那么,无论光的强度有多大,都没有光电子从金属

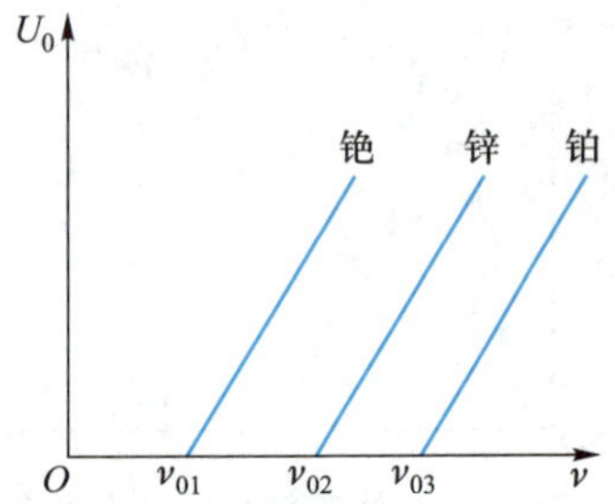

图 9-11 遏止电势差与入射光的频率之间的关系

表面逸出.

(2) 当用不同频率的光照射金属的表面时,只要入射光的频率大于截止频率,遏止电势差 U_0(对应于光电子动能的最大值)与入射光的频率 ν 就具有线性关系,如图 9-11 所示.

(3) 无论入射光的强度如何,只要其频率大于截止频率,当光照射到金属表面上时,几乎立即就有光电子逸出.根据测量,从光开始照射金属表面,到光电子首次逸出来,其时间间隔不超过 10^{-9} s.这就是常说的光电效应的瞬时性.

人们用经典物理学中光的电磁波理论说明光电效应的实验规律时,遇到很大困难.这主要表现在,按照经典理论,无论何种频率的入射光,只要其强度足够大,就能迫使电子具有足够的能量逸出金属表面;然而实验却指出,若入射光的频率小于截止频率,无论其强度有多大,都不能产生光电效应.此外,按照经典理论,电子逸出金属表面所需的能量,需要有一定的时间来积累,一直积累到足以使电子逸出金属表面为止;然而实验却指出,光的照射和光电子的释放几乎是同时发生的,在 10^{-8} s这一测量精度范围内,人们观察不到这种滞后现象,即光电效应可认为是“瞬时的”.

2. 光子　光电效应方程

为了解决光电效应的实验规律与经典物理理论的矛盾,1905 年爱因斯坦对光的本性提出了新的理论.他认为,光束可以看成由微粒构成的粒子流,这些粒子叫做光量子,以后简称为光子.在真空中,每个光子都以光速 $c=3\times10^8\ \mathrm{m\cdot s^{-1}}$ 运动.对于频率为 ν 的光束,其中光子的能量为

$$\varepsilon = h\nu \tag{9-13}$$

式中 h 为普朗克常量.按照爱因斯坦的光子假设,频率为 ν 的光束可看成是由许多能量均为 $h\nu$ 的光子所构成的;频率 ν 越大的光束,其中光子的能量也越大;对给定频率的光束来说,光的强度越大,就表示光子的数目越多.由此可见,对单个光子来说,其能量取决于频率,而对一束光来说,其能量既与频率有关,又与光子数有关.

爱因斯坦认为,当频率为 ν 的光束照射在金属表面上时,光子的能量被单个电子所吸收,使电子获得能量 $h\nu$.当入射光的频率 ν 足够大时,光子可以使电子具有足够的能量从金属表面逸出,逸出时所需要克服金属表面束缚而做的功,称为逸出功 W.设电子具有最大初动能 $mv^2/2$,由能量守恒定律得

$$h\nu = \frac{1}{2}mv^2 + W \tag{9-14}$$

这个方程叫做爱因斯坦的光电效应方程.表 9-1 列出了几种金属

的逸出功的近似值①.

表 9-1 几种金属的逸出功的近似值

金属	钠	铝	锌	铜	银	铂
W/eV	1.90~2.46	2.50~3.60	3.32~3.57	4.10~4.50	4.56~4.73	6.30

从光电效应方程(9-14)可以看出,当光子的频率达到为 ν_0时($W=h\nu_0$),电子的初动能 $mv^2/2=0$,电子刚好能逸出金属表面,此时 ν_0即前述的截止频率,其值为 $\nu_0=W/h$.显然,只有频率大于 ν_0的入射光照射在金属表面上时,电子才能从金属表面上逸出来,并具有一定的初动能.如果入射光的频率小于 ν_0,电子吸收的光子能量就小于逸出功 W,在这种情况下,电子是不能逸出金属表面的,这与实验结果是一致的.因此,只要 $\nu>\nu_0$,电子就会从金属中被释放出来,而不需要积累能量的时间,光电子的释放和光的照射几乎是同时发生的,是"瞬时的",没有滞后现象.这与实验结果也是一致的.从式(9-14)还可看出,光电子的动能是与入射光的频率成正比的,这正说明了遏止电势差 U_0与频率 ν 成正比的实验结果.

至此,我们可以说,原先由经典理论出发解释光电效应实验所遇到的困难,在爱因斯坦光子假设提出后,都顺利地得到了解决.不仅如此,通过爱因斯坦对光电效应的研究,我们还对光的本性在认识上有了一个飞跃.光电效应显示了光的微粒性.这就是说,某一频率的光束,是由一些能量相同的光子所构成的光子流.在光电效应中,当电子吸收光子时,它吸收光子的全部能量,而不能只吸收其一部分.光子与电子一样,也是构成物质的一种微观粒子.

例 1

设一半径为 1.0×10^{-3} m 的薄圆片,它距光源 1.0 m.此光源的功率为 1 W,发射波长为 589 nm 的单色光.假设光源向各个方向发射的能量是相同的,试计算在单位时间内落在薄圆片上的光子数.

[解答] 从题意可知,圆片的面积 $S=\pi\times(1.0\times10^{-3}\ \text{m})^2=\pi\times10^{-6}\ \text{m}^2$.由于光源发射出来的能量在各个方向上是相同的,所以在单位时间内落在薄圆片上的能量为

$$P'=P\frac{S}{4\pi r^2}$$

式中 r 为光源到圆片的距离,$r=1.0$ m,P 为光源的功率,$P=1\ \text{J}\cdot\text{s}^{-1}$.于是有

$$P'=2.5\times10^{-7}\ \text{J}\cdot\text{s}^{-1}$$

故在单位时间落在薄圆片上的光子数为

$$N=\frac{P'}{h\nu}=\frac{P'\lambda}{hc}=7.4\times10^{11}\ \text{s}^{-1}$$

即每秒钟有 7.4×10^{11} 个光子落在薄圆片上.

① 金属的逸出功是由实验测定的,它的值取决于金属的晶体结构、表面的清洁程度和所处的环境,表中列出了其近似值的范围.

3. 光的波粒二象性

光的波动性在 19 世纪已被许多实验所证实，这在第八章已有阐述，而上述的光电效应又揭示了光的另一特性——粒子性. 那么，这两个看似“矛盾”的特性是如何统一在一个事物上的呢? 我们先来看一下光子的能量与动量.

爱因斯坦在狭义相对论中揭示，运动物体具有的能量为

$$E=mc^2 \tag{9-15}$$

式中 $m=m_0\Big/\sqrt{1-\dfrac{v^2}{c^2}}$ 称为运动质量，c 为真空中的光速，v 为物体的运动速度，m_0 为物体的静止质量. 运动物体的动量为

$$p=mv \tag{9-16}$$

由式(9-15)和式(9-16)可知

$$\frac{E}{p}=\frac{c^2}{v} \tag{9-17}$$

当物体为光子时，则上式中的 $v=c$，$E=h\nu$，则由式(9-17)得

$$p=\frac{E}{c}=\frac{h\nu}{c}=\frac{h}{\lambda}$$

因此，对于频率为 ν 的光子，其能量和动量分别为

$$E=h\nu,\quad p=\frac{h}{\lambda} \tag{9-18}$$

由此可以看到，描述光子粒子的物理量(E 和 p)与描述光的波动性的物理量(ν 和 λ)通过普朗克常量 h 联系在一起，这就构成光的波粒二象性，即光既具有波动性，又具有粒子性. 除了在光电效应中，光显示出明显的粒子性之外，在下面要讲到的康普顿效应中，光的粒子性进一步得到体现.

例 2

CO_2 激光器发出一束功率为 $P=10^3$ W、波长为 $\lambda=10^{-5}$ m 的红外线，则它发射的单个光子能量是多少? 每秒发射的光子数有多少?(普朗克常量取 $h=6.63\times10^{-34}$ J·s.)

[解答] 红外线的频率为

$$\nu=\frac{c}{\lambda}=\frac{3\times10^8}{10^{-5}}\ \text{Hz}=3\times10^{13}\ \text{Hz}$$

单个光子的能量为

$$E=h\nu=6.63\times10^{-34}\times3\times10^{13}\ \text{J}\approx2\times10^{-20}\ \text{J}$$

每秒发射的光子数为

$$n=\frac{P}{E}=\frac{10^3}{2\times10^{-20}}=5\times10^{22}$$

三、康普顿效应

1920 年,美国物理学家康普顿(A.H.Compton,1892—1962)在观察 X 射线被物质散射时,发现散射线中含有波长变化了的成分.图 9-12 是 X 射线散射实验装置的示意图.由单色 X 射线源 R 发出的波长为 λ_0的 X 射线,通过光阑 D 成为一束狭窄的 X 射线,并投射到散射物质 C(如石墨)上,用摄谱仪 S 可探测到不同散射角 θ 的散射 X 射线的相对强度 I.从实验结果中我们可以看到,在散射 X 射线中除有波长与入射波长相同的射线外,还有波长比入射波长更大的射线,这种现象就叫做康普顿效应.我国物理学家吴有训在这方面也作出了卓有成效的贡献.

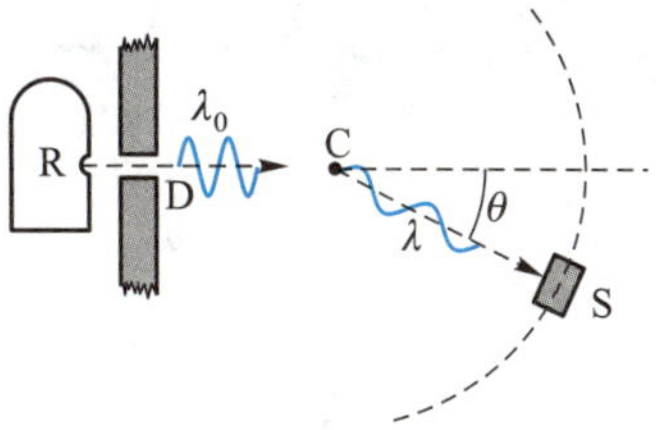

图 9-12 X 射线散射实验装置示意图

康普顿(A.H.Compton,1892—1962),美国物理学家,1920 年开始从事 X 射线经石墨或金属等物质的散射光谱的研究,用光子和电子相互碰撞的理论解释了散射中 X 射线波长变大的实验结果,有力地证实了爱因斯坦的光量子假说.由于这方面的贡献,他于 1927 年获得诺贝尔物理学奖.

吴有训(1897—1977),中国物理学家,1920 年毕业于南京高等师范学校.1921 年赴美师从康普顿做 X 射线散射光谱的研究工作.1924 年他们合作发表《经过轻元素散射后的钼 K_α 射线的波长》一文,1926 年他单独发表《在康普顿效应中变线与不变线的能量分布》等两篇论文.他从实验中得到的关于 15 种不同元素的 X 射线散射谱图受到康普顿的赞许.这一谱图十分关键,以确凿的事实佐证了康普顿效应的理论.

康普顿

文档:康普顿

吴有训

然而,经典电磁理论不能对康普顿效应作出合理的解释.这是因为,按照经典电磁理论,当单色电磁波作用在尺寸比波长还要小的带电粒子上时,带电粒子将以与入射电磁波相同的频率作电磁受迫振动,并向各个方向辐射出同一频率的电磁波.于是经典电磁理论预言,散射波具有和入射波一样的频率(或波长).对于像可见光这类波长较大的电磁波,经典电磁理论的这个预言是比较符合实际的.在日常生活中经常可以看到,可见光照射在悬浮于乳胶溶液中的微小粒子上时,由微小粒子散射到各个方向的光,其波长与入射光的波长几乎完全一样.然而,在康普顿的 X 射线散射实验中,确实出现了散射射线的波长变大的现象.这表明经典电磁理论与康普顿效应是不相容的.

怎样正确认识康普顿的 X 射线散射实验结果呢? 1922 年康普顿提出,按照光子假设,频率为 ν_0的 X 射线可看成是由一些能量为 $\varepsilon_0=h\nu_0$的光子组成的,并假设光子与受原子束缚较弱的电子或自由电子之间的碰撞类似于完全弹性碰撞.依照这个观点,

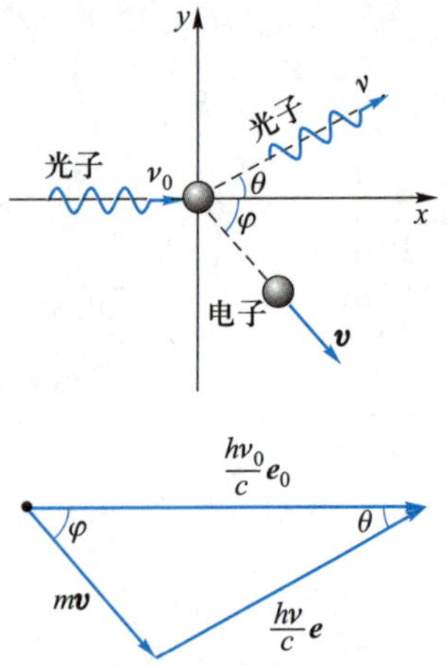

图 9-13 光子与束缚较弱的电子的碰撞及动量变化

我们可对康普顿效应作如下解释：当能量为 $\varepsilon_0(h\nu_0)$ 的入射光子与散射物质中的电子发生弹性碰撞时，电子会获得一部分能量，因此，碰撞后散射光子的能量 $\varepsilon(h\nu)$ 比入射光子的能量小.因而散射光子的频率 ν 比入射光子的频率 ν_0 要小，即散射光子的波长 λ 比入射光子的波长 λ_0 要大一些.这就定性地说明了散射射线中会出现波长大于入射射线波长的成分的原因.

图 9-13 是一个光子和一个束缚较弱的电子作弹性碰撞时的散射情形图和碰撞过程中的动量守恒矢量图.借助图示可写出相应的物理规律表达式，作进一步的定量分析①，可得波长增量为

$$\Delta\lambda=\lambda-\lambda_0=\frac{2h}{m_0c}\sin^2\frac{\theta}{2} \tag{9-19}$$

式中的 m_0 为电子质量.

本节练习

1. 黑体辐射中的“黑体”模型可以用什么装置来获得？这个装置是如何实现“黑体”条件的？

2. 在揭示黑体辐射规律的时候，最重要的物理思想是什么？

3. 两束光的波长分别为 λ_1 和 λ_2，且 $\lambda_1>\lambda_2$.则对应的光子能量 E_1 和 E_2 满足（　　）.

（A）$E_1=E_2$　（B）$E_1<E_2$　（C）$E_1>E_2$　（D）无法判断

4. 光电效应和康普顿效应有何异同？

9-3 氢原子的玻尔理论

从以上讨论中已经知道，20 世纪初物理学革命的重大成果之一，就是建立了量子论.1900 年，普朗克引入了能量子概念，从而解决了经典理论解释黑体辐射时所遇到的困难，为量子理论的建立奠定了基础.继而，爱因斯坦又提出了光量子假说，完满地说明了光电效应的实验规律，为量子理论的发展开创了新的局面.另一方面在 19 世纪 80 年代，光谱学得到了长足的发展，特别是 1885 年，瑞士数学家巴耳末（J.J.Balmer，1825—1898）把看来似乎毫无规律可言的氢原子可见光部分的线光谱，归结成一个有规律的公式，这促使人们意识到光谱规律的实质是显示了原子内部的

① 参阅马文蔚等编《物理学教程》（第四版）下册 250 至 251 页，高等教育出版社，2023 年.

结构机理.接着,在 1897 年,J.J.汤姆孙发现了电子,这进一步促使人们去探索原子的结构.应当说,量子论、光谱学、电子这三大发现的线索,为运用量子论研究原子的结构提供了坚实的理论和实验基础.在所有的原子中,氢原子是最简单的,这里就先从氢原子的光谱着手.

一、氢原子光谱的规律

氢原子线光谱中可见光部分的实验结果,如图 9-14 所示.巴耳末发现氢原子线光谱在可见光波段的谱线规律,可归纳为如下公式:

$$\lambda = 365.46\frac{n^2}{n^2-2^2}\ \text{nm},\quad n=3,4,5,\cdots \tag{9-20}$$

当 $n=3$ 时,由上式可得 $\lambda_\alpha=656.21$ nm,这与谱线 H_α 波长的实验值 656.28 nm 是相当吻合的;当 $n=4,5,6,\cdots$时,按式(9-20)所得的值与实验值也是相当吻合的.因此,可以认为式(9-20)反映了氢原子光谱中可见光范围内,谱线按波长分布的规律.这个谱线系叫做巴耳末系,式(9-20)叫做巴耳末公式.

1890 年瑞典物理学家里德伯(J.R.Rydberg,1854—1919)用波长的倒数来替代巴耳末公式中的波长,并将 $\sigma=\dfrac{1}{\lambda}$称为波数,从而得出氢原子光谱公式的常见形式:

$$\sigma = R\left(\frac{1}{2^2}-\frac{1}{n^2}\right),\quad n=3,4,5,\cdots \tag{9-21}$$

式中 R 称为里德伯常量,其近代实验测定值 $R_H = 1.096\ 775\ 8\times10^7\ \text{m}^{-1}$,一般计算时取$1.097\times10^7\ \text{m}^{-1}$.

在氢原子光谱中,除了可见光部分的巴耳末谱线系以外,还有紫外线和红外线部分的谱线系,现列表 9-2 如下.

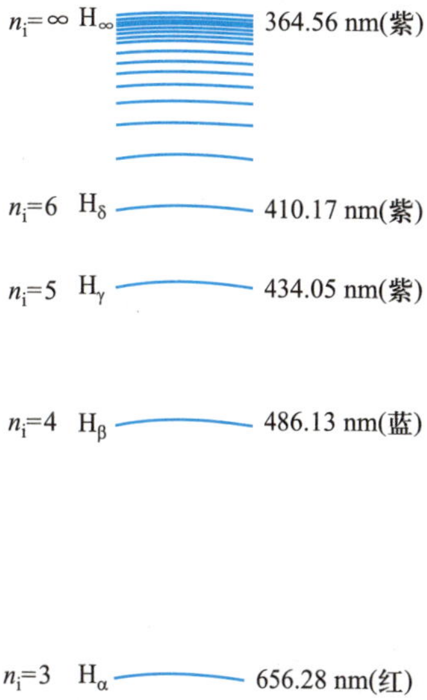

图 9-14 氢原子光谱的巴耳末系

文档:巴耳末

表 9-2 氢原子光谱线系

谱线系名称及发现年代	谱线波段	n_f	n_i	谱线公式
莱曼(Lyman)系,1914	紫外线	1	2,3,⋯	$\sigma=\dfrac{1}{\lambda}=R\left(\dfrac{1}{1^2}-\dfrac{1}{n_i^2}\right)$
巴耳末(Balmer)系,1885	可见光	2	3,4,⋯	$\sigma=\dfrac{1}{\lambda}=R\left(\dfrac{1}{2^2}-\dfrac{1}{n_i^2}\right)$
帕邢(Paschen)系,1908	红外线	3	4,5,⋯	$\sigma=\dfrac{1}{\lambda}=R\left(\dfrac{1}{3^2}-\dfrac{1}{n_i^2}\right)$

续表

谱线系名称及发现年代	谱线波段	n_f	n_i	谱线公式
布拉开(Brackett)系,1922	红外线	4	5,6,…	$\sigma=\frac{1}{\lambda}=R\left(\frac{1}{4^2}-\frac{1}{n_i^2}\right)$
普丰德(Pfund)系,1924	红外线	5	6,7,…	$\sigma=\frac{1}{\lambda}=R\left(\frac{1}{5^2}-\frac{1}{n_i^2}\right)$
汉弗莱(Humphreys)系,1953	红外线	6	7,8,…	$\sigma=\frac{1}{\lambda}=R\left(\frac{1}{6^2}-\frac{1}{n_i^2}\right)$

表中各谱线系的光谱线规律可以统一写成

$$\sigma=R\left(\frac{1}{n_f^2}-\frac{1}{n_i^2}\right) \tag{9-22}$$

对于给定的 $n_f(=1,2,\cdots)$,n_i的值分别取 $n_f+1,n_f+2,\cdots$,就可以得到各谱线系.

二、卢瑟福的原子有核模型

要正确解释原子光谱的规律性,必须知道原子的结构.在电子发现之前,这一点是很难实现的.自 1897 年 J.J.汤姆孙发现电子以后,人们就知道,原子中除有电子以外,一定还存在着带正电的部分,而且原子内正、负电荷应相等.在原子中,电子和正电荷如何分布,就成了 19 世纪末、20 世纪初物理学的重要研究课题之一,这个问题也困扰了许多物理学家.

1903 年,J.J.汤姆孙提出了一个原子结构模型.他假定,原子中的正电荷和原子的质量均匀地分布在半径为 10^{-10} m 的球体范围内,而原子中的电子则浸于此球体中.人们曾把这个原子结构模型比喻为“葡萄干蛋糕模型”.

动画:α 粒子散射

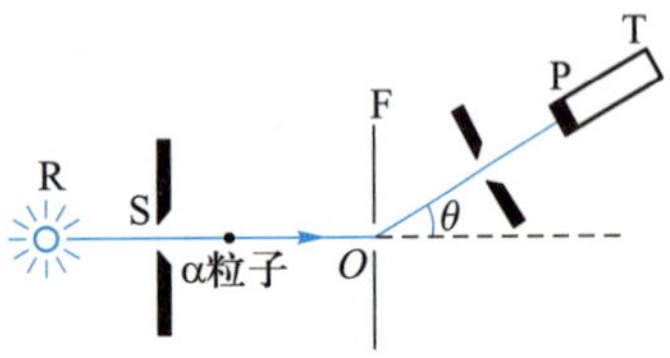

图 9-15 α 粒子散射实验装置示意图

卢瑟福,曾经相信他的老师所提出的这个模型.为了检验这个模型,1909 年,在卢瑟福的建议下,盖革和马斯登①进行了如图 9-15所示的 α 粒子散射实验.图中 R 是放射源镭,从中可放射出电荷为+2e、质量约为电子质量 7 400 倍的 α 粒子,其速度约为光速的 1/15.α 粒子穿过小孔 S 射在金箔 F 上,被 F 散射后朝各个方向运动.当 α 粒子射到荧光屏 P 上时,P 将发出荧光.荧光屏 P 与显微镜 T 构成的 α 粒子探测器,可绕点 O 在纸平面内转动,从而可测定在不同散射角 θ 方向上的 α 粒子数.

① 盖革(H.W.Geiger,1882—1945),德国物理学家;马斯登(E.Marsden,1889—1970),新西兰物理学家.

卢瑟福(E.Rutherford,1871—1937),英国物理学家,出生于新西兰.1895年他成为卡文迪什实验室主任J.J.汤姆孙的研究生.1899年1月他发现铀盐放射出α射线和β射线,并提出天然放射性元素的衰变理论和衰变定律$N=N_0 e^{-\lambda t}$.天然放射性的发现与电子和X射线的发现,是19世纪末三项最伟大的发现.为此,他于1908年获得诺贝尔化学奖.卢瑟福还判定α粒子是带正电的氦原子核.他根据α粒子散射实验提出原子的有核模型.卢瑟福被誉为原子物理之父,又是原子核物理学的奠基人.

卢瑟福

文档:卢瑟福

实验得出绝大多数α粒子穿透金箔后沿原来方向(即散射角$\theta=0$)或沿散射角很小的方向(一般θ为2°~3°)运动.但在每8 000个α粒子中,约有一个α粒子的散射角大于90°,甚至有散射角接近于180°的情况.出现α粒子大角度散射的实验结果是卢瑟福不曾料到的,他原先是想验证汤姆孙的原子结构模型,结果却是相反的.

经过深入思考,卢瑟福认为只有原子的质量集中于中心处狭小的范围内,且带正电荷,才能使少许α粒子发生大角度散射.于是,卢瑟福于1911年提出原子的有核模型,或称原子的行星模型.他认为,原子的中心有一带正电的原子核,它几乎集中了原子的全部质量,电子围绕这个核旋转,核的尺寸与整个原子相比是很小的.按照这个模型,原子核是很小的,绝大多数α粒子穿过原子时,因受原子核的作用很小,它们的散射角θ很小.只有少数α粒子能进入到距原子核很近的地方,这些α粒子受原子核的作用较大,故它们的散射角也较大.极少数α粒子正对原子核运动,故它们的散射角可接近180°.图9-16为一束α粒子流经过原子核附近时被散射的示意图.

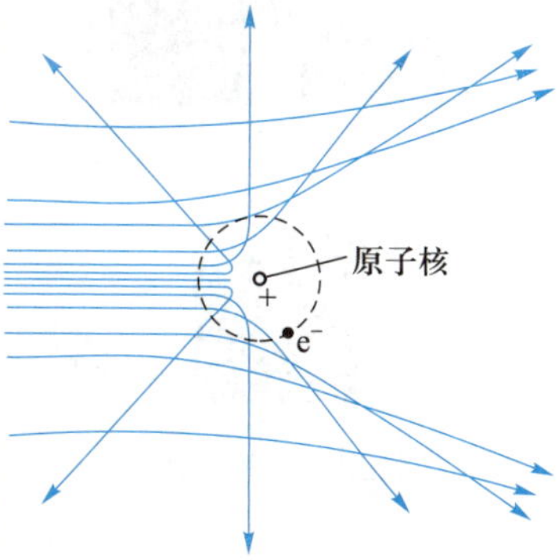

图9-16 α粒子流在原子核附近散射的示意图

然而,卢瑟福的原子结构模型和经典电磁理论有着深刻的矛盾.这是因为核外电子在库仑力$\boldsymbol{F}_e$作用下,要作匀速率圆周运动.根据经典电磁理论,作加速运动的电子会不断地向外辐射电磁波,其频率等于电子绕核旋转的频率.由于原子不断地向外辐射能量,它的能量要逐渐地减少,电子绕核旋转的频率也要逐渐地改变,所以原子发射的光谱应该是连续光谱.不但如此,由于原子总能量的减少,电子将逐渐地接近原子核且最后和核相遇(图9-17),所以原子应该是一个不稳定的系统.以氢原子为例,若开始时电子轨道半径为10^{-10} m,则大约只要经过10^{-10} s的时间,电子就会落到原子核上.但事实告诉我们,在一般情况下,原子是稳定的;而且原子所发射的线光谱具有一定的规律性.例如氢原子线光谱在可见光波段的谱线,其波长总是服从巴耳末公式.

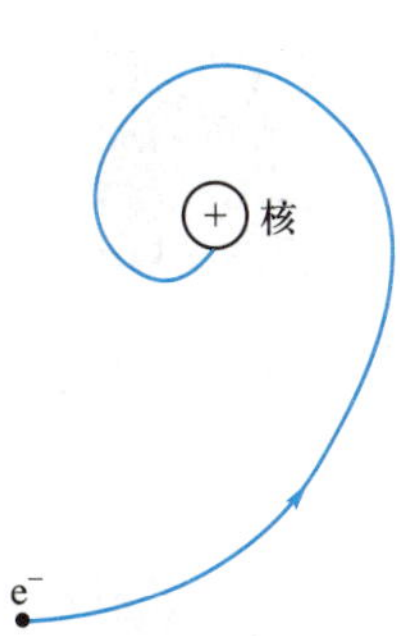

图9-17 按经典理论氢原子结构是不稳定的

卢瑟福的原子有核模型正确地解释了 α 粒子的散射实验.但这个模型又与经典物理学有着深刻的矛盾,使原子具有不稳定性,并且不能说明氢原子光谱线的规律.针对上述矛盾,许多物理学家包括卢瑟福本人都在积极探索.1913 年,玻尔在卢瑟福的有核模型的基础上提出了三条假设,即氢原子的玻尔理论,它可以说明氢原子光谱的规律.

三、氢原子的玻尔理论

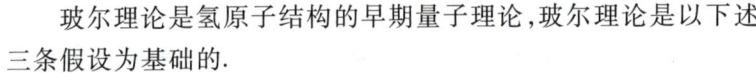

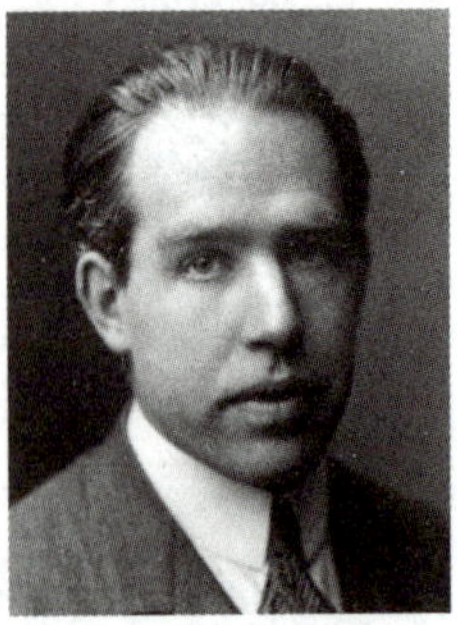

玻尔

文档:玻尔

玻尔(Niels Henrik David Bohr,1885—1962),丹麦理论物理学家,现代物理学的创始人之一.1911 年,他来到卡文迪什实验室在 J.J.汤姆孙的指导下学习和研究.当得知卢瑟福从 α 粒子散射实验提出了原子的有核模型后,他深感钦佩,同时也非常理解该模型所遇到的困难.于是他又转赴卢瑟福实验室求学,并参加 α 粒子散射的实验工作.他坚信卢瑟福的有核模型,认为要解决原子的稳定性问题,必须用量子概念对经典物理来一番改造.终于在 1913 年他发表了《论原子构造与分子构造》等三篇论文,正式提出了在卢瑟福原子有核模型基础上的关于原子稳定性和量子跃迁理论的三条假设,从而完满地解释了氢原子光谱的规律.玻尔理论的成功,使量子理论取得重大进展,推动了量子物理学的形成,具有划时代的意义.为此,玻尔于 1922 年 12 月 10 日诺贝尔诞生 100 周年之际,在瑞典首都接受了当年的诺贝尔物理学奖.

动画:氢原子的玻尔理论

玻尔理论是氢原子结构的早期量子理论,玻尔理论是以下述三条假设为基础的.

(1) 定态假设.电子在原子中,可以在一些特定的圆轨道上运动而不辐射电磁波,这时原子处于稳定状态(简称定态),并具有一定的能量.

(2) 轨道量子化假设.电子以速度 v 在半径为 r 的圆周上绕核运动时,只有电子的角动量 L 等于 $\dfrac{h}{2\pi}$ 的整数倍的那些轨道才是稳定的,即

$$L=mvr=n\frac{h}{2\pi} \tag{9-23}$$

式中 h 为普朗克常量,$n=1,2,3,4,\cdots$ 叫做主量子数.式(9-23)叫做量子化条件,也叫量子条件.

(3) 跃迁频率假设.当原子从高能量的定态跃迁到低能量的定态,亦即电子从高能量 E_i 的轨道跃迁到低能量 E_f 的轨道上时,会发射频率为 ν 的光子,且

$$h\nu = E_{\mathrm{i}} - E_{\mathrm{f}} \tag{9-24}$$

此式叫做频率条件.

在这三条假设中,第一条虽是经验性的,但它是玻尔对原子结构理论的重大贡献,因为它对经典概念作了巨大的修改,从而解决了原子稳定性的问题.第三条是从普朗克量子假设引申来的,因此是合理的,它能解释线光谱的起源.第二条则表述了电子绕核运动的角动量量子化,它可以从德布罗意假设自然得出.

现在我们从玻尔的三条假设出发来推求氢原子的能级公式,并解释氢原子光谱的规律.设在氢原子中,质量为 m、电荷量绝对值为 e 的电子,在半径为 r_n 的稳定轨道上以速率 v_n 作圆周运动,作用在电子上的库仑力为有心力,因此有

$$\frac{mv_n^2}{r_n} = \frac{1}{4\pi\varepsilon_0}\frac{e^2}{r_n^2} \tag{9-25}$$

由第二条假设的式(9-23),得

$$v_n = \frac{nh}{2\pi m r_n} \tag{9-26}$$

把它代入式(9-25)有

$$r_n = \frac{\varepsilon_0 h^2}{\pi m e^2}n^2 = a_0 n^2, \quad n = 1, 2, 3, \cdots \tag{9-27}$$

式中 $a_0 = \varepsilon_0 h^2/(\pi m e^2)$.由于 ε_0、h、m 和 e 均已知,可算得 $a_0 = 5.29\times10^{-11}$ m.a_0其实是电子的第一个(即 $n=1$)轨道的半径,叫做玻尔半径.因此,由式(9-27)可知,电子绕核运动的轨道半径的可能值为 $a_0, 4a_0, 9a_0, 16a_0, \cdots$.人们注意到,$a_0$的数量级与经典统计所估计的原子半径相符合,初步显示出玻尔理论的正确性.

电子在第 n 个轨道上的总能量是其动能和势能之和,即

$$E_n = \frac{1}{2}mv_n^2 - \frac{1}{4\pi\varepsilon_0}\frac{e^2}{r_n}$$

利用式(9-26)和式(9-27),上式可写为

$$E_n = -\frac{me^4}{8\varepsilon_0^2 h^2}\frac{1}{n^2} = \frac{E_1}{n^2} \tag{9-28}$$

式中 $E_1 = -me^4/(8\varepsilon_0^2 h^2) = -13.6$ eV,它的绝对值就是把电子从氢原子的第一个轨道上移到无限远处所需的能量,$|E_1|$就是电离能.令人高兴的是,由式(9-28)算得的$|E_1|$值与实验测得的氢的电离能值(13.599 eV)吻合得十分好.进一步由式(9-28)可以看出,当 $n=1, 2, 3, 4, \cdots$时,氢原子所能具有的能量为

$$E_1, E_2=\frac{E_1}{4}, E_3=\frac{E_1}{9}, E_4=\frac{E_1}{16}, \cdots \tag{9-29}$$

这就是说，氢原子具有的能量 E_n 是不连续的. 这一系列不连续的能量值，就构成了通常所说的能级. 式(9-28)就是玻尔理论的氢原子能级公式. 此外，从式中还可看出，原子的能量都是负值. 这说明原子中的电子若没有足够的能量，就不能脱离原子核对它的束缚.

图 9-18 是氢原子能级与相应的电子轨道的示意图. 在正常情况下，氢原子处于最低能级 E_1，也就是电子处于第一轨道上. 这个最低能级对应的状态叫做基态，或叫做氢原子的正常状态. 电子受到外界激发时，可从基态跃迁到较高的 $E_2, E_3, E_4, \cdots$ 能级上，这些能级对应的状态叫做激发态.

当电子从较高能级 E_i 跃迁到较低能级 E_f 时，由式(9-24)，可得原子辐射的单色光的光子能量为

$$h\nu = E_i - E_f$$

式中 ν 是所辐射单色光光子的频率. 把式(9-28)代入上式，有

$$\nu=\frac{me^4}{8\varepsilon_0^2 h^3}\left(\frac{1}{n_f^2}-\frac{1}{n_i^2}\right), \quad n_i>n_f$$

因为 $\lambda = c/\nu$，所以可得

$$\frac{1}{\lambda}=\sigma=\frac{me^4}{8\varepsilon_0^2 h^3 c}\left(\frac{1}{n_f^2}-\frac{1}{n_i^2}\right), \quad n_i>n_f \tag{9-30}$$

式中 σ 为氢原子由高能级 E_i 跃迁到低能级 E_f 时，原子所辐射单色光的波数. 式(9-30)中 $me^4/(8\varepsilon_0^2 h^3 c) = 1.097\ 373\times 10^7\ \text{m}^{-1}$，这个值与式(9-21)中的里德伯常量的近代实验测定值 R_H 十分接近. 于是，由式(9-30)可得出氢原子的线光谱各谱系. $n_f=1$，$n_i=2,3,4,\cdots$ 为莱曼系；$n_f=2$，$n_i=3,4,5,\cdots$ 为巴耳末系；$n_f=3$，$n_i=4,5,6,\cdots$ 为帕邢系……. 这些由氢原子玻尔理论得出的谱系与由实验得出的谱系吻合得很好. 图 9-19 是氢原子的能级跃迁与谱线系之间的关系.

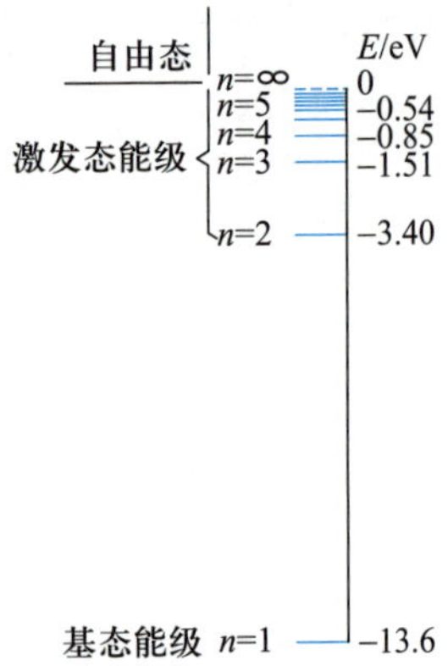

(a) 对应不同的量子数，氢原子可能的能量状态

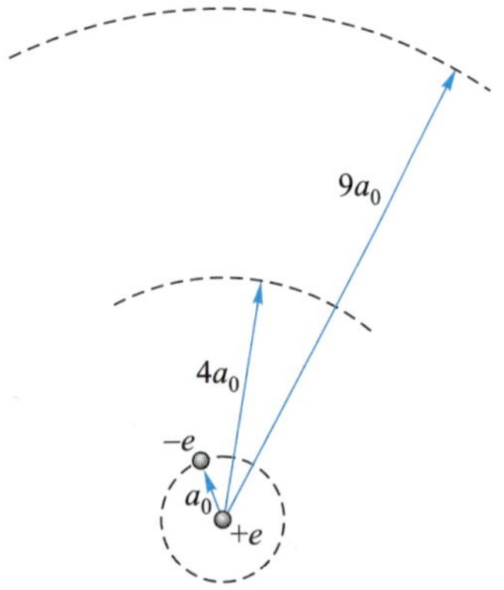

(b) 在不同状态下，电子圆轨道的相对尺寸

图 9-18 氢原子能级与相应的电子轨道示意图

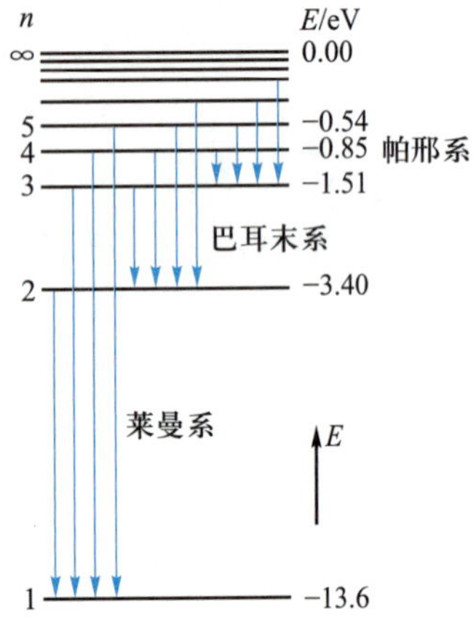

图 9-19 氢原子的能级跃迁与谱线系

四、氢原子玻尔理论的困难

氢原子的玻尔理论圆满地解释了氢原子光谱的谱线规律，从理论上算出了里德伯常量，并能对只有一个价电子的原子或离子(即类氢离子)光谱给予说明. 他提出的能级概念，不久被弗兰克-赫兹实验所证实.

但是，氢原子的玻尔理论也有一些缺陷.例如，玻尔理论只能说明氢原子及类氢离子的光谱规律，不能解释多电子原子的光谱规律；对谱线的强度、宽度也无能为力；也不能说明原子是如何组成分子、构成液体和固体的.此外，玻尔理论还存在逻辑上的缺陷，它把微观粒子看作遵守经典力学的质点，同时，又赋予它们量子化的特征（角动量量子化、能量量子化），这使得微观粒子的特性极不协调.难怪有人比喻说，玻尔理论每星期1、3、5是经典的，2、4、6是量子化的.

后来，在波粒二象性基础上建立起来的量子力学，以更正确的概念和理论，完满地解决了玻尔理论所遇到的困难.即使如此，玻尔理论对量子力学的发展是有着重大的先导作用和影响的，并且由于它所使用的电子轨道、能级等纯粒子性的语言较为形象，至今仍为人们所沿用.

本节练习

1. 原子有核模型的成功之处是什么？存在的困难在哪里？有什么理论能暂时摆脱此困难？理论的内容是什么？

2. 氢原子玻尔理论结合原子有核模型遵循的经典电磁规律，可以推导出____________的经验公式，这是玻尔理论成功的依据.玻尔理论中半经典的内容是________________，半量子的内容是________________，这注定该理论需进一步发展.

9-4 德布罗意波 实物粒子的二象性

一、德布罗意假设

通过概括前面对光的性质的研究，我们可以说，光的干涉和衍射现象为光的波动性提供了有力的证明，而新的实验事实——黑体辐射、光电效应和康普顿效应则为光的粒子性（即量子性）提供了有力的论据.光束可以看作以光速运动的光子流，而每个光子具有能量和动量.从式（9-18）得知，光子的能量和动量分别为$E=h\nu$和$p=h/\lambda$.能量和动量是粒子性的特征量，而频率和波长是波动性的特征量，它们通过作用量子h联系起来.这样，在1923

年到1924年间,光具有波粒二象性已被人们所理解和接受.但是,像电子这样的粒子,它的粒子性早已为人们所认识,它是否也具有波动性呢?法国一位年轻人路易·德布罗意于1924年11月27日,在佩兰的主持下通过了博士论文答辩,他在题目为《关于量子理论的研究》的论文中指出:光学理论的发展历史表明,曾有很长一段时间,人们徘徊于光的粒子性和波动性之间,实际上这两种解释并不是对立的,量子理论的发展证明了这一点.同时他又认为:20世纪初发展起来的光量子理论,似乎过于强调粒子性.他企盼把粒子观点和波动观点统一起来,给予“量子”以真正的含义.他并且假设所有具有动量和能量的像电子那样的物质客体都具有波动性.

德布罗意

德布罗意(Louis Victor de Broglie,1892—1987),法国物理学家.他原来学习历史,随着作用量子 h 越来越深入到物质结构的各个领域,在求知欲的驱使下,改学理论物理学.他善于用历史的观点,用对比的方法分析问题.1923年,他就试图把粒子性和波动性统一起来.德布罗意波是他在1924年的博士论文《关于量子理论的研究》中提出的;五年后,他因这篇论文而获得诺贝尔物理学奖.这时德布罗意关于物质波的假设已被实验所证实.爱因斯坦觉察到德布罗意物质波思想的重大意义,誉之为“揭开一幅大幕的一角”.情形确如后来发展的那样,它为量子力学的建立提供了物理基础.

文档:德布罗意

德布罗意把对光的波粒二象性的描述,应用到了实物粒子上.一个质量为 m 以速度 v 作匀速运动的实物粒子,既具有以能量 E 和动量 p 所描述的粒子性,也具有以频率 ν 和波长 λ 所描述的波动性.它的能量 E 与频率 ν、动量 p 与波长 λ 之间的关系,和光子的能量、动量公式[式(9-18)]相类似,即

$$E=h\nu,\quad p=\frac{h}{\lambda}$$

按照德布罗意假设,以动量 p 运动的实物粒子的波的波长为

$$\lambda=\frac{h}{p} \tag{9-31}$$

式中 h 为普朗克常量.这种波叫做德布罗意波,或叫做物质波,式(9-31)叫做德布罗意公式,它给出了与实物粒子相联系着的波的波长和实物粒子动量之间的关系.应当指出,实物粒子的波动性和粒子性是统一在一个客体上的,也就是实物个体具有波粒二象性.

若有一静质量为 m_0 的粒子,其速率 v 比光速 c 小很多,则粒子的动量可写为 $p=m_0v$,粒子的德布罗意波长为

$$\lambda=\frac{h}{m_0v}$$

若粒子的速率 v 与光速 c 可以比较，则按照相对论，其动量可写为 $p=\gamma m_0 v$，此处 $\gamma=1/(1-v^2/c^2)^{1/2}$，于是该粒子的德布罗意波长为

$$\lambda=\frac{h}{\gamma m_0 v}$$

例 1

一颗质量为 10 g 的子弹，其速率为 200 m · s^{-1}.若考虑其波动性，这颗子弹的德布罗意波长为多少？

[分析] 按常识我们总认为子弹的飞行是以粒子形式按一定轨迹进行的，其结果也的确显示了粒子特征.但若以德布罗意观点看，子弹应该也有波动的一面，其波长应该为 $\lambda=\frac{h}{p}$，但为何飞行的子弹却没有显示出波动的特征呢？实际上，正如第四章或第八章所述，波动的特征是能显示出衍射性，而衍射特征的明显与否取决于波长与“障碍物”的尺寸关系.当两者尺寸接近，或波长大于“障碍物”尺寸，衍射现象明显；反之，则衍射现象不显著，也就表现不出波动性.

[解答] 子弹的动量为

$$p=mv=2\ \text{kg}\cdot\text{m}\cdot\text{s}^{-1}$$

由式(9-31)得该子弹的德布罗意波长为

$$\lambda=\frac{h}{p}=3.32\times10^{-25}\ \text{nm}$$

原子的尺寸大约为 1.3×10^{-1} nm，该子弹的波长比原子尺寸小了 10^{-24} 数量级，波长如此之短，以至于没有任何“障碍物”尺寸能与其相当，当然也就表现不出波动的特征了.

[注意] 该例题中的子弹质量为 10 g，显然子弹为宏观粒子.假如题中的子弹换成电子或其他微观粒子，情况会有很大的不同.

[拓展] 对宏观粒子而言，描述运动状态的两个物理量——位置和速度（或动量），是可以同时测定的，即宏观粒子在空间运动时，牛顿力学认为它具有一系列的时空位置，这些连续的时空位置连成的线就是物体的运动轨迹.当位置矢量 $\boldsymbol{r}(t)$ 确定后，由微分关系，$\boldsymbol{v}=\frac{\mathrm{d}\boldsymbol{r}}{\mathrm{d}t}$ 这个沿轨迹切线方向的量也是确定的.因此 $\boldsymbol{r}$、$\boldsymbol{v}$（或 $\boldsymbol{p}=m\boldsymbol{v}$）就是同时测定的两个物理量，但这种关系在粒子的二象性特征面前却将被所谓“不确定关系”替代.

例 2

在一电子束中，电子的动能为 200 eV，求此电子的德布罗意波长.

[解答] 由于电子的动能并不大，不必用相对论来处理问题，即可从 $E_k=m_0v^2/2$ 得到电子运动的速度：

$$v=\sqrt{\frac{2E_k}{m_0}}$$

已知电子静质量 $m_0=9.1\times10^{-31}$ kg，1 eV $=1.6\times10^{-19}$ J，代入上式得

$$v=8.4\times10^{6}\ \text{m}\cdot\text{s}^{-1}$$

由式(9-31)得电子的德布罗意波长为

$$\lambda=\frac{h}{m_0 v}=8.67\times10^{-2}\ \text{nm}$$

此波长的数量级（10^{-1} nm）和 X 射线波长的数量级相同.显然，这样波长的电子波若射在普通光学光栅（光栅常量约为 μm 数量级）上，将不会明显表现出衍射效应，只能显示一种几何效应.但若射在晶体光栅（光栅常量约为 10^{-1} nm 数量级）上，则将明显表现出衍射效应.

G.P.汤姆孙

文档:G.P.汤姆孙

二、德布罗意波的实验证明——G.P.汤姆孙的电子衍射实验

1927 年,英国物理学家 G.P.汤姆孙独立地从实验中观察到电子透过多晶薄片时的衍射现象①.如图 9-20(a)所示,电子从灯丝 K 逸出后,经过加速电压为 U 的加速电场,再通过小孔 D,成为一束很细的平行电子束,其能量约为数千电子伏.当电子束穿过一多晶薄片 M(如铝箔)后,再射到照相底片 P 上,就获得了如图 9-20(b)所示的衍射图样.

应该指出的是,证实电子波动性的最直观的实验是电子通过狭缝的衍射实验.但要将狭缝做得极细是很困难的.直到 1961 年,约恩孙(C.Jönsson)才制出长为 50 μm,宽为 0.3 μm,缝间距为 1.0 μm 的多缝.他用 50 kV 的加速电压加速电子,使电子束分别通过单缝、双缝…… 五缝,均可得到衍射图样.图 9-21 是电子通过双缝的衍射图样,这个图样与可见光通过双缝的衍射图样十分相似.

需要特别指明,不仅电子,而且其他实物粒子,如质子、中子、氦原子和氢分子等都已证实有衍射现象,都是具有波动性的.因此我们可以说,波动性乃是粒子自身固有的属性,而德布罗意公式(9-31)正是反映实物粒子波粒二象性的基本公式.

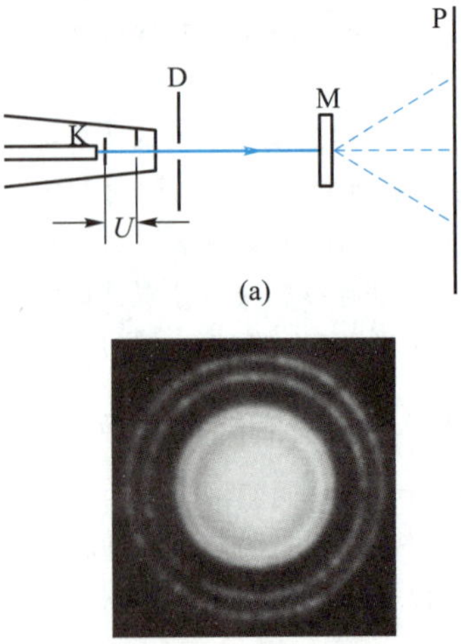

图 9-20 电子束透过多晶铝箔的衍射

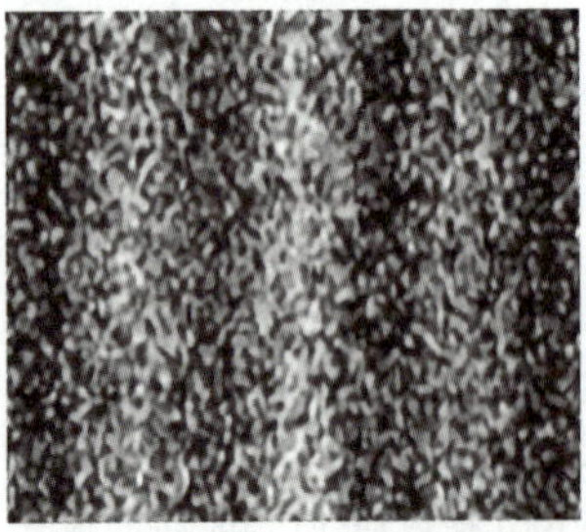

图 9-21 电子通过双缝的衍射图样

三、德布罗意波的统计解释

为了理解实物粒子的波动性,我们不妨重温一下光的情形.对于光的衍射图样来说,根据光是一种电磁波的观点,在衍射图样的亮处,波的强度大,在暗处波的强度小.而波的强度与波幅的二次方成正比,因此图样亮处的波幅的二次方比图样暗处的波幅的二次方要大.同时,根据光子的观点,频率一定的某处光的强度大,表示单位时间内到达该处的光子数多;频率一定的某处光的强度小,则表示单位时间内到达该处的光子数少.从统计的观点来看,这就相当于说,光子到达亮处的概率要远大于光子到达暗

① 这个实验是 1927 年 G.P.汤姆孙(G.P.Thomson,1892—1975)做的.G.P.汤姆孙的父亲 J.J.汤姆孙,曾因发现电子(1897 年),于 1906 年获得诺贝尔物理学奖.父子二人,一个人发现了电子,另一个人证实了电子的波动性,都得到了诺贝尔物理学奖.这一巧合,在科学史上是罕有的趣事.

处的概率.由此可以说，粒子在某处附近出现的概率是与该处波的强度成正比的.

现在我们应用上述观点分析电子的衍射图样，从粒子的观点来看，衍射图样的出现，是由于电子射到各处的概率不同而引起的，电子密集的地方概率很大，电子稀疏的地方概率则很小；而从波动的观点来看，电子密集的地方表示波的强度大，电子稀疏的地方则表示波的强度小.所以，某处附近电子出现的概率就反映了在该处德布罗意波的强度.对于电子是如此，对于其他微观粒子也是如此.普遍地说，在某处德布罗意波的强度是与粒子在该处附近出现的概率成正比的.这就是德布罗意波的统计解释.

应该强调指出，德布罗意波与经典物理中研究的波是截然不同的.例如，机械波是机械振动在空间的传播，而德布罗意波则是对微观粒子运动的统计描述.所以，我们绝不能把微观粒子的波动性机械地理解为就是经典物理中的波.

四、不确定关系

在经典力学中，粒子的位置和动量矢量是可以同时被确定的.对于具有波粒二象性的粒子来说，这种关系依然成立吗？下面以电子的单缝衍射为例来讨论这一问题.

设有一束电子沿 Oy 轴射向屏 AB 上缝宽为 b 的狭缝.于是，在传感底片 CD 上，可以观察到如图 9-22 所示的衍射图样.如果我们仍用坐标 x 和动量 p 来描述电子的运动状态，那么，我们不禁要问：一个电子通过狭缝的瞬时，它是从缝上哪一点通过的呢？也就是说，电子通过狭缝的瞬时，其坐标 x 为多少？显然，这一问题，我们无法准确地回答，因为该电子是以一定的概率出现在狭缝区域内的，即我们不能准确地确定该电子通过狭缝时的坐标.然而，该电子确实通过了狭缝，因此我们可以认为，电子在 Ox 轴上的坐标的不确定范围①

$$\Delta x = b$$

在同一瞬时，由于衍射，电子动量的大小虽未变化，但动量的方向有了改变.由图 9-22 可以看到，若只考虑一级（即 $k=1$）衍射图

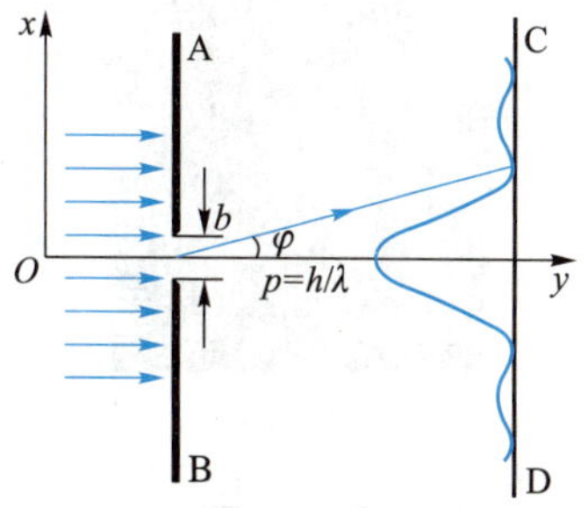

图 9-22 用电子衍射说明不确定关系

① 符号“Δ”的含义在此是“不确定范围”或“不确定度”，注意不能把这里的“Δ”理解为通常意义的“变化”或“增量”.因此，Δx 是沿 x 方向位置的不确定范围，Δp_x 是动量沿 x 方向分量的不确定范围.

样，则电子被限制在一级最小的衍射角范围内，有 $\sin\varphi=\lambda/b$. 因此，电子动量沿 Ox 轴方向的分量的不确定范围为

$$\Delta p_x = p\sin\varphi = p\,\frac{\lambda}{b}$$

由德布罗意公式 $\lambda=h/p$，上式可写为

$$\Delta p_x = \frac{h}{b}$$

这样，在电子通过狭缝的瞬间，其坐标和动量都存在着各自的不确定范围. 并且由上面的讨论可知，这两个量的不确定度是互相关联着的：缝越窄（b 越小），则 Δx 越小而 Δp_x 越大，反之亦然. 不难看出，Δx 和 Δp_x 具有下述关系，即

$$\Delta x\Delta p_x = h$$

式中 Δx 是电子在 Ox 轴上坐标的不确定范围，Δp_x 是电子动量沿 Ox 轴方向分量的不确定范围.

一般来说，如果把衍射图样的级次也考虑在内，那么上式应改写成

$$\Delta x\Delta p_x \geqslant h \qquad (9-32)$$

这个关系式叫做不确定关系，有时人们也把这个关系式称为不确定原理. 注意，不确定关系不仅适用于电子，也适用于其他微观粒子. 不确定关系表明：对于微观粒子，不能同时用确定的位置和确定的动量来描述.

海森伯

海森伯（W.K.Heisenberg，1901—1976），德国理论物理学家. 他于 1925 年为量子力学的创立作出了最早的贡献，而于 26 岁时提出的不确定关系与物质波的概率解释一起，奠定了量子力学的基础. 为此，他于 1932 年获得诺贝尔物理学奖.

文档：海森伯

不确定关系是海森伯于 1927 年提出的. 这个关系明确指出，对微观粒子来说，试图同时确定其位置和动量是办不到的，也是没有意义的. 不确定关系对这种试图给出了定量的界限，即位置不确定范围和动量不确定范围的乘积，不能小于作用量子 h. 微观粒子的这个特性，是它既具有粒子性，又具有波动性的缘故，是微观粒子波粒二象性的必然表现.

本节练习

1. 日常生活中看到的物体，为什么觉察不到波动性呢？

2. 如果电子波长为 λ_e，质子波长为 λ_p，二者有相同的速率 v，那么（　　）.

（A）$\lambda_e=\lambda_p$　（B）$\lambda_e<\lambda_p$　（C）$\lambda_e>\lambda_p$　（D）无法判断大小

3. 对粒子的坐标和动量的不确定关系，正确的理解是（　　）.

（A）粒子坐标可以确定，动量不可以确定

（B）粒子坐标不可以确定，动量可以确定

（C）粒子坐标和动量不可以同时被确定

（D）不确定关系只适用于微观粒子，对宏观粒子不适用

文档：玻尔与爱因斯坦关于量子力学的争论

*9-5　量子力学与量子技术简介

在光和微观粒子的二象性、原子光谱的规律性和原子能级的分立性等一系列实验的基础上，经过德布罗意、薛定谔、海森伯、玻恩①和狄拉克②等人的工作，人们最终建立了反映微观粒子属性和规律的量子力学.

这一节简要介绍非相对论性量子力学的一些最基本的概念和薛定谔方程，且着重介绍薛定谔方程建立的思路.量子力学的应用和成就是多方面的，迄今仍保有旺盛的生命力，硕果频传.按照本课程的教学要求，本节将介绍一维无限深势阱和量子技术，我们从中亦能领悟到量子力学的主要精神.

薛定谔

薛定谔（Erwin Schrödinger，1887—1961），奥地利理论物理学家.在德布罗意假设的基础上，他于 1926 年在《量子化就是本征值问题》的论文中，提出氢原子中电子所遵循的波动方程，人们称之为薛定谔方程，提出以薛定谔方程为基础的波动力学，并建立了量子力学的近似方法.他和狄拉克一道，为量子力学的建立做了开创性的工作.为此，他们于 1933 年共获诺贝尔物理学奖.薛定谔还是现代分子生物学的奠基人，1944 年，他写的一本名为《什么是生命——活细胞的物理面貌》的书出版.该书从能量、遗传和信息方面探讨了生命的奥秘.

文档：薛定谔

① 玻恩（M.Born，1882—1970），德国物理学家.

② 狄拉克（Paul Adrien Maurice Dirac，1902—1984），英国理论物理学家.1925 年，他作为一名研究生时便提出了非对易代数理论，而成为量子力学的创立者之一.第二年他提出了全同粒子的费米-狄拉克统计法.1928 年他提出了电子的相对论性运动方程，奠定了相对论性量子力学的基础，并由此预言了正负电子偶的湮没与产生，导致人们承认反物质的存在，使人们对物质世界的认识更加深入.他还有许多创见（如磁单极等）都是当代物理学中的基本问题.由于他对量子力学所作的贡献，他与薛定谔共同获得 1933 年的诺贝尔物理学奖.

一、波函数 概率密度

薛定谔认为像电子、中子、质子等这样具有波粒二象性的微观粒子,也可像声波或光波那样用波函数①来描述它们的波动性.只不过电子波函数中的频率和能量的关系、波长和动量的关系,应如同光的二象性关系那样,遵从德布罗意提出的物质波关系式而已.这就是说微观粒子的波动性与机械波(如声波)的波动性有本质的不同,但目前为了较直观地写出电子等微观粒子的波函数,我们不妨先从机械波的波函数出发.当然,如此所得的结果是否可靠,最终还是要由实验来检验的.

在第四章中,我们曾得出平面机械波的波函数为

$$y(x,t)=A\cos 2\pi\left(\nu t-\frac{x}{\lambda}\right) \tag{9-33}$$

现在将平面机械波的波函数写成复数形式,有

$$y(x,t)=A\mathrm{e}^{-\mathrm{i}2\pi\left(\nu t-\frac{x}{\lambda}\right)} \tag{9-34}$$

实际上,式(9-33)是式(9-34)的实数部分②.对于动量为 p、能量为 E 的粒子,它的波长 λ 和频率 ν 分别为

$$\lambda=\frac{h}{p},\quad \nu=\frac{E}{h}$$

若粒子不受外力场的作用,则粒子为自由粒子,若初始时刻粒子具有确定的能量,则其能量和动量亦将是不变的.因而,自由粒子的德布罗意波的波长和频率也是不变的,我们可以认为它是一平面单色波.若其波函数用 $\Psi(x,t)$ 表示,则有

$$\Psi(x,t)=\psi_0\mathrm{e}^{-\mathrm{i}2\pi\left(\nu t-\frac{x}{\lambda}\right)} \tag{9-35}$$

上式也可以写成

$$\Psi(x,t)=\psi_0\mathrm{e}^{-\mathrm{i}\frac{2\pi}{h}(Et-px)} \tag{9-36}$$

前面在第 9-4 节中论述德布罗意波的统计意义时曾指出,对电子等微观粒子来说,粒子分布多的地方,粒子的德布罗意波的强度大,而粒子在空间分布数目的多少,是和粒子在该处出现的概率成正比的.因此,某一时刻出现在某处附近体积元 $\mathrm{d}V$ 中的粒子的概率,与 $\Psi^2\mathrm{d}V$ 成比例.由式(9-36)知,波函数 Ψ 为一复数.而波的强度应为实正数,所以 $\Psi^2\mathrm{d}V$ 应由下式所替代:

$$|\Psi|^2\mathrm{d}V=\Psi\Psi^*\mathrm{d}V$$

式中 Ψ^* 是 Ψ 的共轭复数.$|\Psi|^2$ 为粒子出现在某处附近单位体积元中的概率,称为概率密度.因此,德布罗意波也叫做概率波.若在空间某处 $|\Psi|^2$ 的值

① 波函数这个名称是薛定谔在研究微观粒子的波动性时提出来的.为便于大学基础物理教学,我们称 $y(x,t)$ 为平面机械波的波函数,称 $E(x,t)$ 和 $B(x,t)$ 为平面电磁波的波函数.

② $\mathrm{e}^{-\mathrm{i}kx}=\cos kx-\mathrm{i}\sin kx$, $\mathrm{e}^{\mathrm{i}kx}=\cos kx+\mathrm{i}\sin kx$, $\mathrm{i}=\sqrt{-1}$.

越大，则粒子出现在该处的概率也越大，若 $|\Psi|^2$ 的值越小，则粒子出现在该处的概率也越小.然而，无论 $|\Psi|^2$ 如何小，只要它不等于零，粒子就总有可能出现在该处.这就是波函数的统计意义.波函数的统计意义是玻恩于 1926 年提出来的，为此，他与德国物理学家博特(W.Bothe，1891—1957)共同获得 1954 年的诺贝尔物理学奖.

由于粒子要么出现在空间的这个区域，要么出现在其他区域，所以某时刻在整个空间内发现粒子的概率应为 1，即

$$\int |\Psi|^2 \mathrm{d}V = 1 \tag{9-37}$$

上式叫做归一化条件.满足式(9-37)的波函数，叫做归一化波函数.

二、定态薛定谔方程

在经典力学中，如果我们知道质点的受力情况，以及质点在初始时刻的运动状态，那么由牛顿运动方程可求得质点在任意时刻的运动状态.在量子力学中，微观粒子的运动状态是由波函数描述的，如果我们知道它所遵循的运动方程，那么由它的初始状态和能量就可以求得它的可能状态了.薛定谔指出，若质量为 m 的微观粒子，在势能为 E_{p} 的势场中作一维运动，而且其势能仅是坐标的函数，与时间无关的话，则微观粒子的定态波函数将遵循如下规律：

$$\frac{h^2}{8\pi^2 m}\frac{\mathrm{d}^2\psi(x)}{\mathrm{d}x^2}+(E-E_{\mathrm{p}})\psi(x)=0$$

或

$$\frac{\mathrm{d}^2\psi(x)}{\mathrm{d}x^2}+\frac{8\pi^2 m}{h^2}(E-E_{\mathrm{p}})\psi(x)=0 \tag{9-38}$$

显然，由于上式中波函数 $\psi(x)$ 只是坐标 x 的函数，而与时间 t 无关，所以上式称为势场中作一维运动粒子的定态薛定谔方程.此方程之所以被称为定态，不仅是因为势场中的势能只是坐标的函数，与时间无关，而且因为系统的能量也为一个与时间无关的常量，概率密度 $\psi\psi^* = |\psi|^2$ 亦不随时间而改变，这些是定态所具有的特性.下面将讲述的微观粒子在无限深势阱中的状态可视为应用定态薛定谔方程来处理问题的典型例子.

至此，我们要补充量子力学的一个基本原理，否则就无法真正理解花大力气求解薛定谔方程获得波函数的意义.

在量子力学理论中，如何进行物理量的计算？需要两个量，一个是波函数 ψ，另一个是物理量算符 $\hat{A}$(在物理量符号 A 上加个“^”).关于波函数前面已经讲了许多，它用来描述量子体系的状态.物理量算符是对波函数的作用或操作，它是计算物理量的数学工具.在量子力学中，任何一个可观察的物理量都对应一个(厄米)算符，例如 x 方向的位置算符 $\hat{x}=x(\hat{y}=y,\hat{z}=z)$，$x$ 方向的动量算符 $\hat{p}_x=-\mathrm{i}\hbar\frac{\partial}{\partial x}\left(\hat{p}_y=-\mathrm{i}\hbar\frac{\partial}{\partial y},\hat{p}_z=-\mathrm{i}\hbar\frac{\partial}{\partial z}\right)$，其中 $\hbar=\frac{h}{2\pi}$. 其他物理量的算符一般都可以用位置算符和动量算符组合而成，例如 x 方向的角动量

算符 $\hat{L}_x=(\hat{r}\times\hat{p})_x=y\left(-\mathrm{i}\hbar\frac{\partial}{\partial z}\right)-z\left(-\mathrm{i}\hbar\frac{\partial}{\partial y}\right)$等.当一个体系的波函数 ψ 确定后,要得到某一物理量 A 的平均值,就用这个物理量的算符 $\hat{A}$ 作如下运算(操作):

$$\overline{A}=\int_{全域}\psi^*\hat{A}\psi\mathrm{d}\tau$$

有了这个形式理论,我们就知道求解薛定谔方程是多么重要了.但许多体系的波函数不是那么容易求得的,量子力学的许多近似方法就应运而生了,此处就不作深入介绍了.下面我们仍回到薛定谔方程上来.

应当指出,式(9-38)不是由任何原理导出的,而是按照物质波的性质而得出的.薛定谔方程和物理学中的其他基本方程(如牛顿运动方程、麦克斯韦电磁场方程等)一样,其正确性只能由实验来验证.下面我们将看到,由定态薛定谔方程推得的结论确能解释一些实验结果,因此它是反映了微观粒子的运动规律的.

由定态薛定谔方程不仅可以解得在给定势场中运动的粒子的波函数,从而知道粒子处于空间某一体积内的概率,而且还可以得到定态时系统的能量及其他物理量.但要使式(9-38)解得的波函数 ψ 是合理的,还需要对 ψ 明确一些条件.以作一维运动的粒子为例,其波函数满足的条件是:

(1) $\psi(x)$应仅为坐标的单值函数;

(2) $\int_{-\infty<x<+\infty}|\psi|^2\mathrm{d}x$ 应为有限值,ψ 可以归一化;

(3) ψ 以及$\frac{\partial\psi}{\partial x}$应连续.

上述条件常称为波函数的标准条件.

1927 年 10 月 24—27 日在比利时首都布鲁塞尔的第五届索尔维国际物理学会议上,物理学家们基本完成了量子力学的综合工作.故这次会议的召开被认为是量子力学的正式诞生.第一排左二是普朗克,左三是 M.居里,左四是洛伦兹,左五是爱因斯坦;第二排左三是 W.L.布拉格,左五是狄拉克,左六是康普顿,左七是德布罗意,左九是玻尔;站立者,左六是薛定谔,左八是泡利,左九是海森伯.

三、一维势阱问题

就本书而言，对一维势阱中粒子运动问题的讨论，是应用定态薛定谔方程的一个简明的例子，有助于加深对能量量子化和薛定谔方程及其波函数的意义的理解.

如图 9-23 所示，设想一粒子处于势能为 E_p 的力场中，并沿 x 轴作一维运动.粒子的势能 E_p 满足下述边界条件：

（1）当粒子在 $0<x<a$ 的范围内时，$E_p=0$；

（2）当 $x\leqslant 0$ 及 $x\geqslant a$ 时，$E_p\to\infty$.

这就是说，粒子只能在宽度为 a 的两个无限高势壁之间自由运动，就像一小球被限制在无限深的平底深谷中运动那样.我们把这理想化了的势能曲线叫做无限深方势阱.因为粒子限于沿 x 轴方向运动，所以这个势阱称为一维无限深方势阱，简称一维方势阱.

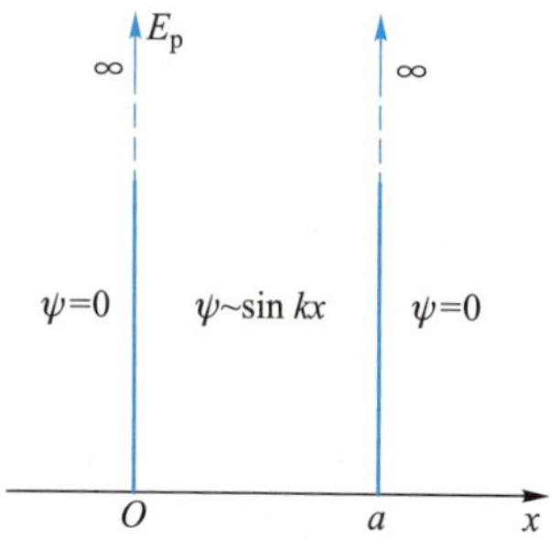

图 9-23　一维无限深方势阱中的粒子

按照经典理论，处于无限深方势阱中的粒子，其能量可取任意的有限值.那么，从量子力学来看，粒子在此势阱中的能量可否也取任意的有限值呢？此外，从经典理论来看，粒子出现在宽度为 a 的势阱内各处的概率应当是相等的.从量子力学来看，这个问题又当如何呢？下面我们应用定态薛定谔方程，求出被限制在一维无限深方势阱中的粒子所能允许具有的能量和粒子的波函数.

由上述边界条件已知，粒子在势阱中的势能 $E_p(x)$ 与时间无关，且 $E_p=0$.因此，由式(9-38)，粒子在一维无限深方势阱中的定态薛定谔方程为

$$\frac{d^2\psi}{dx^2}+\frac{8\pi^2 mE}{h^2}\psi=0 \quad (0\leqslant x\leqslant a)$$

势阱外的波函数为

$$\psi(x)=0 \quad (x\leqslant 0, x\geqslant a)$$

式中 m 为粒子的质量，E 为粒子的总能量.若令 k 为

$$k=\sqrt{\frac{8\pi^2 mE}{h^2}} \tag{9-39}$$

则上式可写成

$$\frac{d^2\psi}{dx^2}+k^2\psi=0$$

这在数学形式上与典型的简谐振动方程是一样的，只是由 x 替代了 t，故知其通解为

$$\psi(x)=A\sin kx+B\cos kx \tag{9-40}$$

A、B 为两个常数，可用边界条件和波函数连续性条件求出.根据左侧边界连续性条件，$x=0$ 时，$\psi(0)=0$，则式(9-40)表明，只有 $B=0$，才能使 $\psi(0)=0$.于是，式(9-40)化为

$$\psi(x)=A\sin kx \tag{9-41}$$

又根据右侧边界连续性条件，$x=a$ 时，$\psi(a)=0$.此时式(9-41)写为

$$\psi(a)=A\sin ka=0$$

根据归一化条件，A 不可为零，故 $\sin ka=0$，则有

$$ka=n\pi$$

式中 $n=1,2,3,\cdots$①. 上式也可写成

$$k=\frac{n\pi}{a}$$

将上式代入式(9-39)相比较可得，势阱中粒子可能的能量值为

$$E=n^2\frac{h^2}{8ma^2} \tag{9-42}$$

式中 n 为量子数，表明粒子的能量只能取离散的值. 由式(9-42)可以看到，$n=1$ 时，势阱中粒子的能量为 $E_1=\dfrac{h^2}{8ma^2}$；$n=2,3,4,\cdots$ 时，势阱中粒子的能量则为 $4E_1, 9E_1, 16E_1, \cdots$，如图 9-24(a)所示. 这就是说，一维无限深方势阱中粒子的能量是量子化的. 由此可见，能量量子化乃是物质的波粒二象性的自然结论，而不像早期量子论那样，需以人为假定的方式引入.

下面再来确定常数 A. 由于粒子被限制在 $0\leqslant x\leqslant a$ 的势阱中，所以，按照归一化条件，粒子在此区间内出现的概率总和应等于 1，即

$$\int_0^a \psi\psi^* \mathrm{d}x=\int_0^a |\psi|^2 \mathrm{d}x=1$$

或

$$A^2\int_0^a \sin^2\frac{n\pi}{a}x\mathrm{d}x=1$$

令 $\theta=\pi x/a$，$\mathrm{d}\theta=(\pi/a)\mathrm{d}x$，则上式左侧积分为

$$A^2\int_0^\pi \frac{a}{\pi}\sin^2 n\theta \mathrm{d}\theta=\left(\frac{A^2 a}{\pi}\right)\frac{\pi}{2}=\frac{1}{2}A^2 a$$

于是，可得

$$A=\sqrt{\frac{2}{a}}$$

这样，式(9-41)所表示的波函数为

$$\psi(x)=\sqrt{\frac{2}{a}}\sin\frac{n\pi}{a}x,\quad 0\leqslant x\leqslant a \tag{9-43a}$$

由此可得，能量为 E 的粒子在势阱中的概率密度为

$$|\psi(x)|^2=\frac{2}{a}\sin^2\frac{n\pi}{a}x \tag{9-43b}$$

图 9-24(b)和(c)给出在一维无限深方势阱中，粒子在前三个能级的波函数和概率密度. 从图中可以看出，粒子在势阱中各处的概率密度并不是均匀分布的，而是随量子数而改变. 例如，当量子数 $n=1$ 时，粒子在势阱中部(即 $x=a/2$ 附近)出现的概率最大，而在两端出现的概率为零. 这一点与经典力学很不相同. 按照经典力学，粒子在势阱中各处的运动是不受限制的，粒子在势阱中各处出现的概率亦应当是相等的. 此外，从图中还可以看出，随着

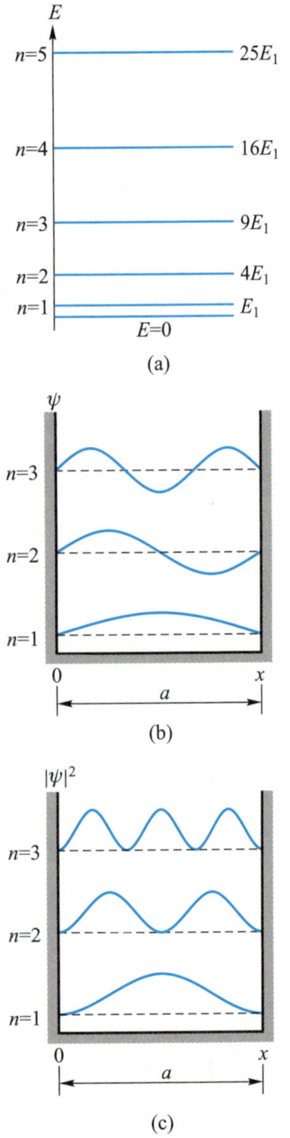

图 9-24 在一维无限深方势阱中，粒子的能级、波函数和概率密度

① $n=0$ 应当除去，这是因为 $n=0$ 时，波函数 $\psi=0$，势阱中没有粒子，故取 $n=0$ 是无意义的. 此外，n 取负整数值时的波函数，与 n 取相应的正整数值时只差一负号，对 $|\psi(x)|^2$ 及能量值均无影响. 因此，可以只考虑 n 取正整数值.

量子数 n 的增大,概率密度分布曲线的峰值的个数也增多.例如,$n=2$ 时有两个峰值,$n=3$ 时有三个峰值……而且两相邻峰值之间的距离随 n 的增大而变小.可以想象,当 n 很大时,两相邻峰值之间的距离将缩得很小,彼此靠得很近.这就非常接近于经典力学中,粒子在势阱中各处概率相等的情况了.

为了印证本节中所提到的物理量计算问题,即用物理量算符对波函数的作用来求物理量的预期值,我们根据得出的无限深方势阱中的粒子运动的波函数式(9-43a),计算一下能量算符作用在此波函数上从而得出的能量(平均)值.

由于无限深方势阱中的粒子的能量只含动能项,所以能量算符为 $\frac{\hat{p}_x^2}{2m}=-\frac{\hbar^2}{2m}\frac{\partial^2}{\partial x^2}$,因此有

$$\overline{E}_n=\int_{-\infty}^{+\infty}\psi^*\frac{\hat{p}_x^2}{2m}\psi\,\mathrm{d}x=\int_0^a\psi^*\frac{\hat{p}_x^2}{2m}\psi\,\mathrm{d}x$$

将能量算符和波函数式(9-43a)代入上式,并考虑到 $\int_0^a\psi^*\psi\,\mathrm{d}x=\int_0^a|\psi|^2\mathrm{d}x=1$,可得

$$\overline{E}_n=n^2\frac{h^2}{8ma^2}$$

这正是式(9-42).注意,用此方法得到的能量值是一个定值,并不是平均值,这是因为式(9-43a)恰好为能量本征态.有关此问题的讨论可参阅相关量子力学书籍.

四、量子技术

1. 量子技术概述:基础与发展

量子技术是基于量子力学原理的一类科学技术,它利用了量子叠加、量子纠缠等特性,超越了经典物理学的限制,开启了科学技术的新篇章.量子力学自20世纪初诞生以来,其核心理论已被广泛接受,并发展出了半导体技术、激光技术、核磁共振技术等,21世纪的二十几年来量子技术进入到更快的发展阶段.这一进展得益于实验技术和理论研究的突破,尤其是量子信息科学的发展.

量子叠加原理是量子力学的核心之一,它指的是量子系统可以处于多个状态的叠加状态,直到被观测时才会"塌缩"到某一个特定状态.这种特性使得量子技术能够同时处理多个信息单位(量子比特,qubit),相较于经典计算机的二进制比特,它拥有更强的计算和存储能力.量子计算机可以在同一时间处理多个计算分支,而经典计算机必须逐步执行每个操作.近年来我国建造的量子计算原型机"九章号"和"祖冲之号"已达到世界先进水平.

量子纠缠是另一个极为重要的量子特性,指的是两个或多个粒子的状态在空间上远离时,依然保持紧密的联系.一个粒子的状态变化会立刻影响到其他粒子,这似乎违反了经典物理学的局域性原理.量子纠缠的这一特性,为量子通信和量子计算提供了理论基础.利用量子力学的这些奇特现

象,量子技术正在推动信息处理、通信和测量等领域的革新.

2. 三项重要的量子技术

(1) 量子通信:突破与应用

量子通信是一种利用量子力学原理进行信息传输的方式,最具代表性的应用是量子密钥分发(QKD).QKD 技术利用量子力学中的“不确定性原理”,实现了理论上不可破解的加密通信.经典加密算法虽然在计算上具有安全性,但依赖于数学问题的复杂性,随着计算能力的提高,经典加密算法面临被破解的风险.而 QKD 通过量子叠加和量子纠缠,其安全性依赖于量子态的不可复制性、测量过程中的扰动以及不确定性原理的内在特性,使得任何试图窃听的行为都会扰乱量子状态,导致密钥的错误,从而可以实时发现并防止信息泄露.

量子通信的实际应用正逐渐得到推广,尤其是在国家安全和金融领域.近年来,我国在量子通信领域取得了显著进展,发射了世界上第一颗量子卫星“墨子号”,并成功进行了地面与卫星之间的量子通信实验.随着量子通信技术的不断完善,未来有望构建全球量子通信网络,实现超高安全性的国际通信.

量子网络的前景也令人振奋.量子计算机和量子传感器的连接,将使得量子通信不仅限于保密通信,还能实现更高效的信息传递和处理.科学家们正在努力解决量子信息的长距离传输问题,预计随着量子中继和量子转发技术的进展,量子网络将逐步普及,并成为未来互联网的重要组成部分.

(2) 量子计算:从基础到未来

量子计算也是一项基于量子力学原理的新兴技术,它利用了量子比特(qubit)这一独特的计算单位.量子比特与传统计算机中的经典比特(bit)不同,经典比特只能处于“0”或“1”两种状态中的一种,而量子比特可以处于“0”和“1”的叠加状态,这种特性称为量子叠加.量子叠加使得量子计算机在处理某些特定问题时,能同时进行多个计算路径的探索,显著提升了计算效率,例如大数分解、数据库搜索等问题.量子计算利用的另一个关键特性是量子纠缠,它是量子比特之间的一种特殊关联关系.这种关联赋予量子计算机强大的并行计算能力和协同作用,使得量子计算机在某些计算任务中表现出超越经典计算机的潜力.

量子计算的研究在近年来取得了显著进展,尤其是在量子计算机的物理实现方面.从超导量子比特到离子阱量子比特,从光量子计算到中性原子量子计算,不同的技术路线正在探索如何将量子计算机从理论推向实际应用.现今,多个实验室和科技公司已经成功构建了原型量子计算机,并能够执行基本的量子算法,如量子傅里叶变换和量子相位估计等.尽管这些量子计算机目前的规模较小,但它们已为建设更大规模的量子计算机奠定了技术基础.

此外,量子纠错技术也为量子计算的实际应用提供了保障.量子比特非常脆弱,容易受到环境噪声的影响,从而导致量子信息丢失.量子纠错技术旨在通过冗余保护量子信息的稳定性和完整性.在实现大规模、可靠的量子计算机征程中,设计应用于量子计算机的编程语言和高效算法,也是研究的热点.随着量子技术的不断进步,量子计算在材料科学、药物设计、人工智能以及密码学等领域也会有广阔的应用前景.

(3) 量子测量:新型技术的应用前景

量子测量是量子技术的又一个重要应用,其基本原理依赖于量子叠加原理和量子干涉效应,它可以对微小的物理量变化进行超高精度的探测.在经典物理学中,测量一个系统的状态是一个确定性的过程,但在量子力学中,测量过程往往会导致系统的状态发生"塌缩",即系统由一个叠加态变为一个确定态.量子测量的这一特性,使得它在超高精度测量和传感方面具有巨大的潜力.

量子传感器,尤其是在精密测量和探测领域的应用,已经逐步取得突破.量子传感器能够实现比传统传感器高几个数量级的灵敏度,特别是在引力波探测、磁场测量和时间标准等方面.量子磁力仪、量子加速度计、量子陀螺仪等量子设备,能够为地震预测、地质勘探以及航空航天等领域提供精确的测量工具.

另外,量子测量在医学成像、基础物理实验以及纳米技术中也有广泛的应用前景.利用量子测量技术,科学家能够在纳米尺度上进行物质的精确探测,推动微观世界的进一步探索.量子传感器在生物医学领域的应用,可能会为早期疾病的诊断和治疗提供革命性的突破.尤其在肿瘤检测、神经网络诊断等方面,量子技术有望带来无与伦比的优势.

3. 量子技术的未来

随着量子力学的不断发展,量子技术正在从理论走向实践.量子通信、量子计算和量子测量等技术的应用前景令人振奋,正在重新定义信息处理和精密测量的极限.对于大学生而言,理解量子力学的基本原理,掌握量子技术的发展动态,将为未来的科研和职业发展提供巨大的优势.

量子技术的广泛应用,不仅是科技发展的一个重要方向,也可能引领新一轮的工业革命.尽管量子技术目前依然面临许多挑战,如量子计算机的量子比特稳定性、量子通信的网络建设等,但随着科学研究的不断深入,新型的量子技术有望在未来几十年内逐步进入我们的日常生活中,带来信息处理、通信和测量等领域的革命性变化.

章首问题答案

对于章首提出的问题,可从两个方面来考虑.第一,从窗户射进房间中的光;第二,窗户向外的辐射.

首先,当外部的光通过窗户射入房间后,要被墙壁和家具多次反射和吸收,以致于再从窗户口射出的光几乎很微弱,这样我们就看不见内部的物体了.

其次,因为人与房间的距离较远,可把房间视为空腔,窗户视为小孔,房间通过窗户向外辐射的光可近似地看做黑体辐射.而黑体在某一温度下辐射出含有各种频率的电磁波,不同频率电磁波的单色辐出度是不同的,由图9-8可知,当黑体温度处于室温时(300 K左右),单色辐出度的峰值所对应的频率ν_m(或波长λ_m)处于红外范围内.因此,处于室温的房间,通过窗户辐射出的光绝大部分是红外光,则人眼看不见窗户内的物体,而房间显得一片黑暗.当然若使用红外望远镜就可以看清房间内的物体了.由图9-8还可看出,只有黑体温度达到6 000 K左右,单色辐出度的峰值所对应的频率ν_m(或波长λ_m)才在可见光范围内.

综上所述可知,题首问题中的(2)、(4)选项合起来就是问题的答案.

复习自测题

总 结

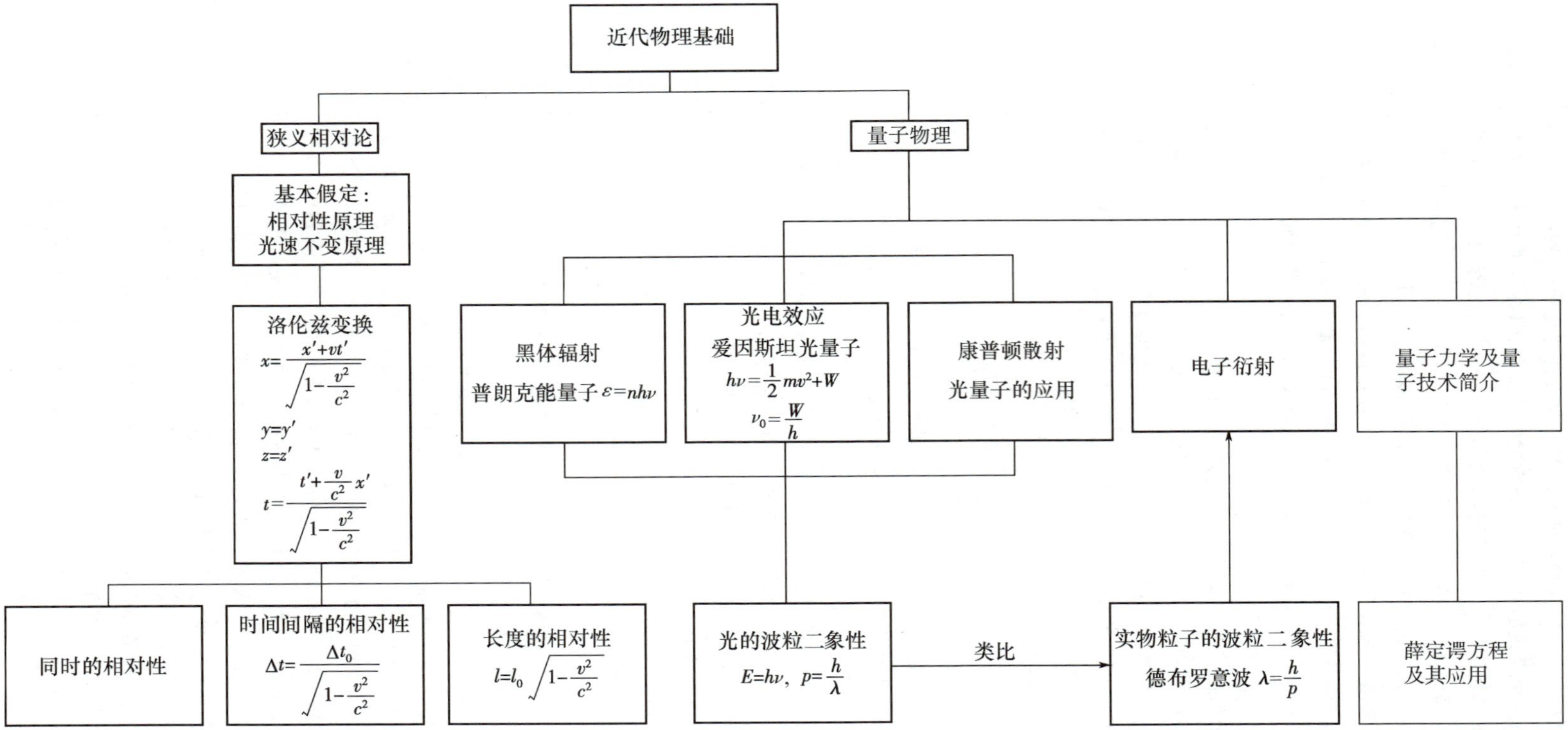
近代物理基础
狭义相对论
量子物理
基本假定：
相对性原理
光速不变原理
洛伦兹变换
$x=\frac{x'+vt'}{\sqrt{1-\frac{v^2}{c^2}}}$
$y=y'$
$z=z'$
$t=\frac{t'+\frac{v}{c^2}x'}{\sqrt{1-\frac{v^2}{c^2}}}$
同时的相对性
时间间隔的相对性
$\Delta t=\frac{\Delta t_0}{\sqrt{1-\frac{v^2}{c^2}}}$
长度的相对性
$l=l_0\sqrt{1-\frac{v^2}{c^2}}$
黑体辐射
普朗克能量子 $\varepsilon=nh\nu$
光电效应
爱因斯坦光量子
$h\nu=\frac{1}{2}mv^2+W$
$\nu_0=\frac{W}{h}$
康普顿散射
光量子的应用
电子衍射
量子力学及量子技术简介
光的波粒二象性
$E=h\nu$，$p=\frac{h}{\lambda}$
类比
实物粒子的波粒二象性
德布罗意波 $\lambda=\frac{h}{p}$
薛定谔方程
及其应用

问题

9-1　假设光子在某惯性系中的速度等于 c，那么，是否存在这样一个惯性系，使得光子在这个惯性系中的速度不等于 c？

9-2　你能说明经典力学的相对性原理与狭义相对论的相对性原理之间的异同吗？

9-3　在宇宙飞船上，有人拿着一个立方形物体．若飞船以接近光速的速度背离地球飞行，分别从地球上和飞船上测量此物体，他们测量到的物体的形状是一样的吗？

9-4　两个观测者分别处于惯性系 S 和惯性系 S′内．在这两惯性系中各有一根分别与 S 系和 S′系相对静止的米尺，而且两米尺均沿 xx' 轴放置．这两个观测者从测量中发现，在另一个惯性系中的米尺总比自己惯性系中的米尺要短些，你怎样看待这个问题呢？

9-5　所有物体都能辐射电磁波，为什么用肉眼看不见黑暗中的物体呢？用什么样的设备才能观察到黑暗中的物体？

9-6　你能否列举一些日常生活中随着物体温度升高，其辐射强度最大的波长有所减小的例子？反之，也可以．

9-7　在光的照射下，欲增大电子从金属表面逸出时的动能，与下述情况有什么关系呢？(1) 增加入射光的强度；(2) 延长照射时间；(3) 改变入射光的频率．

9-8　为什么把光电效应实验中存在截止频率这一事实，作为光的量子性的有力佐证？

9-9　光电效应和康普顿效应都是光子与电子间的相互作用，你怎样区别和认识它们相互作用的过程？

9-10　光子与电子相比较，它们之间有哪些异同？

9-11　为什么在氢原子玻尔理论中，忽略了粒子间的万有引力作用？请作一些说明．

9-12　如果电子和质子具有下述情况：(1) 相同的速率，(2) 相同的动量，(3) 相同的动能，那么，它们的德布罗意波长是怎样的呢？

9-13　经典力学的确定论认为，如果已知粒子在某一时刻的位置和速度，那么就可以预言粒子未来的运动状态．在量子力学看来，这是否是可能的？请解释．

9-14　从不确定关系能得出“微观粒子的运动状态是无法确定的”吗？

习题

9-1　有下列几种说法：

(1) 两个相互作用的粒子系统对某一惯性系满足动量守恒，对另一个惯性系来说，其动量不一定守恒；(2) 在真空中，光的速度与光的频率、光源的运动状态无关；(3) 在任何惯性系中，光在真空中沿任何方向的传播速率都相同．上述说法中正确的是(　　)．

(A) 只有(1)、(2)是正确的

(B) 只有(1)、(3)是正确的

(C) 只有(2)、(3)是正确的

(D) 三种说法都是正确的

9-2　按照相对论的时空观，判断下列叙述中正确的是(　　)．

(A) 在一个惯性系中，两个同时的事件，在另一个惯性系中一定是同时事件

(B) 在一个惯性系中，两个同时的事件，在另一个惯性系中一定是不同时事件

(C) 在一个惯性系中，两个同时又同地的事件，在另一个惯性系中一定是同时同地事件

(D) 在一个惯性系中，两个同时不同地的事件，在另一个惯性系中只可能同时不同地

(E) 在一个惯性系中，两个同时不同地的事件，在另一个惯性系中只可能同地不同时

9-3　一细棒固定在 S′系中，它与 Ox' 轴的夹角 $\theta' = 60°$，如果 S′系以速度 u 沿 Ox 方向相对 S 系运动，S 系中观察者测得细棒与 Ox 轴的夹角(　　)．

(A) 等于 60°

(B) 大于 60°

（C）小于 60°

（D）当 S′系沿 Ox 正方向运动时大于 60°，而当 S′系沿 Ox 负方向运动时小于 60°

9-4　一飞船的固有长度为 L，相对地面以速度 v_1 作匀速直线运动，从飞船中的后端向飞船中的前端的一个靶子发射一颗相对飞船的速度为 v_2 的子弹．在飞船上测得子弹从射出到击中靶的时间间隔是（　　）．（c 表示真空中光速．）

（A）$\dfrac{L}{v_1+v_2}$　　（B）$\dfrac{L}{v_2-v_1}$

（C）$\dfrac{L}{v_2}$　　（D）$\dfrac{L}{v_1\sqrt{1-(v_1/c)^2}}$

9-5　设 S′系以速率 $v=0.60c$ 相对 S 系沿 Ox 轴运动，且在 $t=t'=0$ 时，有 $x=x'=0$．

（1）若一事件在 S 系中发生于 $t=2.0\times10^{-7}$ s，$x=50$ m 处，则该事件在 S′系中发生于何时刻？

（2）若另一事件在 S 系中发生于 $t=3.0\times10^{-7}$ s，$x=10$ m 处，在 S′系中测得这两个事件的时间间隔为多少？

9-6　设两个参考系 S 和 S′，它们的原点在 $t=0$ 和 $t'=0$ 时重合在一起．有一事件，在 S′系中发生在 $t'=8.0\times10^{-8}$ s，$x'=60$ m，$y'=0$，$z'=0$ 处，若 S′系相对于 S 系以速率 $v=0.60c$ 沿 xx' 轴正方向运动，问该事件在 S 系中的时空坐标为多少？

9-7　在惯性系 S 中观察到有两个事件发生在同一地点，其时间间隔为 4.0 s，从另一惯性系 S′中观察到这两个事件的时间间隔为 6.0 s，试问从 S′系测量到这两个事件的空间间隔是多少？设 S′系以恒定速率相对 S 系沿 xx' 轴运动．

9-8　若从一惯性系中测得宇宙飞船的长度为其固有长度的一半，试问宇宙飞船相对此惯性系的速度为多少（以光速 c 表示）？

9-9　一固有长度为 4.0 m 的物体，若以速率 $0.60c$ 沿 x 轴相对某惯性系运动，试问从该惯性系来测量，此物体的长度为多少？

9-10　下列物体中属于绝对黑体的是（　　）．

（A）不辐射可见光的物体

（B）不辐射任何光线的物体

（C）不能反射可见光的物体

（D）不能反射任何光线的物体

9-11　光电效应和康普顿效应都是光子和物质原子中的电子的相互作用，其区别何在？在下面几种理解中，正确的是（　　）．

（A）两种效应中电子与光子组成的系统都服从能量守恒定律和动量守恒定律

（B）光电效应是由于电子吸收光子能量而产生的，康普顿效应则是由于电子与光子弹性碰撞而产生的

（C）两种效应都属于电子与光子的弹性碰撞过程

（D）两种效应都属于电子吸收光子的过程

9-12　钨的逸出功是 4.52 eV，钡的逸出功是 2.50 eV，分别计算钨和钡的截止频率．哪一种金属可以用作可见光范围内的光电管阴极材料？

9-13　钾的截止频率为 4.62×10^{14} Hz，今以波长为 435.8 nm 的光照射，求钾放出的光电子的初速度．

9-14　试求波长为下列数值的光子的能量、动量及质量：（1）波长为 1 500 nm 的红外线；（2）波长为 500 nm 的可见光；（3）波长为 20 nm 的紫外线；（4）波长为 0.15 nm 的 X 射线；（5）波长为 1.0×10^{-3} nm的 γ 射线．

9-15　计算氢原子光谱中莱曼系的最短和最长波长，并指出是否为可见光．

9-16　在氢原子玻尔理论中，当电子由量子数 $n_i=5$ 的轨道跃迁到 $n_f=2$ 的轨道上时，对外辐射的光的波长为多少？若再将该电子从 $n_f=2$ 的轨道跃迁到游离状态，外界需要提供多少能量？

9-17　已知 α 粒子的静质量为 6.68×10^{-27} kg，求速率为 5 000 $\mathrm{km\cdot s^{-1}}$ 的 α 粒子的德布罗意波长．

9-18　求动能为 1.0 eV 的电子的德布罗意波的波长．

9-19　电子位置的不确定量为 5.0×10^{-2} nm 时，其速率的不确定量至少为多少？

9-20　一质量为 40 g 的子弹以 $1.0\times10^{7}\ \mathrm{m\cdot s^{-1}}$ 的速率飞行．（1）求其德布罗意波的波长；（2）若测量子弹位置的不确定量为 0.10 mm，其速率的不确定量至少为多少？

9-21　设一电子在宽度为 0.20nm 的一维无限深势阱中．（1）计算该电子在最低能级的能量；（2）当电

子处于第一激发态时，该电子在势阱何处出现的概率密度最小，其值为多少？

9-22 α 粒子在一维无限深势阱中运动，其波函数为

$$\psi(x)=\sqrt{\frac{1}{2}}\sin\frac{3\pi}{4}x$$

试问该 α 粒子应具有的能量为多少？

习题答案

附录一　国际单位制与我国法定计量单位

1948 年召开的第 9 届国际计量大会作出了决定,要求国际计量委员会创立一种简单而科学的、供所有米制公约组织成员国均能使用的实用单位制.1954 年第 10 届国际计量大会决定,采用米(m)、千克(kg)、秒(s)、安培(A)、开尔文(K)和坎德拉(cd)作为基本单位.1960 年第 11 届国际计量大会决定,将以这六个单位为基本单位的实用计量单位制命名为“国际单位制”,并规定其国际简称为“SI”.1974 年第 14 届国际计量大会又决定,增加一个基本单位——“物质的量”的单位摩尔(mol).因此,目前国际单位制共有七个基本单位(见表 1).SI 导出单位是由 SI 基本单位按定义式导出的,以 SI 基本单位代数形式表示的单位,其数量很多,有些单位具有专门名称(见表 2).SI 单位的倍数单位包括十进倍数单位与十进分数单位,它们由 SI 词头(见表 3)加上 SI 单位构成.

1985 年 9 月 6 日,我国第六届全国人民代表大会常务委员会第十二次会议通过了《中华人民共和国计量法》.这一法律明确规定国家实行法定计量单位制度.国际单位制计量单位和国家选定的其他计量单位(见表 4)为国家法定计量单位,国家法定计量单位的名称、符号由国务院公布.

2018 年第 26 届国际计量大会通过的“关于修订国际单位制的 1 号决议”将国际单位制的七个基本单位全部改为由常量定义.此决议自 2019 年 5 月 20 日(世界计量日)起生效.这是改变国际单位制采用实物基准的历史性变革,是人类科技发展进步中的一座里程碑.对国际单位制七个基本单位的中文定义的修订是我国科学技术研究中的一个重要活动,对于促进科技交流、支撑科技创新具有重要意义.

表 1　SI 基本单位及其定义

量的名称	单位名称	单位符号	单位定义
时间	秒	s	当铯频率 $\Delta\nu_{Cs}$,也就是铯-133 原子不受干扰的基态超精细跃迁频率,以单位 Hz 即 s^{-1} 表示时,将其固定数值取为 9 192 631 770 来定义秒.
长度	米	m	当真空中光速 c 以单位 $m\cdot s^{-1}$ 表示时,将其固定数值取为 299 792 458 来定义米,其中秒用 $\Delta\nu_{Cs}$ 定义.
质量	千克(公斤)	kg	当普朗克常量 h 以单位 J · s 即 $kg\cdot m^2\cdot s^{-1}$ 表示时,将其固定数值取为 $6.626\ 070\ 15\times10^{-34}$ 来定义千克,其中米和秒分别用 c 和 $\Delta\nu_{Cs}$ 定义.
电流	安[培]	A	当元电荷 e 以单位 C 即 A · s 表示时,将其固定数值取为 $1.602\ 176\ 634\times10^{-19}$ 来定义安培,其中秒用 $\Delta\nu_{Cs}$ 定义.

续表

量的名称	单位名称	单位符号	单位定义
热力学温度	开[尔文]	K	当玻耳兹曼常量 k 以单位 $J\cdot K^{-1}$ 即 $kg\cdot m^2\cdot s^{-2}\cdot K^{-1}$ 表示时,将其固定数值取为 $1.380\ 649\times10^{-23}$ 来定义开尔文,其中千克、米和秒分别用 h、c 和 $\Delta\nu_{Cs}$ 定义.
物质的量	摩[尔]	mol	1 mol 精确包含 $6.022\ 140\ 76\times10^{23}$ 个基本单元.该数称为阿伏伽德罗数,为以单位 mol^{-1} 表示的阿伏伽德罗常量 N_A 的固定数值.一个系统的物质的量,符号为 ν,是该系统包含的特定基本单元数的量度.基本单元可以是原子、分子、离子、电子及其他任意粒子或粒子的特定组合.
发光强度	坎[德拉]	cd	当频率为 540×10^{12} Hz 的单色辐射的光视效能 K_{cd} 以单位 $lm\cdot W^{-1}$ 即 $cd\cdot sr\cdot W^{-1}$ 或 $cd\cdot sr\cdot kg^{-1}\cdot m^{-2}\cdot s^3$ 表示时,将其固定数值取为 683 来定义坎德拉,其中千克、米和秒分别用 h、c 和 $\Delta\nu_{Cs}$ 定义.

表 2 包括 SI 辅助单位在内的具有专门名称的 SI 导出单位

量的名称	单位名称	单位符号	用 SI 基本单位和 SI 导出单位表示
[平面]角	弧度	rad	1 rad = 1 m/m = 1
立体角	球面度	sr	1 sr = 1 m^2/m^2 = 1
频率	赫[兹]	Hz	1 Hz = 1 s^{-1}
力	牛[顿]	N	1 N = 1 $kg\cdot m/s^2$
压强,应力	帕[斯卡]	Pa	1 Pa = 1 N/m^2
能[量],功,热量	焦[耳]	J	1 J = 1 N·m
功率,辐[射能]通量	瓦[特]	W	1 W = 1 J/s
电荷[量]	库[仑]	C	1 C = 1 A·s
电压,电动势,电势(电位)	伏[特]	V	1 V = 1 W/A
电容	法[拉]	F	1 F = 1 C/V
电阻	欧[姆]	Ω	1 Ω = 1 V/A
电导	西[门子]	S	1 S = 1 Ω^{-1}
磁通[量]	韦[伯]	Wb	1 Wb = 1 V·s
磁感[应]强度,磁通[量]密度	特[斯拉]	T	1 T = 1 Wb/m^2
电感	亨[利]	H	1 H = 1 Wb/A
摄氏温度	摄氏度	℃	1 ℃ = 1 K
光通量	流[明]	lm	1 lm = 1 cd·sr
[光]照度	勒[克斯]	lx	1 lx = 1 lm/m^2
[放射性]活度	贝可[勒尔]	Bq	1 Bq = 1 s^{-1}
吸收剂量	戈[瑞]	Gy	1 Gy = 1 J/kg
剂量当量	希[沃特]	Sv	1 Sv = 1 J/kg

表 3 SI 词头

因数	词头名称		符号	因数	词头名称		符号
	英文	中文			英文	中文	
10^1	deca	十	da	10^{-1}	deci	分	d
10^2	hecto	百	h	10^{-2}	centi	厘	c
10^3	Kilo	千	k	10^{-3}	milli	毫	m
10^6	mega	兆	M	10^{-6}	micro	微	μ
10^9	giga	吉[咖]	G	10^{-9}	nano	纳[诺]	n
10^{12}	tera	太[拉]	T	10^{-12}	pico	皮[可]	p
10^{15}	peta	拍[它]	P	10^{-15}	femto	飞[母托]	f
10^{18}	exa	艾[可萨]	E	10^{-18}	atto	阿[托]	a
10^{21}	zetta	泽[它]	Z	10^{-21}	zepto	仄[普托]	z
10^{24}	yotta	尧[它]	Y	10^{-24}	yocto	幺[科托]	y
10^{27}	ronna	容[那]	R	10^{-27}	ronto	柔[托]	r
10^{30}	quetta	昆[它]	Q	10^{-30}	quecto	亏[科托]	q

表 4 国际单位制单位以外的我国法定计量单位

量的名称	单位名称	单位符号	与 SI 单位的关系
时间	分	min	1 min = 60 s
	[小]时	h	1 h = 60 min = 3 600 s
	日(天)	d	1 d = 24 h = 86 400 s
[平面]角	度	°	$1° = (\pi/180)$ rad
	[角]分	′	$1' = (1/60)° = (\pi/10\ 800)$ rad
	[角]秒	″	$1'' = (1/60)' = (\pi/648\ 000)$ rad
体积	升	L(l)	$1\ L = 1\ dm^3 = 10^{-3}\ m^3$
质量	吨	t	$1\ t = 10^3\ kg$
	原子质量单位	u	$1\ u \approx 1.660\ 539 \times 10^{-27}\ kg$
旋转速度	转每分	r/min	1 r/min = (1/60) r/s
长度	海里	n mile	1 n mile = 1 852 m(只用于航行)
速度	节	kn	1 kn = 1 n mile/h = (1 852/3 600) m/s(只用于航行)
能[量]	电子伏	eV	$1\ eV \approx 1.602\ 177 \times 10^{-19}\ J$
级差	分贝	dB	
线密度	特[克斯]	tex	$1\ tex = 10^{-6}\ kg/m$
面积	公顷	hm^2	$1\ hm^2 = 10^4\ m^2$

附录二　常用物理常量表

名称	符号	数值	单位	相对标准不确定度
真空中的光速	c	299 792 458	$m \cdot s^{-1}$	精确
普朗克常量	h	$6.626\ 070\ 15 \times 10^{-34}$	$J \cdot s$	精确
约化普朗克常量	$h/2\pi$	$1.054\ 571\ 817 \cdots \times 10^{-34}$	$J \cdot s$	精确
元电荷	e	$1.602\ 176\ 634 \times 10^{-19}$	C	精确
阿伏伽德罗常量	N_A	$6.022\ 140\ 76 \times 10^{23}$	mol^{-1}	精确
玻耳兹曼常量	k	$1.380\ 649 \times 10^{-23}$	$J \cdot K^{-1}$	精确
摩尔气体常量	R	$8.314\ 462\ 618 \cdots$	$J \cdot mol^{-1} \cdot K^{-1}$	精确
理想气体的摩尔体积（标准状况下）	V_m	$22.413\ 969\ 54 \cdots \times 10^{-3}$	$m^3 \cdot mol^{-1}$	精确
洛施密特常量	n_0	$2.686\ 780\ 111 \cdots \times 10^{25}$	m^{-3}	精确
斯特藩-玻耳兹曼常量	σ	$5.670\ 374\ 419 \cdots \times 10^{-8}$	$W \cdot m^{-2} \cdot K^{-4}$	精确
维恩位移定律常量	b	$2.897\ 771\ 955 \cdots \times 10^{-3}$	$m \cdot K$	精确
引力常量	G	$6.674\ 30(15) \times 10^{-11}$	$m^3 \cdot kg^{-1} \cdot s^{-2}$	2.2×10^{-5}
真空磁导率	μ_0	$1.256\ 637\ 061\ 27(20) \times 10^{-6}$	$N \cdot A^{-2}$	1.6×10^{-10}
真空电容率	ε_0	$8.854\ 187\ 8188(14) \times 10^{-12}$	$F \cdot m^{-1}$	1.6×10^{-10}
电子质量	m_e	$9.109\ 383\ 7139(28) \times 10^{-31}$	kg	3.1×10^{-10}
质子质量	m_p	$1.672\ 621\ 925\ 95(52) \times 10^{-27}$	kg	3.1×10^{-10}
中子质量	m_n	$1.674\ 927\ 500\ 56(85) \times 10^{-27}$	kg	5.1×10^{-10}
氘核质量	m_d	$3.343\ 583\ 7768(10) \times 10^{-27}$	kg	3.1×10^{-10}
氚核质量	m_t	$5.007\ 356\ 7512(16) \times 10^{-27}$	kg	3.1×10^{-10}
玻尔磁子	μ_B	$9.274\ 010\ 0657(29) \times 10^{-24}$	$J \cdot T^{-1}$	3.1×10^{-10}
核磁子	μ_N	$5.050\ 783\ 7393(16) \times 10^{-27}$	$J \cdot T^{-1}$	3.1×10^{-10}
里德伯常量	R_∞	$1.097\ 373\ 156\ 8157(12) \times 10^{7}$	m^{-1}	1.1×10^{-12}
精细结构常数	α	$7.297\ 352\ 5643(11) \times 10^{-3}$		1.6×10^{-10}
玻尔半径	a_0	$5.291\ 772\ 105\ 44(82) \times 10^{-11}$	m	1.6×10^{-10}
康普顿波长	λ_C	$2.426\ 310\ 235\ 38(76) \times 10^{-12}$	m	3.1×10^{-10}
原子质量常量	m_u	$1.660\ 539\ 068\ 92(52) \times 10^{-27}$	kg	3.1×10^{-10}

注：① 表中数据为国际科学理事会（ISC）国际数据委员会（CODATA）2022 年的国际推荐值.

② 标准状况是指 $T = 273.15$ K，$p = 101\ 325$ Pa.